U0922337

གཞིས་ཀ་རྩེ་ལོ་རིམ་མེ་ལོང་།

日喀则年鉴

2017

（总第6卷）

中共日喀则市委
日喀则市人民政府　主办
日喀则市地方志编纂委员会　编

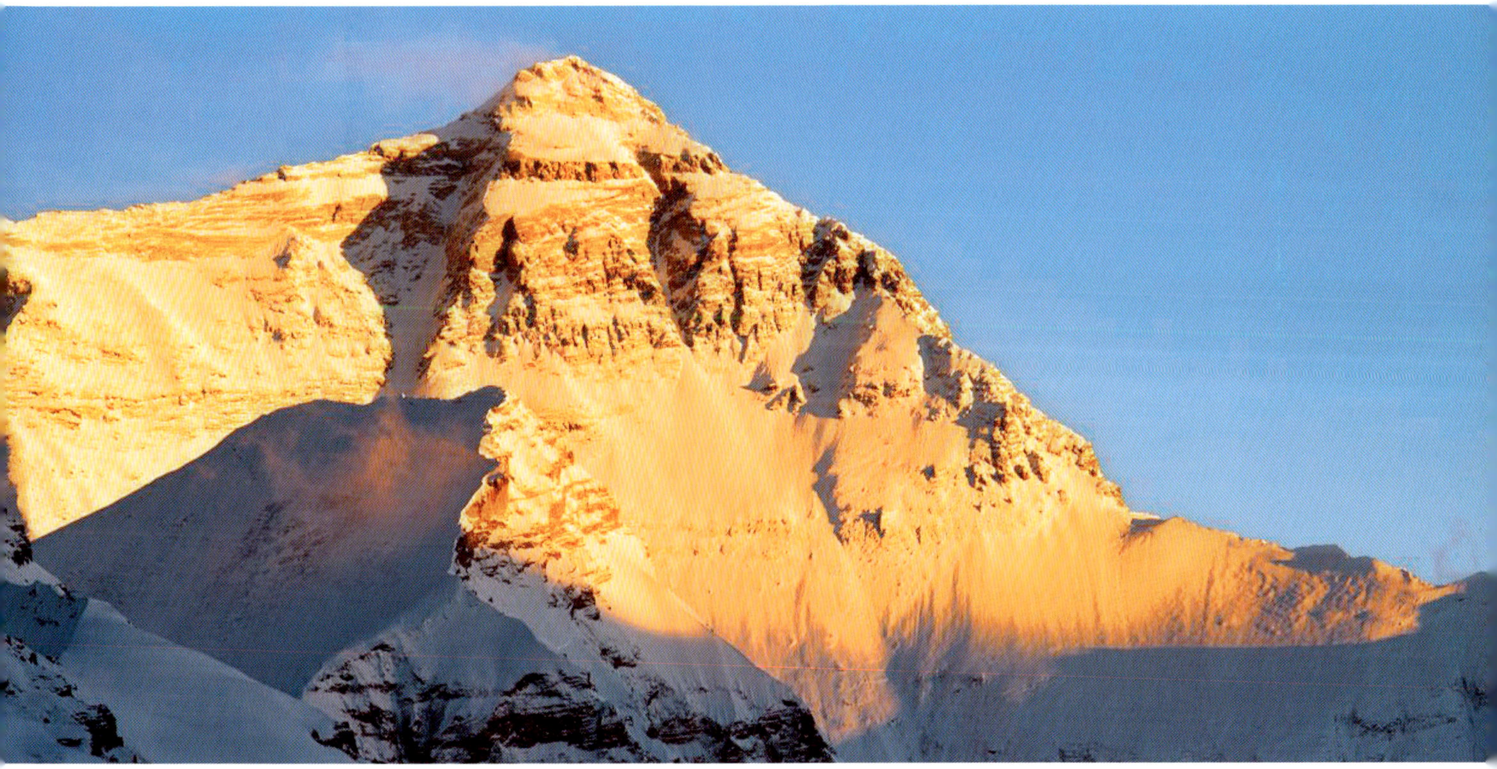

- 土地面积：18.2万平方公里
- 耕地面积：93272.92公顷
- 年末常住人口：791880人
- 地区生产总值：187.75亿元
- 第一产业：30.88亿元
- 第二产业：66.72亿元
- 第三产业：90.15亿元
- 粮食产量：39.57万吨
- 肉类产量：2.94万吨
- 工业总产值：21.93亿元
- 发电量：9372.32万千瓦时
- 全社会固定资产投资总额：253.44亿元
- 地方一般公共财政预算收入：12.37亿元
- 公共财政支出：312.37亿元
- 本外币各项存款余额：494.52亿元
- 本外币各项贷款余额：134.72亿元
- 社会消费品零售总额：83.20亿元
- 货运总量：377.48万吨
- 进出口贸易总额：5.32亿美元
- 接待旅游人数：425万人次
- 旅游总收入：35.23亿元
- 农村居民年人均可支配收入：8135元
- 城镇居民年人均可支配收入：27338元

2016年11月30日至12月2日，国家交通部副部长戴东昌到江孜县贫困户家中慰问

2016年12月1日，自治区党委书记吴英杰在定结陈塘镇调研藏嘎村—陈塘镇公路建设情况

2016年6月，自治区党委副书记、人大常委会主任白玛赤林在拉孜县考察经济社会发展情况

2016年5月5日，自治区党委副书记、主席洛桑江村在萨迦县麻布加乡督导检查工作

2016年3月18日，自治区党委常委、区纪委书记王拥军到岗巴镇吉汝村看望慰问干部群众

2016年3月14日，自治区人大常委会副主任、日喀则市委书记丹增朗杰在萨迦县调研指导灾后重建等工作

2016年9月1日，日喀则市委书记张延清到扎什伦布寺考察寺庙建设和管理工作

2016年7月15日，日喀则市和国家开发银行西藏分行签订战略合作协议

2016年12月28日，日喀则市第一届人民代表大会第四次会议开幕市长刘虎山作政府报告

2016年2月23日，市委常委、纪委书记马陵田慰问边境边防部队

2016年3月28日，日喀则市委副书记赵志远为“世界第一高城”亚东帕里光网城镇揭牌

2016年10月，自治区旅游局、市旅游局和扎寺管委会领导参加国家旅游局组织的扎寺申报创建国家5A级旅游景区专家评审会议

2016年4月6日，日喀则市“4·25”地震灾后交通恢复重建项目正式启动

2016年4月28日，日喀则市举行第一届劳动模范和先进工作者表彰大会

2016年9月30日，拉洛水利枢纽截流成功庆祝大会在日喀则举行

2016年6月20日，日喀则市雅江扶贫开发有限责任公司成立，自治区人大副主任、市委书记丹增朗杰，市长刘虎山出席成立仪式

2016年7月14日，仲巴县神山驿站在仲巴县帕羊镇隆重揭幕

2016年7月15日，首届珠穆朗玛徒步大会出发仪式在定日县举行

中国历史文化名城——日喀则市夜景

编辑说明

一、《日喀则年鉴》是中共日喀则市委、市人民政府决定编辑出版的集资料性、综合性、权威性、存史性等特征为一体的地方综合性、大型年度性多功能工具书，在《日喀则年鉴》编委会领导下，由《日喀则年鉴》编辑部主编。其编纂宗旨是坚持以马克思列宁主义、毛泽东思想、邓小平理论、“三个代表”重要思想、科学发展观和习近平新时代中国特色社会主义思想为指导，贯彻落实党的十九大精神、习近平总书记系列重要讲话精神和治国理政新理念新思想新战略，如实记述日喀则市自然、政治、经济、文化和社会等方面的年度情况，以便为各级领导了解市情、科学决策提供依据，为各单位、各行业、各部门研究本部门或行业事业发展提供翔实资料，为编修史志储存资料，同时也是日喀则文化建设和对外宣传的重要窗口。

二、2017年卷年鉴重点记述2016年市委常委会团结带领全市各族人民，紧密团结在以习近平同志为核心的党中央周围，按照“五位一体”总体布局和“四个全面”战略布局，坚持以党的建设为引领，全面落实五大新发展理念，全力摆脱贫困，决胜全面小康，为打造和谐文明幸福美丽日喀则而不懈奋斗的历程。

三、本卷年鉴设置24个栏目，即特载、综述、大事记、机构及其负责人、政党·政务、对口援藏、人民团体、军事、法治、经济管理、农牧林水、工业、交通·通讯、财政·税务、金融·保险、城建·环保、商贸·流通、科学、卫生、教育·文化、社会、县区概况、附录、索引。

四、本卷年鉴将纪事(动态信息)部分按类目、分目、条目三个层次编排，少数分目中增加子分目。类目下一般设综述，分目下设概况，以条目为主要载体，一事一条。纪事部分按类目、分目排列顺序进行适当调整。

五、本卷年鉴所载录内容和数据均由日喀则市各县(区)及有关部门负责提供，并经各级主管部门审核，资料和数据准确可靠，具有权威性。

六、本卷年鉴主要统计数据，即国民经济和社会发展统计公报及年末经济社会统计资料，由市统计局提供，但由于统计口径和名称的关系，有的部门统计数据可能不一致，因此，有类目中的单项数据，按部门统计资料记述。

七、《日喀则年鉴》的编辑、出版、发行，得到了各级领导和各单位、各部门的大力支持，部分图片由市委组织部、市委宣传部、市委政研室和日喀则市门户网站等单位提供，在此表示衷心感谢。有个别单位因特殊原因，本期没有刊载。

《日喀则年鉴》编辑部

2017年9月1日

《日喀则年鉴》编纂委员会

《日喀则年鉴》编辑部

图书在版编目（CIP）数据

日喀则年鉴. 2017 / 日喀则市地方志编纂委员会编.
-- 北京：方志出版社，2017.12
ISBN 978-7-5144-2870-4

Ⅰ. ①日… Ⅱ. ①日… Ⅲ. ①日喀则 - 2017 - 年鉴
Ⅳ. ①Z527.54

中国版本图书馆CIP数据核字(2017)第321387号

日喀则年鉴（2017）

编　　者：日喀则市地方志编纂委员会
责任编辑：王　俊

出 版 人：冀祥德
出 版 者：方志出版社
地址　北京市朝阳区潘家园东里9号（国家方志馆 4 层）
邮编　100021
网址　http://www.fzph.org
发　　行：方志出版社图书经销中心
电话（010）67110500
经　　销：各地新华书店
印　　刷：河南匠心印刷有限公司

开　　本：889 × 1194　　1/16
印　　张：27.5
字　　数：827千字
版　　次：2017年12月第1版　　2017年12月第1次印刷
印　　数：0001 ~ 1000册

ISBN　978-7-5144-2870-4　　定价：480.00元

目 录

ཁྱད་བཀོད། 特 载

བསྡུས་བཤད། 综 述

དོན་ཆེན་གྱི་རིམ་བཀོད་པ། 大事记

སྒྲིག་གཞི་དང་འགན་འཛིན་མཁན། 机构及其负责人

སྲིད་ཇུས་དང་སྲིད་དོན་གྱི་སྐོར། 政党 政务

གཟྷུང་བོད་སྐྱོར། 对口援藏

མི་དམངས་ཚོགས་པའི་སྐོར། 人民团体

དམག་དོན་གྱི་སྐོར། 军 事

ཁྲིམས་སྲུང་གི་སྐོར། 法 治

དཔལ་འབྱོར་དོ་དམ་གྱི་སྐོར། 经济管理

ཞིང་འབྲོག་དང་། ནགས་ཚལ། ཆུ་བེད་ཀྱི་སྐོར།
农牧林水

བཟོ་ལས་ཀྱི་སྐོར། 工 业

འགྲིམ་འགྲུལ་དང་འཕྲིན་གཏོང་གི་སྐོར། 交通 通讯

ནོར་སྲིད་དང་ཁྲལ་དོན་གྱི་སྐོར།
财政 税务

དངུལ་རྩ་དང་འགན་བཅོལ་གྱི་སྐོར།
金融 保险

གྲོང་ཁྱེར་འཛུགས་སྐྲུན་དང་ཁོར་ཡུག་སྲུང་སྐྱོབ་ཀྱི་སྐོར། 城建　环保

ཚོང་དོན་དང་འགོར་རྒྱུག་གི་སྐོར། 商贸　流通

ཚན་རིག་གི་སྐོར། 科 学

འཕྲོད་བསྟེན་གྱི་སྐོར། 卫 生

སློབ་གསོ་དང་རིག་གནས་ཀྱི་སྐོར། 教育 文化

སྤྱི་ཚོགས་ཀྱི་སྐོར། 社 会

རྫོང་དང་ཆུས་ཀྱི་གནས་ཚུལ་མདོར་བསྡུས། 县区概况

ཟུར་བཀོད།
附　录

དཀར་ཆག་བསྡུས་པ།
索　引

特　载

在全市经济工作会议上的讲话

自治区人大常委会副主任、日喀则市委书记　丹增朗杰

（2016年2月28日）

同志们：

这次会议，是我市在“十二五”圆满收官、“十三五”顺利开局的重要时刻、全面建成小康社会进入决胜阶段召开的一次重要会议。主要任务是，贯彻落实中央和全区经济工作会议精神，总结2015年全市经济工作，安排今年经济工作，动员全市上下把思想和行动统一到中央和自治区的决策部署上来，开拓进取、奋力赶超，进一步推进经济社会发展，确保“十三五”开局良好。

下面，我讲四点意见。

一、在进一步推进经济社会发展中坚定信心、保持定力

总结过去一年的工作，分析当前的经济形势，概括起来就是：取得的成绩来之不易，存在的困难不容忽视，发展的信心必须坚定。

（一）取得的成绩来之不易。2015年，市委、市政府团结带领各族干部群众，深入实施“抓住一个优势，运用两种手段，打造三个经济带”的区域经济发展思路，稳增长、调结构、促改革、惠民生、保稳定，奋力夺取“4·25”地震抗震救灾的伟大胜利，成功举办自治区成立50周年庆祝活动，扎实开展“三严三实”专题教育，科学制定我市“十三五”经济社会发展规划，开创了科学发展、和谐稳定、民族团结、民生改善、宗教和睦、生态良好、党建加强的好局面。总的来看，主要有五个方面的变化：一是从指标来看，发展在提速。全年生产总值同比增长11%，实现166.84亿元；地方一般公共财政预算收入增长16.9%，完成9.51亿元；全社会固定资产投资增长20.9%，完成140.12亿元；城乡居民人均可支配收入预计分别增长11%、13%，达到24080元、7590元，各项主要指标增幅均高于2014年。二是从产业来看，结构在提优。一产转型升级，二产提质增效，三产扩容增量，三次产业结构更趋合理，调整为17.8：32.6：49.6，第三产业占半壁江山。三是从面貌来看，形象在提升。项目建设顺利推进，G318线绕城公路、拉洛水利枢纽及配套灌区工程等重点项目有序推进，日喀则火车站配套工程、珠峰曲宗公路全面完工；城镇面貌日新月异，全市城镇化率达到22.7%，亚东县城镇化率达到73.75%。四是从民生来看，保障在提标。着力办好民生“十件实事”，有效落实自治区10个方面26项提标扩面政策，公共服务水平不断提高，各族群众充分沐浴到党的民生政策温暖的阳光。五是从管理来看，效能在提高。推进了简政放权，下放1000

万元以下政府投资项目审批权限；推进了农牧区改革，全面启动白朗县自治区级农村改革试点；推进了商事制度改革，各类市场主体发展到2.84万户；加大了交流合作力度，招商引资签约项目49个、到位资金7.1亿元，争取援藏计划外资金3.42亿元。这些成绩的取得，是党中央、国务院亲切关怀和区党委、政府坚强领导的结果，是四省市两企业无私援助和社会各界大力支持的结果，是全市上下齐心协力、实干奉献的结果。在此，我代表市委、市政府向大家表示衷心的感谢！

（二）存在的困难不容忽视。在肯定成绩的同时，我们更要清醒地认识到，受全国经济下行压力的影响，我市经济社会发展仍然面临着不少困难，主要是：横向差距大，与全区其他地市相比，发展速度、投资力度、争取项目都较为滞后，战略性项目储备不足，投资居于全区第五位，与西藏第二大城市的地位不相匹配；发展能力弱，经济发展的初级性、依赖性、粗放性特征仍然明显，内生动力不足，经济总量小、产业“小弱散”，财政自给率不足7%，资源优势很难转化为经济优势；基础设施差，公路通达深度不够、技术等级低、抗灾能力弱，电力供应不足，仍有4个县未纳入藏中电网，市政及教科文卫设施、农牧业基础设施相对滞后；贫困程度深，目前我市仍有16.96万贫困人口。此外，维稳任务依然艰巨繁重；有的领导干部思想不够解放，缺乏担当，等等。对于这些问题，我们一定要高度重视、积极应对、认真解决。

中央、自治区相继召开了经济工作会议，回顾总结了2015年经济工作，深刻分析了经济社会发展面临的新形势，全面部署了今年经济工作，为我们认清形势、明确目标，坚定信心、凝聚力量，进一步推进全市经济社会发展，指明了方向，提供了遵循。我们一定要在坚决贯彻中央和自治区的决策部署上保持定力，深刻领会和把握习近平总书记关于新常态下“怎么看”“怎么干”的重要论述，进一步推进工作方式的重大转变，深刻领会和把握中央、自治区关于结构性改革的重大战略部署，进一步明确今年经济工作的主攻方向和重点任务，深刻领会和把握中央、自治区关于今年经济工作的思路目标和政策导向，进一步做好结合文章抓好贯彻落实；一定要在下行压力和风险挑战面前保持定力，每临大事有静气，遇到困难不退缩，攻坚克难、勇闯关口，锐意改革、大胆创新；一定要在狠抓落实、顽强拼搏上保持定力，不浮躁折腾、不急功近利，以铁一般信仰、铁一般信念、铁一般纪律、铁一般担当，踏石留印、抓铁有痕，持续用力、久久为功。

二、在进一步推进经济社会发展中应时合势、乘势而上

做对的事情比把事情做对更重要。我们一定要纵观所处阶段和发展大势，应时合势、精准发力，只有这样才能事半功倍、推动跨越发展。

（一）准确把握阶段性特征。当前，我市正处在打赢脱贫攻坚战、如期实现全面小康的决胜阶段，加紧生态功能区建设、增强自我发展能力的重要阶段。我们做工作、干事情都要从这个阶段特征出发，坚持把改善民生、凝聚人心作为经济社会发展的出发点和落脚点，坚持发展建立在生态安全基础上，以提高经济发展质量和效益为中心，以加快改革开放、促进市场要素流动为途径，推进经济社会协调发展、走向全面小康，推进民生显著改善、走向人民生活富裕幸福，推进美丽日喀则建设、走向生态全面改善。

（二）准确把握阶段性变化。把握形势、掌握规律是我们做好经济工作的前提。要根据发展阶段和发展趋势的变化与时俱进，遵循市场经济规律和产业发展规律，进一步认识新常态、适应新常态、引领新常态，牢固树立并贯彻落实创新、协调、绿色、开放、共享五大发展理念，主动适应经济发展新常态，自觉把工作重点转移到中央关于“十个更加注重”的决策部署上来，统一到自治区关于“九个一”经济工作的具体要求上来，向改革要动力，向调控要助力，向市场要活力，努力开拓发展新境界。

（三）准确把握阶段性机遇。当前，我市主要面临着“五大机遇”，这为我们在新常态下加快经济社会发展提供了有利条件。要抢抓灾后重建的机遇，灾后恢复重建是我市进一步完善基础设施、促

进产业发展、加快城镇化建设的重大机遇，将有利于城乡居民住房、公共服务设施、基础设施的恢复重建和完善提升，有利于生产力布局的统筹安排。要抢抓脱贫攻坚的机遇，中央召开了扶贫开发工作会议，出台了关于打赢脱贫攻坚战的决定，我市还有16.96万人的脱贫任务，面临的政策、资金、项目的支持和扶持力度前所未有。要抢抓“十三五”规划的机遇，拉日高等级公路、拉日铁路延伸线、湘河水利枢纽等一批重大项目已被列入规划、即将上马实施，将有力支撑我市经济社会发展。要抢抓援藏力度不断加大的机遇，中央召开了第六次西藏工作座谈会，完善了对口援藏工作机制，随着新一轮援藏工作的开始，我们必将进一步获得国家的政策和资金支持。要抢抓国家“一带一路”战略实施的机遇，“一带一路”战略和“环喜马拉雅经济合作带”建设，有利于推进日喀则融入国家发展战略，有利于我市发挥连接祖国内地与南亚市场的区位优势和纽带作用。我们一定要抢抓机遇、乘势而上，努力开创我市有质量有效益、持续健康快速发展的新局面。

三、在进一步推进经济社会发展中明确思路、突出重点

今年是全面建成小康社会决胜阶段的开局之年，是“4·25”地震灾后恢复重建的攻坚之年，是打赢脱贫攻坚战的关键之年，做好经济工作意义重大。全市经济工作的总体要求是，深入贯彻落实党的十八大和十八届三中、四中、五中全会以及中央第六次西藏工作座谈会精神，贯彻落实习近平总书记系列重要讲话精神、特别是“治国必治边、治边先稳藏”的重要战略思想和“加强民族团结、建设美丽西藏”的重要指示，以邓小平理论、“三个代表”重要思想、科学发展观为指导，按照“五位一体”总体布局和“四个全面”战略布局，坚持党的治藏方略，坚持依法治藏、富民兴藏、长期建藏、凝聚人心、夯实基础的重要原则，牢固树立创新、协调、绿色、开放、共享的发展理念，主动适应经济发展新常态，坚持稳中求进工作总基调，突出抓好稳增长、调结构、强支撑、促改革、惠民生、保稳定、防风险，深入实施“抓住一个优势，运用两种手段，打造三个经济带”的区域经济发展思路，更加注重重点项目建设，更加注重产业结构调整，更加注重民计民生改善，更加注重生态环境保护，做到宏观政策要稳、产业政策要准、微观政策要活、改革政策要实、社会政策要托底，确保“十三五”开好局、起好步，为全面建成小康社会奠定坚实基础。

全市经济社会发展的主要预期目标是，地区生产总值增长14%以上，地方一般公共财政预算收入增长17%以上，全社会固定资产投资增长20%以上，社会消费品零售总额增长18%以上，城乡居民人均可支配收入分别增长13%、17%以上。实现上述目标，重点要抓好以下八个方面的工作：

（一）着力加快项目建设。强化投资对稳增长、强基础的支撑作用，力争新建续建项目574个，完成全社会固定资产投资260亿元。一是围绕重大项目抓争取。充分发挥市项目协调领导小组职能，加大项目对接、衔接力度，加强财政垫资和银行信贷支持，用好2亿元项目前期经费，加快项目前期工作进度，探索实施项目代建制和总承包制，引进培育咨询设计等中介机构，提高项目工作水平，确保项目能够及时拿得出、报得上、争得来。二是围绕在建项目抓进度。对续建项目，责任单位要紧扣时限，快速推进，力求早建成、早投入；对新建项目，责任单位要积极创造开工条件，做好前期准备工作，做到早着手、早开工。重点加强基础建设，加快推进拉洛水利枢纽、市区至机场专用公路、湘河水利枢纽以及谢通门、南木林110kv输变电工程等重点项目，力争G318线绕城公路、环城路建成通车；做强园区经济，着力打造吉隆中尼跨境经济合作区、日喀则综合物流园区、日喀则国家级农业科技园区、南木林县雅江北岸生态示范园、桑珠孜区万亩“光伏+生态设施农业”产业示范园等产业园区，集中打造日喀则综合保税区，加强园区基础设施建设，不断提升园区产业承载水平；抓好援藏项目，切实加强援藏项目衔接，改进援藏项目管理，建立项目后评估机制，进一步提高援藏项目效益。三是优化环境抓保障。进一步加强政银企项目对接，推进金融撬动战略实施，加大对实体经

济的信贷支持；进一步加大工作力度，清理闲置土地，盘活存量土地，推进节约集约用地，切实解决资金、用地等制约项目建设的瓶颈问题。严厉打击垄断经营、乱圈乱占等违法行为，维护正常市场秩序，扎实推进项目建设领域突出问题专项整治工作，打造项目建设的良好环境。

（二）着力推进结构调整。按照“一产上水平、二产抓重点、三产大发展”的发展战略，强化科技创新驱动，着力培育发展“六个百亿”产业，坚定不移推进科学发展、加快发展、跨越发展。一是大力发展现代农牧业。坚持特色促动，加快推进青稞、蔬菜、岗巴羊、奶牛等种养殖基地建设，继续推进有机产品认证和农产品地理标志认证，打响“有机之乡·生态家园”的品牌；坚持龙头拉动，力争培育市级农牧业龙头企业2—3家，推荐自治区级龙头企业2—3家，提升产业化水平；坚持示范带动，着力推进农业机械化、土地流转等重点工作，促进农牧业适度规模经营，提升集约化水平。二是大力推进新型工业化。加快推进日喀则工业园建设，大力发展特色农牧产品精深加工产业，支持神猴药业恢复生产，加大雄村铜矿开发力度，深化与山东力诺、青岛崂山矿泉水等区内外企业的合作，大力开发太阳能和天然饮用水产业，力争工业总产值突破18亿元。三是大力发展第三产业。突出“神奇珠峰、神秘后藏、吉祥日喀则”主题，充分发挥藏巴旅游开发有限公司投融资平台的作用，加强与云南丽江玉龙旅游股份有限公司合作，积极抓好珠峰景区、萨迦古城等旅游项目建设，着力打造“五位一体”的世界文化旅游目的地，打造后藏旅游升级版，力争全年接待游客400万人次，实现旅游收入34亿元。积极融入国家“一带一路”、孟中印缅经济走廊、“环喜马拉雅经济合作带”，加快商贸物流业发展，启动电子商务平台建设；加快吉隆口岸建设，促进樟木口岸恢复运营和边贸业快速回升，力争今年边贸总额达到4.66亿美元。加快建设江落康莎等文化产业项目，促进文化产业与其他产业高度融合，推动文化产业繁荣发展。

（三）着力抓好灾后重建。遵循科学规划、分步实施、立足当前、着眼长远的原则，科学统筹、推进结合、改变面貌，努力建设幸福美好新家园。一是坚持科学重建。用足用好中央关于灾后重建的优惠政策，把灾后恢复重建与新型城镇化建设、新农村建设、精准扶贫、产业集聚、公共服务设施改善有机结合起来，因情施策、一县一策，突出抓好33个特色小城镇、163个整村推进和特色产业建设，用三年时间还一个美丽日喀则。二是坚持和谐重建。把利益协调作为推进和谐重建的切入点，充分发挥群众在恢复重建中的主体作用，着力解决灾区群众恢复生产、发展产业中的难题，维护好群众的切身利益，实现灾区生产生活水平较灾前的整体跨越。三是坚持依法重建。严格按照《“4·25”尼泊尔地震西藏灾区灾后恢复重建总体规划》，结合灾区“十三五”规划，科学整合灾后重建、兴边富民、城镇建设、村级环境整治等资金，全力推进灾后重建项目，有力有序有效地推进灾后重建各项工作。

（四）着力推动城镇发展。深入贯彻中央城市工作会议精神，遵循城市发展规律，巩固提升日喀则全区第二大城市的地位，加快推进新型城镇化建设。一是规划成就城镇。把规划作为城镇建设的“龙头”、提升城市水平的突破口，着眼于构建“中心—副中心＋县城—重点乡镇”三级城镇体系，加快日喀则城市总体规划编制工作，推动形成“一圈、三轴、三带”的空间发展总体框架，推动全市发展空间更加优化、东中西区域发展更加协调。二是建设造就城镇。大力推进新型城镇化，结合灾后重建，在沿路、沿江、沿边、沿旅游景点打造一批功能齐全、作用明显、各具特色的小城镇，积极推进桑珠孜区国家新型城镇化试点工作，加快“一区两镇”和甲措雄乡、江孜镇、吉定镇、吉隆镇特色小城镇示范点建设，重点把亚东打造成全区最美的边陲重镇，把空港新城打造成全市新型小城镇示范点，认真做好江孜县撤县设市工作，引领带动全市城镇化建设。三是管理叫响城镇。突出以人为本，创新城镇治理方式，加强精细化管理，构建大城管格局，提高市民文明素质；突出城市基础设施和公共服务设施建设，积极推进市区防洪、主城区电网入地工作，加强地下管网改造，加强对城市的空间立体性、平面协调性、风貌整体性、文脉延续性等方面的管控，完善城市功能，提升城市形象。

（五）着力开展脱贫攻坚。牢牢把握精准扶贫、精准脱贫的基本方略，在精准施策上出实招、在精准推进上下实功、在精准落地上见实效。一是“扶持谁”要一清二楚。做实做细建档立卡工作，真正把扶贫对象搞准，把贫困情况搞清，把动态进出搞实，做到符合标准的一户不漏，不符合标准的一户不进。二是“谁来扶”要明确分工。坚持把脱贫攻坚作为头等大事来抓，强化党政“一把手”脱贫攻坚责任，市级统筹、县抓落实、工作到村、扶持到户，形成政策扶贫、专项扶贫、行业扶贫、社会扶贫、企业扶贫、金融扶贫、援藏扶贫、驻村扶贫的大扶贫格局，确保责任清晰、机制健全。三是“怎么扶”要对症下药。找准贫困人口脱贫路子，破除贫困区域瓶颈制约，坚持扶持对象精准、项目安排精准、资金使用精准、措施到户精准、因村派人精准、扶贫责任精准、脱贫成效精准，大力实施“九个一批”工程，力争完成8475户38487人的脱贫任务。四是“如何退”要积极稳妥。明确脱贫时限，保证脱贫质量，退出多少要精准到县、到村、到户、到人，成熟一个摘帽一个，脱贫一户销号一户。

（六）着力深化改革开放。坚持把改革开放作为加快发展的驱动力，改革靠自己，开放靠政策。一是全面深化改革。推进结构性改革，减少无效和低端供给，扩大有效和中高端供给，在提高全要素生产率上取得突破；深化行政体制、审批制度和商事制度改革，积极推进政府机构和编制改革，加大简政放权力度，推行权力清单制度，加快建设日喀则市行政服务中心，继续推行“三证合一、一照一码”制度，在放管结合、优化服务上取得突破；推进国企改革，壮大非公经济，启动市级创业基金，推动大众创业、万众创新，在发展混合所有制经济上取得突破；深化农牧区改革，稳步推进农村集体产权制度和土地制度改革，在提高农牧民组织化和农牧业规模化程度上取得突破；实行负面清单准入管理，健全市场监管机制，拓展现代流通方式，创新金融服务模式，增强金融服务功能，在完善现代市场体系上取得突破。二是强化合作交流。加强与尼泊尔、印度等南亚国家经贸往来，发展全方位合作关系，不断深化互利互信，促进开发开放。强化与内地省市的合作交流，促进日喀则特色资源优势与内地的资金、技术、人才优势深度融合，实现合作共赢。着力创新招商引资方式和机制，以资源招商，借援藏招商，吸引区内外大公司前来我市投资，扩大引资规模。三是优化援藏工作。启动实施对口援藏“十三五”规划，做好援藏轮换，优化援藏资金使用结构，提升援藏工作效益。切实做好经济援藏、教育援藏、就业援藏、科技援藏、干部人才等援藏受援工作，推进教育、医疗卫生等领域“组团式”人才受援工作，推动受援工作向纵深发展。

（七）着力改善民计民生。落实好自治区利民惠民、利寺惠僧“十件实事”，办好市级层面10件实事，抓重点、解难点，不断提高各族群众参与度、获得感和幸福指数。一是抓就业、促增收。坚持就业第一的原则，以市场为导向，以创业带就业，搭建就业平台，加大就业培训，城镇登记失业率控制在2.1%以内；加强农牧民职业技能培训，大力转移农牧区富余劳动力，带动农牧民尤其是贫困群众增收致富。二是抓教育、促公平。坚持教育优先的原则，大力推进学前双语教育，着力提升高中教育普及水平，重点发展现代职业教育，稳步推进高等职业技术学院设立工作，全力推进义务教育均衡发展，促进起点公平。三是抓卫生、促健康。大力发展医疗卫生事业，完善城乡卫生服务体系，加快市人民医院新院区建设，启动市人民医院“三甲”创建工作，推进医疗卫生机制改革，促进城乡医疗资源均衡配置，努力让各族群众看得上病、看得起病、看得好病。四是抓社保、促兜底。大力实施社会保障工程，进一步扩大社会保障覆盖面，加快完善覆盖城乡居民的社会保险体系和社会救助体系，完善城乡居民基本养老保险制度，完善城乡社区服务体系，保障贫困群众基本生活。五是抓安全、促和谐。牢固树立安全生产红线意识和安全发展理念，进一步落实安全举措、加强安全监管，强化“党政同责、一岗双责、失职追责”，全力做好安全生产各项工作。

始终秉承保护环境就是保护生产力的理念，加快建设资源节约型、环境友好型社会，积极建设美丽日喀则。一是坚守生态红线。坚持生态保护第一，始终将生态安全作为底线、红线、高压线，实行最严格的环境保护制度，建立产业准入负面清单，严禁“三高”项目进入，严格实行环境保护“一票否决”制度。二是实施重点保护。进一步加大生态保护修复力度，着力加强重点生态功能区和天然草地、天然湿地、天然林地保护，加大植树造林、封山育林和防护林体系、生态公益林建设力度，完善生态综合补偿机制，筑牢生态安全屏障，切实保护好雪域高原一草一木、山山水水。三是强化监督检查。坚持生态环境保护党政同责、一岗双责，健全完善生态环境监管制度和政绩考核制度，全面落实生态环境保护责任追究制度和环境损害赔偿制度，健全完善环境监测、监察机构，加强城镇污水、垃圾处理设施建设与运营的监管。

四、在进一步推进经济社会发展中转变作风、强化保障

做好今年经济工作，关键在于狠抓落实。各级各部门要按照市委、市政府的统一部署，以严的标准、严的要求，扎扎实实地把各项工作任务开展好、推进好、落实好。

（一）加强组织领导。各级各部门和党员领导干部要坚持理论武装、提升能力，认真学习贯彻党中央、区党委、市委一系列重要会议精神和习近平总书记、陈全国书记的一系列重要讲话精神，不断提高驾驭市场经济的能力、应对复杂局面的能力、做好群众工作的能力。要坚持统筹兼顾、总揽全局，正确处理好发展与稳定、发展与改革、发展与民生、发展与环境、脱贫与小康、速度与效益、调结构转方式与发展特色产业、新型城镇化与新农村建设、对内开放与对外开放、全国支援与自力更生、局部与全局的关系，始终牢牢掌握经济工作的主动权。要坚持凝心聚力、协同推进，紧盯目标，突出重点，层层签订责任书，逐级立下军令状，充分调动各方面的积极性、主动性和创造性，汇聚起一心一意谋发展、协调一致抓发展的强大合力。

（二）转变工作作风。认真贯彻落实习近平总书记“四个自觉”的重要指示和陈全国书记“四个坚定不移”、做“十二种人”的工作要求，不断巩固党的群众路线教育实践活动和“三严三实”专题教育成果，以优良党风带动政风民风，推进作风建设常态化。严格执行中央八项规定、区党委“约法十章”“九项要求”，始终做到勤政为民、廉洁自律。牢固树立“在党风廉政建设和反腐败问题上没有任何特殊性”的思想，认真落实“两个责任”，深入开展党风廉政建设和反腐败斗争，营造风清气正的政治生态。

（三）维护社会稳定。坚持稳定压倒一切，不断强化各级各部门和广大党员干部的政治意识、忧患意识、责任意识，做到守土有责、守土负责、守土尽责。认真落实自治区十项维稳措施，持续开展好干部驻村驻寺、城镇网格化管理、加强和创新寺庙管理、“先进双联户”创评等重点工作，强化重点地区和“两边一线”管控，开展打击整治专项行动，深化社会治安综合治理，维护意识形态领域安全，促进民族团结和谐。严格落实维稳责任，全面提升维稳能力，筑牢维护稳定的铜墙铁壁，确保社会局势持续稳定、长期稳定、全面稳定，为经济社会发展保驾护航。

同志们，让我们更加紧密地团结在以习近平同志为总书记的党中央周围，在自治区党委、政府的坚强领导下，坚定必胜信念，勇于攻坚克难，脚踏实地工作，加快推进全市经济社会发展和长治久安进程，为建成安居乐业、保障有力、家园秀美、民族团结、文明和谐的小康社会而努力奋斗！

中共日喀则市委日喀则市人民政府关于发展壮大七大产业的意见

为深入贯彻落实党中央、区党委关于产业发展的决策部署，进一步优化产业结构，提升产业发展水平，壮大实体经济，切实将日喀则得天独厚的资源优势转化为经济优势、发展优势，为全市提速跨越、全面小康提供坚强有力的产业支撑，现就发展壮大我市珠峰有机种养加业、珠峰特色旅游业、珠峰天然饮用水业、珠峰优势矿产业、珠峰特色手工业、珠峰清洁能源业、珠峰南亚物流业（以下简称“七大产业”），提出如下意见。

一、总体要求

（一）重要意义。产业是发展之本、强市之基、富民之源。产业兴则日喀则兴，产业强则日喀则强。日喀则发展到今天，各项事业已经步入了不进则退、慢进也是退的历史阶段，特别是在产业发展方面，推动生产方式从传统低端向现代高端转变、经营方式从零散粗放向规模集约转变、发展方式从高耗低效向低耗高效转变，已经势在必行、迫在眉睫，已经到了不破不立、大破大立的关键时刻。加快产业发展，夯实日喀则经济社会发展的物质基础，是日喀则落实党中央、区党委决策部署的内在要求，是推动区域经济发展、实现富民强市的必然要求，是全面建成小康社会的迫切要求，是确保社会局势和谐稳定的根本要求。各县区、各部门必须把思想和行动统一到市委、市政府的重大决策部署上来，牢固树立产业发展意识，把发展壮大七大产业作为经济工作的主旋律、跨越发展的主抓手，切实增强发展产业的责任感和紧迫感，坚定目标不动摇，着力在产业转型升级、提高质量效益上下功夫，构建具有竞争力的现代产业体系，走出一条具有日喀则特色的产业发展之路。

（二）指导思想。以邓小平理论、“三个代表”重要思想、科学发展观为指导，深入贯彻落实党的十八大、十八届历次全会精神和中央第六次西藏工作座谈会精神，深入贯彻落实习近平总书记系列重要讲话精神特别是“治国必治边、治边先稳藏”重要战略思想，坚持依法治藏、富民兴藏、长期建藏、凝聚人心、夯实基础的重要原则，坚持以“五位一体”总体布局和“四个全面”战略布局为统领，以增强自我发展能力为方向，以优质资源为依托，以改革创新、科技进步为动力，以要素整合、品牌打造为重点，以经济、生态、社会效益最大化为目标，提升自主创新能力、加强产业区域间合作、扩大产业发展规模、推动产业重点突破、促进产业集聚发展、构建产业支撑体系，发展壮大珠峰有机种养加业、珠峰特色旅游业、珠峰天然饮用水业、珠峰优势矿产业、珠峰特色手工业、珠峰清洁能源业、珠峰南亚物流业等七大产业，突出市县乡三级产业基地建设（坚持宜农则农、宜牧则牧、宜工则工、宜商则商、宜游则游，因地制宜推进产业基地建设）、园区建设（经济技术开发区、中国西藏珠峰文化旅游创意产业园区、日喀则国家级农业科技园区）、旅游目的地建设（世界重要的自然与文化旅游目的地）、水产业建设（天然饮用水）、矿产业建设（安全、绿色、和谐矿山）、民族手工艺平台建设（氆氇、唐卡、藏刀等民族手工艺集聚平台）、清洁能源地建设（太阳能、水电等清洁能源）、口岸前沿区建设（中国面向南亚开放前沿），努力培育具有较强竞争力和影响力的特色支柱产业，切实把独特的资源优势转化为产业竞争优势、经济发展优势，真正实现人力资源大市向人才强市转变，农牧资源大市向农牧产业强市转变、南亚商贸资源大市向南亚商贸产业强市转变，文化旅游资源大市向文化旅游产业强市转变、矿产资源大市向优势矿业强市转变、清洁能源大市向清洁能源产业强市转变。

（三）总体目标。到2018年，全市产业发展环境良好，产业支撑体系初步完善，产业发展初具规模，新增3—5家自主创新能力较强、发展水平较高、规模超千万的龙头企业，打造3—5个以上国内、国际知名品牌。到2020年，全市产业发展技术支撑体系、产业组织体系、政策法规体系、行业管理体系和创新体系健全完善，新增5—10家规模上亿元龙头企业、15—20家规模上千万企业、100家规模上百万企业，打造10个以上国内、国际知名品牌。

二、基本原则

做好全市产业发展工作，必须立足自然条件、资源禀赋和产业基础，更新一种观念，抓好三个融合，把握三对关系，强化四种意识，树立五大理念，做到六个坚持。

（一）更新一种观念。全市上下一定要加快转变思想、更新观念，以等不起的紧迫感、慢不得的危机感、争一流的使命感，抢抓发展机遇，攻克发展难题，发展壮大产业，坚决破除四种思想，牢固树立四种意识，即：1.坚决破除小富即安、自满自得的思想，牢固树立创先争优、拼搏苦干的意识，敢于攀高比强，以不甘落后的劲头、敢为人先的勇气谋划推进产业发展；2.坚决破除瞻前顾后、消极畏难的思想，牢固树立敢闯敢拼、锐意进取的意识，勇于探索、勇往直前，不说不能办，只说怎么办，以人一之我十之的气概谋划推进产业发展；3.坚决破除固步自封、因循守旧的思想，牢固树立突破常规、改革创新的意识，转变思维、创新思路，以与时俱进的发展眼光和战略思维谋划推进产业发展；4.坚决破除本位主义、狭隘封闭的思想，牢固树立抢抓机遇、顾全大局的意识，从长远利益和全局利益出发，突破地域限制、行业限制，以大视野、大情怀、大格局、大目标谋划推进产业发展，真正打破惯性思维，破除思想藩篱，走出思维定式，以全新的观念解决好融资借贷、科技创新、资源依赖等难点工作，以全新的思维谋划好规模扩大、市场开拓、企业培育、品牌打造等重点工作，切实推进日喀则产业加快发展。

（二）抓好三个融合。一是与脱贫攻坚融合。大力发展贫困群众参与度高的区域特色产业，培育一批扶贫企业，通过易地搬迁鼓励、引导贫困人口向产业园区集聚，既解决园区企业用工问题，又以产业“造血”拓宽增收途径、提高群众收入，从根本上解决贫困群众持续发展、持续增收问题。二是与灾后恢复重建融合。着眼产业抓重建，抓好重建促产业，以产业配套促进灾区经济布局优化、灾区发展方式转变，以灾后重建推动产业项目实施、产业结构调整，真正实现两手抓、两促进。三是与城镇化建设融合。坚持科学规划、正确定位，处理好产业发展布局与中心城镇、特色小城镇、新农村发展布局之间的空间关系，对区域资源丰富、产业特点突出的中心城镇、特色小城镇做好总体规划设计，推动农村劳动力向中心城镇、特色小城镇转移，产业集群与城镇化打造、新农村建设融合发展，促进基础设施、生产要素整合共享，不断提升区域产业的综合竞争力。

（三）把握三对关系。一是处理好产业发展与生态保护的关系。在推进产业发展的过程中，要贯彻节约资源和保护环境的基本国策，正确处理经济发展和资源环境的关系，合理开发和有效利用各类资源，决不能走先污染后治理、边建设边破坏的老路，切实保护好后藏大地的山山水水，努力建设天蓝、地绿、水清、气净的美丽日喀则。二是处理好产业发展与和谐稳定的关系。要切实解决产业发展中涉及群众的利益问题，确保群众共享产业发展成果，改善民生、惠及民生、减少社会不稳定因素，为全市产业发展奠定更加坚实的社会基础和群众基础。三是处理好产业发展与安全生产的关系。牢固树立“红线”意识和“底线”思维，建立健全安全生产监管长效机制，强化安全生产执法监督管理，不断深化安全生产专项整治，确保产业安全发展。

（四）强化四种意识。一是强化规划引领意识。选择资质优、实力强、信誉好的国内一流规划咨询单位，高起点、高标准、高质量编制《日喀则市产业发展总体规划》，将资金的投入、土地的使用、科技的服务等扶持工作和企业的培育、品牌的打造、质量的保证等关键工作都纳入规划范围，绘好全市产业发展蓝图。二是强化依法行政意识。在特色支柱产业的培育和建设过程中，严格依法行政，用法律法规来规范产业市场，用法律法规来处治各种社会矛盾、保障群众各种合法利益，用法律来界定政府、企业、群众、消费者各方面的关系，确保各类产业科学有序发展。三是强化政府引导意识。正确处理政府与市场的关系，做到简政放权到位、放管结合到位、优化服务到位，更多地在规划统筹、基础完善、市场监管、社会管理、群众增收上做文章，真正把改革的红利、内需的潜力、创新的活力叠加起来，推进产业加快发展、健康发展、跨越发展。四是强化科技支撑意识。加快建立以企业为主体、市场为导向、产学研相结合的科技创新体系，着力提高自主创新能力，抢占产业发展的制高点，推动形成区域产业发展优势。

（五）树立五大理念。一是树立创新发展的理念。解放思想、调整思路、转变思维，大力推进生产方式从传统低端向现代高端转变、经营方式从零散粗放向规模集约转变，把工作着力点放在培育扶持新业态、新模式、新经济上，降成本、补短板，激发农牧业、民族手工业等传统产业新的生机和活力，找市场、扩需求，提升文化旅游、现代物流等新兴产业的商气和人气，确保全市产业发展比较优势得到充分发挥。二是树立绿色发展的理念。坚持有所为有所不为，积极倡导绿色发展、循环发展、低碳发展，大力推进发展方式从高耗低效向低耗高效转变，坚决杜绝高耗能、高污染、高排放的产业，做到既要绿水青山、也要金山银山，甚至宁要绿水青山、不要金山银山。三是树立协调发展的理念。产业内部要协调，基础设施建设、企业发展培育、服务监督管理要同步进行、同步提升，不能有短板、有漏洞；产业之间要协调，进一步提升一产、壮大二产、做强三产，促进三次产业健康发展，保持“三二一”的合理结构，提升发展质量、提高经济效益。四是树立开放发展的理念。发挥援藏优势，立足全市丰富的自然资源、文化资源，加强与对口支援省市、中央企业的经济技术合作交流，实现优势互补、互惠互利；发挥区位优势，加强与兄弟地市的战略合作，积极融入藏中南经济圈，主动融入川渝经济圈、陕甘宁经济圈、大香格里拉经济圈，融入内地经济大格局；发挥沿边优势，主动参与“一带一路”和孟中印缅经济走廊建设，加强与尼泊尔、印度、不丹等国家和地区的交流合作，实现互联互通。五是树立共享发展的理念。以改善民生为出发点和落脚点，大力实施“富民兴藏”战略，充分发挥群众的主观能动性，让群众积极参与产业发展、融入产业发展、共享发展成果，通过建立健全多种形式的利益联结机制，做实做大村级集体经济，确保政府、企业、群众互利共赢，实现富民与强市的有机统一。

（六）做到六个坚持。一是坚持市场导向。充分考虑市场因素，瞄准现实和潜在两种需求，立足多样化、优势化、差异化，积极发展市场占有率高、前景广阔、品质优良、特色鲜明、科技含量和附加值高的优势特色产业及产品。二是坚持整体推进。整体推进产业发展的原料生产、开发、加工、营销等各个环节，确保在产业链上中下游实现最大盈利。结合区域农牧资源、矿产资源、旅游资源、人力资源和产业经济特点，选准高效产业项目，统筹谋划、整体推进，着力打造规模化、区域化的优势产业集聚区。三是坚持因地制宜。立足实际、因地制宜，错位竞争、差异发展，不断完善发展思路，宜农则农、宜牧则牧、宜工则工、宜商则商、宜游则游，力戒照抄照搬，简单复制。四是坚持强势突破。集中人力、物力、财力，优先发展效益比较高、潜力比较大的产业项目。围绕产业发展中遇到的瓶颈或困难，合力攻坚、强势突破，力争全市产业发展“一年大突破、三年大提升、五年大跨越”。五是坚持企业推动。加大招商引资力度，以资源换资金，以开放促开发，以让利促发展，重点引进带动能力强、技术含量高、附加值高、市场占有率高的项目，着力形成引进一个大项目、跟进一批配套企业、形成一个产业集群的良好格局。立足自身优势资源和发展实际，坚持本土发展与招商引资相结合，培育基础条件好、发展前景好、带动效益好，有市场开拓能力、科研开发能力、加工流通能力的现代化龙头企业，推动产业健康发展、快速发展。六是坚持品牌带动。大力实施品牌战略，注重以品质树立品牌形象，以规模助推品牌发展，以创新保持品牌活力，以“互联网+”扩大品牌影响，打造一批以“珠峰”命名、在区内外享有盛誉、市场优势明显、增值潜能巨大、带动群众增收作用突出的知名品牌、高端品牌；在创立自主品牌的同时，积极引进国内、国际知名品牌企业来全市投资兴业，借脑生智、借风扬帆、借船出海、借势发展。

三、主要任务

抓住当前全市灾后重建、脱贫攻坚、提速跨越、决胜全面小康的关键时期，立足产业发展实际，全力发展壮大七大产业，调整优化产业结构，构建多元产业支撑体系，挖掘资源潜力、厚植发展优势，拓展发展空间、广泛惠及群众，进一步推进日喀则长足发展和长治久安。

（一）壮大珠峰有机种养加业。准确把握当今社会人们对购买健康有机食品的消费心理和社会趋势，充分发挥日喀则发展生态有机农牧产业得天独厚的先天优势，坚持高端定位、优质优价，充分利用全市农畜产品数量上的稀缺性、产地上的唯一性，突出市场运作、龙头带动、品牌引领，做大、做强、做深、做优生态有机种养加业。

1. 改善条件。扎实做好桑德、帕孜水利枢纽和涅如、堆纳等饲草料基地灌溉工程前期工作，积极推进拉洛水利、湘河水利和恰央、强布水库等农田水利基础设施建设，改善水利基础设施条件；积极推进高标准农田、现代种业工程、畜禽标准化养殖场和设施农业建设，提升农牧业综合生产能力；积极引进新品种、新工艺、新技术，大力实施土壤改良、高产创建示范、良种繁育推广等基本建设项目，提升农牧业科技创新与服务能力。

2.扩大规模。建好管好国家级农业科技园区、白朗现代蔬菜科技示范园区等现有园区，在桑珠孜、江孜、白朗、南木林、拉孜、萨迦等县区分别建设万亩现代农业示范园区，充分发挥园区吸收转化、集聚创新、示范带动作用，加快“光伏+生态设施农业”发展步伐，大力发展河谷农业；着力打造百万亩人工饲草基地，大力实施畜牧养殖标准化建设，推进畜牧养殖从粗放型向集约型转变、从分散型向规模型转变。

3. 突出重点。突出“一种粮”，做大以桑珠孜、江孜、白朗为核心，辐射拉孜、萨迦等7个粮食主产县的青稞产业，打响“世界青稞之乡”品牌。突出“两只羊”，着手打造涵盖仲巴、萨嘎、吉隆、昂仁、定日、谢通门、萨迦、聂拉木8县的“霍尔巴羊经济圈”，继续做强做优涵盖岗巴、亚东、康马、萨迦、定结、江孜、白朗、桑珠孜、拉孜、定日10县区的“岗巴羊经济圈”，推动区域集中、规模做大、质量提升、效益提高；突出“一只鸡”，在桑珠孜、谢通门、南木林、拉孜等县区大力发展藏鸡养殖，推动藏鸡养殖规模化、集约化发展；突出“两颗蛋”，立足日喀则远近闻名的藏鸡蛋和“土豆蛋”，推动各县区藏鸡蛋规模化、规范化、标准化生产，扩大南木林、桑珠孜、萨迦、拉孜、定日等县区马铃薯种植规模，以小产品形成大产业，以小产品撬动大市场；突出“一种菌”，扩大亚东木耳人工培育规模，延伸产业链条，提高附加值。突出“一棵草”，结合市场、紧盯高端，在白朗等有条件的县区培育灵芝等新型经济作物，推进规模化发展；突出“一种药”，大力培育藏（中）药材种植产业，建立规范化、规模化藏（中）药材种植基地，扶持和发展一批种植加工企业以及种植专业村、专业户；突出“一杯奶”，大力发展城郊养殖业，引进优质奶牛，在桑珠孜区建设现代奶牛养殖基地，寻求国内知名乳品企业合作，为学校、机关、市民提供无污染、无添加的新鲜奶源；突出“两条鱼”，开展雅江鱼人工规模养殖，在上海、北京等城市设置亚东鲑鱼固定销售点，扩大日喀则鱼类产品市场知名度。

4. 制定标准。始终把有机产品标准作为有机农牧产业发展的生命线，以有关技术部门和龙头企业、专业协会为推进主体，严格按照有关生态有机产品规范标准，加快农牧业质量检验检测体系建设，强化对农户的指导、把好源头关，强化企业生产规范、把好生产关，强化产品检测管理、把好监督关，确保各项技术操作规程落到实处，确保有机农牧产品合乎标准、质量上乘。

5. 提高效益。向加工要效益，大力发展青稞、畜禽产品等特色精深加工产业，精细加工、精美包装，最大限度提高产品附加值。扶优扶强雅江源、培强肉业、青藏高原生物科技公司等一批生产能力强、带动能力强的龙头企业，不断提升市场竞争力和占有率。向产业链条要效益，高起点、高标准打造集生产、加工、仓储、运输、销售为一体的全产业链，不断打通环节、拓宽领域，实现效益最大化。向市场要效益，紧紧抓住国家“一带一路”战略实施的有利时机，借助援藏优势，不断推进日喀则的小市场与国际、国内大市场融合共通，将全市生态有机农畜产品推向更加宽广的市场。

（二）壮大珠峰特色旅游业。围绕自治区将日喀则打造成为珠峰生态旅游文化圈的定位，依托后藏壮美的自然风光和深厚的文化积淀，坚持特色、高端、精品，以西藏珠峰文化旅游创意产业园区建设为突破口，大力实施特色鲜明、功能完备、国际标准、融合发展的“旅游转型升级”工程，推动旅游业由数量增长向质量效益转型，着力将日喀则建设成为世界重要的自然与文化旅游目的地。

1. 建好特色园区。加快西藏珠峰文化旅游创意产业园区建设步伐，坚持高端化打造、高标准建设，以文化为魂，以旅游为体，将园区建设成集演艺、住宿、餐饮、旅游、购物、娱乐为一体的样板项目、精品景点，建设成有历史记忆、文化脉络、地域风貌、民族特色的美丽园区、魅力园区、活力园区，打造成为日喀则率先发展的新地标、城市建设的新亮点、文化旅游产业的新名片、对外开放的新窗口。积极打造西藏珠峰文化旅游创意产业园区连接扎什伦布寺、呼应老城区的历史文化廊道，推动历史文化与旅游休闲互动发展、和谐共生。

2. 挖掘特色内涵。着力推进文化旅游深度融合，不断提升《吉祥日喀则》《江孜印迹》等精品剧目，积极打造一批以实景剧、室内剧为重点的文化精品，讲好“后藏故事”，打响特色品牌。围绕“神奇珠峰·醉美庄园·吉祥日喀则”的旅游主题，深入挖掘“一峰两寺三城三线五沟”等特色精品旅游资源的文化内涵和发展潜力，着力打造以桑珠孜老城区、江孜、萨迦古城寻访和扎什伦布寺、萨迦寺、白居寺、夏鲁寺朝圣修心为主要内容的古城旅游，以江孜红河谷之旅为主要内容的红色旅游，以珠峰运动探险、卡若拉冰川探秘为主要内容的登山旅游，以吉隆、亚东等口岸观光体验为主要内容的边境旅游，以大江大河、森林草原生态休闲和农家乐、牧家乐为主要内容的生态旅游，以民族歌舞、节庆活动、大型演艺为主要内容的文化旅游，以仁布县雍则绿措祈福为主要内容的朝圣旅游，以谢通门卡嘎温泉、亚东康布温泉养生康体为主要内容的养生旅游，争取珠峰景区、扎寺景区升格为5A级景区，加快江孜古城、萨迦古城5A级景区创建步伐，构建起特色鲜明、优势互补、充满活力的旅游发展新格局。

3. 打造精品线路。优化市域内旅游环线，打通“五条沟”旅游交通线，串起南亚自然风光旅游线，将扎寺、红河谷、萨迦古城、珠峰等著名景点进行有机串联，优化时间空间配置，精心整合设计旅游线路，增加游客在日喀则驻留时间，提高游客在日喀则的消费水平；打造周边旅游环线，积极与山南、拉萨等兄弟地市合作，开发拉萨—山南—日喀则—阿里精品旅游线路，整合资源，共同发展；强化边境旅游环线，推出吉隆至加德满都国际旅游线路，争取开通亚东至乃堆拉边境旅游线路，不断拓宽日喀则旅游空间。

4. 优化服务环境。强化政策沟通、设施联通、资金融通，健全完善重要旅游产业聚集区和景区景点的服务配套设施，积极发展多层次、多样化产品，不断丰富旅游供给，建立健全吃、住、行、游、购、娱一体化的旅游服务体系；尽快开通重点景区直升机旅游专线，建设3—5家五星级酒店，全面提升文化旅游产业服务水平和游客满意度，特别是要加强与自治区有关部门的沟通协调，建立旅游“绿色通道”，解决好边境通行问题，让游客“畅游日喀则”；健全旅游监管体系，完善市县旅游质量监管机构，规范旅游市场秩序，严厉打击“三黑”问题，大力净化旅游环境。

（三）壮大珠峰天然饮用水业。立足日喀则丰富的优质淡水资源，以300万—500万吨饮用水生产规模为目标，坚持发挥优势、品牌引领、市场主导、有序开发，在提质量、创名牌、上规模、拓市场上下功夫，努力将日喀则建设成为全区乃至全国天然饮用水重要供应地。

1. 突出规划布局。按照规划引领、资源整合、项目支撑的思路，制定全市天然饮用水产业发展规划及具体实施方案，以规划引领发展；扎实开展天然饮用水整装勘查工作，摸清全市水资源水质、分布情况、开发条件和开发价值，为全市天然饮用水产业布局提供依据。在规划布局的基础上，优先选择一批量大质优、交通便利、产业基础好的重点项目，在项目用地、交通电力、基础设施、仓储物流等方面给予优先支持，推动饮用水产业集聚、规范、有序发展。

2. 提高生产能力。通过政府引导和市场化运作，切实提高珠峰冰川、西藏神水生产能力，加快推进雪域露珠矿泉水投产运营，积极引进优质企业和战略投资者，参与天然饮用水产业化开发，扩大生产规模，实现资源高效利用、品牌整合、结构优化、产业升级、机制创新，培育形成新的支柱产业。

3. 注重市场推广。实施品牌发展战略，制定宣传方案，制作宣传片，加大与中央、兄弟省市主流媒体的沟通协作交流，进行全方位推介；支持企业健全营销体系，完善销售渠道，创新销售手段，参与产品展销会，巩固区内市场，开拓区外市场，提升市场占有率。坚持质量优先，加大企业技术改造和设备更新，全面提高产品质量。加快推进产品质量全程追溯体系建设，强化产品质量监管，以高质量维护全市天然饮用水品牌形象。

（四）壮大珠峰优势矿产业。依托日喀则丰富的矿产资源优势，坚持突出重点、综合利用、保护环境、群众受益，加强基础性地质调查和战略性地质矿产调查评价，以扎布耶盐湖锂矿、谢通门雄村铜矿、昂仁铅锌矿、仲巴县硼砂矿等优势矿产开发为重点，加强技术攻关，推动矿产资源集约、科学、适度、高效开发，着力打造安全、绿色、和谐、民生矿区。

1. 打造安全矿区。时刻紧绷安全生产这根弦，以防为主、以管为要、以治为重，严格履行安全职责，强化安全执法，抓好安全监管，坚决防范和遏制矿区安全生产事故发生。健全完善矿产资源勘查开采监督管理长效机制，定期开展联合执法工作，杜绝圈而不探、以探代采、采富弃贫、偷采滥挖、破坏资源等现象，对违反规定的企业坚决予以清理。

2. 打造绿色矿区。严格审查环评要件，从源头上防范破坏环境行为的发生，对新建矿山，实行高门槛准入，最大限度避免和减轻矿山开采对生态系统的不利影响；对生产矿山，严格落实生态恢复治理主体责任，谁开发谁保护、谁污染谁治理，保护矿山生态。

3. 打造和谐矿区。开展和谐矿区专项整治，保障群众在矿产资源勘查开采管理中的知情权、参与权，满足群众合理利益诉求，确保群众理解和支持矿产开发。搭建矿企与群众的协商沟通平台，妥善化解矿群矛盾，及时解决群众合理诉求，同时，引导和支持群众利用法律途径解决纠纷与争议，做到既维护群众的合法权益，又支持矿山企业的发展，实现和谐共赢。

4. 打造民生矿区。建立矿产资源开发中地方政府、矿山企业和当地群众之间的利益共同体，明确三者在矿产资源开发中的利益关系，真正实现地方受益、企业盈利、群众得实惠。鼓励群众通过组建合作社等集体经济组织的形式，参与矿石运输、矿山管护等，拓宽群众增收渠道，确保群众享有稳定、长期的收益，真正共享发展红利，不断提高群众的获得感和幸福感。

（五）壮大珠峰特色手工业。坚持传统与现代结合、传承与创新结合、产品与旅游结合，发挥传统技艺优势，适应市场消费需求，搭建产业平台、加大研发力度、提高设计水平、丰富产品品种，努力提高特色手工业产品附加值，推动特色手工业长足发展。

1. 创新发展模式。制定科学、标准、量化的民族手工业大师和工匠评定办法，制定各类民族手工业产品的统一标准和生产工艺，指导各生产企业、专业合作社和个体实现产业化经营、标准化生产；推进手工业与旅游业、文化产业融合发展，推动产品结构从日常生活用品为主向开发旅游商品转变，在设计生产上区别不同国家、不同层次的游客购物心理，既要有普通的大众的产品，又要有更多中档层次的产品，还要有部分迎合个别高消费人群的产品；既要有过去销路一直旺盛的老产品，又要有新工艺、新设计的时尚产品。

2. 加快产业聚集。充分整合现有资源，引导特色手工业进驻珠峰文化旅游创意园区，打造集聚产业资源、手工匠人、产品展销的平台，通过专业合作组织和龙头企业带动，不断提高藏毯、藏香、氆氇等主要产品的集中度，改变过去单个的、分散的、无序的生产管理模式，实现“专业合作社+农户”“企业+农户”的集约化、规模化生产经营，加快形成产业聚集，推动民族手工业跨越发展。

3. 加强传承保护。组建藏毯、藏香、民族家具、唐卡、民族金属器制品等重点行业协会，以继承、发扬、恢复、抢救和挖掘优秀传统手工技艺为出发点，定期对民族手工业及工艺技术进行调研、普查，认定一批各类特色手工技艺的传承人，在政策和资金上给予大力支持。

（六）壮大珠峰清洁能源业。依托日喀则丰富的太阳能、水能、风能、地热能、生物质能资源优势，坚持生态优先、统筹考虑、适度开发、坚守底线，大力推进清洁能源的开发利用，实现清洁能源高效利用，促进清洁生产，保护生态环境，实现全市经济、社会与人口、资源的协调发展。

1. 构建综合能源体系。积极发展以水电、太阳能为主的新能源产业，依托优势企业，加快推进太阳能利用研究与示范基地建设步伐，加快雅江干支流及其他流域的水电开发进度，加快构建多能并举、互联互通的稳定、清洁、经济、可持续发展综合能源体系。

2. 提高清洁能源商品率。立足西藏是国家“西电东送”能源接续基地的战略定位，统筹区内、区外两个市场，通过超日国策、山东力诺等大型企业，发展壮大桑珠孜、康马、定日、仁布、拉孜、谢通门等县区的光伏产业基地，积极与有关部门沟通衔接，尽快并入国家电网，实现电力规模外送，逐步提高全市清洁能源在终端消费结构中的比例。

3. 加快薪柴替代能源发展。大力推广太阳能、水（电）能、石油液化气（压缩天然气）、沼气等新能源与可再生能源，最大限度减少城乡群众对木柴、牛粪、草根等传统薪柴能源的依赖，走出一条符合日喀则实际的薪柴替代路子。

（七）壮大珠峰南亚物流业。坚持高效通畅、协调配套、绿色环保，立足面向南亚开放大通道建设，大力发展第三方物流、冷链物流、低碳物流和智慧物流，真正将日喀则建设成为面向南亚的物流业基地。

1. 提升互联互通水平。抓住关键通道、关键节点和重点工程，积极推进拉萨至日喀则高等级公路、日喀则至亚东快速通道、日喀则至吉隆高等级公路，日喀则至吉隆、日喀则至亚东铁路，亚东支线机场，定日、定结、聂拉木通用机场等项目建设，为发展物流业提供更加完善的基础设施条件；根据对外贸易发展和灾后恢复重建的需要，加快研究和建设现代化、全天候、安全性高的边境口岸对外通道，特别是加紧吉隆口岸灾后重建步伐，加快改善边民互市贸易点，日屋、陈塘、里孜等双边性口岸和亚东乃堆拉山口对外通道的条件，在口岸开展国际物流，促进互联互通。

2. 加快对外开放步伐。努力探索开放开发新模式，与邻国发展多方位合作关系，加强对邻国市场需求、发展政策等信息的研究，鼓励口岸地区积极发展符合邻国市场需求的产业；大力推进口岸发展，充分发挥口岸贸易对腹地特色产业壮大的带动作用，增强特色产业对口岸贸易的支撑作用，带动仓储、物流、加工、咨询等行业发展壮大；探索建立边贸区、保税区、跨境贸易区，促进人员、货物、车辆在双边相关区域自由流动，推动边贸区与市内产业园区、物流园区互联互通、融合发展。

3. 发展外贸关联性产业。加快经济技术开发区（曲布新区）、河东物流园区建设，大力发展仓储、批发及零售商业、娱乐、运输、金融等相关服务业，重点探索发展产品组装、包装、来样来料加工等为出口服务的轻型加工业，打造一批创新型、创业型和劳动密集型中小微企业、外向型民营企业，为南亚物流业基地建设提供坚强支撑，推动外放型经济从“通道型”“柜台型”向实体化转变。

四、保障措施

（一）强化组织保障。为加强对全市产业发展工作的组织领导，成立由张延清书记任组长、刘虎山市长任常务副组长、相关市级领导任副组长、相关部门和县区主要负责人为成员的产业发展工作领导小组，负责统筹谋划全市产业发展工作。领导小组下设七大产业专项小组，由相关市级领导任专项小组组长。各专项小组负责制定出台本领域产业发展的实施方案，细化发展目标，提出重点推进项目、重要工作以及针对性的政策措施，切实做到有任务书、有路线图、有时间表。加大统筹推进力度，每季度召开一次交流推进会，每年召开一次现场会。各县区、各部门要牢固树立“一盘棋”的思想，把推动产业发展作为“一把手”工程，摆在突出位置、纳入议事日程，以战略眼光来统筹、以创新思维来谋划、以过硬措施来推动，做到主动作为、密切配合、全力支持，协调解决产业发展的具体问题，形成齐抓共管的强大合力。突出目标导向，强化考核激励，建立产业发展考核评价办法，层层落实一把手责任制，将产业发展指标纳入全市争先进位目标考核，作为考察各级领导班子工作实绩和干部提拔任用的重要依据，对工作不力的严肃问责，确保各项目标任务落到实处。

（二）强化政策保障。紧紧抓住中央第六次西藏工作座谈会给予西藏更多支持、国家“一带一路”发展战略加速推进的有利时机，加大协调对接，积极对上争取政策、项目和资金，加快全市产业发展步伐。在摸准吃透中央、自治区大政方针的基础上，结合日喀则实际，抓紧研究制定更加开放、更加优惠，符合实际、切实可行的产业发展政策法规，切实保障产业科学持续跨越发展。进一步理顺完善产业发展管理体制，加快形成有利于资源整合、区域联动，体系健全、服务周到的制度架构。进一步深化行政审批制度改革，最大限度减少审批环节、缩短审批时限，最大限度为投资者提供优质服务。放宽准入条件，全面实行“非禁即入”，除了国家有特殊规定以外，所有产业发展投资领域必须放宽管制、降低门槛，赋予不同所有制企业同等待遇，进一步激发市场活力。坚持把执行作为政策的生命力，打通政策落实“最后一公里”，切实营造优质高效的政务环境、公平竞争的市场环境、公平公正的司法环境、和谐稳定的社会环境，确保投资者满意、企业满意、群众满意。

（三）强化资金保障。按照集中力量办大事的原则，加大相关领域项目资金的整合力度，向产业发展集聚，形成合力、加快发展。积极争取资金，协调对口支援省市、企业进一步加大产业援藏力度，推动援藏资金优势与日喀则农牧、矿产、生物资源、旅游文化、民族手工等特色资源优势深度融合，促进特色产业繁荣发展。各级各部门加大与上级归口部门的沟通协调，争取更多的资金、项目向全市倾斜，推动产业发展壮大。加强银政银企合作，拓宽投融资渠道，提升融资水平，积极融资、大胆融资；做强做优做大珠峰投资公司等国有企业，抓紧组建文化旅游、公共服务、园林绿化、水务、外贸、矿业等国有企业，逐步打造一批具有强劲市场竞争力和广阔市场前景的支柱企业，做大融资平台，引领产业发展；大力发展保险业，充分发挥保险业保护政府、企业、群众合法权益，防止风险扩散的“保护伞”作用，为产业发展保驾护航。

（四）强化人才保障。坚持请进来，加大人才引进力度，依托援藏优势，邀请对口支援省市相关专家学者，为产业发展科学决策提供咨询服务；用优惠的政策、优越的环境、优厚的待遇，吸引、集聚一批区内外高层次产业发展科技人才和企业经营人才，不断增强产业发展后劲。坚持走出去，有计划、分批次组织优秀人才前往四省市、两企业学习产业招商、管理、运营等知识，启发思路、开阔视野，借鉴经验、促进发展。要用好现有人才，注重科学实践，搭建良好平台，推动人尽其才、才尽其用，积极引导各类人才在全市产业发展中找到位置、找准位置、发挥作用。加强人才培养，着力提升市第一中等职业技术学校办学水平，加快推进市第二中等职业技术学校建设，抓紧筹建高等职业技术学院，加紧培养建设、艺术、营销等方面的专业人才，提高产业发展的人才技术支撑水平。

（五）强化作风保障。全市各级各部门要持续改进工作作风，做到少设卡、多服务，加动力、减阻力，关红灯、开绿灯，不说不能办、多想怎么办，提倡马上办、主动办、特事特办。要坚持求真务实、真抓实干，切实把心思凝聚到干事业上，把精力集中到做工作上，把功夫下到抓落实上。要模范践行“三严三实”，以严的作风、实的举措谋事创业，无论任务多重都要限时完成，无论困难多大都要坚决攻克，绝不能让产业发展停留在口号上，必须见行动、出实效。要强化督查问责，以治庸提能力，以治懒增效率，以治散正风气，对不推不动、推而不动、进展滞后、影响发展的，严肃追究有关人员责任。市委督查室、市政府办公室督查科要将产业发展的工作任务列为重点督查内容，加大督查督办力度，提高工作成效。

班禅首届时轮金刚灌顶法会在日喀则圆满举行

7月21日至24日，班禅额尔德尼·确吉杰布在日喀则德庆格桑颇章，举行了坐床以来的首届盛大时轮金刚灌顶法会。前来参加法会的区内外各族僧俗信众每天超过10余万人，最高峰时达到11.5万余信众。

区党委常务副书记吴英杰到法会现场指导服务管理工作，自治区领导公保扎西、格桑次仁、洛桑久美全程陪同班禅在日喀则开展各项活动，自治区领导姜杰、丹增朗杰、张晓华、珠康·土登克珠、萨龙·平拉等参加了班禅相关活动。

此次法会是班禅坐床21年来首次举行藏传佛教密宗最高级别的灌顶法会，也是西藏自治区60多年来首届时轮金刚灌顶法会。法会开场前，班禅在扎什伦布寺僧仗队的引 领下，伴着齐鸣的法号，向信众挥手致意，缓步进入法会现场。现场信众起身顶礼，直至班禅登上法台中心的宝座。班禅坐上法台，法会正式开始。

时轮金刚灌顶属于藏传佛教众多密宗灌顶中程序最复杂、仪式最隆重的灌顶，传法者须为造诣极深的大活佛。为期4天的法会分别进行了预备法会、七级如童入行灌顶、大殊胜灌顶法会和传授金刚上师大主灌顶。期间，班禅还举行了修本尊仪式。

在法会举行前的一个多月里，班禅按照仪轨举行了首次弟子摄授灌顶、消障仪式和制作彩沙时轮坛城、广修本尊仪式等一系列佛事活动，各项佛事活动圆满顺利。

灌顶法会期间，自治区和日喀则市各级相关部门充分做好法会现场的各项保障工作，在现场各个区域均设置了医疗保障站、卫生间、饮水处、环卫保障设备和临时餐饮商店等便民服务点，工作人员在现场为信众提供服务。现场10万余信众聆听法会，期间不断有信众陆续来到会场，但法会秩序井然，现场气氛庄严、佛事顺畅。

法会期间，班禅精进的佛学造诣和庄严得体的言谈举止，充分展示了造诣精深、学识渊博的佛学修为和爱国爱教、护国利民的大活佛风范，受到了参会高僧活佛和广大僧俗信众的虔诚信仰和衷心拥戴，赢得了各族各界人士的广泛好评和高度赞誉。

在日喀则期间，班禅还出席了扎什伦布寺管理委员会工作会议。这是班禅自去年担任扎什伦布寺管委会名誉主任以来首次参加寺管会工作会议。会上，班禅听取了寺管会5年来的工作报告，并就做好今后工作作了交流发言。

（来源：中国西藏新闻网）

弘扬珠峰精神实施六大战略
奋力建设和谐文明幸福美丽日喀则

——在中共日喀则市第一届委员会第五次全体会议上的报告

日喀则市委书记　张延清

（2016年12月26日）

2016年12月26日，中共日喀则市一届五次全会召开，市委书记张延清在会上作《弘扬珠峰精神 实施六大战略奋力建设和谐文明幸福美丽日喀则》工作报告

10月24日至27日，党的十八届六中全会隆重召开。全会明确了习近平总书记的核心地位、正式提出了“以习近平同志为核心的党中央”，这是党的选择、人民的选择、历史的选择，是党心所向、人心所盼、众望所归。11月15日至18日，自治区第九次党代会在拉萨召开。大会全面总结了过去五年的工作、特别是习近平总书记治边稳藏重要战略思想在西藏的成功实践，系统概括了做好西藏工作的宝贵经验，深入分析了全区经济社会发展的阶段性特征和变化，科学确定了今后五年工作的总体要求、目标任务和重点工作，为我们做好今后改革发展稳定各项工作指明了方

向、提供了遵循。全市各级党组织和各族干部群众，一定要牢固树立“四个意识”，在思想上拥戴核心、政治上信赖核心、组织上忠诚核心、行动上捍卫核心，做到日喀则离北京虽远但我们的心始终与以习近平同志为核心的党中央紧紧地贴在一起，坚决与以习近平同志为核心的党中央保持高度一致；一定要学习宣传好、贯彻落实好党的十八届六中全会和自治区第九次党代会精神，切实把思想和行动统一到以习近平同志为核心的党中央关于全面从严治党的重大决策部署上来，统一到自治区第九次党代会精神上来，办好日喀则事情、做好日喀则工作。

此时此刻，我们有一个共同的感受：在全市上下认真学习宣传、全面贯彻落实党的十八届六中全会和自治区第九次党代会精神，加快推进日喀则长足发展和长治久安的关键时刻，召开市委一届五次全会，意义重大、影响深远。会议的主要任务是，深入贯彻以习近平同志为核心的党中央治国理政新理念新思想新战略，深入贯彻习近平总书记治边稳藏重要战略思想，深入贯彻自治区第九次党代会精神，总结过去工作，谋划未来发展，团结和动员全市各族干部群众大力弘扬珠峰精神，全面实施六大战略，奋力建设和谐文明幸福美丽日喀则。

一、齐心协力，在阔步前行中不断取得新业绩

市委一届三次全会以来，我们坚持以“五位一体”总体布局和“四个全面”战略布局为统领，按照吴英杰同志在区党委常委（扩大）会议上提出的“十个坚定不移”的工作要求和在日喀则调研时的重要讲话精神，团结带领各族干部群众砥砺奋进、务实创新，开创了科学发展、和谐稳定、民族团结、宗教和睦、民生改善、生态良好、党建加强、边疆巩固的大好局面。2016年，预计全市地区生产总值实现202亿元，同比增长15%；地方一般公共预算收入12.37亿元，增长30%；全社会固定资产投资265亿元，增长89.1%，位居全区第二；社会消费品零售总额86.31亿元，增长18%；城乡居民人均可支配收入分别达到28338元、8660元，分别增长13%、17%，实现了“十三五”开门红。

这一年，我们坚定不移维护了社会稳定。深化自治区十项维稳措施，大力推进治理体系和治理能力现代化建设，全市社会大局进入了持续和谐稳定的新阶段。抓重点，围绕“128”考察调研和开展佛事活动，精心谋划、周密部署，全力做好安保服务，“时轮金刚灌顶法会”成功举办，整个活动安全祥和圆满顺利，得到了中央、区党委的充分肯定和高度评价。抓基础，6000多名驻村干部深入开展强基惠民活动，“双联户”服务管理全面覆盖，筑牢了发展稳定的群众基础；1200多名驻寺干部依法依规管理寺庙宗教事务，促进了宗教和睦、佛事和顺、寺庙和谐。抓关键，加强“两边一线”管控，深化城镇网格化管理，将网格化管理拓展延伸到社区、寺庙、居民区、村民组，织密城乡防控网络；加强社会治安综合治理，依法开展打击整治专项行动，强化矛盾排查调处，促进社会和谐；加强喉舌管理，占领舆论阵地，维护意识形态领域安全。抓机制，强化维稳力量，完善指挥体系，认真落实维稳责任制和责任追究制，以铁的纪律保证各项维稳措施落到实处。

这一年，我们坚定不移推进了科学发展。认真贯彻落实“五大发展理念”，推动经济发展持续向好。强化产业支撑，召开全市产业发展大会，科学布局“七大产业”发展；农牧产业转型升级，第二产业提质增效，第三产业扩容增量，三次产业比例优化为16：36：48。与上海市共同举办第十四届珠峰文化旅游节。预计接待国内外游客420万人次，实现旅游收入34亿元，同比分别增长31%、25%；实现外贸进出口总额4.8亿美元，同比增长18%。加快项目建设，开展项目建设领域突出问题专项整治，发展环境更加优化；日喀则机场至市区高等级公路开工建设，恰央水库、强布水库、G318线绕城路等重点项目加快实施，市人民医院新院区主体竣工，拉洛水利枢纽及配套灌区工程成功截流。改善城乡面貌，组建市城市管委会，扎实开展“六城共建”，市区更加整洁、市民更加文明；积极推进新型城镇化建设，全市城镇化率达到24%，亚东县城镇化率达到

73.75%。扩大对外开放，第十四届珠峰文化旅游节和第三届“藏博会”签约招商项目44个，协议资金208.5亿元；开通“兰州号”南亚国际货运班列，与兰州市签订经济合作框架协议。

这一年，我们坚定不移深化了各项改革。各领域改革不断提速，呈现出全面发力、多点突破、质效提升的良好态势。社会体制改革扎实推进，金融扶贫加快推行，教育卫生、安全生产、就业创业、社会保障等领域改革稳步推进。经济体制改革大步迈进，简政放权力度加大，投资2000万元以下的农村公路审批和建设管理权限下放至各县区；非公经济蓬勃发展，各类市场主体达到3.63万户；投融资体制机制不断创新，组建了4家投融资公司及18县区扶贫开发公司，与4家银行签订战略合作协议，明确了2500多亿元的授信额度。生态文明体制改革步伐加快，生态安全屏障建设全面推进，生态文明建设不断加强，城郊湿地生态功能保护项目全面完工，完成各项营造林工程88.1万亩，美丽日喀则建设迈出坚实步伐。民主法制改革不断深化，人大立法工作取得新突破，政治协商工作稳步推进，户籍制度改革加快推进，部门权责清单向社会公布，政府职能加快转变、效能明显提升。文化体制改革稳步前行，西藏珠峰文化旅游创意产业园区完成规划设计，优势文化产业转型发展，18个县区支中心、203个乡镇基层服务点、192个村级基层服务点完成文化信息资源共享工程。党的建设制度改革持续发力，出台市委常委会议事规则，扩大党的组织覆盖面，调整市直单位科级干部管理权限，健全人才发展机制，创新“两学一做”学习教育载体。

这一年，我们坚定不移践行了为民宗旨。坚持民生优先、民生先动，持续办好民生十件实事，各族群众幸福指数不断提高。灾后重建加快推进，认真贯彻落实区党委“樟木镇整体搬迁、易地重建”的决策，面对面开展群众工作，高效率完成易地安置协议签订，“4·25”地震樟木受灾群众将于藏历新年前全部搬入新居；163个整村推进、32个特色小城镇恢复重建项目和产业发展项目全面启动，年底民房重建任务全部完成，其它灾后恢复重建项目加快推进，全市灾后恢复重建完成投资62.58亿元。脱贫攻坚有序进行，白朗、康马、亚东三县达到脱贫摘帽标准，1.23万户、5.13万人实现脱贫；5103户、2.12万人易地搬迁全部开工，年底可入住2004户、8287人；87个扶贫产业项目开工实施，15.17万个生态补偿转移就业岗位完成对接，撬动银行信贷资金46亿元；全市干部职工结对4.24万户贫困户，161家重点企业结对391个村。社会事业蓬勃发展，教育人才组团式援藏全面启动，教师队伍不断加强，教育教学质量明显提高，高考上线率全区第一；积极推进高校毕业生就业创业，动态消除零就业家庭，城镇登记失业率控制在2.3%以内；劳务输出36.5万人次，实现收入10.7亿元；医疗人才组团式援藏扎实推进，“两降一升”工作实现新突破，市人民医院“创三甲”工作稳步开展；建设保障性住房2.2万套，解决了6万人的住房困难；五大保险实现应保尽保。

这一年，我们坚定不移促进了民族团结。全面落实党的民族政策，始终把民族团结作为生命线，牢牢把握各民族共同团结奋斗、共同繁荣发展的主题，坚持“五湖四海”原则，大力宣传“三个离不开”，不断增进“五个认同”，广泛推进党员干部“双语”教育，不断创新民族团结工作体制机制，积极促进各民族交往交流交融，深入开展民族团结进步创建活动，隆重表彰30个模范集体和60名模范个人，持续巩固发展平等团结互助和谐的社会主义民族关系，日喀则首次荣膺“全国双拥模范城”称号，在全市上下形成了和睦相处、和衷共济、和谐发展的生动局面。

这一年，我们坚定不移加强了党的建设。坚持党要管党、从严治党，不断推进党的执政能力建设和先进性、纯洁性建设。强化思想建设，深入开展“两学一做”学习教育，创新开展“讲学习、讲忠诚、正风纪、转作风、提效能”主题活动；强化理论武装，大力践行社会主义核心价值观，严格落实党委（党组）意识形态工作责任制，系统学习习近平总书记系列重要讲话精神，学习贯彻党的治藏方略，大张旗鼓宣传长征精神，走好新时期的长征路，始终把牢正确的政治方向。强化组织建设，把党的领导贯穿换届全过程，圆满完成17个县、202个乡镇换届工作，换出了好干部、好导向、好作风、好氛围；认真落实基层党建七项重点任务，扎实推进"万名村居干部素质能力提升工程"，基层党组织凝聚力战斗力号召力不断提高。强化作风建设，严格执行中央八项规定和区党委"约法十章""九项要求"；出台《党政机关重大事项请示报告制度》《地师级领导干部联系指导县区工作制度》，作风新常态深入人心。强化党风廉洁建设，认真落实"两个责任"，完善市委巡察机制，设立巡察办，巡察反腐利剑初现"锋芒"、形成震慑，纪检工作双重领导机制、案件线索交流移送机制建立健全，市直部门实现纪检派驻机构全覆盖。

一年来，市委常委会高度重视自身建设，坚持"严"字当头、"实"字为本，带头加强理论学习、带头模范遵守党章、带头执行民主集中制、带头改进工作作风、带头密切联系群众、带头强化责任担当、带头狠抓工作落实、带头恪守廉洁自律，在为民、务实、清廉方面树立了标杆、作出了表率。

同志们，回顾一年的工作，硕果累累，成绩斐然。这些成绩的取得，是党中央亲切关怀和区党委坚强领导的结果，是四省市两企业无私援助和社会各界大力支持的结果，是全市各级党组织、广大党员干部群众齐心协力、实干奉献的结果。各位委员和各级各部门负责同志，倾注了大量心血，付出了辛勤劳动，对我们的工作给予了真诚帮助和大力支持。在此，我代表市委常委会，向所有为全市改革发展稳定事业作出贡献的同志们、朋友们，表示衷心的感谢！

二、审时度势，在聚焦大局中优化发展新战略

站在新的起点，放眼美好未来，我们既处于全面建成小康社会的决胜时期，又处于灾后重建迫在眉睫、脱贫攻坚任务繁重、产业水平亟待提升、维稳形势复杂严峻、边境稳固压力较大的关键时期。越是压力大、困难多，越要把压力转化成动力，越要在困难中把握机遇，进一步认清形势、明确任务，开拓创新、奋力前行。

要认识特殊市情：近几年来，虽然我市经济社会呈现出稳步发展的良好态势，但是与全国平均水平相比，差距依然较大，与全区其它六个地市、特别是与拉萨市相比，经济总量小、发展速度慢、综合实力弱，经济发展的初级性、依赖性、粗放性特征仍然明显，一些发展指标已被昌都、山南、林芝三市反超，在全区的排名不断下滑，可以说是前有标兵、后有追兵，形势严峻、压力巨大。虽然干部队伍的主流是好的，但是一些干部仍然存在"怕、怨、难"等现象，不同程度地存在瞻前顾后、消极畏难、不思进取等不良思想，不同程度地存在学习意识不强、思路视野不宽、工作魄力不大、决策执行不力等不良倾向。面对落后的发展现状、薄弱的发展基础、严峻的发展形势、繁重的发展任务，迫切需要我们在思想观念、战略举措、政策措施、作风效能上有一个大的转变、大的提升。

要明确战略定位：我市在全区改革发展稳定大局中地位十分重要，作用异常突出。一是在维护稳定上具有特殊地位。我市地处祖国西南边陲，与印度、尼泊尔、不丹三国接壤，边境线长、边境县多，处于反分裂、反蚕食、反渗透、反偷渡斗争的第一线，拱卫着西藏的安全乃至祖国内地的安全，不管是从全区来看还是从整个藏区乃至全国来看，都具有十分重要的战略地位，可以说，日喀则的稳定关乎西藏稳定、涉及国家安全，是重要的国家安全屏障。特别是十一世班禅大师每年都会回来开展社会调研和佛事活动，对于凝聚藏区信教群众和境外藏胞心向祖国心向党具有举足轻重的作用。二是在经济发展上具有关键地位。我市作为自治区明确的西藏核心经济区的重要组成部分，有着得天独厚的资源优势，国土面积大、耕地面积多，是西藏人口最多、县乡村数量最多的地级市，人力资源、农牧资源、南亚商贸资源、文化旅游资源和清洁能源等特色优势资源富集，地区生产总值、社会消费品零售总额位居全区第二，对于全区的经济发展、格局优化都具有决定性作用。三是在生态保护上具有独特地位。日喀则作为我国、南亚、东南亚地区"江河源"和"生态源"的重要一环，作为我国

乃至东半球气候“启动器”和“调节区”的重要组成，位于国家生态安全屏障的最前沿，保护好生态环境，既是西藏生态文明建设的重要组成部分，又是日喀则实现可持续发展的必然要求，直接关系到中华民族永续发展和全市各族群众切身利益。四是在民生改善上具有重要地位。我市基础设施相对薄弱，公共服务半径大，仍然属于欠发达地区；农牧区贫困发生率高，贫困程度深，仍然属于贫困面最大的特殊困难地区，是全区脱贫攻坚三大主战场之一，如期实现全面建成小康社会任务十分繁重。可以说，没有日喀则农牧区的全面小康就没有日喀则的全面小康，就没有西藏的全面小康。五是在对外开放上具有优先地位。我市在国家“一带一路”发展战略和构建沿边地区开发开放“三圈三带”新格局中，作为区域级流通节点城市，是全国骨干流通网络中的重要节点，是我国面向南亚开放合作的最前沿，可以贯通南北，对接“一带一路”，汇聚全区，辐射内地，北向融入陕甘青宁经济圈，进而参与丝绸之路经济带建设；东向积极融入成渝经济区，融入黄金水道长江经济带建设，融入大香格里拉经济圈，进而参与孟中印缅经济走廊建设；向南通过现有口岸，向西通过阿里的口岸可以加强与印、尼、巴等南亚国家的双边关系，进而参与中巴经济走廊建设，在西藏对外开放和国家沿边地区开发开放中承担着极其重要的功能。六是在城市发展上具有突出地位。我市作为面向南亚开放的门户，是全区两个副中心城市之一，所处的雅鲁藏布江中上游是自治区城镇体系“一圈两翼三点两线”的西翼，特别是桑珠孜区作为西翼中心城市，日益成为西藏聚集人口的第二大核心区、第二大产业聚集区、第二大经济增长极、高原生态文化旅游集散服务基地、面向南亚的陆路商贸物流枢纽和国际交流合作中心，对于优化全区城镇空间和规模结构、形成城镇发展空间新格局具有十分突出的作用。

要明确奋斗目标：当前和今后一个时期我市的奋斗目标，就是全力建设和谐文明幸福美丽日喀则。和谐，就是按照党中央、区党委的决策部署，牢固树立稳定压倒一切的思想，坚定不移维护民族团结，深入开展反分裂斗争，坚决确保国家安全、边防巩固、社会稳定。文明，就是深入开展精神文明创建活动，弘扬科学、传播先进，千方百计教育引导基层农牧民群众移风易俗，努力让全市各族人民群众形成勤俭节约、勤劳致富的思想观念，形成良好的卫生习惯和文明的生活方式，不断提高公民道德素质和社会文明程度。幸福，就是坚持共享发展理念，千方百计保障和改善民生，让发展成果惠及更多群众，让群众生活得更有尊严、更加幸福，不断增强各族群众的发展参与度和获得感。美丽，就是深入实施生态珠峰战略，坚定不移走绿色发展道路，以最坚决的态度、最严格的制度、最有力的措施，大力推进生态文明建设，实现天蓝、地绿、水清、气净、人和、宜居，让这片高天厚土不断焕发出新的青春和活力。特别是“十三五”时期要保持经济加快发展、提速跨越的势头，全市生产总值年均增长15%以上，地方一般公共预算收入年均增长35%以上，全社会固定资产投资年均增长40%以上，城乡居民人均可支配收入年均分别增长11%、15%以上，较“十二五”末翻一番以上、接近全国平均水平，贫困人口全部脱贫，基本公共服务主要指标接近或达到西部地区平均水平，基础设施条件全面改善，生态文明建设成效显著，自我发展能力明显增强，社会大局保持和谐稳定，党的建设得到全面加强，确保到2020年建成安居乐业、保障有力、家园秀美、民族团结、文明和谐的小康社会。

2017年是实施“十三五”规划的重要一年，是我市全面推进各项重点工作、向全面建成小康社会阔步迈进的关键一年，全力做好明年的工作，意义重大、责任重大。我们必须毫不放松地维护社会稳定。牢固树立稳定压倒一切的思想，把深入开展对达赖集团斗争、实现社会局势的持续长期全面稳定作为硬任务和第一责任，深入开展反分裂斗争，创新完善社会治理，依法做好宗教工作，巩固发展民族团结，确保意识形态领域绝对安全，做到思想上的弦绷得紧而又紧、对策上的准备细而又细、工作上的力度强而又强，坚定不移维护国家安全和社会稳定。毫不放松地推动经济提速跨越。坚持以提高经济发展质量和效益为中心，以供给侧结构性改革为主线，强化投资拉动、加强重点项目建设，进一步补齐基础设施短板；强化结构调整、加快产业结构优化升级，进一步补齐产业发展短板；强化城乡发展一体化、推进城乡和区域协调发展，进一步补齐城乡统筹发展短板；强化改革开放、不断增强发展活力，进一步补齐市场要素流动短板；强化环境整治、深入开展专项整治工作，进一步补齐招商引资短板，坚定不移推进经济提速跨越、赶超发展。毫不放松地保障改善民生。坚持把增进各族群众福祉作为富民兴市的基本出发点和落脚点，全力推进精准扶贫，加快推进灾后重建，千方百计扩大就业，优先发展教育事业，大力发展医疗卫生事业，着力强化社会保障，切实解决好广大人民群众最关心、最直接、最现实的利益问题，坚定不移让各族群众拥有更多的获得感。毫不放松地建设美丽日喀则。牢固树立绿水青山就是金山银山、冰天雪地也是金山银山的理念，坚持尊重自然、顺应自然、保护自然，真正把发展建立在生态安全的基础上，更加自觉地珍爱自然，更加积极地保护生态，坚定不移确保青山常在、绿水长流、空气常新。毫不放松地加强党的建设。牢牢把握加强党的执政能力建设、先进性和纯洁性建设这条主线，切实履行主体责任，全面加强党的思想建设、组织建设、作风建设、反腐倡廉建设、制度建设，坚定不移推进从严治党。确保地区生产总值实现242亿元，同比增长16%，地方一般公共预算收入18亿元，同比增长45%，全社会固定资产投资400亿元，同比增长50%，社会消费品零售总额增长19%，城镇居民人均可支配收入增长13%、农村居民人均可支配收入突破万元大关，居民消费价格增长控制在全区平均水平之内，城镇登记失业率控制在3%以内。

要明确战略路径：珠峰巍然屹立于我市境内，既是我市得天独厚的自然资源、一道雄浑壮美的风景线，也是全市各族人民取之不竭的精神资源、广阔深厚的精神家园。珠峰孕育了坚韧不拔的毅力、巍峨不屈的品格、感恩向上的情怀、敢为人先的锐气，蕴含着后藏人民不畏艰险、顽强拼搏、排除万难、勇于胜利的英雄气概，留给了我们最宝贵的精神财富，已经深深融入全市人民的血脉和灵魂，成为鼓舞和激励我们不断追求事业高度、攀登一个又一个高峰的强大精神动力。全市上下一定要以珠峰精神为引领，统一思想、汇聚合力，准确把握时代特征，深刻认识当前形势，主动扛起工作重任，以更高的标准、更快的速度、更优的作风，大力实施党建珠峰、生态珠峰、文化珠峰、产业珠峰、幸福珠峰、法治珠峰“六大战略”，扎实开展全国文明城市、国家卫生城市、国家园林城市、国家环保模范城市、全国双拥模范城市、全国民族团结示范城市“六城共建”，加快推进旅游文化腹心区、特色文化传承区、南亚开放前沿区、生态屏障保护区、安全屏障建设区、民族团结示范区、社会稳定典范区“七区建设”，统筹发展珠峰有机种养加业、珠峰特色旅游业、珠峰天然饮用水业、珠峰绿色生态业、珠峰特色手工业、珠峰清洁能源业、珠峰南亚物流业“七大产业”，形成一个目标、一个声音、一个步调、一个行动，实现后发赶超、争先进位，实现百业振兴、全面崛起。

三、综合施策，在提速跨越中全力开创新局面

当前，日喀则正处在灾后重建、脱贫攻坚、提速跨越、决胜全面小康的关键时期。面对新的发展形势、新的历史使命，我们工作的总体要求是：高举中国特色社会主义伟大旗帜，以邓小平理论、“三个代表”重要思想、科学发展观为指导，深入贯彻落实党的十八大、十八届三中、四中、五中、六中全会和中央第六次西藏工作座谈会精神，深入贯彻落实习近平总书记系列重要讲话精神和治国理政新理念新思想新战略，深入贯彻落实习近平总书记治国必治边、治边先稳藏的重要战略思想和加强民族团结、建设美丽西藏的重要指示，坚持“五位一体”总体布局和“四个全面”战略布局，牢固树立“五大发展理念”，坚持党的治藏方略，坚持依法治藏、富民兴藏、长期建藏、凝聚人心、夯实基础的重要原则，认真贯彻落实自治区第九次党代会精神，把建设和

谐文明幸福美丽日喀则作为总目标，把维护祖国统一、加强民族团结作为工作的着眼点和着力点，把改善民生、凝聚人心作为经济社会发展的出发点和落脚点，弘扬珠峰精神，实施“六大战略”，开展“六城共建”，推进“七区建设”，发展“七大产业”，用长足发展和长治久安的新成就，谱写好日喀则各族人民美好生活的新篇章。

（一）大力实施党建珠峰战略，力争实现更强发展。加强和改进党的建设，是我们做好各项工作的根本保证。我们一定要深入贯彻落实党的十八届六中全会精神，坚持党要管党、从严治党，充分发挥党委领导核心作用，全面强化党委（党组）管党治党主体责任，在建上抓拓展、在严上下功夫、在活上创特色、在强上求实效，不断增强全市各级党组织的凝聚力、战斗力、号召力。

一是始终保持对党绝对忠诚。绝对忠诚于党是我们党对党员的根本政治要求，是各项事业顺利发展的坚强政治保证。全市各级党组织和广大党员干部要始终对以习近平同志为核心的党中央绝对忠诚，毫不动摇坚持党的领导，坚持党的基本理论、基本路线、基本纲领、基本经验、基本要求，牢固树立“四个意识”，坚定不移向党中央看齐、向党的核心看齐、向党的理论和路线方针政策看齐、向党中央决策部署看齐，更加自觉地在思想上政治上行动上同以习近平同志为核心的党中央保持高度一致、同党的核心保持高度一致，始终做到党中央提倡的坚决响应、党中央决定的坚决执行、党中央禁止的坚决不做；对自治区党委的部署要求，要坚定不移地贯彻、毫不迟疑地执行、千方百计地落实，切实把对党绝对忠诚体现到贯彻落实习近平总书记治边稳藏重要战略思想上来，体现到维护祖国统一、维护社会稳定、维护民族团结上来。

二是严格遵守党章和党的纪律规矩。党章是党的总章程，纪律规矩是党的生命线。要坚持纪在法前、纪严于法，把纪律和规矩挺在前面，积极引导党员干部模范遵守党章党规，遵守政治纪律、组织纪律、廉洁纪律、群众纪律、工作纪律、生活纪律，进一步强化党的意识、党员意识、纪律规矩意识，做到在党爱党、在党言党、在党忧党、在党为党。特别是要严守党的政治纪律和政治规矩，自觉做政治上的明白人；严格反分裂斗争纪律，在维护祖国统一、开展反分裂斗争这一重大原则问题上，始终做到旗帜鲜明、立场坚定、认识统一、表里如一、态度坚决、步调一致。

三是坚持思想建党和制度治党紧密结合。从严治党靠教育、也靠制度，二者一柔一刚，要同向发力、同时发力。要加强思想政治建设，以各级党委（党组）理论学习中心组为龙头，带动全市党员干部深入学习中国特色社会主义理论体系、党章党规、习近平总书记系列重要讲话精神，深入开展新旧西藏对比，大力弘扬“长征精神”和“老西藏精神”“两路精神”“珠峰精神”，不断坚定“四个自信”，做“四讲四有”合格党员，进一步坚守共产党人的精神家园。要把制度建设贯穿于党的建设的各个环节，不断扎紧制度的笼子，提高管党治党水平，坚决维护制度的严肃性和权威性。

四是加强领导班子和干部人才队伍建设。从严治党，关键是从严治吏。要以各级领导班子和干部人才队伍为重点，着力打造引领日喀则改革发展稳定的领导力量和骨干队伍。要严肃党内政治生活，坚持以党章为根本遵循，以各级领导机关和领导干部为重点，认真贯彻《关于新形势下党内政治生活的若干准则》，坚持民主集中制，发扬党内民主，保障党员权利，完善组织生活制度，用好批评和自我批评武器，不断增强党内政治生活的政治性、时代性、原则性、战斗性。要树好鲜明用人导向，坚持重党性、重品行、重实绩、重基层、重公认，注重培养选拔严守党的政治纪律和政治规矩、坚决落实党中央、区市党委决策部署、善于做民族宗教工作、坚决反对分裂、敢于同达赖集团作斗争的优秀藏族干部、其他少数民族干部、汉族干部和援藏干部，大力培养选拔基层干部、驻村驻寺干部，培养选拔优秀年轻干部和女干部，重视使用党外干部。要激励干部干事担当，认真落实有关干部职工的特殊工资政策和福利待遇政策，切实提高干部职工待遇；严格执行《中国共产党问责条例》，全面实行“争先进位者奖、末位后进者罚”的奖惩机制，激发干部干事创业积极性和主动性；对援藏干部人才政治上充分信任、工作上大力支持、管理上严格要求、生活上热情关心。要切实加强人才工作，促进六类人才队伍协调发展。要做好离退休干部工作，认真落实老干部“两项待遇”。

五是加强基层组织和党员队伍建设。基础不牢，地动山摇；基层给力，事业有力。要充实基层力量，坚持机构编制、人才、资源向基层倾斜，选好配强乡镇党政班子特别是党政正职，加大从转业军人、优秀村党支部书记和村委会主任中考录乡镇公务员力度；大力实施“万名村居干部素质能力提升工程”，加大选派党政机关干部、转业军人、大学生村官到村任职或担任党支部书记的力度，选好配强村（居）“两委”班子，把基层党组织建设成为服务群众、维护稳定、反对分裂的坚强战斗堡垒；在海拔4000米以上乡镇启动实施“八有”工程，有效稳定乡镇干部队伍。要扩大组织覆盖，统筹推进各领域基层党建工作，重点抓好国有企业党建、非公有制经济组织和社会组织“两个覆盖”，有针对性地加强新兴领域、新兴市场、新兴组织、新兴群体的党建工作；着力加大经费保障力度，保持村干部报酬待遇动态增长，落实离任村干部补助政策，推进村级组织活动场所标准化建设，逐年增加村级组织运转经费。要壮大党员队伍，注重从基层、农牧区致富带头人、“双联户”中发展党员，增强党员队伍生机活力。

六是加强党风廉洁建设和反腐败斗争。党风廉洁建设和反腐败斗争，关乎民心向背、事业成败。要落实管党治党责任，严格落实各级党委（党组）的主体责任、党委（党组）书记的第一责任、班子其他成员的“一岗双责”，严格落实各级纪检监察部门的监督责任，确保党风廉洁建设责任制落到实处。要加大惩治腐败力度，坚持有腐必反、有贪必肃，以零容忍的态度惩治腐败，严肃查处发生在群众身边的腐败问题，绝不让腐败分子在党内有任何藏身之地。要全面深化巡察工作，突出政治巡察，紧扣“六项纪律”，紧盯“三大问题”，紧抓“三个重点”，高举巡察利剑，形成强大震慑。要持续开展廉洁教育，加强廉洁文化建设，引导全社会讲修养、讲道德、讲诚信、讲廉耻。要着力强化党内监督，全面落实《关于新形势下党内政治生活的若干准则》《中国共产党党内监督条例》，综合运用监督执纪“四种形态”，着力构建不敢腐、不能腐、不想腐的有效机制，积极营造风清气正的政治生态。

（二）大力实施生态珠峰战略，力争实现更优发展。推进日喀则生态文明建设，保护好生态环境，是功在当代、利在千秋的事业。我们一定要把生态文明建设放在更加突出的战略位置，优化完善生态格局、加快建设生态家园、积极培育生态文化，奋力建设美丽日喀则，筑牢生态安全屏障，切实把日喀则建设成为国家重要的生态屏障保护区。

一是筑牢绿色长城。日喀则最大的价值在生态、最大的责任在生态、最大的潜力也在生态。要构建多维生态空间体系，以市、县、乡、村四级行政驻地为生态建设极点，以G318线、G219线、G562线、S204线、拉日铁路五条交通干线为生态建设走廊，以雅鲁藏布江、年楚河两大流域为生态建设涵养带，以喜马拉雅山脉南、北坡为重点生态功能区，加快完善“四极五线两带两区”的复合型、立体化、网络化的生态空间体系，加快实施《西藏生态安全屏障保护与建设规划》以及主体功能区战略，切实保护好自然保护区、风景名胜区、森林、湿地、草原、湖泊等区域，保留永久生态空间。

二是保护生态环境。小康全面不全面，生态环境质量是关键。要加强生态环境建设，大力推进雅鲁藏布江流域、年楚河流域造林绿化和雅江北岸生态示范区建设等重点工程，增强江河源头区涵养水源、保持水土等能力，切实保护好后藏大地的一草一木、山山水水。要坚持因地制宜，立足具体实际，大力开展植树造林，真正让生态林“保起来”、城市林“美起来”、景观林“绿起来”、经济林“富起来”。

三是建设生态家园。让城乡居民在良好的生态环境中生产生活，是建设生态文明的根本出发点和落脚点。要大力建设绿色城市，深入开展城区周边山体山坡绿化，积极打造入城口特色景观带和火车站到迎宾台的景观大道、年楚河沿岸“绿色长廊”，全面实施拆墙透绿、拆违建绿、见缝插绿、退地还绿“四绿工程”，加快推进市区公园、绿地建设，健全完善城市生态水系，着力打造宜居环境，力争到2020年市区绿地率达到31%以上。要大力建设海绵城市，积极创建环保模范城市，加快建设美丽社区，力争到2020年全市1/3的社区建成群众满意的“美丽社区”。要大力建设文明卫生新农村、新牧区，使环境卫生理念深入人心，环境卫生整治蔚然成风。

四是严守生态红线。保护生态环境必须依靠制度。要坚持生态第一，严守生态底线，继续实行环境保护“一票否决”制度。要强化责任追究，坚持环境保护党政同责、一岗双责，建立领导干部任期生态文明建设责任制，实行生态环境损害责任终身追究制，对领导干部实行自然资源资产离任审计。

（三）大力实施文化珠峰战略，力争实现更好发展。文化是民族的血脉和灵魂，是民族的精神记忆和人民的精神家园，也是经济社会发展的重要支撑。我们一定要弘扬主旋律、提倡多样化，充分发挥文化引领风尚、教育群众、服务社会、推动发展的作用，切实把日喀则建设成为特色文化传承区。

一是立足凝聚人心，抓好意识形态工作。占领和巩固意识形态阵地、确保意识形态领域绝对安全，是实现长治久安的重要工作。要深化主题宣传教育，牢固树立中华民族共同体意识，坚持把培育和践行社会主义核心价值观与群众性精神文明创建活动紧密结合起来，深入开展中国梦宣传教育，开展马克思主义“四观”“两论”和民族团结宣传教育，增强各族群众对伟大祖国、中华民族、中华文化、中国共产党、中国特色社会主义的认同。要树立正确舆论导向，坚持党管舆论、党管新闻、党管媒体，积极推动传统媒体和新兴媒体融合发展，强化对外宣传，主动讲好中国梦日喀则故事，唱响共产党好、社会主义好、伟大祖国好、改革开放好、各族群众好、人民军队好的主旋律。要加强涉藏外宣工作，向全世界充分展示日喀则的发展成就和良好形象。

二是立足提质增效，繁荣发展文化事业。不断满足各族群众文化需求是文化建设的基本任务。要大力实施文化惠民工程，健全现代公共文化服务体系，完善公共文化基础设施，实现公共文化服务项目基本健全；着力加大对群艺馆、公益性艺术表演团体投入，大力支持开展多层次的文艺表演、会演；加快组建日喀则新闻传媒中心，进一步提升广播影视公共服务整体质量和能力；全面加强文化市场管理，规范文化市场经营行为，净化文化市场环境。

三是立足整合提升，加快发展文化产业。发展文化产业，有利于催生新型业态，促进创新创业。要按照政府引导、市场运作、文旅融合、金融支持的原则，坚持园区推动，重点打造西藏珠峰文化旅游创意产业园区，推动文化精品项目向园区集中，积极开展西藏珠峰文化旅游创意产业园区连接扎什伦布寺、呼应老城区的历史文化廊道建设，打造新的城市名片，推动文化产业成为新的经济增长点；坚持精品带动，充分发挥市民族艺术团的文艺精品创作主力军作用，积极创作以实景剧、室内剧为主攻方向的优秀作品；坚持开放促动，开展多种形式的对内对外文化交流，推动特色文化“走出去”。

四是立足传承创新，加强文化遗产保护。文化遗产增加城市的魅力、提升城市的形象。要加快制定老城区保护规划，疏解老城功能，突出历史文化，提升特色风貌，加强保护传承。要大力实施文化遗产保护工程，着力做好扎什伦布寺、萨迦寺、白居寺3处文物保护单位申报世界文化遗产工作，加强全国历史文化名城、全国历史文化名镇保护规划的编制和实施，积极组织申报国家级、自治区级物质和非物质文化遗产、国家级历史文化名镇、名村、名街项目，进一步继承和弘扬民族、民俗文化。

（四）大力实施产业珠峰战略，力争实现更快发展。产业建设是欠发达地区实现长足发展和长治久安的根本途径。我们一定要立足地缘优势、依托特色资源，运用电商平台、加快转型升级，全力壮大“七大产业”，力争实现“一年大突破、三年大提升、五年大跨越”。

一是提升特色产业的竞争力。发展特色产业是加快经济转型升级的重要抓手，是推动区域经济发展的有力支撑。要全力发展壮大珠峰有机种养加业，突出抓好青稞增产，推进青稞精深加工，延伸产业链、提升附加值，着力将日喀则建设成为国家重要的高原特色有机农产品基地；全力发展壮大珠峰特色旅游业，大力实施“旅游转型升级”工程，积极申报“国家全域旅游示范区”，着力将日喀则建设成为旅游文化腹心区；全力发展壮大珠峰天然饮用水业，着力将日喀则建设成为全区乃至全国天然饮用水重要供应地；全力发展壮大绿色生态业，推进生态产业化；全力发展壮大珠峰特色手工业，推动民族手工业提质增效；全力发展壮大珠峰清洁能源业，加快推进“光伏+生态设施农业”发展步伐；全力发展壮大珠峰南亚物流业，加快珠峰经济技术开发区建设，将日喀则建成南亚开放前沿区，把“七大产业”培育成具有较强竞争力和影响力的特色支柱产业。

二是提升改革开放的带动力。改革开放是推动产业发展的强大动力，是实现富民强市的必由之路。要全面深化改革，大力推进供给侧结构性改革，积极稳妥推进农牧区、投融资、财税、金融、国有企业、非公经济、行政管理等重点领域的改革，促进转型发展。要发挥援藏优势，进一步加强与对口支援四省市两企业的经济技术合作交流，鼓励企业到日喀则投资兴业，鼓励我市各类产品销往内地市场，大力发展钢结构建筑产业，促进共同发展。要扩大对内开放，进一步加强与兄弟地市、内地省市的战略合作，积极融入藏中南经济圈、川渝经济圈、陕甘青宁经济圈、大香格里拉经济圈，促进融合发展。要发挥沿边优势，紧紧抓住国家“一带一路”建设、沿边地区开放开发“三圈三带”构建的战略机遇，加强与尼泊尔、印度等国家和地区的合作交流，加快推进中尼跨境经济合作区建设，促进合作发展。

三是提升项目建设的助推力。项目是经济社会发展的“牛鼻子”，有利于完善基础设施、加快产业发展。要不断增强千方百计抓项目、竭尽全力抓项目、规划引领抓项目、“无中生有”抓项目、突出特色抓项目的意识，力争更多、更大、更好的项目落地日喀则。要高质量做好前期，力争环城公路、拉萨至日喀则高等级公路、日喀则至亚东快速通道、日喀则至吉隆高等级公路，日喀则至吉隆铁路、日喀则至亚东铁路，日喀则机场改扩建，亚东支线机场，吉隆、定日通用机场，湘河、帕孜水利枢纽及配套灌区工程等重大项目早日开工建设。要高速度落实投资，加强“十三五”规划项目对接，争取更多项目纳入自治区总盘子，争取纳入总盘子的项目尽快落地，积极争取2500多亿元的授信额度投资落地，重点抓好日喀则机场至市区、日喀则至拉孜高等级公路、G318线绕城路、市第四高级中学、拉洛水利枢纽及配套灌区工程、恰央水库、强布水库及恩久塘灌区和灾后重建、脱贫攻坚等项目建设，确保项目早日发挥效益。

四是提升城市发展的聚合力。日喀则作为边疆城市、口岸城市，加快城市发展，有利于增强造血功能、带动产业发展、促进经济腾飞。要规划好城市，以“七区建设”为引领，遵循“旅游文化向老城区集中、居住向小区集中、工业向园区集中”和“老城区做减法、新城区做加法、工业园区做乘法”的原则，高标准规划城市，着力推进“多规合一”，努力形成“一环一轴两廊两城多片”的城市发展空间，引领推动桑珠孜区、白朗县一体化发展，积极打造江孜“东部中心”和拉孜“西部中心”，努力构建“一核两翼多点”城镇发展新格局，力争到2020年全市城镇化率达到30%。要建设好城市，提升城市的空间立体性、平面协调性、风貌整体性、文脉延续性，树立城市形象、打造城市品牌。要管理好城市，以“六城共建”为抓手，提升管理服务的精细化、智慧化、人性化、社会化水平，努力建设宜居宜业宜游的新型城市。要经营好城市，以时间换空间、以规划换投资、以资源换资金，对城市资源资本进行重组营运，最大限度盘活存量，走出一条以城建城、以城兴城的市场化路子。

（五）大力实施幸福珠峰战略，力争实现更大发展。民生问题事关发展稳定大局，事关人民幸福安康。我们一定要突出民生导向，坚持民生优先、民生先动，不断提升各族群众的幸福指数，让各族群众共建共享改革发展稳定成果。

一是坚决打赢脱贫攻坚战。坚决完成脱贫攻坚任务，是我们向区党委、政府立下的“军令状”，也是向全市人民作出的“承诺书”。要把脱贫攻坚作为头等大事和第一民生工程，紧紧围绕“扶持谁”“谁来扶”“怎么扶”“如何退”等重大问题，立足扶持对象、项目安排、资金使用、措施到户、因村派人、扶贫责任、脱贫成效“七个精准”，把新型城镇化、新农村建设、灾后重建、产业集聚与精准扶贫结合起来，实施好发展生产脱贫一批、易地搬迁脱贫一批、生态补偿脱贫一批、发展教育脱贫一批、社会保障兜底一批、转移就业脱贫一批、医疗救助脱贫一批、金融扶持脱贫一批、灾后重建脱贫一批等“九个一批”工程，举全市之力、集全市之智，采取超常规举措，确保全市所有贫困人口如期脱贫、贫困县如期摘帽、贫困村如期退出。

二是加快推进灾后重建。灾后恢复重建工作关系受灾群众冷暖安危，关系社会大局和谐稳定，关系我市经济社会长远发展。要紧紧围绕“两年基本完成、三年整体跨越、五年同步小康”的定位要求和“大干两年、三年见效、建设一个美丽日喀则”的重建目标，用好灾后恢复重建资金，用活党中央、区党委给予我们的一系列特殊优惠政策，把灾后恢复重建与国家“一带一路”战略、“十三五”规划、对口支援、产业发展、精准扶贫、特色小城镇、整村推进、新农村建设结合起来，以城镇化建设为重点，做好乡镇除法，推动乡镇人口向城市集聚，统筹好城乡住房、基础设施、公共服务、产业设施、灾害防治“五位一体”重建内容，力争2017年底全面完成恢复重建任务，努力实现家家有新房、户户有就业、人人有保障、村村有改变、发展有路子、生态有改善。

三是大力发展社会事业。发展社会事业，既是解决民生问题的题中应有之义，也是实现社会公平的内在要求。要优先发展教育事业，严格按照自治区“五个100%”工作目标，切实抓好“双语”教育，大力发展学前教育，均衡发展基础教育，重点发展现代职业教育，扎实开展义务教育学校标准化建设，积极发展民办教育，认真做好“全面改薄”各项工作；超前谋划建设日喀则教育城，加快筹建高等职业技术学院，争取设立西藏大学日喀则分院、农牧学院日喀则分院，切实抓好教育人才组团式援藏工作，全力推动我市教育均衡式、内涵式、集约化、优质化发展，力争实现“优先发展、走在前列”的目标，努力打造全区一流的教育高地。要扎实推进科技创新，紧紧围绕产业发展中的重大技术问题，加强科技创新与应用，不断提升科技成果的转化应用率。要着力提升医疗服务，实施“健康日喀则”工程，加强公共卫生服务体系建设，着力提高基本公共卫生服务均等化水平，大力推进医疗人才组团式援藏和“农牧民健康促进行动”，切实加强市人民医院软硬件建设，努力创建“三甲”医院，争创国家卫生城市。

四是着力强化社会保障。社会保障是普惠托底的民生问题。要扩大就业创业，实施更加积极的就业政策，完善就业创业服务体系，推进大众创业、万众创新，切实做好高校毕业生、退役军人、残疾人就业服务，深入实施农牧民工职业技能提升计划，力争把农牧民工培养成现代化产业工人，努力促进充分就业。要健全社保体系，大力实施全民参保登记计划，建立健全城乡居民基本养老保险、基本医疗保险、生育保险、失业保险、工伤保险等制度，健全完善城乡居民最低生活保障、农牧区五保供养等制度，加快形成城乡低保、集中收养、五保供养、临时救助之间城乡统筹、层次分明、相互衔接的社会救助体系，积极推动福利服务向适度普惠型发展；加快推进保障性安居工程建设，落实好住房租赁补贴政策，不断完善住房保障体系。

五是始终坚守安全生产底线。安全生产事关人民福祉，事关经济社会发展大局。要坚持生命至上，把“生命高于一切”的理念落实到生产、经营、管理的全过程，决不允许心存侥幸，决不允许把人民群众生命财产安全当儿戏，决不要“带血”的GDP，坚决守住安全生产的红线底线。要压实工作责任，坚持党政同责、一岗双责、齐抓共管、失职追责，严格落实安全生产责任制，切实将责任压实到企业、到基层、到岗位、到个人。

（六）大力实施法治珠峰战略，力争实现更稳发展。加强法治建设是党和政府加强自身建设、提高执政能力的重要举措。我们一定要认真执行《党政主要负责人履行推进法治建设第一责任人职责规定》，坚持科学立法、严格执法、公正司法、全民守法，坚决维护宪法法律权威，依法维护人民权益和社会公平正义，全力维护祖国统一和国家安全，奋力开创法治日喀则建设新局面。

一是维护宪法法律权威。维护宪法法律权威就是维护党和人民共同意志的权威。要坚持学法知法遵法守法，认真学习宪法、严格遵守宪法，弘扬法治精神、维护法律尊严，使各族干部群众成为社会主义法治的忠实崇尚者、自觉遵守者、坚定捍卫者；坚持法律面前人人平等，任何组织或个人都必须在宪法法律范围内活动，都必须依照宪法法律行使权利或权力、履行职责或义务，特别是各级领导干部要牢记法律红线不可逾越、法律底线不可触碰，带头遵守法律，带头依法办事，不得违法行使权力，更不能以言代法、以权压法、徇私枉法。

二是扎实推进依法治市。推进依法治市是建设和谐文明幸福美丽日喀则的重要保障。要推进科学立法，加强立法工作，提高立法质量，使立法反映群众意愿、适应发展需要、维护公平正义。要推进严格执法，加快建设职能科学、权责法定、执法严明、公开公正、廉洁高效、守法诚信的法治政府。要推进公正司法，充分发挥司法的权利救济、定分止争、制约公权、维护社会公平正义的基本功能，努力让人民群众在每一个司法案件中都感受到公平正义。

三是着力创新社会治理。深入推进社会治理创新，有利于推进治理体系和治理能力现代化，有利于促进长治久安。要坚决贯彻中央对达赖集团的斗争方针，下好先手棋、打好主动仗，牢牢掌握斗争主动权；深入揭批十四世达赖政治上的反动性、宗教上的虚伪性、手法上的欺骗性，教育引导各族干部群众自觉与十四世达赖和达赖集团划清界限，严密防范和依法打击十四世达赖集团各种分裂渗透干扰破坏活动，确保社会局势持续稳定、长期稳定、全面稳定，切实把日喀则建成安全屏障建设区。要完善社会治理体系，坚决贯彻落实自治区各项维稳措施，深入开展“平安单位”创建活动，深化干部驻村工作，加强和创新寺庙管理，提升城镇网格化管理水平，推进“先进双联户”创建评选，加强网络等新兴媒体管理，依法严厉打击非法组织，大力推进智慧日喀则建设，以大数据为基础，建立城镇综合信息系统，完善集电子政务、信息服务、突发公共事件应急处置、为民办事等内容于一体的信息化平台，不断提升社会治理能力，健全群防群治工作机制，打造社会治理人人有责、人人尽责的命运共同体，积极创建社会稳定典范区。要创新矛盾化解机制，完善涉法涉诉信访依法终结制度，健全完善信访工作“八化”机制，实现信访案件“零搁置”。

四是全面增进民族团结。民族团结是各族人民的生命线。要认真贯彻落实中央民族工作会议精神，坚定不移走中国特色解决民族问题的正确道路，推动各民族和睦相处、和衷共济、和谐发展，努力创建民族团结示范区；坚持把加强民族团结作为事关全局的大事来抓，牢牢把握各民族共同团结奋斗、共同繁荣发展的主题，扎实开展民族团结进步宣传教育和创建活动，大力实施兴边富民行动，绵绵用力、久久为功，确保各民族成员像爱护自己的眼睛一样爱护民族团结，实现你中有我、我中有你，手足相亲、守望相助，携手共创日喀则更加美好的明天。

五是推进民主政治建设。发展社会主义民主政治，是社会文明进步的重要体现，是促进长治久安的根本举措。要充分发挥党委总揽全局、协调各方的领导核心作用，加强对人大工作的领导，坚持和完善人民代表大会制度，支持人大及其常委会依法履行职权，进一步完善地方立法和监督机制；加强对政协工作的领导，充分发挥人民政协作为协商民主的重要渠道，支持政协履行政治协商、民主监督、参政议政职能，进一步推进协商民主广泛多层制度化发展；加强对统战民族宗教工作的领导，巩固和发展最广泛的爱国统一战线；认真贯彻落实中央、区党委群团工作会议精神，加强和改进党对群团工作的领导；支持国防和军队建设，搞好双拥共建，推进军民融合深度发展。

四、不忘初心，在砥砺奋进中持续彰显新担当

担当成就事业，奋斗赢得未来。我们要以对党高度负责、对人民高度负责、对历史高度负责的态度，永远保持谦虚谨慎、不骄不躁的作风，永远保持艰苦奋斗的作风，用心、用力、用情做好各项工作。

（一）进一步解放思想。实践发展永无止境，解放思想永无止境，改革创新永无止境，停顿和倒退都没有出路。日喀则发展到今天，各项事业已经步入了不进则退、慢进也是退的历史阶段，已经到了不破不立、大破大立的关键时刻。我们一定要解放思想、更新观念，改革创新、开拓进取，坚决破除小富即安、自满自得的思想，牢固树立创先争优、拼搏苦干的意识；坚决破除瞻前顾后、消极畏难的思想，牢固树立敢闯敢拼、锐意进取的意识；坚决破除固步自封、因循守旧的思想，牢固树立突破常规、改革创新的意识；坚决破除本位主义、狭隘封闭的思想，牢固树立抢抓机遇、顾全大局的意识，进一步强化加快发展、提速跨越，全力追赶、奋勇争先的观念，力争各项工作在全区争先进位、走在前列。

（二）进一步坚定信心。信心坚定方向，信心激发力量。我们的信心来自社会大局保持持续全面稳定的良好形势，来自经济发展呈现出稳中加速、质量和效益正在不断提升的坚实基础，来自中央第六次西藏工作座谈会给予一系列特殊优惠政策、国家实施“一带一路”战略和“环喜马拉雅经济合作带”建设、自治区“十三五”规划列入一批重大项目、四省市两企业对口支援力度不断加大的有利机遇。可以说，我们既有加快发展的扎实基础，又有提速跨越的潜在动能。我们一定要增强信心、坚定决心，深挖潜力、强化抓手，在实现目标任务中进一步丰富发展思路，在具体实践中进一步创新工作方法，不犹豫、不观望、不懈怠，不退缩、不动摇、不折腾，努力把基础构筑得更扎实、把潜能挖掘得更充分、把优势发挥得更明显。

（三）进一步强化责任。责任是一种精神，更是一种品格。干事业要有一种崇高的境界，做事情要有一种负责的精神。我们一定要勇于担当、敢于负责，主动作为、服务大局，切实担当起科学发展、富民兴市第一要务，全力实现脱贫攻坚、全面小康第一目标，坚持不懈抓好“党建珠峰”这项大工程，绿色发展建好“生态珠峰”这片保护区，深挖潜力走好“文化珠峰”这条新路径，凸显优势做好“产业珠峰”这篇大文章，和谐共享下好“幸福珠峰”这盘民生棋，脚踏实地打好“法治珠峰”这场主动仗，进一步推进经济社会长足发展和长治久安。

（四）进一步狠抓落实。一分部署，九分落实，各项工作能否取得实效，关键是说到的就要做到，承诺的就要兑现。我们一定要求真务实、开拓创新，脚踏实地、艰苦创业，不断巩固拓展党的群众路线教育实践活动和“三严三实”专题教育成果，深入开展“两学一做”学习教育，坚持不懈抓好中央八项规定精神和自治区党委“约法十章”“九项要求”的贯彻落实，全面推进“讲学习、讲忠诚、正风纪、转作风、提效能”主题活动，使讲学习成为一种习惯、讲忠诚成为一种基因、正风纪成为一种常态、转作风成为一种自觉、提效能成为一种行动，以严的作风、实的举措谋事创业，以抓铁有痕、踏石留印的精神狠抓落实，确保各项工作落地生根、见到实效。

同志们！脚踏实地海让路，持之以恒山可移。让我们更加紧密地团结在以习近平同志为核心的党中央周围，团结在党的核心周围，更加坚定地维护以习近平同志为核心的党中央权威，更加自觉地在思想上政治上行动上同以习近平同志为核心的党中央保持高度一致，在以吴英杰同志为班长的自治区党委的坚强领导下，牢记使命、开拓进取，同心同德、励精图治，不忘初心、继续前进，全力推动改革发展稳定各项事业提速跨越发展，为建设和谐文明幸福美丽日喀则而努力奋斗！

政府工作报告

——在日喀则市第一届人民代表大会第四次会议上

日喀则市人民政府市长　刘虎山

（2016年12月29日）

各位代表：

现在，我代表市人民政府，向大会报告政府工作，请予审议，并请政协委员和其他列席同志提出意见。

一、2016年工作回顾

过去的一年，面对深刻变化的外部环境和艰巨繁重的发展任务，在党中央国务院、自治区党委政府和市委的坚强领导下，我们团结依靠全市各族人民，深入贯彻党的十八大、十八届历次全会及中央第六次西藏工作座谈会精神，学习贯彻习近平总书记系列重要讲话及自治区第九次党代会精神，落实自治区政府“663”工作思路，围绕年初既定目标，全力推进各项工作，经济社会发展呈现出稳中加速、快中见好的良好态势，圆满完成了市一届人大二次会议确定的各项目标任务，实现了“十三五”开门红。

——综合实力明显提升。2016年，在宏观经济下行压力持续加大的情况下，我们抢抓机遇，攻坚克难，提速赶超，全市经济社会发展实现预期目标，重要指标跃居全区前列，改变了我市经济发展指标排名靠后的被动局面。预计，全市地区生产总值实现202亿元，同比增长15%。地方一般公共预算收入完成12.37亿元，同比增长30%。完成全社会固定资产投资265亿元，同比增长89.1%。社会消费品零售总额86.31亿元，同比增长18%。城镇、农村居民人均可支配收入分别达28338元、8660元，同比分别增长13%、17%，诸多指标创历史新高。

——产业结构明显优化。我们坚持促进“造血型”发展，大力调整经济结构，发展质量和效益不断提升，三次产业比例调整为16：36：48。种植业荣获全区综合验收考评第一名，全年粮食产量39.67万吨，牲畜出栏160万头（只、匹）。17家农业产业化经营龙头企业实现产值4.9亿元，科技对农牧业发展贡献率达46%。实现工业总产值18亿元，同比增长20%，规模以上工业企业增加2家、达到17家。全市国有企业实现收入3.86亿元、利润3530.65万元、上缴税金2384.55万元。清洁能源发展的基础更加牢固，我市成为国家高比例新能源示范城市创建单位。日喀则国家农业科技园区通过科技部验收，将予授牌。桑珠孜区“光伏+生态设施农业”产业示范园建设顺利，12家企业入驻园区。珠峰文化旅游创意产业园区、珠峰开发开放试验区规划建设工作有力推进，产业发展的支撑作用逐步显现。突出“神奇珠峰、醉美庄园、吉祥日喀则”主题，大力推动文化旅游产业发展，全年接待国内外游客420万人次，实现旅游总收入34亿元，同比分别增长31%和25%。边境贸易迅速恢复，全市外贸进出口总额实现4.8亿美元，同比增长18%。

——投资落实明显提速。成立了市项目协调领导小组，组建了市项目综合管理办公室，召开了五次全市项目推进或调度工作会议，开展了项目建设领域突出问题专项整治行动，设立了2亿元前期工作经费，推进了“一站式”审批服务。投资总额从2015年的全区第五位跃居全区第二位，增速跃居全区第一位。市人民医院新院区主体竣工、拉洛水利枢纽及配套灌区工程成功截流、市区9条市政道路建成通车，日喀则机场至市区高等级公路、市第四高级中学等项目开工建设，日喀则至吉隆铁路、拉萨至日喀则、日喀则至亚东和日喀则至吉隆高等级公路、帕孜水利枢纽及配套灌区工程、湘河水利枢纽及配套灌区工程、堆纳水库工程等重大项目前期工作进展顺利。

——发展活力明显增强。政府机构改革圆满完成，部门权责清单对社会公布，政府职能加快转变、效能明显提升。大力推进简政放权，在总投资1000万元以下项目审批和建设管理权限下放的基础上，又将总投资2000万元以下的农村公路建设管理权限下放至各县区，并开展了总投资3000万元以下农村公路建设管理权限下放试点工作。积极推进道路运输体制改革，公交体制改革方案形成阶段性成果。加快推进商事制度改革，“三证合一、一照一码”改革全面推行，“五证合一、一照一码”工作正式启动，市场活力不断增强，全年各类市场主体发展到3.71万户，注册资本达296.14亿元，同比分别增长22.44%、84.4%。探索“走出去”办节，与上海市及东方航空公司合作举办第十四届珠峰文化旅游节，开创了与援藏省市轮流合作办节的新模式。出台了《日喀则市招商引资若干规定（试行）》，招商引资力度不断加大，招商引资到位资金达40亿元，完成投资25.24亿元。与国开行、农发行、农行和西藏银行等金融机构建立了战略合作关系，授信额度达2500多亿元。全市各项贷款余额达170亿元。积极融入国家“一带一路”战略，加快完善口岸基础设施，吉隆口岸已具备向第三国开放条件。“兰州号”南亚公铁联运国际货运班列实现常态化运营，累计发运4列122箱货物，出口额达2亿元人民币。圆满完成7批次294人的印度官方香客接待服务工作，进一步深化了对印交流合作。

——城乡面貌明显改善。灾后重建全面铺开，完成投资70.04亿元。民房重建任务基本完成，灾区群众居住条件明显改善。规划建设桑珠孜新区，实施樟木镇受灾群众集中安置，在群众自愿的前提下将于藏历新年前搬入新居。统筹推进“六城共建”，城市环境卫生明显改善，市民文明素质、城市文明形象明显提升。积极推进新型城镇化建设，开展“一区两镇”和特色小城镇试点工作，加快整村推进建设步伐，全市城镇化率达到24%。全市公路通车里程新增1000公里，达到1.6万公里。75%的乡镇和44%的建制村（含在建项目）通沥青（水泥）路。农村饮水安全人口覆盖率达84%。新增电力装机总容量3万千瓦。行政村通信覆盖率达100%。邮政网点覆盖更加广泛，服务功能不断完善。生态文明建设力度不断加大，全年造林27.6万亩，退耕还林、退牧还草、湿地保护、防沙治沙等工程顺利推进，严把项目建设环境准入关，环境执法力度不断加大，生态环境持续改善。

——民生事业明显进步。脱贫攻坚战全面打响，“九个一批”工程全面启动，12315户、51349人实现脱贫，白朗、康马、亚东三县达到脱贫摘帽标准，完成易地扶贫搬迁5103户、21200人，2017年50705人易地扶贫搬迁工作全面启动。设立了5.73亿元的精准扶贫政府风险补偿基金，切实撬动银行信贷资金支持扶贫产业发展。全市党员干部对建档立卡贫困户进行结对帮扶。积极促进就业创业，新增城镇就业8920人，城镇登记失业率控制在2.3%以内，农牧民转移就业36.5万人次，实现劳务收入10.7亿元。社会保障体系不断完善，五大保险全面覆盖，社会救助水平不断提升，有意愿的孤寡老人集中供养率和孤儿集中收养率均达到100%。妇女儿童、老龄和红十字会等工作都有新进展。教育人才“组团式”援藏工作扎实推进，双向交流机制进一步健全，教学质量大幅提升，全市高考上线率达到90.05%，居全区第一，南木林、拉孜、仁布、康马、岗巴5县义务教育均衡发展通过国家评估验收，白朗县素质教育通过自治区验收。文化惠民措施全面落实，市群众艺术馆改扩建项目和市图书馆新建项目进展顺利，《吉祥日喀则》书系完成定稿，广播电视综合覆盖率分别达到98.1%和96.45%，群众精神文化生活日益丰富。医疗人才“组团式”援藏深入开展，市人民医院创“三甲”工作稳步推进，公共卫生服务均等化水平显著提升，全市孕产妇住院分娩率达97.7%、孕产妇死亡率降至6.6/万、婴儿死亡率降至15.9‰，农牧民健康体检74.2万人次，在编僧尼健康体检4693人次。食品药品安全形势稳中向好，监管体制基本健全。建设保障性住房2.2万套，解决了6万人的住房困难；住房公积金个人贷款率达75%，位居全区第一。

——社会治理明显深化。全面落实自治区维稳十项措施，深入推进城镇网格化管理，强化社会治安综合治理，扎实推进驻村驻寺工作和“先进双联户”创建活动，江孜、南木林2县成功达标自治区级“平安县”，40个乡镇成功达标市级“平安乡镇”。依法管理宗教事务，精心服务“128”活动，保证了法会的绝对安全和顺利举办，达到了良好的政治效果、社会效果、宗教效果，圆满完成了党中央、区党委部署的任务。扎实开展重点领域安全生产综合整治，安全生产形势持续好转。提高突发事件应急处置能力，妥善应对了夏秋洪涝灾害，保障了人民群众生命财产安全。高度重视信访工作，从源头上预防和化解各类社会矛盾，最大限度减少不和谐因素，确保了社会安定有序、人民安居乐业。

——政府建设明显加强。全市政府系统扎实开展“两学一做”学习教育和“讲学习、讲忠诚、正风纪、转作风、提效能”主题活动，以作风转变促效能提升。严格落实党风廉政建设责任制，持之以恒肃政风、正行风，坚定不移预防和惩治腐败。严格执行中央八项规定和自治区“约法十章”“九项要求”，重点整治了群众反映强烈的突出问题。着力推进依法行政，制定了《关于贯彻落实〈法治政府建设实施纲要（2015—2020年）〉的实施意见》，出台了《日喀则市2016—2020年地方政府规章制定五年规划》《日喀则市人民政府拟定地方性法规草案和制定政府规章办法》，并颁布了《日喀则市文物保护管理办法》。自觉接受人大法律监督、政协民主监督和社会舆论监督，全年共办理人大代表建议74件、政协委员提案95件，有效解决了一批经济社会发展方面的问题。

各位代表！能够取得这样的成绩，是因为我们把党委领导、政府主导作为推进工作的根本保证，把解放思想、改革创新作为推进工作的前提基础，把问题导向、定向发力作为推进工作的关键所在，把转变作风、倒逼责任作为推进工作的重要动力，把组织专班、集中突破作为推进工作的重要手段，把优化环境、狠抓项目作为推进工作的重要支撑，把强化督查、传导压力作为推进工作的重要保障。

各位代表！回顾过去一年，成绩来之不易，这是党中央、国务院特殊关怀的结果，是自治区党委、政府大力支持的结果，是四省市、两企业无私援助的结果，是市委坚强领导的结果，是市人大、政协和社会各界监督支持的结果，是全市各族人民团结奋斗的结果。这也充分说明，我们的党员和干部队伍是积极向上、奋发有为、敢为人先、勇于担当的队伍，是想干事、能干事、会干事、干成事的队伍。在此，我代表市人民政府，向全市各级各部门的干部职工，向全体市民和参与日喀则发展建设的劳动者，向市人大代表、政协委员，向中央、自治区驻日喀则单位，向驻日喀则部队和武警官兵，向关心日喀则发展的社会各界朋友，表示衷心的感谢和崇高的敬意！

各位代表！成绩令人鼓舞，但我们也要清醒地看到，我市经济社会发展与区党委、政府和市委的要求，与全面建成小康社会的目标，与广大群众的期盼相比，还有一定差距，还存在一些困难和挑战。一是外部环境趋紧。在宏观经济发展进入新常态、下行压力依然较大的背景下，我市逆势而上、加快发展的困难加大；区域竞争日趋激烈，固定资产投资大规模扩张的难度增加，具有全局支撑作用的大项目开工不足；受网络购物的冲击，实体消费增长不快；进出口拉动增长效果不明显。二是发展基础薄弱。产业“小、弱、散”的状况尚未得到根本改变，产业对经济社会发展的支撑作用较弱；城镇集聚人口能力不足，辐射带动作用不强；城乡、区域发展不平衡，农牧民收入增收渠道少、绝对数偏低，贫困面大、贫困程度深，减贫任务相当艰巨；社会公共服务供给不足，教育事业发展不均衡，卫生资源配置不合理，文化产品供应不能满足群众需求等问题仍然突出。三是人才相对匮乏。经济社会发展急需的各类管理人才和专业技术人才匮乏，对我市经济社会向更高水平发展形成关键制约；城镇和农牧民高水平就业所占比例低，基层带头致富的“能人”不多，拴心留人的环境不优，难以适应提速跨越新形势的需要。四是思想解放不够。部分干部群众思想封闭保守、“等、靠、要”问题严重，特别是一些党员干部担当精神不足、只争朝夕意识不强、主动作为观念欠缺，与当前我市提速跨越发展的要求不相适应。

困难和挑战固然存在，但我们面临的发展形势更加有利。一是发展机遇难得。国家“一带一路”战略深入实施，日喀则在国家对南亚开放战略布局中的地位更加凸显，为我们扩大开放、提速跨越插上了腾飞的翅膀；国内供给侧结构性改革、投融资体制改革继续深化，战略性新兴产业蓬勃发展，为我市实现弯道超车、发挥后发优势提供了有力支撑和成功借鉴。二是发展政策优惠。中央第六次西藏工作座谈会给予的特殊优惠政策加快落实，脱贫攻坚政策环境持续优化，四省市、两企业对口支援向全方位、宽领域、多层次推进，是我们推进科学发展、加快追赶步伐的坚强后盾；中央对西藏的转移支付和项目支持力度逐年递增，给予西藏特殊优惠金融政策逐年加大，多家金融机构向我市授信达2500多亿元，为我们加快发展、跨越赶超提供了充裕的资金保障。三是发展思路清晰。自治区第九次党代会和市委一届五次全委会为我市经济社会发展进一步明确了思路、鼓足了干劲。市委提出了“6677”总体发展思路，立意高远、内涵丰富，完全符合日喀则的发展实际，为我市今后各项工作开展指明了方向、提供了遵循。四是发展环境优化。社会局势长期保持和谐稳定，各族干部群众干事创业的热情高涨，解放思想、开拓创新的氛围日益浓厚，为我们争先进位、提速跨越营造了良好的发展环境，我市经济社会迎来了又一个新的发展机遇期，更加增强了我们做好各项工作的信心和决心。

二、2017年工作安排

2017年是“十三五”承上启下的重要一年，是我市灾后重建的收官之年，是深化精准脱贫工作的关键之年，做好2017年政府各项工作意义重大、影响深远。

2017年政府工作总体思路是：以邓小平理论、“三个代表”重要思想、科学发展观为指导，认真贯彻党的十八大、十八届历次全会、中央第六次西藏工作座谈会精神，学习贯彻习近平总书记系列重要讲话精神，深入贯彻落实习近平总书记治国必治边、治边先稳藏的重要战略思想和加强民族团结、建设美丽西藏的重要指示，坚持依法治藏、富民兴藏、长期建藏、凝聚人心、夯实基础的重要原则，落实自治区第九次党代会精神和市委“6677”总体发展思路，坚持提速跨越、又快又好工作总要求，瞄准全面建成小康社会宏伟目标，突出脱贫攻坚、灾后重建两大重点，强化项目带动、产业发展、城镇建设三大支撑，坚守和谐稳定、生态保护、安全生产、廉洁从政四条底线，落实深化改革、扩大开放、改善民生、金融撬动、统筹城乡五项任务，发扬珠峰精神，抢抓发展机遇，务实开拓创新，积极推进拉萨—山南—日喀则核心经济圈建设，着力打造和谐文明幸福美丽日喀则，为与全国、全区一道全面建成小康社会打下更加坚实的基础。

2017年全市经济社会发展的主要目标是：地区生产总值增长14%以上；地方一般公共预算收入增长20%左右；全社会固定资产投资增长35%以上；社会消费品零售总额增长18%左右；城镇居民人均可支配收入增长11%以上；农村居民人均可支配收入增长17%以上；居民消费价格增长控制在4%以内；城镇登记失业率控制在3%以内。

实现上述目标，需要我们以不进则退、慢进也是退的危机感，时不我待、只争朝夕的紧迫感，敢于担当、舍我其谁的使命感，以更大的决心、更严的要求、更高的标准，更加积极有为地破解发展面临的各种难题，补齐经济社会发展短板，着力抓好以下重点工作：

（一）坚持提质增效，着力推进产业珠峰建设

坚持“增一产、保二产、提三产”，认真贯彻落实全市产业发展大会精神，加快调整产业结构，优化产业发展体制机制，培育珠峰产业品牌，壮大珠峰七大产业，大力发展群众熟悉、能干会干、就近就便、不离乡不离家即可致富的特色产业项目，努力将资源优势转化为经济优势、竞争优势。

做精做深第一产业。在抓一产、提质效、调结构、转方式上下苦功、下狠劲，做深珠峰有机种养加业。以加快推进农牧业现代化为方向，按照集约化、规模化、标准化、特色化、信息化、市场化、科技化、生态化的要求，促使传统农牧业转型升级，提高产出率和商品率，实现资源优势向经济优势的转变。充分发挥青稞主产区优势，大力实施高标准农田建设，加快有机肥生产项目建设，加快推进雅江湘河生态经济带规划建设工作，强化科技支撑和激励机制，大力实施青稞增产行动，力争青稞亩产增加50斤、粮食总产量达到42万吨左右。积极发展现代农业，大力推进日喀则国家农业科技园区建设，着力规划建设“一心两核六园区”现代农业示范区，不断提高农业综合生产能力。大力发展现代养殖业，在加强种质资源保护的同时，加快转变畜牧业生产方式，建设种畜繁育基地、养殖基地、饲草基地，推动农区养殖业发展，促进牧业由季节性出栏向经常性出栏转变。大力推进青稞、蔬菜、岗巴羊等农畜产品加工转化，延长种养加产业链条，提高农牧产品附加值。充分利用荒滩荒地，在科学研究论证的基础上，积极引进枸杞等抗旱经济林种植，以“企业+农户”的方式带动群众增收致富。牢固树立商品意识、质量意识、品牌意识，加快推进农畜产品标准化建设，发展具有日喀则特色的种养品牌。发展好、利用好农牧区电商平台，积极探索农畜产品订单式销售模式，拓宽农畜产品销售渠道。

做优做实第二产业。壮大珠峰清洁能源业，以创建清洁能源示范市为契机，积极推进桑珠孜区“光伏+生态设施农业”产业示范园建设，实现光伏带农业、农业促光伏，着力打造“鲁藏模式”的光伏小镇。稳步推进岗巴、康马、定日、仁布、拉孜、谢通门、江孜县光伏产业基地建设，提高电网供电可靠性。做实珠峰天然饮用水业，积极扶持珠峰冰川、西藏神水等企业扩大产能，推动雪域露珠天然饮用水投产运营，完善营销和物流体系，打响“珠峰好水”品牌。做好珠峰绿色建材业，支持高新雪莲水泥厂扩能增产，鼓励扶持钢结构、钢混等装配式新型环保建材的开发、生产、使用。做优珠峰特色手工业，积极培育和扶持唐卡、藏香、藏毯加工等民族手工业发展，在传承和保护民间传统工艺的基础上提质增效，促进群众增收。坚持传统优势与现代科技、现代工艺相结合，提高藏药科研、开发、生产的整体水平，推进藏医药产业化、标准化、规范化和可持续发展。2017年力争规模以上企业增加2家，实现工业总产值21.6亿元，增长20%以上。

做大做强第三产业。做大珠峰特色旅游业，加快推进旅游腹心区建设，深挖“一峰两寺三城三线五沟”旅游资源，优化精品旅游线路，发展全域旅游，打造无障碍旅游区，加快规划建设珠峰文化旅游创意产业园区，提升文化旅游内涵和服务水平，努力打造后藏靓丽旅游名片，着力构建文化旅游大格局。力争2017年实现接待游客508万人次，增长21%；旅游收入40.8亿元，增长20%。做好珠峰绿色生态业，充分发挥雪域高原清洁纯净的自然环境优势，大力发展生态种养、生态旅游、生态园区、清洁能源、节能环保等产业，走出一条科学发展、绿色崛起的新路，着力打造生态经济发展强市。做强珠峰南亚物流业，着力建设南亚开放前沿区，加快推进珠峰开发开放试验区、吉隆（中尼）跨境经济合作区、亚东仁青岗边贸市场建设，提升仓储、物流、加工、运输、金融等服务功能，着力建设面向南亚的物流业基地。力争2017年实现进出口贸易额突破7.02亿美元，增长20%以上。大力发展商贸物流业，加

强基础设施建设，完善城乡商业网点，着力构筑覆盖城乡的商贸市场网络体系和三级物流配送体系。加快发展电子商务、文化创意、总部经济、会展经济、医疗健康、高原体验、商务服务、科技服务等现代服务业，不断提高服务业水平。

（二）坚持共享发展，着力推进幸福珠峰建设

坚持把保障改善民生作为各项工作的根本出发点和落脚点，紧紧盯住人民群众最关心、最直接、最现实的利益问题，急群众之所急、办群众之所需，全面保障和改善民生，提升人民幸福指数，让各族群众更多更好地共享改革发展成果。

全力脱贫攻坚。紧紧围绕“六个精准”，实施“九个一批”，集中力量，合力攻坚，全面完成12694户、51807人的脱贫任务，确保定日、聂拉木、吉隆、定结、昂仁五县脱贫摘帽。加快推进易地扶贫搬迁工作，如期完成17477户、71905人易地扶贫搬迁任务。同步完善配套基础设施和公共服务，真正让贫困群众搬得出、稳得住、能致富。充分发挥市县扶贫开发公司投融资平台作用，用足用活用好市县两级5.73亿元政府风险补偿基金，撬动银行信贷资金，加快实施特色种养加、民族手工业、文化旅游等8大类321个产业扶贫项目，力争完成扶贫产业投资10亿元以上，帮助39486名贫困群众就近就地脱贫。深入开展“百企帮百村”、干部结对帮扶“4321”行动，全方位帮助贫困群众脱贫。积极推进农业综合开发项目，完成21个总投资2.3亿元的农业综合开发项目。加大生态补偿脱贫力度，坚持因人因地、定岗定员、定责定酬，合理安排15.17万个生态补偿岗位指标，增加贫困群众政策性收入，让贫困群众吃上“生态饭”。

突出民生改善。推进就业富民，加强职业技能培训，完善创业就业服务，力争年内实现就业培训7000人，其中农牧民转移就业培训5500人，城镇登记失业人员培训1500人。城镇新增就业7500人，发展1—3家劳务派遣公司，建立农村经纪人队伍。支持农牧民工、大学生和退役士兵等人员返乡创业。推进科教兴民，深化教育人才“组团式”援藏工作，继续完善教师双向交流机制。大力实施中小学教学质量提升计划，全力推进义务教育均衡发展，力争学前教育毛入园率达到60%、小学毛入学率达到101.81%、初中毛入学率达到106.24%，高中阶段毛入学率达到58%，确保江孜、谢通门、定结3县义务教育均衡发展通过国家评估验收和桑珠孜、亚东2县区素质教育通过自治区评估验收，积极推进国家三类城市语言文字评估工作。扎实做好中等职业技术学校招生工作，稳步推进日喀则高职学院设立工作，逐步完善职业教育体系。加强科技创新和推广，力争科技进步对农牧业发展贡献率提高到48%，对经济增长的贡献率提高到42%。推进医疗济民，全面实施“健康日喀则”工程，深化医疗卫生体制改革，推进医疗人才“组团式”援藏工作和三级医院对口帮扶县级医院工作，加快医疗信息化建设步伐，积极推进市人民医院创“三甲”工作，投入使用市人民医院新院区，加强基层藏医医疗机构建设，提升基层医疗卫生服务能力。力争孕产妇住院分娩率稳定在97%以上，孕产妇和婴儿死亡率分别控制在7/万和16‰以下。完善市县两级食药监管能力建设，确保群众饮食用药安全。推进社保安民，全面推进社会保险扩面征缴工作，进一步开展“双集中”供养工作和扩大社会保障覆盖面，提高城乡低保补助标准，保障城乡弱势群体基本生活。健全保障性住房体系，按照各县区及相关部门需求，加快推进周转房建设和棚户区改造。推进乡镇“八有”工程，实现海拔4000米以上乡镇机关有干净水、有暖气、有氧气、有食堂、有阳光棚、有温室、有澡堂、有水厕，切实改善高海拔地区干部职工的工作生活条件。加快县乡村三级救灾物资储备库和应急避难场所建设，完善全市防抗灾预防体系、应急体系和指挥体系，提高灾害应对能力。扎实做好妇女儿童、老龄、慈善、双拥等工作。

加快灾后重建。围绕区党委、政府“两年基本完成、三年整体跨越、五年同步小康”的总体要求，加快推进32个特色小城镇、163个整村推进、公共服务、基础设施、重点产业等灾后重建项目，确保2017年完成灾后重建任务，建成幸福美丽新家园。完善桑珠孜新区配套建设，实现住房、基础设施、公共服务与市区无缝对接，确保樟木镇搬迁群众安居乐业，力争到2018年率先实现小康。高标准、高质量编制水毁灾害重建方案和规划，全力抓好仲巴、萨嘎、昂仁等洪涝灾害灾后重建工作。我代表市委、市政府郑重承诺，2017年底所有受灾群众如期迁入新居，恢复正常生活！

（三）坚持多元繁荣，着力推进文化珠峰建设

坚持弘扬主旋律、提倡多样化，抓好传承保护、做好管理服务，充分发挥文化引领风尚、教育群众、服务社会、推动发展的作用，切实把日喀则建设成为文化传承保护区。

加快文化产业发展。在进一步梳理全市文化资源和产业的基础上，把握文化产业发展的良好机遇，发挥民族特色文化的特长，走特色发展之路和外需导向的发展道路。加强文化产业与旅游业、民族手工业、文化演艺业、特色会展业和民族节庆活动的高度融合，着力打造以珠峰文化创意产业为核心、构建喜马拉雅山和雅鲁藏布江“一山一水”文化产业带，培育桑珠孜区、珠峰、雅江源—神山驿站、红河谷红色文化、吉隆沟、曲下—平措林等六大文化产业聚集区，实施好文艺精品生产、文化产业提升，重点打造以《吉祥日喀则》《江孜印迹》为代表的优秀剧目巡回演出，支持文化艺术、新闻出版、广告会展、艺术品交易、设计服务、休闲娱乐等文化创意产业的发展，把资源优势转化为产业优势、经济优势，实现日喀则市文化产业跨越式发展，建设具有鲜明后藏特色的文化产业高地。

提升公共文化服务。推进文化惠民，加快现代公共文化服务均等化建设，保护和传承民间优秀传统文化，积极构建现代公共文化服务体系。围绕公共文化设施建设、管理和服务等重点指标，按精准供给的要求，推行县文化活动中心、乡镇文化站人员、活动、经费投入量化达标制度，着力提升各级各类公共文化服务机构的服务能力和服务水平，提升公共文化设施使用率，提高群众参与率和服务满意度。开展好2017年度全市“十佳文化站”评选工作，积极向国家申报将我市图书馆和群艺馆列入国家二级图书馆和二级文化馆名录，推动图书馆全面向公众开放。发展好少数民族语言文化，不断繁荣社会主义文化事业。继续完善广播电视基础设施，提高广播影视服务质量，丰富群众日常精神文化生活，力争2017年广播电视综合覆盖率分别达到98.9%、97.1%。

加强文化文物保护。鼓励社会资金投资历史文化名城、名镇、市政基础设施、旅游基础设施建设和古建筑维修等领域，并在旅游等竞争性行业给予一定倾斜政策。着重整理下司马镇、吉隆镇、岗嘎镇的历史文化资源，精心保护和维修重要的文化遗产，积极申报国家级历史文化名镇。根据保护规划制定历史文化遗产保护规章制度，进一步引导和规范历史文化名城、名镇内的各类建设活动，保护历史文化遗产和历史风貌。抓好日喀则博物馆后续建设工作，加大文物征集力度，完善博物馆网络体系，使其逐步成为设施完善、功能健全的综合性博物馆。完善市级和县级非遗名录。继续实施国家级非遗传承人抢救性记录工程。大力推进非遗重点项目保护，推动藏戏、传统歌舞、手工技艺等重点非遗项目得到有效保护和传承。积极推动以传习基地为重点的非遗保护利用设施建设。推进全国、自治区珍贵古籍名录申报、珍贵古籍数字化、重点古籍收藏单位改善收藏条件。

（四）坚持统筹协调，着力推进城乡一体化建设

坚持以优化城乡布局为前提，以完善城镇功能为基础，以加强城镇管理为重点，以提升人民群众文明素质为核心，以“六城共建”为抓手，着力推进文明城乡建设。

建设新型城镇。进一步突出规划的引领作用，高起点、高标准做好城市总体规划和控制性详规，建设改造一批具有历史风格、时代特点、多元融合的新型城镇。积极推进城市道路、防洪、综合管廊、供暖工程、停车场、固废物处置中心、小公园和绿地等基础设施建设，实施年楚

河两岸景观生态综合治理工程，大力发展城市公共交通，完善城市功能，提升城市综合承载能力。着力建设智慧日喀则，充分利用大数据支撑，建立城镇综合信息系统，完善集电子政务、信息服务、突发公共事件应急处置、为民办实事等内容于一体的信息化综合平台。落实日喀则市户籍制度改革相关政策，有序推进符合条件的农牧民和外来人口在我市城镇落户，扩大城镇人口规模，提高户籍人口城镇化率。

建设美丽乡村。加大农村基础设施投入，创新管理机制，推进农牧区建设和管理规范化、有序化。加快推进桑珠孜区甲措雄乡塔杰村等35个小康建设示范村和边境示范村建设；结合灾后重建、易地搬迁工作，按照适度集中的原则，积极探索村落合并和跨区域集中搬迁基层管理模式，加强公共资源、服务设施和产业配套，降低基础设施建设成本，让高海拔和居住偏远分散的群众更好地共享发展成果。

建设文明城乡。深入开展“六城共建”，推进数字化城管建设，加强市容市貌整治，加强城乡生活垃圾综合治理，促进城市净化、亮化、绿化、美化，提升城市文明程度，塑造良好的城市形象。坚持以城带乡、城乡共建原则，大力开展单位与乡村结对共建工作，积极推进农村改灶、改厕、改房、改路计划，实行人畜分离、薪柴替代、“厕所革命”，切实改善农村居住环境。努力开展好“文明社区”“文明家庭”“文明乡村”创建评选活动，以点带面，切实提升城乡文明水平，促进城乡文明一体化。

（五）坚持改革创新，着力推进体制机制建设

坚持把改革引领、创新发展作为政府工作的首要任务和重中之重，进一步解放思想，开拓创新，奋力拼搏，真抓实干，从供给侧和需求侧两端精准发力，推进投资、创新、开放、金融四驱联动，不断增强发展内生动力和活力。

深化投融资体制改革。积极探索PPP、EPC等项目投资新模式，做实项目前期工作，打捆一揽子基础设施及产业项目向银行争取信贷。紧紧扭住项目建设这个“牛鼻子”，强化项目支撑和投资落实，力争全社会固定资产投资完成360亿元以上。用好用足2亿元项目前期经费，引进和培育高质高能的咨询、设计等中介机构，提高前期工作效率。加快农牧区电力基础设施建设，盯紧推进日喀则至吉隆、日喀则至亚东铁路，拉萨至日喀则、日喀则至吉隆、日喀则至亚东高等级公路及亚东、定日支线机场，桑德水利枢纽及配套灌区工程的前期工作，加快推进日喀则机场至日喀则市专用公路、农村公路EPC试点、国道219线沿边横向通道、省道514线萨尔至陈塘公路、吉隆孔塘拉隧道、国道318线至萨迦县城G563项目等交通项目建设，着力构建内联外通、高效便捷的综合交通网络体系。全面启动珠峰文化旅游创意产业园区、珠峰开发开放试验区基础设施建设，开工建设老城棚户区改造、城市停车场等一批重点信贷投资项目。加快拉洛水利枢纽及配套灌区工程、恰央水库、强布水库建设步伐，力争年内开工建设湘河水利枢纽及配套灌区工程、帕孜水利枢纽及配套灌区工程、堆纳水库工程、城区防洪工程、塔曲河流域东嘎水库工程。巩固和深化项目工程领域突出问题专项整治成果，压实县区属地管理责任，推动专项整治行动常态化，优化项目建设环境。严格落实参建各方主体责任，强化工程管理，严把工程质量关，确保项目长远效益。

深化供给侧结构性改革。开发高原特色优势资源，瞄准区内和全国市场，增加优质有效供给。高度重视人才要素供给，要特别注重劳动者综合素质的提高，通过发展职业教育、加大技能培训、“珠峰英才”选拔、引入中高端人才等方式，提升全市劳动力整体素质。改善消费环境，培育消费热点，挖掘农牧区消费潜力。全面推进“五证合一、一照一码”商事制度改革，激发大众创业、万众创新的热情，力争全市企业主体新增20%以上。制定出台深化国有企业改革指导意见，积极稳妥推进国有企业改革，实行市政府国资委对经营性国有资产监管全覆盖。积极推进桑珠孜区、白朗、江孜、拉孜、仁布、萨迦、谢通门、南木林、昂仁等9县区农村土地承包经营权确权登记工作。

深化对外开放体制改革。加快推进吉隆（中尼）跨境经济合作区建设，规划建设河东新区会展中心，大力发展口岸经济，全力打造面向南亚国际物流枢纽基地、面向南亚贸易先导区、西藏开放型产业示范区、特色产业集聚发展中心，打造新的增长极、新的核心经济圈。改善投资环境，营造亲商氛围，研究出台更加优惠的招商引资政策，吸引区内外有实力的知名企业到日喀则投资兴业、共谋发展，努力将日喀则打造成为服务的高地、政策的洼地、投资的福地。制定招商引资奖励措施，激发全民招商的积极性和主动性，力争2017年招商引资到位资金50亿元，完成投资35亿元以上。全面深化对口支援工作，与山东省合办2017年中国西藏珠峰国际文化旅游节，力争新开日喀则至上海、日喀则至济南航班航线，加大援藏资金、项目的争取和落实力度，提升援藏工作效果。

深化金融撬动机制改革。用足用好用活中央赋予西藏的特殊优惠金融政策，引导更多金融资本投向实体经济，强化金融对经济社会发展的撬动作用。加强与政策性银行、商业银行的合作，支持国开行、农发行等金融机构在我市设立分支机构，积极推动设立村镇银行和互联网金融企业，创新金融产品和服务，加大信贷投放力度，确保金融有效供给，着力破解中小微企业融资难、融资贵的问题。引进证券公司参与我市资本运作，积极培育有发展潜力的公司上市融资。

（六）坚持绿色发展，着力推进生态珠峰建设

坚持生态优先，牢固树立保护生态环境就是保护生产力、改善生态环境就是发展生产力、绿水青山就是金山银山、冰天雪地也是金山银山的理念，坚守生态保护底线，保护好后藏大地的一草一木、山山水水，切实把我市建设成为生态屏障保护区。

建设生态工程。推进生态安全屏障建设，启动“湘河谷”经济林生态产业扶贫项目，完成各类营造林13.7万亩，认真做好江河源头、河谷地带、城乡、荒地、荒滩造林绿化和义务植树规划，积极推动林权制度改革，完善造林绿化投入机制，吸引社会资本参与到工程绿化及防沙治沙中，大力发展非公有制林业，鼓励各种社会主体投资发展生态林业，推行PPP模式造林绿化，结合林权制度改革，充分调动农牧民群众造林积极性，真正让生态林“保起来”、城市林“绿起来”、景观林“美起来”、经济林“富起来”。新增沙化土地治理面积25.85万亩、退牧还草300万亩，认真做好江萨国家湿地公园、珠穆朗玛峰国家公园试点、黑颈鹤国家级保护区四期工程申报工作，开展好湿地生态效益补偿试点，大力实施饮用水源地保护工程，深入开展国家生态文明先行示范区建设，积极推进80个自治区级生态村创建工作。全面推进地质灾害防治各项工作。

加大环保执法。落实最严格的耕地保护制度，提高国土资源集约利用效率。推进环评审批制度改革，规范环境影响评价机构管理，严把项目建设环境准入、产业准入和资源准入关，严禁“三高”项目进入我市，决不允许以牺牲环境为代价谋求一时发展。加强工业园区、重点工业企业、资源开发利用项目、重点建设项目的环境监管，强化动态管理，落实各项环境保护措施和“三同时”制度。畅通“12369”环保热线，依法及时解决环境举报问题。

倡导绿色生活。加快开展桑珠孜区循环经济试点示范工作，在生产、流通、消费等各环节大力发展循环经济，推动重点工业企业技术改造，提高资源循环利用效率。引导居民减少使用一次性物品的消耗，鼓励使用节能节水设备，提倡垃圾分类入箱，倡导步行或使用公共交通出行，在各个方面逐步形成绿色低碳生活方式。加强绿色消费观念的教育，在全社会形成崇尚节俭、理性消费的理念，推动消费方式向简约适度、绿色低碳、文明健康的方向转变。

（七）坚持依法治市，着力推进法治珠峰建设

坚持法治思维、底线思维和红线意识，抓住关键、突出重点、综合施策，始终做到稳定第一、安全为要，努力营造安定和谐的发展环境，切实把我市建设成为安全屏障建设区、民族团结示范区、社会稳定典范区。

积极推进依法行政。认真落实《法治政府建设实施纲要（2015—2020年）》，全面推进政府工作规范化、程序化、法治化。全面实施国家第七个普法依法治理规划，建立符合我市实际的普法依法治理工作机制。完善科学决策程序，建立行政机关内部重大决策合法性审查机制，实现依法科学民主决策。加快推进政府规章制定工作，推行市、县两级政府法律顾问制度，提升政府依法行政的能力和水平。稳步开展综合行政执法体制改革试点，着力解决多头执法、重复执法、执法力量分散和推诿扯皮问题，努力构建简约高效、权责明晰、执法有力、运转协调的行政执法体制。

强化社会治理举措。坚守和谐稳定底线，坚持守土有责、守土负责、守土尽责，牢固树立稳定压倒一切的思想，落实各项维稳措施，确保社会大局持续稳定、长期稳定、全面稳定。严管严控边境一线，盯死看牢重点山口、重要地段尤其是聂拉木口岸和吉隆口岸，坚决做到分裂破坏分子一个进不来、一个出不去。依法管理宗教事务，维护宗教领域正常秩序，引导藏传佛教与社会主义社会相适应，确保宗教和睦、佛事和顺、寺庙和谐。深入开展民族团结进步创建活动，在全市营造各民族“共同团结进步、共同繁荣发展”的浓厚氛围和良好环境。继续巩固和深化驻村驻寺工作，强化城市网格化管理和小区物业管理，严厉打击暴恐和刑事犯罪活动，不断完善社会治理体系，提升社会治理能力。加强国防教育，平战结合，增强国防动员能力，推动经济动员、装备动员、人民武装、人民防空规范化建设。针对“后达赖”向“达赖后”时期转变的新情况，筑牢群众政治思想基础，加强“惠在何处、惠从何来”的宣传，不断坚定感党恩、听党话、跟党走的信心决心，确保社会安定和谐。

强化安全生产监管。坚守安全生产底线，强化落实“党政同责、一岗双责”，严格落实重特大安全生产事故“一票否决”制。抓常抓细，开展安全生产“百日扫雷”行动，组织开展安全生产宣传，强化安全法制教育和专业技能培训，不断提升全社会安全意识和防范能力。及时修订安全事故应急救援预案，加强演练。重点整治道路交通、非煤矿山、建筑施工、消防安全、食品药品等领域问题隐患，坚决杜绝重特大事故发生。

完善矛盾排解机制。各级各部门要高度重视，加强和创新信访工作，建立下访机制，健全社会矛盾纠纷排查调处机制，从源头上预防和化解各类社会矛盾，减少越级上访，把矛盾化解在基层，确保社会安定和谐。拓展法律调解领域，积极开展征地拆迁、土地承包、环境保护、劳动争议等社会热点、难点纠纷的调解，使社会矛盾纠纷更多地通过非诉讼、非对抗的方式妥善解决。降低群众维权成本，高度重视农民工、残疾人、未成年人和老年人等特殊群体法律援助。

三、加强政府自身建设

全面建成小康社会责任重大、使命光荣，争先进位、提速跨越时间紧迫、任重道远。我们必须以实施“党建珠峰”战略为统领，以开展“讲学习、讲忠诚、正风纪、转作风、提效能”主题活动为契机，把党的领导贯彻到政府自身建设的各个方面，努力建设人民群众满意的政府。

（一）突出廉洁政府建设。坚守廉政底线，坚持用制度管权、管事、管人，严格落实《新形势下党内政治生活若干准则》和《中国共产党党内监督条例》，严格执行中央八项规定和自治区“约法十章”“九项要求”，建立健全预防和惩治腐败的长效机制，从源头上防止腐败滋生。坚持教育在先、警示在先、预防在先，加强廉政文化建设，讲修养、讲道德、讲诚信、讲廉耻，做到警钟长鸣。自觉接受人大及其常委会的法律监督和工作监督，真诚接受政协的民主监督，充分尊重司法监督，主动接受公众和新闻舆论监督，加强政府内部层级监督和监察、审计专门监督，以廉洁自律的良好形象赢得人民群众的信任和支持。

（二）加快转变政府职能。进一步推进“简政放权、放管结合、优化服务”，按照“应放必放、能放尽放”原则，扩大简政放权的力度与广度。组建日喀则市政务服务中心和公共资源交易中心，推行更加便捷的“一站式”服务模式。加强事中事后监管，确保下放的权力接得住、管得好。依法推进政府信息公开，加快电子政务建设，建成政府网站，完善新闻发布制度，充分利用政府门户网站、微博、微信等平台及时传递政务信息，回应社会关切，提升政府公信力。

（三）切实改进工作作风。大力弘扬实干苦干精神，重要的工作优先办、复杂的工作稳妥办、困难的工作设法办、琐碎的工作抽空办，养成“今天再晚也是早、明天再早也是晚”的工作习惯，做到立即行动、马上就办、办就办好，确保各项工作高标准推进、高质量完成。大力弘扬长征精神、老西藏精神、两路精神和珠峰精神，少找客观理由，多谋成功方法，敢于自我加压，善于攻坚克难。牢固树立“政府就是服务”的理念，增强宗旨意识，提高项目建设、招商引资等领域的服务意识。严格落实争先进位考核办法，强化工作督办落实和效能问责，完善考核机制，层层传导压力，建立激励机制，树立正确导向，全面推动政府工作高效运转。

各位代表，做好2017年政府工作，任务艰巨、意义重大。面对新的起点、新的形势、新的任务，我们一定要紧密团结在以习近平同志为核心的党中央周围，在市委的坚强领导下，在人大的高效监督下，坚定必胜的信心，振奋精神、顽强拼搏、积极进取、扎实工作，为圆满完成2017年和“十三五”经济社会发展目标，实现与全国人民一道全面建成小康社会的宏伟目标而努力奋斗，以优异成绩向党的十九大献礼！

综　述

日喀则市情

【位置境域】　日喀则市位于西藏自治区西南部，北纬27° 13′ ~31° 49′，东经82° 01′ ~90° 20′。南与尼泊尔、不丹、印度三国接壤，西衔阿里，北靠那曲，东邻拉萨和山南。全市东西长约800公里，南北宽约220公里，国土面积18.2万平方公里，边境线长1753公里。

【地势地貌】　日喀则市地处喜马拉雅山系中段与冈底斯念青唐古拉山系中段之间，南北地势较高，其间为藏南高原和雅鲁藏布江流域。全市地形复杂多样，基本上由高山、宽谷和湖盆组成，平均海拔在4000米以上。横亘全境南部的喜马拉雅山脉是世界上最年轻最高大的山系，平均海拔在6000米以上，高峰林立，万山丛生。全市8000米以上的高峰有5座，即珠穆朗玛峰、洛子峰、马卡鲁峰、卓奥友峰、希夏邦马峰。其中位于日喀则市与尼泊尔边界上的珠穆朗玛峰是世界第一高峰,海拔8848.13米,雄居世界之巅,昂首天外，俯视群山。海拔7000米以上的山峰14座。这些山峰绵延逶迤，终年积雪，冰川悬垂，神秘莫测。除喜马拉雅山脉外，日喀则市境内还有卡如拉、加措拉、马拉、仲拉、拉吉、马热拉等众多高山雄峙其间，山势陡峭，峰峦叠嶂，沟壑纵横，谷底幽深。这些突兀峻立的山脉和高峰构成了日喀则市最壮丽的自然景观，是旅游、探险、登山、科学考察的理想去处。

【气候特征】　日喀则市大致有三种气候特征，喜马拉雅山以北和冈底斯念青唐古拉以南，属高原温带半干旱气候；冈底斯山、念青唐古拉山以北的少部分属高原亚寒带季风半干旱、干旱气候；喜马拉雅山南坡的亚东、樟木、吉隆、陈塘、绒辖终年温暖，雨量充沛，年降雨量在1000毫升左右，日平均气温在18° ~22°，具有高山亚热带气候特点。喜马拉雅山主脊线以南空气稀薄，气压低，氧气少，太阳辐射强，日照时间长，年平均日照时间达3300多小时。

日喀则市高原紫外线强烈，气温偏低，年温差小，月温差大，干季和雨季分明。每年10月至翌年4月，干旱多风，低温少雨雪，降雨量不到全年降雨的10%，为（旱）季或风季。5至9月，气候温和，空气温润，降雨量约占全年降雨的90%以上，为雨季。雨季中，多夜雨，多雷暴，多冰雹，夜雨量占总降雨量的70%甚至80%以上。年平均降雨量约2705毫米~6453毫米。全市无霜期在120天以上。

【自然资源】　日喀则市地域广阔，蕴藏着丰富的资源，土地类型多样，有耕地、草原、林地、荒滩、湖泊、沼泽等。全市耕地面积7.77万公顷，常年播种面积7.33万公顷左右，主要集中在雅鲁藏布江、年楚河、朋曲河沿岸的河谷地带。有些湖泊沿岸的狭窄地带，地势较低，牧草丰盛，是农牧业相对发达的市。

日喀则市种植的主要农作物有青稞、春小麦、冬小麦、油菜、豆类等，尤以青稞种植面积最广。在吉隆、定日、亚东等喜马拉雅山南坡的河谷中还出产玉米、谷子、荞麦等作物。蔬菜主要有白菜、萝卜、莲花白、莴笋、菠菜、芹菜、韭菜、辣椒、番茄、黄瓜、大蒜等几十种。部分区域还种植有少量的西瓜、苹果、核桃等果木植物。日喀则市草场较为零星，多为高山草甸型牧场。是闻名西藏的“桑桑酥油、岗巴羊”主要产区，草质优良。宜林宜草河谷草甸有2万多公顷，水源充足，草质好，适宜发展人工草场，仲巴、萨嘎、昂仁等是日喀则市最重要的牧区。

日喀则市森林资源丰富，全市森林面积4.13万公顷，森林覆盖率1.13%，林木蓄积量约2318万立方米。林木主要分布于亚东、樟木、吉隆、陈塘、绒辖等喜马拉雅山南坡的部分县。树种主要有高山松、喜马拉雅冷杉、喜马拉雅云杉、桦树、西藏落叶松等。其中，长叶云杉、铁杉、长叶松、喜马拉雅山红豆杉、寒松乃是名贵树木。此外，还生长着众多典型的高山植物、灌木丛、草甸。这些高山植物多呈坐垫状，茎叶毛绒发达而色彩艳丽。在丰富多彩的野生植物资源中，药材资源最为繁多。常用药材品种有冬虫夏草、贝母、党参、天麻、雪莲花、黄花、胡黄连、独角莲、红景天、当归、大黄、首乌、麻黄、车前子、草乌、紫苑等约300多种，分布广、产量高。

日喀则市草原广袤，森林集中，气候独特，繁衍生息着各种各样的珍禽异兽。主要有小熊猫、长尾叶猴、野牛、棕熊、黑熊、金钱豹、猕猴、野猪、野牦牛、野驴、岩羊、盘羊、羚羊、黄羊、狐狸、野狼、獐子、喜马拉雅短尾猴、猞猁、旱獭、豺、乌鸡、藏雪鸡、喜山秃鹰、黑颈鹤、血雉、鱼鸥、赤麻鸭、斑头雁、红嘴鸥、棕头鸥、太阳乌、鹰等几百种，生活在永久积雪线附近的有号称“高山之霸”的雪豹和爬山越岭的岩羊。野牦牛、野驴、藏羚羊、雪豹、黑颈鹤等均属国家一级保护动物。鱼类资源蕴藏量丰富，主要由裂腹鱼亚科和条鳅属类组成，其特点是皮厚肉多、刺少、脂肪多，味道鲜美。亚东鲑鱼只见于亚东的河内，尤为珍贵。

日喀则市矿产资源丰富，现已探明的矿藏有金、银、锌、铅、锂、锑、汞、铜、铁、锰、铯、铬、硼、云母、砷、食盐、芒硝、钾、水晶、硫、磷、明矾石、煤、泥炭岩、油页岩、菱镁石、瓷土、石膏、石墨、石灰石、仁布玉石等47种，其中硼砂含量较大。

日喀则市地热资源丰富。全市温泉点有94处。拉孜的西金温泉、谢通门的恰噶温泉、亚东的康布温泉、萨迦的察绒温泉和定日的高山温泉较为有名。这些温泉可以解乏爽身，滑腻肌肤，还对胃病、肾炎、皮炎、关节炎、伤损骨折、神经麻痹等病症具有较好的疗效。昂仁县达格架温泉是中国乃至亚洲最大的间歇喷泉，水温高达85℃～87℃，沸泉口近百个，喷射水柱高达40米～50米，景象颇为壮观。境内矿泉水资源分布较广，清洁纯净，含有碘、锶、锌、硒、钙、锂、钠、偏硅酸等多种对人体有益的矿物质成分，对治疗食欲不振、促进骨骼发育、改善心血管功能、预防甲状腺肿大等有一定的疗效。岗巴县曲登尼玛矿泉水尤为有名；江孜县、定日县、桑珠孜区等地的矿泉水资源也比较丰富。

日喀则市河流密布，大小河流110余条。主要有雅鲁藏布江、年楚河、朋曲河、多雄藏布、仲曲河、绒河、叶如河、亚东河、涅如河、香河、吉隆河、绒辖河、波曲河等。湖泊众多，湖泊水域面积约为3192.16平方公里。主要有塔若湖、佩枯湖、扎布耶茶卡湖、许如湖等。在喜马拉雅山脉的雪峰冰川区，还分布有众多大小不等的冰川湖、冰碛湖等。其中，长芝冰川湖，海拔6116米，被列为世界“悬湖”之最。

日喀则市能源主要有水能、地热能、太阳能、风能等。其中水能资源较为丰富，年径流量500亿立方米，天然水能蕴藏量约1500万千瓦，全年日照时数累计达3300小时左右。

日喀则市旅游资源丰富，有以世界之巅的珠穆朗玛峰为主的群峰绵延逶迤、终年积雪、冰川悬垂的自然景区。有吉隆沟、樟木、亚东等森林区奇峰竞秀，水流清澈，鸟语花香，各种奇兽异鸟栖息隐没其间，使人心旷神怡，流连忘返。有雅鲁藏布江和年楚河河谷平原阡陌相连，村落相望，人烟稠密，景象繁荣，一幅盛世景象。有藏南谷地草原上蓝天、白云、绿草、牛羊，一派“天苍苍、野茫茫、风吹草低见牛羊”的自然美景。

【行政区划】 2016年底，日喀则市辖1区（桑珠孜区）、17县（江孜、白朗、康马、亚东、拉孜、萨迦、定日、定结、岗巴、吉隆、聂拉木、仁布、谢通门、南木林、萨嘎、仲巴、昂仁）。全市行政中心桑珠孜区位于雅鲁藏布江和年楚河交汇处的宽阔地带，背靠雄奇壮观的尼玛山，海拔3850米，从建城至今已有600余年的历史，是历世班禅的驻锡地，也是全国历史文化名城。

【人口民族】 截至2016年底，全市总人口79.19万人，同比增加0.86万人、增长1.1%。除藏族外，全市还有汉族、回族及夏尔巴人。全市共设17县1区，即南木林县、江孜县、定日县、萨迦县、拉孜县、昂仁县、谢通门县、白朗县、仁布县、康马县、定结县、仲巴县、亚东县、吉隆县、聂拉木县、萨嘎县、岗巴县和桑珠孜区，辖175个乡、27个镇、2个街道办事处，1643个行政村、30个社区。

【概况】 2016年，在党中央的亲切关怀和自治区党委、政府的坚强领导下，在山东、上海、黑龙江、吉林四省市和宝钢、中华两企业的大力援助下，日喀则市委、市政府团结带领全市各族人民，全面贯彻落实中央关于经济工作的大政方针政策和区党委、政府的重大决策部署，统筹推进“五位一体”总体布局，协调推进“四个全面”战略布局，坚持稳中求进工作总基调，始终坚持新发展理念，主动适应经济发展新常态，瞄准长足发展和长治久安总目标，经济继续保持了持续快速健康发展，实现了“十三五”良好开局。地区生产总值突破180亿元，达到187.75亿元，增长10.1%，增速居全区第一位；全社会固定资产投资突破200亿元，达到253.44亿元，增长80.9%，投资总量位居全区第二，增速位居全区第一；地方财政一般公共预算收入突破10亿元，达到12.37亿元，增长30%，增速位居全区第一；社会消费品零售总额突破80亿元，达到83.2亿元，增长18%；城镇、农村居民人均可支配收入分别达到27338元和8135元，分别增长9%和9.9%，综合实力跃上新台阶。

雅鲁藏布江的傍晚

大事记

1月

2—3日　自治区党委常委，区政协党组书记、副主席，区党委统战部部长公保扎西率调研慰问组一行，赴定日、吉隆两县开展“三大节日”慰问调研活动。市委常委、统战部部长拉巴平措，市领导帕珠及定日县、吉隆县，市委统战部、市公安局相关负责人陪同慰问。

5日　自治区人大常委会副主任、市委书记、日喀则军分区党委第一书记丹增朗杰一行慰问组前往日喀则军分区、扎什伦布寺等地看望慰问驻军部队官兵、僧众代表和部分驻寺干部。自治区政协副主席、扎寺管委会第一主任萨龙·平拉，市委常委、日喀则军分区司令员方建国，日喀则军分区政委许庆明，市委常委、常务副市长陈来尼玛，市委常委、统战部部长拉巴平措，市委常委、秘书长雷进昌一同慰问。

7日　日喀则市召开2016年全市消防工作暨冬春火灾防控工作推进视频会议，总结2015年全市消防工作，分析形势、表彰先进，安排部署2016年工作。市政府党组成员、市委政法委副书记、市公安局局长次仁扎西出席日喀则主会场会议。市（区、中）直各相关单位、市消防支队等单位负责人参加主会场会议。各县区设分会场。

8日　自治区人大常委会副主任、市委书记丹增朗杰前往吉林北路视察市政道路建设情况。市委常委、常务副市长陈来尼玛及市发改委、财政局、住建局、桑珠孜区相关单位负责人陪同视察。

9日　自治区人大常委会副主任、市委书记丹增朗杰专程到市儿童福利一院、二院亲切看望生活在这里的孩子们，与他们共庆藏历新年，并代表市委、市政府向全市各族少年儿童致以节日的祝福。市领导江措、次仁央宗、次仁扎西及相关部门负责人陪同。

14日　市领导与127名离退休老干部代表在日喀则饭店欢聚一堂，共话日喀则发展变化，展望美好未来，喜迎新春佳节的到来。自治区人大常委会副主任、市委书记丹增朗杰出席茶话会并致辞。市委常委、常务副市长陈来尼玛主持，市委常委、秘书长雷进昌出席。市领导赵小舟、巴桑、边巴等参加茶话会。

18日　日喀则市住建系统城市规划管理培训班在上海市规划国土局干部学校顺利开班。此次培训历时8天，对日喀则市住建系统（含18县区住建局）27名从事规划管理工作的干部进行了培训，旨在广泛学习上海市城市规划及管理的先进理念，加大日喀则市各县区，特别是“4·25”地震后从事城市规划、管理等方面人才的培养力度，着力提升日喀则市各县区城市规划和管理水平。

24日　市委、市政府在拉萨举行离退休干部职工迎新春茶话会，与在拉萨的106名离退休干部职工代表共叙情谊，共迎新春。自治区人大常委会副主任、市委书记丹增朗杰出席茶话会并致辞。市委副书记、常务副市长陈来尼玛主持茶话会。

26日　市委副书记、市长刘虎山主持召开市委专题会议，研究部署全市经济工作会议及全市项目建设领域突出问题专项整治行动动员会议相关事宜。市委常委、市委政法委书记、市公安局党委书记朱江出席会议。市领导巴桑等市（区、中）直各单位主要负责人参加会议。

2月

6日　区党委副书记、自治区主席、自治区慰问活动总团团长洛桑江村来到日喀则，看望慰问受灾群众、五保老人、福利院儿童、贫困户和解放军指战员、武警部队官兵。自治区人大常委会副主任、市委书记丹增朗杰，自治区副主席多吉次珠，市委副书记、市长刘虎山一同看望慰问。

19日　自治区副主席、区党委政法委副书记何文浩率慰问组莅临日喀则市，看望慰问驻村、驻寺干部、结对认亲户和寺庙僧人。市委副书记、市长刘虎山，市委常委、市委政法委书记、市公安局党委书记朱江陪同慰问。市领导次仁顿珠，市公安边防支队、桑珠孜区有关负责人先后陪同慰问。

22日　日喀则市召开脱贫攻坚实施方案专题会，对《日喀则市人民政府关于打赢脱贫攻坚战的实施方案》（讨论稿）进行讨论。副市长巴桑出席会议并讲话，副市长次仁央宗主持会议。市政府，市委组织部、政法委，军分区、武警支队、边防支队及市（区、中）直单位主要负责人参加会议。

24日　日喀则市召开脱贫攻坚指挥部第一次会议。市委副书记、市长刘虎山出席会议并讲话。市委副书记、常务副市长陈来尼玛出席会议，副市长次仁央宗主持会议。市脱贫攻坚指挥部组成人员及各专项工作组负责人参加会议。

25日　自治区副主席、教育工委书记房灵敏率调研组检查指导日喀则市灾后恢复重建工作。市委副书记、市长刘虎山，市委领导戴晶斌、陈来尼玛陪同检查指导、参加汇报会。市发改委、教育局、民政局、财政局、住建局、水利局、交运局、国土局、卫生局、重建办主要负责人陪同检查指导、参加汇报会。

29日　日喀则市召开扶贫开发工作电视电话会议。自治区人大常委会副主任、市委书记丹增朗杰出席主会场会议并作重要讲话。市委副书记、市长刘虎山主持会议。市委副书记、常务副市长陈来尼玛，市政协主席普布及市委领导扎西泽仁、朱江、王波、拉巴平措、戎新龙、杨昆、雷进昌出席主会场会议，各县区设分会场。

3月

1日　日喀则市召开3月敏感期维稳工作动员部署电视电话会议。市委副书记、市长刘虎山出席会议并作动员讲话。市委副书记、常务副市长陈来尼玛，市政协主席普布及市委领导扎西泽仁、王波、拉巴平措、戎新龙、杨昆出席主会场会议。副市长、市委政法委副书记、市公安局局长次仁扎西主持会议。市领导江措、尼玛仓、王平、姚常雨、甘立泉、桑珠次仁、罗布、达娃占堆、边巴、松泽、邱林、旦增、巴珠，市（区、中）直党政负责人参加主会场会议。各县区、乡（镇）设分会场。

2日　日喀则市召开维稳安保誓师大会。自治区党委常委、纪委书记王拥军，自治区人大常委会副主任、市委书记丹增朗杰出席并讲话。自治区政协副主席金世洵出席大会。市委副书记、市长刘虎山主持大会并下达联合武装巡逻行动命令。市委副书记、常务副市长陈来尼玛，市政协主席普布及市委领导扎西泽仁、王波、杨昆、雷进昌出席大会。

3日　自治区党委常委、纪委书记王拥军在日喀则市看望慰问日喀则军分区、公安边防机动支队、公安消防大队和公安反恐支队部队官兵。自治区人大常委会副主任、市委书记丹增朗杰，自治区政协副主席金世洵，市委副书记、市长刘虎山，市委常委、市委政法委书记、市公安局党委书记朱江一同看望慰问。

同日　下午，市委政法综治工作电视电话会议召开。自治区人大常委会副主任、市委书记丹增朗杰出席会议并讲话。市委副书记、市长刘虎山主持会议并宣读《中共日喀则市委日喀则市人民政府关于表彰2015年度日喀则市社会治安综合治理工作先进集体的决定》。市委领导张琢、戴晶斌、韩阳、扎西泽仁、朱江、王波、拉巴平措、杨昆、雷进昌出席会议。市领导甘立泉、桑珠次仁、次仁扎西、索朗扎巴、琪美加布及市委政法委（市综治办、维稳办）、市直政法各部门、市信访局县级领导班子成员，武警部队、公安现役部队副团级以上干部，军分区政治部，市（区、中）直相关单位负责人、行业公安部门主要负责人参加会议。各县区、乡（镇）设分会场。

4日 自治区人大常委会副主任、市委书记丹增朗杰率队深入夏鲁寺、桑珠孜区铁路护路联防队和桑珠孜区维稳指挥部，检查督导维稳工作落实情况，就做好维护稳定各项工作提出明确要求。市委常委、桑珠孜区委书记王波陪同检查。

5日 自治区党委常委、纪委书记王拥军前往市公安局，实地观摩指导应急处突演练，并前往中国石油日喀则南郊油库观摩指导重大火灾事故、油气泄露事故处置实战演练。自治区人大常委会副主任、市委书记丹增朗杰，自治区政协副主席金世洵，市委副书记、市长刘虎山，市政协主席普布及市委领导扎西泽仁、朱江、王波、杨昆一同观摩指导。

6—8日 自治区党委常委、区纪委书记王拥军率队深入康马县、亚东县、岗巴县，就维护稳定、党风廉政建设等工作开展督导调研。看望慰问驻村驻寺干部、寺庙僧人和基层干部职工以及基层执勤维稳力量、边防官兵。市委常委、市委政法委书记、市公安局党委书记朱江及市领导边巴陪同检查。

7日 日喀则市与青岛城市规划设计专家组一行，就日喀则市综合保税物流园区和日喀则市空港新城规划设计情况进行交流座谈。自治区人大常委会副主任、市委书记丹增朗杰主持座谈会。市委副书记、市长刘虎山及市委领导赵志远、张琢、戴晶斌、韩阳、陈来尼玛、王波、拉巴平措、戎新龙、杨昆、雷进昌出席会议。市领导桑珠次仁、赵占文，市（区、中）直有关部门，边防支队、桑珠孜区相关负责人参加会议。

8日 自治区人大常委会副主任、市委书记丹增朗杰率督导组深入仲巴县，就维护稳定、灾后恢复重建等工作开展督导调研，看望慰问基层执勤维稳力量、基层干部职工。市领导江措，市委政研室，市国土局、财政局、发改委及仲巴县相关负责人陪同调研。

9日 日喀则市举行维稳力量誓师动员大会暨拉动演练，全面展示了日喀则市维护社会稳定的强大力量、精良装备，以及打赢维稳攻坚战的坚强决心。自治区党委常委、区纪委书记王拥军，自治区政协副主席金世洵出席大会。市委副书记、市长刘虎山主持。市委副书记、常务副市长陈来尼玛，市政协主席普布及市委领导扎西泽仁、朱江、王波、拉巴平措、杨昆、雷进昌出席大会。市领导桑珠次仁等相关部门单位负责人参加大会。

10日 上午自治区政协副主席金世洵一行督导组，在日喀则市检查指导综治宣传和社会面防控工作。市委副书记、市长刘虎山，市政协主席普布，市委领导扎西泽仁、朱江陪同检查指导。市领导次仁扎西陪同检查。

同日 自治区人大常委会副主任、市委书记丹增朗杰率督导组一行深入昂仁县，就灾后恢复重建、维护稳定等工作开展督导调研。市领导尼玛仓，市委政研室、市发改委、财政局、住建局等部门和昂仁县主要负责人陪同调研督导。

11日 自治区人大常委会副主任、市委书记丹增朗杰一行深入“4·25”地震重灾区聂拉木县、定日县，就灾后恢复重建、维护社会稳定、党风廉政建设等工作开展督导调研。市领导琪美加布，市委政研室，市发改委、财政局、住建局等单位及聂拉木县、定日县主要负责人陪同调研。

同日 市委副书记、市长刘虎山主持召开日喀则援藏领队座谈会。通报日喀则市“4·25”地震灾后恢复重建及脱贫攻坚工作情况，并研究讨论援藏四省（市）两企业参与灾后恢复重建、配套2016年脱贫致富产业扶贫基金两个事项。市委领导赵志远、张琢、戴晶斌、陈来尼玛出席座谈会。市委办、市政府办有关负责人，援藏四省（市）、两企业相关工作人员，市发改委、财政局、扶贫办、重建办、受援办等部门单位负责人参加座谈会。

12日　自治区人大常委会副主任、市委书记丹增朗杰率督导组一行赴吉隆县吉隆镇，就灾后恢复重建等工作开展督导调研。市领导帕珠、琪美加布，市委政研室，市发改委、财政局、国土局、住建局及吉隆县相关负责人陪同调研。

13—14日　自治区人大常委会副主任、市委书记丹增朗杰深入拉孜、萨迦、定结三县，督导调研灾后恢复重建、脱贫攻坚、维护社会稳定、党风廉政建设等工作。丹增朗杰一行还实地前往拉孜县查务乡明玛村、萨迦镇生态建设项目点和定结县江嘎镇等地督导调研，并看望慰问受灾群众。市领导张秀武、琪美加布，市委政研室，市发改委、财政局、住建局等单位及拉孜、萨迦、定结三县主要负责人陪同调研。

14日　自治区党委副书记、区常务副主席、区党委政法委书记、区维稳指挥部总指挥邓小刚主持召开自治区维稳指挥部视频会议，就进一步做好当前全区维稳工作进行再强调、再安排、再部署。自治区政协副主席金世洵，市委副书记、市长刘虎山，市委领导陈来尼玛、扎西泽仁、朱江、杨昆、雷进昌出席日喀则分会场会议。市领导次仁扎西、赵占文、丹增，市委政法委、宣传部，市纪委、公安局、教育局，边防支队等单位负责人参加日喀则分会场会议。各县（区）设分会场。

15—16日　自治区人大常委会副主任、市委书记丹增朗杰先后深入亚东县帕里镇、吉汝乡、上亚东乡、下司马镇等地，就城镇化建设、维护社会稳定、党风廉政建设、经济发展等工作开展督导调研，并看望慰问基层干部群众，督导检查维稳工作，实地察看新农村建设和了解亚东县经济发展情况。市委政研室，市发改委、财政局、住建局等部门及亚东县主要负责人陪同调研。

17—18日　自治区人大常委会副主任、市委书记丹增朗杰一行深入岗巴、康马、江孜、白朗四县，就经济发展、维护社会稳定等工作开展督导调研。丹增朗杰一行先后深入岗巴县直克乡岗巴羊基地、康马县嘎拉乡、江孜县城、白朗县嘎东镇等地，实地了解小城镇建设、农牧区经营体制改革和产业发展等情况。市委政研室，市发改委、财政局、住建局等部门及岗巴、康马、江孜、白朗四县主要负责人陪同调研。

18—23日　自治区住建厅党组成员、总工程师李新昌一行调研组对日喀则市城市工作暨城市执法体制改革工作进行专题调研。

21日　上午，日喀则市召开全市统战民族宗教工作会议。市委副书记、市长刘虎山同志出席会议并作重要讲话。市委统一战线工作领导小组成员单位、市宗教工作领导小组成员单位，市委统战部、市民宗局、市宗教办班子成员，18个县（区）统战部长、民宗局长、宗教办主任，扎什伦布寺、萨迦寺管委会负责同志参加了会议。会议由市委常委、统战部长拉巴平措同志主持；

同日　下午，市民宗局召开全市民宗局长会议。市民宗局班子成员，18县区民宗局长，市民宗局全体干部职工参加了会议；

22日　日喀则市召开2016年党的建设工作暨组织部长会议。自治区人大常委会副主任、市委书记、市委党的建设（基层组织建设）工作领导小组组长丹增朗杰出席会议并讲话。市委副书记、市长刘虎山主持会议。市委常委、宣传部部长、市委党的建设（基层组织建设）工作领导小组副组长戎新龙，市委常委、秘书长雷进昌出席会议。市委常委、组织部部长、市委党的建设（基层组织建设）工作领导小组副组长杨昆出席会议并宣读了《2015年度全市基层党建工作述职评议考核情况通报》。市委党的建设（基层组织建设）工作领导小组各成员单位主要负责人；市委组织部部务会成员；各县区分管基层党建工作副书记、组织部部长；市直各单位党组（党委）书记；党组织关系在日喀则市的区（中）直单位党组（党委）书记参加会议。

28日　自治区党委常委，区政协党组书记、副主席，区党委统战部部长公保扎西在市政协、市委统战部及夏鲁寺督导调研维稳工作，并看望慰问干部职工、驻寺干部和寺庙僧人。自治区党委统战部副部长、区宗教办主任琼巴，市委领导朱江、拉巴平措及自治区维稳督导组领导和相关工作人员，桑珠孜区有关负责人陪同调研。

30日　日喀则市召开脱贫攻坚指挥部第二次会议。市委副书记、市长、市脱贫攻坚指挥部总指挥长刘虎山和市委副书记、常务副市长、市脱贫攻坚指挥部常务副总指挥长陈来尼玛出席会议并讲话。副市长次仁央宗通报了近期日喀则市脱贫攻坚工作开展情况，就下一步工作的开展提出意见建议。

4月

1日　全市住房和城乡建设工作会议召开，回顾总结"十二五"时期和2015年全市住房和城乡建设工作，安排部署"十三五"时期和2016年全市住房和城乡建设工作。市委副书记、常务副市长陈来尼玛出席会议，并与各县区签订了《2016年住房保障工作目标责任书》。市发改委、财政局、环保局、国土资源局主要负责人，各县区有关负责人，市住建局干部职工，城市执法人员及建筑企业代表参加会议。

同日　日喀则市2016年住房和城乡建设工作会议顺利召开。时任市委副书记、常务副市长陈来尼玛，时任市政府副秘书长旺久出席会议。市住建局在家县级领导、科级干部、18县区分管领导以及18县区住建局、桑珠孜区市政市容管理委员会、拉孜县城市综合执法管理局负责同志参加了会议。

同日　日喀则市2016年住房城乡建设系统党风廉政建设工作会议顺利召开。会上，市住建局党组书记黄居壁与各县区住建局、市局党组成员签定了党风廉政目标责任书，并与全市住建系统干部职工开展了一次集体廉政谈话。

5日　自治区党委人大工作会议召开。自治区党委书记陈全国出席会议并讲话，自治区党委副书记、自治区人大常委会主任白玛赤林主持，自治区领导洛桑江村、吴英杰、邓小刚、刁国新、齐扎拉、罗布顿珠等及老领导巴桑出席。自治区人大常委会副主任、市委书记丹增朗杰出席日喀则分会场会议。市领导陈来尼玛、朱江、拉巴平措、江措、夏加、余德平、甘立泉、罗布、赵占文、邱林、旦增及市（区、中）直各单位负责人参加日喀则分会场会议。

同日　中共中央政治局委员、上海市委书记韩正，上海市委副书记、市长杨雄及上海市有关领导会见了日喀则市委副书记、市长刘虎山率领的党政代表团一行。市领导戴晶斌、扎西泽仁、杨昆、桑珠次仁、索朗扎巴及相关部门负责人参加会见。

7日　市委理论学习中心组召开2016年第四次理论学习会。自治区人大常委会副主任、市委书记丹增朗杰出席会议并讲话。市委常委、市委政法委书记、市公安局党委书记朱江出席会议。市委常委、宣传部部长戎新龙主持会议。市领导江措、余德平、次仁央宗、赵占文、邱林以及市（区、中）直各单位主要负责人参加会议。

7—8日　日喀则市佛教协会第一届代表大会召开。自治区佛协副会长、市佛教协会会长班典顿玉代表佛协第六届理事会作工作报告，市委常委、统战部部长拉巴平措同志代表市委、市政府讲话。

8日　市脱贫攻坚指挥部第三次会议召开。自治区人大常委会副主任、市委书记丹增朗杰出席会议并讲话。副市长次仁央宗主持会议。市脱贫攻坚指挥部专项组组长，市科技、工信、民宗、住建等部门负责人，市扶贫办全体干部职工，18县区长参加会议。

9—13日　市委副书记、市长刘虎山率日喀则市党政代表团一行赴山东省考察学习。山东省委书记姜异康，省委副书记、省长郭树清会见了日喀则市党政代表团。市领导赵志远、扎西泽仁、王波、杨昆、桑珠次仁、索朗扎巴等参加会见。

11日　日喀则市召开2016年市（区、中）

直机关党建工作会议，总结2015年市直机关党建工作，安排部署2016年工作。市委常委、秘书长、市直机关工委书记雷进昌出席会议并讲话。市直机关工委委员，市（区、中）直各单位党委（组）书记和机关党组织书记参加会议。

14日　日喀则市国家安全人民防线工作会议召开。自治区人大常委会副主任、市委书记丹增朗杰出席会议并讲话。自治区国家安全厅五总队总队长王枫出席会议。市委副书记戴晶斌、市政协主席普布，市委常委、秘书长雷进昌出席会议。市委常委、市委政法委书记、市公安局党委书记朱江主持会议。

16日　市委组织部动员市（区、中）直各单位、驻军部队党员干部，在桑珠孜区东嘎大桥、边雄乡政府附近集中开展主题为“我爱日喀则市”党员公益林建设志愿服务活动。本次活动参与人数众多，市（区、中）直各单位党员干部和各单位志愿服务队、入党积极分子、共青团员都积极参加了植树活动。

17—20日　市委副书记、市长刘虎山率日喀则市党政代表团一行赴黑龙江省考察学习，黑龙江省委书记王宪魁会见了日喀则市党政代表团。市领导张琢、扎西泽仁、杨昆、桑珠次仁、索朗扎巴等参加会见。

18日　市委理论学习中心组召开2016年第五次理论学习会。自治区人大常委会副主任、市委书记丹增朗杰出席会议并要求，要统一思想，提高认识，严格标准，强化领导，确保“两学一做”扎实推进取得实效。市委领导陈来尼玛、朱江、雷进昌出席会议。市委常委、宣传部部长戎新龙主持会议。市领导边巴、旦增以及市（区、中）直各单位主要负责人参加会议。

20—23日　市委副书记、市长刘虎山率日喀则市党政代表团一行赴吉林省考察学习。吉林省委书记巴音朝鲁、省长蒋超良会见了日喀则市党政代表团。市领导韩阳、扎西泽仁、杨昆、桑珠次仁、索朗扎巴等参加会见。

27日　日喀则市召开创建全国文明城市动员大会。自治区人大常委会副主任、市委书记、市文明委主任丹增朗杰出席会议并讲话。市委副书记、市长、市创城领导小组常务副组长刘虎山主持会议。市委领导戴晶斌、扎西泽仁、戎新龙、杨昆、雷进昌出席会议。市领导巴桑、嘎玛洛穷，驻军部队师级领导刘顺林，市（区、中）直各单位党政主要负责人和在家县级干部、桑珠孜区科级以上干部参加会议。

28日　日喀则市召开第一届劳动模范和先进工作者表彰大会。自治区人大常委会副主任、市委书记丹增朗杰出席会议并讲话。市委副书记、市长刘虎山主持会议。市委领导赵志远、戴晶斌、普布、扎西泽仁、朱江、王波、拉巴平措、戎新龙、杨昆、雷进昌、帕珠出席会议。市领导尼玛仓、夏加、余德平、罗布、索朗扎巴、赵占文、邱林以及市（区、中）直单位、18县区工会负责人及企业代表参加会议。

29日　全市工业经济运行分析会议召开，总结分析日喀则市2015年工业经济工作和当前面临的形势，明确“十三五”发展目标任务，对2016年工作进行安排部署。市委副书记、常务副市长赵志远主持会议。市政府办相关负责人，工业经济重点县区长、工信局局长，市有关部门主要负责人、重点企业负责人、市工信局科级以上干部参加会议。

5月

1日　区党委常委、自治区常务副主席，区脱贫攻坚指挥部总指挥长丁业现主持召开全区易地扶贫搬迁工作电视电话会议。市委副书记、市长刘虎山出席日喀则分会场会议。副市长巴桑、次仁央宗，市委宣传部，市发改委，市脱贫攻坚指挥部，边防支队等单位负责人参加日喀则分会场会议。各县区设分会场。

4日　市委召开2016年第一轮巡察工作动员部署电视电话会议。自治区人大常委会副主任、市委书记丹增朗杰出席主会场会议并讲话。市领导琪美加布，市委巡察工作“五人小组”和市委巡察工作领导小组成员，市直各单位党组（党委）

一把手，市纪委各部门负责人，市委巡察办、各巡察组成员参加主会场会议。各县区、乡（镇）设分会场。

5日 区党委常委、自治区常务副主席丁业现率队赴日喀则市拉洛水利枢纽及配套灌区工程移民安置点，就移民安置和工程进展情况进行督导调研。并深入定日县加措乡果热村、吉隆县吉隆镇玛嘎村，督导调研灾后重建工作实施情况。他强调，统筹做好灾后重建协调工作，不断完善规划，加快建设进度，早日让受灾群众住进新房。市委副书记、市长刘虎山陪同调研。

5—6日 自治区党委副书记、自治区主席洛桑江村深入陈塘镇，调研边境地区精准扶贫和灾后恢复重建工作，代表自治区党委、政府，代表陈全国书记，看望慰问各族干部群众、驻村工作队和边防官兵。自治区人大常委会副主任、市委书记丹增朗杰一同调研。副市长次仁央宗，自治区有关部门负责人陪同调研。

7日 区党委副书记、自治区主席洛桑江村先后深入日喀则市萨迦县、定结县、定日县、聂拉木县，重点督导检查日喀则灾后恢复重建和脱贫攻坚工作。自治区人大常委会副主任、市委书记丹增朗杰一同督导检查。副市长次仁央宗，自治区有关部门负责人陪同督导检查。

8日 区党委常委、自治区常务副主席丁业现深入拉孜、萨迦两县，就城乡发展和高新雪莲水泥企业发展进行专题调研。市委副书记、市长刘虎山陪同调研。副市长巴桑，市发改委、财政局、扶贫办等相关部门负责人陪同调研。

8—9日 区党委副书记、自治区主席洛桑江村到日喀则市吉隆县吉隆镇，深入热索桥、口岸联检区、玛嘎村等地，重点就口岸区域发展进行调研，并组织召开自治区有关部门、日喀则市、吉隆县和吉隆口岸管委会、海关、检验检疫、边检负责同志参加现场办公会，强力推进吉隆口岸发展工作。自治区人大常委会副主任、市委书记丹增朗杰一同调研。副市长次仁央宗，自治区有关部门负责人陪同调研。

11—13日 水利部水规总院副院长王志强率专家组一行，先后深入南木林、昂仁等县对湘河、帕孜水利枢纽及配套灌区工程进行实地查勘，现场听取项目规划设计单位工作汇报，并组织召开协调会，就项目规划设计等有关问题进行广泛深入交流。自治区水利厅党组成员、巡视员李克恭，自治区水利厅总工程师周建华，日喀则副市长巴桑陪同查勘并参加协调会。

12日 区党委常委、自治区常务副主席丁业现听取日喀则市工作汇报。自治区人大常委会副主任、市委书记丹增朗杰主持会议，市委副书记、市长刘虎山出席会议并汇报日喀则市经济社会发展情况。市委领导赵志远、张琢、戴晶斌、韩阳，市政协主席普布，日喀则军分区政委许庆明及市委领导扎西泽仁、王波、杨昆、帕珠出席会议。

15日 “兰州号”南亚公铁联运国际货运列车接车仪式在日喀则市举行，标志着日喀则市与兰州市的合作交流迈出新步伐，南亚贸易大通道建设取得新进展。市委副书记、市长刘虎山出席接车仪式并致辞，兰州市委常委、副市长周万山出席接车仪式并讲话，市委常委、桑珠孜区委书记王波出席接车仪式。副市长姚常雨主持接车仪式。

16日 自治区人大常委会副主任、市委书记丹增朗杰主持召开市委常委（扩大）会议，专题研究日喀则市曲布新区总体规划设计事宜。市委副书记、市长刘虎山，市委副书记、常务副市长赵志远，市委副书记张琢，日喀则军分区政委许庆明，市委领导扎西泽仁、王波、杨昆、马陵田出席会议。

17日 市政府新闻办召开新闻发布会，通报聂拉木、吉隆、定日、定结四县灾后恢复重建工作推进情况。会上，聂拉木、吉隆、定日、定结四县新闻发言人就目前各自辖区灾后恢复重建工作进度，恢复重建预期目标，重建资金使用，恢复重建专项整治工作，在保证重建进度的同时确保工程质量等问题答记者问。西藏日报社驻日喀则记者站、日喀则报社、日喀则广播电视台、日喀则网等新闻媒体记者参加新闻发布会。

同日 日喀则市2016年第一期农牧民建筑施

工技术人员执业资格培训班开班。此次培训历时14天，共计346名农牧民受训、301人参加了考试、240人通过了考试，通过率80%以上。

同日　日喀则市建设工程质量安全监督管理培训班开班。此次培训为期三天，由上海市住建委相关专家授课，内容包括民用建筑施工质量通病预防、施工现场安全防护要点、质量监管的难点、通病防治、危险性较大的分部分项监管要点、起重机械监管等。市住建局和发改委（重建办）业务骨干、工程技术人员及部分施工单位技术人员，共100余人参加培训。

中旬　区党委常委、自治区常务副主席丁业现深入定日县、桑珠孜区，就特色产业发展进行调研。自治区人大常委会副主任、市委书记丹增朗杰，市委副书记、市长刘虎山，市委常委、桑珠孜区委书记王波陪同调研。副市长姚常雨，市发改委、财政局、扶贫办等相关部门负责人陪同调研。

18—20日　自治区副主席董明俊率自治区督导组在吉隆县督导检查口岸恢复建设工作并召开专题汇报会，对各项工作进行了安排部署。副市长姚常雨，自治区纪委、商务厅、交运厅、水利厅、财政厅、海关等相关部门负责人及市商务局、吉隆县有关负责人陪同督导和参加汇报会。

下旬　区党委常委、自治区常务副主席丁业现深入西藏银行日喀则分行、西藏雅江源农业科技开发有限公司、日喀则市曲布新区选址点，调研金融业发展、城市建设等工作。自治区人大常委会副主任、市委书记丹增朗杰，市委常委、桑珠孜区委书记王波一同调研。副市长姚常雨，市直相关部门及桑珠孜区相关负责人陪同调研。

23日　全区住房公积金管理工作会议在日喀则市召开，会议回顾总结2015年全区住房公积金管理工作，并围绕增强服务意识、提高审批效率和公积金个贷率等方面交流经验。自治区住建厅副厅长李进忠出席会议并讲话，时任副市长姚常雨主持会议。七地（市）住建局、住房资金管理中心相关负责人参加会议。

24日　全市文化旅游产业发展大会预备会议召开。自治区人大常委会副主任、市委书记丹增朗杰主持会议。市委副书记、市长刘虎山，市委领导赵志远、戴晶斌、韩阳，市政协主席普布，市委常委、组织部部长杨昆出席会议。市领导嘎玛洛穷、甘立泉、赵占文、松泽、琪美加布及市直各相关部门负责人参加会议。

25日　自治区人大常委会副主任、市委书记丹增朗杰会见青岛市政协党组书记、主席张少军一行考察组。市委副书记、常务副市长赵志远，市政协主席普布，市委常委、桑珠孜区委书记王波参加座谈。桑珠孜区主要负责同志以及青岛市政协考察组一行参加座谈。

26日　日喀则市召开文化旅游产业发展大会。自治区人大常委会副主任、市委书记丹增朗杰出席会议并讲话。市委副书记、市长刘虎山主持会议。市委副书记戴晶斌出席会议，市委副书记、常务副市长韩阳出席会议并宣布成立日喀则市旅游发展委员会。市领导尼玛仓、姚常雨、罗布松拉、琪美加布，市（区、中）直单位党政主要负责同志，各县区长、分管县区长、文广局局长、旅游局局长，域上和美集团公司、云南丽江玉龙旅游股份有限公司负责人以及日喀则市文化旅游企业代表参加会议。

27日　全国政协常委、中国佛教协会副会长第十一世班禅额尔德尼·确吉杰布，圆满结束在拉萨的各项佛事活动后回抵驻锡地日喀则扎什伦布寺，受到日喀则各族各界、僧俗信众的热烈欢迎。自治区公保扎西、格桑次仁、洛桑久美等领导和中央有关部委以及自治区有关部门负责人陪同。参加迎接的市领导有刘虎山、赵志远、戴晶斌、韩阳、陈来尼玛、普布、拉巴平措、杨昆、马陵田等。

6月

月初　日喀则市召开政府职能转变和机构改革工作动员部署电视电话会议。自治区人大常委会副主任、市委书记丹增朗杰出席主会场会议并讲话。市委副书记、市长刘虎山主持会议。市委领导陈来尼玛和杨昆出席主会场会议。市领导张秀武、达娃占堆、琪美加布，市直单位主要负责人及政工科长；市机改办全体工作人员参加主会场会议。各县区设分会场。

2日 日喀则市与宝钢金属公司光热电站举行合作项目洽谈会，与宝钢金属公司考察人员就光热电站合作项目进行洽谈。市委副书记、市长刘虎山出席会议并讲话。副市长张秀武主持会议。市发改委、财政局、国土局、住建局、商务局、扶贫办等相关单位负责人参加会议。

8日 区党委常务副书记、自治区市县乡领导班子换届工作领导小组副组长吴英杰深入日喀则市白朗县调研指导市县乡领导班子换届工作和基层基础工作。自治区党委常委、组织部部长曾万明，自治区人大常委会副主任、市委书记丹增朗杰，自治区政协副主席洛桑久美一同调研。市委副书记、市长刘虎山，市委常委、组织部部长杨昆陪同调研。白朗县党政主要负责人及巴扎乡主要负责人陪同调研。

9日 日喀则市贯彻落实全区统战民族宗教工作一系列决策部署情况汇报会召开。区党委常委，自治区政协党组书记、副主席，区党委统战部部长公保扎西出席会议并讲话。自治区人大常委会副主任、市委书记丹增朗杰，市委副书记、市长刘虎山及市委领导拉巴平措、杨昆出席会议。

10日 自治区人大常委会副主任、市委书记丹增朗杰在俄尔寺检查指导维修保护项目建设进展情况。市领导嘎玛洛穷及市发改委、国土局、文化局等单位相关负责人陪同检查。

中旬 自治区党委常务副书记、自治区保健委主任吴英杰亲切看望“组团式”援藏医疗专家，了解医疗人才“组团式”援藏工作开展情况，考察调研基层医疗服务体系建设。自治区党委常委、组织部部长曾万明，自治区人大常委会副主任、市委书记丹增朗杰一同调研。市委副书记、市长刘虎山，市委常委、组织部部长杨昆陪同调研。

13日 全区党校工作会议在拉萨召开。自治区党委书记陈全国出席会议并讲话。自治区党委副书记、自治区人大常委会主任白玛赤林，自治区党委副书记、自治区常务副主席、政法委书记邓小刚出席。自治区党委常务副书记、自治区党委党校校长吴英杰主持上午的会议并作总结讲话。自治区人大常委会副主任、市委书记丹增朗杰及市委领导陈来尼玛、扎西泽仁、王波、雷进昌、马陵田出席日喀则分会场会议。

14日 自治区人大常委会副主任、市委书记丹增朗杰主持召开日喀则市援藏干部人才轮换工作协调会，安排部署援藏干部轮换相关工作。市委副书记、市长刘虎山及市委领导赵志远、戴晶斌、韩阳、扎西泽仁、杨昆、雷进昌出席会议。市领导桑珠次仁，市委办、市政府办，市委组织部、宣传部、政研室，市公安局、财政局、文化局、接待处等相关部门负责人参加会议。

同日 自治区人大常委会副主任、市委书记丹增朗杰主持召开市委理论中心组学习会暨“两学一做”研讨会。市委副书记、市长刘虎山及市委领地导赵志远、戴晶斌、韩阳、陈来尼玛、朱江、王波、拉巴平措、雷进昌出席会议。

15日 自治区人大常委会副主任、市委书记丹增朗杰主持召开市委常委会议。市委副书记、市长刘虎山，市委领导赵志远、戴晶斌、韩阳、陈来尼玛、朱江、王波、拉巴平措、戎新龙、杨昆、雷进昌、马陵田出席会议。市领导姚常雨、孙立君、松泽及市委办、市政府办，市委组织部、宣传部，市发改委、财政局、国土局、商务局等市直单位负责人，桑珠孜区政府、吉隆县口岸管委会负责人参加会议。

18日 日喀则市召开优秀援藏干部人才表彰大会。自治区人大常委会副主任、市委书记丹增朗杰出席会议并讲话。市委副书记、市长刘虎山主持会议。市委领导、四省（市）援藏干部总领队赵志远、张琢、戴晶斌、韩阳出席会议并作大会交流发言。市委副书记、常务副市长陈来尼玛，市政协主席普布，市委领导朱江、王波、戎新龙、杨昆、雷进昌、马陵田出席会议。

20日 日喀则市雅江扶贫开发有限责任公司正式挂牌成立。自治区人大常委会副主任、市委书记丹增朗杰出席仪式并讲话。市委副书记、市长刘虎山出席仪式并向日喀则市雅江扶贫开发有限责任公司授牌。市委领导张琢、陈来尼玛、拉巴平措、戎新龙、雷进昌出席仪式。市领导甘立泉、赵占文及市直部门代表、县区代表、驻市金融部门代表、市属公司代表等参加仪式。

21日　日喀则市隆重举行欢送上海市第七批援藏干部仪式。自治区领导公保扎西出席并讲话。自治区人大常委会副主任、市委书记丹增朗杰出席并致辞。市委副书记、市长刘虎山主持。上海市委组织部副部长冷伟青、自治区党委组织部副部长王奉朝出席。市委副书记、上海市第七批援藏干部总领队戴晶斌代表上海市第七批援藏干部致辞。市领导陈来尼玛、倪俊南、普布、许庆明、朱江、王波、戎新龙、杨昆、雷进昌、马陵田出席欢送仪式。

23日　自治区人大常委会副主任、市委书记丹增朗杰主持召开市委专题会议。市委副书记、市长刘虎山和市领导张琢、陈来尼玛、普布、王波、戎新龙、杨昆、雷进昌、马陵田出席会议。市领导尼玛仓、嘎玛洛穷、姚常雨、甘立泉、罗布松拉参加会议。

24日　市委、市政府与金川集团股份有限公司董事长、党委书记杨志强率领的考察团一行，就谢通门县雄村铜矿项目进展情况进行交流座谈。自治区人大常委会副主任、市委书记丹增朗杰出席座谈会并讲话。市委副书记、市长刘虎山主持。市委副书记、常务副市长陈来尼玛出席座谈会。市领导姚常雨及相关部门负责人参加会议。

27日　市委全面深化改革领导小组第三次会议召开。自治区人大常委会副主任、市委书记、市委全面深化改革领导小组组长丹增朗杰出席会议并讲话。市委副书记、市长、市委全面深化改革领导小组常务副组长刘虎山主持会议。市领导张琢、普布、戎新龙出席会议。市领导嘎玛洛穷、甘立泉、次仁扎西、罗布松拉及市委全面深化改革各专项小组组长、副组长、成员单位负责人、联络员；改革办主任、常务副主任、副主任、成员参加会议。

28日　日喀则市隆重举行欢送山东省第七批援藏干部仪式。自治区人大常委会副主任、市委书记丹增朗杰出席仪式并致辞。自治区副主席格桑次仁出席。市委副书记、市长刘虎山主持。山东省委组织部巡视员刘永巨出席。市委副书记、常务副市长、山东省第七批援藏干部总领队赵志远代表山东省第七批援藏干部致辞。市领导冯继康、普布、许庆明、王波、戎新龙、雷进昌、帕珠出席活动。

29日　日喀则市召开纪念建党95周年暨“七一”表彰大会。自治区人大常委会副主任、市委书记丹增朗杰出席会议并讲话，市委副书记、市长刘虎山主持会议。山东省第八批援藏干部总领队冯继康，市政协主席普布及市领导杨昆、雷进昌、帕珠出席欢送仪式。

30日　日喀则市召开干部大会，宣读区党委关于日喀则市委书记调整的决定。自治区党委常委、组织部部长曾万明出席会议并讲话。区党委组织部副部长、编办副主任王永辉出席会议并宣读决定。丹增朗杰出席会议并讲话，张延清出席会议并作表态发言。市委副书记、市长刘虎山主持会议。市领导张琢、陈来尼玛、冯继康、倪俊南、许庆明、拉巴平措、杨昆、雷进昌、帕珠、马陵田出席会议。

7月

1日　中国共产党成立95周年大会在北京人民大会堂隆重举行。市委书记张延清，市委副书记、市长刘虎山等四大班子领导集中收听收看了庆祝大会电视直播，认真聆听习近平总书记在大会上发表的重要讲话，共同回顾95年来党的光辉历程和宝贵经验。市领导冯继康、倪俊南、普布、索朗扎巴、拉巴平措、戎新龙、杨昆、雷进昌一同收听收看。

2日　市委书记张延清深入日喀则新区，就项目建设情况进行实地调研。市委副书记、市长刘虎山，市委副书记、常务副市长陈来尼玛，市委常委、宣传部部长戎新龙，市委常委、秘书长雷进昌一同前往。市发改委、国土局、住建局、重建办等部门负责人陪同调研。

同日　日喀则市隆重举行欢送吉林省第五批援藏干部人才仪式。自治区党委常委，自治区政协党组书记、副主席，区党委统战部部长公保扎西，吉林省委常委、统战部部长姜治莹出席仪式。市委书记张延清出席仪式，市委副书记、市长刘虎山致辞，市委副书记、常务副市长、吉林省第五批援藏干部总领队韩阳代表吉林省第五批援藏干部致辞。市领导陈来尼玛、冯继康、王相民、普布、许庆明、索朗扎巴、拉巴平措、戎新龙、杨昆、雷进昌、帕珠、马陵田分出席活动欢送仪式。

4日　市委书记张延清深入桑珠孜区德勒社区，调研基层基础工作，看望慰问老党员、社区群众、“双联户”和贫困群众代表。市委常委、秘书长雷进昌一同调研。市委办公室、组织部、宣传部等部门以及桑珠孜区负责同志陪同调研。

4—8日　市住建局派出3名县级领导带队的工作组，以“四不两直”（不发通知、不打招呼、不听汇报、不用陪同和接待，直插基层、直奔现场）的方式，对全市在建保障性住房、市政基础设施项目、灾后民房重建项目、住房公积金管理工作进行了“拉网式”全面检查，共检查116个在建房屋建筑和市政基础设施工程，下发21份整改通知书。

8日　日喀则市隆重举行欢送黑龙江省第五批援藏干部仪式。黑龙江省委组织部副部长、省人社厅厅长夏立华，市委书记张延清出席仪式。市委副书记、市长刘虎山致辞。市委副书记、黑龙江省第五批援藏干部总领队张琢代表黑龙江省第五批援藏干部致辞。市领导陈来尼玛、冯继康、王相民、徐向国、普布、许庆明、戎新龙、杨昆、雷进昌、马陵田出席欢送仪式。

9日　市委书记、日喀则军分区党委第一书记张延清先后到军分区、反恐支队、边防支队、消防支队和武警支队走访慰问，代表市委、市人大、市政府、市政协，向全市广大军警官兵及其家属致以亲切的慰问和诚挚的谢意。市委常委、秘书长雷进昌一同慰问。市领导次仁扎西，市委办、市委宣传部相关负责人陪同慰问。

10日　市委书记张延清走访慰问日喀则市离退休老干部代表，为他们送去了党和政府的关怀与温暖，并祝老干部们健康长寿。市委常委、秘书长雷进昌一同慰问。市委办、组织部、宣传部、老干部局等相关单位负责人陪同慰问。

11日　市委、市政府与宝钢集团有限公司党委副书记伏中哲一行考察组就宝钢援藏各项工作进行座谈，并围绕促进日喀则市经济社会各项工作的发展进行了深入交流。市委书记张延清出席会议并讲话，市委副书记、市长刘虎山主持会议。市领导普布、杨昆、雷进昌出席座谈会。

13日　市委书记张延清主持召开市委常委会议。市委副书记、市长刘虎山及市委领导冯继康、王相民、徐向国，自治区政协民宗法制委员会副主任、市政协副主席索朗扎巴，市委领导拉巴平措、戎新龙、杨昆、雷进昌、帕珠、马陵田出席会议。市领导江措、夏加、巴桑、次仁央宗、姚常雨、甘立泉、桑珠次仁、次仁扎西、达娃占堆、次仁顿珠、边巴、松泽、邱林、琪美加布、旦增、尼玛琼拉，以及市（区、中）直部门主要负责人列席会议。

14日　市委书记张延清前往扎什伦布寺，亲切看望慰问广大僧众、驻寺干部、公安民警、消防官兵，视察寺庙管委会加强和创新寺庙管理等工作情况。自治区政协副主席、扎什伦布寺管委会第一主任萨龙·平拉一同视察。市委领导拉巴平措和雷进昌陪同看望慰问。

15日　日喀则市召开乡镇换届总结暨县换届推进部署电视电话会议。市委书记、市换届工作领导小组组长张延清出席主会场会议并讲话。市委常委、组织部部长，市换届工作领导小组副组长、办公室主任杨昆主持会议并通报乡镇换届工作情况。市换届工作领导小组全体成员，市人大办、市政协办，市纪委、市委组织部、市委统战部副县级以上干部，市换届办、市换届风气监督工作巡回督查组成员参加主会场会议。各县区、乡（镇）设分会场。

18日　日喀则市召开“两学一做”学习教育

推进电视电话会议。市委书记张延清出席主会场会议并讲话。市委常委、宣传部部长戎新龙主持会议，市委常委、组织部部长、市“两学一做”学习教育协调小组组长杨昆出席会议并通报全市“两学一做”学习教育工作开展情况。市“两学一做”学习教育协调小组各副组长、下设各组组长，市直各单位主要负责人、政工人事部门负责人，市委组织部部务会成员参加主会场会议。各县区、乡（镇）设分会场。

19日　中华医学会向日喀则市捐赠医疗设备暨援助培训医务工作者签约仪式举行。自治区领导公保扎西、格桑次仁、洛桑久美、琼巴和市委书记张延清出席仪式。市委副书记、市长刘虎山主持仪式。中华医学会副秘书长杜治琴、王大方出席仪式。

20—24日　在市“128”工作领导小组的具体指导下，日喀则市统战民宗部门按照“中央满意、区党委满意、市委满意、班禅大师本人满意、信教群众满意”的要求和“安全第一、健康第一，规模适度、庄重有序，确保万无一失”的原则，圆满顺利完成7月20日—24日“128”时轮金刚法会各项工作。

21—24日　班禅额尔德尼·确吉杰布在日喀则德庆格桑颇章举行了坐床以来的首届盛大时轮金刚灌顶法会。自治区党委常务副书记吴英杰到法会现场指导服务管理工作，自治区领导公保扎西、格桑次仁、洛桑久美全程陪同班禅在日喀则开展各项活动，自治区领导姜杰、丹增朗杰、张晓华、珠康·土登克珠、萨龙·平拉等参加了相关活动。

26日　市委理论学习中心组召开集体学习会。市委书记张延清出席会议并讲话，市委副书记、市长刘虎山主持会议。市领导陈来尼玛、冯继康、倪俊南、王相民、徐向国、普布、戎新龙、杨昆、雷进昌、马陵田出席会议。市领导江措、巴桑、吕新民、甘立泉、姚常雨、桑珠次仁、罗布松拉、邱林及市（区、中）直相关部门负责人参加学习会。

28日　日喀则市召开宝钢、中化集团援藏干部迎送座谈会，欢迎宝钢、中化集团第六批援藏干部，送别第五批援藏干部。市委书记张延清出席会议并讲话，市委副书记、市长刘虎山主持会议。市领导普布、杨昆、雷进昌出席会议。宝钢、中化集团第五批援藏干部领队杨千威、黄巍和第六批援藏干部领队范光杰、刘凡分别作交流发言。市领导尼玛仓，市政府办公室及仲巴县、岗巴县主要负责人参加会议。

同日　日喀则市举行“十二五”期间保障性住房建设成就新闻发布会，对“十二五”期间全市保障性住房建设完成情况进行了通报，并明确了“十三五”时期全市保障性住房建设管理主要工作任务。市住建局副调研员旺拉出席发布会，市住建局保障科相关负责同志参加发布会。

29日　市委书记张延清主持召开一届日喀则市委第44次常委会。市委副书记、市长刘虎山和市领导冯继康、王相民、徐向国、普布、朱江、杨昆、雷进昌、马陵田出席会议。市委常委、宣传部部长戎新龙出席会议并汇报《关于设立日喀则市“雅鲁藏布文化艺术奖”的请示》。江措、尼玛仓、王平、赵小舟、巴桑、嘎玛洛穷、姚常雨等市领导和市（区、中）直各单位主要负责人、相关县区、园区、国企负责人列席会议。

30日　市委书记张延清到樟木小区亲切看望慰问灾区群众，转达党中央、区党委的亲切关怀，了解受灾群众安置情况。市委常委、秘书长雷进昌一同调研。市领导王平，市委办公室、聂拉木县相关负责人陪同调研。

31日　市委书记张延清主持召开市委第45次常委会议。市委副书记、市长刘虎山和市委领导冯继康、王相民、徐向国、普布、朱江、戎新龙出席会议。市领导江措、王平、巴桑、甘立泉、罗布松拉、松泽、邱林、旦增，市（区、中）直相关单位，驻军部队、相关县区主要负责人列席会议。

7月　中国建设银行日喀则分行山东北路分理处升格为经营型支行，并更名为中国建设银行股份有限公司日喀则分行山东路支行。

8月

1日　市委书记张延清，市委副书记、市长刘虎山，市委副书记、常务副市长徐向国分别前往日喀则军分区、武警日喀则支队、反恐支队、机动支队、空军场站和解放军第八医院等单位走访慰问，市委办公室、政法委、宣传部、组织部，市民政局、公安局、财政局、人社局、教育局等相关单位负责人陪同慰问。

2日　市委书记张延清会见上海市委组织部部务委员洪基浩。市委副书记、常务副市长、上海市第八批援藏干部总领队倪俊南，市委常委、秘书长雷进昌一同会见。市委组织部、市教育局、市卫生局相关负责人参加会见。

3日　市委书记张延清深入市区就城市规划、棚户区改造等工作进行实地调研。市委副书记、常务副市长陈来尼玛一同调研。市委办公室、宣传部，市发改委、国土局、城乡规划局、住建局，桑珠孜区等相关负责人陪同调研。

7日　日喀则市举行媒体座谈会，与人民网、西部网、搜狐网、中国西藏新闻网等“全国新媒体西藏采风行”媒体团座谈。市委常委、宣传部部长戎新龙出席座谈会。副市长次仁央宗，“全国新媒体西藏采风行”媒体，上海、黑龙江援藏中心组，市委办、市政府办，市委政法委、宣传部、统战部，市发改委、公安局、扶贫办等部门相关负责人参加座谈会。

8日　市委副书记冯继康实地视察贡觉林湖、日喀则火车站、日喀则旅游服务中心周边以及市区主要路段的造林绿化工作。政协副主席邱林，市林业局、桑珠孜区相关负责人陪同视察。

9日　区党委常委、自治区常务副主席丁业现调研桑珠孜新区建设进展情况。市委书记张延清，市委副书记、市长刘虎山陪同调研并分别介绍了桑珠孜新区建设情况。副市长次仁央宗及相关部门负责人陪同调研。

10日　市委书记张延清到桑珠孜区江当乡、边雄乡，调研产业发展、易地扶贫搬迁等工作，并看望慰问当地群众和基层干部职工。

10—12日　中组部组织二局副巡视员苏金鑫带领中纪委机关、中组部换届风气第五巡回督查组赴日喀则市调研。市委书记张延清出席汇报会、换届纪律教育图片掠影展等活动。自治区党委组织部副部长张咏合，市委常委、组织部部长杨昆，市委常委、纪委书记马陵田全程陪同。

15日　市委书记张延清深入市纪委调研，看望慰问干部职工，并听取工作汇报。市委常委、纪委书记马陵田陪同调研。

16日　日喀则市召开脱贫攻坚下半年工作安排暨扶贫产业开发推进视频会。市委副书记、市长、市脱贫攻坚指挥部总指挥长刘虎山出席会议并讲话。市领导次仁央宗、罗布松拉，市脱贫攻坚指挥部各成员单位、驻市各银行、保险公司，市珠峰扶贫开发有限责任公司参加日喀则主会场会议。各县区设分会场，各县区主要负责人参加各分会场会议。

18日　市领导会见印度外交部东亚司司长罗国栋率领的代表团一行，就印度官方香客朝圣接待相关事宜进行磋商。我国驻印度使馆，自治区外侨办，日喀则外事办相关负责人参加会见。

22日　日喀则市召开“4·25”地震樟木受灾群众易地安置工作组专题会议。市委副书记、市长刘虎山出席会议并讲话，市委常委、宣传部部长戎新龙出席会议，市委常委、组织部部长杨昆主持会议。市委领导雷进昌、马陵田、姚常雨出席会议并就第一批樟木群众易地安置协议签订工作提出意见建议。

22—23日　市委书记张延清深入昂仁县，就洪涝灾害受灾情况以及灾后重建、脱贫攻坚、县城建设、产业发展、项目建设、维护稳定、加强和创新寺庙管理等工作进行调研，并看望慰问干部职工和各族群众。

24日　市人民政府与东方航空股份有限公司举行战略合作框架协议签订仪式。市委副书记、市长刘虎山出席签约仪式并致辞，代表市人民政府与东方航空股份有限公司签订战略合作框架协议。市委领导陈来尼玛、徐向国出席签约仪式，上海市国资委副主任林益彬，上海市旅游局巡视员吴建国，上海市广播电视台、上海文广影视集团有限公司副总编辑徐浩出席签约仪式，东方航空股份有限公司党委副书记、工会主席胡际东出席签约仪式并致辞。

同日　上海市规划和国土资源管理局副局长王训国一行专家讲师团赴日喀则市开展规划管理业务培训。18县区分管住建县区长、住建局局长及市住建局、发改委等部门负责同志参会。

26日　日喀则市第十四届珠峰文化旅游节招商引资项目推介会暨签约仪式隆重举行。山东省副省长赵润田，自治区副主席房灵敏出席签约仪式。山东省、黑龙江省、吉林省代表团成员出席签约仪式。市委书记张延清出席仪式并讲话。市委副书记、市长刘虎山主持。市委领导陈来尼玛、冯继康、徐向国、王相民、扎西泽仁、戎新龙、杨昆、雷进昌、帕珠、马陵田、姚常雨出席仪式。出席领导与各位客商共同见证签约仪式。

27日　中央统战部副部长、国家民宗委党组书记、主任巴特尔到日喀则市调研。

28—30日　国家民委组织“中华民族一家亲”卫生下基层活动，邀请来自清华大学第一附属医院包括心脏科、眼科、妇产科、儿科、呼吸科、内科、皮肤科、骨科等8位专家赴日喀则市就先天性心脏病筛查等开展义诊活动。

31日　市委书记张延清主持召开一届市委第51次专题会议。市委常委、秘书长雷进昌出席座会议。宝钢建筑公司总经理姚忠出席会议。市领导吕新民，市发改委、民政局、市财政局、国土局、住建局、扶贫办，仲巴县，宝钢代表团其他成员，宝钢援藏干部联系小组参加会议。

8月　由于受强降雨影响，我市15个县（区）93座寺庙不同程度受损，直接经济损失达4380.53万元。

9月

1日　市委书记张延清主持召开一届市委第50次常委会议。市委副书记、市长刘虎山和市委领导徐向国、王相民、扎西泽仁、拉巴平措、戎新龙、杨昆、雷进昌、帕珠、马陵田、姚常雨出席会议。市领导普布、赵小舟、余德平、辛春弟、吕新民等及市（区、中）直各单位，相关园区、国企负责人列席会议。

3日　自治区党委召开常委（扩大）会议。自治区党委书记吴英杰主持会议。自治区领导格桑次仁、洛桑久美、萨龙·平拉，市领导张延清、刘虎山、倪俊南、徐向国、王相民、扎西泽仁、戎新龙、杨昆、雷进昌、马陵田、姚常雨出席日喀则分会场会议。

4—5日　市委书记张延清深入仲巴县，就洪涝灾害受灾情况、脱贫攻坚、产业发展等改革发展稳定工作进行实地调研，并看望慰问当地干部职工、援藏干部和各族群众。

5日　日喀则市召开脱贫攻坚工作推进会。市委副书记、市长刘虎山出席会议并讲话，市委副书记、常务副市长徐向国主持会议。市领导尼玛仓、吕新民、嘎玛洛穷、邓江陵、边巴，市发改委、财政局、扶贫办等市脱贫攻坚指挥部成员单位主要负责人，市脱贫攻坚指挥部办公室各专项组负责人参加主会场会议。各县区及部分乡镇设分会场。

6日　市委书记张延清深入萨嘎县，就“4·25”地震灾后重建、脱贫攻坚、产业发展、基层维稳、加强和创新寺庙管理、重点项目建设等改革发展稳定工作进行实地调研，并看望慰问当地干部职工、援藏干部和各族群众。

7日　日喀则市召开庆祝第32个教师节暨首届“珠峰好教师”表彰大会，100名来自基层的优秀教师获得首届“珠峰好教师”荣誉称号。市委副书记、常务副市长陈来尼玛，自治区政协民族宗教法制委员会副主任、市政协副主席索朗扎巴出席会议并讲话。市委常委、市人大常委会主任扎西泽仁主持会议。

7—8日　市委书记张延清深入吉隆县就“4·25”灾后重建、脱贫攻坚、产业发展、维护稳定、项目推进、口岸建设等工作开展情况进行调研，并看望慰问基层干部职工、援藏干部和各族群众。市委常委、吉隆县委书记帕珠陪同调研。

9日 日喀则市召开座谈会，与上海市人民检察院赴藏考察团一行，就检察对口援藏工作进行交流座谈。上海市人民检察院领导张本才、董学华和市委领导陈来尼玛出席座谈会。市委常委、市委政法委书记、市公安局党委书记朱江主持会议。自治区人民检察院领导韩国光，市人民检察分院领导旦增，上海市人民检察院赴藏考察团成员、上海市人民检察院援藏干部及市人民检察院部门负责人参加座谈会。

12日 日喀则市举行2016年“中华环保世纪行—西藏行”活动汇报会。自治区人大常委会副主任、2016年“中华环保世纪行—西藏行”活动第三组组长李文汉出席并讲话。市委常委、市人大常委会主任扎西泽仁主持。副市长吕新民对日喀则市环境保护工作进行汇报。

13日 市委常委、宣传部部长、市“六城共建”工作领导小组副组长、办公室副主任戎新龙，带领由市创城办、城管委、环保局、住建局、交运局、卫计委、林业局、工商局、交警支队和桑珠孜区等部门负责人组成的“六城共建”晨检组，对火车站周围环境、商户、停车场、下水道、公共厕所等进行检查。

17—18日 市委书记张延深入岗巴县孔玛乡、龙中乡、直克乡、昌龙乡、岗巴镇等5个乡镇就灾后重建、脱贫攻坚、产业发展、重点项目、维护稳定、加强和创新寺庙管理、基层党建等工作开展情况进行实地调研，并深入到公安检查站、公安派出所、学校、医院、寺庙、驻村工作队、村委会，看望慰问广大基层干部职工、“组团式”援藏干部和各族群众。

18日 区党委组织部副部长郭强一行调研组赴日喀则市调研医疗人才“组团式”援藏工作情况，并与部分援藏干部座谈。市委副书记冯继康，市委副书记、常务副市长徐向国，市委常委、组织部部长杨昆陪同。市委组织部、市卫生局、市人民医院相关负责人陪同调研。

20日 市委书记张延清主持召开一届市委第52次常委会议。研究《日喀则市地师级领导干部联系指导县区工作制度》等议题，传达学习吴英杰书记在《“4·25”地震樟木受灾群众易地安置第一阶段工作小结》上的批示精神和《中共中央关于辽宁拉票贿选案查处情况及其教训警示通报》《中国共产党问责条例》等文件精神，研究部署相关工作。市委副书记、常务副市长陈来尼玛，市委副书记冯继康，市委副书记、常务副市长徐向国，市委常委、市人大常委会主任扎西泽仁，市委常委、统战部部长拉巴平措，市委常委、组织部部长杨昆，市委常委、秘书长雷进昌，市委常委、纪委书记马陵田，市委常委、桑珠孜区委书记姚常雨出席会议。市领导江措、辛春弟、吕新民、达娃占堆、边巴、旦增，市（区、中）直各单位，相关园区，相关国企负责人列席会议。

22日 日喀则市召开《援藏日喀则》创刊5周年座谈会，共同庆贺援藏日喀则》创刊5周年，总结办刊经验，交流工作心得，推动《援藏日喀则》刊物更进一步发展，不断开创服务对口支援工作新局面。市委常委、宣传部部长戎新龙出席会议并讲话，市委常委、组织部部长杨昆出席会议并宣读了市委书记张延清，市委副书记、市长刘虎山致《援藏日喀则》创刊5周年贺信。戎新龙在讲话中代表市委对《援藏日喀则》创刊5周年表示热烈的祝贺，对四省市、两企业的大力支持表示衷心的感谢，对编委会各位成员和编辑部全体同志表示诚挚的问候。

28日 日喀则市召开产业发展大会，张延清书记作重要讲话，绘就产业发展的宏伟蓝图。

30日 日喀则市在烈士陵园隆重举行烈士纪念日公祭活动，深切缅怀革命英雄。张延清、陈来尼玛、王相民、普布、索朗扎巴、朱江、杨昆、雷进昌、马陵田、姚常雨及市四大班子其他领导，武警日喀则支队，日喀则边防支队主官及官兵代表，市（区、中）直部门、各人民团体、学校师生代表约800人参加公祭活动。

9月 日喀则市创建全国民族团结进步示范市活动从2016年9月开始，提出“一年总动员、两年建成效、三年攻难关、四年创示范”的工作思路。12月24日，日市委办印发了《中共日喀则市委办公室日喀则市人民政府办公室关于印发〈日喀则市创建全国民族团结进步示范市活动实施方案〉的通知》。

10月

13日　日喀则市召开2016年民族团结进步表彰大会，深入贯彻落实自治区民族团结进步表彰大会精神，总结经验、表彰先进，分析形势、部署任务，进一步加快民族团结示范区建设步伐，切实为推进日喀则长足发展和长治久安凝聚强大正能量。市委书记张延清出席会议并讲话。市委副书记、市长刘虎山主持会议。市委副书记、常务副市长倪俊南出席会议并宣读《中共日喀则市委日喀则市人民政府关于表彰2016年全市民族团结进步模范集体和模范个人的决定》，市委副书记、常务副市长王相民，市政协主席普布，日喀则军分区司令员马赟，市委常委、政法委书记、市公安局党委书记朱江，市委常委、统战部部长拉巴平措，市委常委、组织部部长杨昆出席会议。

同日　2016年日喀则市民族团结进步表彰大会召开，表彰民族团结进步模范集体30个，模范个人60名。

15日　市政府与国家电力投资集团西藏分公司签订战略框架合作协议。同日，国家电投集团日喀则能源有限公司成立。市委副书记、市长刘虎山，国家电投西藏分公司党组副书记、总经理刘兴义出席签约仪式并致辞。市委副书记、常务副市长王相民主持签约仪式并简要介绍了日喀则市相关情况。市委常委、秘书长雷进昌出席签约仪式。

16—17日　市委书记张延清深入南木林县，就脱贫攻坚、县城建设、产业发展、维护稳定、重点项目建设等改革发展稳定工作开展调研。张延清强调，要按照自治区党委和市委、市政府对各项工作的部署要求，以抓铁有痕、踏石留印的劲头，以舍我其谁、敢为人先的魄力，不断开创南木林县改革发展稳定各项工作的新局面。

17日　自治区人民政府召开电视电话会议，通报2016年前三季度全区经济运行情况，安排部署第四季度经济工作。会议传达学习了吴英杰书记关于当前经济工作的重要讲话。区党委副书记、自治区主席洛桑江村出席会议并讲话。区党委常委、自治区常务副主席丁业现主持会议。区人大常委会副主任、发改委主任纪国刚通报上半年全区经济运行情况。市委副书记、市长刘虎山，市委副书记、常务副市长冯继康，市委副书记、常务副市长倪俊南，市委副书记、常务副市长王相民出席日喀则分会场会议。

18日　日喀则市召开2016年度3个贫困县脱贫摘帽工作推进电视电话会议，深入贯彻落实自治区关于打赢脱贫攻坚战的决策部署和全区2016年度10个贫困县区脱贫摘帽工作推进视频会精神要求，听取2016年度3个脱贫摘帽县的工作进展情况，研究分析脱贫摘帽工作中存在的困难和问题，安排部署下一步脱贫攻坚和脱贫摘帽工作。市委副书记、市长刘虎山出席会议并讲话，市委副书记、常务副市长冯继康，市委副书记、常务副市长倪俊南，市委副书记、常务副市长徐向国，市委副书记、常务副市长王相民出席主会场会议。

21—22日　市委书记张延清深入白朗县，就灾后恢复重建、脱贫攻坚、县城建设、产业发展、加强和创新寺庙管理工作、重点项目建设等改革发展稳定工作开展调研。张延清要求，全县广大党员干部要进一步坚定信心、铆足干劲，主动作为、乘势而上，奋力谱写白朗和谐文明幸福美丽新篇章。

23日　日喀则市召开综合物流园区（河东新区）工作推进座谈会，商讨园区推进事宜。自治区人大常委会副主任、区政府党组成员、发改委主任纪国刚出席会议并讲话。市委书记张延清主持会议。自治区发改委副主任、能源局局长任京东，市委常委、秘书长雷进昌出席会议。

22—24日　交通运输部副部长戴东昌率领的国务院扶贫开发领导小组督查组一行在日喀则市开展督查巡查脱贫攻坚工作。市委副书记、市长刘虎山，自治区交通厅常务副书记、常务副厅长永吉，自治区扶贫办主任尹分水，自治区交通厅副厅长许文强陪同督查。

26日　市委书记张延清主持召开市委理论中心组第14次理论学习会，传达学习《习近平总书记在纪念红军长征胜利80周年大会上的讲话》精神，交流体会，并就学习贯彻工作进行安排部署。市委副书记、市长刘虎山，市委副书记、常务副市长冯继康，市委副书记、常务副市长倪俊南，市委副书记、常务副市长徐向国，市委常委、市人大常委会主任扎西泽仁，市委常委、政法委书记、市公安局党委书记朱江，市委常委、组织部部长杨昆，市委常委、秘书长雷进昌，市委常委、桑珠孜区委书记姚常雨出席会议。

11月

4—5日　市委书记张延清深入谢通门县，就灾后恢复重建、脱贫攻坚、产业发展、维护稳定、重点项目建设、创新寺庙管理等改革发展稳定工作开展调研。张延清要求，全县干部群众要更加紧密地团结在以习近平同志为核心的党中央周围，攻坚克难、乘势而上，不忘初心、继续前进，奋力建设和谐文明幸福美丽谢通门。

6日　市委召开2016年巡察工作会议，深入贯彻落实党的十八届六中全会精神，贯彻落实区党委关于巡视巡察工作的各项决策部署，系统总结市委前两轮巡察工作情况，通报典型案例，传导压力、压实责任。市委书记、市委巡察工作“五人小组”组长张延清出席会议并讲话。市委副书记、市长、市委巡察工作“五人小组”副组长刘虎山主持会议。市委副书记、常务副市长徐向国，市委副书记、常务副市长王相民，市委常委、市人大常委会主任扎西泽仁，市政协主席普布，市委常委、政法委书记、市公安局党委书记朱江，市委常委、宣传部部长戎新龙，市委常委、组织部部长、市委巡察工作领导小组副组长杨昆，市委常委、秘书长雷进昌，市委常委、吉隆县委书记帕珠，市委常委、市纪委书记、市委巡察工作领导小组组长马陵田，市委常委、桑珠孜区委书记姚常雨出席会议。

7日　市委副书记、市长、市人才工作协调小组组长刘虎山主持召开日喀则市人才工作协调小组会议，深入贯彻落实中央印发的《关于深化人才发展体制机制改革的意见》精神，按照张延清同志在全市产业发展大会上提出的“强化人才保障”的要求，对人才相关工作进行研究部署。市委常委、组织部部长杨昆出席会议。

9—10日　市委书记张延清深入江孜县，实地调研项目建设、产业发展、城镇打造、生态保护、维护稳定、加强和创新寺庙管理等工作，亲切看望慰问各族干部群众和公安民警。

11日　市委书记张延清主持召开市委理论中心组第16次理论学习会，传达学习《习近平同志在党的十八届六中全会上的讲话》《关于新形势下党内政治生活的若干准则》和《中国共产党党内监督条例》，并就学习贯彻工作进行安排部署。市委副书记、常务副市长倪俊南，市委副书记、常务副市长徐向国，市委常委、市人大常委会主任扎西泽仁，市政协主席普布，市委常委、政法委书记、市公安局党委书记朱江，市委常委、宣传部部长戎新龙，市委常委、组织部部长杨昆，市委常委、秘书长雷进昌，市委常委、市纪委书记马陵田出席会议。

12日　市委书记张延清主持召开一届市委第62次常委会议，研究《中共日喀则市委关于认真学习宣传贯彻落实党的十八届六中全会精神的意见》《关于召开日喀则市第一届人民代表大会第四次会议的请示》等文件，并就相关工作进行安排部署。市委副书记、市长刘虎山，市委副书记、常务副市长冯继康，市委副书记、常务副市长倪俊南，市委副书记、常务副市长徐向国，市委常委、市人大常委会主任扎西泽仁，市委常委、政法委书记、市公安局党委书记朱江，市委常委、宣传部部长戎新龙，市委常委、组织部部长杨昆，市委常委、秘书长雷进昌，市委常委、吉隆县委书记帕珠，市委常委、市纪委书记马陵田，市委常委、桑珠孜区委书记姚常雨出席会议。市政协主席普布列席会议。

15—16日　出席中国共产党西藏自治区第九

次代表大会的日喀则代表团进行分组讨论，集中学习讨论《吴英杰同志在中国共产党西藏自治区第九次代表大会上的报告》。自治区人大常委会党组副书记、副主任丹增朗杰，自治区人大常委会副主任许雪光出席讨论会。市委书记张延清，市委副书记、市长刘虎山主持会议。

21日　市委书记张延清主持召开一届市委第63次常委会议，传达学习自治区第九次党代会精神，并就学习贯彻工作进行安排部署。市委副书记、市长刘虎山，市委副书记、常务副市长冯继康，市委副书记、常务副市长倪俊南，市委副书记、常务副市长王相民，市委常委、市人大常委会主任扎西泽仁，市委常委、政法委书记、市公安局党委书记朱江，市委常委、宣传部部长戎新龙，市委常委、组织部部长杨昆，市委常委、秘书长雷进昌，市委常委、吉隆县委书记帕珠，市委常委、市纪委书记马陵田，市委常委、桑珠孜区委书记姚常雨出席会议。市政协主席普布列席会议。

23日　市委办公室机关党委第二、四支部召开集中学习会，传达学习自治区第九次党代会精神，市委书记张延清以一名普通党员身份参加学习，并就学习党代会精神和与会人员进行了深入的交流探讨。他强调，要认真学习党代会精神，增强“四个能力”，争做“五个表率”。市委常委、秘书长雷进昌一同学习。

25日　自治区召开创先争优强基础惠民生活动第五批驻村工作总结表彰暨第六批驻村工作动员大会，会议的主要任务是：深入贯彻落实习近平总书记系列重要讲话精神和治国理政新理念新思想新战略、特别是治边稳藏重要战略思想，总结第五批干部驻村工作，隆重表彰先进集体和先进个人，动员部署新一轮干部驻村工作。自治区党委书记吴英杰出席会议并讲话，自治区人大常委会主任白玛赤林主持会议，区党委副书记、自治区主席洛桑江村宣读自治区党委、政府关于表彰第五批驻村工作先进集体和先进个人的决定，区党委副书记、拉萨市委书记齐扎拉出席，区党委常务副书记、自治区常务副主席、区党委政法委书记邓小刚宣读自治区党委关于表彰全区优秀村（居）党支部第一书记的决定，区党委副书记、自治区常务副主席丁业现和自治区党委常委罗布顿珠、旦科、王瑞连、王拥军、曾万明、姜杰、边巴扎西、何文浩、白玛旺堆出席。市委书记张延清，市领导程四曲、尧西·索朗扎巴、朱江、拉巴平措、杨昆、雷进昌、姚常雨等出席日喀则分会场会议。

25—27日　市委书记张延清深入聂拉木县，就灾后重建、脱贫攻坚、产业发展、维护稳定、项目建设等改革发展稳定工作开展调研。张延清要求，要深入贯彻落实党的十八届六中全会和自治区第九次党代会精神，赶超发展，重新崛起，建设和谐文明幸福美丽聂拉木。

26日　清华大学党委书记陈旭一行与日喀则市座谈，并看望慰问在日喀则市工作清华大学毕业生。自治区党委常委、纪委书记王拥军出席，市委副书记程四曲主持会议。市委常委、组织部部长杨昆，市委常委、纪委书记马陵田出席会议。

27日　全国安全生产电视电话会议在京召开，部署加强岁末年初安全防范工作，对全国安全生产大检查进行再动员、再部署、再安排。区党委副书记、自治区常务副主席、区安委会副主任丁业现出席西藏分会场会议并讲话。区党委常委、自治区副主席、区安委会副主任何文浩主持，自治区副主席刘江出席。市委副书记，常务副市长冯继康出席日喀则分会场会议。

30日　自治区十届人大常委会第二十七次会议表决通过了《西藏自治区人民代表大会常务委员会关于批准＜日喀则市市容和环境卫生管理条例＞的决定》，这标志着日喀则市第一部地方性法规正式批准，翻开了日喀则市法制建设史上的新篇章，也是自治区决定新设区的市行使地方立法权以来批准的首部地方性法规，具有里程碑式的重大意义。

12月

6—7日　市委书记张延清深入萨迦县，就重点项目、灾后重建、脱贫攻坚、产业发展、维护稳定等改革发展稳定工作开展调研。张延清要求，要深入贯彻落实党的十八大、十八届历次全会和自治区第九次党代会精神，不忘初心、继续前进，锐意进取、奋勇拼搏，谱写萨迦经济社会长足发展和长治久安的崭新篇章。

14日　市委书记张延清深入桑珠孜区，就民生改善、产业发展等工作进行实地调研。他强调，要以产业发展为引领，不断提升群众幸福感。市委常委、桑珠孜区委书记姚常雨陪同调研。

同日　日喀则市召开“两学一做”学习教育暨干部驻村工作汇报会，向自治区第二巡回督导检查组汇报日喀则市相关工作开展情况。自治区工商局党委委员、巡视员、第二巡回督导检查组组长王寿平出席会议并讲话。市委常委、组织部部长杨昆主持会议，介绍了日喀则市“两学一做”学习教育和干部驻村工作开展情况、基层党建重点任务落实情况。

16日　日喀则市召开“两代表一委员”代表座谈会，通报《张延清同志在中共日喀则市委一届五次全委会第一次全体会议上的报告（征求意见稿）》，并对《报告》进行讨论。市委副书记程四曲出席会议并讲话，市委常委、组织部部长杨昆主持会议。市领导江措、李玉建、边巴以及市党代表、人大代表、政协委员参加座谈会。

19日　市委副书记、市长刘虎山主持召开市政府2016年第十四次常务会议，通报以往常务会议议定事项落实情况，研究并原则通过关于珠峰文化旅游创意产业园区、珠峰经济技术开发区建设以及项目建设、经费使用等相关事宜，安排部署市政府近期工作。市委副书记、常务副市长冯继康，市委副书记、常务副市长倪俊南，市委副书记、常务副市长王相民出席会议，并就相关研究事项提出意见建议。

20日　受市委书记张延清同志委托，市委副书记、市长刘虎山主持召开一届市委第65次常委会议，传达学习《吴英杰书记在日喀则市委、市政府工作汇报会上的讲话》以及自治区领导相关批示精神，研究审议《张延清书记在中共日喀则市委一届五次全委会第一次全体会议上的报告》及市“两会”工作报告，并就相关工作进行安排部署。市委副书记程四曲，市委副书记、常务副市长倪俊南，市委副书记、常务副市长徐向国，市委副书记、常务副市长王相民，市委常委、市人大常委会主任扎西泽仁，市委常委、组织部部长杨昆，市委常委、秘书长雷进昌，市委常委、纪委书记马陵田，市委常委、桑珠孜区委书记姚常雨出席会议。市政协主席普布，区政协民族宗教委员会副主任、市政协副主席、总工会主席尧西·索朗扎巴列席会议。

26日　中国共产党日喀则市第一届委员会第五次全体会议召开。市委书记张延清出席会议并代表市委常委会作了题为《弘扬珠峰精神实施六大战略奋力建设和谐文明幸福美丽日喀则》的报告。市领导刘虎山、程四曲、冯继康、倪俊南、徐向国、王相民、扎西泽仁、拉巴平措、雷进昌、帕珠、马陵田、姚常雨出席会议。市委委员、候补委员出席会议。

同日　一届日喀则市委五次会议上提出建设民族团结示范区，创建全国民族团结进步示范市的目标。

27日　中国共产党日喀则市第一届委员会第五次全体会议胜利闭幕。市委书记张延清出席会议并讲话，市委副书记、市长刘虎山，市委副书记程四曲等领导出席会议。

28日　中国人民政治协商会议第一届日喀则市委员会第四次会议开幕。自治区政协副主席、扎什伦布寺寺管会第一主任萨龙平拉，市委书记张延清，市委副书记、市长刘虎山，市委副书记程四曲等市领导到会祝贺指导。

29日　日喀则市第一届人民代表大会第四次会议隆重开幕。来自全市各条战线的人大代表，肩负着全市80万各族人民的重托出席盛会，履行宪法和法律赋予的神圣职责。大会主席团常务主席、执行主席、秘书长江措主持会议。

同日　市住建局举办西藏建筑供暖领域前沿技术与工程实践知识讲座。各县区分管住建县区长和住建、发改等部门负责同志及局相关科室工作人员共50余人参加了讲座。

机构及其负责人

中共日喀则市委员会

自治区人大常委会副主任、市委书记
丹增朗杰（藏，2014.12—2016.06）
市委书记 张 延 清（藏，2016.06—）
市委副书记、市长
刘 虎 山（2015.12—）
市委副书记
张 琢（2014.12—2016.06，黑龙江省援藏干部）
戴 晶 斌（2014.12—2016.06，上海市援藏干部，兼市委党校校长）
程 四 曲（2016.11—）
市委副书记、市政府常务副市长
赵 志 远（2014.12—2016.06，山东省援藏干部）
韩 阳（2014.12—2016.06，吉林省援藏干部）
倪 俊 南（2016.06—，上海市援藏干部）
冯 继 康（2016.06—，山东省援藏干部）
徐 向 国（2016.06—，黑龙江省援藏干部）
王 相 民（2016.06—，吉林省援藏干部）
陈来尼玛（藏，2014.12—2016.11）
市委常委、市政府常务副市长
陈来尼玛（藏，2014.12—2016.01）
市委常委、人大党组书记、主任
扎西泽仁（藏，2015.12—）
市委常委、政法委书记、市公安局党委书记
朱 江（2015.09—）
市委常委、军分区司令员
方 建 国（2014.12—）
市委常委、市纪委书记
马 陵 田（2016.04—）
市委常委、桑珠孜区委书记
王 波（2014.12—2016.06）
姚 常 雨（2016.08—）
市委常委、统战部部长
拉巴平措（藏，2014.12—）
市委常委、宣传部部长
戎 新 龙（2014.12—）
市委常委、组织部部长
杨 昆（2014.12—）
市委常委、秘书长、市直机关工委书记
雷 进 昌（2014.12—）

日喀则市一届人大及其常委会

日喀则市第一届人民代表大会常务委员会主任
扎西泽仁（藏，2015.12—）
副 主 任 江 措（藏，2014.12—）
尼 玛 仓（女，藏，2014.12—）
王 平（藏，2014.12—2016.08）
帕 珠（藏，2014.12—2016.04）
巴桑多吉（藏，2014.12—2016.08）

赵 小 舟（2014.12—）
夏　　加（藏，2014.12—）
余 德 平（2016.04—）
辛 春 弟（2016.12—）
秘 书 长 陈　　昊（2015.12—2016.08）
委　　员 朗　　杰（藏，2014.12—2016.08）
达瓦平措（藏，2014.12—）
多布次仁（藏，2014.12—）
尼　　玛（藏，2014.12—）
索　　朗（藏，2014.12—）
冯 小 义（2014.12—）
普布次仁（藏，2014.12—）
次　　旦（藏，2014.12—）
巴　　琼（藏，2014.12—2016.08）
叶 青 莲（女，2014.12—）
赵 虎 明（2014.12—2016.04）
达　　洛（藏，2014.12—）
尼玛顿珠（藏，2014.12—）
边　　珠（藏，2014.12—）
徐　　伟（2014.12—2016.08）
次仁欧珠（藏，2014.12—2016.04）
次旺罗布（藏，2014.12—2016.04）
旺　　堆（藏，2014.12—2016.08）
次　　仁（藏，2014.12—2016.04）
拉巴次仁（藏，2014.12—2016.04）
拉巴确吉（女，藏，2014.12—）
巴桑旺堆（藏，2014.12—2016.04）
边　　巴（夏尔巴，2014.12—）
李　　凤（女，2015.12—）
张　　峰（2015.12—）
次　　桑（藏，2015.12—）
边　　仓（藏，2015.12—2016.08）
达娃卓玛（女，藏，2015.12—）
刘 永 祥（藏，2015.12—）
索朗旺堆（藏，2015.12—）
巴　　桑（藏，2016.12—）
旦 木 真（藏，2016.12—）
边　　索（藏，2016.12—）
多　　吉（藏，2016.12—）
阳　　艺（2016.12—）
杨　　杰（土家，2016.12—）
陈 开 权（2016.12）
欧　　珠（藏，2016.12—）
袁　　亮（2016.12—）
索朗多吉（藏，2016.12—）
普布塔松（藏，2016.12—）

日喀则市第一届人民代表大会法制委员会

主任委员 达瓦平措（藏，2014.12—）
副主任委员
布琼次仁（藏，2014.12—）
唐　　波（2016.10—）
委　　员 叶 青 莲（女，2014.12—）
次仁扎西（藏，2014.12—）

日喀则市第一届人民代表大会财政经济委员会

主任委员 多布次仁（藏，2014.12—）
副主任委员
程 建 漳（2014.12—）
米玛普赤（女，藏，2014.12—）
委　　员 丁　　峰（2014.12—）
尼玛旺堆（藏，2014.12—）
拉巴次仁（藏，2014.12—）
周 贵 庆（2014.12—）

日喀则市第一届人民代表大会教育科技文化卫生委员会

主任委员 尼　　玛（藏，2014.12—）
副主任委员
朗　　桑（藏，2015.08—）
扎西平措（藏，2016.10—）
委　　员 次仁卓嘎（女，藏，2014.12—）
索　　多（藏，2014.12—）
索　　旺（藏，2014.12—）
德吉秧宗（女，藏，2014.12—）

日喀则市人大常委会办公室

秘 书 长 陈　　昊（2015.12—2016.08）

副秘书长　巴桑次仁（藏，2014.12—2016.03）
　　　　　黄　　忠（2014.12—）
　　　　　周 雪 梅（女，2015.08—）
纪检组长　格桑德吉（藏，女，2015.12—）
副调研员　张 群 英（女，藏，2014.12—）

日喀则市第一届人民代表大会常务委员会代表资格审查委员会

主任委员　江　　措（藏，2014.12—）
副主任委员
　　　　　尼 玛 仓（女，藏，2014.12—）
委　　员　索　　朗（藏，2014.12—）
　　　　　巴　　琼（藏，2014.12—2016.8）
　　　　　叶 青 莲（女，2014.12—）
　　　　　赵 虎 明（2014.12—2016.04）
　　　　　朗　　杰（藏，2014.12—2016.08）
　　　　　达瓦平措（藏，2014.12—）
　　　　　多布次仁（藏，2014.12—）
　　　　　尼　　玛（藏，2014.12—）
　　　　　陈　　昊（2015.12—2016.08）
　　　　　李　　凤（女，2015.12—）

日喀则市人民政府

市　　长　刘 虎 山（2015.09—）
常务副市长
　　　　　赵 志 远（2014.12—2016.07，山东省援藏干部）
　　　　　韩　　阳（2014.12—2016.07，吉林省援藏干部）
　　　　　陈来尼玛（藏，2014.12—2016.11）
　　　　　冯 继 康（2016.07—，山东省援藏干部）
　　　　　倪 俊 南（2016.07—，上海省援藏干部）
　　　　　徐 向 国（2016.07—，黑龙江省援藏干部）
　　　　　王 相 民（2016.07—，吉林省援藏干部）
副 市 长　吕 新 民（2016.06—2016.10）
　　　　　巴　　桑（藏，2014.12—）
　　　　　嘎玛洛穷（藏，2014.12—2016.10）
　　　　　次仁央宗（藏，2014.12—）
　　　　　郑 连 武（2014.12—2016.02）
　　　　　张 秀 武（2014.12—2016.10）
　　　　　姚 常 雨（2014.12—2016.08）
　　　　　李 玉 建（2016.10—）
　　　　　甘 立 泉（2014.12—）
　　　　　桑珠次仁（藏，2014.12—）
　　　　　孙 立 君（2014.12—2016.07，吉林省援藏干部）
　　　　　次仁扎西（藏，2014.12—）
　　　　　罗布松拉（藏，2016.04—）
　　　　　赵　　亮（2016.07—，上海市援藏干部）
　　　　　邓 江 陵（2016.08—）
党组成员　李 选 印（2015.04—）

政协日喀则市委员会

主　　席　普　　布（藏，2014.12—）
副 主 席　尧西·索朗扎巴（藏，2014.12—）
　　　　　加孜·年扎（藏，党外，2014.12—）
　　　　　罗　　布（藏，2014.12—2016.7，退休）
　　　　　赵 占 文（2014.12—2016.6，调离）
　　　　　达娃占堆（藏，兼职，2014.12—）
　　　　　次仁顿珠（藏，兼职，2014.12—）
　　　　　边　　巴（藏，2014.12—）
　　　　　松　　泽（女，藏，2014.12—）
　　　　　邱　　林（2016.3—）
秘 书 长　贡布旺堆（藏，2015.05—）
纪检组长　王　　军（2015.12—）
副秘书长　达　　扎（藏，2014.12—）
调 研 员　红　　英（女，藏，2016.05—）
副调研员　次仁塔拉（女，藏，2014.12—）
　　　　　姚 长 江（2016.05—）
正县级干部
　　　　　边　　珠（藏，2016.08—）
提案委员会主任
　　　　　加　　布（藏，2014.12—）

副主任 郑会全（2014.12—）
次仁吉宗（女，藏，2015.12）
经济资源环境社会教科文卫委员会主任
旺　堆（藏，2016.06—）
副主任 白　珍（女，藏，2014.12—）
尧西·桑吉卓玛（女，藏，2016.06—）
文史民族宗教法制委员会主任
诺尔桑（藏，2014.12—）
副主任 顿　珠（藏，2014.12—）
洛桑索巴（藏，2015.07—）

市纪委市监察局

市委常委、纪委书记
马陵田（2016.04—）
市纪委副书记、监察局局长
辛春弟（2014.12—2016.09）
纪委副书记
索　朗（藏，2011.07—）
扎　旺（藏，2012.05—）
赵　峰（2013.06—2016.06）
纪委常委、正县级纪检员、监察员
尼　片（女，藏，2012.05—2016.12）
纪委常委、监察局副局长
格　平（藏，2015.09—）
徐大连（2016.08—）
张春峰（2016.08—）
蒋汉武（2016.08—，上海市援藏干部）
任克奇（2016.08—）

中共日喀则市委办公室

市委常委、秘书长、市直机关工委书记
雷进昌（2014.12—）
市委副秘书长
黄　巍（2014.12—2016.06，中化援藏干部）
刘　凡（2016.06—，中化援藏干部）
杨千威（2014.12—2016.06，宝钢援藏干部）
范光杰（2016.06—，宝钢援藏干部）
多杰东智（藏，2015.11—，第十六批博士服务团干部）
贾昊光（2014.12—2016.06，黑龙江省援藏干部）
赵　亮（2014.12—2016.06，上海市援藏干部）
次仁旺堆（藏，2015.04—）
邬　斌（2014.12—2016.06，上海市援藏干部）
张喜生（2016.06—，吉林省援藏干部）
石小明（2014.12—）
席付平（2014.12—）
普布石达（藏，2015.04—）
刘　吉（2015.08—）
汲广树（2016.06—，山东省援藏干部）
纪检组长 阿　南（女，藏，2015.12—）
副调研员 卫建儒（2015.12—）

日喀则市人民政府办公室

市政府党组成员、秘书长，办公室党组书记
李选印（2015.04—）
副秘书长 梁瑞华（2006.09—，市政府驻成都办事处主任）
廖生行（2013.07—2016.07，兼仲巴县副县长，上海宝钢集团援藏）
石云峰（2013.05—2016.07，山东省援藏干部）
李伟达（2013.05—2016.07，吉林省援藏干部）
索朗旺堆（藏，2015.02—2017.02，调研员）
旺　久（藏，2015.07—2016.06）
黎红光（2013.07—2016.07，兼岗巴县副县长，中化集团援藏干部）

魏 立 志（2016.07—，黑龙江省援藏干部）
石 伯 明（2016.07—，上海市援藏干部）
赵　　睿（2016.07—，上海市援藏干部）
刘 伟 峰（2016.07—，山东省援藏干部）
石　　伟（2013.05—，黑龙江省援藏干部）
杨 富 河（2016.07—，兼岗巴县副县长，中化援藏干部）
邬 善 福（2016.07—，兼仲巴县副县长，宝钢援藏干部）
宋 崇 银（2012.05—）
曹　　伟（2015.12—）

纪检组长　哈 里 玛（2015.07—）

市政府驻拉萨办事处主任
普布石达（藏，2013.01—）

市信访局副局长
邵 彦 人（2015.07—）
舒　　伟（2015.12—）

副调研员　马 录 平（2015.12—）
罗桑次仁（藏，2015.12—）
旦增多吉（藏，2016.06—）

法制办（研究室）副主任
孙 忠 明（2016.07—）
戴 瑞 文（2014.04—）
何　　文（2016.06—）
李　　松（2016.05—）

人民法院

党组书记、院长
琪美加布（藏，2012.05—2016.08）

党组副书记、常务副院长
卓　　嘎（藏，女，2015.04—）

党组副书记、副院长
白玛仁增（藏，2011.07—）

党组成员、副院长
康 春 生（藏，2011.07—）
吴 明 鏖（2015.04—2016.05；2016.05任党组成员、纪检组长）
央　　珍（藏，女，2016.06—）
蒋 克 勤（援藏干部，2016.08—）
平措旺拉（藏，2003.06—2016.02）

党组成员、政治部主任
尼玛旺堆（藏，2012.12—2016.02）
雷　　杰（2016.06—）

党组成员、纪检组组长
索朗次仁（藏，1992.11—2016.02）

检察院

党组书记、检察长
旦　　增（藏，2012.09—）

党组副书记、常务副检察长
张　　诚（白，2015.07—）

副检察长　次仁罗布（藏，2011.09—）
次仁顿珠（藏，2015.09—）
王 荣 政（藏，2016.05—）

党组成员　次仁欧珠（藏，2011.07—）

纪检组长王红军（2016.05—）

政治部主任
曾　　涛（2016.05—）

公安边防支队

支 队 长　扎西多顿（藏，2016.01—）

副支队长　格桑扎西（藏，2015.03—）
普布次仁（藏，2016.06—）
朱 金 水（2016.06—）

副政治委员
蒋 建 新（2016.06—）

司令部参谋长
杨加才让（藏，2015.03—）

政治处主任
夏　　亮（2016.06—）

后勤处处长
侯　　林（2013.05——）

组织部

市委常委、市委组织部部长

杨　昆（2014.02—）

市委组织部副部长、市人力资源和社会保障局党组书记

冯小义（2015.04—）

市委组织部常务副部长

达瓦旦增（藏，2015.09—）

市委组织部副部长

贡　桑（藏，女，2014.11—，兼市委老干部局局长）

周海浪（2015.09—，兼编办主任）

赵宏宇（蒙，援藏干部，调研员，2015.11—2016.06）

于　雷（2013.06—）

曲介庸（2013.06—2016.06）

李庆凯（2013.06—2016.06）

侯长蓬（2016.07—）

谭朴珍（2016.07—）

仲　辉（2016.07—）

市委组织部部务委员、纪检组长

卓玛吉（藏，女，2015.12—）

市委组织部部务委员、办公室主任

曾　义（2015.12—）

市委组织部部务委员、干部一科科长

詹　毅（2016.06—）

市委老干局副局长

拉巴加布（藏，2015.12—）

陈　宇（2016.09—）

市编办副主任

徐海山（2016.06—）

宣传部

市委常委、市委宣传部部长

戎新龙（2014.02—）

常务副部长

普布次仁（藏，2015.04—）

副部长　王庆宇（2013.06—2016.07，上海市援藏干部）

张金波（2013.11—2016.07）

冷兴邦（2016.07—，山东省援藏干部）

梁　辉（2013.06—2016.07，吉林省援藏干部）

米　玛（女，藏，2015.12—2016.06）

纪检组长　王　军（2016.06—）

副调研员　边巴顿珠（藏，2008.08—2016.06）

田世新（2015.12—）

互联网信息办公室副主任

高　斌（2013.07—）

外宣办副主任

田　冰（2016.07—，上海市援藏干部）

晏利红（女，2015.09—）

市文化市场综合执法支队支队长

余　翔（2016.05—）

副县级干部

管清伟（2016.06—）

统战部

市委常委、市委统战部部长

拉巴平措（藏，2014.02—）

常务副部长（正县级）

达娃卓玛（藏，2016.05—）

旦增欧珠（藏，2015.04—）

调研员、市宗教工作领导小组办公室主任（正县级）

多吉次仁（藏，2015.04—）

调研员、市纪委驻市委统战部纪检组长（正县级）

达　娃（藏，2011.07—2016.05，调离）

副部长　徐　光（汉2013.06—2016.06，援藏）

韩恩昶（汉2013.06—）

市宗教工作领导小组巡查一组组长

仁　增（藏，2011.11—2016.05，调离）

市纪委驻市委统战部纪检组长

宗　吉（藏，2016.05—）

副调研员　申大银（2016.05—）
　　次旦罗布（藏，2004.07—2016.11，退休）

政法委

市委常委、政法委书记
　　朱　江（2015.09—）
市政府副市长、政法委副书记
　　次仁扎西（藏，2015.01—）
副书记　程友忠（2015.01—）
　　刘晨晖（2013.01—2016.06兼政治处主任，2016.06—10任常务副书记）
　　次　旦（藏，2014.05—兼综治办主任）
　　杨　胜（藏，2012.05—2014.07，调研员，离岗休养）
　　格桑卓嘎（女，藏，2013.01—兼综治办副主任）
　　赵品志（2012.05—2016.03兼纪检组书记）
　　王小铁（2013.06—2016.06，吉林省援藏干部）
委员、纪检组组长
　　普穷达（藏，2016.05—）

市委政策研究室

主　任　贾志红（2015.05—）
副主任　毛崇华（2014.05—）
　　娄志强（2015.12—）
　　龚长军（2016.05—）
副调研员　杨晓龙（2014.05—2016.06）
　　杨富强（2016.06—）

市直机关工委

市委常委、秘书长，市直机关工委书记
　　雷进昌（2014.12—）
市直机关工委副书记
　　何克瑜（女，2014.11—）

党校

校　长　戴晶斌（兼任，上海市援藏干部，2013.6—2016.6）
　　程四曲（兼任，2016.12—）
常务副校长
　　郭全奎（2014.11—）
副校长　红　英（女，藏，2010.08—2016.05）
　　次　白（女，藏，2011.07—）
　　王瑞斌（2016.05—）
　　邱　磊（2016.08—）
　　普罗杰（藏，2016.06—）
副调研员　次　仁（藏，2016.06—）

总工会

自治区政协民族宗教事务专门委员会副主任、市政协副主席、市总工会主席
　　尧西·索朗扎巴（藏，2015.04—）
党组成员、副主席
　　尹先仓（藏，2015.04—）
　　尼　琼（藏，2016.04—）

团市委

团市委书记
　　李　凤（2015.06—）
团市委副书记
　　巴桑顿珠（藏，2016.06—）
　　田　超（2016.06—）

妇联

党组书记　白　杨（女，藏，2015.12—）
主　席　叶青莲（2013.01—）
副主席　刘卫华（2016.06—）

工商业联合会

党组书记　格桑曲珍（藏，2015.08—）
副主席　次旺欧珠（藏，2013.11—）
　　三永兴（2016.06—）

残联

党组书记、理事长
边巴次仁（藏，理事长，2003.06—
党组书记，2011.09—）
副理事长　李月萍（2013.11—）

发改委

党组书记　陈　钢（2015.05—2016.05）
佟珠次仁（藏，2017.01—）
主　任　拉巴次仁（藏，2012.07—）
纪检组组长
次仁央宗（藏，2015.07—2017.01）
副主任　程联忠（调研员，2015.07—2016.08）
巴　桑（调研员，藏，2015.07—2016.06）
马玉凤（副主任，2013.11—2016.05）
刘永千（上海市援藏干部，2013.07—2016.07）
翁铁从（上海市援藏干部，2016.07—）
李景勇（山东省援藏干部，2013.07—2016.07）
赵　兵（山东省援藏干部，2016.07—）
宋景辉（吉林省援藏干部，2013.07—2016.07）
王东平（吉林省援藏干部，2016.07—）
张建春（黑龙江省援藏干部，2013.07—2016.07）
刘　伟（黑龙江省援藏干部，2016.07—）
巴　顿（藏，2015.07—）
旦　珍（藏，2015.07—）
王　荣（2016.08—）
副调研员　索　多（藏，2016.06—）

教育（体育）局

党委书记　董昆红（2015.09—）
局　长　索　旺（藏，2014.05—）
党委副书记、纪检组长
达娃次仁（藏，2012.05—）
副局长　杨广军（上海市援藏干部2013.06—2016.06，）
宁国勤（2015.12—2016.12）
王治玉（山东省援藏干部，兼市一高校长，2013.06—2016.06）
田　涛（2013.02—）
冯学成（2012.05—）
魏光祥（山东省援藏干部，2013.0—2016.06）
王丙先（黑龙江省援藏干部，兼市三高校长，2013.06—2016.06）
陈　钺（吉林省援藏干部，2016.06—）
赵世团（山东省援藏干部，2016.06—）
林立民（黑龙江省援藏干部，2016.06—）
傅　欣（上海市援藏干部，兼市上海实验学校校长，2016.06—）
副调研员　普　琼（藏，2016.06—）

科技局

党组书记　米玛旦增（藏，2015.05—）
局长、科协主席
德吉秧宗（女，藏，2010.07—）
副局长、科协副主席
尼　琼（藏，2012.07—）
副局长　包兴红（2015.07—）
边巴扎西（藏，2016.08—）
国　巴（2016.05—）
副调研员　赵双全（2015.12—）

工业和信息化局

党组书记　央　宗（女，藏，2015.05—）
局　　长　陈小和（藏，2015.12—）
副 局 长　伍晓明（2015.07—）
　　　　　巴　次（藏，2015.07—）
　　　　　索　平（藏，2015.12—）

民宗局

书　　记　赤列坚赞（藏，2016.06—）
　　　　　扎　西（藏，2015.04—2016.06）
局　　长　旺　堆（藏，2015.06—）
纪检组长　郜　勇（2015.09—）
副 局 长　扎西顿珠（藏，2015.07—）
　　　　　尼玛顿珠（藏，2015.12—）
副调研员　格桑次旺（藏，2015.10—）

公安局

市委常委、政法委书记、市公安局党委书记
　　　　　朱　江（2015.09—）
市政府党组成员、市委政法委副书记、市公安局党委副书记、局长、督察长
　　　　　次仁扎西（藏，2015.04—）
市公安局党委副书记、纪检组长
　　　　　何正德（2016.08—）
市公安局党委副书记、政治处主任、调研员
　　　　　王向虎（2015.10—）
市公安局党委委员、副局长、调研员、交警支队支队长
　　　　　达　兴（藏，2015.07—）
市公安局党委委员、副局长
　　　　　胡茂林（2013.6—2016.07，援藏干部）
　　　　　普布顿珠（藏，2012.05—2016.05）
　　　　　强巴绕杰（藏，2012—）
　　　　　汪志忠（2015.03—）
　　　　　杨冬春（2013.6—2016.07，援藏干部）
　　　　　田鸿飞（2013.6—2016.07，援藏干部）
　　　　　杨　光（2013.6—2016.07，援藏干部）
市公安局党委委员
　　　　　崔文福（2014.04—）

民政局

党组书记　乔元杰（2014.04—）
局　　长　索朗旺堆（藏，2017.01—）
调 研 员　吉　律（藏，2013.11—）
副 局 长　欧　琼（藏，2012.07—）
　　　　　赵承刚（2015.09—）
　　　　　扎　西（藏，2016.05—）
纪检组长　韦海英（女，2015.07—）

司法局

党组书记　周先荣（2015.05—）
局　　长　阿旺次仁（藏，2015.05—）
纪检组长　米　玛（藏，2015.09—）
副 局 长　宋吉良（2016.08—，援藏干部）
　　　　　马三军（2016.05—）
　　　　　加　措（藏，2016.08—）
　　　　　刘虹升（2013.06—2016.06，援藏干部）
副调研员　多吉平措（藏，2014.04—2016.10）

财政局

党组书记　阿旺赤列（藏，2014.05—）
局　　长　周贵庆（2011.08—）
投资公司党委书记
　　　　　刘志远（2016.05—，）
党组副书记
　　　　　边巴顿珠（藏，2015.09—）
纪检组长　边巴顿珠（藏，2010.07—）
副 局 长　罗布占堆（藏，2010.08—）
　　　　　冉启启（2016.09—）
　　　　　许　上（2016.08—，援藏干部）
　　　　　贾宜宏（2016.08—，援藏干部）
　　　　　杜云峰（2016.08—，援藏干部）
　　　　　王道昌（2016.08—，援藏干部）

巴　　桑（藏，2016.05—）
副调研员　次旺卓玛（女，藏，2014.05—）

人力资源和社会保障局

市委组织部副部长、市人社局党组书记、公务员局局长
冯小义（2015.03—）
局　　长　多吉次旦（藏，2010.09—2016.01）
旦增加布（藏，2016.05—）
纪检组长　普布卓玛（女，藏，2015.09—）
副 局 长　冷振邦（援藏干部，2013.06—2016.06）
赫英杰（满，援藏干部，2013.06—）
刘保俭（援藏干部，2016.08—）
罗金鸿（2015.08—）
普　　琼（藏，2016.08—）
董益权（2015.12—，调研员）
副调研员　李传凤（女，2016.05—）

国土资源局

党组书记　尹立生（2012.07—）
局　　长　多吉旺久（藏，2012.05—）
纪检组长　高登平（2015.10—）
调 研 员　波波次仁（藏，2012—）
格桑德吉（女，藏，2016.05—）
副 局 长　李存岭（黑龙江省援藏干部，2013.07—2016.07）
于天宇（黑龙江省援藏干部，2016.07—）
伟　　色（藏，2012.05—）
王进虎（2012.07—）

城乡规划局

党组书记　刘怀志（2016.06—）
副 局 长　叶瀛舟（2016.06—）
多　　吉（2016.08—）
副调研员　罗布石拉（2016.06—）

环境保护局

党组书记　孙　　燕（2014.12—2016.05）
巴桑次仁（藏，2016.05—）
局　　长　巴桑次仁（藏，2015.01—2016.05）
陈明祥（2016.05—）
副 局 长　罗　　布（藏，2015.07—）
邱东军（2016.05—）
调 研 员　普琼达（藏，2014.11—2016.08）
副调研员　美　　珍（女，藏，2014.05—2016.06）
多　　加（藏，2016.01—）

住房和城乡建设局

党组书记、副局长
黄居壁（2015.04—）
党组副书记、局长
普次仁（藏，2015.04—2017.04）
土　　登（藏，2017.04—）
党组副书记、纪检组长
格桑美朵（藏，2015.09—）
党组成员、副局长
李学雷（山东省援藏干部，2013.06—2016.06）
郑德林（吉林省援藏干部，2013.06—2016.06）
钱晓峰（上海市援藏干部，2013.06—2016.06）
王孟春（黑龙江省援藏干部，2013.06—2016.06）
张春雷（山东省援藏干部，2016.06—）
邹　　忠（上海市援藏干部，2016.06—）
罗布次仁（藏，2016.06—）
副调研员　尼玛多吉（藏，2015.09—）
旺　　拉（藏，2016.05—）
段　　锋（2016.06—2017.04）

交通运输局

党委书记　范正权（2015.02—）
局　　长　顿　　珠（藏，2015.09—）
副 局 长　阳　　艺（2010.08—2016.05）

王 焕 斌（援藏干部，2013.06—2016.07）
鹿 俊 峰（援藏干部，2016.07—）
张 宏 东（2013.07—）
强　　巴（2016.05—）
赵　　一（2016.06—）
巴桑次仁（藏，2016.09—）
纪检组长　罗布顿珠（藏，2011.07—）
副调研员　普布次仁（藏，2016.06—）

水利局

党组书记　罗 德 斌（2015.04—）
局　　长　普　　穷（藏，2011.08—）
党组副书记、纪检组长
琼　　琼（藏，2015.09—）
副 局 长　邓 永 彬（2011.05—）
尼玛次仁（藏，2015.12—）
王 学 通（黄河水利委员会援藏干部，2014.08—）
王 秀 中（山东省援藏干部，2016.08—）
副调研员　李 世 韬（2016.06—）
多 布 琼（藏，2016.06—）

农牧局

市政协副主席、局党组书记
达娃占堆（藏，2005.07—）
局　　长　丁　　峰（2012.07—）
党组副书记、纪检组长
次　　优（女，藏，2011.11—2016.06）
局党组副书记、纪检组长
扎西次仁（藏，2016.08—）
调研员　宋一彤（2016.05—）
副 局 长　孔　　翔（吉林省援藏干部，2016.08—）
尼玛顿珠（藏，2014.04—）
宋 一 彤（2011.08—2016.05）
旺　　堆（藏，2015.07—）
宋 长 军（黑龙江省援藏干部，2013.06—）
费 聿 锋（山东省援藏干部，2016.07—）
赵 克 伟（山东省援藏干部，2013.06—2016.06）
韩　　辉（吉林省援藏干部，2013.06—2016.07）
副调研员　努增卓玛（藏，2015.10—）
次　　央（藏，2015.10—）
索朗多杰（藏，2016.06—）

商务局（投资促进局）

党组书记　欧珠罗布（藏，2015.10—）
局　　长　顿　　珠（藏，2012.07—2016.07）
副 局 长　巨 荆 兰（女，2010.08—）
妮　　珍（女，藏，2012.07—）
严 正 保（2015.07—）
王 威 钢（黑龙江省援藏干部，2013.07—2016.06）
杨 怀 广（山东省援藏干部，2016.08—）
供销合作社主任
罗　　旦（藏，党组成员，2016.08—2017.04）
副调研员　次仁平措（藏，2011.08—）

文化局（文物局）

党组书记、副局长
陶 明 君（2015.05—）
党组副书记、局长
旺　　堆（藏，2015.05—）
党组副书记、纪检组长
德吉卓嘎（藏，2015.10—）
党组成员、副局长
牛 永 旺（2014.05—）
胡　　巍（上海市援藏干部，2013.07—2016.06）
坚　　参（藏，2015.12—）
副调研员　达　　次（藏，2016.06—）

卫生和计划生育委员会

党组书记、副主任
高起森（2015.07—）
党组副书记、主任
索　多（藏，2010.08—）
党组副书记、纪检组长、调研员
格桑次仁（藏，2015.09—）
党组成员、人民医院党组书记
张　浩（2016.07—）
党组成员、调研员
龙俊芳（女，2013.01—）
普　赤（女，藏，2010.08—）
党组成员、副主任
罗　布（藏，2012.05—）
普　次（藏，2012.05—）
谢海新（2016.07—）
副调研员　尼玛次仁（2016.05—）

旅游发展委员会

主　任　普布扎西（藏，2016.10—）
纪检组长　强巴丁真（藏）
副主任　于治花
朱　军（2016.06—，山东援藏干部）
何　斌（2016.05—）

审计局

局　长　徐　伟（2016.09—）
副局长　次　仁（藏，2016.09—）
调研员　边巴次仁（藏，2013.02—）
副局长　尼玛多吉（藏，2016.05—）
刘德安（上海市援藏干部，2016.07—）
孙庆利（2015.07—）
成善忠（黑龙江省援藏干部，2016.07—）
纪检组长　扎西卓玛（女，藏，2015.09—）
经济责任审计处处长
平　措（藏，2016.05—）

外事侨务办公室

党组书记　王伦民（2015.04—）
主　任　阿旺德吉（女，藏，2015.05—）
党组成员、副主任
杨志刚（2015.10—）

国有资产监督管理委员会

书　记　谭次仁（藏，2012.07—2016.05）
代晓明（2016.05—）
主　任　代晓明（2011.07—2016.05）
桑珠旺加（藏，2016.05—）
纪检组长　边　琼（藏，2012.05—）
副主任　尼玛旺堆（藏，2012.05—）
骆诗强（2015.12—）
张　俭（援藏干部，2013.07—2016.06，）
副调研员　于　平（2014.05—2016.05）

新闻出版广电局

党组书记　陈红英（女，壮，2015.05—）
局　长　杨广田（2010.08—2015.12）
盖法奎（2016.05—）
调研员　边巴旺堆（藏，2013.10—）
纪检组长　黄代兰（2015.09—）
副局长　杨　树（2015.07—2016.09）
多布拉（藏，2016.05—）
普　珠（藏，2013.07—）

安监局

党组书记　陈海英（2016.06—）
局　长　塔　杰（藏，2015.04—）
纪检组长、调研员
田献聪（2014.04—）
副调研员　达　娃（藏，2012.06—）
边　琼（藏，2016.07—）

食品药品监督管理局

党组副书记、局长
扎　顿（藏，2015.04—）
副局长　任国雄（藏，2015.04—）

巴桑罗布（藏，2015.09—）
王 亚 军（2015.09—）
刘 旭 东（2016.07—）

国家统计局日喀则调查队

党组书记 达瓦扎西（藏，2014.05—）
局　　长 陈　　治（2008.12—）
副 局 长 郑　　林（2016.07—）
普　　琼（藏，2016.07—2017.4）
副调研员 战　　堆（藏，2016.07—）
队　　长 陈　　治（2008.04—）
副 队 长 卿 三 喜（2010.04—）
纪检组长 吴 新 红（2016.05—）

林业绿化局

党组书记 尼玛普赤（女，藏，2012.05—）
局　　长 宋 国 军（2011.06—）
党组副书记、副局长
扎　　西（藏，2016.08—）
调 研 员 戴 德 华（2015.05—）
副 局 长 田 文 侠（山东省援藏干部，2014.11—2016.07）
鲁 法 涛（山东省援藏干部，2016.08—）
文 明 祥（2012.07—）
纪检组长 仁　　增（藏，2016.06—）
珠峰管理局副局长
格　　桑（藏，2015.07—）
格　　平（藏，2016.09—）
森警大队教导员
王 大 明（2014.01—）
副调研员 群　　佩（藏，2008.02—）
拉　　姆（女，藏，2015.12—）

政府法制办公室（政府研究室）

副主任、党组成员
孙 忠 明（援藏干部，主持工作，2016.07—）
戴 瑞 文（2014.04—）
何　　文（2016.06—）
李　　松（2016.05—）

城市管理委员会

党组书记 旺　　久（藏，2016.06—）
主　　任 普布欧珠（藏，2016.06—）
副 主 任 顾 海 东（2016.08—）
王 连 海（2016.09—）
普　　布（藏，2016.06—）

扶贫开发办公室

党组书记 马 玉 凤（女，2016.07—）
主　　任 丹　　增（藏，2015.12—）
调 研 员 次　　多（藏，2014.04—）
纪检组长 加　　措（藏，2016.05—）
副 主 任 土　　登（藏，2015.12—）
傅　　晓（山东省援藏干部，2016.08—）
王 亚 健（内蒙古自治区援藏干部，2016.08—）
王 英 君（黑龙江省援藏干部，2016.09—）
普　　琼（2015.12—）
马 立 文（黑龙江省援藏干部，调离，2013.07—2016.06）
副调研员 郑 同 超（2016.06　）
普　　旦（藏，2015.10—）
王 晨 旭（藏，2016.05—）

藏语委办（编译局）

党组书记 次仁卓嘎（藏，2015.12—）
局　　长 次　　仁（藏，2014.04—）
副 局 长 拉　　确（藏，2016.06—）
次　　培（藏，2013.07—）
副调研员（综合科科长）
普 次 仁（藏，2011.6—）

职业技术学校

党组书记、副校长
石　　贵（藏，2015.12—）

党组副书记、校长
张俊明（2015.08—）
党组成员、副校长
冀爱芬（2011.07—2016.10，已退休）
张　涛（上海市援藏干部，2013.06—2016.07）
刘万波（黑龙江省援藏干部，2016.07—）
李东兵（吉林省援藏干部，2016.07—）
次仁多吉（藏，2015.09—）
拉　琼（藏，2015.12—）
赵　辉（2015.12—）

人民医院

党组书记　张　浩（2016.06—）
院　　长　米玛多吉（藏，2013.06—）
副 院 长　群　佩（藏，2012.06—2017.07，已退休）
巴桑次仁（藏，2015.08—）
杨西岭（2016.05—）
路彦钧（2016.06—）

藏医医院

党组书记　鲍文旭（2013.11—）
院　　长　索朗加布（藏，2015.08—）
副 院 长　李洪光（2016.06—）
旺　久（藏，2010.08—）
旺久朗加（藏，2016.09—）
纪检组长　徐　敏（2015.10—）

人民防空办公室

党组书记　格　桑（藏，2015.12—2016.06）
次仁顿珠（藏，2016.06—）
主　　任　多　拉（藏，2015.05—）
副 主 任　普布次仁（藏，2015.08—）

扎什伦布寺管理委员会

书记、主任
尼玛琼拉（藏，2015.04—）
委员、副主任
多　拉（藏，2015.09—）
次　仁（藏，2015.12—）

珠峰扶贫开发有限责任公司

董 事 长　罗布松拉（藏，2016.06.20—）
副董事长、总经理
许　上（2016.06.20—）
执行董事、常务副总经理
土　登（藏，2016.06.20—2017.04.24）

农业科技园区管理委员会

党工委书记、主任
巴　桑（藏，2014.2—）
常务副主任
拉巴扎西（藏，2014.2—）
副 主 任　倪洪权（2014.2—）
普布顿珠（藏，2016.6—）

档案局（馆）

局　　长　常青辉（女，2012.05—）
副 局 长　达　琼（藏，2016.12—）

地震局

党组书记、局长
张贵虎（2016.01—）
副 局 长　次　贵（2016.07—）
副调研员　德　庆（2016.07—）

工商行政管理局

党组副书记、局长
赵仕春（2014.07—）
党组成员、调研员
郭全学（2016.07—）
党组成员、副局长
赵加涛（援藏干部，2013.06—2016.06）
尼玛次仁（藏，2014.07—）
贡　布（藏，2015.07—）

党组成员　张 道 前（2016.06—，援藏干部）
副调研员　徐 全 生（退休，2011.11—2016.08）
　　　　　次仁顿珠（藏，2014.07—）
分局局长（副县级）
　　　　　格桑平措（藏，2015.07—）

质量技术监督局

局党组书记、局长
　　　　　韦 卫 东（2014.10—）
副 局 长　何　　强（2012.05—）
　　　　　普　　琼（藏，2015.05—）

供电公司

总经理、党委副书记
　　　　　陈　　利（2016.12—）
党委书记、副总经理
　　　　　刘 庆 军（2011.04—）
纪检书记、工会主席
　　　　　次仁多布拉（藏，2011.04—）
党委委员、副总经理
　　　　　赵 保 华（2014.09—）
　　　　　黄 发 仁（2011.04—）
　　　　　扎西达娃（藏，2012.06—）
　　　　　唐 明 国（2016.04—）

公路分局

党委书记　宋 志 军（2016.12—）
局　　长　扎西次仁（藏，2017.06—）
副 局 长　扎　　西（藏，2015.12—）
　　　　　黄　　勇（2017.06—）
工会主席　赵　　春（2014.02—）

交通综合执法支队

支 队 长　白玛多杰（藏，2015.04—）
副支队长　普布格桑（藏，2014.01—）
　　　　　王 文 平（2014.01—）
　　　　　加央次仁（藏，2015.04—）

国家税务局

党组书记　刘 春 祥（2014.10—）
局　　长　平　　措（藏，2013.05—）
副 局 长　苏 湘 帆（2011.12—）
纪检组长　白玛多吉（藏，2014.11—）
总经济师　次仁央宗（女，藏，2016.01—）
总会计师　次　　央（女，藏，2016.06—）
调 研 员　白　　央（女，藏，2014.11—2017.04）

国网西藏电力有限公司日喀则供电公司

总经理、党委副书记
　　　　　陈　　利（2016.12—）
党委书记、副总经理
　　　　　刘 庆 军（2011.04—）
纪检书记、工会主席
次仁多布拉（藏，2011.04—）
党委委员、副总经理
　　　　　赵 保 华（2014.09—）
　　　　　黄 发 仁（2011.04—）
　　　　　扎西达娃（藏，2012.06—）
　　　　　唐 明 国（2016.04—）

气象局

党组书记　洛桑扎西（藏，2013.01—）
局　　长　王　　兵（2014.05—）
纪检组长　达娃次仁（藏，1999.08—）
副 局 长　强 德 厚（2011.05—）
　　　　　边　　增（藏，2011.05—）
　　　　　扎　　西（藏，2016.07—）
　　　　　张 文 军（援藏干部，2016.07—）
副调研员　尼　　玛（藏，2016.04—）
　　　　　索　　贵（藏，2007.02—）

烟草专卖局（公司）

党组书记、副局长、经理
　　　　　巴　　桑（藏，2012.07—）
党组副书记、局长、副经理
　　　　　张 开 友（2013.12—）
党组成员、纪检组长
　　　　　普布旺拉（藏，2016.02—）
党组成员、副局长
　　　　　普布仓决（女，藏，2013.07—）

党组成员、副经理
王志国（2013.07—）

邮政集团日喀则分公司

党委副书记、总经理
高　虎（2015.11—）
党委书记　刘恋屏（女，2006.06—）
党委委员、副总经理、工会主席
次仁玉珍（女，藏，2012.10—）
党委委员、副总经理
袁东伟（援藏，2014.08—）
党委委员、副总经理、纪委书记
布　琼（藏，2016.01—）

中国人民保险日喀则分公司

党委书记、总经理
索　旺（藏，2007.03—）
纪委书记、副总经理
多布拉（藏，2007.03—）
总经理助理
次　罗（藏，2015.04—）
索　朗（藏，2015.04—）
办公室、人力资源部主任
李　锦（2015.04—）

中国人寿保险日喀则市分公司

总经理　徐　进（2016.01—2016.02）
张　优（2016.03—2016.12）
总经理助理
马金豹（回，2016.01—2016.03）
总经理助理
张　波（2016.04—2016.12）

中国石油西藏销售分公司

总经理　金　珠（藏，2015.03—）
党委书记　王明建（2015.10—2017.02.24）
何忠国（2017.02.24—）
副总经理　扎西次仁（藏，2013.01—）
施泽泉（2015.04—）
蒋维江（2015.10—）

中国人民银行

党委书记、行长
魏圣吉（2012.09—）
纪委书记　扎　曲（藏，2014.01—）
副行长　尼玛旺堆（藏，2008.04—）
次仁罗布（藏，2015.09—）
李春江（藏，2016.12—）
副调研员　陈钦瑞（2014.04—）
旺　堆（藏，2016.12—）
行长助理　李　国（2016.09—）

中国农业银行

党委书记、行长
扎　西（藏，2013.01—）
副行长　卫　兵（藏，2013.05—）
李军锁（援藏干部，2013.08—）
李朝勇（2014.09—）
吉　律（藏，2015.01—）
纪委书记　丁　彦（2014.01—）

中国建设银行

党委书记、行长
邓存云（2012.05—）
纪委书记、副行长
徐　浩（2014.09—）
党委委员、副行长
林　森（2011.06—）
张　振（2016.10—）
高级副经理
扎西曲措（藏，2016.04—）

中国银行

党委书记、行长
达　贵（藏，2013.07—）
党委委员、副行长
普　次（藏，2012.06—）
普顿珠（藏，2013.09—）

李　　拓（2016.10—，援藏）
王 军 君（2016.07—）

西藏银行

党委书记、行长
卓　　雅（女，藏，2014.02—）
副 行 长　郭 定 斌（2016.03—）
副行长、纪委书记
次仁多吉（藏，2014.05—）

日喀则航站

党委书记　尹 国 强（2016.04—）
站　　长　李 九 疆（2010.07—）
副 站 长　邓 波 明（2016.04—）
洛　　桑（藏，2010.07—）
机场公安分局副局长
拉　　丹（藏，2016.04—）

日喀则海关站

党组书记、关长
周 益 萍（汉，2016—）
副 关 长　普布顿珠（藏，2014—）
刘 建 勇（汉，2016—）

中国公司

总 经 理　西　　嘎（藏，2013.01—）
党委书记　旦　　增（藏，2013.01—）
副总经理　李 德 佩（2014.03—）
次　　平（藏，2016.04—）
杜 成 英（2016.04—）
拉巴顿珠（藏，2014.12—）
督　　导　旦增平措（藏，2013.12—）
财务总监　扎西顿珠（藏，2014.03—2016.04）
总经理助理
段 士 辉（2014.12—2016.04）
钱　　昆（援藏干部，2014.09—）
韩 振 国（援藏干部，2016.05—）

中国移动通信集团公司

党委书记、总经理
普布次仁（藏，2014.03—2016.10）
副总经理　旺　　加（藏，2013.05—）
总经理助理
云旦赤列（藏，2015.01—）

中国联合网络通信有限公司

党支部书记、总经理
巴桑仓决（女，藏，2006.03—2017.03）
党支部副书记、副总经理
李　　斌（2012.01—2017.03）
纪委委员、总经理助理
次仁穷达（藏，2016.01—）

邮政管理局

党组书记、局长
蔡 宜 伦（2015.03—）
党组成员、副局长
拉　　巴（藏，2016.04—）

通信监管办公室

市通信监管办公室副主任、市专用通信局局长
次仁旺堆（藏，2015.1—2016.12）

空军日喀则场站（95149部队）

站　　长　王　　锋（2015.03—）
政治委员　马 止 明（2013.06—2016.06调离）
边　　巴（2016.06—）
副 站 长　李 学 德（2013.03—2016.06转业）
张　　勇（2014.02—2016.06调离）
刘 兴 强（2016.06—）
孙 建 成（2016.06—）
副政治委员
支 华 龙（2015.03—2016.06转业）
张　　兵（2016.06—）
参 谋 长　崔 振 杰（2014.02—2016.06调离）
张　　勇（2016.06—）
政治处主任
姚 有 东（2015.03—2016.06调离）
常 忠 兵（2016.06—）

武警日喀则市森林大队

大 队 长　方　　兵

教 导 员　王 大 明

桑珠孜区

区委书记　王　　波（山东省援藏，2013.06—2016.05）

姚 常 雨（2016.08—）

政府区长　索朗罗布（藏，2015.08—）

人大常委会主任

达　　洛（藏，2014.12—）

政协主席　普　　布（藏，2014.12—）

江孜县

县委书记　孙 嘉 丰（上海市援藏，2013.07—2016.07）

白　　玛（藏，2016.09—）

人大常委会主任

张　　峰（2015.09—）

政府县长　曲　　达（藏，2012.07—2016.09）

杨　　军（2016.09—）

政协主席　次　　罗（藏，2014.04—）

白朗县

县委书记　翟　　军（山东省援藏，2013.06—2016.06）

陈　　昊（2016.8—）

政府县长　赤列朗杰（藏，2015.01—）

人大常委会主任

尼玛顿珠（藏，2012.07—）

政协主席　普布次旦（藏，2015.12—）

亚东县

县委书记　舒 成 坤（2013.06—）

政府县长　扎西次仁（藏，2015.01—）

人大常委会主任

边　　索（藏，2015.12—）

政协主席　次仁普确（藏，2015.12—）

聂拉木县

县委书记　顿　　珠（藏，2016.08—）

人大常委会主任

徐　　伟（2014.05—2016.08）

欧　　珠（藏，2016.06—）

政府县长　冯 鲁 伟（2012.07—）

政协主席　次　　优（藏，2016.06—）

拉孜县

县委书记　张 劲 松（上海市援藏，2013.06—2016.06）

陈　　钢（2016.8—）

政协县长　巴桑旺堆（藏，2015.09—）

人大常委会主任

索朗多吉（藏，2016.06—）

政协主席　次　　仁（藏，2015.12—）

昂仁县

县委书记　李 有 平（2013.05—）

政府县长　普布多吉（藏，2015.08—）

人大常委会主任

旦 木 真（藏，2015.12—）

政协主席　吕 世 瑞（2016.06—）

定日县

县委书记　顿　　珠（藏，2013.04—）

人大常委会主任

次　　桑（藏，2015.07—）

政府县长　王　　珅（2013.08—）

政协主席　次旺多吉（藏，2015.07—）

南木林县

市政协副主席、县委书记

次仁顿珠（藏，2015.06—）

人大常委会主任

边　　仓（藏，2015.07—2016.06，离岗休养）

多　　吉（藏，2016.06—）

政府县长　王 顶 峰（2013.08—）

政协主席　旺 加 布（藏，2015.12—）

萨迦县

县委书记 张 秀 武（2013.07—2016.10）
刘 晨 晖（2016.10—）
政府县长 次仁占堆（藏，2015.07—）
人大常委会主任
袁 亮（2015.07—）
县政协主席
朗 木 杰（2012.07—）

谢通门县

县委书记 边巴扎西（藏，2015.07—）
政府县长 王 金 铭（2013.02—）
人大常委会主任
旺 堆（藏，2013.07—2016.06）
普布塔松（藏，2016.09—）
政协主席 拉巴次仁（藏，2016.09—）

定结县

县委书记 刘 宏（吉林省援藏，2014.05—2016.07）
李 运 生（2016.08—）
人大常委会主任
巴 桑（藏，2016.06—）
政府县长 贡 嘎（藏，2015.02—）
政协主席 中 扎 西（藏，2015.07—）

仁布县

县委书记 陈 宝 柱（黑龙江省援藏，2013.06—2016.06）
张 晓 培（2016.08—）
政府县长 次仁顿珠（藏，2013.05—）
人大常委会主任
达瓦卓玛（女，藏，2015.09—）
政协主席 旦 增（藏，2012.07—）

萨嘎县

县委书记 顿 珠（藏，2015.06—）
政府县长 李 运 生（2012.07—2016.08）
郭 光 成（2016.09—）
人大常委会主任
拉巴次仁（藏，2012.07—2016.04，退休）
阳 艺（2016.09—）
政协主席 索 朗（藏，2012.07—2016.03，退休）
吴 顿（藏，2016.09—）

康马县

县委书记 李 仁 新（2013.04—）
政府县长 扎西多布拉（藏，2015.07—）
人大常委会主任
拉巴确吉（女，藏，2013.12—）
政协主席 扎西多吉（藏，2015.08—）

吉隆县

日喀则市人大常委会副主任、吉隆县委书记、吉隆口岸管委会常务副主任
帕 珠（藏，2014.12—2016.02）
日喀则市委常委、吉隆县委书记
帕 珠（藏，2016.02—）
人大常委会主任
刘 永 祥（藏，2015.07—）
政府县长 胡 红（2013.06—）
政协主席 杨 伟 功（2015.07—）

仲巴县

县委书记 王 光 勤（2015.01—）
政府县长 梅 普 琼（藏，2015.10—）
人大常委会主任
索朗旺堆（藏，2015.09—）
政协主席 巴 桑（藏，2016.6—）

岗巴县

县委书记 贺 黎 明（2015.02—）
政府县长 扎西旺堆（藏，2015.02—）
人大常委会主任
杨 杰（2016.06—）
政协主席 扎 西（藏，2015.12—）
扎西多吉（藏，2015.08—）

政党 政务

中国共产党日喀则市委员会

决策概要

【“两件大事”抓紧抓好】 2016年，日喀则市按照自治区党委的工作要求，始终把做好樟木受灾群众易地安置和“128”接待服务作为重大政治任务来抓。一是重建家园凝聚人心。按照区党委关于做好樟木镇“4.25”灾后整体搬迁、易地重建的部署要求，日喀则市委精心组织、周密部署，组派由11名市级干部带队的工作组进驻樟木小区，面对面开展群众工作，高效完成签订易地安置协议工作，樟木小区523套民房藏历新年前全部建成入住，落实了吴英杰书记“只要思想工作到位、群众是拥护的”的批示精神。其它灾后恢复重建项目加快推进，全市灾后恢复重建完成投资62.58亿元，完成年度计划的89%；年底民房建设全部完成，基础设施项目预计完成投资1.9亿元、完成年度计划的132%，163个整村推进配套基础设施项目、32个特色小城镇恢复重建项目和产业发展项目基本完成。二是决战决胜法会安保。圆满完成“128”在日喀则期间接待服务任务，特别是扎实开展“时轮金刚灌顶法会”安保服务工作，坚持“扎寺自办、佛协指导、政府支持”的原则，为40余万信众和5000余名高僧活佛提供优质服务和安全保障，实现了“三放心”“三满意”目标，得到了中央、区党委的充分肯定和高度评价，取得了良好的政治效果、社会效果、宗教效果和群众效果。

【“两学一做”学习教育富有成效】 一是落实“三会一课”制度。市委常委会班子率先垂范，班子成员带头讲党课，带头以普通党员身份参加所在党支部学习研讨，带动各级党员干部学党章党规和系列讲话，参与手抄党章、知识竞赛等活动，各级党员干部讲专题党课8281次，县以上党委（党组）召开理论学习中心组学习研讨会992次，党支部、党小组召开学习研讨会4万余次。二是以学促做。强力推进灾后重建，各级党组织在征地拆迁、民房重建、樟木地震受灾群众异地安置等工作中发挥了显著作用；强力推进脱贫攻坚，坚持把优质的干部资源集中到脱贫攻坚的“主战场”，发挥了干部选拔任用指挥棒作用；强力推进“六城共建”，各级党组织和广大党员积极发挥部门职能、提升服务效能、激发工作热情，取得良好成效。三是把整改问题贯穿始终。目前，全市各级党组织建立问题台帐3516个，查摆问题1.4万条，完成整改86.5%。坚持以督导促整改，市委先后派出督导组进行了3轮全覆盖督导，累计下发督导单147份，督促各级党组织履行主体责任，“两学一做”学习教育扎实开展。

【“讲学习、讲忠诚、正风纪、转作风、提效能”主题活动】 根据市委部署，在“两学一做”学习教育中开展了“讲学习、讲忠诚、正风纪、转作风、提效能”主题活动，聚焦5个方面，着力解决15个突出问题。讲学习，组织开展学习研讨3700余次，督促各级党组织健全完善学习制度3000余份，明确学习内容、方式、频次和具体要求，着力解决不重视学习、学习效果不够好、学用结合不够紧密的问题。讲忠诚，深入学习贯彻党的十八届六中全会和自治区第九次党代会精神，组织每名党员开展1次党性分析，深入开展反分裂斗争教育和做合格党员大讨论活动，着力解决个别党员理想信念动摇、政治立场不坚定、“四个意识”不强的问题。正风纪，督促各级党组织和党员干部落实《准则》《条例》和“三会一课”制度，严抓执纪问责，着力解决“四风”反弹、纪律松弛、党的组织生活不严肃的问题。转作风，开办道德大讲堂，组织观看《永远在路上》《榜样》等教育片，在各单位开展“共产党员先锋岗”评选和“三亮三比”活动，完善办事公开、首问负责等工作责任制，着力解决精神不振、脱离群众、不敢担当的问题。提效能，开展基层党建重点任务专项督导和目标绩效争先进位考核工作，督促引领党员干部提升能力、履职尽责，着力解决缺乏创新、能力不强、效率不高的问题，营造干事创业的良好氛围。

【市委全委会】 2016年10月6日，中国共产党日喀则市第一届委员会第四次全体会议举行。会议审议通过了参加中国共产党日喀则市代表会议代表建议名单；审议通过了《中国共产党日喀则市第一届委员会第四次全体会议关于召开中国代产党日喀则市代表会议的决议（草案）》。中共日喀则市第一届委员会委员、候补委员出席会议，中共日喀则市第一届纪律委员会委员列席会议。

2016年12月26日至27日，中国共产党日喀则市第一届委员会第五次全体会议举行。市委书记张延清同志代表市委常委会向全委会作了题为《弘扬珠峰精神实施六大战略奋力建设和谐文明幸福美丽日喀则》的报告。全委会从六个方面对一届三次全会以来的工作进行了全面总结，提出了今后一个时期的奋斗目标。全会号召全市上下面对新的发展形势、新的历史使命，要高举中国特色社会主义伟大旗帜，以邓小平理论、“三个代表”重要思想、科学发展观为指导，深入贯彻落实党的十八大、十八届三中、四中、五中、六中全会和中央第六次西藏工作座谈会精神，深入贯彻落实习近平总书记系列重要讲话精神和治国理政新理念新思想新战略，深入贯彻落实习近平总书记治国必治边、治边先稳藏的重要战略思想和加强民族团结、建设美丽西藏的重要指示，坚持“五位一体”总体布局和“四个全面”战略布局，牢固树立“五大发展理念”，坚持党的治藏方略，坚持依法治藏、富民兴藏、长期建藏、凝聚人心、夯实基础的重要原则，认真贯彻落实自治区第九次党代会精神，把建设和谐文明幸福美丽日喀则作为总目标，把维护祖国统一、加强民族团结作为工作的着眼点和着力点，把改善民生、凝聚人心作为经济社会发展的出发点和落脚点，弘扬珠峰精神，实施“六大战略”，开展“六城共建”，推进“七区建设”，发展“七大产业”，用长足发展和长治久安的新成就，谱写好日喀则各族人民美好生活的新篇章。

市委办公室工作

【服务大局】 综合协调。做好上传下达信息，组织协调、综合服务等工作，得到市委肯定。特别是在“128”时轮金刚灌顶法会接待服务工作、第十四届珠峰文化旅游节等重大活动中做出了努力和贡献。

信息服务。全年共向区党委办公厅编报《日喀则信息》1930期（其中专题信息563篇），被采用572条（篇），整理呈送、编印《每日要情》

288期、《每日要情专报》51期，《工作情况交流》8期呈市委、政府领导参阅。日喀则信息排名位居全区第三。

督促检查。重点围绕区党委、市委各项决策部署，各类专题会议精神和市委领导重要批示开展督促检查，并以《督查专报》向市委领导反馈情况。牵头组织市政府办、纪检、组织、政法、扶贫、审计等部门按季度深入18县区、76个乡镇、81个行政村开展脱贫攻坚工作推进情况专项督查36次，制定督查方案6份，形成专题报告29篇，制定脱贫攻坚成效考核办法（方案）2份，汇总整理4篇。下发9期专项查办通知，督查市委领导在基层调研时的指示精神落实情况，办理《领导批示》49期、《领导批办事项情况反馈》7期、印发《市委专项查办通知》13期、《市委专项查办报告单》16期。

2016年11月23日，市委书记张延清以普通党员的身份参加市委办公室第二党支部集体学习活动

后勤保障。认真贯彻落实中央“八项规定”、区党委“约法十章”“九项要求”、市委《实施办法》及厉行节约相关规定，进一步完善了《财务管理制度》《公务用车管理制度》等5项基本制度；进一步加强“三公”经费管理，严格控制“三公”经费支出，坚决遏制公款吃喝、公车私用和奢侈浪费等不正之风。实施了市委大院维修改造项目，市委大院的整体功能得到升级；集中实施了办公用房、职工周转房的维护和维修；先后制定并完善了《车辆管理制度》《驾驶员责任管理制度》等制度，进一步明确了后勤服务工作职责，实现了各项工作有制可依，有章可循。同时，进一步与市政府办公室行政科（财务科）做好公务车辆及相关手续和划转人员岗位调配工作的交接协调工作，共划转31辆公务车辆和15名专职驾驶员。

2016年11月15日，市委常委、市委秘书长雷进昌到昂仁县看望慰问结对帮扶户

综治管理。落实市委各项维稳部署，狠抓市委大院安全保卫，修订完善了《值班工作制度》《值班交接班制度》《维护稳定工作方案》和《市委办公室预防处置突发事件应急预案》等工作规章制度和运行机制。全年共接待34名来访人员、办理来信5件，做好安抚处理处置和移交部门解决。全年节假日和敏感时段安排带班领导50余人次在总值班室带班并安排干部职工参与值班，实现无刑事案件发生、无群体性和集体上访事件发生、无黄赌毒案件发生、无单位干部职工违法犯罪事件发生的目标。

【日常管理】 办文办会。全年共收文件1078份，转发、下发各类文件655份，发出各类电报603份。严格公文规范，突出行文规范，对各单位上报的32余份不合格公文进行退还，对各部门文件规范予以业务指导。全年共承办全市大中型会议73次，未出现重大失误，特别是圆满完成了全市产业发展大会、“128”接待服务工作表彰大会和全市一届五次全委会等重大会务，得到市委领导肯定。

机要保密工作。严格落实机要密码工作规范

制度，全年共办理电报110310份，业务发报261份，业务收报289份。市委门户网站推送信息1200余条，编辑《网络舆情》56期，办理各类网民留言62条。在全区党政系统机要密码业务比武竞赛活动中分别获得团体一、二名（第一名1个，第二名2个），个人一、二、三名（第一名2个，第二名1个，第三名1个）。完成了电子政务内网（纵向网）的验收和市委办公室“OA”智能办公系统的建设及试运行工作。加强网络保密和涉密人员管理，全年共举办保密专题讲座17次，对64个（市、县）直部门等进行了核查。依法依规收缴封存违规设备3台、硬盘10块，限期整改单位5家，教育批评直接责任人18名，保密体系日臻完善。

2016年8月22日，召开各科室（委、办、局）工作汇报会

党风廉政建设。纪检组先后分3批进行廉政谈话，约谈人数52人，签订《领导干部廉政承诺书》42份，建立科级干部廉政档案60份。围绕《党章》《准则》和《条例》的学习，党员撰写心得体会120篇，发布100余条廉政名言警句。通过办“廉政走廊”、编“廉政小册子”、开“廉政小会议”、搭“廉政微平台”、讲“廉政专题党课”的方式和每月观看“廉政警示教育片”进一步筑牢办公室干部职工的思想防线。

【机关党建】 市直机关党建工作。先后组织举办了2016年市直机关发展对象、党支部书记等5个培训班，培训学员约3000人（次）；按期换届了341个党组织，调整和改选了39个党组织。编印了《市直机关发展党员工作实务》等手册，发放了《发展党员工作手册》《机关党建工作手册》；全年吸收预备党员48名，批准转正党员23名，入党积极分子备案114名；组织开展系列慰问活动，发放慰问金8.4万元。

党办抓党建。组织开展“两学一做”学习教育和“讲学习、讲忠诚、正风纪、转作风、提效能”主题活动，落实每周两次集中学习和县处级干部上党课制度，组织开展20余场次专题研讨及唱红歌比赛、“手抄党章一百天”、参与创城等活动，开展“最美家庭”“平安家庭”等评选活动，开展“好点子”征集活动，创建机关党建微信群。组织开展党员干部观看警示片活动，实行党员干部任前谈话制度，完善《秘书长班子议事规则》等制度。

老干部工作。专题召开老干部工作座谈会，广泛征求离退休人员意见建议，及时帮助解决生活中存在的实际困难。建立健全老干部工作体制和机制，加强离退休干部职工的保障机制，每月定期组织老干部理论学习，调动老同志热情。

驻村工作。紧扣“5+3”工作任务，开展入户调研，形成调研报告1篇。全办干部职工共结对帮扶110户，对110户贫困户进行精准识别，建档立卡并积极开展结对帮扶活动，共送去慰问金13300元。积极筹措资金为亚益、夏尔岗村新建党员活动室和群众活动场地。对新入学大学生发放助学金共14000元。协调有关企业为贫困家庭解决了26000余元的教育帮扶资金。

队伍建设。全年组织开展县级干部培训12人次，先后组织2批7人党史、保密等业务科室骨干赴山东跟岗培训，督查、信息、机要（密码）等业务部门采取轮岗培训的方式，组织40人参加了业务培训。全年共提拔、转任、调整干部9名，其中县级干部2名，科级干部7名。对14名干部进行了任职试用期满考核，其中县级干部4名，科级干部10名。实施市委办公室争先进位目标绩效考核。严格执行“三定”方案，明确科室职责、任务，合理设置科室编制。配合做好“六城共建”工作。

组织工作

【概况】 市委组织部（市机构编制委员会办公室）设9个内设机构（正科级），分别是办公室（人事科）、组织科、组织员管理办公室（党员管理办公室、党代表联络办公室）、干部管理科（对口支援干部科）、干部监督科、人才工作科（公务员科）、干部教育科、行政机构编制科（监督检查科）、事业机构编制科（市事业单位登记管理局）；市委老干部局设2个内设机构，分别是安置科、服务科；市委组织部（市机构编制委员会办公室）机关后勤服务中心、研究室（新闻宣传中心）、农村党员干部现代远程教育中心（党建服务中心）、电子政务中心（实名制管理中心）、组织编制信息中心、人才服务中心、市委老干部局老干部活动中心为7个部门所属事业机构。截止2016年12月底，市委组织部部务会班子成员12名，其中副地级1名，正县4名，副县级7名（部办局机关其他副县级领导3名）。

【思想建党和制度治党】 一是“三会一课”制度。市委常委会班子率先垂范，班子成员带头讲党课，带头以普通党员身份参加所在党支部学习研讨，带动各级党员干部学党章党规和系列讲话，参与手抄党章、知识竞赛等活动，各级党员干部讲专题党课8281次，县以上党委（党组）召开理论学习中心组学习研讨会992次，党支部、党小组召开学习研讨会4万余次。二是以学促做。强力推进灾后重建，各级党组织在征地拆迁、民房重建、樟木地震受灾群众异地安置等工作中发挥了显著作用；强力推进脱贫攻坚，坚持把优质的干部资源集中到脱贫攻坚的“主战场”，发挥了干部选拔任用指挥棒作用；强力推进“六城共建”，各级党组织和广大党员积极发挥部门职能、提升服务效能、激发工作热情，取得良好成效。三是把整改问题贯穿始终。目前，全市各级党组织建立问题台帐3516个，查摆问题1.4万条，完成整改86.5%。坚持以督导促整改，市委先后派出督导组进行了3轮全覆盖督导，累计下发督导单147份，督促各级党组织履行主体责任，“两学一做”学习教育扎实开展。

根据市委部署，在“两学一做”学习教育中开展了“讲学习、讲忠诚、正风纪、转作风、提效能”主题活动，聚焦5个方面，着力解决15个突出问题。讲学习，组织开展学习研讨3700余次，督促各级党组织健全完善学习制度3000余份，明确学习内容、方式、频次和具体要求，着力解决不重视学习、学习效果不够好、学用结合不够紧密的问题。讲忠诚，深入学习贯彻党的十八届六中全会和自治区第九次党代会精神，组织每名党员开展1次党性分析，深入开展反分裂斗争教育和做合格党员大讨论活动，着力解决个别党员理想信念动摇、政治立场不坚定、“四个意识”不强的问题。正风纪，督促各级党组织和党员干部落实《准则》《条例》和“三会一课”制度，严抓执纪问责，着力解决“四风”反弹、纪律松弛、党的组织生活不严肃的问题。转作风，开办道德大讲堂，组织观看《永远在路上》《榜样》等教育片，在各单位开展“共产党员先锋岗”评选和“三亮三比”活动，完善办事公开、首问负责等工作责任制，着力解决精神不振、脱离群众、不敢担当的问题。提效能，开展基层党建重点任务专项督导和目标绩效争先进位考核工作，督促引领党员干部提升能力、履职尽责，着力解决缺乏创新、能力不强、效率不高的问题，营造干事创业的良好氛围。

召开了全市党的建设制度改革专项小组会议，统筹推进全市党的建设制度改革领域各项任务。深化党的组织制度改革，清理规范党组，在64家单位成立党组（党工委），对11家单位党组织进行更名，撤销了6家单位党组。健全基层组织体系，合理设置党委、党总支、党支部、党小组。健全完善党委书记抓基层党建述职评议考核制度。科学调整干部管理权限，市委制定出台《关于调整市直单位科级干部管理权限的意见》，增强了干部管理工作的科学性和灵活性。贯彻落实中央《关于深化人才发展体制机制改革的意见》，健全人才激励机制，开展享受政府特殊津贴人才评选工作，16万人关注、9.6万人参与投票，产生了广泛的社会影响。制定出台《日喀则市县以下机关建立公务员职务与职级并行制度的实施方案》，102名符合条件的县乡干部晋升了职级。

【县乡领导班子换届工作】 严格按照规定职数和要求配备县乡领导班子，县乡领导班子力量进一步充实、结构进一步优化。配备县四套班子成员417名，比上届增加67名。乡镇领导班子成员达到1952人，党委、人大、政府领导班子成员比上届增加718名。按照自治区的统一部署，安排从内地公选的24名乡镇党政正职干部充实到18县区党政班子中。从市、县直机关选派252名优秀年轻汉族干部到乡镇班子任职，乡镇领导班子汉族干部比例达到30.87%。

2016年8月10日，杨昆同志陪同中组部中纪委领导督导检查我市换届监督工作

【干部队伍建设】 坚持重党性、重品行、重实绩、重基层、重公认的用人导向，提拔重用80名在灾后重建、脱贫攻坚等全市重点工作中表现突出的干部，对发挥作用不明显、不适宜担任现职的15名县级干部进行了调整。坚持把基层作为干部砥砺品质、提高本领的舞台，在今年市委提拔的162名副县级干部中，有乡镇党政正职工作经历的占52.1%，直接从乡镇党委书记岗位上提拔的占26.1%，有驻村驻寺工作经历的占55.8%，有效激发了干部到基层任职的热情，“干部下基层、基层出干部”的导向进一步树立。

严格落实“四凡四必”要求，全年共审核县级领导干部人事档案816份，抽查核实领导干部个人有关事项报告724份，谈话、函询干部96人，约谈18人，对1名领导干部给予了党纪处理；对于681名拟提拔调整的干部征求了纪检监察和信访机关的意见，对于3起线索具体的信访举报进行了查核，取消了2名县级干部的换届人选资格。

坚持抓早抓小抓预防，坚持重要事项、岗位调整、信访举报、群众反映“四个必谈”，全年共开展约谈195人次，函询82人次，诫勉15人次，促进领导干部讲纪律、守规矩。认真抓好信访举报受理查处，全年累计受理群众举报和上级转办信访举报17件，已办结14件，对2名作风漂浮、履职不力、违规违纪的干部进行了组织处理。从严管理干部的实招数、真行动，让党员干部强化了“当干部就必须接受更严格的约束”的意识。

重点举办了县处级党政领导干部理论政策研讨班、在线培训班、中青年干部培训班、乡镇党政正职研修班、村（居）组织负责人示范培训班等各级各类培训班55个，培训人数4455人次。举办“加强民族团结建设美丽日喀则”藏汉“双语”演讲比赛，“双语”学习成为加强民族团结的有效载体。注重抓好党校这个干部教育培训的主阵地，经常听取党校工作汇报，研究推进重点工作。

【基层党建】 集中开展党员组织关系集中排查，排查流动党员2748名、失联党员111名，退党除名16名，规范15名“口袋”党员的组织关系；认真做好违纪违法党代会代表和党员排查清理工作，督促146个未按期换届的基层党组织完成换届；开展党费收缴专项检查，追缴党费69万元；

推进“两个覆盖”，非公企业和社会组织党的组织和工作覆盖率分别达到41.5%和88.7%，超额完成全区既定目标；抓党建促脱贫，建立党员干部“4321”结对帮扶机制，全市3.6万名干部与4.2万户贫困群众结成帮扶对子。

组织全市共产党员开展大型志愿服务活动782次，20.24万群众得到实惠。加强村级组织活动阵地建设，建成标准化活动场所23个，完成规划设计540个。

各县区举办90余期培训班，培训村（居）干部1.1万余人次；市级举办示范班2期，培训村（居）党支部书记150人，完成上级调训32人次。坚持关口前移，建立村级后备干部库，培养村（居）后备干部9987名。选派1592名干部到村担任第一书记。加大村（居）“两委”班子争先进位考核奖励力度，投入近1亿元，村干部报酬待遇不断提高。围绕建党95周年，评选表彰了一批先进基层党组织、优秀共产党员、优秀党务工作者。

通过换届充实党务工作力量，全市400余名组织员作用有效发挥，举办2期组织员专题培训班，推行发展党员沟通交换意见制度，全年发展党员2797名，其中35岁以下2455名，占87.77%；高中以上学历1007名，占36%，党员队伍结构进一步优化。举办1期农牧民党员示范培训班。制作《千里高原党旗红》等课件30余部。

【人才队伍建设】 完善人才引进政策，联合市人社局制定出台了《日喀则市人才引进办法（试行）》，共引进各类人才115名，接收74名西部志愿者，专招内地高校应届毕业生125名。

通过培训研修、外出学习、挂职锻炼、学历教育等方式，扎实开展人才培养“五大工程”。加大人力资源开发经费投入，财政投入从每年100万元增加到每年1000万元。争取区党委组织部下拨690万元的人力资源开发专项资金，为创“三甲”人才培养工程拨付经费540万元。实施唐卡“千人工程”人才培养项目，扶持了100名唐卡人才，改选成立了市唐卡协会，挂牌成立“日喀则市唐卡文化产业人才培育基地”，加强以唐卡为代表的优秀传统文化传承人才梯队建设。

2016年5月10日，日喀则市双语演讲决赛颁奖仪式

根据市委部署，开展了优秀援藏干部人才评选表彰工作，完成了援藏轮换工作；按照干部管理权限，及时安排第八（六）批援藏干部人才的任职、聘任手续，督促受援单位对援藏干部科学合理分工。召开援藏干部人才座谈会，体现市委、市政府的关心关怀，明确管理要求，严格落实政策待遇，解决援藏干部人才的后顾之忧，发挥了援藏干部人才在促进经济发展、社会稳定等方面的作用。

在医疗人才“组团式”援藏方面，及时下放了机构编制管理权限和内设机构领导干部任免、聘任权限；为市人民医院充实73名医护人员，培养技术骨干31人，选派苗子赴上海学习深造，积极争取援派医院支持，组团援藏模式初步形成，效果逐步显现，创“三甲”工作稳步推进。在教育人才“组团式”援藏方面，督促受援学校和受援单位提升受援学校内涵建设，发挥援藏教师作用，选派骨干教师和管理干部赴援藏省市跟岗学习、挂职锻炼、集中培训，教育人才“组团式”援藏工作开局顺利。

【干部驻村工作】 第五批各级驻村工作队召开维稳宣讲、反分裂专题大会等超过3万余场次，积极化解和妥善处理各类社会矛盾636件。帮助安置受灾群众3.71万户、6.21万人，解决受灾群众就学、就医、就业等实际问题5.89万件。帮助驻地村

（居）理清发展思路3459条，找准发展路子1871个，帮助实现就业1.18万人，劳务输出2.92万余人次，为群众增加现金收入7000余万元。第五批驻村干部中有498名驻村队员被提拔使用，其中提拔到县级岗位42名，提拔到科级岗位456名，占2016年全市提拔干部总数的65%。

【市县区权责清单编制和政府机构改革工作】 全面梳理政府部门权责事项，绘制行政职权运行流程图和编制服务指南，市级共确定行政职权事项3995项，责任事项28910项，“一表一图一指南”在日喀则新闻网公布，基本完成县区权责清单编制工作。科学合理制定《日喀则市政府职能转变和机构改革方案》，强化机构整合，统筹调配现有编制资源，对市直单位“三定”规定进行修订，进一步理顺了部门之间的职责关系。市县两级政府职能转变和机构改革基本完成。通过改革，市政府工作部门从30个调整为32个，消化部门管理机构3个，加大了对经济、民生、稳定等部门的保障力度。完成全市现有机关事业单位的《机构代码证》《事业单位法人证书》的换证工作。

【老干部工作】 在离退休党员干部中深入开展“两学一做”学习教育和主题活动，强化思想理论武装。成立离退休干部党工委，进一步加强对离退休干部党员的管理服务。在“三大节日”期间，走访慰问离退休干部4828名，向全市退休干部职工发放慰问信，寄送慰问金287万元；开展离退休困难干部帮扶活动，组织62名退休干部赴内地疗养，及时兑现离退休各党支部活动经费37万元。聘请老干部担任换届风气特约监督员、六城共建监督员、文明巡访员、民族团结宣传员和“双联户”户长等。

2016年10月9日，杨昆同志陪日喀则市寿星老人欢度“九九重阳节”

【组织部门自身建设】 全年召开理论中心组学习会26次，部（办）局班子成员在所在支部讲党课20余次。举办2期组工政工干部培训班，培训组工政工干部107人；选派29名组工干部赴全国组干学院参训，提高组工干部的素质能力。聚焦组织编制工作重点难点问题开展大调研，形成18篇优秀调研报告；编报组工信息320余期，撰写网评文章1000余篇。全年召开6次部务会、9次专题会安排部署党风廉洁建设工作。修订完善《廉洁谈话制度》，实行报告备案承诺制度，部机关党员干部的廉洁自律意识进一步增强。健全完善了部务会议事规则，建立了部（办）、局班子成员联系县区制度，制定了组织系统重大事项请示报告、规范性文件备案审查等制度，教育组工干部慎用权力，严格按政策办事、按规章制度办事、按组织程序办事。

宣传工作

【概况】 2016年，全市宣传思想战线以“两论”建设为重点，全面推进理论武装、舆论引导、文化建设、精神文明创建和互联网建管各项工作创新发展，宣传思想文化工作取得新进展新成效。

【理论武装】 深入推进习近平总书记系列重要讲话精神和治国理政新理念新思想新战略的学习，在全市上下兴起了学习贯彻党的十八大、十八届历次全会精神，中央第六次西藏工作座谈会和自治区第九次党代会精神的热潮。配发《习

7月24日，自治区党委常委、宣传部部长姜杰在宣传部调研指导工作

11月10日，市委常委、宣传部部长戎新龙讲党课

近平总书记系列重要讲话读本（2016版）》等学习资料6种32300余册。强化各级党委（党组）理论学习中心组的示范作用，市委理论学习中心组每年集中学习15次以上，县级党委（党组）集中学习12次以上。狠抓理论宣讲，发挥干部理论讲师团、农牧民宣讲员作用，利用驻村驻寺工作队贴近群众的优势，以党员干部、农牧民群众、青少年学生、寺庙僧尼为重点宣讲对象，结合西藏百万农奴解放57周年、纪念建党95周年、西藏和平解放65周年、红军长征胜利80周年等节庆活动，组织开展重大理论宣讲报告会300多场次，受教育群众达到20余万人次，增强了干部群众的“四个自信”“五个认同”。深化理论研究，以习近平同志为核心的党中央治边稳藏重要战略思想在日喀则成功实践为重点开展课题研究，邀请区内外专家学者到日喀则举办理论辅导报告20多场次。广泛开展论文征集活动，征集相关论文50余篇，向区宣部推荐报送优秀论文3篇，结合贯彻落实中央第六次西藏工作座谈会精神和习近平总书记系列重要讲话精神，撰写、发表理论文章10余篇，为建设美丽日喀则提供了理论支撑。

【舆论引导】 年内，结合“4·25”地震灾后恢复重建、脱贫攻坚、“六城共建”、产业发展等重点工作，市内媒体策划、开设专题专栏37个，刊播相关新闻1000余篇（条）。加强与中央、自治区媒体协调服务，接待上级媒体40余批次150余人次，中央电视台、新华社、人民网、新华网播出、刊发新闻稿件专题报道10余篇、发布有关日喀则信息报道1万余条。西藏日报采写刊发47期“珠峰新闻”专版，其他版面刊发日喀则报道700多篇（张）；西藏电视台《新闻联播》采用播出日喀则新闻380余条。对外宣传形成合力，加强外媒协调服务，利用已有外宣点，协调接待外媒对日喀则改革发展成就进行真实友善报道，有力回击了十四世达赖集团和国际反华势力的污蔑和歪曲，营造了良好外部环境。协助完成了《西藏故事》《格桑花开》《天河》（国际版）《美丽西藏》《西藏诱惑》《第三极》（第二季）《寻味屋脊》《长大成人》《西藏苍穹》《风中的红景天》等纪录片、电视连续剧、电影在我市的采访拍摄活动，拓展了对外宣传渠道。完善新闻发布制度和重大突发性事件新闻报道快速反应机制，组织开展新闻发言人及联络员培训，提高了领导干部同媒体打交道的能力，组织召开各种新闻发布会24场/次。互联网充满正能量，加大网上正面宣传力度，改进宣传内容和方式，努力掌握网络宣传的主动权，依托“一网两微一端”网络宣传平台，围绕全市重大活动和重点工作，主动设置议题、积极发声，2016年，日喀则网共上传各类新闻稿件7000余条，微信公众号“日喀则发布”“珠穆朗玛”发布220余期，推送2400余篇报道，新浪微博“日喀则发布”发布信息90余条。进一步完善体制机制，正确引导网络舆论，广泛开展文明上网活动，在全社会树立良好的网络道德风尚。加强舆情收集研判和处置工作，截止

2016年底，共上报各类舆情信息69条，其中已删除52条，待审17条，编写舆情专报11期，周报47期，调查核实函2期，切实净化网络空间。

【文化建设】 开展“深入生活、扎根人民”主题实践活动，创作演出《珠峰彩虹》《江孜印迹》《喜马拉雅风情》等一批民族特色剧目；创作了《吉祥日喀则》书系《珠穆朗玛文学丛书》《美丽日喀则》《珠穆朗玛》（内部刊物、半年刊）等一批文学作品，不断提高日喀则文化的影响力和知名度。群众精神文化生活日益丰富，利用“3.28”“西藏和平解放65周年”“建党95周年”重大节日、第十四届珠峰文化旅游节等重大庆活动举办群众文艺演出、公益性慰问演出、大型群众演唱会等大型文艺活动；组织开展文化惠民演出活动500余场次，协助话剧《解放，解放！》巡演活动10场，累计观众达120万人（次）。文化产业健康发展，编制《日喀则市“十三五”文化产业发展规划》和《日喀则市文化（唐卡）产业园区项目建议书》，遴选48个文化产业项目纳入日喀则市“十三五”文化产业发展规划，其中33个项目被列入自治区“十三五”文化产业发展规划，项目总投资达41.87亿元。更名改选西藏日喀则唐卡协会，启动唐卡人才千人工程，与100名唐卡画师签订了唐卡培养专项扶持协议书，发放专项扶持资金150万元。全面开展珠峰文化旅游创意产业园区建设，开展示范园区、基地申报工作，申报并获批自治区级第二批产业示范园区1处、第三批产业示范基地3处。

12月5日，市委书记张延清深入我市宣传思想文化系统调研

【思想道德建设】 2016年制作发放24字藏汉双语宣传挂历2万张、文明餐桌及社会主义核心价值观宣传海报2万余份；制作“三进”讲座光盘900套，开展“三进”爱国教育专题讲座23场，受教育人数达15000多人。深化未成年人思想道德建设，深入开展“我的中国梦”主题实践活动，组织开展清明祭扫、网上签名寄语活动；评选推荐“诵中华经典·做有德之人”“童心向党”“格桑梅朵杯·美德少年”优秀作品和节目，引导未成年人不断增强爱国主义情感。全面推进精神文明建设，以创建全国文明城市为抓手，全面推进我市精神文明建设，进一步加强文明行业、文明单位、文明村镇、文明社区等群众性精神文明创建力度，以“一城”带“五城”，以“城”带“乡”的精神文明建设工作模式取得了良好效果。推荐评选自治区第五届道德模范24名、全市“最美人物”1个，培育推荐18个农村精神文明建设示范点；集中开展“道德讲堂”专题讲座26场、宣讲2100余场次，15家单位列入道德讲堂。以“五下乡”为依托，组织文艺演出、爱国主义影片展播、知识有奖问答22场次，发放各类图书画册光碟近40000册（本），发放各类物资折合金额10万余元。2016年顺利通过中央测评组的督导考评，工作开展得到了测评组的好评。

【意识形态】 努力构筑“空中”“地面”和网络“三位一体”的反渗透防控体系。大力实施“西新工程”、广播电视“户户通工程”、农村电影放映工程，进一步提高了广播影视公共服务水平，完成全市新增户直播卫星接收设备12600套的安装调试、农牧区72422户直播卫星接收设备的清流置换，全面推进实施17县2镇抽屉式配电柜和无线数字电视整体转换工作、6县天馈系统改造项目和广播影视中心建设项目、17县1镇有线数字电视整体转换工程，11个县基本实现广播电视“户户通”全覆盖目标。大力实施“扫黄打非·珠峰工程”，加强文化市场综合执法和治理工作，进一步净化了文化市场环境。特别是针对十四世达赖集团“藏独”反宣渗透集中爆发的新动向，在日喀则持续开展拉网式打击“藏独”反宣渗透的专项清查行动，对所有文化经营场所进行全面检查，彻底排查处置所谓西藏“国旗”“国歌”、达赖讲义等“藏独”反动宣传品，对“藏独”反宣渗透形成了高压态势和巨大震慑。

统一战线工作

【概况】 市委统战部现有办公室（政策研究室）、统战联络科（一科）、境外藏胞工作科（二科）、宗教科（三科）、人事科5个内设科室；下属有机关后勤服务中心、藏传佛教办、市藏胞接待办、樟木口岸接待办、市社会主义学院5个事业单位；归口管理有市宗教办、扎什伦布寺管理委员会、萨迦寺管理委员会3个单位。市委统战部现有部务会班子成员6名，其中副地级1名，正县级3名（含调研员1名），副县级2名。

党外人士迎新座谈会

【“128”接待服务】 经中央批准，十一世班禅大师（代号“128”）分两个时段在日喀则开展为期103天的9项社会调研和16项佛事活动，其中7月21日至24日在日喀则市德庆格桑颇章举办的“时轮金刚灌顶法会”是班禅世系时隔60余年后举办的一次佛门盛会，也是“128”坐床以来首次举办的“时轮金刚灌顶法会”，各族各界满怀期待、国内国际广泛关注，情况特殊、影响深远。市委统战部认真贯彻落实中央的决策部署和区党委的工作要求，在自治区接待“128”进藏工作领导小组的坚强领导下，在市委、市政府和市接待“128”进藏工作领导小组的高度重视下，积极完成法会安保、为民服务工作，取得了良好的政治效果、社会效果、宗教效果、宣传效果，实现了党中央、区党委满意、“128”本人满意、信教群众满意，受到了各级党委的充分肯定和高度评价。

【民族团结示范城市建设】 市委、市政府提出了利用4年时间把日喀则市建成“全国民族团结进步示范城市”的决策部署，并明确市委统战部作为牵头部门抓落实。市委统战部专门成立市级工作领导小组，研究制定《日喀则市创建民族团结示范进步城市活动的实施方案》，确定了“一年总动员、两年建成效、三年攻难关、四年创示范”的工作思路，重点围绕加强民族团结宣传教育、区域经济建设、民生改善、社会稳定、人才培养、民族宗教事务管理等六个方面着手开展示范城市创建工作。同时，层层细化分解22项工作任务，明确牵头单位、责任单位，制定《日喀则市民族团结进步创建活动示范县区测评指标》《日喀则市民族团结进步创建活动示范机关测评指标（市直部门）》，加强对各县区、市直单位的考核，力争2019年把日喀则市创建成为“全国民族团结进步示范城市”。2016年，共举办全市性民族团结座谈会2次、参观考察3次、宣传活动3次，不断加大民族团结进步宣传工作力度；隆重表彰区市县级模范集体和个人，发放奖金378万余元；桑珠孜区江洛康萨社区、亚东县帕里镇顺利通过自治区级民族团结创建测评验收并正式挂牌；争取“十三五”期间全市少数民族发展资金（兴边富民）项目9亿元，占全区资金42.86%。

【寺庙“两守两尽”法制宣传教育】 以爱国爱教宣传服务下乡活动为平台，向各县区下发《在全市寺庙僧众中开展以“爱国守法、爱教守戒”“尽公民义务、尽教徒义务”为主题的寺庙法制宣传教育活动方案》，并将此活动作为年度和谐模范寺庙暨爱国守法先进僧尼评选的重要依据，活动覆盖率达到90%、受教僧尼达到6000余人次，极大地提升了寺庙僧尼的守法持戒意识。与此同时，督促落实开展“六个一”活动专项经费420万元，不断将活动引向深入；督促落实全市剩余寺管机构综合服务用房项目建设，到年底完工并投入使用36个、正在建设66个；督促抓好“4·25”地震宗教领域灾后恢复重建，积极协调落实84座宗教活动场所受损重建资金5414万元，到年底完成重建任务的90%。

2016年10月15日，市委统战部常务副部长旦增欧珠出席日喀则市社会主义学院第一期培训结业典礼

【自身能力建设】 加强理论学习。严格按照“两学一做”学习教育，系统学习党章党规和习近平总书记系列重要讲话精神、特别是“统战篇”“民族篇”“宗教篇”“西藏篇”，组织编写了《党的统战民族宗教工作方针政策相关文件汇编》一书，搜集摘录中央、自治区关于统战民族宗教工作重大方针政策，供全市统战民宗系统干部学习和掌握，不断把学习教育引向深入。加强业务工作。始终把抓好统战理论研究和信息报送工作作为业务工作重点，全年组织撰写统战理论文章和调研报告81篇、编写统战宗教工作专报及信息352期。加强督查工作。年初制定《日喀则市2016年统战民族宗教工作目标管理责任书》，把各项任务分解成10个大项108个小项，形成专门考核细则，与各县区签订目标管理责任书，年终对落实情况进行全面考核验收。同时，把督查落实中央、区党委和市委统战工作会议以及《条例》、和《意见》作为工作重点，于4月专门下发《关于做好贯彻落实中央统战工作会议精神和〈中国共产党统一战线工作条例（试行）〉情况自查的通知》，并抽查10个县区的贯彻落实情况，形成了全市总体自查报告；6月，区党委统战工作调研检查组深入日喀则市5个县和市直相关单位进行督查调研，自治区公保扎西常委、格桑次仁副主席专门听取了日喀则市贯彻落实中央、区党委有关统战民族宗教工作情况报告，并给予高度评价；8月27日，中央统战部副部长、国家民委党组书记、主任巴特尔为组长的中央统一战线工作领导小组第七调研检查组，对日喀则市贯彻落实情况进行督导检查，并给予充分肯定和高度评价。研究下发《日喀则市落实<中共西藏自治区委员会关于贯彻落实中央统战工作会议和条例精神的实施意见>分工方案（2016—2018）》，明确目标任务、思想举措、工作成果、时间进度、牵头单位和参与单位，把各项任务、责任落实到具体部门。加快社会主义学院建设步伐。日喀则市社会主义学院机构正式设立，争取近500万元启动资金，主要用于内院基础设施建设、配备办公设施设备。2016年10月8日，学院正式开院运行，并联合西藏社会主义学院成功举办了3期培训班，共招收学员160名，走在了全区前列。

政策研究与农村工作

【文稿起草】 全年，共起草和审改重要文件、领导讲话、调研报告、汇报材料、理论文章等综合性文稿562篇，其中起草439篇、审改123篇，涵盖经济、社会、民生、改革、三农、生态、党建等各个领域各个方面。主要起草和审改了一届日喀则市委五次全会工作报告、闭幕式讲话和市委、市政府主要领导在全市经济工作会议、全市产业发展大会、全市扶贫开发工作会议、全市党员干部大会、全市农村工作会议、市委常委会议、市委巡察工作会议、市委理论学习中心组会议、市委全面深化改革领导小组会议等一系列重要会议讲话，向自治区主要领导汇报的全市经济社会发展情况、城市工作情况、项目建设情况、落实党风廉政建设责任制情况、灾后恢复重建和精准扶贫脱贫工作情况等工作汇报材料，为市委主要领导撰写的《“自豪自信自省自觉”——学习习近平总书记在庆祝中国共产党成立95周年大会上的重要讲话》《从“四个全面”战略布局中谱写日喀则跨越式发展和长治久安的新篇章》

2016年5月16日，日喀则市2016年农村工作会议召开

《用好党内监督利器、推进全面从严治党——学习〈中国共产党巡视工作条例〉》等理论文章和深入学习贯彻习近平总书记“七一”重要讲话精神、自治区党委第九次党代会精神等采访提纲，得到了市委主要领导的充分肯定和高度认可。

【调查研究】 围绕“紧扣发展全局、紧贴领导思路、紧跟热点问题”等核心内容，聚焦市委“抓住一个优势，运用两种手段，打造三个经济带”的区域经济发展思路、“实施六大战略、开展六城共建、推进七区建设、发展七大产业”的“6677”总体工作思路和深化改革、灾后重建、脱贫攻坚等重点工作，积极主动开展系列专题调研，形成了一批具有较大影响力的调研成果。主要包括日喀则市关于灾后恢复重建、高原特色农产品基地建设、边境地区基层政权建设、深化党内监督、落实全面从严治党主体责任、基层纪检机关组织和干部队伍建设、“三农”工作等情况的调研报告，为市委做决策、推工作提供了科学依据。同时，将开展调查研究作为锻炼干部、开阔视野、活跃思维、提升本领的重要手段，进一步提高了综合素质和业务能力。今年，党建科、经济科、农工科和改革办的同志，陪同市委领导及室领导下乡调研达到40天以上，为更好地履行岗位职能打下了坚实基础。

【“三农”工作】 发挥市委农村工作综合部门的组织协调作用，认真贯彻落实中央、自治区农村工作会议精神，筹备召开了全市农村工作会议，印发了《日喀则市2016年“三农”工作要点》，明确了农村工作发展思路；深入贯彻落实习近平总书记在小岗村农村改革座谈会上的重要讲话和全区深化农村改革工作座谈会精神，组织召开了市委农村工作领导小组2016年第1次会议，制定了《日喀则市深化农村改革实施方案》，部署了全市农村改革的重点任务；牵头组织相关县区考察学习了曲水、桑珠孜、白朗农村土地承包经营权确权登记颁证、新型农牧业经营主体培育等情况，深入江孜、白朗、萨迦等九县区就农村牧区产业发展、园区建设、项目实施、基层改革等重点工作进行了督导调研，深入桑珠孜、拉孜、昂仁等六县区专项督导农村改革工作情况，有力推进了“三农”工作的顺利开展。

【服务改革】 组织召开了市委全面深化改革领导小组第三、四、五次会议，进一步明确了改革目标、细化了工作责任、凝聚了思想共识，推动了六大领域改革任务的深入落实。形成了《市委全面深化改革领导小组2016年工作要点》，明确了全市各项改革的时间表、任务书、线路图。协助区党委改革办督察调研组完成了打造西藏世界旅游目的地、健康产业发展情况、供给侧结构改革等调研任务，做好了改革办日常工作，按时报送各类改革信息，其中简报47期、月报12期、季报4期、半年总结1期、全年总结1期，总结和宣传我市改革的主要做法、成功经验和先进典型。

【刊物编辑】　一方面，强化办刊工作。围绕市委中心工作、突出参谋服务职能，整理编辑了55万余字的内部资料——《2015年学习资料汇编》和100余万字的《2016年学习资料汇编》（上下册），编发了《日喀则调研》《援藏日喀则》各4期，共发行10700余册；围绕学习贯彻党的十八届六中全会精神、打赢脱贫攻坚战、服务“三农”工作等专题，编辑《政研通讯》5期、《农村工作信息》2期。另一方面，扩大内外交流。筹备召开《援藏日喀则》创刊5周年座谈会，总结办刊经验、交流工作心得、分享优秀作品、聆听读者声音，进一步扩大了刊物的影响力，提高了杂志的美誉度，为更好发挥《日喀则调研》“服务领导决策、指导工作实践、反映研究成果、促进对外交流”和《援藏日喀则》“大力宣传援藏政策、全面展示援藏成就、广泛交流援藏经验、热情讴歌援藏人物、及时沟通援藏信息、努力搭建援藏平台”重要作用积累了经验。

2016年9月22日，《援藏日喀则》创刊五周年座谈会召开

【队伍建设】　一是特别讲忠诚。结合“两学一做”学习教育和“讲学习、讲忠诚、正风纪、转作风、提效能”主题活动，深入学习贯彻党的理论路线方针政策，学习贯彻党的十八大、十八届历次全会和习近平总书记系列重要讲话精神，教育引导全体党员干部牢固树立“四个意识”，在思想上拥戴核心、在政治上信赖核心、在组织上忠诚核心、在行动上捍卫核心，始终保持了对以习近平同志为核心的党中央绝对忠诚。二是特别能服务。依托“党员志愿服务队”，积极参与“党员公益林植树”“环境卫生综合整治”“助农收割”“当一天环卫工人”等活动，拉近了与群众的距离；开展“七一献爱心”活动，为市福利院280名儿童送去价值1万余元的生活用品；开展“捐资助学献爱心”活动，全体干部职工积极踊跃捐款，有效解决了困难职工亲属“上学难”问题。三是特别敢担当。全体同志始终秉承“长征精神”“老西藏精神”“两路精神”，大力弘扬“珠峰精神”和关键时刻挺得出、困难面前不退缩的作风，顺利完成了四省市两企业答谢回访、新一批援藏干部轮换活动文字材料，全程参与并负责樟木镇易地搬迁群众安置工作、“128”在藏一系列活动文字材料，精心制定了西藏珠峰文化旅游创意园区工作方案、全市目标绩效争先进位考核办法等市委、市政府交办的许多急难险重任务。四是特别出人才。树立了正确的用人导向，为让敢于担当的干部担当、敢于负责的干部负责，一年来共推荐提拔副县级干部1人、科级干部6人，岗位交流1人，较好地激发了干部队伍的积极性、主动性，营造了凭本事吃饭、用实绩说话，担当负责、争创一流的工作氛围。

【党的建设】　一是严守党的政治纪律规矩。通过扎实开展党的政治纪律、组织纪律、廉洁纪律、群众纪律、工作纪律和反分裂斗争纪律等各项教育，切实增强了全体党员的宗旨观念和纪律意识，对中央、区党委、市委各项部署要求，做到了坚决贯彻执行；在反对分裂、维护稳定这一重大原则上，始终做到了旗帜鲜明、立场坚定、行动坚决，营造了守纪律、讲规矩的良好氛围。二是深入推进反腐倡廉工作。牢固树立“西藏客观条件特殊但从严治党和反腐倡廉没有任何特殊性”的思想，班子成员认真履行“一岗双责”，持续开展党规党纪、典型案例等廉洁教育，不断深化党内监督，保持反腐倡廉高压态势，违法违规违纪现象从未发生。三是狠抓党建重点工作任务。开展党员组织关系排查，未发现失联党员、

“口袋”党员；开展党代会代表和党员违纪违法未给予相应处理排查，无刑事追究和行政处罚党员情况；开展党组织按期换届情况排查，按规定开展了党支部换届工作，不存在相关问题；开展党费收缴工作专项检查，所有党员党费按月足额缴纳，不存在少缴、欠缴情况；严格落实“三会一课”制度，共组织集体学习30余次、研讨11次；狠抓发展党员工作，按程序转正2名预备党员；推进党员管理信息化，建立健全了党员电子档案；推进抓党建促脱贫工作，全室17名党员结对帮扶贫困群众34户128人，分7个批次进行走访慰问，送去了上万元的米、面、砖茶等慰问品，还协调解放军第八医院携手开展了精准扶贫医疗救助活动，共为江孜县紫金乡群众送去了价值近1.4万元的药品，受到了当地群众的热烈欢迎和市脱贫攻坚指挥部的充分认可。

【日常工作】 一是抓实材料上报。报送“两学一做”、脱贫攻坚、财务人事、基层党建等各类表格、报告、信息200余篇，确保及时优质高效。二是抓细档案管理。围绕档案管理系统化、规范化，对全部人事档案进行了核查，整理归档“两学一做”学习教育、争先进位考核等文字、图片资料。三是抓好文件收发。严格文件处置程序，扎实做好收发文登记、传阅、呈签、立卷、归档工作，全年共处理近2000件。四是抓严财务管理。建立健全财务管理规章制度，认真开展干部职工工资核算、经费预算、财务报销等工作，保证了单位正常运转。同时，为提高我市基层文秘人员办文、办会、办事能力和写作水平，以岗位练兵、集中授课等形式，对26名基层学员开展了系统培训，扩大了政研室的影响力。

（杨　超）

市直机关党建

【概况】 日喀则市直机关工委市委办公室挂靠管理，为正县级建制，共有编制6名，县级职数2名，科级职数2名，现有书记1人，副书记1人，机关工委委员9名。内设正级办公室，有科级干部3名。

【教育培训】 年内，共组织举办发展对象、党支部书记、党务干部、发展党员、党内统计工作培训班5期，参加培训人数600余人次。编印《日喀则市机关基层党组织工作手册》《日喀则市直单位发展党员工作实务》《党员学习手册》，征订发放了《发展对象培训教材》《习近平同志关于机关党建重要论述》《发展党员工作手册》等学习辅导书籍近1万册。

【规范化建设】 年内共对5839名党员的组织关系进行集中排查，共排查出流动党员219人，其中211人为退休党员，取得联系党员36人，已全部纳入党组织正常管理；经查找后仍然无法取得联系的党员1人，已对该同志作自行脱党除名处理。共

2016年10月12日，在市委第一会议室举办市（区、中）直机关党支部书记培训班

按期换届341个党组织，其中机关党委16个，党总支23个，党支部302个；调整和改选39个党组织。建立和完善各单位党组织换届情况台账，制定党组织按期换届提醒制度、换届选举制度和到会指导制度；指导各单位驻村工作队和市巡察办、创城办及时成立临时党支部；跟进指导市城乡规划局、城管委等新建单位成立基层党组织（党支部）。共审核发展党员材料636次，退回补充完善

2016年4月11日，在市委第一会议室召开市（区、中）直机关党建工作会议

461次；吸收预备党员48名，同比减少21%；批准转正党员23名，同比减少33%。排查补缴党费党员638人，补缴党费76.5万元。党费使用审批一律经机关工委委员会议讨论集体决定，并严格按照使用范围开支。积极落实机关党组织与农牧区村居党支部结对共建，深入开展机关党员与贫困群众结对认亲。启动党员信息库建设，已基本完成近6000名党员的基本信息收集和原始录入工作。

【党建工作载体】 年内在《日喀则报》成功开辟40期“书记谈党建”专栏，营造书记抓党建工作的浓厚氛围。积极参与“创建全国文明城市”工作，组织各单位成立党员志愿服务队，积极开展植树造林、城市卫生清洁、助农秋收、文明出行、扶贫捐款、义务劳动等各类党员志愿服务和公益活动。以庆祝建党95周年为主题，联合有关部门组织举办以“缅怀党的丰功伟绩、歌唱今天的好日子”为主题的大型演唱会、“迎七一”预备党员集中宣誓活动、“把人间圣地、天上西藏寄出去”日喀则分会场活动。

【自身建设】 组织召开2016年市（区、中）直机关党建工作会议，与各单位签订党建工作目标责任书，调整充实工委委员，定期召开机关工委委员会议，对党组织调整、党员发展、党费使用、年度考核和党员慰问等重要事项，进行集体商议和民主决策。划分十个党建工作联络组，先后4次深入各单位进行专项检查指导。全年共编写和上报工委信息22期，刊发《市直党建》6期（双月刊），撰写调研报告2篇，发送《市直机关党建手机报》12期。其中部分内容被西藏日报、西藏机关党建、日喀则调研、日喀则报和日喀则电视台等新闻媒体采纳和报道。在春节、藏历新年及“七一”之际，走访慰问134名对象，重点涵盖了建国前和自治区成立前入党的老党员，发放慰问金8.4万元。

党校工作

【机构设置】 市委党校（市行政学校）实有工作人员46人（山东省委党校选派援藏副校长1名），内设8个正科级机构，其中办公室、教务科、学员管理科、总务科、政工科（纪检监察室）为参照公务员管理事业内设机构；综合教研室、理论教研室、信息管理科为纯事业内设机构。专业技术人员23人，占50%；参照公务员管理人员14人，占30.43%；工勤人员9人，占15.57%。正县处级干部1人，副县处级干部5人，正科级干部8人，副科级干部5人。其中，有1名副县级、1名科级干部被提拔到上一级领导岗位，14名科级干部调整完成。副高级职称5人，中级职称10人，初级职称2人，员级7人。专职教师24人，占总人数的50.17%。形成一定的办学能力与规模，可同时最多开办三个班，培训学员200名，年培训能力2000名以上。

【年度特点】 学习教育工作 年内，办班50期，比2015年增长28.21%，培训各级各类党员领导干部3464人次，比2015年增长25.1%；外派参加区内外培训近30人次。“流动党校”送教上门93场次，受教育达11785人次，外派宣讲人员39人次，宣讲39场次，受教育8600多人次；讲授宪法及法律课48节次，192课时；开展习近平总书记系

11月10日，刘虎山市长、罗布松拉副市长一行视察党校

列讲话精神培训21场次，培训学员2200人次，完善教学专题更新制度，加大教学专题更新力度，专题更新率达到了60%以上，教学评估评质中全体教师优秀率平均达90%以上。

9月30日，戎常委做专题报告

科研工作　年内，完成4项市级课题。编辑刊印了《日喀则市委党校2015年论文集》，参与申报了《2016年度全区党校、行政学院系统科研项目》。组织撰写科研论文25篇，发表12篇，并获得自治区级、市级奖项。

巡察整改任务　根据市委第四巡察组于2016年5月9日至7月7日对市委党校、市行政学校进行了为期两个月的集中巡察，梳理出20条具体问题，提出45条整改措施。20条具体问题除个别长期坚持的外，已全部整改销号，取得良好成效。

管理服务水平　持续推进《考勤制度》实施、制订《财务管理制度》、印发《机关单位人员八小时外管理工作办法》、出台《学员管理制度》。开展校园绿化亮化工作，种植各类树木、花卉1000棵（株），安装路灯50多盏；利用每周一、二、五上午，组织全体教职员工集体劳动近百次。争取财政投入1685470.17元，进行了学术报告厅装修，灯光音响、桌椅安装，开通视频教学系统；自筹实施了学术报告厅屋顶防水项目建设，使学术报告厅投入使用，发挥作用。更新办公电脑47台，更换打印设备20多台，购买图书资料100多套。进一步加强和改进食堂管理，较好解决了学员、教师的伙食问题。

稳定团结工作　投入700余人次，坚持全年24小时值班制度；安装电子监控系统，更换机房UPS电源，实现无线WIFI全覆盖，确保校园环境安全；充实护校队，对党校院内进行巡逻守护；深入开展矛盾纠纷排查调处工作，推动党校辖区内网格化服务管理工作，确保2016年平安无事故；结合实际制定民族团结工作实施方案，定期悬挂民族团结宣传标语，认真开展好民族团结教育月各项活动。投入专项经费，开展创建活动，评选民族团结先进个人，在全年举办的各类班次中开设民族理论课程，“对口帮扶结对认亲”工作中大力宣传党的民族政策，我校干部职工进农牧区认亲，多次走访、联系、解决群众困难，获得由自治区党委、政府授予的“2016年西藏自治区民族团结进步模范集体”荣誉称号。

七、八批援藏工作　上半年，山东省省委党校第七批援藏干部韦杰同志扎实抓好各项收尾工作，并由第八批援藏干部邱磊同志接替其对口援助工作。

10月21日，杨昆常委、谭部长等与专招班学员座谈交流

党风廉洁活动　党风廉洁建设责任制领导小组与各科室签订党风廉洁建设责任书，并制定出台了

《党风廉洁建设责任制度（试行）》，召开党风廉洁建设专题会议。班子成员，每季度至少听取1次分管科室的党风廉洁建设工作情况汇报，每年至少开展2次以上党风廉洁建设专题调研。校委会主要负责同志对各科室负责人开展党风廉洁教育10余次，安排20余名党员干部到市检察院廉洁教育基地参观，在干部培训中开设党风廉洁教育专题6个，有效确保了党风廉洁工作扎实有序推进，营造了全校党员干部忠诚干净担当、廉洁干事创业的浓厚氛围。

（翟凯南）

档案与史志工作

【概况】 馆藏档案全宗445个，案卷36295卷，件数300904件，为研究日喀则市发展史，以及全市的经济建设、科学研究、各项事业发挥着有效的凭证作用和参考作用。所有档案按历史时期划分为历史档案和现行档案，其中现行档案114397件，主要有文书档案、科技档案、声像档案、援藏档案、民生档案、名人档案、农牧民安居工程档案、矿石档案、土普档案和实物档案，真实地记录了日喀则建设、发展的历程以及取得各项建设的成就，全面地反映了日喀则市政治、经济、科学、文化各个方面活动的真实面貌；历史档案186507件（均为国家重点档案），年代跨度700余年，主要有政治、军事、外事、寺庙、宗教、藏兵、藏医、藏文学、天文、地震、自然灾害、差役、人头税等，载体有纸、帛、金文、木刻等，文字有藏、汉、满、蒙、英、尼泊尔等十多种文字，最早的档案是《1345年妥欢铁木尔皇帝颁发给贡觉桑布管辖庄园牧人的圣旨》。

【宏观管理和业务指导工作】 以6月9日“国际档案日”为契机，开展《档案法》和《档案法实施办法》《西藏自治区实施＜中华人民共和国档案法＞办法》进社区、进企业、进学校等系列宣传活动，发放宣传画200多张、宣传册50多份，悬挂宣传标语3条，接受群众咨询100余次。深化档案利用服务功能，全年共接待查档人员247人次，查阅案卷335卷。国家重点历史档案，定结全宗整理了235卷。对外提供150卷，对外展览4次，人数达162人次。共完成粮食局、妇联、安监、移动、烟草公司、公安局、教育局、民宗局、文化局9家市直部门档案整理指导工作。3—4月期间，检查指导市直、中直、区直70多家单位和18县区档案工作。

【国家重点档案抢救和保护工作】 申报“十三五”期间国家重点历史档案保护与开发项目，聂拉木全宗、吉隆全宗、萨嘎全宗三个全宗档案，资金达60万元待审批。今年整理定结全宗档案287卷。帮助整理原“一江两河”83年至2001年归档永久240卷、长期239卷、资料35册，总计514卷册。指导市粮食局整理归档因机构改革形成的2001年至2015年档案。

【县级综合档案馆建设及使用】 18县区已相继成立了县档案局（馆），实行一个机构，挂档案局、档案馆两个牌子。各县档案经费列入地方财政年度预算中，人员编制也得到落实。18县区县级综合档案馆馆库已全部完成并交付使用。

【地方志工作】 狠抓《日喀则市志》（2001—2011）续编工作，积极启动县区年鉴编纂工作，先后完成了桑珠孜区、白朗、南木林、聂拉木、昂仁5县区志的编辑和印刷出版工作，完成《康马县志》自治区验收工作，《江孜镇志》初稿完成，完成《日喀则年鉴》（2016）的编辑工作。

日喀则市人民代表大会常务委员会

【日喀则市人大及其常委会重要会议】 日喀则市一届人大三次会议 2016年4月29日召开，会议传达学习了区党委人大工作会议精神；依法补选余德平同志为日喀则市人大常委会副主任、次仁扎西同志为日喀则市人民政府副市长，举行了宪法宣誓仪式；听取了郑连武同志辞去日喀则市人民政府副市长职务的备案报告；听取和审议了帕珠同志辞去日喀则市人大常委会副主任职务、赵虎明、次仁欧珠、次旺罗布、拉巴次仁、次仁、巴桑旺堆6位同志辞去日喀则市人大常委会委员职务的报告，依法作出2项决定。

日喀则市第一届人民代表大会第四次会议代表投票现场

日喀则市一届人大四次次会议 2016年12月28日至31日召开，会议听取和审议了市人大常委会、市人民政府、市中级人民法院、市人民检察院工作报告、日喀则市2016年国民经济和社会发展计划执行情况与2017年国民经济和社会发展计划草案的报告、日喀则市2016年财政预算执行情况与2017年财政预算草案的报告，审查批准了日喀则市2017年国民经济和社会发展计划、日喀则市2017年财政预算，审议通过了《日喀则市制定地方性法规条例》，依法作出7项决议；听取了关于王平、巴桑多吉2位同志辞去日喀则市人大常委会副主任职务、陈来尼玛、姚常雨、张秀武、嘎玛洛穷、吕新民5位同志辞去日喀则市人民政府副市长职务、琪美加布同志辞去日喀则市中级人民法院院长职务、陈昊同志辞去日喀则市人大常委会秘书长职务、朗杰、徐伟、边仓、旺堆、巴琼5位同志辞去日喀则市人大常委会委员职务的备案报告；依法补选辛春弟同志为日喀则市人大常委会副主任，巴桑、旦木真、边索、多吉、阳艺、杨杰、陈开权、欧珠、袁亮、索朗多吉、普布塔松11位同志为日喀则市人大常委会委员，举行了宪法宣誓仪式。

市一届人大常委会第八次会议 2016年3月1日召开，会议传达学习了自治区第十届人民代表大会第四次会议精神；补选陈昊、李凤2位同志为日喀则市第一届人民代表大会常务委员会代表资格审查委员会委员；听取和审议了日喀则市第一届人民代表大会常务委员会代表资格审查委员会关于个别代表的代表资格的报告；依法做出了关于接受郑连武同志辞去日喀则市人民政府副市长职务的请求的决定；表决通过了人事任免事项。

新当选同志向宪法宣誓

市一届人大常委会第九次会议 2016年4月27日召开，会议传达学习了区党委人大工作会议精神；听取了《日喀则市人民代表大会常务委员会关于召开日喀则市第一届人民代表大会第三次会议的决定（草案）》的说明；表决通过了《日喀则市人民代表大会常务委员会关于召开日喀则市第一届人民代表大会第三次会议的决定》和人事任免事项。

市一届人大常委会第十次会议　2016年6月14日至15日召开，会议听取了市人民政府关于市一届人大常委会第六次会议有关《日喀则市生态环境保护工作报告》《日喀则市旅游工作情况报告》《日喀则市农牧业特色产业发展情况的报告》3个报告审议意见办理情况的报告、《日喀则市人大常委会执法检查组关于检查〈西藏自治区湿地保护条例〉贯彻实施情况的报告》《日喀则市人大教育科技文化卫生委员会关于日喀则市农牧民子女受教育情况专题调研报告》；听取和审议了《日喀则市人民政府关于2016年财政收支预算变化情况的报告》和《市一届人大财政经济委员会关于日喀则市人民政府2016年财政收支预算变化情况的审查报告》；表决通过了《日喀则市人民代表大会常务委员会关于日喀则市2016年财政收支预算变化情况的决定》和人事任免事项。

市一届人大常委会第十一次会议　2016年8月23日至24日召开，会议听取和审议了市人民政府关于《2016年上半年国民经济和社会发展计划执行情况与下半年国民经济和社会发展计划安排的报告》《2015年财政决算和2016年上半年财政预算执行情况的报告》《关于2015年度地区本级预算执行和其他财政收支情况的审计工作报告》，提出了审议意见，审查批准了日喀则市2015年财政决算；听取和审议《西藏自治区日喀则市中级人民法院民事审判工作专题报告》《日喀则市检察院反贪反渎及职务犯罪预防工作专题报告》、关于王平、巴桑多吉2位同志辞去市人大常委会副主任职务、姚常雨同志辞去市人民政府副市长职务、琪美加布同志辞去市中级人民法院院长职务、陈昊同志辞去市人大常委会秘书长职务、朗杰、徐伟、边仓、旺堆4位同志辞去市人大常委会委员职务的报告，听取了市人大法制委员会关于《日喀则市制定地方性法规条例（草案）》和《日喀则市市容和环境卫生管理条例（草案）》的说明，审议了《日喀则市制定地方性法规条例（草案）》和《日喀则市市容和环境卫生管理条例（草案）》，表决通过了人事任免事项。

市一届人大常委会第十二次会议　2016年10月27日至28日召开，会议听取了市人大法制委员会关于《日喀则市制定地方性法规条例（草案）》和《日喀则市市容和环境卫生管理条例（草案）》修改情况的汇报，审议了《日喀则市制定地方性法规条例（草案二审稿）》，审议通过了《日喀则市市容和环境卫生管理条例》；听取和审议了关于张秀武、嘎玛洛穷、吕新民3位同志辞去市人民政府副市长职务的报告；听取和审议了日喀则市第一届人民代表大会常务委员会代表资格审查委员会关于个别代表的代表资格的报告；表决通过人事任免事项，依法作出决定3个。

市一届人大常委会第十三次会议　2016年10月29日召开，会议表决通过了人事任免事项。

日喀则市第一届人民代表大会常务委员会第十四次会议

市一届人大常委会第十四次会议　2016年12月10日召开，会议听取了《日喀则市人大常委会关于召开日喀则市第一届人民代表大会第四次会议的决定（草案）》的说明、日喀则市人大常委会赴阿里、那曲开展高海拔教育情况的调研报告；听取和审议了《日喀则市第一届人民代表大会第四次会议议程（草案）》、日喀则市第一届人民代表大会第四次会议主席团成员和秘书长名单（草案）、日喀则市第一届人民代表大会第四次会议列席人员名单（草案），依法作出关于召开市一届人大四次会议的决定；听取和审议了《日喀则市2016年财政预算调整方案》和日喀则市人大财经委员会关于《日喀则市2016年财政预算调整方案》的审查结果报告，依法作出了关于日喀则市2016年财政预算调整方案的决定；听取和审议了日喀则市第一届人民代表大会代表资格审查委员会关于个别代表的代表资格的报告、市人大常委会关于陈来尼玛同志辞去日喀则市人民政府副市长职务、巴琼同志辞去日喀则市人大常委会委员职务的报告，依法作出决议决定4个，决定将《日喀则市制定地方性法规条例（草案）》提请日喀则市第一届人民代表大会第四次会议审议；表决通过了人事任免事项。

市一届人大常委会第十五次会议　2016年12月28日召开，会议听取和审议了日喀则市人民政府关于《日喀则市城市总体规划（2016——2035）》编制情况说明和市人大财经委关于日喀则市城市总体规划（2016—2035）纲要及城市总体规划（2016—2035）审查意见的报告，依法作出关于日喀则市城市总体规划（2016—2035）的决定，表决通过了人事任免事项。

【工作综述】　全年，共听取和审议“一府两院”工作报告7个，开展执法检查8次，专题调研20次，集中视察2次，作出决议决定15项，研究制定地方性法规2个，其中《日喀则市市容和环境卫生管理条例》作为市人大及其常委会颁布实施的第一部地方性法规，掀开了我市地方民主法治建设的新篇章，完成了市一届人大二次会议确定的各项任务，为加快推进日喀则依法治市进程，实现经济社会长足发展和长治久安作出了新的贡献。

自治区十届人大常委会第27次会议审议批准了《日喀则市市容市貌和环境卫生管理条例》，图为《日喀则市市容市貌和环境卫生管理条例》新闻发布会

【发展稳定重点工作】　一是服从服务全市工作大局。按照市委统一安排部署，积极做好新一轮援藏干部在成都的迎送中转工作、樟木镇受灾群众搬迁安置教育引导、基层巡视、全市重点工作督导检查及我市有关项目协调等工作；认真落实地师级领导干部联系县区工作制度，常委会领导主动深入联系点，指导联系县发展建设、深化改革、维护稳定等工作，确保区党委、政府和市委、市政府各项决策部署落到实处。二是切实履行维稳职责。深入贯彻落实习近平总书记“治国必治边、治边先稳藏”的重要战略思想和中央、区党委、市委关于反对分裂、维护稳定的一系列重要指示精神，严格执行市委、市维稳指挥部统一安排部署，在敏感时期和重要时段，常委会班子成员赴联系县乡、村居、寺庙、学校，蹲点督促指导维稳工作，及时排查和消除影响社会稳定的因素，维护基层和边境稳定；充分发挥代表贴近群众的优势，积极开展宣传教育，在群众中筑牢“团结稳定是福、分裂动乱是祸”的思想基础。三是推进强基惠民工作。常委会始终高度重视强基惠民工作，定期或不定期地听取驻村工作汇报，切实帮助解决群众在生产生活中遇到的困难和问题。2016年，市人大常委会办公室第五批驻村工作队紧紧围绕“5+3”工作任务，认真履行驻村工作职责，结合脱贫攻坚工作，协调开展驾驶技能培训、培养农村致富能手、举办提高村干部文化素质夜校班等，切实为群众办实事、做好事、解难事，得到了群众的一致好评。

【立法工作】　常委会始终坚持党领导立法、人大主导立法的原则，结合我市改革发展稳定和民主法治建设的实际需要，扎实做好立法工作，积极推进依法治市。

始终坚持党对立法工作的领导。坚持将五年立法规划、年度立法计划、拟审议通过和报请自治区人大批准的法规草案先报市委审定；及时报告立法过程中的重大问题和重要事项；认真落实一届日喀则市委第50次常委会精神，围绕全市“六城共建”工作大局，及时调整年度工作计划，积极开展采砂、城市供水、污水排放管理等方面的立法准备工作。通过制定立法工作方案、召开立法协调会、组织前往川、滇两省学习考察等措施，扎实推进相关领域的立法。

加强顶层设计。结合立法工作的实际需要，研究制定了《日喀则市一届人大常委会五年立法规划》，经市委同意，确定了首批立法项目；研究制定了《日喀则市制定地方性法规条例（草案）》，反复修改完善后，决定提请市一届人大四次会议审议表决，进一步规范我市立法工作程序。

推动依法治市。从推动“六城共建”的大局出发，研究制定了《日喀则市市容和环境卫生管理条例》。在深入调研、反复论证的基础上，通过市人大常委会两次会议的审议和修改完善，并在日喀则报上全文刊登，广泛征求意见，于2016年11月30日自治区十届人大常委会第27次会议审议批准，颁布实施。该条例是市人大及其常委会获得立法权以来，制定的第一个地方性法规，标志着日喀则地方立法实现了历史性跨越，具有里程碑式的重大意义。

【依法监督】 常委会始终坚持监督与支持相结合的原则，综合运用听取和审议工作报告、开展执法检查、专题调研等手段，不断加强监督工作。一是加强对财经工作的监督。听取和审议市人民政府上半年国民经济和社会发展计划执行情况及下半年工作安排的报告，对虫草资源保护与管理、商务工作等开展专题调研，推动有关方面主动适应经济发展新常态。认真听取和审议市政府财政决算、上半年财政预算执行情况、调整情况及审计工作报告等，审查批准了2015年财政决算，两次对2016年本级财政收支预算进行调整，推动政府预算更趋全面规范、公开透明。二是加强对民生工作的监督。围绕农牧民子女受教育情况，深入昂仁、萨迦等县，对我市东西部教育教学差异和各县区教育均衡发展情况，教育投入，惠民资金、“三包”经费落实情况等进行深入调研；围绕高海拔地区教育发展情况，深入“两巴一嘎”调研了解我市高海拔县乡教育发展存在的问题和困难，前往阿里、那曲学习借鉴好的做法和成功经验；围绕脱贫攻坚工作，深入18县区实地调研全市精准扶贫精准脱贫工作开展情况及存在的困难和问题，提出意见建议，推动相关问题的解决；积极配合自治区人大开展藏医药传承保护发展情况的专题调研，促进藏医药的传承与保护。三是加强对司法工作的监督。听取和审议了市中级人民法院关于民事审判工作和市人民检察院关于反贪反渎及职务犯罪预防工作专题报告，积极参加两院相关会议，推行重大事项向人大常委会报告制度，对有关问题及时提出意见、建议，促进规范司法、公正司法。四是加强对法律实施情况的监督。积极参与、配合自治区人大，并牵头组织市直相关部门对《西藏自治区湿地保护条例》等10余部法律法规的实施情况进行检查，促进了法律法规的有效实施和修改完善。五是高度重视信访工作。始终把受理群众来信来访作为履行监督职责、密切联系群众的重要渠道和了解民意、关注民生、促进和谐的重要抓手，先后转交办理3个信访案件，有效维护了群众的合法权益，化解了社会矛盾，促进了社会和谐稳定。

【重大事项和人事任免】 围绕事关全市改革发展稳定、人民群众切身利益的重大问题和重要事项，依法作出相应决议、决定15项，切实使党的主张通过法定程序转化为全市各族人民的共同意志；始终坚持党管干部原则与人大依法任免干部的有机统一，通过颁发任命书、任职人员履职发言、向宪法宣誓等，不断规范人事任免工作的程序和方法，全年共依法任免100名国家机关工作人员，确保了党委意图和人民意愿的高度统一。

【人大代表工作】 充分尊重人大代表的主体地位，不断提升代表履职能力、完善服务保障机制、创新服务载体，切实加强和改进代表工作。一是注重发挥代表的主体地位。坚持落实人大代表列席人大常委会会议制度，积极邀请人大代表参加市人大常委会组织的执法检查和专题调研等活动，精心组织代表视察。全年共邀请60余名市一届人大代表列席常委会会议，70余名代表参加常委会组织开展的执法检查和专题调研等活动。二是注重督促办理代表意见建议。市一届人大二次会议提出意见建议82件，常委会及时转交有关部门办理，并通过跟踪督办、重点项目视察等方式，督促办理答复。经过承办单位的共同努力，办理答复率达100%。在市人大常委会第十次会议上听取了市政府关于常委会第六次会议对生态环境保护、旅游工作、农牧业产业发展3个报告的审议意见办理情况的报告，积极推动相关意见的落实。三是注重发挥“人大代表之家”的载体作用。深入贯彻落实全区“人大代表之家”现场会精神，不断巩固和拓展“人大代表之家”功能建设，积极为人大代表履行职责、学习培训、联系群众等搭建良好的平台。四是注重代表学习培训。建立健全培训机制，通过集中培训、以会代训、选派基层人大代表赴北京、厦门等地学习培训等方式，组织代表培训活动，有效地提高了各级人大代表的履职能力和水平，全年共培训代表200余人次。五是注重提升代表服务水平。进一步完善常委会组成人员联系代表制度，加强与代表的沟通联系；及时印发学习资料，为代表了解和监督常委会工作提供服务；及时补选出缺的31名代表，保证了市一届人大代表结构平衡。

【换届选举工作】 一是坚持统筹安排。认真贯彻落实全市县乡领导班子换届工作动员部署会精神，按照党委、人大、政协换届工作的统筹安排，及时转移工作重心、调整工作计划，自觉把思想和行动统一到换届选举工作上。二是加强业务指导。安排专人参加了自治区举办的县乡人大换届选举工作培训会，及时了解和掌握中央、自治区关于换届选举工作的指示精神、工作要求、方法步骤等；研究制定了《关于做好县乡两级人民代表大会换届选举工作的实施意见》，下发通知、印发培训材料、制作警示教育光盘，指导县乡人大规范工作程序、严肃工作纪律，积极营造风清气正的换届选举氛围。三是落实监督责任。在换届选举的前期准备、选区划分、选民登记、代表选举、召开新一届人代会等阶段，按照市换届工作领导小组的统一安排，由常委会领导带队，先后组织60余人次深入各县区、乡镇，实地开展人大换届选举工作的督促指导，确保了人大换届选举工作的圆满完成。

【自身建设】 一是坚定政治方向。自觉把政治建设摆在首位，坚定理想信念和政治立场，严守党的政治纪律和政治规矩，始终把人大工作置于党的领导之下；坚持把党委重视、政府关注、人民关切事项作为人大工作的重点，使人大工作始终与党委工作同心同向、合力合拍；坚持重大事项请示报告制度，常委会重要安排、重点工作及时由常委会党组向市委请示报告，自觉主动接受市委的领导，积极争取工作上的支持。二是不断加强思想政治建设。以“两学一做”学习教育、“讲学习、讲忠诚、正风纪、转作风、提效能”主题活动为抓手，充分发挥理论中心组学习和“三会一课”的主渠道，通过常委会党组班子带头讲党课、自觉以普通党员身份参加支部活动，机关各支部分阶段学习研讨等方式，引导机关党员干部熟练掌握党的最新理论成果、业务知识等，自觉把加强思想建设落实到履职实践中；认真学习贯彻党纪党规，重点学习了《关于新形势下党内政治生活的若干准则》和《中国共产党党内监督条例》，自觉履行党风廉政建设“两个责任”，严格执行中央八项规定精神、区党委“约法十章”“九项要求”和市委关于作风建设各项规定，支持办公室纪检组不断深化惩防体系建设、机关廉政建设等方面的工作，深入推进正风肃纪，切实把全面从严治党的要求体现到机关建设的各项工作上来。三是不断提升履职能力。建立并完善人大常委会机关周例会制度，不断在强化执行力上下功夫、求实效；充分发挥专委会作用，强化协调配合，形成工作合力；加强对机关工作的领导，提升服务保障能力；通过组织召开18县区人大主任座谈会，举办1期县乡人大干部培训班、选派人大干部参加区内外培训活动等措施，强化业务培训，不断增强人大干部的服务能力和业务水平。四是不断夯实基础。深入贯彻落实《中共中央转发〈中共全国人大常委会党组关于加强县乡人大工作和建设的若干意见〉的通知》《中共西藏自治区委员会关于进一步加强和改进人大工作的意见》及区党委人大工作会议精神，坚持问题导向，深入调查研究、多方征求意见，认真查找市县区乡镇三级人大工作存在的问题和薄弱环节，从加强党对人大工作的领导、依法履职等方面提出了具体要求，针对人大机构不健全、职能弱化等问题提出了具体措施，积极推动人大工作与时俱进、不断完善。

日喀则市人民政府

施政综述

【概况】 年内，全市地区生产总值突破180亿元，达到187.75亿元，增长10.1%，增速居全区第一位；全社会固定资产投资达到253.44亿元，增长80.9%，投资总量位居全区第二，增速位居全区第一；地方财政一般公共预算收入达到12.37亿元，增长30%，增速位居全区第一；社会消费品零售总额达到83.2亿元，增长13.8%；城镇、农村居民人均可支配收入分别达到27338元和8135元，分别增长9%和9.9%，综合实力跃上新台阶。

【安全生产】 年内，全市安全生产形势持续平稳，事故起数和死亡人数实现年度“双下降”。完成非煤矿山安全隐患整改169项、危险化学品安全隐患整改5485处、烟花爆竹安全隐患整改107起，全面推行重点企业安全生产承诺报告制度，强化企业负责、职工参与、政府监管、行业自律和社会监督的机制。以山洪灾害防治为重点，强化群测群防群控的市县乡村四级防汛抢险联动机制，成功处置聂拉木县樟木镇“7.5”山洪泥石流、拉孜县扎西岗乡“8.2”漫堤和仲巴县“8.1”强降雨等洪涝灾情。

【三农工作】 大力发展现代农业，统筹发展了珠峰特色有机种养加业，巩固推广了白朗县自治区级农村改革试验区成果，全面完成了60万亩高产创建示范田，集中打造了拉孜县现代农牧业综合展示区；与农行西藏分行签订了战略合作框架协议，精准对接“三农”和民生领域融资需求；推广“企业+基地+农户”等现代农牧业生产经营模式，全市农牧民经济合作组织发展到681家，农业产业化经营龙头企业达到17家、实现产值4.9亿元。2016年，中央和自治区、市财政向“三农”投入资金38.5亿元，同比增加9.6亿元，增长33.22%，推动全市农牧业农村工作保持了良好的发展态势，实现了“十三五”开门红。2016年，落实农作物播种面积134.04万亩；全年粮食产量39.6万吨（其中青稞产量34.32万吨），比上年增长3.4%；蔬菜产量33.56万吨，增长1.8%；预计牲畜出栏160万头（只），肉类产量2.95万吨，下降5.8%；奶类产量7.44万吨，增长1.6%。

【产业发展】 召开全市产业发展大会，科学布局“七大产业”发展，着力打响“珠峰”品牌。

农牧产业转型升级，第二产业提质增效，第三产业扩容增量，三次产业比例优化为16：36：48。种植业荣获全区综合验收考评第一名，粮食产量达到39.67万吨。清洁能源业发展加快，日喀则成为国家高比例新能源示范城市创建单位，桑珠孜区“光伏+生态设施农业”产业示范园建设顺利，12家企业入驻园区。珠峰文化旅游创意产业园区、综合物流园区、历史文化名城、珠峰开发开放试验区规划建设工作有力推进。国有企业支柱作用更加凸显，与援藏省市共同举办珠峰文化旅游节新模式已经形成，全年接待国内外游客425.20万人次，同比增长32.8%。实现旅游总收入35.24亿元，同比增长27.3%。“兰州号”南亚公铁联运国际货运班列实现常态化运营，边境贸易迅速恢复，全年进出口总额5.85亿美元，同比增长44.5%。小额贸易实现进出口额5.32亿美元，边民互市贸易进出口额0.53亿美元。

【项目建设】 开展项目工程领域突出问题专项整治，全市建设环境更加优化、市场秩序更加规范、发展氛围更加浓厚。设立2亿元项目前期经费，前期工作效率明显提高。日喀则机场至市区高等级公路开工建设，恰央水库、G318线绕城路等重点项目加快实施，日喀则至吉隆铁路、日喀则至亚东、日喀则至吉隆高等级公路、湘河水利枢纽及配套灌区工程等重大项目前期工作进展顺利，市人民医院新院区主体竣工，拉洛水利枢纽及配套灌区工程成功截流。全市公路通车里程达到1.6万公里，全市基础设施更加完善、跨越发展动力更加强劲。

【精准扶贫】 脱贫攻坚战全面打响，“九个一批”工程全面启动，12315户、51349人实现脱贫，白朗、康马、亚东三县达到脱贫摘帽标准，1.23万户、5.13万人实现脱贫；完成易地扶贫搬迁5103户、21200人；87个扶贫产业项目开工实施，151711个生态补偿转移就业岗位完成对接；撬动银行信贷资金46亿元，设立5.73亿元的精准扶贫政府风险补偿基金；全市干部职工结对4.24万户贫困户，161家重点企业结对391个村。

【城乡发展】 积极推进新型城镇化建设，认真开展“一区两镇”和特色小城镇试点工作，全市城镇化率达到24%。扎实开展“六城共建”，提请市人大常委会审议批准《日喀则市市容和环境卫生管理条例》，城市环境卫生明显改善，城镇基本公共服务水平进一步提高，日喀则城市形象明显提升。全市公路通车里程新增1000公里，75%的乡镇和44%的建制村通沥青（水泥）路。农村饮水安全人口覆盖率达84%。新增电力装机总容量3万千瓦。行政村通信覆盖率达100%。

【民生和社会事业】 教育人才“组团式”援藏工作扎实推进，双向交流机制进一步健全，教学质量大幅提升，全市高考上线率达到90.05%，居全区第一，南木林、拉孜、仁布、康马、岗巴5县义务教育均衡发展通过国家评估验收，白朗县素质教育通过自治区验收。医疗人才“组团式”援藏深入开展，市人民医院创“三甲”工作稳步推进，公共卫生服务均等化水平显著提升，全市孕产妇住院分娩率达97.7%、孕产妇死亡率降至6.6/万、婴儿死亡率降至15.9‰，农牧民健康体检74.2万人次，在编僧尼健康体检4693人次。食品药品安全形势稳中向好，监管体制基本健全。文化惠民措施全面落实，市群众艺术馆改扩建项目和市图书馆新建项目进展顺利，《吉祥日喀则》书系完成定稿，广播电视综合覆盖率分别达到98.1%和96.45%，群众精神文化生活日益丰富。积极促进就业创业，年内新增城镇就业8920人，城镇登记失业率控制在2.3%以内，农牧民转移就业36.5万人次，实现劳务收入10.7亿元。社会保障体系不断完善，五大保险全面覆盖，社会救助水平不断提升，有意愿的孤寡老人集中供养率和孤儿集中收养率均达到100%。建设保障性住房2.2万套，解决了6万人的住房困难。

【对外交流合作】 坚持“走出去”办节，与上海市及东方航空公司合作成功举办第十四届珠峰文化旅游节，开创了与援藏省市轮流合作办节新模式。出台《日喀则市招商引资若干规定（试行）》，加大招商引资工作力度，招商引资到位资金40亿元，完成投资25亿元。与国开行、农发行、农行和西藏银行等金融机构建立了战略合作关系，授信额度达2500多亿元。积极融入国家“一带一路”、孟中印缅经济走廊、环喜马拉雅经济合作带，加快完善口岸基础设施，吉隆口岸已具备向第三国开放条件。与兰州市签订经济合作框架协议，开通“兰州号”南亚国际货运班列。圆满完成7批次294人的印度官方香客接待服务工作，进一步深化了对印交流合作。

【生态保护】 大力开展生态保护与建设，全年共完成造林27.6万亩。加快实施“奋力建设美丽日喀则、筑牢生态安全屏障”重大生态工程，大力开展雅江流域、年楚河流域造林绿化工作，加强珠峰、黑颈鹤、湿地、湖泊等等自然保护区建设管理，完成康马等4县新城区防洪堤和仲巴等16县区防沙治沙工程。生态环境持续向好。坚守生态底线，强化环境保护执法监管，严禁“三高”项目进入，加强环保综合督查，淘汰黄标车和老旧车辆1158台，淘汰拆除燃煤小锅炉142台。

【政府建设】　政府机构改革圆满完成，部门权责清单对社会公布，政府职能加快转变。简政放权力度加大，投资2000万元以下的农村公路审批和建设管理权限下放至各县区，投资3000万元以下农村公路建设管理权限下放试点工作进展顺利。制定了《关于贯彻落实〈法治政府建设实施纲要（2015—2020年）〉的实施意见》，出台了《日喀则市2016—2020年地方政府规章制定五年规划》《日喀则市人民政府拟定地方性法规草案和制定政府规章办法》，颁布了《日喀则市文物保护管理办法》，全年共办理人大代表建议74件、政协委员提案95件，有效解决了一批经济社会发展方面的问题。

市政府办公室工作

【概况】　市政府办公室，为协助市政府领导同志处理市政府日常工作的正县级机构，2016年10月的机构改革中，将对改革开放和经济社会发展中的重大问题进行调查研究、决策咨询，提出政策性建议和咨询意见的职责及市政府重要会议的文稿起草，参与市委重要会议文稿的起草工作的职责划给市政府法制办公室（政府研究室）。将政务督查工作职责划至市委办公室督查室。将原市信访局承担的信访工作职责划入市政府办公室，定名为市政府办公室（信访局、政府应急管理办公室）。撤销了原内设机构信息科，设立了下属正科级事业单位政务信息服务中心。增加了项目综合管理科与金融办公室，增加了指导和协调全市金融工作、项目工作的统筹协调、督促检查职责职责。另外原机关后勤服务中心更名为机关事务服务中心，增加了对市委办公室、市人大办公室机关后勤管理职责。

【政务服务】　办文办会。全年，共接收办理上级来文（电）3707件。承办市政府全体会、常务会、市长办公会、市政府专题会议、办公室党组会议、办公室专题会议、办公室学习会等各类会议650余次。共完成市政府领导讲414篇，印发各类文件1860期。

政务调研。2016年，市政府办公室围绕“产业发展、项目建设、脱贫攻坚、灾后重建、民生改善、生态保护和改革创新”等中心工作，组织力量赴内地考察，并对全市经济社会发展的若干重大问题进行调查研究，完成了《赴重庆、成都考察脱贫攻坚等工作的学习考察报告》《日喀则市灾后重建及过冬安置督导调研报告》《2016年市政府工作报告》等。

信息工作。2016年，共向自治区政府办公厅上报《日喀则政务信息》1350余条；编发《政务信息摘要》1530余条。加大政府信息公开力度，起草了《中共日喀则市委办公室日喀则市人民政府办公室关于全面推进政务公开工作的实施意见》，并向自治区政府门户网站报送信息500

各县区、各市直部门参加市政府系统办公室主任会议

余条。同时，参与灾后恢复重建、特色小城镇建设、易地扶贫搬迁、特色产业开发等一系列重要项目的信息采集、编纂和报送工作。

政务督查。2016年，共整理上报、下发督查报告、督查专报、督查通报共50余期，督办市长办公会、市政府常务会决定事项99件，向市委督查室反馈、建议督查工作情况70余条。认真做好人大建议、政协提案的办理，共办理自治区人大建议、政协提案16件，市人大建议74件，市政协提案95件。

贯彻执行重大事项报告制度。及时向市政府领导报告重点工作事项，重要会议、活动安排，接待任务和突发事件，及市政府常务会议、市长办公会议、专题会议精神落实情况，市政府主要领导明确并交办的重要工作进展情况和市政府各部门（单位）涉及的重大决策、重大项目安排等事项，确保市政府及时准确掌握并快速处置各类重大事项。

全市政府系统办公室主任会议。会议于2016年4月召开，重点传达学习全国政府秘书长和办公厅主任会议、全区政府系统秘书长和办公室主任会议精神，围绕办公室工作进行业务指导培训和疑问解答，内容涉及公文写作、公文处理、电子政务、政务公开、督导检查、依法行政等多个方面。各县区政府办主任及市（中、区）直部门办公室主任参加会议。

“市长信箱”和“12345市民热线”办理工作。全年共办理市民来信、来电12个。

应急管理工作。健全完善《全市突发公共事件应对领导小组》和《突发公共事件分级处置暂行规定》。协助市政府领导和相关单位应对处置自然灾害、安全事故、公共卫生等突发事件9起。全面加强突发公共事件信息报送工作，理顺报送渠道，规范报送行为。

协调服务工作。做好“128”专项活动、“珠峰文化节”“时轮金刚灌顶法会”“日喀则市党代会”等大型活动的安排、组织和服务工作。加强对驻成都办事处、拉萨办事处的管理。

政府法制工作。制定出台《中共日喀则市委员会日喀则市人民政府关于贯彻落实<法治政府建设规划（2015—2020年）>的实施意见》，印发《日喀则市人民政府2016年政府规章制定计划和2016—2020年政府规章制定规划》，参与制定《日喀则市市容和环境卫生管理条例》《日喀则市城镇排水和污水排放条例》等四部地方性法规草案及《日喀则市文物保护管理办法》规章。为市政府30余项重大行政决策提出法律意见，完成规范性文件审查60余件。配合审改办对41家市级部门2592项行政职权逐条进行合法性审查，提出审查意见300余条。清理我市行政监督人员117名、行政执法人员1122名，对我市229名执法人员进行培训，并办理执法证件。

信访工作。全年，共办理（接待）群众来信来访376件1854人次，办结374件，正在办理2件，办结率达99%。开展信访疑难问题专项大排查活动6次，排查化解较大矛盾隐患13件。进一步健全完善信访工作制度，制定出台了《信访事项“八化”工作制度》《信访工作责任追究实施细则》等6项工作制度。大力推进网上信访信息系统建设，18县区和50多个市直部门已覆盖网上信访系统。

【后勤保障】 财务管理。加强预算管理、细化支出进度，通过公开“三公”经费、强化财务监督、实行集中采购等方式，严把财务收支关，规范财务管理制度。

接待服务。全年共接待各级各界工作组共536批次。协助相关部门完成了援藏干部轮换、十四届珠峰文化旅游节、“128”专项活动等各类大型会议、节庆、法会等活动的接待任务。

行政后勤。市委、市政府职工活动室维修改造项目、办公室公共租赁房建设项目投入使用。办公室附属业务用房维修改造项目正在推进。制定完善《市政府办公室办公用品采购管理办法》《市政府机关事务服务中心公务车辆管理办法》《公务车辆油料费报销标准》《市政府机关事务服务中心公务车辆安全管理责任书》《驾驶员工作守则》等规章制度，规范办公用品采购、设备运行、车辆保障、会议服务、保洁绿化、机关管理等工作。

安全保卫。严格落实政府大门、办公楼24小时值班制度。单位内部统一发放通行证件，严格查验进出车辆、人员。重大敏感时段全面落实24小时双岗值班、不间断巡逻、安全隐患排查等措施。雇用金盾保安公司21名保安人员负责安全保卫工作。

“六城共建”。定期开展“我爱我市大扫除”活动、党员志愿服务活动和“三老人员”慰问等活动；向各创城领导小组报送规范性文件、说明报告、简报、图片资料等90余份。

办公室党组班子与里退休支部座谈

【自身建设】 党员干部教育。制定《市政府办公室党组“讲学习、讲忠诚、正风纪、转作风、提效能”主题活动实施方案》，针对办公室在学习效果不明显、责任担当意识不强等10个方面存在的问题，以制定学习计划、完善制度等具体措施为抓手，全面整改落实，共组织专题讲党课5次、专题研讨20次，集中学习20余次。

党建品牌建设。开展了以“创先争优”为主题，以业务练兵、惠民帮扶、文体竞技三项具体活动为主要内容的和谐机关创建活动。落实领导干部“4321”帮扶机制，对所联系的村（户），从发展规划、资金协调、智力支持等方面给予帮扶。

驻村工作。市政府办驻南木林县奴玛乡、土

李选印同志看望结对帮扶户

布加乡六个驻村工作队围绕“5+3”工作任务，全年共发展党员8名，组织召开宣讲大会、感恩教育100余场次，安排76名村民参加了驾驶、木工、绘画等技能培训，自筹30余万元购买慰问品对困难党员、贫困户进行了慰问，组织驻村队员和农牧民群众种树5.2万棵，投资1150余万元实施交通、水利等项目13个，投入资金20余万元开展送科技、送文化、送卫生、送服务活动36次。

干部队伍管理。建立健全《日喀则市人民政府办公室干部职工出差及请休假制度》，理顺各科室职责，充实完善业务工作流程，并公开上墙。按照“三定”要求，制定《日喀则市人民政府办公室（信访局、政府应急管理办公室）主要职责、内设机构和人员编制规定》。坚持执行文秘人员定期学习制度，各科室业务骨干轮流主讲各类公文写作规范、技巧及办公室工作心得体会。严格执行《党政领导干部选拔任用条例》，组织推荐正县级干部1名、副县级干部3名；共提拔和进一步使用科级干部15名。

党风廉洁建设。签订《党风廉洁建设目标责任书》，落实党风廉洁建设“两个责任”，定期组织干部职工认真学习中纪委、区纪委、市纪委全会精神和“两准则四条例”，同时定期组织观看专题警示教育片，营造机关廉洁文化氛围。

国有资产监督管理

【概况】 国资委根据日喀则市人民政府授权，依照《中华人民共和国公司法》等法律和法规履行出资人职责。截止2016年底，市属国有企业资产总额为387220万元，负债总额为186930万元，所有者权益总额为200290万元，资产负债率为48%。2016年实现营业收入13650万元、净利润3201万元、缴纳税金947万元。其中，市政府国资委监管企业资产总额为43965万元，负债总额为22905万元，所有者权益为21060万元，资产负债率为52.1%。实现营业收入5976万元、利润1535万元、缴纳税金548万元。监管企业资产总额、营业收入、缴纳税金，同比分别增长13.1%、51.5%、48.9%，利润总额增长近9倍；国有资产保持增值率达107%，净资产收益率为7.4%；主要指标增长高位运行，增速高于全国平均增长水平，其中，营业收入和利润增速还高于全区国有企业平均增长水平。

【培育增长点】 2016年天龙公司实现营业收入2703万元、利润631万元，占监管企业营业收入的45.2%，利润总额达41.1%，“财富广场”项目完成投资0.9亿元，预计2017年6月份竣工，可实现利润1.6亿元。安康客运公司收回安康宾馆南楼经营权，收入同比增长32.1%。藏域工贸进出口公司投资1396万元建设的现代化洗毛厂，自2016年5月初建成投产以来，已完成洗净羊毛95.6吨，完成包装羊毛68.3吨。隆鑫国有资产运营公司累计向监管企业投资3044万元，实现投资收益671万元，不仅有效缓解监管企业融资难问题，而且有效提高国有资产运营效果。

【深化改革】 根据《中共中央、国务院关于深化国有企业改革的指导意见》和自治区《关于全面深化改革促进企业做强做优做大的意见》，结合我市国资国企现状，国资委在充分调研论证的基础上，向市政府上报了《日喀则市深化国资国企改革发展调研报告》《日喀则市属国有企业改革发展工作调研报告》《市政府国资委关于深化国资国企改革的几点建议》和《关于市属国有企业布局结构调整与重组工作实施方案》，研究起草了《日喀则市深化国资国企改革的意见》《关于国有企业发展混合所有制经济的意见》，提出市属国有企业改革发展的政策措施和主要目标任务，为搭建起市国资国企改革的“四梁八柱”打下良好的基础。协调推进交通运输体制改革，组建日喀则市珠峰安达交通运输产业有限责任公司，目前已完成全市15辆旅游车辆收购更新工作，正在对班线车辆进行收购。经自治区企改领导小组会议研究批准，全市共有18家国有改制企业，175人申请“40、45”（女年满40周岁、男年满45周岁）提前退休申报工作，为企业减轻负担，轻装上阵打下坚实基础。

2016年11月，国资委书记代晓明协同市住建局市规划局相关同志就天龙财富广场建设项目实地调研

【依法监管】 落实市委、市政府关于市属经营性国有企业实施监管全覆盖工作要求，认真组织中介公司对全市国有企业进行资产评估、清产核资等工作。2016年认真梳理涉及国资委权责清单行政职权共计20项，其中行政处罚3项、其他类职权17项（包括子项4项），并配套20项行政职权的服务指南和流程图，更好地保障企业经营自主权。国资委会同市委组织部对监管企业经营层进行三年任期考核，形成了《市政府国资委监管企业领导班子及班子成员任期考核工作报告》提供给市委组织部，便于组织部在企业班子成员任期届满调整时做出判断依据。

【党建工作】 国资委坚决落实安全生产、维护稳定、生态环保的底线，坚持安全生产管理、带班值班制度、绿色发展理念，实现国资监管企业全年各项目标任务。努力创建国资党建品牌，把“四同四比”（同心比忠诚、同向比作用、同行比转化、同创比贡献）品牌、“两学一做”学习

2016年11月，国资委书记代晓明协同市住建局市规划局相关同志就天龙财富广场建设项目实地调研

教育与“讲学习、讲忠诚、正风纪、转作风、提效能”主题活动联合部署、检查、落实。深入学习党章党规、习近平同志系列重要讲话精神，在抄写《党章》基础上自选动作抄写《中国共产党廉洁自律准则》《中国共产党纪律处分条例》，认真开展专题研讨，组织领导及党支部书记讲党课，累计听党课人数376人次，落实党建经费26.9万元，“三大节日”“七一”期间，慰问国资系统老干部、老党员和困难党员等累计投入资金6.3万元，发放各类书籍、学习资料369余册。2016年国资委党员干部结对帮扶认亲39户、解决资金5.2万元和价值9265元的生活用品。2016年落实培训经费44.5万元，参训人员128人次。

【央企入藏】 2016年按照市委市政府工作安排，由国资委牵头完成日喀则市“央企入藏”前期准备工作，并由国资委带队组织全市相关企业代表参加在北京举办的项目推介会，推介会上的良好洽谈为之后在自治区“藏博会”上央企与日喀则市签约的4个项目，协议投资额112亿元奠定了基础。同时为引进央企在藏投资兴业，促进地方经济做出了积极贡献。

（丁月涛）

民政工作

【概况】 日喀则市民政局内设办公室（政工人事科）、优抚安置科（军休服务管理办公室）、救灾科、社会救助科、基层政权和社区建设科、社会福利科（社会事务科）、规划财务科等7个科室。下设机关后勤服务中心（日喀则市老年活动中心）、日喀则市老龄工作委员会办公室（关心下一代委员会办公室）、日喀则市勘界办公室、日喀则市儿童福利一院、日喀则市儿童福利二院、日喀则军供站、日喀则市烈士陵园、日喀则市流浪乞讨救助站、日喀则市救灾物资储备中心和日喀则市申请救助居民家庭经济状况核对中心等10个下属事业单位。核定行政编制18名，事业编制59名，实有职工总数76人。民政工作职能随着社会的发展逐步拓展，已由当初的单纯救济，发展到当前的十余门专项工作。

【“双集中”工作】 全市五保对象1982人，实现有意愿集中供养率100%，全年下拨五保供养资金978.34万元；集中收养孤儿961人，集中收养率达100%，全年下拨集中供养资金1194.22万元；落实“两院”运行经费132.24万元，服装费、学杂费144.55万元，生活补助581.27万元。加大了孤儿的教育救助力度，实现就近就学、就便入学。

【社会救助工作】 深入开展民政系统《践行“两学一做”规范最低生活保障政策“回头看”自查整改工作》，城乡低保从原来的11.11万人减少到6.3万人，清退5.66人，新增0.85万人，实现了动态管理下的应保尽保。全年落实城镇低保资金3303.96万元，下达农村低保资金1.34亿元；下拨城乡医疗救助资金4479.58万元，医疗救助3.57万人次，落实医疗救助资金3466.57万元，有效解决困难群众治病难问题；拨付临时救助资金2019.34万元，救助3049人次，落实临时救助资金611.28万元。

【防抗灾工作】 向18县区下拨了冬春自然灾害群众生活补助资金6000万元，确保受灾群众的基

发放医疗救助

本生活；向聂拉木、吉隆等“4.25”地震重灾县调拨救灾帐篷1650顶、塑料薄膜1430卷，落实中储粮总公司捐赠粮食145吨；在仲巴、昂仁、萨嘎三县发生重大洪涝灾害后，第一时间紧急调拨价值1750万元的救灾物资；动用市级救灾应急基金3100万元采购各类过冬救灾物资，为灾区群众安全过冬奠定物资保障。

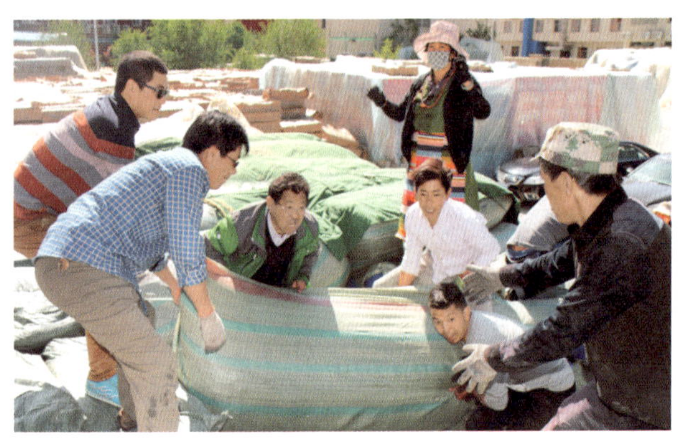

救灾人员积极调运“八一”洪涝灾害救灾物资

【社会福利工作】 配合做好自治区九次党代会、日喀则时金刚灌顶法会以及各类重大活动期间的城市流浪乞讨管控工作，基本实现城区无流浪乞讨人员的工作目标；全年救助流浪乞讨人员1088人次，其中区内805人，区外283人，共计支出救助经费42.75万元；落实残疾人“两项补贴”资金1597万元，惠及1.81万困难残疾人和0.6万重度残疾人；全年福利彩票销售达9776.55万元，超额完成福彩销售任务。

【双拥优抚安置工作】 在市委“六城共建”过程中，率先实现了全国双拥模范城创建目标；投入103.06万元，广泛开展双拥慰问活动，及时兑现2015年113名退役士兵一次性自主就业补助资金和家属优待金833.6万元。

【基层政权和社区建设】 不断创新社会管理，实施了“村务公开民主管理示范单位”创建活动；持续加强社会组织党建工作，积极开展了社会组织“两学一做”学习教育，下发了实施方案、制定了学习计划，推动了组织实施；完成61家社会团体和民办非企业单位年检工作，年检率达100%；积极协调援藏省市培训资源，组织108名进行社会工作人才培训。

【区划地名工作】 协助做好江孜县撤县设市工作，对桑珠孜、白朗、拉孜等8县区地名普查进行了初验，并全部通过自治区的验收；完成了第四轮行政区域界线联合检查工作，巩固了勘界成果；落实市委领导指示，完成市政道路更名和命名前期摸底工作。

【养老服务体系建设】 完成各项基础数据统计，开展了“尊老敬老”主题宣传活动，认真梳理我市经济困难的高龄、失能老年人基本信息，兑现补贴资金278.94万元。

【精准扶贫】 把落实好政策脱贫作为工作重点，完成了3.26万名困难群众的社会保障兜底工作；认真开展申请救助家庭经济状况信息核对工作，精准识别保障和救助对象；配合完成亚东、康马、白朗三个首批脱贫摘帽县的检查验收。

【民政基础设施建设】 集中实施了市老年人日间照料中心等一批基础设施项目，并对2017年建设计划和“十三五”建设规划进行了调整充实，落实了总投资4.2亿元的民政专项资金投资项目；完成四省（市）两企业民政援藏项目对接工作。

【自身能力建设】 全面启动“两学一做”学习教育和“讲学习、讲忠诚、正风纪、转作风、提效能”主题活动，做到标准不降、步骤不减；严格贯彻中央“八项规定”和区党委“约法十章”，落实“一岗双责”，党风廉洁建设扎实推进；严肃认真对待政治巡察整改，以巡察整改实效促进各项工作规范；安全生产工作常抓不懈，落实“党政同责”“一岗双责”，确保各项安全生产措施落实到位。

【强基惠民活动】 驻拉孜县查务乡那布西村和加嘎村第六批驻村工作队利用行业优势投入，积极协调相关部门为两个驻村点筹集资金125万余元，解决群众的实际困难。

人力资源和社会保障

【概况】 2016年，日喀则市努力实施更加积极的就业政策，坚持以市场为导向，培育壮大以公共职业技能服务中心为重点的市场载体，增强“两个中心、八个示范基地、一县一品牌”对促进就业和转移就业脱贫的引领和辐射作用，努力探索与完善“政府+民间组织”“工程+技能培训”“支部+基地+合作社”“公司+农户”的就业培训经营模式和“2+8助推n个培训工种”的培训模式，“市场、延伸、整合、服务”的日喀则创业就业新格局初步形成。

【就业再就业工作】 年度目标任务超额完成。全年实现新增城镇就业8920人，城镇登记失业率为2.3%，实现就业培训10695人，开发就业岗位5400个，职业技能鉴定3098人，农牧区富余劳动力转移就业22.8万人，36.5万人次，实现劳务收入10.7亿元。

政府主导公益性培训成效明显。日喀则市公共职业技能服务中心全年共举办9期培训，涉及太阳能设备维修、唐卡绘画、创业等15多个工种，培训2000余人。成功举办首届建档立卡人员技能竞赛活动，475名建档立卡学员参加比赛，顺利通过检验和考核。创新管理模式，培训→鉴定→职介→就业的一条龙服务已初具雏形。

转移就业脱贫任务超额完成。编制《日喀则市就业脱贫工作“十三五”规划》，召开18县区转移就业脱贫工作部署会，与各县区签订目标责任书，明确任务，强化意识。全年共开展建档立卡人员专场劳务洽谈会3期，培训建档立卡人员5383人，转移就业9496人，超额完成自治区和市委下达的目标任务。白朗、亚东、康马三县圆满完成转移就业脱贫任务。

张延清书记在日喀则市公共职业技能服务中心调研

【社会保障体系】 成立市级社会保险统筹中心，在资源整合、扩面征缴、政策宣传、基金安全等方面做文章，打造“覆盖范围广泛，手续衔接畅通，制度配套完备，资金运行安全”的日喀则社会保障体系。

各大社会保险扩面征缴工作。企业职工养老保险、城乡居民养老保险、城镇职工基本医疗保险、城镇居民基本医疗保险、工伤生育失业保险参保人数、征缴基金以及基金征缴率均超额完成自治区人社厅和市政府下达目标任务。

经办能力和服务水平。积极配合自治区城乡居民养老保险新系统上线工作，选派3个工作组多次赴18县区开展业务指导，目前已有15个县区完成上线工作；开通“医保通”业务，确保广大参保对象及时掌握医保账户资金变动信息，保障资金安全；简化十个特危重门诊特殊病种报销程序，方便特殊门诊人员及时享受医保待遇；争取农业银行日喀则支行资源，开通社保窗口绿色通道；首次在全市推行银行代收基本养老保险费模式，开展全市基本养老保险个人权益记录寄送服务工作。

社保基金运营安全。吸取白朗、江孜社保基金问题教训，出台《日喀则市社会保险基金安全监督管理约谈规定（试行）》，选派4个工作组对18县区社保基金、84家“两定”医疗单位进行监督检查，发现问题56条，追回社保资金40余万元。

2017年7月，日喀则市就业创业联席工作会议第一次会议召开

【人事人才管理】 公务员培训。全年举办初任培训、拟退役士兵岗前培训、职业能力、职业道德等专题培训班9期，累计培训3100余人次。

专业技术人才培养。全年争取159万继续教育资金，举办专题培训班14期，培训专业技术人员3889人次，覆盖教育、农牧、卫生、文化、交通、林业工程、社会工作、精准扶贫、信息技术、政务网络等行业和领域。积极选派62名专业技术人员分赴青海大学高原病研究中心、山东省农科院、山东省人社厅进行培训或挂职，选派14名专业技术人员参加第三期西藏特培。争取11万资金，开展“万名专家服务基层行动计划—青稞深加工技术服务项目”，与我市3家企业搭建了长期合作桥梁，解决了企业生产难题。积极协调山东省立医院，争取578个课件上传至“日喀则市专业技术人员继续教育网”，供全市医疗卫生技术人员免费学习。

管理机制。研究出台《日喀则市人才引进办法（试行）》，把阶段性的引进变为长期性引进，全年共引进105名高校人才到我市工作。修改完善《日喀则地区专业技术职务评聘暂行办法》和《日喀则地区专业技术职务评审委员会组织办法》，研究起草《日喀则市专业技术人员继续教育工作管理办法》，补充完善各专业技术系列评审委员会，评聘专业技术人员611人，专业技术人员继续教育和评聘更加规范有序。

调整工资福利审批权限。调整各县区机关事业单位科级和员级以下人员工资福利审批权限，进一步提高机关事业单位工资审批效率。同时举办专题培训班，编辑《工资福利政策问答》，加大对工资福利审批工作人员的培训力度。

日常工作。推行县以下公务员职务与职级并行制度，积极兑现135名符合晋升职级人员的工资待遇。开展2次公开遴选公务员（工作人员）工作，为市直单位选调补充44名新鲜血液。高效组织各类人事考试10次，扎实开展军转干部服务工作，高校落实全市411名符合提前退休和离岗休养条件人员退休审批。经考核统计，截至2015年12月31日，全市共有公务员9671人，事业单位工作人员17712人。

【劳动关系】 集中治理工程建设领域和劳动密集型行业农牧民工工资拖欠问题，深化国有企业负责人薪酬制度改革，着力保证和改善和谐劳动关系。

劳资纠纷调处。全市共受理劳动人事争议案件312件，调解298件，裁决9件，结案率为98%，为5633名劳动者追回工资4920余万元。受理各类劳动保障举报、投诉案件234件，已全部处理完毕，结案率100%，帮助3174名农牧民工追回所拖欠工资3153.7万元。

劳动关系协调机制。累计开展各类劳动保障法律法规宣传9次，发放宣传资料7000余份。扎实推进实施劳动合同制度，在巩固国有企业劳动合同制度成果基础上，积极推动非公有制企业依法与劳动者签订劳动合同，劳动合同签订率达91%。推进企业工资集体协商工作，全市国有企业集体合同签订率达97%。

农牧民工工资保证金工作规范化。召开全市农牧民工工资保证金工作协调会，修订《日喀则地区农牧民工工资保证金管理规定》，建立劳动保障诚信企业等级评价制度。全年，全市劳动保障监察案件立案率下降51%。

【机关建设】 主题教育。抓好抓实“两学一做”学习教育和“讲学习、讲忠诚、正风纪、转作风、提效能”主题活动。成立工作专班，积极组织4个专题、5个阶段研讨，着力打造了专题研讨、“五学”“百千万”活动、“四个人社”等一批具有人社特色的亮点活动，尤其是“手抄党章100天，手写体会1000字，绿色出行10000米”活动，带动党员沉下心来，在“写和悟”的同时，用实际行动倾听群众呼声，把解决群众普遍关心的热点、难点问题作为工作的重点和着力点，取得明显成效。

机关党建和党风廉政建设。成立领导小组，建立“廉政约谈、诫勉谈话”制度，编制《人社局职权目录及风险防控一览表》，细化77项风险点、193条风险防控措施，开展“大提醒、大约谈”活动，多种形式加强警示教育，丰富“阳光人社惠民先锋”党建品牌载体，机关党建和党风廉政建设实现年初有部署、年终有汇报、年底有考核。

制度建设。出台党组议事规则、党组学习制度、信息考核办法、考勤管理办法等一批务实管用的规章办法，建立周例会、月汇报、季点评以及周五学习、周三周五集体打扫卫生等制度，实现用制度管人、管事。

机关品牌。干部职工坚持出早操、唱局歌、学双语、下基层，坚持创新宣传方式，拓宽服务边际，主动开展援藏对接，高效落实“5+3”驻村任务，进一步树立了“阳光人社、法治人社、服务人社、活力人社”形象，打响了“忠诚感恩”的人社服务品牌。

干部队伍结构。全年共有3名同志被推荐到县级工作岗位，44名科级干部得到提拔或调整，从基层选调或遴选8名同志到市人社局工作。

外事侨务

【基本情况】 日喀则市外事侨务办公室于2007年升格为正县级机构，2009年挂牌独立办公，2014年撤地设市后名称改为日喀则市外事侨务办公室。截至2016年底，目前编制为18名，其中行政编制10名，事业编制8名，现有人员为12人（其中县处级领导3名，科级5名）；单位内设综合科（政工人事科、出国管理科）、边界管理科（涉外项目管理科）、领事友协礼宾接待科、侨务科（市港澳事务办公室）和香客管理服务中心及机关后勤服务中心6个科室。

【对外交往】 2016年，共审核因公出国团组7批9人次，分别前往比利时、荷兰、韩国、印度、尼泊尔等5国。配合、协助自治区外侨办成功接待党宾国宾6批21人次，分别来自美国、斯里兰卡、印度、不丹和尼泊尔等国。

【涉藏外宣】 严格掌控进入日喀则市外国媒体采访选题、范围并加强管理中方雇员，积极介绍日喀则在党中央、区党委和市委、市政府的坚强领导下，经济建设和社会各项事业取得的辉煌成就，牢牢掌握话语权。加强外国记者管理，严控外国记者在日喀则市活动空间，严禁外国记者非法采访行为。

尼泊尔巴尼帕市友好代表团团长（尼工业部副部长）与中方接待人员留影

【边界涉外管理】 边民管理。向亚东县、吉隆县下发通知，禁止我边民越境采挖虫草。对擅自越境的边民进行处罚。

【对尼友好交流合作】 成功邀请并组织尼泊尔北部县多拉卡、新都巴尔恰克、热索瓦、木斯塘县、桑库瓦萨巴、太普琼六县官员代表团一行19人于10月至12月期间分两批次成功访问了拉萨市和日喀则市；恢复了日喀则市与尼泊尔巴尼帕市友好城市关系，并邀请代表团一行9人于12月中旬对拉萨市和日喀则市进行了成功访问，自治区政府和市政府领导分别与尼代表团进行了座谈，并先后参观考察了工业企业、民族手工业和民族文化保护及城市建设等项目，访问取得了圆满成功，得到了区、市领导的充分肯定。加强援尼工作，配合相关单位与尼木斯塘县开展地方官员会晤，就援尼物资运送工作进行沟通。

【侨务援藏】 主动与上海、山东、黑龙江、吉林四省侨办沟通对接，征求侨务援藏的意见和建议，上海市侨办向日喀则市人民医院捐赠了价值80余万元的H232心肌标志物等医疗设备。

2016年12月19日，日喀则市副市长罗布松拉与尼泊尔友好代表团成员互赠礼品

【印度官方香客接待服务管理】 6月20日——8月6日，共接待7批次289人（香客255人、协作人员34人），安全顺利圆满完成了接待任务，赢得了外交部驻印使馆和区、市领导的充分肯定。

【樟木受灾群众诉求接待】 多次前往安置点，与尼籍灾民交流，了解情况、表达慰问、安抚情绪，并与市公安局、聂拉木县边务局做好登记造册工作，摸清尼籍灾民详细情况。先后护送三批共65名尼籍经商务工人员顺利返回尼新杜巴尔恰克县，尼政府对我区及时救助和妥善安置尼籍灾民表示感谢。

旅 游

【概况】 2016年，日喀则接待国内外旅游者425.2万人次，同比增长33%，旅游总收入35.2亿元，同比增长27%。旅游业带动就业人数4.6万人，其中农牧民达3.8万人。

【主题形象宣传】 充分利用各类媒体和城市公共资源，强化"神奇珠峰·神秘后藏·吉祥日喀则"旅游主题形象推广宣传，在机场、火车站、电视等设置宣传日喀则旅游主题形象广告，进一步提升了日喀则知名度与美誉度。

【创新新媒体营销】 年内，日喀则旅游官方网站每日均访问量10万次，日喀则旅游官方微信粉丝量达到5万人，旅游宣传歌曲总点击量达到10亿次。与西藏电视台、日喀则电视台、《西藏旅游》杂志社合作推出日喀则旅游形象、旅游品牌、四季活动和旅游产品的宣传；配合自治区旅发委，与《垂直极限》摄制组合作，在我市各景点乡村取景拍摄，节目推出日喀则美景、美食真人秀活动和特色旅游项目。

【旅游推介会】 陆续组织参加了第十二届海峡旅游博览会、义乌小商品博览会、西部冰雪节（新疆旅游博览会）以及指导江孜旅游推介会和萨迦旅游推介会，制作了旅游宣传折页、日喀则市区旅游地图，让日喀则旅游的知名度不断扩大。积极组织全市重点县和旅游企业参加国内旅游交易会，指导和帮助江孜、萨迦举办拉萨旅游推介会，在厦门、浙江、上海、成都和拉萨与当地的旅行商洽谈合作。珠峰景区、江孜古城、萨迦古城深入到北京、上海、深圳、济南等各大客源市场联合推广特色旅游产品，以专场推介、产品介绍、文化宣传等多种形式深拓客源市场，推出日喀则游专项产品，开启以日喀则为旅游目的地的产品开发模式。

吉祥日喀则演艺厅开业活动

【旅游营销】　市旅发委领导带队拜访拉萨等地的重点旅行客商，主动对接日喀则游市场开发，商讨增加留宿游客比重方案等，主动邀请旅行商在日喀则开展踩线活动，努力开拓日喀则二日游、三日游、四日游、五日游专项产品。市旅发委牵头的第十四届珠峰文化旅游节上海活动周，各县区也组织如江孜达玛节、仁布江嘎尔藏戏文化旅游节等活动，活动丰富多彩效果好。

“珠峰神韵·沪藏情深”第十四届珠峰文化旅游节上海活动周

举办第十四届珠峰文化旅游节上海活动周　9月11日至9月14日在上海举办了第十四届珠峰文化旅游节上海活动周，上海活动周以“珠峰神韵·沪藏情深”为主题，期间开展了日喀则的唐卡艺术展、摄影图片展、援藏成果展、民族风情展以及日喀则旅游推介会等活动。《江孜印迹》在上海世博园演出三场、日喀则民族歌舞演出方阵参加上海国际旅游节开幕式，充分展示日喀则的民族风情、历史人文、传统歌舞，向国内外观众展现日喀则市独具特色的文化艺术和日喀则人民昂扬向上的精神风貌。

“珠峰神韵·沪藏情深”第十四届珠峰文化旅游节上海活动周

首届“珠峰天使”旅游形象大使评选大赛　8月28日晚，在日喀则市旅游服务中心珠峰剧院举办了首届“珠峰天使”旅游形象大使评选大赛，仲巴白玛曲珍、吉隆尼玛普赤、定结普尺等8名具有日喀则特有气质的青年女子获得首届“珠峰天使”旅游形象大使称号，以此展示日喀则丰富的旅游资源和良好的旅游形象。

上海市大型旅行社游日喀则　8月25至9月2日，组织上海市10家大型旅行社赴日喀则踩线、考察、报道、采风，不断开发日喀则旅游新线路、新产品，提升日喀则影响力和知名度。

首届日喀则旅游宣传歌曲网络歌手大赛　9月30日晚，在日喀则市旅游服务中心珠峰剧院，举办了首届日喀则旅游宣传歌曲网络歌手大赛。此次大赛，市旅发委以西藏日喀则市为中心，辐射全国，以网络海选的方式面向全国进行选拔，扩大日喀则旅游歌曲影响力和宣传力，用优美的歌声宣传日喀则旅游，助推珠峰文化旅游建设。

旅游达人、自媒体达人游日喀则　8月25至9

月2日，在全国范围内组织旅游达人及媒体达人10人前来日喀则重要景区（点）、精品旅行路线进行采风活动，用他们的亲身感受、独特的视觉展示日喀则旅游的独特性。

“珠峰之声”日喀则旅游宣传歌曲全国网络歌手大赛

日喀则2016美食烹饪大赛　9月16日，市旅发委和市旅游协会组织全市旅游餐饮业9家单位举办了2016美食烹饪大赛。此次大赛以传承弘扬日喀则市独特的餐饮文化，开发日喀则市独特美食为目的，激发餐饮界创新意识、品牌意识，发现新菜品，创新新技法，丰富菜品内容，增强旅游接待能力，推广特色美食佳肴，让日喀则“味道”成为旅游亮点。

第二届“山盟海誓·珠峰婚礼”活动　10月2日至10月6日，在扎什伦布寺、萨迦古城、珠峰景区、江孜古城举办第二届“山盟海誓·珠峰婚礼”相关活动。

【帮扶旅游行业】　针对我市旅游企业尤其是高星级饭店经营业绩普遍下滑的严峻形势，通过组织座谈会、发放调查表、实地调查等形式，全面客观地了解企业实际经营情况和存在的困难，引导各行业主动转变经营策略，在保持高品质服务的同时，面向大众做大消费市场。

【保持饭店整体实力稳中求优】　尽管遇到政策因素和经济形势影响，我市星级饭店整体规模和水平仍继续保持国内领先水平，国际化程度不断提高，结构日趋优化，星级酒店管理水平和经济效益明显上升。

【引导旅行社做大做强】　扶持日喀则中国国际旅行社积极开展业务，加强对旅行社、导游履行生态环境保护职责的检查督导，鼓励参与日喀则旅游线路开发，与上海等援藏省市大型旅行社合作，鼓励在援藏省市开办办事机构。

【景区转型升级】　珠峰景区精品化试点工作正式开启，通过采取建好珠峰景区公共设施、提升珠峰景区服务水平、丰富珠峰景区文化内涵、扩大珠峰景区对外影响、保护珠峰景区及周边自然环境等措施，进一步加强珠峰景区服务接待功能。

【旅游市场监管】　深入贯彻实施《旅游法》，推动新版旅游合同使用。完善旅游投诉处理、县（市）区考核机制及热点城市质监合作机制。今年共接到旅游投诉案件16宗，结案16宗，结案率100%。

【专项规划】　协调山东援藏干部工作队及山东规划院编制完成了《日喀则市旅游产业发展五年行动计划》，对我市“十三五”期间旅游发展总体目标、工作任务、重点实施工程以及旅游发展与环境保护、旅游应急处突等作了详尽的规划说明。各县区除白朗县和萨迦县外，都编制了县域旅游规划；边境九县除聂拉木县外边境旅游规划都已通过自治区旅发委及区住建、边防、国土、发改、外侨办等相关部门的评审。

【招商引资】　年内，日喀则藏巴旅游开发有限责任公司分别与云南丽江玉龙旅游有限责任公司、山东省沂蒙山旅游发展有限公司签订了战略合作协议，日喀则国旅与上海锦江旅游有限公司等10家大型旅行社签订了战略合作协议。

【项目建设】　加快推进了12个重点旅游项目建设，新建8个停车场、29个厕所、51个旅游标示标牌，新建4个乡村旅游项目。其中，聂拉木自驾车营地项目，旅游厕所、停车场、标识牌项目，桑珠孜区纳塘景点、昂仁县桑桑草滩景点、定日县嘎玛沟景区、吉隆县吉普村民俗、亚东夏日生态旅游村旅游基础设施建设项目等一批具有示范性、带动性和全局性的重点旅游项目进展加快。

【投资平台】 年内，市旅发委鼓励和扶持日喀则藏巴旅游开发有限责任公司发挥旅游投融资平台作用，积极参与萨迦古城开发和亚东夏日、吉隆吉普乡村旅游项目以及扶贫攻坚项目。

【旅游从业人员培训】 年内，市旅发委积极争取山东、黑龙江援藏资源，共同举办了星级饭店、导游讲解员服务技能大赛，举办旅游专题培训班、农牧民旅游技能培训班，培训旅游从业人员近700人次，旅游系统整体素质明显提高。

【开展旅游安全生产法规宣传】 开展旅游行业综合执法大检查活动，有重点、有目标的对全市85家旅游接待单位进行旅游行业综合执法大检查，强化旅游服务。坚持用旅游标准引导旅游企业向规范化、品牌化方向发展，宣传贯彻国家标准、行业标准和地方标准5部。

法制政府建设

【概况】 市政府法制办（政府研究室）是于2016年10月28日，日喀则市人民政府办公室印发的《关于日喀则政府法制办公室（政府研究室）主要职责内设机构和人员编制规定的通知》，正式设立日喀则市政府法制办公室（正处级），为市政府工作部门。市政府法制办公室（政府研究室）的人事管理、机构编制、劳动工资、党群、离退休人员管理、财务、后勤等工作由市政府办公室负责。由副县级部门管理机构，升格为正县级的市政府工作部门之一。人员编制增加到14名，内设科室增加到3个。

法治政府建设大会

【统筹协调】 规划先行。制定了《中共日喀则市委员会日喀则市人民政府关于贯彻落实<法治政府建设规划（2015—2020年）>的实施方案》，为法治政府建设明确“时间表”和“路线图”。将依法全面履行政府职能、完善依法行政制度体系、推进行政决策科学化、民主化、法制化、坚持严格规范公正文明执法、强化对行政权力的制约和监督、依法有效化解社会矛盾纠纷六大工作目标细化分解为130项具体任务落实到各县区、各部门，进一步明确工作职责，强化保障措施，推进法治政府建设。

审慎审查清单。2016年2月初开始，安排专人全程参与市各行政管理部门权责清单编制工作；5月，集中精干力量配合市审改办对41家市级部门2592项行政职权逐条进行合法性审查，提出审查意见300余条，确保了每一项权力依法确认、合法有据、主体明确、分类清晰；10月，对调整增加后的3995项行政职权进行了再次审核，确保了公布清单中的各项职权的合法性。

【制度建设】 制定立法计划。通过电视、报纸、网络等媒介向社会各界广泛征求立法项目，召开了全市各部门参加的立法项目征集协调会，积极与市人大法工委进行沟通协调，拟定了政府规章立法计划和五年规划。经市政府常务会和市委常委会研究通过后，印发了《日喀则市人民政府2016年政府规章制定计划和2016—2020年政府规章制定规划》。

规范立法行为。按照《立法法》《规章制定程序条例》《西藏自治区人民政府起草地方性法规草案和政府规章制定程序的规定》等相关法律法规的要求，制定《日喀则市人民政府拟定地方性法规草案和制定规章办法》，参与市人大的《日喀则市制定地方性法规条例》起草工作。通过规范立法行为，解决立法中的部门利益倾向问题，从源头上提高我市立法水平与立法质量。

重要领域立法。充分发挥政府立法的支撑、引领和推动作用，切实推进重要领域和关键环节的立法。制定了我市第一部政府规章《日喀则市文物保护管理办法》。参与制定了我市第一部地方性法规《日喀则市市容和环境卫生管理条例》。

办理各类立法类函复件。针对各级人大、政府及上级相关部门的各类立法件和规范性文件征求意见函，结合我市实际，提出可操作性的意见、建议，并及时函复相关单位。2016年，我办共办理立法类函复件21件。

立法专题会

【执法监督】 清理行政执法人员。加强对行政执法队伍的监督管理，提高全市行政执法队伍素质。我办派员参加了自治区法制办举办的全区行政执法人员清理工作培训，按照自治区政府的要求及时安排布置了全市行政执法人员清理工作。2016年，全市共清理行政监督人员117名和行政执法人员1122名。

行政执法检查。围绕我市“六城共建”工作，对道路交通、城市管理等执法情况进行了执法检查，对检查中发现的问题及时反馈相关单位，确保公正文明执法。积极参与市人大常委会组织的湿地保护执法检查工作，针对法律法规执行过程中存在的问题提出了建议，对推动我市执法部门依法执法起到了积极作用。

“双随机一公开”。召集相关执法部门召开“双随机一公开”工作推进会，部署全市“双随机”工作。形成了《日喀则市人民政府关于“双随机一公开”工作情况自查报告》，按照全部覆盖、依法依规、公开透明的要求，科学制定并公开随机抽查事项清单；认真编制执法人员库和检查对象库，夯实“双随机”的基础；优化随机抽查工作机制，完善相关配套措施，提升抽查效力，按时保质完成了我市“双随机一公开”实施方案确定的各项任务。

【合法审查】 规范性文件审查。坚持规范性文件重大疑难问题集体讨论制度，重点把好行政处罚、行政许可、行政强制和行政收费四个关口，坚持权利与责任挂钩，权利与利益脱钩，力求文件内容具体明确，能够解决实际问题。2016年，我办印发了《关于进一步加强规范性文件备案审查工作的通知》，参与制定了《日喀则市目标绩效争先进位考核办法（试行）》，认真研究和审查了《日喀则市人民政府投资项目采用EPC项目总承包模式（含BT融资建设模式）建设管理办法》《日喀则市“六城共建”问责办法》《日喀则招商引资工作若干实施意见》《日喀则市项目建设领域突出问题专项整治行动考核办法》《日喀则信访事项“八化”工作制度》《日喀则市户籍制度改革实施细则（试行）》及12个边境线及特色资源县户籍政策等各类规范性文件80余件，针对其合法性和规范性提出了具体意见建议，绝大多数意见被采纳。

重大行政决策合法性审查。合法性审查是党的十八届四中全确定的作出重大行政决策的法定程序之一。为保证重大行政决策符合法律规定，防止决策的随意性、减少决策失误率，积极做好重大行政决策的合法性审查工作。研究起草了《4.25地震樟木受灾群众易地安置协议》，对《西藏日喀则市基础设施项目投资建设战略合作框架协议书》《兰州市人民政府与日喀则市人民政府加强经济合作框架协议》、中信集团投资珠峰产业文化园项目、五大银行2500亿意向性贷款协议、我市注册的分公司依法纳税问题、聂拉木县矿业企业上访事项等50余项重大行政决策出具法律意见，为市委、市政府提供重要决策参考。同时，通过参加市长办公会、市政府常务会议、提供法律意见书等形式，在市政府做出重大行政决策前负责或组织法律顾问提出相关法律意见，参与可行性论证，确保各项重大行政决策的合法性。

审改相关综合性、全局性文稿。先后审改了《樟木受灾群众搬迁安置办法》《日喀则市关于“一法一办法”贯彻执行情况的汇报》《关于贯彻执行国务院<宗教事务条例>、《西藏自治区实施<宗教事务条例>办法（试行）》情况汇报》《桑珠孜区城北街道办事处民族团结工作发言材料》等综合性、全局性文稿17件。

【法制宣传】 利用“综治宣传月”“9·16”平安宣传日、“国家宪法日”等有利时机，开展各类法制宣传活动12次。宣传《宪法》《行政处罚法》《行政许可法》《民族区域自治法》等法律法规，发放宣传资料1000余份，解答咨询50余人次。

编译工作

【概况】 市藏语委办（编译局）属正县级建制，编制20人，其中领导职数4人。负责市委、市政府有关文件、领导讲话以及市委、市政府转发的上级有关文件的翻译工作；对全市翻译工作进行业务指导；组织开展藏语文翻译学术活动；指导和监督检查全市学习、使用和发展藏语言文字工作。

【年度特点】 5月10日召开全市藏语文编译工作暨规范藏语文社会用字工作总结表彰会议。全面回顾总结2015年藏语文各项工作，表彰在规范藏语文社会用字工作中涌现出的昂仁县等5个先进集体及罗布等8名先进个人，安排部署2016年藏语文编译各项工作。同时，组织召开全市藏语文编译工作座谈会，为扎实推进全市藏语文编译工作起到了积极作用。

2016年5月，自治区藏语委办（编译局）洛布局长一行在我办（局）调研

规范藏语文社会用字。拟定《日喀则市规范藏语文社会用字管理办法》（试行）并报市政府法制办审核。围绕“六城同创”狠抓藏语文社会用字检查整改工作，全年共检查各县区县城驻地和市区的街面商铺、广告牌、地名和路标等使用藏语文社会用字7469个牌子（包括单位门牌、商户牌子、广告、路标等），共下达整改通知书273份，其中无藏文125处、藏文用字不规范117处、比例严重失调及掉字漏字31处。

加强业务培训。5月15日至21日，举办日喀则市第三期基层“双语”翻译培训班，对亚东、岗巴、康马、定结、萨迦五县的乡镇、编译等部门共61名基层翻译人员和基层工作人员进行培训；6月组织17名基层业务人员参加“全区第三期藏汉双语翻译培训班”；9月安排2人参加国家民委举办的“第九期全国民族语文翻译工作业务骨干高级研修班”；10月组织16名基层翻译人员参加在兰州举办的“西藏基层干部藏汉双语翻译培训班”。通过各类业务培训，对基层翻译人员和工作人员扎实做好基层基础工作、提升业务水平起到了积极作用。

做好藏汉翻译工作。及时准确地完成了各类文件、会议材料的翻译及“两学一做”、脱贫攻坚、换届选举、市党员代表大会、项目建设领域专项整治法规以及第十四届珠峰旅游文化节期间

2016年8月，我办（局）联合桑珠孜区、市工商、城管、文化执法队开展市区社会用字检查

的翻译任务，圆满完成了“128”佛事和社会调研活动期间的翻译任务，累计翻译字数达70余万左右；积极服务藏语文受众600余人次，翻译各类公章、广告、门牌等社会用字的翻译任务达10万余字；三是积极参与“全市‘双语’演讲比赛”活动，并认真审核演讲稿担任比赛评审。

推进编译系统体制机制建设。8月8日至18日分赴昂仁、仲巴、萨嘎、吉隆、聂拉木、定日、拉孜、萨迦和定结9县，就各县区藏语委办（编译局）体制机制建设和干部队伍建设，特别是各县藏语委办（编译局）“四有”（有机构、有编制、有人员、有经费）情况进行全面调研；8月15日—18日，对定结县陈塘镇夏尔巴人语言、文化的使用和传承情况进行调研，并形成调研材料上报自治区藏语委办（编译局），为夏尔巴方言保护列入国家民委“十三五”规划提供积极努力。

自身建设。扎实开展“两学一做”学习教育，先后召开中心组理论学习会议14次，党支部学习会6次，撰写心得体会30篇，手抄党章100余万字，读书笔记60余万字。开展专题研讨和专题党课。先后召开了四个专题研讨会，专题党课四场。狠抓作风建设，及时制定了《市藏语委办（编译局）2016年党建工作计划》《市藏语委办（编译局）2016年党风廉政建设工作要点》，组织开展了“庆七·一、惠民生、感党恩，做合格共产党员”活动，表彰了办（局）机关和驻村点3名党员、2名优秀党务工作者和1名优秀联户长；慰问了1名机关老党员，5名驻村老党员、3名生活困难党员、14户结对认亲对象，共送去了价值11000余元的慰问品和慰问金；组建党员志愿服务队，积极参与创城活动，认真开展植树造林、清扫街道、助农收割以及时轮金刚“大法会”期间的安保环卫等党员志愿服务活动。落实维稳各项任务，充实调整维稳工作机构，完善维稳工作应急预案，强化落实值班带班制度，认真落实办（局）主要领导驻村蹲点加强驻村点维稳工作。强化干部职工普法、保密知识的学习。

驻村工作。积极协调市、县两级水利部门，解决了准康村17户搬迁户和村委会的修建自来水管道项目；同时为驻在村及时解决了8300余元的农药款；并积极协调县农牧部门，争取了50袋化肥；针对准康村村民旺姆因患动脉瘤疾病导致家境困难，工作队积极与市、县两级民政、财政、卫生部门协调及时帮助办理报销相关手续，并争取到了54200元的救助款。

中国人民政治协商会议西藏日喀则市委员会

【市政协概况】 中国人民政治协商会议西藏日喀则地区委员会成立于1959年12月6日，至2014年12月日喀则地区政协共历经十届委员会。2014年日喀则撤地设市，2014年12月11日至16日，政协第一届日喀则市委员会第一次会议在市政协礼堂召开，标志政协日喀则市委员会正式成立，开始履行新的职能，开启新的征程。政协第一届日喀则市委员会共安排委员272名、常务委员55名，实有委员256名、常务委员50名，设置有中国共产党界、工青联界、妇女联合界、工商联合界、文化艺术界、科学技术界、经济界、农业界、教育体育界、新闻出版界、医药卫生界、社会福利界、少数民族界、宗教界、特邀界15个界别。政协第一届日喀则市委员会设主席1名，副主席9名（党内8名，党外1名）。政协日喀则市委员会下设政协办公室和3个专门委员会，即日喀则市政协办公室和市政协提案委员会、经济资源环境社会教科文卫委员会、文史民族宗教法制委员会，4个机构均为正县级，各核定县级领导职数3名（均为一正二副，共12名）。办公室现设秘书联络科、专门委员会综合办公室、行政科3个行政科（室），设（参照公务员管理）翻译室、机关后勤服务中心2个事业单位，行政编制14名（原核定在机关使用的2名事业编制暂时保留），事业编制17名。

【政协会议】　（一）全体委员会议

市政协一届三次会议　政协第一届日喀则市委员会第三次会议于2016年4月18日至19日在日喀则市政协礼堂隆重举行，会议应到委员263人、实到177人，市政协党组书记、主席普布主持开幕会。会议审议通过了政协第一届日喀则市委员会第三次会议议程（草案）；认真听取了常务委员、副主席人选情况说明；审议通过了大会选举办法（草案）；审议通过监票人、总监票人名单（草案）；审议通过了政协第一届日喀则市委员会常务委员、副主席候选人名单（草案）；增补政协了第一届日喀则市委员会常务委员、副主席；举行了委员履职能力提升培训。市委组织部负责同志列席会议。

2016年12月28日至31日，政协委员出席日喀则市政协一届四次会议

市政协一届四次会议　政协第一届日喀则市委员会第四次会议于2016年12月28日至31日在日喀则市政协礼堂隆重举行，会议应到委员256人、实到196人，市政协党组成员、副主席边巴主持开幕会。会议听取和审议了政协第一届日喀则市委员会常务委员会工作报告；听取和审议了政协第一届日喀则市委员会常务委员会关于政协一届二次会议以来提案工作情况的报告；列席了日喀则市第一届人民代表大会第四次会议，听取并讨论了政府工作报告及其他有关报告；传达学习了中共十八届六中全会和自治区第九次党代会精神；

2016年12月30日，政协第一届日喀则市委员会第四次会议选举大会委员投票场景

委员作了大会发言；审议通过了有关人事事项；审议通过了政协第一届日喀则市委员会第四次会议关于常务委员会工作报告的决议；审议通过了政协第一届日喀则市委员会第四次会议关于政协一届二次会议以来提案工作情况报告的决议；审议通过了政协第一届日喀则市委员会提案委员会关于政协一届四次会议提案审查情况的报告；审议通过了政协第一届日喀则市委员会第四次会议政治决议。一届市政协主席普布同志代表常委会作了闭幕讲话。会议期间，共收到提案130件，立案75件，转为“意见和建议”38件，并案5件，撤案12件，其中，委员个人提案103件、联名提案27件。市委书记张延清同志，市委副书记、市人民政府市长刘虎山同志，市委、人大、政府和日喀则军分区在家领导出席大会开幕会和闭幕会。驻日喀则市区的部分自治区政协委员，市委组织部、统战部，市民宗局、佛协、工商联负责同志列席会议。

2016年12月29日，一届四次会议期间少数民族界、农业界委员在小组讨论会上围绕常委会工作报告、提案工作情况报告政府工作报告讨论发言

（二）常务委员会议

第7次会议　政协第一届日喀则市委员会常务委员会第七次会议于2016年4月18日在日喀则市政协常委会议室召开，会议应到常委50人、实到43人，市政协党组副书记、副主席罗布主持开幕会。会议审议通过了政协第一届日喀则市委员会常务委员会第七次会议议程、日程（草案）；审议通过了政协第一届日喀则市委员会常务委员会第七次会议议程（草案）；审议通过了政协第一届日喀则市委员会第三次会议议程、日程（草案）；审议通过了有关人事事项；听取市委组织部关于推荐政协第一届日喀则市委员会常务委员、副主席协商名单的说明；审议通过了常务委员、副主席候选人建议名单（草案）；审议通过了《大会选举办法》（草案）；审议通过了总监票人、监票人建议名单（草案）；传达学习了全国“两会”和西藏自治区政协十届四次会议主要精神；审议通过了《政协日喀则市委员会常务委员会2016年工作要点》（草案）。副主席人选，日喀则市18县区政协主席，市政协各副秘书长、各专门委员会负责人，市委组织部负责同志列席会议。

第8次会议政　协第一届日喀则市委员会常务委员会第八次会议于2016年9月27日在日喀则市政协常委会议室召开，会议应到常委53人、实到43人，自治区政协民族宗教委员会副主任、市政协副主席尧西·索朗扎巴主持会议。会议审议通过了政协第一届日喀则市委员会常务委员会第八次会议议程（草案）；传达学习了政协第十届西藏自治区委员会常务委员会第十七次会议精神和《中共西藏自治区委员会办公厅关于加强西藏人民政协协商民主建设的实施意见》；动员部署了在全市政协系统中开展“提升委员履职能力”“加强基层政协组织建设”活动；审议通过了有关人事事项；举办了县区政协新任主席政协综合业务知识培训。日喀则市18县区政协主席，市政协各副秘书长、各专门委员会负责人，市委组织部、统战部负责同志列席会议。

第9次会议　政协第一届日喀则市委员会常务委员会第九次会议于2016年12月27日在日喀则市政协常委会议室召开，会议应到常委50人、实到41人，市政协党组书记、主席普布主持会议。会议审议通过了政协第一届日喀则市委员会常务委员会第九次会议议程（草案）；审议通过了政协第一届日喀则市委员会第四次会议议程（草案）；审议通过了政协第一届日喀则市委员会常务委员会工作报告（草案）及报告人；审议通过了政协第一届日喀则市委员会常务委员会关于政协一届二次会议以来提案工作情况的报告（草案）及报告人；通过了有关人事事项；听取了市政协各专门委员会工作情况报告。日喀则市18县区政协主席，市政协各副秘书长、各专门委员会负责人，市委组织部、统战部负责同志列席会议。

第10次会议　政协第一届日喀则市委员会常务委员会第十次会议于2016年12月30日在日喀则市政协常委会议室召开，会议应到常委50人、实到44人，市政协党组书记、主席普布主持会议。会议审议通过了《大会选举办法》（草案）；审议通过了监票人、总监票人名单（草案）；审议通过了政协第一届日喀则市委员会常务委员候选人名单（草案）；审议通过了政协第一届日喀则市委员会第四次会议关于市政协常委会工作报告的决议（草案）；审议通过了政协第一届日喀则市委员会第四次会议关于政协一届二次会议以来提案工作情况报告的决议（草案）；审议通过了政协第一届日喀则市委员会提案委员会关于政协一届四次会议提案审查情况的报告（草案）；审议通过了政协第一届日喀则市委员会第四次会议政治决议（草案）。日喀则市18县（区）政协主席，市政协各副秘书长、各专门委员会负责人，市委组织部、统战部负责同志列席会议。

【专门委员会工作】 提案委员会 市政协一届二次会议以来，提案委员会共收到委员提案154件，其中：审查立案112件、并案7件、撤案10件、转为意见建议25件，立案率73%。截止2016年底，所有提案和委员意见、建议均已办复。从办理结果看，已经解决或意见、建议被采纳的87件，占60.4%；列入计划逐步解决的48件，占33.3%，因条件限制暂时难以解决的9件，占6.3%。其中：经济建设类提案30件，占立案总数的26.8%；民生类提案39件，占立案总数的34.8%；统战民宗类提案7件，占立案总数的6.2%；市政建设和生态环境类提案19件，占立案总数的17%；政法民政和组织人事类提案13件，占立案总数的11.6%；其它方面的提案4件，占立案总数的3.6%。主席会议和各专会委充分协商重点提案选题，审定了“关于解决跨县乡扶贫搬迁户草原生态保护奖励资金”“关于合理分配廉租房”“关于解决亚东县帕里镇退休老干部活动场所”3件提案，作为2016年重点督办提案。7月20日至28日市政协领导带领市农牧等相关部门，深入萨迦、谢通门、定结等4县区、5乡，通过采取召开座谈会、听取汇报、走村入户等方式，就提案中所提问题进行实地视察调研，了解情况，征求意见，并形成专题调研报告上报市委、市政府研究。通过加大督促办理力度，提案办理得到了积极落实。按照主席会议要求，组织180余名政协委员，围绕提案的基本概念、提案撰写方法、提案目前存在的问题和提案注意事项等内容，进行专题学习培训，引导委员准确把握提案撰写方法和要求，切实提高委员撰写提案的水平，夯实了提案质量基础。以各县政协领导班子换届工作为契机，派出专门人员前往南木林、岗巴、仁布、拉孜、谢通门等9县开展提案工作培训，帮助基层政协委员提高提案撰写水平，认真指导县区政协提案工作，拓展了基层政协提案工作思路和视野。

经济资源环境社会教科文卫委员会 2016年7月下旬至8月上旬，组织市环保局、发改委、财政局、国土局、住建局、水利局、旅发委等部门组成的调研组，对全市环境监测和监管能力建设进行了专题调研，并形成《关于全市环境监测和监管能力建设的调研报告》。2016年8月初，组织市卫生局、人社局等有关部门深入江孜、南木林、拉孜、萨嘎四县，对加强基层医疗卫生队伍建设的情况进行了专题调研，并形成《日喀则市加强基层医疗卫生队伍建设的调研报告》。2016年4月，在主席班子带队下，组织经济界、工商联界等22名委员对江孜县新型特色小城镇化、江孜镇宗堆居委会土地流转和南木林、白朗、桑珠孜3县区等地的7个山东省第七批重点援藏项目建设情况进行了专题视察。2016年12月5日，为深入贯彻落实全市产业发展大会精神，组织市发改委等9家市直相关部门负责人或专家、桑珠孜区正堂食品公司等8家企业负责人和部分政协委员召开“发展壮大产业”协商民主座谈会。委员围绕“发展壮大产业”主题，提出了很好意见和建议；相关部门领导和专家与委员进行了交流探讨，对产业发展中存在的问题进行了深入分析，并从自身业务和政策等方面进行了指导。

文史民族宗教法制委员会 2016年，市政协文史民族宗教法制委员会努力克服各种困难，较好地完成了市政协党组会议提出的年内要完成编辑出版1至2本文史资料的任务。编撰出版了反映宗教文化、藏传佛教正能量、正面引导宗教与社会主义社会相适应，宗教与发展稳定相适应的藏汉文教育书《佛法真谛》。整理出版了年初召开的宗教界委员民主协商会上宗教界委员以“藏传佛教如何适应社会主义社会”、如何适应现代文明、如何服务人民群众、如何服务发展稳定、如何引导人与自然和谐”等为课题的委员个人发言材料汇编成《和衷共济》一书。2016年底，集传承、保护、宣传于一体的后藏独特的服饰文化及民间娱乐游戏文化的文史资料《后藏服饰》与《后藏民间娱乐游戏》两本文史资料书的编辑出版工作已经收尾。协助自治区政协民族和宗教委员会开展了“城市民族工作、特别是流动人口服务管理工作”和日喀则市边境九县“促进边远乡镇人才培养使用”调研活动，通过调研对日喀则市城市流动人口的服务、管理、教育工作中存在的突出困难和问题提出了意见建议，进一步了解掌握了边远乡镇人才需求和干部现状，并将调研报告报送政协自治区委员会参考。2016年4月召开了政协日喀则市委员会宗教界委员民主协商会议，通过座谈会增强了政协宗教界委员的责任意识，使他们积极主动地在群众当中宣传党的民族团结、宗教政策，同时引导群众拥护党的领导、维护祖国统一、反对民族分裂、旗帜鲜明地同达赖集团作坚决斗争，为日喀则市经济发展、社会稳定和人民群众安居乐业的局面发挥了积极作用。2016年9月，市政协文史民族宗教法制委员会开展了“民族团结月”宣传活动，以悬挂横幅、摆放宣传板、发放宣传资料等形式，大力宣传民族大团结的重要意义和习近平总书记“加强民族团结、建设美丽西藏”重要指示精神，宣传人民政协性质、作用、三大职能等业务知识，为做好“六城共建”工作奠定了良好基础。

【主要工作】 深入开展“两学一做”学习教育 2016年5月起，市政协按照市委统一部署，制定出台了《中共政协日喀则市委员会党组关于在机关全体党员中开展“学党章党规、学系列讲话，做合格党员”学习教育实施方案》，扎实开展“两学一做”学习教育，贯彻落实全面从严治党决策部署。认真对照“两学一做”学习教育要求，聚焦理想信念、政治纪律和政治规矩、作风、担当作为、组织生活、落实全面从严治党责任，对照“四讲四有”，加强对机关党员思想教育，切实以解决机关党员干部存在的问题为抓手。“两学一做”学习教育中，按照市委安排部署，扎实开展“讲学习、讲忠诚、正风纪、转作风、提效能”主题活动，不断把学习教育引向深入，共开展党员集中学习60余次，专题研讨4次，专题党课4次，观看警示教育片5次，编印学习资料14期、504册。

开展“提升委员履职能力”“加强基层政协组织建设”活动 为进一步发挥政协委员主体作用，提升委员履职能力，市政协主席班子和常委会决定在全市政协系统开展“提升委员履职能力”“加强基层政协组织建设”活动。2016年5月起，市政协主席班子7名成员、55名常委、18县（区）政协驻日喀则市65名自治区政协委员和1882名市、县区两级政协委员以高昂的热情，主要通过举办委员履职培训、视察调研、学习考察和为群众办实事解难事等有效方式，成立了19个领导小组，制定了活动实施方案，共举办委员履职培训12场次、1200余人次，形成视察调研报告44篇，提出意见建议135条；组织委员学习考察10次，两级政协常委、委员发挥自身优势，共落实物资资金328.72万元，积极为贫困群众办实事解难事，进一步增强了委员履职意识，提升了委员履职能力，活动达到了预期目的。

深入开展视察调研活动 围绕市委、市政府中心工作，根据《政协日喀则市委员会2016年度视察调研计划》安排，市政协组织市、县区两级政协委员，由主席班子成员亲自带队，组成6个专题调研组，于2016年7月至8月分别深入相关县区、部门围绕“灾后恢复重建”“维护社会稳定”“精准扶贫、精准脱贫”“扶贫搬迁户草场保护奖励资金落实情况”“环境监测监管执法能力建设”“加强基层医疗卫生队伍建设”6个课题进行了专题调研，形成了《关于日喀则市灾后恢复重建工作情况的调研报告》《关于日喀则市政协组织及政协委员在维护社会稳定中发挥作用情况的调研报告》《关于日喀则市精准扶贫精准脱贫工作情况的调研报告》《关于跨县区乡扶贫搬迁户草原生态保护补助奖励政策资金落实情况的调研报告》《关于日喀则市环境监测监管执法能力建设情况的调研报告》《关于日喀则市加强基层医疗卫生队伍建设情况的调研报告》，并呈报自治区政协和市委，得到了市委、市政府主要领导的批示和高度重视，为日喀则长足发展和长治久安积极建言献策。2016年10月22日至30日，市政协党组书记、主席普布带领由部分政协委员、市委统战部、民宗局等有关部门负责人组成的日喀则市创建民族团结示范市学习考察组赴吉林、云南两省学习考察创建民族团结进步示范市工作；2016年11月22日至12月7日，市政协党组成员、副主席边巴带领由部分委员、市扶贫办和南木林县、岗巴县、萨迦县、定日县、定结县有关负责同志组成的精准扶贫学习考察组赴河北、贵州两省学习考察精准扶贫工作，形成了《关于赴吉林、云南学习考察创建民族团结进步示范市工作的情况报告》和《关于赴河北省、贵州省学习考察精准扶贫的报告》，并呈报市委，市委书记张延清作出重要批示，为进一步推进日喀则市创建民族团结进步示范市和精准扶贫工作提供了经验。

开展专题民主协商座谈会　2016年4月18日，文史民族宗教法制委员会组织召开了宗教界委员民主协商会议，16名宗教界委员围绕“藏传佛教应如何适应社会主义社会”“藏传佛教如何为建设和谐社会发挥作用”等10大课题进行了发言交流。通过民主协商会议创造了政协委员参政议政平台，培养了忠于党、忠于社会主义事业的政协委员，不断提高了政协宗教界人士思想政治认识和实际工作的本领，努力培养造就出了一支自觉接受中国共产党领导、坚定不移走中国特色社会主义道路的政协宗教界委员队伍。2016年12月5日，经济资源环境社会教科文卫委员会组织召开了“发展壮大产业”协商民主座谈会，市政协经济资源环境社会教科文卫委员会主任旺堆同志主持座谈会，普布主席，市发改委等9家市直相关部门负责人或专家、桑珠孜区正堂食品公司等8家企业负责人和部分政协委员参加了座谈会。会上，市政协一届经济界、工商联界、农业界及文化艺术界等部分委员和市直相关部门负责人或专家，本着“民主协商、平等议事、求同存异、体谅包容”的原则，围绕“发展壮大产业”主题，结合自身专长和工作实际进行了书面交流发言和讨论，并围绕产业发展中存在的问题进行了深入的分析，提出了一些好的意见和建议；市政协党组书记、主席普布同志对会议取得的成效给予了充分的肯定，就培育和发展产业中需要把握的几个关系做了深入的论述，并对今后的工作提出了明确的要求：（一）按照全市产业发展大会总体要求，进一步统一思想、明确任务，统筹规划经济技术园区、中国西藏珠峰文化旅游文化创意产业园区、日喀则国家级农业科技园区的产业布局、配套建设、资源整合、项目引进，促进产业集聚发展。（二）在产业发展中政府要充分发挥统筹、协调、组织、服务职能，正确处理好政府主导、企业参与、群众受益之间的关系，要充分调查研究基础上，倾听企业声音，全面掌握各个企业的用地、生产、经营、资金等基本情况，了解企业在拓展业务、转型升级方面的各类需求，并梳理归类、分析对策。同时，加大对部分有意愿、有实力、有计划、有项目企业的政策指导和扶持力度。（三）加大传统优势产业转型升级的扶持力度。传统产业，特别是处于成熟期的传统产业在日喀则经济中的比重较大，对日喀则市经济增长仍具有很高的贡献率。政府应采取措施引导挖掘产业内部潜力，支持符合导向的企业技改投资，积极运用高新技术、先进适用技术改造提升优势特色产业，使其发挥最大效益。日喀则作为农业大市，优势在耕地上，潜力在农业产业上。如何由耕地大市向产业大市转变，是当前摆在全市人民面前的一项严肃而紧迫的课题。各级政府不仅要从资金、人才、技术上加大对传统产业的扶持力度，还要加大耕地基本农田保护力度，加化对耕地占补平衡的监督检查力度，为提升农业产业化规模化现代化发展水平提供保证。（四）进一步优化发展环境。要在建立健全良好的制度环境基础上，进一步优化软环境建设。要更加关注政府、社会与企业之间的关系，提升公共服务质效，特别要提高行政审批服务效能，真心实意为企业服务，营造鼓励脚踏实地、勤劳创业、实业致富的社会氛围。（五）进一步建立健全人才引进、培养、激励等方面政策，注重落实对人才奖励激励，建立以政府奖励为导向、用人单位奖励为主体的人才奖励机制；要积极引导激发企业开发人才的主体作用，鼓励企业加大人才培养力度，采取补助、奖励等方式，鼓励企业家及其企业人才主动参加社会各类培训，提升自我素质；发挥企业招才引智的主体作用；支持企业根据需求，利用市场化手段，物色各类高端紧缺人才，对企业引进高端人才并发挥作用，做出突出贡献的，予以补贴、奖励。

认真配合做好县政协换届工作　按照区党委和市委统一部署，市政协先后召开6次会议，认真学习贯彻中央、区党委、市委关于认真做好市县乡领导班子换届工作决策部署和有关精神；选派10余人次参加自治区和市委组织的换届工作培训会；先后派出7人，担任市县乡领导班子换届领导小组办公室下设各组副组长和成员，积极完成换届日常工作；研究制定《关于认真做好县政协换届有关工作的通知》，进一步明确了县政协换届工作原则、委员人选条件，对委员名额、界别设置、委员结构等方面提出了指导意见。同时，就组织开好县政协换届会议提了20余条具有针对性、操作性的工作意见；成立市政协6个换届工作指导组，先后分赴17县政协，共出动27余人次，指导检查县政协换届工作，解决理顺12个县政协换届疑难和困难；市政协成立县政协换届工作“回头看”查漏补缺工作领导小组，认真开展换届“回头看”查漏补缺工作，进一步巩固县政协换届工作成果。通过换届，各县政协委员名额达到同级人大代表的90%，18县区政协委员、常委总数由原来1019名、188名分别增加到1609名、282名，委员队伍和常务委员会得了加强，委员综合素质得到了提升，政协主席班子得到了配齐配强。

深入开展创先争优强基础惠民生活动　市政协两级党组高度重视驻村工作，视驻村为和群众打成一片的重要平台、培养锻炼干部的训练场，精心选派能力突出、责任心强的10名干部驻村，专门选派由市政协副主席边巴同志和一名正县级干部为队长的驻村工作队，并市政协党组在驻村工作的人、财、物方面给予大力支持。尤其是2016年按照市委统一安排，由1名副主席担任驻村工作总领队，与驻村队员一同坚守岗位，统筹负责指导单位驻村工作，认真落实驻村“5+3”重点任务，深入了解社情民意，帮助理清发展思路，寻找致富门路，扎实做好精准扶贫工作，为群众办实事做好事解难事，驻村工作成绩显著。2016年，3个驻村工作队共为驻点村（居）协调落实项目资金和办实事经费731.68万元，争取项目8个，为群众办实事做好事38件。1个工作队被评为自治区先进驻村工作队、1个工作队被评为桑珠孜区先进驻村工作队、2名队员被评为自治区先进驻村工作队员、2名队员被评为日喀则市先进驻村工作队员。

加强团结联谊拓宽对外交流活动　2016年常委会继续发挥人民政协联系广泛的独特优势，多领域开展团结联谊和对外交流活动。2016年，共接待区内外政协考察团30批280人次，为积极宣传推介日喀则，提高日喀则知名度发挥了应有作用。

【重要文件】　常委会2016年工作要点（2016年4月18日）（摘要）　2016年，市政协工作的总体思路是：全面贯彻落实党的十八大和十八届历次全会和中央第六次西藏工作座谈会精神，深入贯彻落实习近平总书记系列重要讲话精神，特别是“治国必治边、治边先稳藏”的重要战略思想和“加强民族团结，建设美丽西藏”的重要指示，坚持以“四个全面”战略布局为统领，坚持以“依法治藏、富民兴藏、长期建藏、凝聚人心、夯实基础”为重要原则，认真贯彻落实区党委八次党代会以来历次全委会精神和日喀则市委决策部署，紧密围绕实现日喀则市全面建成小康社会宏伟目标，突出团结和民主两大主题，按照市政协“12345”工作总体思路，努力做到“八个必须”的基本遵循，团结和带领广大政协委员，深入基层，主动服务，积极作为，强化协商民主能力建设，促进社会长治久安，提高参政议政水平，加强委员队伍建设，深化联谊交流，切实发挥好政协职能作用，为实现日喀则市“十三五”良好开局积极建言献策，为推进日喀则市长足发展和长治久安作出新贡献。一、加强学习，强化思想理论建设，增强协商民主能力。强化学习，大力推进学习型政协组织建设。深入学习贯彻中共十八届五中全会、中央第六次西藏工作座谈会和习近平总书记系列重要讲话精神，是全市政协及委员当前和今后一段时期的重要政治任务。要把重点放在继续组织委员深入学习中央统战工作会议和全国“两会”精神，以及区党委八届七次、八次全委会和日喀则市委一届二次会议的决策部署上，统一思想，凝聚共识。同时，全面学习人民政协理论，深刻领会党和国家领导关于人民政协理论的重要观点、主要内容和科学体系，不断提升业务素养和水平。注重载体，强化培训。以贯彻落实中共中央《关于加强社会主义协商民主建设的意见》《中国共产党统一战线条例》《关于加强人民政协协商民主建设的实施意见》《政协章程》等为重点，采取集中学习、委员培训等灵活多样的方式，不断增强各级政协组织和广大政协委员协商民主意识和能力。二、深入开展反分裂斗争，努力促进日喀则长治久安。深化反分裂斗争思想教育。深入贯彻落实习近平总书记“治国必治边，治边先稳藏”的重要战略思想，贯彻落实“依法治藏、富民兴藏、长期建藏、凝聚人心、夯实基础”的重要原则，牢固树立稳定压倒一切的思想，严密防范和严厉打击达赖集团的分裂破坏活动。不断深化反分裂斗争思想教育，引导广大委员进一步认清达赖集团的反动本质，始终在思想上政治上行动上同以习近平同志为总书记的党中央保持高度一致。认真贯彻党的民族政策，开展形式多样的民族团结进步教育，进一步做好凝聚人心、促进团结的工作，继续为推进边境地区和人口较少民族加快发展献计出力。充分发挥民族宗教界委员的特殊优势，深入宗教活动场所和信教群众中，认真开展民族团结宣传活动，宣传民族区域自治制度及党的宗教政策，积极参与创建民族团结示范区建设，积极推动寺庙管理规范化、法制化，切实巩固寺庙管理创新实践成果。三、围绕中心、服务大局，提高参政议政水平。精心制定《年度协商工作计划》。认真学习贯彻落实中共中央《关于加强社会主义协商民主建设的意见》精神，深入贯彻落实区党委、市委的决策部署，立足日喀则市中心工作和政协履职实际，认真研究制定《市政协2016年度协商工作计划》，积极推进日喀则市协商民主制度建设，努力拓展协商民主渠道，形成以全体会议为龙头、以专题议政性常委会和专题协商会为重点、以季度协商座谈会为常态的协商议政新格局，有效发挥政协职能作用。围绕党政中心工作协商议政。围绕推动全面依法治市、灾后重建、失地农民就业、加大湿地保护力度、新型城镇化建设、文化强市等重点内容，积极组织引导政协委员以“富民强市和长治久安”“创新、协调、绿色、开放、共享的发展理念”为主题，参与协商议政。加强视察调研与协商议政衔接，以调研促进协商质量提高、以协商促进调研成果转化，进一步规范协商程序，突出协商重点，提高协商成效。深入开展调研活动。一是按照“党委出题目，政协作文章”的要求，围绕市委、市政府2016年中心工作及“十三五”良好开局、推进灾后重建、“精准扶贫、精准脱贫”、推进农业现代化、发展旅游业、南亚陆路大通道以及拉日高等级公路修建等重点领域、关键环节，主动参政议政。二是要精心制定《市政协2016年度调研视察计划》，统筹安排年内视察调研工作，突出视察调研亮点和特色，细化任务，明确时限。鼓励本系统政协参加单位、政协委员自主申报调研课题，全年达到6篇以上，为党政中心工作提供有价值、有深度的决策参考。切实加强民主监督。围绕老百姓关心、关注的热点、难点问题；事关社会公平、司法公正的重要问题等，认真组织市政协常委、委员开展委员视察活动，认真履行政协及其委员民主监督职能，坦诚提出意见、建议，为党和政府及时、全面了解群众呼声建言献策。同时，发挥政协委员特邀监督员作用，积极参与并深入相关行业部门，通过行风评议、专题视察、工作咨询等形式开展民主监督，反映群众关心的热点难点问题，进一步发挥好特邀监督员作用，切实履行政协民主监督职能。增强提案办理实效。完善提案办理沟通协商互动机制，不断总结完善提案办理答复之前共识协商、办理之中督办协商、落实之后回访协商，切实增强提案办理协商实效。提案委员会要及时移交一届二次会议委员提案，并加强与提案承办单位的沟通协调，及时指导督促、跟踪检查提案办理工作，上半年内办复一届二次会议所有委员提案。组织委员开展提案知识专门培训，帮助委员提升提案撰写水平，切实提高提案质量，不断推进提案从数量型向质量型转变。高度关注保障和改善民生。围绕自治区“十件实事”，紧扣各项惠民工程，开展视察调研，进行协商讨论，提出意见建议。要时刻关注社会各界和人民群众的利益诉求，紧紧围绕群众最关心的教育、就业、医疗、住房等民生问题，了解实际情况，反映社情民意，协助党委、政府不断改善人民群众生产生活条件，让各族群众切身感受到党和政府的温暖与关怀。要深化驻村工作和“三严三实”专题教育活动成果，深入开展“党员干部进村入户、结对认亲交朋友”活动，关注基层群众的生产生活，坚持为群众排忧解难，积极为基层困难群众办实事解难事做好事。突出特色，抓好文史资料工作。坚持秉承文史资料“存史、资政、团结、育人”功能，2016年要出版《佛法真谛》，着手编辑《后藏服饰》《后藏民间传统娱乐游戏》等文史资料。各县区政协年内要整理好在地方民族解放事业、民主改革事业、边境稳定事业、边疆发展事业、生态环保事业、教育医疗事业、爱国爱教事业、民族团结事业等方面有突出贡献的英雄模范和先进榜样《后藏人》的资料；整理介绍各县区传统文化、民风民俗、自然资源及其它独具地方特色和特殊意义的文史资料《特色文化》；整理介绍各县区现存民间艺人、民间奇人生活居住、日常活动、行为特点的文史资料《民间奇人》。加强团结联谊工作。密切与各族各界人士的广泛联系和相互合作，主动邀请他们参加政协的视察调研活动，认真倾听意见建议，努力营造民主协商、平等议事、宽松和谐、生动活泼的议政氛围。积极争取上级政协的指导，配合自治区政协做好在日喀则的各项视察调研工作。精心安排区内外兄弟省市政协考察团的来访参观和学习考察，广泛联谊交友，积极宣传推介日喀则。加强与区内外兄弟省市政协的横向联系；加强与援藏四省（市）政协及联络办的沟通协调，争取更多的政协委员及政协系统干部职工赴内地学习考察、业务培训和开展工作交流等，借鉴先进工作经验，提升委员的履职能力和水平。加强对县区政协工作的指导，促进市、县区两级政协工作良性发展，不断增强整体活力。密切与新闻媒体的联系协作，认真做好各类会议、视察调研和重要活动的宣传报道，突出政协工作亮点、履职成效和委员风采，不断扩大政协影响力。四、加强委员队伍建设，提高委员整体素质，切实提升履职能力。发挥委员主体作用。一是做好委员履职培训，扎实开展提升委员履职能力工程。为巩固“两谈两促”活动成果，进一步发挥委员主体作用，不断提高政协委员联系服务群众的能力，保持与各族各界群众的血肉联系，提升基层政协履职水平，建强基层政协组织。二是加强委员管理。严格实施《市政协委员管理办法》，成立实施领导小组，全面考核委员履职情况，对委员参与政协会议和各项活动建立考勤制度，做好委员履职记录，建立委员履职档案，认真实行委员履职奖惩机制和进出机制，加强委员管理，有效调动委员履职的积极性和主动性，不断提升委员整体素质。五、改进作风，加强各级政协机关自身建设提高机关管理服务水平。全面加强机关思想、作风和组织建设，建设严谨、高效、务实、和谐的政协机关。一是在巩固“三严三实”专题教育成果的基础上，市政协机关利用两级党组理论中心组和机关党员集中学习会，认真组织开展“学党章党规、学系列讲话，做合格党员”的学习教育。各县区政协机关，要在当地党委的统一安排下，按照建设学习型政协机关的要求，切实抓好机关思想建设。二是加强履职能力建设，进一步提高群众工作能力、调查研究能力、合作共事能力、履职服务保障能力，努力培养和造就一支信念坚定、作风优良、勤政务实、敢于担当的政协干部队伍。严格落实党风廉政建设责任制。按照中央八项规定、区党委“约法十章”“九项要求”，市、县区两级政协要在巩固“三严三实”专题教育成果的基础上，深入贯彻

《中国共产党廉洁自律准则》和《中国共产党纪律处分条例》，认真学习市纪委一届四次全委会精神，严守纪律底线，形成长效机制，促使政协机关的学风、会风、文风和工作作风明显改进。六、顺利完成换届工作，不断完善工作机制根据区党委、市委安排部署，2016年将完成市、县区两级政协换届工作。各县区政协要高度重视，保质保量完成任务，进一步强化工作调研，认真了解基层政协委员名额安排、内设机构设置等各方面情况，严把政协委员质量关，提出可行性对策意见建议，切实为换届工作打好基础。同时，要以换届工作为契机，进一步完善政协工作机制，完善常委会机构设置，扎实推动政协机构设置等工作取得良好的进展。

常委会工作报告（2016年12月28日）（摘要） 第一部分：2016年工作回顾。2016年是实施“十三五”规划、全面建成小康社会决胜阶段的开局之年，是精准脱贫攻坚战的实施之年，也是日喀则市人民政协事业开拓奋进、创新发展的重要一年。2016年，在中共日喀则市委的坚强领导下，在自治区政协的有力指导下，在市政府、市直有关部门和各县区政协的大力支持下，常委会始终高举爱国主义和中国特色社会主义伟大旗帜，组织动员全市各级政协组织和委员，深入学习贯彻党的十八大、十八届三中、四中、五中、六中全会和中央第六次西藏工作座谈会、自治区第九次党代会精神，学习贯彻习近平总书记系列重要讲话精神，特别是治国必治边、治边先稳藏的重要战略思想和“加强民族团结，建设美丽西藏”的重要指示，学习贯彻区党委、市委重大决策部署和市委主要领导关于政协工作的批示精神，按照市政协“12345”工作总体思路，团结和带领广大政协委员，紧扣促进和谐稳定发展这个中心大局履行职能，发挥作用，为进一步推进日喀则长足发展和长治久安作出了积极贡献。2016年常委会敢于担当、主动作为，突出工作重点，体现政协自身特色，主要表现在五个方面。一是抓住政协事业发展的新机遇，不断推进政协协商民主建设。党中央、区党委和市委高度重视人民政协工作，2016年区党委出台了《关于加强西藏人民政协协商民主建设的实施意见》，我们紧紧围绕区党委部署和市委要求，深入开展调查研究，结合日喀则市实际，探索提出了在日喀则市乡镇（街道）设立政协联络办意见，并经市委常委会专题研究同意《关于贯彻落实〈中共西藏自治区委员会办公厅关于加强西藏人民政协协商民主建设的实施意见〉的意见》，进一步明确了政协的使命定位、前进方向和协商内容，规范了政协协商的形式，强化了政协协商机制的保障，推进了日喀则市政协协商民主建设。二是全力支持配合换届工作，进一步加强基层政协组织和委员队伍建设。根据市委安排，市政协党组高度重视，专门成立县政协换届工作6个指导联系组，加强与市委组织部、统战部沟通协调，制定下发《关于认真做好县政协换届有关工作的通知》，对县政协委员名额分配等事宜提出指导意见，在换届前和换届之中，主席班子成员带领指导检查组深入各自指导联系点督促检查换届筹备情况，现场指导换届工作，了解工作中存在的困难和问题，为政协换届工作奠定了良好基础，确保了换届圆满完成。三是坚持协商格局，不断丰富创新政协协商民主载体。围绕市委、政府中心工作，加强视察调研与协商议政衔接，以调研促进协商质量、以协商促进调研成果转化，议题涉及经济社会发展各方面，采取各种协商形式联动配合，综合运用会议发言、互动交流等方法，逐步形成常态化的协商议政格局，全年共召开全体会议2次、常委会议4次、季度协商民主座谈会2次。四是深入开展“提升委员履职能力”“加强基层政协组织建设”活动，进一步提高委员履职能力，不断强化基层政协组织建设。以“两学一做”学习教育和县政协换届为契机，在去年委员中开展“两谈两促”基础上，2016年在全市政协系统开展了“提升委员履职能力”“加强基层政协组织建设”活动，严格执行《政协日喀则市委员会委员管理暂行办法》，建立完善委员履职考核机制，不断提升基层政协组织履职能力和水平，加强基层政协组织建设。五是加强汇报交流工作，增强政协履职实践的新能力。常委会积极主动汇报工作、建言献策，自治区政协原副主席公保扎西、副主席金世洵等领导到日喀则市视察调研期间，专门听取市政协工作汇报，充分肯定市政协工作，并提出更高要求；市委主要领导和常委会听取了解政协工作，对政协履职思路、工作成效充分肯定。第二部分：2017年，是实施“十三五”规划、打赢脱贫攻坚战、全面建成小康社会的重要之年。常委会工作的总体要求是：高举中国特色社会主义伟大旗帜，深入贯彻落实党的十八大、十八届三中、四中、五中、六中全会和中央第六次西藏工作座谈会精神，坚持以邓小平理论、“三个代表”重要思想、科学发展观为指导，贯彻落实习近平总书记系列重要讲话精神和治国理政新理念新思想新战略，贯彻落实习近平总书记“治国必治边、治边先稳藏”的重要战略思想和“加强民族团结，建设美丽西藏”的重要指示，贯彻落实自治区第九次党代会和市委一届五次全委会精神，坚持“五位一体”总体布局和“四个全面”战略布局，坚持党的治藏方略，坚持依法治藏、富民兴藏、长期建藏、凝聚人心、夯实基础的重要原则，把维护祖国统一、加强民族团结作为工作的着眼点和着力点，把推动日喀则长足发展和长治久安作为总体目标，紧紧围绕日喀则市实施“六大战略”、开展“六城共建”、推进“七区建设”和发展“七大产业”即“6677”工作思路，突出团结和民主两大主题，紧扣市政协“12345”工作总体思路，大力弘扬长征精神、“老西藏精神”“两路精神”和“珠峰精神”，认真履行政治协商、民主监督、参政议政职能，充分发挥政协协商民主的重要渠道和专门协商机构作用，不断推动政协工作创新发展，为建设和谐文明幸福美丽日喀则作出新贡献。一、坚定信念，绝对忠诚，打牢团结奋斗的思想政治基础。要始终坚持市委和政协党组的领导，加强爱国主义和中国特色社会主义理想信念教育，不断巩固共同思想政治基础，汇聚反对分裂、维护祖国统一和民族团结、建设和谐文明幸福美丽日喀则的最强正能量。要组织动员全市各级政协组织和广大委员，把学习宣传贯彻落实党的十八届六中全会、自治区第九次党代会和市委一届五次全委会精神作为当前头等大事和首要政治任务，深刻理解把握、贯彻落实党的十八届六中全会正式提出“以习近平同志为核心的党中央”的重大意义和自治区第九次党代会提出必须忠诚“一个核心”的要求，教育引导全市政协组织和广大委员牢固树立“四个意识”，在思想上拥戴核心，在政治上信赖核心，在组织上忠诚核心，在行动上捍卫核心，更加紧密地团结在以习近平同志为核心的党中央周围，更加坚定地维护以习近平同志为核心的党中央权威，更加坚决地与以习近平同志为核心的党中央保持高度一致，切实把智慧和力量凝聚到建设和谐文明幸福美丽日喀则上来，不断巩固日喀则市各族各界干部群众共同思想基础。二、深入开展反分裂斗争，为维护社会稳定贡献力量。要牢固树立稳定压倒一切思想，把深入开展对达赖集团斗争、实现社会局势的持续长期全面稳定作为市政协工作的首要任务和第一责任，充分发挥人民政协的特殊优势，深入揭批十四世达赖政治上的反动性、宗教上的虚伪性、手法上的欺骗性，教育引导广大委员、各族干部群众自觉与十四世达赖和达赖集团划清界限。要注重发挥人民政协在开展民族宗教工作方面的优势，全面参与创建民族团结进步模范市工作，积极促进边境地区和人口较少民族地区的经济社会发展。要积极参与宗教领域相关工作，团结教育信教群众，维护正常宗教秩序，引导宗教与社会主义社会相适应。要协助党委、政府开展政策宣传、释疑解惑、理顺情绪等工作，积极化解各类矛盾纠纷，维护社会和谐稳定。要提高维稳政策的贯彻力和执行力，全方位落实机关维稳安保任务和措施，确保持续和谐稳定。三、服务大局，突出重点，充分发挥政协优势作用。要坚决贯彻习近平总书记“懂政协、会协商、善议政”的重要指示要求，自觉围绕推动日喀则长足发展和长治久安献计出力。坚持把推动经济社会发展作为履行职能的第一要务，瞄准安居乐业、保障有力、家园秀美、民族团结、文明和谐的小康日喀则目标，紧扣日喀则市“6677”工作思路，深入开展视察调研，积极协商议政。要进一步重视和加强委员提案和社情民意信息工作，鼓励和支持广大政协委员深入农牧区和基层一线，围绕改善民生提出提案、反映社情民意，引导政协委员说真话、说管用话，充分发挥政协提案和社情民意在实现和维护群众利益方面的积极作用。要切实强化民主监督职能，主动适应社会主义民主政治建设和政协事业发展需要，加强和改进政协民主监督，以专委会为依托，以会议、调研、视察、提案、信息、大会发言、新闻报道等为载体，围绕提高政府公信力、“十三五”规划贯彻执行以及人民群众反映强烈的重点难点问题，事关社会公平、司法公正的重要问题，依章程积极开展具有监督性的履职活动，如实反映情况，坦率提出批评和建设性意见，促进相关工作的改进和加强。要加强提案“提、立、办、督”四个环节工作，提升提案质量、服务质量和办理质量，增强提案办理实效，切实发挥政协提案应有作用。要扎实做好文史资料工作，按照市政协首届文史资料培训会议要求，坚持“三亲”原则，认真挖掘、收集、整理、出版日喀则独特人文史料，争取出版发行《后藏民营企业》《后藏温泉》等后藏系列文史资料，发挥好其“存史、资政、团结、育人”作用。四、立足实际，不断加强政协协商民主建设。要站在推进社会主义协商民主建设的全局高度，继续学习贯彻中央《关于加强社会主义协商民主建设的意见》《关于加强人民政协协商民主建设的实施意见》和中共西藏自治区委员会办公厅《关于加强西藏人民政协协商民主建设的实施意见》等精神，立足实际，在原有政协协商民主基础上，平稳有序推进日喀则市政协协商民主建设。坚持协商民主的理念和原则，积极配合市委、政府认真制定和实施2017年度协商工作计划，发挥好政协协商民主重要渠道和专门机构作用。继续强化组织召开市政协季度协商民主座谈会，尝试创新举办议政性常委会议，加强县区政协协商民主建设，完善协商民主体制机制，不断深化日喀则市政协协商民主建设。五、着力加强自身建设，积极推进政协工作创新发展。要把专委会和机关“四位一体”建设作为固本之举和创新之举，不断提升政协工作科学化水平。提供更多委员知情明政、履职尽责平台，继续严格执行《委员管理暂行办法》，建立健全委员履职考核制度，极大调动政协委员履职积极性、主动性。继续强化专委会建设，提升专委会专题视察调研和协商议政水平，不断增强政协视察调研和协商议政实效。加大政协委员履职培训力度，全面提高委员素质和履职水平。认真贯彻落实市委《关于贯彻落实中共西藏自治区委员会办公厅〈关于加强西藏人民政协协商民主建设的实施意见〉的意见》，加强与市委组织部等部门协调，在日喀则市各乡镇（街道）设立政协委员联络办，加强基层政协组织建设和政协委员管理，为充分发挥基层政协委员履职作用奠定基础。继续在全市政协系统深入开展“提升委员履职能力”“加强基层政协组织建设”活动。继续巩固“两学一做”学习教育成果和深入开展“讲学习、讲忠诚、正风纪、转作风、提效能”主题活动，进一步加强政协机关自身建设，切实转变机关工作作风，提升工作效能。坚决贯彻全面从严治党要求，认真学习贯彻党章和《关于新形势下党内政治生活的若干准则》《中国共产党党内监督条例》，贯彻落实中央八项规定和区党委“约法十章”“九项要求”和市委、政府《关于改进工作作风密切联系群众的实施办法》，强化机关党风廉洁建设，努力营造机关党风廉洁建设浓厚氛围，始终把政治纪律和政治规矩挺在前面，做到令行禁止、风清气正。

提案工作情况报告（2016年12月28日）（摘要） 一、2016年提案办理协商情况。市政协一届二次会议以来，在自治区政协的精心指导和市委的坚强领导下，常委会组织动员广大委员深入贯彻落实中共十八大和十八届二中、四中、五中、六中全会精神，学习贯彻中央第六次西藏工作座谈会精神，学习贯彻习近平总书记系列重要讲话和自治区第九次党代会精神，紧紧围绕市委、市政府中心工作和关系人民群众切身利益的问题，切实运用提案协商议政，履职建言，共提交提案154件，审查立案112件、并案7件、撤案10件、转为意见建议25件。总体来看，这些提案主题鲜明、内容丰富、涉及面广，重点聚焦全面建成小康社会，紧密关注事关人民群众切身利益的热点、难点问题。经过办理，产生了良好的经济、社会和生态效益，为推进日喀则长足发展和长治久安发挥了积极作用。二、一届政协以来提案工作主要做法。（一）重基础，提高提案撰写质量。常委会始终把提高提案质量作为提案工作的重点，坚持从基础性工作入手，围绕提高提案质量从多方面作出努力。以召开一届三次全委会议为契机，组织与会委员围绕提案的基本概念、提案质量方面存在的主要问题以及如何撰写高质量提案等内容进行专题培训，引导委员充分认识提案的性质、地位和作用，准确把握提案撰写技巧，为提高提案质量夯实了基础。全面贯彻落实《市政协提案工作条例》有关规定，严把提案“入口关”，严格执行立案标准和初审、复审、会审制度，不搞凡提必立，以高标准保证立案质量。同时，加大提案撤并转力度，对一些案由相同、内容相近的提案作并案处理，对有些问题已经解决或内容单薄空泛的提案，作撤案处理，对一些不宜作为提案提出的，以意见、建议形式转送相关部门解释答复或工作参阅。积极邀请市委督查室、市政府办公室督查科和提案办理“大户”提前介入提案审查、登记、分类、交办等工作环节，充分听取各方意见、广泛汇聚集体智慧，以高标准立案保证提案质量。（二）重落实，创新提案办理形式。常委会不断增加协商密度、扩展协商形式，着力构建参与广泛、层次分明、重点突出、讲求实效的提案办理协商新格局。市政协主要领导积极带领市政协办公室、提案委员会和市委、市政府办公室督查部门有关同志，深入定结县等地对重点提案进行深入调研，实地协调解决有关问题，有力地促进了提案办理协商工作。切实推动重点提案办理落实，围绕事关大局、群众关心的重点难点问题，经过主席会议审议，确定了3件重点提案。其中，关于解决跨县乡扶贫搬迁户草原生态保护奖励资金的提案，市政协领导带领相关部门负责同志先后深入萨迦、谢通门等4个县（区）、5个乡及相关部门，进行视察调研，现场督办，并形成了专题调研报告上报市委、市政府。市政协各专门委员会主动参与提案工作，协同开展提案办理协商，积极组织委员开展视察调研，提供知情服务，引导委员立足实际，把握定位，认真撰写提案，进一步形成了提案工作协调发展的整体合力。（三）重协调，确保提案办理质量。市政协主席会议切实将提案工作列入重要议事日程，认真听取提案工作情况汇报，研究提案工作重要问题，精心安排部署提案办理落实工作。市政协主要领导专门出席提案交办会议并讲话，从强化责任意识、加强协作配合、提高办理质量等方面向提案承办单位提出具体要求。提案委员会充分发挥联系承办单位与界别群众之间的桥梁纽带作用，加强与市“两办”及有关部门的协商沟通，坚持帮办与协办相结合，跟踪问效与回访相结合的办法，有效地促进了提案的办理落实。市委、市政府督查部门切实把提案办理纳入重点督查内容，强化领导、健全制度、落实责任，密切跟踪了解提案办理进展情况，积极推动办理落实。三、提案工作主要成效。（一）聚焦经济建设，促进科学发展。委员们围绕经济发展中带有全局性、根本性、前瞻性的重点、难点问题，紧扣转方式、调结构、加快重点项目建设、发展特色优势产业等方面咨政建言，提出提案30件。（二）关注民计民生，促进和谐稳定。委员们高度关注民计民生，围绕医疗卫生、文化教育、社会保障、公共服务等方面建言献策，提出提案39件。（三）着眼市政环保，促进生态建设。委员们牢固树立生态优先理念，围绕保护生态环境，建设美丽日喀则，促进城区合理规划等方面建言献策，提出提案19件。四、提案工作主要体会。2016年工作实践，使我们深切体会到，只有把强化组织领导作为提案办理协商的根本前提，把围绕中心、服务大局作为提案办理协商的重要原则，把增强实效作为提案办理协商的具体目标，把制度化规范化程序化作为提案办理协商的可靠保证，才能不断提升提案工作科学化水平。五、2017年提案工作思路。（一）加强学习教育，筑牢思想政治基础。坚持以“两学一做”学习教育和“讲学习、讲忠诚、正风纪、转作风、提效能”主题活动为重要载体，把学习贯彻党的十八届六中全会、习近平总书记系列重要讲话、自治区第九次党代会、市委一届五次全委会精神作为首要政治任务，吃透精神、领会实质、融会贯通，切实把上级精神转化为推动提案工作的强大动力、科学思路和有效举措，增强通过提案履行职能的思想自觉、政治自觉和行动自觉。（二）坚持质量至上，增强建言献策实效。以市委“6677”发展思路为引领，紧紧围绕市委、市政府中心工作，精心选择视察调研课题，认真组织委员开展调查研究和咨询论证，积极反映群众愿望和呼声，努力提出有价值、有分量的提案，推动提案从数量型向质量型转变。（三）加大督办力度，增强办理协商实效。坚持和完善市政协领导领衔督办重点提案制度，推动承办单位负责人领办重要提案，促进有关问题及时解决。积极运用市政协“季度协商民主座谈会”议政模式，推进提案办理协商，增强提案办理协商实效性。认真组织遴选重点提案，充分发挥重点提案办理的示范带动作用，以点带面，带动面上提案深入协商办理。认真办理转方式、补短板和保稳定、促和谐的提案。加强民生类提案的办理协商，助推市委、市政府惠民生工作任务的落实。（四）积极创新实践，完善提案工作机制。大力推进提案工作制度化规范化程序化进程，认真修订完善《提案表彰实施办法》，研究制定《提案征集办法》《提案审查工作细则》《重点提案督办实施细则》，进一步细化提案审查和立案标准，完善规范提案的撤、并、转工作。（五）加强自身建设，提升办理协商能力。加强提案委员会履职能力建设，进一步提高提案工作队伍的政治理论水平和业务工作能力，努力为提案者、承（协）办单位提供优质服务。加强“提”“办”双方的团结协作、密切配合，为“提”“办”双方开展协商搭建平台、创造条件，努力形成各方重视协商、乐于协商、积极协商的良好局面。

【组织概况】 一届日喀则市政协常委会免职决定

（2016年4月18日政协第一届日喀则市委员会常务委员会第七次会议审议）

鉴于夏德敖同志因病提前退休等原因，根据政协《章程》规定，政协第一届日喀则市委员会常务委员会第七次会议决定：

免去夏德敖同志政协第一届日喀则市委员会经济资源环境社会教科文卫委员会主任职务，其担任的常务委员、委员职务自然免去。

（2016年9月27日政协第一届日喀则市委员会常务委员会第八次会议审议）

鉴于罗布同志经组织批准退休，根据政协《章程》规定，政协第一届日喀则市委员会常务委员会第八次会议决定：

免去罗布同志政协第一届日喀则市委员会副主席职务，其担任的常务委员、委员职务自然免去。

鉴于尼玛旺拉同志经组织批准退休，根据政协《章程》规定，政协第一届日喀则市委员会常务委员会第八次会议决定：

免去尼玛旺拉同志政协第一届日喀则市委员会经济资源环境教科文卫委员会副主任职务。

鉴于赵占文同志因工作岗位变动，根据政协《章程》规定，政协第一届日喀则市委员会常务委员会第八次会议决定：

免去赵占文同志政协第一届日喀则市委员会副主席职务，其担任的常务委员、委员职务自然免去。

一届日喀则市政协常委会任职决定

（2016年4月18日政协第一届日喀则市委员会常务委员会第七次会议审议）

因工作需要，根据政协《章程》规定，经政协第一届日喀则市委员会常务委员会第七次会议协商决定：

次仁吉宗同志任政协第一届日喀则市委员会提案委员会副主任。

（2016年9月27日政协第一届日喀则市委员会常务委员会第八次会议通过）

因工作需要，根据政协《章程》规定，经政协第一届日喀则市委员会常务委员会第八次会议协商决定：

旺堆同志任政协日喀则市委员会经济资源环境社会教科文卫委员会主任。

一届日喀则市政协常委会增补一届市政协委员决定

（2016年4月18日政协第一届日喀则市委员会常务委员会第七次会议审议）

因工作需要，根据政协《章程》规定，政协第一届日喀则市委员会常务委员会第七次会议决定：

增补邱林同志为政协第一届日喀则市委员会委员。

一届日喀则市政协常委会增补一届市政协常

务委员决定

（2016年9月27日政协第一届日喀则市委员会常务委员会第八次会议审议）

因工作需要，根据政协《章程》规定，政协第一届日喀则市委员会常务委员会第八次会议决定：

增补旺堆、普次旦、普确、旺加布、次仁、扎西、次优、吕世瑞、吴顿、巴桑、拉巴次仁11名同志为政协第一届日喀则市委员会委员（党内），增补旺堆同志为政协第一届日喀则市委员会常务委员人选。

旺堆同志为常委人选将提交政协第一届日喀则市委员会第四次全体会议选举。

一届日喀则市委员会常务委员会接受一届市政协委员辞职的决定

（2016年12月27日政协第一届日喀则市委员会常务委员会第九次会议审议）

因工作岗位变动和身体原因，杨树、冀爱芬、大片多3位同志申请辞去政协第一届日喀则市委员会委员职务。根据政协《章程》规定，经政协第一届日喀则市委员会常务委员会第四次会议协商决定：

同意接受杨树、冀爱芬、大片多3位同志辞去政协第一届日喀则市委员会委员职务，并报政协第一届日喀则市委员会第四次会议备案。

一届日喀则市委员会常务委员会撤销一届市政协委员资格的决定

（2016年9月27日政协第一届日喀则市委员会常务委员会第八次会议审议）

曲扎，男，藏族，1960年4月出生，西藏仁布县人，中共党员，日喀则市仁布县帕当乡康阿村党支部书记，中国人民政治协商会议第一届日喀则市委员会委员。

曲扎因涉嫌挪用公款罪，根据《中国人民政治协商会议章程》有关规定，按照《政协日喀则市委员会委员管理暂行办法》规定，经中国人民政治协商会议第一届日喀则市委员会常务委员会第八次会议讨论，决定撤销曲扎政协第一届日喀则市委员会委员资格，并报政协第一届日喀则市委员会第四次会议备案。

日喀则市各级政协组织和委员数

（截至2016年底）

项目＼级别	市	区（县）	合计
组织数	1	18	19
委员数	256	1609	1865

（巴　顿　赖开兵）

中共日喀则市纪律检查委员会

【概况】　中共日喀则市纪律检查委员会与市监察局合署办公，内设有办公室、组织部、宣传部、审理室、党风政风监督室、第一纪检监察室、第二纪检监察室、第三纪检监察室、信访室、案件监督管理室、纪检监察干部监督室共计11个室（部）。

【政治生态】　学习教育。市纪委常委会深入开展学习教育，保持先进性和纯洁性，提高党员干部的凝聚力和战斗力，以精准把握党章党规为根本，深入开展“讲学习、讲忠诚、正风纪、转作风、提效能”主题活动，深入贯彻落实党的十八届六中全会精神，深入学习习近平总书记系列重要讲话精神，把握内涵和核心要义，结合实际，学以致用，知行合一，进一步坚定理想信念，提高思想觉悟，切实增强“四个意识”，在思想上拥戴核心、政治上信赖核心、组织上忠诚核心、行动上捍卫核心，始终同以习近平同志为核心的党中央保持高度一致。

警示宣传教育。印发《警示教育读本》2000册、《党员领导干部学习资料选编》650册、《十八届六中全会资料汇编》2000册、《纪律审查工作手册》650册，加强对党员干部特别是党员领导干部的廉政教育。通过日喀则纪检监察网、官方微博、微信公众平台等发布各类反腐倡廉信

会议表决通过马陵田同志代表一届市纪委常委会所作了工作报告

息549条，纪检监察网点击量达39万余次；通过日喀则电视台播出《作风建设在西藏》《永远在路上》等廉政记录片8次，通过日喀则报及时报道新修订的党内法规全文以及解读11期，营造了广大干部群众积极参与和支持党风廉政建设的浓厚氛围。先后点名道姓通报典型违纪案例11起，对案例深度剖析，切实发挥案例的警示教育作用，达到了查处一起、警醒一片的效果。

【“两个责任”】 主体责任。市委把党风廉政建设和反腐败工作纳入经济社会发展和党的建设总体布局，作为全面从严治党的重要内容，与灾后重建、扶贫攻坚、产业发展等中心工作同部署、同落实。市委书记张延清高度重视党风廉政建设和反腐败工作，带头履行“第一责任人”责任，突出表率引领作用，重要工作亲自研究、重大问题亲自过问、重点环节亲自协调、重要案件亲自督办。听取党风廉政建设和执纪审查工作汇报35次，批示重大案件、重要信访件和重点工作26次。深入全市18个县区和54个乡镇，把党风廉政建设情况作为调研的重点内容之一，认真查摆问题、当场进行点评、及时作出部署，推动了各级党组织有效落实主体责任。

执纪监督。2016年，市纪委共受理信访举报和问题线索350起，初步核实313件，谈话函询31件，立案88件，给予党纪政纪处分112人，其中给予重处分17人，开除党籍和公职5人，立案审查县处级干部28人。

执纪审查。对全市11个“零立案审查”县纪委书记进行了约谈，并召开了执纪审查工作推进会和座谈会，认真学习了王拥军书记在地市纪委书记工作汇报会上的讲话，通报了各县区纪委执纪审查情况，重点安排部署了执纪审查工作，达到了交流经验、明确思路、统一思想、传导压力的目的。截至2016年12月，全市18个县区纪委均有立案审查件，最多的达11件，全面消除了“零审查”问题。

“四种形态”。制定出台了《关于运用监督执纪“四种形态”的实施意见》《日喀则市纪委诫勉谈话办法（试行）》和《日喀则市纪委函询谈话办法（试行）》，施行“一案两书两报告”，为运用好“四种形态”提供制度保障。全年谈话函询31人，谈话提醒687人，诫勉谈话75人，给予轻处分95人。针对重要典型案件，要求撰写《审查对象忏悔书》《纪律检查（监察）建议书》和《关于审查对象违纪问题的审查报告》《关于对案发单位、部门问责建议报告》，把警示教育、案件剖析、整改建议、追责问责等融入到执纪审查工作中。

责任追究。深入贯彻落实《中国共产党问责条例》，市委印发了《日喀则市关于学习宣传贯彻〈中国共产党问责条例〉的实施方案》，形成浓厚氛围，市纪委严抓追责问责，层层传导压力，用问责倒逼责任落实，释放了有权必有责、有责要担当、用权受监督、失责必追究的强烈政治信号。2016年，对责任落实不到位问题立案12件，给予党纪政纪处分30人，约谈21人，给予诫勉谈话10人，通报3人。

市纪委副书记索朗同志宣读了中共共产党第一届日喀则市纪律检查委员会第五次全体会议公报（草案）

【纪律和作风建设】 政治纪律。印发《关于认真贯彻执行〈关于共产党员违反政治纪律行为的处分规定〉的通知》，要求全市各级各部门和广大党员干部把政治纪律作为政治方向、政治立场、政治言论、政治行为方面必须遵守的首要规矩。把违反政治纪律和政治规矩问题作为执纪审查重中之重，在坚守党的政治纪律方面一寸不让，凡是违反政治纪律问题线索单独统计、专项管理、快速核查、从严处理，坚决维护党中央、区党委和市委权威，确保党员干部队伍的先进性和纯洁性。

换届纪律。市纪委把换届风气作为监督重点，召开常委扩大会议，专题研究部署，下发《关于在县乡换届工作中加强执纪监督问责的通知》，提出了严明的纪律要求。市纪委选派4名干部全程参与全市换届风气巡回督导工作，选派25人次参与换届干部考察工作。严把“党风廉政审核关”，对2061名换届拟任用干部和12171名县区“两代表一委员”进行了廉政审核，对2358名干部进行了任前廉政谈话，确保了换届顺利进行。

纠正“四风”问题。采取专项检查、联合督查、明察暗访等方式，开展监督检查340余组次，查处了违反中央八项规定精神问题13起，给予党纪政纪处分7人，组织处理20人；严肃查处了发生在群众身边的不正之风和腐败问题线索61起，给予党纪政纪处分15人，组织处理23人，促进干部作风不断改善、党风政风持续好转。

【体制改革】 政治巡察。按照区党委《关于建立地市委巡察制度的意见》精神，成立了市委巡察工作“五人小组”、巡察工作领导小组、巡察工作办公室以及4个巡察组，制定了巡察工作实施办法、工作计划。2016年，先后组织三轮、对涵盖市、县、乡三级的43家单位开展了政治巡察，发现“三大问题”“六项纪律”方面的问题683个。其中第一、二轮反馈问题508条，已完成整改503条，整改率达99.01%，巡察震慑、遏制、治本作用有效显现。坚决按照市委安排部署，认真贯彻落实市委《关于建立县区委巡察制度的意见》，稳步推进县级巡察工作，推动党内监督向基层延伸。

派驻机构改革。为进一步完善派驻机构全覆盖，按照自治区纪委要求，主动请示市委，积极协调市委组织部、市编办等部门，在全面摸清市一级党和国家机关职能配置、人员编制等底数的情况下，严格按照“全覆盖”的要求，制定了《关于全面落实中共日喀则市纪委向市一级党和国家机关派驻纪检机构的方案》，目前已报自治区纪委审批。

【专项监督检查】 公车标识。从2016年9月初起，利用1个月的时间，分两个阶段对各市（中、区）直单位、各县区、乡镇公务用车进行了公车标识喷涂工作。按照日喀则市《推进喷涂工作时限表》，共对3114辆公务用车完成喷涂工作，公布举报电话，制定接访制度，全市公车直接亮明身份，公开接受社会和群众监督。

“两项资金”和“一项重点工作”专项督查。市委成立了由市委常委、市纪委书记任组长，市发改、财政、扶贫、审计、民政、人民银行、农业银行等部门主要负责同志为成员的日喀则市扶贫开发和灾后恢复重建资金监督检查领导小组，设立领导小组办公室，抽调4名干部专门负责办公室日常工作。成立专项检查组，对18个县区、54个乡镇、162个村（居）扶贫资金和灾后重建资金落实情况进行监督检查，共发现问题43起，并分别提出了督查建议，责令及时整改，推动苗头性倾向性问题及时得到解决，确保“两项资金”运行安全、群众受益。

吉隆口岸建设作为全区重点工作，市纪委联合吉隆县纪委加强对吉隆口岸相关工作情况的督导检查，重点对6项未按时完成、6项需进一步整改、3项已列入跟踪督办的共计15项工作任务开展督查，每半月上报一次推进情况。

【队伍建设】 人员配备。印发《关于加强和改进基层纪检机关建设的实施意见》，全市18个县区纪委监察局共配备纪检监察干部252人，平均每个县区14人，204个乡镇配备纪检干部586人，1673个村（居）按照“小村3人、大村5人”原则，配齐了村民监督委员，足额落实误工补贴，切实增强了基层纪检机关执纪监督力量。

制度建设。建立了《日喀则市纪委监察局信访举报工作规程（试行）》等执纪审查类9项、《日喀则市纪委监察局机关运行规则（试行）》等办文办公类4项、《公务用车管理办法（试行）》等行政后勤类7项、《日喀则市纪委机关跟班学习办法（试行）》等组织人事管理类4项，共24项制度。调整了委局各纪检监察室联系县区和市直单位，建立了委局各常委分片联系指导县区纪委和派驻纪检组制度。

自身监管。增设纪检监察干部监督室，配备了3名有执纪监督经验的干部。2016年，干部监督室查办有关纪检监察干部问题线索3起，其中立案1起，谈话函询1起，问责通报1起。

业务培训。建立干部教育培训信息库，将所有参加调训、以案代训、跟班学习的干部培训信息全部登记在案，并长期保存。选派1名干部到黑龙江省挂职锻炼，选派86名干部到区外培训，组织40名干部到自治区纪委、市纪委跟班学习，组织369名干部参加了区内培训，其中，联合市委党校举办两期纪检监察干部执纪监督问责能力提升培训班，对县（区）纪委书记、派驻纪检组长、乡镇纪委书记共260人进行了集中培训。

仁青休布错晨曦

对口援藏

山东援藏工作

【工作综述】 山东省第八批71名援藏干部人才自6月25日进藏以来，深入学习贯彻以习近平同志为核心的党中央治国理政新理念新思想新战略，深入学习贯彻习近平总书记治边稳藏重要战略思想，在省委省政府关心支持下，在日喀则市委市政府坚强领导下，克服高原反应，牢记使命重托，及时转变角色、全力以赴工作，实现了新一批援藏工作的良好开局。

迅速调整融入援藏工作 全面贯彻落实中央精神和自治区党委、日喀则市委关于援藏工作决策部署，吃透上情、摸清下情，结合实际开创性地把工作谋划好、启动好。一是深入开展调研。全体援藏干部进藏后，在领队冯继康同志的带领下，第一时间深入省重点援藏项目现场调研，深入日喀则市发改委、市住建局、农牧局等援藏项目承建单位开展座谈交流，了解项目进展情况、征求有关意见建议。济南、青岛、潍坊援藏工作组深入开展调研月活动，淄博援藏工作组组织开展“五进五访”调研活动，烟台援藏工作组先后与10多个县直部门负责人进行座谈，摸实情、访民意，寻找对接援藏工作的着力点和结合点。二是明确援藏思路。围绕增强援藏工作的科学性、针对性和持续性，我们在广泛调查研究、征求意见和继承发扬历批援藏经验做法的基础上，确立了“一二三四五”的援藏思路，即围绕一大主题、实现两个目标、坚持三个结合、做好四篇文章、突出五大重点。围绕一大主题，就是把学习贯彻中央第六次西藏工作座谈会精神和习近平总书记系列重要讲话精神作为全部工作的主题；实现两个目标，就是助力日喀则市到2020年全面建成小康社会，实现援藏干部人才素质能力的全面提升；坚持三个结合，就是坚持“输血”与“造血”相结合，坚持“请进来”与“走出去”相结合，坚持基础建设与素质提升相结合；做好四篇文章，就是全力做好科学援藏、务实援藏、真情援藏、接续援藏四篇文章；突出五大重点，就是突出精准扶贫、民生改善、特色产业、智力支援、交流交融工作重点。三是做好交接延展。省第八批全体援藏干部人才入藏后，虚心向第七批援藏干部人才请教，全方位做好援藏工作和援藏项目的交接对接，尤其是对上批重点援藏项目进行全面梳理，对尚未完成的项目做好收尾工作，对需要追加投入、当地亟需的重大项目，进一步做好项目延展和提升工作。在光伏产业、特色农牧业、生态产业、公共职业教育等方面，坚持一批接着一批干、一张蓝图绘到底，推动这些经得起实践检验、惠民利民的援藏举措持续落实见效。全年援藏投入资金2.9亿元，实施援藏项目72个，其中民生项目50个、援藏资金2.1亿元，投向基层项目52个、援藏资金2.2亿元，有力地改善了当地农牧区群众生产生活条件，实现了良好的经济效益、社会效益和生态效益。

履行任职单位职责 省第八批全体援藏干部人才，在当地党委政府的领导支持下，聚焦重点任务和中心工作，安下心来、扑下身子，融入西藏、融入工作，在一线上挑大梁、在实践中担重任，发挥出自身的优势和作用。一是日常工作不缺位。进了日喀则门就是日喀则人。各受援单位对援藏干部人才高度重视，在工作分工、维稳值班、急难险重等工作安排中，与当地干部同岗、同责、同分工、同管理、同考核，为援藏干部施展才华和作为搭建起宽阔的平台。全体援藏干部人才十分珍视援藏时光，珍惜任职锻炼的机遇，各项工作不甘落后，积极参与班子决策，带头落实任务责任，认真参加组织生活，在带队伍、抓落实、树形象等方面，起到了很好的示范引领效果。二是急难险重敢担当。担任市县单位领导班子成员的援藏干部，均被委以重任，分管矛盾大、困难多、任务重、挑战强的工作，使他们在解决难题、完成急难任务中经受了锻炼和考验。其他援藏干部人才也分别在不同岗位上施展作为、贡献力量，尤其是在重特大泥石流灾害、地震灾区恢复重建、招商引资、专业技术传授等方面，敢于担当、尽职履责，发挥了挑梁、承重、突击队的业务骨干作用，得到当地干部群众的普遍认可和称赞。三是作风建设走在前。继承发扬“快乐援藏”理念，坚持“海拔高，目标更高；风沙硬，作风更硬”，缺氧不缺精神、艰苦不怕吃苦、苦干而不苦熬，不急不躁、不懈不怠，始终以昂扬的斗志、蓬勃的激情、冷静的态度投入工作。全体援藏干部人才积极投身“两学一做”学习教育、日喀则市“讲学习、讲忠诚、正风纪、转作风、提效能”主题活动，积极参加“弘扬珠峰精神、践行先锋标准、岗位建功立业”大学习大讨论，带头学习研讨、撰写体会文章、组织宣传宣讲，进一步树立起山东援藏干部的良好形象。省第八批援藏干部中心管理组被日喀则市委、市政府授予“民族团结进步模范集体”荣誉称号。

增强内生发展动力 坚持把产业援藏与日喀则市产业发展战略对接起来，立足当前、着眼长远，精心做好农牧产业、清洁能源、文化旅游援藏三篇文章。为此，我们专门成立了山东援藏项目建设领导小组，加强制度机制建设、完善项目管理流程，全面领导和协调山东援藏项目建设。在充分调研和全面对接的基础上，召开了山东援藏“十三五”规划编制座谈会，根据日喀则市产业发展需要和工作要求，进一步修改完善了援藏规划，使援藏项目进一步向特色优势产业倾斜。一是着力推进种养加业发展。推动日喀则市成立了珠峰有机种养加业领导小组，冯继康同志牵头担任领导小组组长，发挥日喀则发展生态有机农牧产业得天独厚的先天优势，坚持高端定位、优质优价，突出市场运作、龙头带动、品牌引领，全力做大、做强、做深、做优生态有机种养加业。争取山东省农科院和山东省科技厅的支持，依托山东省农科院编制完成《白朗县现代产业发展总体规划》及《白朗县现代农牧业发展控制性详细规划》。在白朗县推广普及5428座蔬菜大棚和1万亩露天蔬菜的标准化生产技术，为26个蔬菜种植基地农户提供果蔬幼苗120万株，惠及1000多户菜农。以桑珠孜区农业科技示范园为载体，实施“互联网+现代农业”示范工程，围绕打造高原生态有机农产品品牌，引进海藻肥500吨在桑珠孜区进行示范推广，提高农产品质量和效益，促进了农牧业持续稳定增收。引进潍坊金丝达实业有限公司，着力推动实施了南木林“湘河谷”经济林生态产业扶贫示范项目。二是着力推进清洁能源业发展。围绕日喀则市委市政府《关于发展壮大“七大产业”的意见》，发挥日喀则光照条件充足优势，与桑珠孜区政府共同规划建设“光伏+生态设施农业扶贫示范园”，占地总面积6.5万亩，一期计划开发600兆瓦，投资72亿元。加强园区基础设施建设，引进山东力诺集团、青岛昌盛日电集团、三峡集团等12家新能源企业入园。三是着力推进文化旅游业发展。开展第十四届珠峰文化旅游节招商引资活动，组织山东15家企业赴日喀则洽谈考察，共签约意向项目6个。邀请山东知名艺术家参加珠峰文化旅游节开幕式演出，促进鲁藏人民经济文化的交流交往交融。加强后藏

文物保护，支持桑珠孜区对金银铜器、藏香、藏毯、唐卡等非遗文化产业的传承保护和发展。支持桑珠孜区建设村级文化大院6处，覆盖服务城乡居民861户4612人，丰富了群众文化生活、净化了社会风气。

着力改善生产生活条件　中央和西藏自治区党委要求把保障和改善民生作为援藏工作的出发点和落脚点，将80%以上的资金向农牧区倾斜、向民生倾斜，而教育和医疗又是民生援藏重中之重的任务。在教育援藏方面，我们进一步加大了人力、物力和资金的投入，着力提升当地教育发展水平。投入2117万元，在桑珠孜区规划建设了齐鲁幼儿园，总建设面积6740平方米，目前学龄前入园儿童已达456名。组织山东省50名教师赴日喀则第一高级中学进行支教，同时从日喀则5县区选派30名中小学骨干教师赴内地参加为期一年的跟岗挂职培训，“组团式”教育援藏工作全面铺开。推进教育信息化建设，实施“空中课堂”建设工程，桑珠孜区与青岛市中小学进行空中课堂连线对接，实现优质教育资源共享。推动青岛市教育机构与桑珠孜区结对帮扶，组织6所中小学与青岛市学校结成帮扶对子，与青岛市创客联盟学校达成协议，支援桑珠孜区中小学校建设创客教室，开展创客教育和素质教育。从聂拉木县选派了10名优秀学生和2位老师到烟台进行学习交流活动。在昂仁县举办了“圆梦行动”助学金发放座谈会，为15名品学兼优的大学生发放助学金45000元。组织中国政法大学小树苗支教团队到南木林县一中开展文化、体育支教活动。协调潍坊电力公司为南木林县捐赠价值5万元电脑、40万元的棉衣和棉鞋以及15万元的越野车一辆。在医疗援藏方面，我们自我加压，主动拓展“组团式”医疗援藏形式，努力推进医疗援藏向县区基层延伸。制定了“组团式”医疗人才援藏工作规划，计划用三年的时间，通过“三同步”（即巡回流动医疗与医疗设施建设同步进行，县域内南北规划布局两个卫生中心同步进行，加强医疗技术人员队伍建设与通过等级评审复审同步进行），实现“一二三”（即通过巡回流动医疗、远程会诊等方式，开展常见病普查、医学知识宣传、急症救治，一年内初步实现“小病不出县”和“两降一升”）的医疗人才“组团式”援藏工作目标。从山东省选派4名精神卫生临床专家赴日喀则市县区乡镇基层开展义诊，先后复核诊断、评估分型精神疾病患者196例。从山东省选派30名医疗专家到受援五县区开展包虫病流行病学现场调查，共调查40个村约8000人，基本摸清了包虫病流行状况，为制定包虫病防治措施提供了重要参考。组织开展了山东“2016西藏光明行”活动，选派6名眼科医疗专家到受援县区为白内障患者免费实施手术80多例。组织青岛大学医学院附属医院等医疗机构的14名专家，指导桑珠孜区人民医院迎接西藏自治区二级甲等医院评审。为桑珠孜区乡镇卫生院购买330套便携式血压计等医用器材，向南木林县医疗系统捐赠价值260万元的医疗设备。组织专家开展儿童先天性心脏病筛查。协调烟台毓璜顶医院为聂拉木县援助一台价值50万元的救护车一辆，解决山区灾民救助难的问题。

着力深化鲁藏人民情谊　促进藏鲁两地人民交往交流交融始终是援藏工作的题中之义。我们采取“请进来”、“走出去”的方式，广泛开展“鲁藏一家亲”交流活动，用心用情交流交往，促进鲁藏两地思想文化交往、增进彼此了解和友情。请进来方面，我们充分利用文化展演节点、交流考察时机，组织山东文化艺术家前来传经送宝、开展文化交流活动。在第十四届西藏珠峰文化旅游节期间，组织邀请了山东文艺代表团、媒体代表团前往日喀则参加演出和采访活动。组织协调山东文化艺术代表团赴日喀则对接交流工作，在促进鲁藏文艺交流、人才培训、产业对接、结对帮扶等方面达成多项合作意向，来自山东省美协、书协和摄影家协会的艺术家挥毫泼墨，为当地留下珍贵作品。邀请省文化厅文化产业考察团，调研考察“文化·旅游·特色农业”产权交易平台建设项目。协调省委宣传部、省文化厅、山东出版集团等单位，组织开展捐书赠书活动，累计为日喀则市捐赠各类图书1万余种4万余册。各位援藏干部人才积极发挥各自优势，邀请摄影、书画名家等前来考察采风，较好地促进了两地人文交流。走出去方面，广泛组织开展“2016西藏文化齐鲁行”、“藏汉情齐鲁行”、“高原梦·山海情”等系列活动，得到当地干部群众的积极响应和热情参与。组织日喀则市部分企业代表和格桑花艺术团赴青岛参加第26届国际啤酒节，“西藏风情屋”展品交易额达30余万元，组织藏族文化演出20余场次，接待游客3万余人次，部分青岛企业与西藏展销企业签订了合作协议。组织藏族优秀中学生和教师代表，分别赴青岛、烟台市开展夏令营活动，通过穿汉服、拜孔子、点朱砂、诵经典，切身体验了中华传统文化和齐鲁文化的博大精深、丰富多彩。组织桑珠孜区三级干部、农牧技术人员、农牧民致富带头人、扶贫开发企业代表等87人赴青岛培训，通过现场培训、讨论交流和实地考察等，学习借鉴沿海城市发展新理念、新思路、新举措。组织桑珠孜区中小学教师赴青岛，组织聂拉木县基层公安、医护、林业、畜牧等方面的专业技术人赴烟台，采取不同方式进行专题培训，有力地促进了当地专业技术人才水平的提升。

激发援藏干部活力 做好援藏工作，首要是使援藏干部队伍强起来。我们牢牢抓住自身建设这一关键，通过理论学习、党性教育、作风建设等，着力打造一个坚强有力的战斗堡垒，锤炼一支作风过硬的援藏队伍。一是狠抓队伍管理。成立了由领队冯继康同志任组长的第八批援藏干部中心管理组及中心管理组党委和纪委，中心管理组下设市直工作组和桑珠孜区、白朗县、昂仁县、聂拉木县、南木林县六个工作组，每个组都确定了1名组长和联络员。市直工作组又分别设立了综合协调、宣传材料、后勤保障、项目管理等4个业务小组，专门就加强组织建设、强化纪律约束、抓好宣传教育、规范财务接待、严格请销假等研究制定了10多项规章制度。明确提出了“六项禁律”，即严禁私自驾车、严禁出入商业性娱乐场所、严禁酗酒、严禁赌博、严禁接受与业务相关的吃请和馈赠、严禁深夜外出，并要求中心管理组纪委全力抓好监督检查，确保援藏干部人身安全、经济安全、政治安全。围绕严格遵守“六项禁律”，组织全体援藏干部人才与中心管理组签定了《承诺书》，进一步强化了思想和行动自觉。二是狠抓思想建设。自进藏以来，我们先后召开第八批援藏干部中心管理组党委会、全体援藏干部会、省直援藏工作组全体会、专题理论学习会等15次，组织省第八批援藏县处级以上干部在藏进行党员干部德廉和党风党纪知识学习测试，深入学习习近平总书记系列重要讲话特别是习近平总书记关于治边稳藏重要战略思想，全面贯彻中央和山东省委、西藏自治区党委关于援藏工作的决策部署，大力弘扬“老西藏精神”、“两路精神”、“三有四不怕精神”、“孔繁森精神”和“珠峰精神”，把握援藏工作的目标、重点和方向，始终把绝对忠诚、为民务实、责任担当和清正廉洁贯穿于援藏工作全过程，真正做到让组织放心、让受援地和受援单位满意。

上海市援藏工作

【工作综述】 2016年，在上海市委、市政府领导亲切关怀和市委组织部、市政府合作交流办等有关部门的大力支持帮助下，上海市第八批援藏干部联络组自6月19日进藏后，率全体援藏干部人才积极克服高原反应等身体不适，服从大局、严于自律、团结友爱，迅速转换角色、适应岗位要求、进入工作状态，努力做到思想上融入、工作上融合、交流上融洽。联络组和8个联络小组、“组团式”医疗和教育工作队充分发挥领导核心作用，凝心聚力带队伍，深入调研谋思路，发挥优势促发展，全力以赴抓专项，在顺利完成与前一批工作交接的基础上，确保各项工作不断不乱、有序开展，取得了初步成效。

【工作情况】 结合实际抓队伍。一是思想建设。结合“两学一做”教育实践活动，通过组织重温入党誓词，开展“援藏为什么，在藏干什么，离藏留什么”大讨论和“不忘初心、快乐援藏，不辱使命、建功高原”主题教育等活动，进一步统一思想、凝聚共识。党的十八届六中全会、区九次党代会召开后，联络组结合贯彻日喀则市委关于开展“讲学习、讲忠诚、正风纪、转作风、提效能”主题活动要求，在第一时间召开会议、集中学习交流，引导援藏干部领会中央和自治区的要求，统一思想，自觉把十八届六中全会、区九次党代会精神和日喀则市委市政府决策部署，贯彻落实到工作的各个方面。

二是制度建设。成立学习指导部、项目管理部、宣传文秘部等8个部门，健全完善了联络组成员分工负责制度，制定议事规则，每月召开一次联络组会议，重大事项集体研究决定。建立每周联络组小组学习交流制度，联络组每月组织一次上海援藏干部论坛，同时组织开展读书交流、专题讨论、参观考察等活动，引导援藏干部人才向书本学、向实践学、向身边的在藏干部和藏族同胞学，抓紧了解西藏、尽快融入西藏。建立健全组织建设、经费管理、新闻宣传、请销假、公寓及车辆管理、公文处理、接待保障、每日平安报告、定期谈心和海拔较高县区援藏干部定期到日喀则市区轮休等十多项制度，及时掌握援藏干部思想工作生活身体情况，及时修缮更新必要的公寓设施设备，努力解决援藏干部实际困难，保障正常的生活需要。五县联络小组和“组团式”医疗、教育工作队也结合各自实际，针对性地建立健全了相关管理制度。此外，依托“上海援藏”微信公众号等新媒体，加强对上海援藏工作的正面宣传，有效扩大了工作影响力。

三是作风和文化建设。在各联络小组（工作队）专门设立纪检委员，督促每个援藏干部人才签订“守纪承诺书”，引导援藏干部站稳政治立场、维护民族团结，特别是在项目招投标、工程建设、物资采购等重点环节做到守牢底线、头脑清醒，维护援藏干部的良好形象。联络组成员率先垂范，时时处处严格要求，形成团结干事的风气。积极开展形式多样的结对帮扶、爱心帮扶活动，通过为贫困户、贫困生捐资捐物、带动脱贫致富，与市儿童福利院孤儿结对助养等活动，努力养成服务为民的良好作风。抓住一些重要节日、援藏干部生日等重要时间节点，以小组为单位，积极开展民俗考察、集体生日、扑克牌比赛、学唱藏歌、学跳藏舞等丰富多样的文化建设活动，着眼于把团队“精气神”调动起来，把团队“闪光点”挖掘出来，把团队文化培育出来。

深入调研定思路。联络组认真学习贯彻中央第六次西藏工作座谈会、中央扶贫开发工作会议等要求，到对口支援五县调研，实地走访农牧民和田间地头，各联络小组和工作队也纷纷结合各自实际，开展深入扎实的调研。援藏干部人才始终按照“国家要求、日喀则所需、上海所能”的原则，把保障和改善民生放在首要位置，将精准扶贫作为上海援藏工作的重中之重，对接《日喀则市关于打赢脱贫攻坚战的实施方案》的任务部署，对各层面（条线）援藏规划进行编制或修订，确保援藏资金80%用于民生、用在基层。通过调研，我们明确了“1221”的三年总体思路和工作重点。

“1”聚焦一个目标——打赢脱贫攻坚战。聚焦建档立卡贫困群体，了解建档立卡户的分布情况、致贫原因、贫困程度，落实精准扶贫相关政策措施，全力协助日喀则打赢脱贫攻坚战。

“2”支持发展两大产业——文化产业和旅游产业。充分发挥日喀则文化旅游资源优势，加大宣传力度，通过旅游及相关产业提升能级，促进日喀则经济发展。

“2”提升两大社会事业发展水平——教育事业和卫生事业。加强日喀则上海实验学校建设，通过探索远程教育、集中备课等方式，让日喀则上海实验学校和援建五县享受上海优质教育资源的帮助，提升管理水平和教学质量。以日喀则市人民医院创建“三甲”医院为契机，加强学科建设和人才培养，建立远程影像中心，完善医院诊疗流程，不断提升医院总体水平。

“1”加快建设一个园区——日喀则经济技术

开发区。经开区将整合城市新区、综合经济开发区、物流保税区、湿地生态保护区于一体，远景要打造成为西藏发展的新增长极和开放高地，增强日喀则市战略枢纽地位，提升城市综合竞争力。

依托优势促发展。一是努力提升援藏项目实效。2016年上海市共安排援藏项目86个，资金37761万元，截至12月初，日喀则市共实施项目70个，完成投资30642万元，项目实施率、投资完成率分别为89.7%、82.3%，总体进展顺利，项目实施效果良好。社会事业取得新进展，市人民医院新院区病房综合楼主体工程通过验收，预计2017年10月可建成并投入试运行；继亚东之后，今年拉孜通过自治区义务教育均衡发展达标验收，成为全市率先达标的八县之一。脱贫攻坚取得初步成果，2016年援藏资金共安排了精准扶贫相关项目共12项，资金约为6800余万元，重点用于产业扶贫、异地搬迁扶贫配套设施建设、教育扶贫，有助于促进1267户建档立卡户实现脱贫。新农村建设取得新成效，亚东围绕打造边境旅游特色小镇，拉孜围绕打造日喀则西部中心，萨迦围绕历史文化名镇建设，农村基础设施建设、老城区巷道改造、旅游服务接待能力和解决人畜饮水安全问题等成效显著。产业持续发展能力不断增强，改编后的“江孜印迹”室内剧在珠峰文化旅游节上海活动周期间成功首演，未来常态化、巡回性运营条件进一步成熟；江孜现代农业园区引入浦东农发集团和孙桥农业园区资源，打造浦江农业合作平台、农业科技服务平台和高原特色农产品展示展销平台，今年成功开展藏红花等新品种藏药材试种，产业化组织水平和产品附加值显著提高。

二是扎实是做好“组团式”人才援藏工作。以组团式医疗队伍为主要支撑，全面启动市人民医院创三甲工程。制定完善了近80项管理制度；培养医疗技术骨干31人，举办各类论坛9个，学术讲座131场次，培训本地各类医疗人才2590人次；参加完成975人次危重病人的抢救，开展临床医疗新技术100项，其中红细胞单采术治疗高原红细胞增多症属世界首创；申报了57项区、市两级科研课题和10个国家级医学继续教育项目，发表学术论文期刊SCI论文4篇（IF=5.08），核心期刊2篇，国家级学术会议发言3人次。组团式教育工作队开展教学规范化建设，编写了一组校本教材，建立“双师带教”制度，培养了10名新教师；工作队与本地教师生团结互助，在2016年日喀则市民族团结进步评优活动中，学校和教育工作队领队分别获得模范集体和先进个人荣誉称号。

三是积极推进经开区规划建设和产业发展。6月以来，共接待20余个上海市、区党政代表团，教育、卫生服务团，企业考察团到日喀则交流，推动合作。积极走访符合日喀则产业发展方向的上海企业18家，洽谈合作，引进管理，10家企业与日喀则市签署了投资意向协议。围绕经开区建设，拜访漕河泾、虹桥、临港、张江开发区管委会，组建上海园区建设专家顾问团，为经开区建设提供智力支持。

积极完成专项工作。一是筹办第十四届珠峰文化旅游节。今年日喀则珠峰文化旅游节首次走出西藏，由日喀则市政府与上海有关部门和单位合办，联络组负责总体协调和上海分会场活动具体承办工作。联络组抽调部分同志成立专项工作组，向上海市有关领导汇报争取支持，积极联系协调沪藏有关部门和企业，精心做好各项筹备工作。9月11日—14日，珠峰文化旅游节上海活动周在上海世博中心成功举办，开创了援藏省市联合办节的新模式，在上海的舞台上展示了日喀则开放的形象和独具特色的文化艺术民族风情。

二是服务保障重大政治节事活动。今年援藏干部人才积极参与十一世班禅首届时轮金刚灌顶法会的各项服务保障工作，为法会顺利圆满举办做出了贡献，部分同志受到表彰。

三是组织起草政府工作报告。今年日喀则市政府工作报告起草工作交由联络组牵头负责，我们及时组成专班，组织人员起草，加强与人大、政协及有关部门沟通衔接，采取书面、召开座谈会等形式，充分征求各方面意见，协调统计数据等相关问题，用一个多月时间完成了起草送审工作。

【2017年工作打算】 一是继续打造过硬的援藏干部人才队伍。进一步完善制度建设，强化制度

执行，严格纪律要求，确保队伍不出事。进一步加强谈心谈话，了解干部思想动态，掌握干部工作和生活情况，为强化监督管理、激发干事热情打下良好基础。进一步关心干部健康状况，营造坦诚相待、团结协作的良好氛围。结合大家的兴趣爱好，开展形式多样的文化交流活动，丰富业余生活，强化团队精神。

二是着力做好“组团式”援藏工作。日喀则市人民医院“三甲”创建是中组部交给上海的一项重要任务，也是日喀则市的一项重要民生工程。我们将在人才培养、重点科室建设、科研课题研究、医院信息化建设等方面，积极争取上海市教卫党委、上海市卫计委等单位的领导和支持，如期完成日喀则市人民医院创“三甲”工作。积极争取日喀则和上海两地支持，加大对日喀则上海实验学校的资金投入和物资保障，不断改善教学软硬件环境。积极推进日喀则学校“影子校长”、骨干教师赴沪培训项目，邀请上海教育专家进藏指导。此外，在今年赴联影公司、上海白玉兰远程会诊平台和新疆喀什等单位和地区调研医疗影像中心建设、远程会诊应用，赴上海共康中学调研远程教育平台和资源等情况的基础上，我们将积极探索以远程医疗、远程教育为突破口，通过信息化等手段，加快推动上海优质医疗资源和教育资源对接和辐射日喀则，提升当地医疗服务能力和整体教育水平。

三是申报和实施好2017年项目。按照“十三五”对口援藏规划和2017年上海援藏项目资金重点用于脱贫攻坚、保障和改善民生、产业发展、人力资源开发及其它等领域的要求，我们共申报项目94个，较去年增加8个，总投资48614万元。其中，五县项目合计37533万元，五县统筹及市直项目11061万元，五县项目（含统筹）占82.3%；民生工程（社会事业、产业扶贫、部分新农村建设项目）占80.1%。这些项目以精准扶贫和改善民生为主线，立足各县特点，加强市级统筹，聚焦重点工作，突出人才发展。我们将根据上海市有关主管部门要求，落实好项目申报及实施工作。

四是进一步加强园区规划建设和产业发展等工作。按照日喀则市委市政府对上海援藏工作的要求，以经开区建设和特色产业发展为抓手，充分发挥日喀则作为南亚陆路大通道的战略支点和枢纽作用，加大招商引资力度，加强与内陆地区的经济联系，主动参与区域协同发展，形成对外开放的合力。借鉴上海成熟经验做法，加强政策梳理、聚焦和细化，制定更优惠的招商稳商政策和内部激励机制，统筹调配好人、财、物等资源。加快经开区规划建设进度，依托自身特色优势资源，突出发展南亚物流业，做大钢结构建筑产业，培育园区保税功能，推进特色产业融合、集群发展。

黑龙江省援藏工作

【工作综述】 2016年7月5日，黑龙江第六批援藏工作队53名干部人才和40名“组团式”教育人才肩负省委、省政府的嘱托，进驻西藏自治区日喀则市及受援三县开始新一轮的援藏工作。第六批援藏工作队是我省开展援藏工作以来派驻人数最多、专业面最全、覆盖面最广的一批，也是国家援藏项目政策调整最大、各项管理规定最严、要求标准最高的一批。在这种情况下，黑龙江第六批援藏工作队把思想政治教育和自我管理服务相结合，把体现个人价值与担当神圣使命相融合，并将此贯穿于援藏工作全过程，实现了我省第六批援藏工作的良好开局。

高原环境基本适应。日喀则市平均海拔在4000米以上，其中康马县平均海拔在4300米以上。全体队员努力克服胸闷、头晕、气喘、呕吐、失眠等高原反应，逐渐适应工作环境，进入工作状态。尽管在这过程中，先后有几名队员因为反应大、身体不适回成都、北京和哈尔滨治疗，但是好转后立即返回工作岗位，没有一个队员当逃兵，也没有影响其他队员的思想和情绪。

目前，队员精神状态良好，思想情绪稳定。

工作思路不断明晰。结合工作实际，提出了讲规矩、守纪律，讲感情、树形象，讲奉献、出业绩，讲管理、有效益的“四讲”要求，以及争做好主人、好市民、好队员“三好”目标。三个县工作组和教育组团工作组也都结合实际提出了治队原则和具体工作思路，仁布工作组坚持“先做仁布人、再干仁布事，用心援藏、用情援藏”的工作方针；谢通门工作组提出“为谢通门人民造福，为龙江人民争光”的工作目标；康马县工作组树立起“不放弃的底线思维、不服气的比较思维、有为才有位的价值思维”等工作理念；教育组团工作组立下了“不能白来一趟西藏”的援教誓言。这些思想、目标和工作理念，目前在黑龙江省第六批援藏工作队已经形成了普遍共识，并转化成为了所有队员的自觉行动。

援藏工作有序推进。目前，《黑龙江对口对口支援日喀则市“十三五”经济社会发展规划》已经黑龙江省对口支援工作领导小组同意和国家发改委审核通过，援建项目地点、建设内容、资金需求已经确定，保证了中央要求的两个80%项目任务目标的落实。工作队主要参与并主抓的中国西藏珠峰文化旅游创意产业园区规划、融资、建设等各项筹备工作正在全面推进，2017年5月即将开工。半年多来，40名组团式教育人才完成两个学校共8056节各类科目授课任务，市直和三个县工作组共走访38个乡镇、110个行政村，深入49个企业、18个合作社和31所中小学校开展调研，帮助解决实际问题90余项，个人捐款捐物价值8万多元。

受援单位反响良好。经过受援三个县、两所中学和区直、市直20个单位的反馈，黑龙江第六批援藏工作队所有干部人才吃苦耐劳、勇于奉献，履职尽责、主动融入。省人社厅派出干部徐树同志今年没有休假，就连春节期间也一直坚持在藏工作。省康复医院郭天龙同志由于工作出色被聘为正高级职称，享受日喀则市政府特殊津贴待遇。这些队员的实际表现，得到了受援单位和市领导的认可和好评。大部分队员已经成为业务骨干，有10名队员年末考核被评为优秀等次，有10名队员获得各个方面荣誉称号，干部人才受奖面达到40%。

抓制度完善，强化自律管理。黑龙江第六批援藏工作队主要把握了三个环节：一是建章立制。本着宽严相济、奖罚分明的原则，制定出台了外出报审、后勤管理、财务审计、项目管理、会议宣传、教育组团等13项队内管理制度，形成全覆盖工作、生活各方面的制度体系，有效约束了队员的日常行为。二是遵规守纪。黑龙江第六批援藏工作队要求全体队员无论是在工作队还是在各自工作岗位，严格执行中央八项规定、省委省政府九项规定和西藏自治区“约法十章”“九项要求”，严格遵守日喀则市委市政府各项规定，严格履行自己的庄严承诺。充分发挥队员特长，明确了每个人的职责任务，援藏公寓的水、电、气、热的维修以及伙食、卫生、安全等全部实行自我管理、自我服务、自我维护。实行夜间值班巡查，队员编组对公寓内外重点部位进行巡视检查，防止发生意外情况。三是强化考核。队内实行实绩登记考核，建立了“日工作记实、月工作总结、季工作报送”制度。各支部、各工作部层层把关，注重从队员日常表现、在藏率、在岗率、单位评价、社会贡献等方面进行综合考评，有效激发了队员工作的积极性和主动性。

抓学习教育，强化思想基础。黑龙江第六批援藏工作队主要开展了三个教育活动：一是开展理想信念教育。紧扣省委提出的基础在学、关键在做、重点在改、目的在干的总体要求，工作队临时党委深入开展“两学一做”学习教育，及时传达学习中央、省委、自治区和市委的会议文件，利用周六、周日人员集中的时间组织全体队员交流研讨，深刻领会精神实质。围绕“忠诚团结、艰苦奉献、干净有为”十二字援藏理念，黑龙江第六批援藏工作队把“大庆精神”、“铁人精神”、“北大荒精神”融入到了“老西藏精神”和“珠峰精神”之中，增强队员责任感和使命感。李娟同志与丈夫一同援藏，2016年他们被评为黑龙江省“最美家庭”代表。人社厅派出干部赫英杰同志坚持两轮援藏，被评为日喀则市民族团结先进个人。开展政绩观教育。围绕日喀则市灾后重建、脱贫攻坚、产业发展、项目建设等重点领域，深入开展了“如何拉近与藏族同胞的距离”为主题的群众观大讨论和“援藏为什么、在藏干什么、离藏留什么”为主题的政绩观大讨论，实现了援藏工作从单一项目援藏到全方位援藏的转变。临时党委组织开展了以“讲学习、讲担当、讲奉献、讲纪律、树形象”为主要内容的“四讲一树”教育活动，持续深入引导队员在履职尽责、攻坚克难、为民服务的援藏工作实践中经受历练。开展民族融合教育。结合“藏汉亲、感党恩”结对认亲活动，发起了“阳光陪伴成长”系列公益行动，在日喀则市福利一院、二院帮扶791名藏族孤儿，选派优秀援藏教师开设“爱心学堂”和“文化夜校”，为藏族孩子无偿补课，担任爱心家长。同时，投入8万余元从生活物品、教学设备、健身器材等方面进行长期帮扶。2016年9月份，黑龙江第六批援藏工作队会同大庆眼科医院，在谢通门县开展“雪域高原光明行”公益活动，捐助价值86万元药品、医疗器械，诊治患者120人次，在藏手术10例，带回内地手术成功治愈9例，得到了当地群众的普遍欢迎。

吉林省援藏工作

【工作综述】 吉林省第六批援藏干部于2016年6月底入藏，以中央第六次西藏工作座谈会精神为指针，在吉林省委、政府，西藏自治区党委、政府，日喀则市委、政府的正确领导下，牢记使命，履职尽责，顺利推进援藏各项工作。

吉林省对口援助西藏日喀则及下辖的定结、吉隆、萨嘎三县，第六批援藏干部人才共50名，分别从长春、吉林、四平和省直机关等部门、单位选派。其中，男47人，女3人；党员领导干部29人，专业技术人才21人；研究生20人、大学26人、大专4人；少数民族5人，党外及非党2人；平均年龄38.3岁。有25人在三个对口支援县工作。吉林省教育厅选派的吉林省首批教育组团式援藏教师于8月份入藏工作，管理人员及教师共40名，分别从吉林省长春、吉林、四平、辽源、通化、白山、松原、白城等地选派，其中，男30人，女10人；党员领导干部4人，专业技术人才36人；研究生2人、大学38人；少数民族2人。涵盖语文、数字、英语等9个学科，负责援建日喀则市第三高中。

【工作情况】 强化队伍建设。一是建立组织机构、明确相关职责。为加强吉林省第六批援藏干部人才的管理，发挥援藏干部在平安西藏、和谐西藏、美丽西藏和建设美丽日喀则、推进发展稳定先行市进程中的作用，确保援藏工作的顺利开展，经请示有关部门同意成立吉林省第六批援藏干部中心组。中心组下设综合、组织宣传、项目、财经、纪检以及定结、吉隆、萨嘎三县工作组。为充分发挥援藏干部人才在智力支援、人才支援、亲情支援、技术支援等方面的主观能动作用，结合援藏队员各自岗位特点及个人特长，我们将50名援藏干部人才和40名组团式援藏教师分配到各组，通过定目标、提要求、交任务、压担子，为援藏干部人才搭建干事创业、展示才华的平台，使他们在完成本单位和中心组交办各项工作任务的同时，政治觉悟上有新提升、党性修养上有新增强、业务知识上有新拓展、工作能力上有新进步。

二是加强制度建设，实现规范管理。为提升援藏理念，创新援藏模式，我们按照中央八项规定精神和自治区党委“约法十章”、“九项要求”，严格要求干部人才，发挥援藏干部人才的积极性、主动性和创造性，编印了吉林省第六批援藏干部人才工作手册，建立了请示报告、考核与奖惩、请销假、谈心谈话、项目管理、安全管理、经费管理等15项制度、149条规定，强化了对援藏干部人才的纪律约束。入藏以来，吉林省援藏干部人才严格遵守各项管理规定，认真执行《第八批援藏干部人才管理工作方案》（藏组发【2016】372号）和《关于进一步加强第八批援藏干部人才教育管理的通知》（藏组发【2016】498号）文件精神，贯彻“提高素质能力、促进作用发挥、树立良好形象、发挥骨干作用、凝聚强大合力”等方面要求，认真执行重大事项报告以及日常签到等方面制度，对援藏干部人才实施跟踪管理，切实把做好援藏工作、严格遵守援藏工作纪律作为考察检验干部政治素质的重要抓手、作为培养优化干部成长的重要途径、作为锻炼提升干部的重要举措，努力形成按制度办事、靠制度管人的机制。

三是注重思想教育，力争学以致用。半年来，召开22次中心组会议和理论学习会议，编发《吉林省援藏工作简报》21期，印制《吉林省第六批援藏干部学习资料》8期，不断增强“两学一做”学习教育质量，提高援藏干部自我管理、自我净化、自我完善的能力。积极组织援藏干部人才系统学习党的十八大及十八届三中、四中、五中、六中全会精神，认真学习习近平总书记在中央第六次西藏工作座谈会、党中央治藏方略以及“依法治藏、富民兴藏、长期建藏、凝聚人心、夯实基础”工作原则，认真贯彻《关于新形势下党内政治生活的若干准则》和《中国共产党党内监督条例》各项要求；组织援藏干部人才收听收看庆祝中国共产党成立95周年大会实况直播，学习领会习近平总书记重要讲话精神，全体援藏干部人才纷纷结合自身实际讲学习、谈感受；召开“援藏干部人才专题学习会议”，学习吉林省委、省政府领导对援藏干部人才的希望和要求，认真贯彻落实西藏自治区党委书记吴英杰同志在8月31日自治区党委常委扩大会议重要讲话精神，号召全体援藏干部人才自觉以自治区第九次党代会精神为指针，落实日喀则市委提出的“讲学习、讲忠诚、正风纪、转作风、提效能”要求，进一步提升吉林省援藏干部人才在党言党、在党爱党、在党护党、在党为党的境界情怀，锤炼对党绝对忠诚的政治品格；深入开展“进藏为什么、在藏干什么、离藏留什么”大讨论，组织援藏干部人才抄党章、写笔记、讲党课；深入学习全国优秀共产党员、河北农业大学教授、博士生导师李保国同志扎根太行山的先进事迹，增强学习的针对性和实效性，力求学用结合、学以致用。

四是从严从实要求，切实加强管理。树立“严管就是厚爱”、“离家越远自我要求越严”的理念，切实解决个别干部进藏工作时存在的“来了就是奉献、躺着就是工作”的思想问题，我们要求援藏干部人才要继承和发挥“特别能吃苦、特别能战斗、特别能忍耐、特别能团结、特别能奉献”的老西藏精神，促进援藏干部自觉敬业、奉献、担当，力争人尽其才、扎实工作，树立和维护吉林省援藏干部的良好形象。在日常管理中，对个别干部人才出现的不良现象及时“咬耳扯袖”、“红脸出汗”。特别是十八届六中全会后，我们加强对《关于新形势下党内政治生活的若干准则》和《中国共产党党内监督条例》的执行力度，从严从实要求援藏干部人才，深入贯彻落实中央八项规定、西藏自治区“约法十章”和“九项要求”，加强援藏项目资金管理，守住廉洁自律这条底线，进一步强化四个意识（进一步强化政治意识，进一步坚定理想信念，坚定对马克思主义的信仰，始终坚持正确的政治方向，在思想上、政治上、行动上同党中央保持高度一致。进一步强化大局意识，就是善于从全局高度、用长远眼光观察形势、分析问题，自觉地在顾全大局的前提下做好本职工作。进一步强化核心意识，就是要坚决维护中国共产党这个中国特色社会主义事业的领导核心，维护党中央作为全党的领导决策核心。进一步强化看齐意识，就是要经常、主动向党中央看齐，向党的路线方针政策看齐，更加主动地立足岗位踏实干事，为推动西藏改革发展稳定贡献自己的力量），切实传承好“朴朴实实做儿女、认认真真干工作”，确保在藏率和在岗率，做好新一轮援藏工作，做好日喀则人，干好日喀则事，促进援藏干部“忠诚团结、艰苦奉献、干净有为”。

五是提高安全意识，努力适应环境。为牢固树立安全意识，保障援藏干部人才自身安全和身体健康，我们树立了“每名援藏干部人才的安全和健康是组织的希望，家人的期待，更是完成援藏任务的根本保障”的思想，结合“第八（六）

批援藏干部领队、援藏县（区）委常务副书记培训班”中“高原保健和安全知识”讲座内容，在“尽快融入当地”方面作出了“五严禁”要求，即“严禁酗酒、严禁无故离岗、严禁进出商业性娱乐场所、严禁私自驾车、严禁深夜擅自外出”，要求援藏干部人才合理安排工作和生活起居，做到不该去的地方不去，不该冒的险不冒，以免受到不应有的人身伤害。为了警钟长鸣，每逢大会小会，我们都反复强调健康和安全问题，强调在藏期间的纪律要求。同时，我们与当地医院紧密联系，为每名援藏干部人才建立了个人健康档案，配备了高精度电子血氧饱和度检测仪，以便时刻关注自身健康情况、随时自行检测血氧饱和度指标，当身体出现明显不适或发现异常时，及时服用抗高原反应药品或及时就医，防止对身体造成进一步损害。

六是增强人文关怀，以服务促管理。对高原反应严重及生病的援藏干部人才进行及时走访看望，积极协调各部门、各单位解决援藏干部人才在西藏工作的食、宿等保障问题，切实改善援藏干部人才生活条件，全力帮助援藏干部人才解决家庭困难及后顾之忧等切身利益问题，切实搞好援藏干部人才家属来西藏的接待和服务工作。进藏后，针对第六批援藏干部人才没有公寓，援藏干部人才居住分散、不方便管理的实际，中心组多次召开会议，研究如何对援藏干部进行集中管理等相关事宜，协调日喀则军分区，将军分区的两栋楼房临时改建为“吉林省援藏干部之家”。“援藏干部之家”设有起居室、厨房、餐厅、资料室、阅览室、会议室，房间配备了电视、洗衣机、暖气、热水器、沙发、办公桌椅、网络等，同时，专门从吉林省聘请厨师为队员做家乡菜，为援藏干部人才提供了相对较好的工作和生活保障。

七是丰富活动载体，形成工作合力。我们建立了援藏工作微信群、QQ群，制发通讯录，以方便援藏干部人才工作上的沟通和学习上的交流。实行援藏干部生日庆贺、生病慰问、家属来藏看望、家中大事关心等做法，及时把有疾病隐患的队员送到后方治疗，让援藏干部人才切实感受到家的温馨，努力营造“吉林省援藏干部之家”的良好氛围。聚焦日喀则市产业发展、民生改善等项工作，积极开展吉林省援藏干部人才认亲结对、帮贫助困活动，争取把每一名援藏干部的智慧、力量都整合到援藏任务中来，确保圆满完成组织赋予的援藏任务。

强化履职尽责。援藏中心组按照“维护稳定、促进发展、巩固团结”的要求，树立“一盘棋”思想，坚持忠诚、干净、担当，认真贯彻落实中央关于援藏工作的各项要求，充分发挥援藏干部人才作用。

一是理清援藏工作思路。我们认识到，援建日喀则市要开好头，关键就是要把维护祖国统一、加强民族团结作为着眼点和着力点，把改善民生、凝聚人心作为出发点和落脚点。对此，我们深入日喀则市相关县（市）的乡村，走访40多个部门（单位），在项目援藏、产业援藏、智力援藏、亲情援藏中，突出工作重点、打造援藏亮点，突出精准扶贫，突出夯实基础，突出让农牧民长期受益，做到合理布局、重点安排、集中建设，力争项目资金向基层倾斜、向民生倾斜。

二是科学合理制定援藏项目规划。科学合理的项目规划，是做好援藏工作的基础。在制定援藏规划、工作计划方面，我们严格落实中央和自治区党委要求，加强与吉林省援藏办、日喀则市委和政府的沟通协调，全面启动新一轮援藏项目工作，按照市委关于区域经济发展思路和受援县的发展定位，准确把握优势和特点，贯彻“集中力量办大事”要求，在广泛调研和充分论证的基础上，提出吉林省第六批援藏项目计划，对《吉林省支援日喀则经济社会发展“十三五”规划》做出调整。

三是鼓励引导援藏干部人才立足岗位干事创业。日喀则市委、政府切实发挥援藏干部的作用，给每名援藏干部人才交任务、压担子。按照“履职尽责”的要求，全体援藏干部人才主动作为，在各自岗位争先创优，我们所有援藏干部人才在日喀则市工作，基本上不休节假日。吉林省援藏干部领队，日喀则市委副书记、市政府常务副市长王相民同志作风扎实，讲政治、顾大局，在日喀市“六城共建”（创建全国文明城市、卫生城市、园林城市、环保模范城市、双拥模范城市、民族团结进步示范市）、招商引资、年楚河生态景观建设、环境保护、林业绿化、城市管理等工作中发挥作用明显，工作中不回避矛盾和问题，坚持每天晨检，持续开展环境卫生、交通秩序整治等，解决城市基础设施薄弱、整体功能不全问题。在今年8月26日召开的第十四届珠峰文化旅游节招商引资推介会上，邀请内地企业家，与日喀则市签订战略合作协议合同金额50多亿元，计划投资农业扶贫、畜牧养殖、城市污水治理、城市基础设施、综合物流园区、综合信息平台、文化旅游等项目。省委办公厅援藏干部、日喀则市委副秘书长张喜生同志积极克服进藏之初发低烧、流鼻血、血压异常升高等高原反应，主动为援藏干部人才做好服务。省委组织部援藏干部、日喀则市委组织部副部长于雷同志连续援藏，在援藏队伍建设、基层党建、干部教育工作中埋头苦干、发挥表率作用，经常加班加点至凌晨，带头深入到仲巴、岗巴、萨嘎等高海拔地区调研、考核，积极协调省内及日喀则市相关单位，解决援藏干部人才及家庭存在的困难，以日喀则珠峰文化旅游节为契机，协调省内媒体开辟专题专栏，通过吉林日报、电台、电视台、吉林网等主流媒体，刊播消息、通讯、视频等，宣传展示西藏日喀则。白城市纪委援藏干部、日喀则市监察局副局长张春峰同志，在日喀则7月21日至24日举办的时轮金刚法会上，不顾烈日炎炎，义务清扫垃圾，人晒黑了、脸晒爆皮了，毫无怨言。省发改委援藏干部、日喀则市发改委副主任王东平同志二次援藏，工作尽职尽责，有效解决了日喀则市粮食、物价等项工作中存在的突出问题，得到了日喀则市发改委领导班子及干部群众的普遍认可。省财政厅援藏干部、日喀则市财政局副局长贾宜宏同志分管农业、企业资产及市财政局党建工作，面对对口部门多、业务量大，自觉敬业奉献担当，圆满完成全市行政事业单位资产清查以及日喀则市党建工作建章立制等项工作，赢得了单位领导和同志们的好评。

四是积极拓宽交往交流交融渠道。为提高定结、吉隆、萨嘎三县医疗卫生水平，省卫生厅援藏干部、日喀则市卫生局副局长谢海新同志积极协调长春市、松原市、通化市中心医院，通过请进来、走出去等办法，培养当地医疗人才，力争将三县医院打造成为二甲医院。长春市援藏干部、定结县委常务副书记务宏，四平市援藏干部、萨嘎县委常务副书记张崇等同志，加强扶贫工作力度，坚持“输血”和“造血”相结合，切实加强教育、科技、卫生、人才等领域援藏力度，增强受援地自我发展能力。吉林市援藏干部、吉隆县常务副书记何晓杰等同志协调吉林市有关医院，组建临时医疗组，对吉隆县胆结石、肝包虫等患者进行筛查，医疗组专家克服高原反应，连续奋战9个多小时，对两名急诊患者实施手术，成功实现了吉隆县历史上的首例手术。通过团队带团队、专家带骨干、师傅带徒弟等形式，提升当地医务工作者素质能力，实现医疗上的精准帮扶。省发改委援藏干部、日喀则市扶贫办副主任王亚健、省法制办援藏干部、日喀则市法制办副主任孙忠明、长春市农委援藏干部、日喀则市农牧局副局长孔翔、省司法厅援藏干部、日喀则市司法局副局长宋吉良、省食药监局援藏干部、日喀则市食药监局副局长刘旭东、省教育厅援藏干部、日喀则市职校副校长李东兵等同志注重把内地的新思路、新理念、新动力带到西藏，在较短时间内与当地干部群众打成一片，为当地改革发展、社会稳定、民生改善做了大量卓有成效的工作。同时，我们积极开展学藏歌、学民俗，慰问驻藏官兵、驻村干部、教师等亲情援藏活动，凝结亲情纽带，促进民族交流、增进民族友谊，做到了感情上融入、事业上融合，形成了团结和谐、积极向上的良好局面。

推进组团援藏。采取“省市联动”的方式，选拔业务骨干和教学能手，组团式帮扶日喀则市第三高中，通过“师傅带徒弟”等多样化办法，提升当地教学及管理水平。

一是增强教育组团式援藏工作的主动性。组织教育组团式援藏教师认真学习关于教育人才援藏的相关文件以及自治区、日喀则市委、政府有关领导重要讲话，加深对教育组团援藏工作重大意义、实施策略、工作方法的认识。省教育厅援藏干部、日喀则市教育局副局长陈钺认真履行教育、管理和服务职责，组团式援藏教师、日喀则市三高中管理团队王峰、王波、乔松、关书华等同志及时召开学校中层以上领导座谈会及学校教研组长、备课组长、骨干教师座谈会，了解学校的整体情况及教师自身发展的需求，通过走进课堂、走进班级，听取不同学科、不同年级、不同层次、不同年龄的教师授课，对学校教师的整体教学情况进行了解，为提升教师业务能力和素质奠定了基础。

二是确定教育组团式援藏工作规划、目标。主要是“围绕一个核心，抓好二个突破点，实施三种途径，开展四项措施，做好五方面保障，实现六个目标”。围绕一个核心，即“以提升教育教学质量、提高学生成绩”为核心，全面提升日喀则市第三高级中学的办学水平，力争在三年时间内，将学校打造成日喀则市一流名校。抓好二个突破点，即“全力打造优势学科、带动其他学科的发展，全力攻坚薄弱学科、提高教学成绩”。实施三种途径，即“开展丰富多彩的德育实践活动，为学生搭建成长、成功的平台；以学生为主体，加强师生互动，使学生学有所得、学有所获；帮助学生树立正确的世界观、人生观、价值观，确定长远目标和规划”。开展四项工程，即“集体备课工程、引领示范工程、帮扶工程、全员培训工程”。做好五个保障，即“文化保障、制度保障、评价保障、科研保障、培训保障”。实现六个目标，即“打造全校师生共有的发展愿景；构建自主互助的学习型课堂；开发适合学生的课程，促进学生个性成长；搭建师生自主选择、自主发展的舞台；培养学生爱戴的教师，把学校变成幸福快乐的家园；构建互动的领导和管理体系，优化教育资源配置”。

三是加强组团式援藏教师管理服务及制度建设。建立定期走访、检查监督、安全管理、专任教师管理等制度，一方面用制度严格要求，坚持每天早晚点名，严格外出请示报告制度，确保援藏教师牢固树立安全第一的思想，另一方面关心关注援藏教师思想、工作、生活及医疗保障情况，积极协调各方面力量，做好他们的食宿、医疗等各方面保障工作，在教师节、中秋节、国庆节为他们送去祝福和慰问。为有效解决援藏教师高原反应以及上课间隔时间长、休息时间不固定等问题，专门设立休息房间、配备相应设备及药品，帮助援藏教师适应高原环境、渡过难关。40名援藏教师努力克服头晕、耳鸣、胸闷、气短等反应，积极投入工作，最大的教师53岁，最小的教师23岁，到目前已经基本适应高原气候，没有出现其他的情况。日喀则市教育局局长索旺等同志对援藏教师的公开课给予了高度评价，表示“吉林省援藏老师教课认真，教学经验丰富、教学方法得当、教学效果非常好”。

四是加强对本地教师的培训力度。今年9月，我们协调吉林省教育厅和省内重点高中，组织日喀则市教育系统20名教师赴吉林省进行培训，力争通过为期一年的培训，把内地先进的教育理念、优秀的教学方法毫不保留地传授给这些教师，争取为日喀则市留下一支永远带不走的高素质教师队伍，实现“输血型”教育向“造血型”教育转变。

【2017年工作打算】 一是切实加强援藏干部人才队伍建设。按照吉林省委组织部和西藏自治区党委组织部要求，从严加强干部人才管理，认真执行《第八批援藏干部人才管理工作方案》和《关于进一步加强第八批援藏干部人才教育管理的通知》文件精神，贯彻“提高素质能力、促进作用发挥、树立良好形象、发挥骨干作用、凝聚强大合力”等方面要求，加强对援藏干部人才、组团式援藏教师以及系统援藏干部人才的统筹和服务，时刻关注、关心、关爱援藏干部人才，做到以服务促管理。

二是统筹推进援藏项目。按照日喀则市关于区域经济发展思路和受援县的发展定位，坚持突出工作重点、打造援藏亮点，将80%的援藏资金投向基层和民生，重点用于改善农牧民生产生活条件和农村基础设施条件。我们将规范实施援藏规划，超前部署、强化监管，确保援藏项目顺利建设和有序推进，让广大群众充分享受到援藏成果。

三是发挥援藏干部人才的作用。引导援藏干部人才按照岗位职责，全力以赴做好本职工作，做到行动上的真心融入、感情上真情融和，传承好“朴朴实实做儿女、认认真真干工作”的要求，切实发挥援藏干部人才在交往交流交融工作中的桥梁纽带作用。

中国宝武（宝钢）援藏工作

【工作综述】 一、全力开展实地调研，确定援藏工作思路

进藏以来，我们立足本职岗位，立足西藏实际，在日喀则、在仲巴县本着多学习、多调研、多沟通的原则，向当地干部群众虚心学习、虚心请教，全力开展实地调研，最终确定中国宝武集团第六批援藏工作推进思路——“2233”工作思路（落实两项指示：加强民族团结、建设美丽西藏；坚持两个倾斜：向基层倾斜、向民生倾斜；抓好三个结合：项目援藏与市场运营相结合，建设基础与建设人才相结合，央企援藏与地方援藏相结合；实现三个发展：支援发展、自我发展、共同发展。）

同时据2016年9月召开的全国扶贫援藏工作会议精神，中国宝武集团第六批援藏项目，坚定坚决地做到各项工作、各项资源、各方力量向脱贫攻坚聚集，确保脱贫攻坚工作有力有序有效，确保中国宝武集团7809万元（比第五批增加8%）计划内援藏资金80%倾向县级以下、80%用于重点民生工程。比如用于“智力援仲”项目达到1100万元，中国宝武幸福系列工程2000万元，仲巴县帕羊镇特色小城镇建设2000万元推进当地自我发展等等，这些工作均是向基层倾斜，向民生倾斜。

二、全力打造高原美屋，倾心建设美丽西藏

2016年10月，仲巴县已进入冬季不适合施工，但为了让当地居民试住一个冬季以检验样板房效果，中国宝武援藏干部与宝钢工程一起组织技术、施工团队，在日喀则市桑珠孜区江当乡、仲巴县拉让乡、仲巴县隆嘎尔乡三地，建设完成十套钢结构装配式样板房。团队克服了工期紧、交通难、气温低、高反重等困难，于2016年12月6日建成仲巴县6套样板房，于2016年12月26日建成桑珠孜区江当乡4套样板房（其中，一套光伏样板工程于2016年底竣工）。

中国中化集团公司援藏工作

【工作综述】 截至2016年，中化集团共派出六批11名援藏干部，累计实施援藏项目100余个，援助总金额超过1亿元，项目涵盖城镇建设、安居工程、科教文卫、水利交通、产业发展、人才培训、基层组织建设等方面。中化集团对口支援西藏岗巴县以来，县域经济快速发展，社会事业全面进步，农牧民群众收入持续增长，“十二五”期间，岗巴县实现地区生产总值3.28亿元，比“十一五”增长137%。

援藏干部顺利完成轮换、环境适应与工作交接

按照中央关于援藏工作部署，2016年是援藏干部轮换年，中化集团第五批两名援藏干部顺利结束为期三年的援藏工作，第六批两名援藏干部顺利入藏、到岗，并完成了援藏工作交接。

中化集团第六批援藏干部入藏、驻县后，经历了发烧、拉肚子、睡觉憋醒等高原反应和不适，但援藏干部积极放松心态，在继承、总结历届援藏干部高海拔地区生活、工作经验的基础

上，积极运用科学的方法努力适应高原缺氧环境。现在，已经基本能够适应和调整日喀则和岗巴县的生活、工作环境与节奏。

配合集团审计巡视，规范管理

在中化集团第五批、第六批援藏干部交接之际，为检查集团各援藏相关部门贯彻落实习总书记等中央领导关于扶贫攻坚和国有企业定点扶贫工作的系统讲话精神情况，并按照集团惯例与管理要求，八月，由中化集团党组成员、党组纪检组组长带队，组织集团办公厅、审计部、巡视办对集团援藏工作与管理进行现场审计与巡视。此次审计与巡视，重点了解集团援藏工作相关政策与制度的落实、执行情况，援藏工作相关人员遵守党的六大纪律，贯彻落实中央八项规定等情况。并在2016年上半年修订《中化集团对口支援及扶贫工作管理办法》的基础上，对项目管理、资金管理和干部管理做出了明确要求。在未来的工作中，要进一步加强监督和检查，进一步规范对口支援及扶贫资金的使用，援藏工作队要自觉接受集团及对口地区政府相关部门的财务审计和监督，保障中化集团对口援助的各项工作落到实处。

项目开展

2016年，中化集团对受援地区开展援藏项目15项，投资援藏资金1001万元。现将主要项目汇报如下：

（一）民生改善

为稳定西藏高海拔县区基层干部职工队伍，自治区党委、政府领导就改善基层干部工作、生活条件多次做出重要指示。为贯彻落实自治区党委、政府关于改善基层干部职工工作、生活环境的指示精神，拟为岗巴县四乡一镇干部职工周转房安装供氧设施，拟投资资金693万元。项目建成后，将覆盖全县基层乡镇干部职工周转房，有利于改善基层干部职工工作、生活条件，有利于保护基层干部职工身心健康，有利于稳定基层干部职工队伍，有利于促进基层发展稳定工作。

（二）教育与培训

在教育方面，2016年，中化集团援藏工作联络小组延续中化“圆梦”行动和“中化奖学金”制度，深入全县所有中小学，为200多名贫困学生发放助学金，为今年考上大学的岗巴籍考生发放“中化奖学金”。今年，两项助学行动，共计发放50多万元。

在技能培训方面，中化集团援藏工作联络小组与岗巴县委组织部联合开展全县村第一书记如何开展群众工作培训、全县村干部文化素质提升培训、农牧民党员提升致富创业技能培训等，将援藏培训资金用在了最出成效、最迫切开展的培训上，培养了一批最能发挥作用的基层党务工作者、业务骨干人员、综合能力强的驻村队员，为全县经济社会发展提供了人才支撑。

（三）交往交流交融

为了使中化集团广大员工深入了解中化对口支援的岗巴县，中化集团与岗巴县委、县政府联合举办了为期一周的“中化·岗巴文化周”活动，通过县代表团访问、图文展示，以及“感恩援助、心汇交融”为主题的文艺演出，全方位推介岗巴县经济发展、风土人情、特色产业、援藏成果等，更好地促进援助方与受援方的交往交流交融。通过中化·岗巴文化周、岗巴县民间艺术团进京演出等形式多样的活动开展交往交流交融项目，让中化集团五万名员工感受到西藏的热情与感恩，也让藏族同胞感受祖国首都的经济发展成果，这是一次凝结十五年援藏情谊的活动，更是一次汉藏民族团结的盛会。

（四）基层组织建设

地处祖国西南边陲的岗巴县，是反分裂反蚕食的前沿，因此，对县乡基层组织建设的支持也是巩固基层执政力量和手段的有效补充。2016年，中化集团给予县委宣传部、县工会、卫生局、扶贫办等基层组织工作资助，夯实我党在县乡的农牧藏族同胞的群众基础、丰富政府部门服务民生的方式。

人民团体

日喀则市总工会

【概况】 日喀则工会始建于1956年，2014年日喀则地区撤地建市后成立日喀则市总工会。2015年6月胜利召开日喀则市工会第一次代表大会，会议选举产生市总工会第一届领导机构。市总工会机关内设办公室、财务部、劳动保护与经济技术部3个正科级部室，办公室下设组织宣传部，劳动与经济技术部下设法律与保障部。同时设有机关后勤服务中心、市职工之家、市困难职工帮扶中心3个事业编制科室。2016年市总工会在职干部职工19名，其中干部9名，工人5名，聘用人员4名，公益性岗位人员5名。全市共有基层工会组织1017个，工会会员53197名，18个县（区）总工会配备专职工会工作人员62名，全市兼职工会工作人员1165名。

【思想建设】 加强学习党的十八大和十八届历次全会、自治区第九次党代会精神，着重学习习近平总书记系列重要讲话精神，牢固树立“四个意识”，特别是核心意识和看齐意识，在思想上拥戴核心、在政治上依赖核心、在组织上忠诚核心、在行动上捍卫核心，把干部职工的思想和行动统一到上级党委的决策部署和具体工作要求上来，确保政治上始终清醒，行动上坚决执行。

2016年4月28日，尧西·索朗扎巴同志在庆祝五一国际劳动节暨日喀则市第一届劳动模范和先进工作者表彰大会主题晚会上致辞

【帮扶救助】 开展“面对面、心贴心、服务职工在基层”系列活动，投入资金近200万元。一是在“三大节日”期间，共筹集资金73.21万元，走访慰问了762名劳模、困难职工和患病职工。二是“五一”前夕，走访慰问市区36个便民警务站和部分企业困难职工，发放慰问金7.4万元。三是为全市2015年考入区内外的185名困难职工（农牧民工）子女大学生解决了“金秋助学”金58.3万元。四是为“4·25”受灾严重的14户家庭发放5.5万元的特殊帮扶资金，为他们恢复生产提供支持和帮助。五是为42名职工和定点扶贫联系乡（康马县康如乡）解决临时医疗、生活、助学救助金13.3万元。六是筹集资金18.8万元，开展“中国梦·劳动美－祖国在我心中”走访慰问系列活动：集中慰问了61名困难职工，走访慰问困难劳模、患大病职工及市区36个便民警务站，到驻村点检查指导驻村工作并慰问驻村队员，到岗巴县慰问50名困难职工。七是开展干部职工疗休养活动。11月初至12月上

旬，从工会经费支出30.16万元，分2批共组织58名干部职工赴海南开展为期12天的疗休养活动。

2016年10月1日，市总工会举行“中国梦·劳动美 祖国在我心中”系列活动慰问岗巴县困难职工

【基础工作】 一是制定了《日喀则市总工会基层组织建设工作规划（2015—2018）》和《日喀则市总工会2016年基层组织建设工作计划》，狠抓落实，基层工会组织建设得到进一步加强。2016年，我市完成了4个县级工会组织“六有”规范化建设，占全市县（区）工会总数的22.2%；完成了41个乡镇街道工会“八有”规范化建设，占全市乡镇街道工会总数的20.2%。二是积极探索农民工入会形式，农民工会员从最初的几百人发展到现在的11452名。三是做好在档困难职工档案调整和完善工作。全市调整出档困难职工（档案）167户，新增建档158户，目前在档困难职工747户，较2015年的756户减少9户。

2016年9月，尧西·索朗扎巴同志走访慰问企业患病职工

【劳模服务管理】 截止2016年底，全市有各级劳动模范共153名。其中全国劳模17名，全国五一劳动奖章获得者18名，自治区劳模81名，市级劳模和先进工作者37名。2016年4月成功召开日喀则市第一届劳动模范和先进工作者表彰大会，共授予多吉占堆等19名同志为日喀则市劳动模范荣誉称号，授予张延丽等18名同志为日喀则市先进工作者荣誉称号。做好关爱劳模服务劳模工作，及时兑现全国劳模节日慰问金、体检费、生活困难补助金、特殊困难帮扶金和全国五一劳动奖章、自治区劳模荣誉金等专项资金32.8万元。选派4名劳模分别参加了全国总工会组织的北京和云南全国劳模疗养，组织30名各级劳模参加了山东省总工会援助开展的劳模疗养。

【工会经费收缴管理】 一是及时与财政部门协商，将调整后的各种津贴补贴均纳入工会经费计提范围，保证了财政统一划拨工会经费与职工工资同步增长。2016年，共收缴工会经费1056.49万元，其中向自治区总工会上解工会经费234万元，本级留存822.49万元。二是严格财经纪律，实行规范化管理，坚持“一支笔”审批，坚持开支项目班子集体研究，增强了经费使用透明度，确保了经费的使用效益。

【受援工作】 全年共落实工会系统援藏资金1009.8万元，实际拨付到我市账户资金983.2万元。其中，上海市落实资金377.3万元；山东省落实资金277.5万元；吉林省到位资金180万元；黑龙江省到位资金105万元；宝钢集团到位资金50万元；中化集团到位资金20万元。自工会系统对口援藏工作开展以来，组织各县（区）前往对口援助省（市）工会考察学习4批次30余人次，对口援助省（市）工会人员来藏考察4批次39人次。

【自身建设】 加强干部培训工作，5月组织29名工会干部赴上海开展了为期15天的学习培训；8月邀请山东省总工会4名专家学者到日喀则对50多名工会干部进行专题培训。由四省（市）总工会援藏投资630万元的市总工会职工服务中心项目已启动。

中国共产主义青年团日喀则委员会

【概况】 共青团日喀则市委员会始建于1955年，现地处日喀则市区扎德西路19号。内设2个科室（办公室、青少年工作科），辖1个正科级事业单位（青少年活动中心）。现有在职干部职工14人，其中，干部12人，工人2人。团市委在市委、政府的高度重视下，在团区委正确指导下，坚持高举中国特色社会主义伟大旗帜，以邓小平理论和“三个代表”重要思想为指导，深入贯彻落实科学发展观，紧紧围绕市委、政府的中心工作，结合我市共青团工作实际，以全面履行共青团工作四项职能为基础，强化服务意识、完善服务手段、拓展服务领域、提高服务能力，以加强基层共青团组织覆盖面，促进青少年健康成长，提高团干部整体素质为工作目标，创新工作思路，拓展工作方式，提升工作手段，贴近基层、贴近青年、服务青年，不断开创了共青团工作新局面。

【青少年思想工作】 先后开展近40场次学习习近平总书记系列重要讲话精神、自治区第九次党代会精神，覆盖青年人数近10万人；在全市深入开展“中学生与人生对话·我的中国梦”系列主题团日活动、“红领巾相约中国梦·我与城市共成长”主题队日活动、“学雷锋”活动、“民族团结代代传—青少年万人交流”活动、感党恩主题教育等近120场次，覆盖青少年20万余人，培育全市青少年自觉践行社会主义核心价值观；18县区团委先后开设官方公众微信平台，建立通信群37个，团市委官方微博粉丝数达9.5万人，招募网络志愿者1500名，推荐26名优秀青年成为西藏青年之声的专家成员，定期在公众微信、微博平台编发网络舆情参阅，着重发挥新媒体的引导作用。18县区团委先后召开纪念“五四”运动97周年、中国共产主义青年团建团94周年表彰大会，表彰一批优秀团员、团干和青年致富带头人。

2016年6月1日，日喀则市小学“红领巾相约中国梦—我与城市共进步”六一文艺汇演

【青年创业】 联合市青年创业协会开展以“创业在后藏·青春耀雅江”为主题的创业大赛，吸引参展项目81个，参观人数达万余人，销售金额达150多万元，与上海、山东两地企业初步达成7个项目的投融资协议，与中国人民银行日喀则分行签订1亿元的金额授信合作协议，争取到上海市第七批援藏干部联络组200万元的青年创业启动基金。

【青年志愿者服务】 分别组织60余名、150余名志愿者为2016年珠峰文化节、“128”活动提供优质服务，展示了日喀则青年的时代风采；选派170余名志愿者在市内十二个主要路口及六个人流量较大的公交站牌开展“文明交通文明出行”志愿服务活动，累计服务时间6000余小时，为“六城共建”添砖加彩；2016年新招募西部计划大学生志愿者156人，招募共青团助力脱贫攻坚志愿专项服务41人，为日喀则人才储备提供供给性选择。

2016年8月5日，市政府礼堂西部计划大学生志愿者出征仪式

【服务青少年工作】 立足青年所需、团组织所能，努力使团的服务工作成效充分体现在青年这个终端上。聚焦青年就业创业，组织开展中职学生参与“挑战杯”课外学术科技作品竞赛，激发青少年创新创业潜能；新建青年就业创业见习基地7家，提供见习岗位700个。新增培养国家级农村青年致富带头人2名，帮扶、带动486名青年实现就业创业。聚焦青少年成长成才，优选128名基层少先队辅导员开展为期4天专题培训，就辅导员指导礼仪用曲、少儿歌曲及民族歌曲的演奏、鼓乐队指挥编舞、分列式等知识进行专业培训；拓展青年外事工作，组织2名优秀青年赴韩国、印度等国家学习考察，选送20名青少年赴北京、江苏参加全国夏令营活动，接待香港、林芝市、山南市、阿里地区来访团组110人，宣传推介了日喀则，帮助广大青少年扩大交流、交往、交融；希望工程全年筹到爱心资助款74.68万元，资助学生931人；聚焦特殊青少年群体，为真正做到“底数清、情况明、建档立卡，有专人联系，有具体的帮教措施”，对全市青少年进行调查摸底，2016年底全市五类重点青少年群体总数为2646人，其中社区闲散青少年305人、不良行为青少年21人、流浪乞讨青少年39人、农牧区留守儿童1822人、服刑人员未成年子女18人；结合普法要求，以19个青少年警示教育基地为主阵地，以《未成年人保护法》和《预防未成年人犯罪法》宣传教育活动及“青春与法同行—青少年法律大课堂”为主线，在全市深入开展青少年法制宣传教育活动和自护教育活动200场次，覆盖青少年10万余人。

2016年7月20日，日喀则市第一儿童福利院宋庆龄基金会—冠军运动员基金会公益慈善活动

【基层组织建设】 坚持将基层基础工作作为共青团的生命力工程，各级团组织抓基层打基础的意识更加坚定，力度更加强化，成效更加明显。共青团援藏工作有序推进。年初，团市委整合资源、统筹规划，科学精准制定2016年受援计划。以“具体指导、专人负责”的原则，抓好援藏项目的落实。共落实计划内项目58个，涉及资金达628万余元；落实计划外项目14个，涉及资金达96.5万元。项目的实施使对口县区的青少年思政教育工作经费保障有了很大改善，对助力日喀则青少年健康成长，维护日喀则社会稳定和进步发展发挥了重要作用；基层组织网络不断完善。强化层级化的组织载体，全面开展团的组织格局创新，目前全市专职团干部53人，兼职干部2024人，新发展团员4067人、少先队员2260名，推优入党1876人。大力推动非层级化的组织载体，全年新建“两新组织”团组织2家，农村专业合作社建团1个，驻外团组织3个。创建少先队示范学校4所，促进了基层少先队工作活跃。

【队伍建设】 始终抓住干部为事业发展的关键，坚持“从严治团”的原则，把抓班子带队伍摆在工作重要地位。注重锤炼党性。将强化党性作为团干部队伍建设的首要任务，选派172名基层团干部赴内地各省市参加专题学习培训班，引导团干部锤炼党性。注重联系青年。按照团中央和团区委的要求，开展了新形势下青年群众工作大调研，坚持“思想真正动起来、身子真正沉下去、情况真正摸上来”，坚持每月开展共青团与青年朋友开放日活动，做到与青年同吃、同住、同学习。团市委领导班子分别深入十八县区开展调研，共发放问卷600多份，走访青年1200多人次，走访机关、学校、企业、社区等基层单位56家，形成专题报告2篇。注重严格纪律。认真落实“两个责任”，自觉配合市委第五巡察组巡察工作，严格执行团中央从严治团有关规定，从严要求团干部。把抓落实作为团干部作风建设的重要目标，坚持每月召开工作例会、每月下发《团务通讯》、要求县级团委每年向地方党委反馈工作情况，促进了全团重点工作在基层得到有效落实。

日喀则市妇女联合会

【概况】 全市有市直、区直、中直单位妇委会（女工委）69个，县区妇联18个，乡镇妇联204个，村居妇代会1673个，组织机构完善，形成了纵向到底，横向到边局面。

市妇联下设办公室（组宣科）、权益科、妇儿工委办公室，均为正科级建制；下设妇女儿童活动中心、机关后勤服务中心，事业建制。核定编制19个，其中行政编制9个、机关事业编制2个、事业编制8个。有县级干部3名，副科5名。2016年，市妇联积极实施“巾帼六项行动”，为建设和谐文明幸福美丽日喀则做出了积极努力。

2016年4月5日，在日喀则市政府会议室召开日喀则市政府妇儿工委成员单位协调会

【宣传教育】 制定《日喀则市妇联关于开展“巾帼脱贫行动”的实施方案》，通过各种渠道深入宣传各级脱贫攻坚工作会议精神，教育引导贫困妇女发扬“四自”精神，克服“等、靠、要”思想，激发贫困妇女参与脱贫攻坚、求富裕求发展的内生动力。

【技能培训】 一是抓培训。突出培训的针对性。一方面，立足基层妇女发展生产的技能需求，开展各类实用技能培训。积极争取上海援藏资金200万元专项用于妇女技能培训，以东部县白朗为中心、以西部县昂仁为中心分别举办了东西部县贫困妇女编织技能培训班，参训贫困妇女88人。培训班采取基地集中授课和外出赴拉萨、山南等地观摩学习的方式进行，传授了经验，开拓了视野。另一方面，立足妇女创业带头人的创业需求，对“有发展愿望、有经营头脑、有奋斗精神、有创业意愿”的妇女，重点进行创业知识、电商技能等方面的培训，提高她们的创业能力和带动能力。在拉萨成功举办了“日喀则市首届妇女创业带头人电商技能及电商创业培训班”，18名妇女创业带头人参加培训。二是抓示范基地。积极探索“女能人＋合作社＋贫困妇女”，“技能培训＋创业项目”等模式，以基地带动、辐射妇女创业就业。目前，全市共有妇女合作组织和妇女个体经商户184家。建立各类示范基地（农业科技示范基地、编织培训基地、创业就业示范基地等）19个。

【创业扶贫】 以妇女传统手工编织项目等为依托，通过以点带面，整体推进，妇女小额信贷工作稳步推进。截止2016年底，全市共发放贷款1501万元，扶持妇女创业带头人98人，带动上千名妇女就地就业。白朗、拉孜、仁布、昂仁等县妇联积极宣传发动妇女参与妇女小额信贷，助推多个妇女合作组织创业发展。

【妇女手工业】 一是2016年4月12日在拉孜县召开了日喀则市妇女创业就业工作现场推进会暨“巾帼脱贫行动”启动仪式。设立拉孜县锡钦乡锡钦村羊毛制品专业合作社等四个市级妇女创业就业示范基地并进行了授牌。全市18县区分管妇联工作领导、妇联主席、各县区妇女创业带头人参加了启动仪式，与会人员通过实地观摩、分组座谈讨论、大会交流等方式学习了经验，交流了思想。二是组织江孜、白朗、昂仁、拉孜4县十家优秀妇女合作社共283件产品参加第三届中国西藏旅游文化国际博览会，销售总额33.9万元，洽谈订单108个。三是协助阿里、昌都地市妇联组织的43名妇女群众在日喀则市创业示范点开展技能培训和参观考察，进一步促进了地市间妇女创业就业的交流学习和合作共赢；四是各级妇联联合人社局、工会，积极参与“春风行动”调研工作，加强对妇女创业就业工作的推介和宣传，发放各类宣传资料2000多份，提供咨询1750人次，成功介绍520名女性实现就业。

2016年9月14日，白朗县阿里地区妇联组织农牧区妇女赴日喀则市白朗县洛江镇则嘎村学习编织技术开班仪式暨市级妇女编织培训基地授牌仪式

【强基惠民】 形成《日喀则市妇联关于开展精准扶贫结对帮扶“4321”工作方案》，市妇联机关13名党员干部与建档立卡47户贫困群众认亲结对，“一对一”进行帮扶。在强基惠民活动驻村点成立岗村残疾人就业基地，协调市残联帮助解决启动资金20万元，建立了以生产、加工、销售为一体的残疾人就业基地。此外，市妇联驻村工作队还积极组织妇女在岗村54座承包温室打工，就地拓宽致富门路，早日摆脱贫困。

【“两个规划”】 建立国家级、自治区级、市级三级示范带动机制，在国家级示范县（江孜县）召开全市实施“两个规划”工作现场推进会，推动全市妇女儿童事业各领域指标任务的完成。层层发动，以制作展板、宣传片等形式大力宣传和展示“十二五”妇女儿童事业发展的辉煌成就，我市“十二五”妇女儿童发展规划圆满收官。

【民生项目】 积极实施“两癌”筛查及救助、“母亲邮包”“春蕾计划”“母亲水窖”、儿童营养改善试点等公益项目。举行了“4·25”重灾县“母亲健康快车”发车暨贫困母亲“两癌”救助金发放仪式，为聂拉木、吉隆、定日三个重灾县发放了总价值60万元的3辆“母亲健康快车”。落实萨嘎、南木林、萨迦等3县“母亲水窖”项目资金222万元；配合卫生部门完成两癌筛查4724人次，兑现贫困“两癌”母亲救助金18万元；发放春蕾助学金32万元，受益学生540余名。

【入寺教育和慰问活动】 联合统战、民宗等部门深入尼姑寺开展“送医送药送健康”活动，为140余名尼姑开展义诊，发放价值10万元的卫生用品。仁布、定日等县妇联也相继深入尼姑寺开展了慰问活动。

【“巾帼志愿服务活动”】 市妇联机关积极开展“我爱我市”城市卫生大扫除、“感恩环卫工人”“助农收割”等志愿服务活动。岗巴、桑珠孜、吉隆、萨嘎等县的妇联相继成立了“巾帼志愿服务队”，动员机关妇女干部和妇女群众积极参与做“爱心妈妈”，开展“校园安全”“关爱义诊”等志愿服务活动，“巾帼志愿”精神不断发扬光大。

【信访工作】 借助已开通的12338维权热线，认真受理各类信访。2016年，市妇联共接待群众来访8起10人次，结案率98%，上访率同比大幅度下降；各县区妇联开展不同形式的维权行动，举办维权培训30期，参训妇女3740余人次。

【妇女维权】 积极协调日喀则市中院、桑珠孜区法院成立了妇女维权刑事合议庭和民事合议庭，协调两级司法部门指定了司法顾问人。明确全市辖区行政村各妇代会主任担任妇女信访代理员，畅通了信访渠道。亚东县妇联建立了妇联干部陪审员队伍，创建妇女信访代理员示范点2个；康马县妇联在县民政局婚姻登记窗口设立反家暴宣传点，让每一对领结婚证的夫妇自愿签订“反对家庭暴力共筑幸福婚姻”承诺书。依托“110”便民警务站网格化管理优势，继续拓展“妇女儿童维权服务岗”范围。吉隆、江孜、亚东、南木林等县相继在辖区110便民警务站设立了“妇女儿童维权服务岗”。截止年底，全市共建立“妇女儿童维权服务岗”28个。

【家庭教育工作】 在日喀则市区设立两所示范“家长学校”；在桑珠孜区设立15个“社区家长学校”。借助“家长学校”平台，开展“我爱我家同悦书香”暑期亲子读书活动和优秀作品分享会。江孜县妇联也相继设立了“示范家长学校”并开展了亲子读书活动；仲巴县妇联建立了以巾帼志愿者为主体的平安仲巴守护员队伍，组建“家庭知识讲师团”，开办了“争做合格家长培养合格人才”家庭教育大讲堂等。有力提升了全市家庭教育工作水平。注重家庭文明建设。2014年起，在全市范围内持续开展了寻找“最美家庭”活动，各级妇联组织共海选出“最美家庭”232户，其中43户获得自治区级“最美家庭”称号，桑珠孜区拉巴仓等7个家庭获得全国“最美家庭”、全国“五好文明家庭”、全国“文明家庭”称号。联合市综治办持续开展“平安家庭”创建活动，70户家庭积极参与，其中4户获自治区级“平安家庭”，20户获市级“平安家庭”称号。

【思想建设】 通过“两学一做”“讲学习、讲忠诚、正风纪、转作风、提效能”等活动的开展，加强各级妇联组织和广大妇联干部的思想建设；先后开通了日喀则市妇联官方微博和“珠峰女性”微信公众号，截至2016年底，共在微信、微博发布信息221篇，阅读量达14万人次。通过互联网的宣传优势做好妇女思想引领工作

日喀则市工商业联合会

【机构概况】 市工商联于2012年8月，经市委批准，由市委统战部副县级机构升格为正县级群团组织，并明确机构单设，正式设立党组。核定人员编制10名，现实有干部职工11人，内设科室2个（办公室、组织会员科），市非公经济组织党工委办公室为虚设机构，无人员编制。设立机关党支部1个，党员11名。经2015年12月日喀则市第一届会员代表大会选举产生专（兼）职副主席17名，商会会长、副会长17名，全市成立市级商会1个，县级商会1个。

8月25日，自治区政协副主席、区工商联主席总商会会长阿沛晋源一行全区各地市县区工商联负责人到白朗县工商联参观考察

【非公经济发展】 截止2016年底，全市各类市场主体发展到37611户，注册资金305.73亿元；同比增长22.1%、85.99%；其中非公企业6314户，注册资金191.74亿元；非公经济组织税收15.8亿元，占全市税收的96.3%。市工商联发展会员789个，新发展会员108个。在非公经济人士中担任区、市、县区、乡四级人大代表和政协委员的有270名，进入县区级人大、政协班子的有5名。

【“两学一做”学习教育】 （一）开展“两学一做”主题教育活动。1.成立市工商联“两学一做”学习教育协调小组；2.制定《市工商联开展“学党章党规、学系列讲话、做合格党员”学习教育实施方案》《学习计划》；3.于4月30日召开动员部署大会，（二）开展“讲学习、讲忠诚、正风纪、转作风、提效能”主题活动。1.成立领导小组；2.制定《实施方案》《学习计划》，3.于11月4日召开动员部署会。全年市工商联机关、非公企业中开展集中学习42次、党员领导干部讲党课8次、邀请党校老师开展专题讲座1次、组织专题研讨会9次、集中研讨5次、撰写心得体会120余篇，认真组织开展手抄党章100天活动。

【培训情况】 2016年10月，根据自治区工商联统一安排，市工商联共选派机关、非公企业人士15余人赴韩国、日本参观学习考察；7月份，在市委党校举办1期工商联系统及非公经济人士共计50余人的党建工作专题培训1次；4月份，通过对口支援省市工商联，组织30名县区非公党工委负责人和企业党支部书记赴上海市学习培训；8月份，通过邀请西藏民

族大学法学系专家为民营企业开展了为期3天的法律知识讲座，发放法律维权方面调查问卷200余份。

【“百企帮百村”精准扶贫行动】 2016年“百企帮百村”结对帮扶行动共参与市县区工商联会员企业（民营企业）117家，结对209个重点贫困村（居）。截止2016年12月底，市县区工商联会员企业（民营企业）117家对日喀则市18县区124个重点贫困村居实施了农田水利设施建设、低产田改造、道路水渠改造、新修排污排水管道、购置家具、修建民房、助学助残、就医就业、帮扶慰问等帮扶措施，累计帮扶资金达1769.8万元；同时，根据市扶贫办通知精神，市工商联推荐申报了达热瓦建设有限公司等19家会员企业并获得了全国、全区、全市“扶贫龙头企业”荣誉称号。

4月8日，召开2016年非公党建工作暨“百企帮百村”精准扶贫行动部署会议

【非公经济党组织工作】 2016年初召开非公党建工作专题会议，安排部署全年党建工作任务；在庆祝建党95周年之际，召开党建工作总结表彰大会，对5个先进基层党组织和21名优秀党务工作者进行了表彰；与18县区工商联签订目标责任书，实行争先进位、目标绩效考核。全市已建立非公经济党组织192个，比去年新增25个，建立工会组织94个，共青团组织14个，妇女组织6个；全市共发展党员1690名，比去年新增70名。

【“六城共建”创建活动】 1.通过组织宣传、环境整治、志愿服务等通力合作，主推“六城共建”活动不断引向深入，为我市创建全国文明城市添砖加瓦；2.开展评选活动。以市创城办牵头联合相关部门组织开展“诚信经营示范店”“诚信示范企业”评选活动，共评选出200家示范店、50家诚信企业，其中工商联会员企业达35家；3.印发《非公经济人士参与创城工作倡议书》50余份，4.成立机关、非公企业党员志愿服务队，先后开展40余次党员志愿服务活动。

【“五好”县级工商联创建活动】 全市基本实现“一个设立、五个有”的基础，持续开展“领导班子好、会员发展好、商会建设好、作用发挥好、工作保障好”为主要内容的“五好”县级工商联建设。8月，全区“五好”县级工商联交流观摩会在我市召开，并举行全区“五好”县级工商联授牌仪式，有效促进了县级工商联自身建设、能力建设和规范化建设起到非常重要的作用。

【强基惠民工作】 市工商联驻村点沃玛村兴办项目砂石厂年收入均达80余万元，并年终向当地村民分红48万元；通过“兴边富民项目”落实投资35万元的白绒山羊养殖推广项目，预计每户平均增收达2000元；申报沃玛村开荒种地（投资80万元）、温室大棚种植疏菜项目（投资40万元）和夏村农田保护铁丝网围栏项目（投资35万元）。全年共开展10余次宣讲活动，覆盖率达100%；开展节日慰问活动向两村群众发放了价值6万余元的慰问物资；协调吉隆县宗嘎镇政府和村“两委”确定了11户贫苦户和5户脱贫致富对象，并签订了脱贫目标责任书。

8月25日，在我市召开全区“五好”县级工商联交流观摩会暨全国“五好”县级工商联授牌仪式

军 事

75419部队

【概况】 2016年，在上级党委和日喀则市委、市政府坚强领导下，部队认真学习十八大精神、“两会”精神，突出学习贯彻习主席系列重要讲话这个政治任务，狠抓读原著、训骨干、抓典型、造氛围、用好口袋书、坚持学以致用“六件事”落实；深入彻底肃清郭徐案件流毒影响；狠抓经常性基础性思想教育工作，积极开展纪念建党95周年和红军长征胜利80周年系列文化活动；坚持新闻点评、军官夜校、月送好书、播放红色电影等活动，思想政治建设深入扎实。牢固树立主责主业意识，坚持战斗力这一唯一根本标准，狠抓军事斗争准备各项工作，认真研究解决军事训练存在的问题，精心组织、精心保障、精心实施，圆满完成了各项军事任务，为西藏领空安全提供有力保障。紧贴任务需求，努力提升综合保障质效，扎实推进后勤工作向军事训练和保障任务聚焦；主动为官兵改善工作生活条件，修整营区路面，进行屋面防水整治，更换灯具，粉刷墙壁并粘贴花岗石，定期上门检修营产营具、供水供暖设施、热水器等，拴心留人环境明显改善，后勤保障工作有力有序推进。始终坚持重心向下，聚力抓基层打基础，制定党委机关帮抓基层《具体措施》和《行动计划》，理清抓建基层的思路办法和目标抓手；积极为官兵解难帮困，组织健康体检，慰问困难官兵，不断增强官兵的凝聚力、向心力，基层全面建设持续加强。常态化开展纪律安全法制心理教育，深入开展安全教育月活动，严格落实安全形势分析制度，多次开展拉网式安全隐患排查；健全完善军地协作和联防联治机制；紧跟全党全军作风建设大势，以“两学一做”学习教育为抓手，突出抓好领导干部这一关键少数，立起合格党员标尺，树起先锋模范样子；严肃组织召开专题组织生活会，切实达到洗洗澡、治治病、红红脸、出出汗的效果；深入分析基层风气建设形势，突出抓好重点时段的明察暗访工作，部队政治生态持续向好。

日喀则市普布主席慰问场站

【双拥工作】 坚决贯彻习主席“治国必治边，治边先稳藏”的重大战略思想，大力弘扬我军战斗队、工作队、生产队优良传统，积极做好民族团结工作，千方百计为藏族同胞送爱心、谋福祉、促发展。2016年，被西藏自治区评为“民族团结进步模范集体”，被国家民族事务委员会评为“全国民族团结进步创建活动示范单位”。

为驻地群众做好事办实事。一是关爱儿童助成长。每逢开学、儿童节前后，组织向江当乡中心小学、汤麦村幼儿园、日喀则雄卓希望小学献爱心活动，累计捐款2万元左右，为学校购买了价值3万元左右的体育和学习用品；专门组织军政素质好、文化程度高的官兵长期担任“校外辅导员”，从各方面关注藏族儿童健康成长，使他们从小感受到社会主义大家庭的温暖。部队篮球队、足球队每月坚持到学校教授球类活动知识，促进儿童德智体全面发展。二是帮困解难送温暖。每逢重大节日和疾病多发季节，组织医务人员到江当乡、和平村、郭家新村进行巡诊，共计巡诊16次，为群众免费赠送药品价值3万余元，诊治病人420余人次，为驻地群众理发50余人次，维修家电20余台。对到部队看病的驻地藏族群众基本上实行免费治疗，免费给驻地群众赠送草、木柴等物品。部队在各项设施建设中，尽量聘请驻地群众参加建设，积极为驻地群众提供就业岗位。三是精准帮扶汤麦村。与江当乡汤麦村建立精准帮扶对象，同汤麦村村支部、驻村工作组一道，成立帮扶工作领导小组，研究解决汤麦村发展瓶颈问题，制定帮扶计划措施。每逢春耕、秋收季节，给汤麦村贫困户提供劳动力帮助。开展“捐赠衣物、卫生清扫、医疗服务、书籍捐赠”活动，为汤麦村送上书籍、农具等物品，价值1万余元，为汤麦村幼儿园修整操场80余平方米。定期为1名孤寡老人进行巡诊看病，并送去大米等日常生活用品。积极联系慈善机构，为1名患病儿童筹措医药费。依托部队蓝天春蕾计划，为5名贫困儿童申请“蓝天春蕾计划”指标。

慰问雄卓希望小学合影

凝聚双拥工作精神力量。针对驻地群众娱乐设施少、文化生活单调的实际，积极共享有限资源，努力丰富藏族同胞业余文化生活。一是开展“军车影院”活动。选取一些有针对性、适合广大青少年观众、具有普遍教育意义的红色影片，定期到江当乡中心小学和驻地村庄放映，让藏族青少年感受到党的温情和关怀。至今已给江当乡小学放映4场次，给和平村放映3场次，利用放电影时机，主动帮助驻地党员群众学习汉语、党史军史和党的优良传统，传授科技知识和致富信息，同时学习民族语言、学唱民族歌曲，增强军地友谊。二是开展“军地联谊”活动，建立深友谊。积极走访慰问驻地党政军及公安、国安等部门。开展“爱心接力、情献驻地”献血活动，组织200余名官兵为日喀则义务献血，共计献血42000余毫升。定期组织官兵打扫清理318国道卫生，保持318国道清洁整洁。12月，组织官兵参加了民航日喀则站组织的文艺晚会，受到地方政府好评。地方政府组织的相关会议、团拜会、珠峰文化节、双拥文艺演出等活动时，部队主要领导都亲自参加，加深了军政军民关系。三是开展“互帮互学互促”活动，共建党组织。持续采取“营乡党委共促，连村支部共建，军地党员结对”方式，支部与支部之间共结成11个“三互”对子，努力推进双拥共建层次，着力扩大党员群众的凝聚力和号召力。严格落实“三互”活动工作规范化，积极开展法纪教育和政策法规学习，努力实现军地双方融合发展，为推动军地科学发展、为建设平安西藏，和谐西藏、繁荣西藏作贡献。

营造和谐发展安全环境。一是建立联防机制。主动与驻地政府、派出所、机场公安局成立军地联防机构，建立军地联防机制。二是提高防范能力。每季度及特殊敏感时期组织针对性演练，增强应急处突能力。定期组织安全常识教育和“共保稳定”专题教育。三是夯实群众基础。及时完善军民纠纷和突发事件应急预案，协调地方政府一同做好群众宣传教育工作，积极做好群众善后工作，妥善处理相关赔偿事宜。共计疏散群众5000余人次，医疗小分队伴随出动10余次，借机给疏散群众看病600余人，送药2000余盒，无发生一起军民纠纷问题。

武警日喀则市森林大队

【概况】 中国人民武装警察部队西藏自治区森林总队日喀则市大队（简称：武警日喀则市森林大队），成立于2002年11月8日，正营级。

【工作概述】 2016年，森林大队在总队党委的正确领导和机关各部门的帮助指导下，以总部、指挥部、总队三级党委扩大会议为指导，以改革强军目标为牵引，积极适应新形势下部队建设规律，抓政治保方向，抓中心保中心，抓管理保安全，抓秩序保正规，确保以防火灭火为中心的各项工作任务圆满完成。

【党委建设】 组织生活。制定了干部年度理论学习计划，每周三组织干部学理论、学法规、学业务，学习习主席系列重要讲话精神，不折不扣地贯彻落实总队党委扩大会议精神和首长指示要求，党委班子成员理论素养有所提升。

作风建设。在战士考学、入党和学技术、转改士官、立功受奖、评选先进等问题上坚持原则，掌握政策，主持公道，妥善处理，全年共有2人学通信、1人学卫生员、1人学炊事、5人学驾驶、5人入党，大队共1人考取警官学院，年底有9人选取（晋升）士官，2人获得优秀共产党员、1人被评为森林防火先进个人、1人被评为优秀党务工作者、1人被评为优秀共产党员、24名同志获得优秀义务兵奖励、9名同志获得嘉奖、2名同志荣立个人三等功。召开专项会议，严禁收受官兵土特产、礼品，严禁出现打骂体罚、侵占士兵利益的现象，全年未发生一起收受钱物、侵占战士利益、酗酒赌博、暗箱操作等违规违纪现象。

【警民共建工作】 3月、4月参加驻地林业局组织义务植树活动；参加庆“七一”“我爱我市”城市卫生大扫除活动。定期对营门外朗热路进行清扫。组织班长骨干对地方护林员进行灭火机具培训。

【业务训练】 认真抓好部队基础训练、专业训练、组织指挥训练、实兵演练四个环节，确保训练质量。在冬季防火期，大队和林业主管部门严密开展防火工作，及时排除林内的火险隐患。开展防火调研，促进了各地有林县的防火工作。圆满完成吉隆、聂拉木、亚东三个有林县的靠前驻防，加强防火宣传、林政检查和野生动（植）物保护等。

【安全工作】 定期组织全体官兵对相关安全法规、应知应会内容进行系统学习，提高官兵的条令法规意识。在制度的落实上，定期召开安全形势分析会，并对战备车辆及灭火机具进行维护保养。

【战备工作】 做好防期准备工作，制定修订扑火作战方案、扑火作战政治方案、扑火作战后勤保障方案、通信保障方案、处置突发事件方案和抢险救援方案。对给养的储备进行检查和更换，对执勤车辆、通信器材、灭火机具、灭火被装进行检修，保证其完好率。

【后勤建设】 制定各项后勤发展规划，严格落实伙食五项制度和经费管理规定，定期公布帐目、加强监督机制，科学调剂伙食，杜绝不合理开支和损失浪费。加强两业生产，温室大棚栽种了萝卜、蚕豆、黄豆、白菜、紫甘蓝、秋葵、圣女果、尖椒、黄瓜、土豆、韭菜、大西红柿等12种果蔬，养殖了羊、藏鸡、猪、鸽子等家禽家畜。注重落实疾病防控措施，组织全体官兵发放高原保健药品，并且坚持定期对营区进行消毒，军医或卫生员每天到班排进行巡诊。开展“学老兵、赞老兵，为老兵送温暖”活动，同时组织全体满服役期人员进行体检。对家庭有困难的同志积极协调休假并帮助解决。

日喀则市公安边防支队

【概况】 历史沿革。1980年1月，日喀则地区公安局民警科与边防科合并成立日喀则地区人民边防武装警察大队。1983年10月，日喀则地区人民边防武装警察大队改称为中国人民武装警察部队日喀则地区支队。1996年8月，根据国务院和公安部指示，成立组建了日喀则地区公安边防支队，随着日喀则撤地设市的历史进程，2014年，日喀则地区公安边防支队改称为日喀则市公安边防支队。

西藏自治区党委常委、纪委书记王拥军一行工作组莅临康马边防大队嘎拉边境检查站检查指导工作

职能任务。日喀则市公安边防支队，是具有人民警察和武警部队双重属性的公安现役部队，主要担负守卫边境一线和维护边境地区社会稳定的任务，以边境防控、维稳处突、反内潜外逃、缉毒缉私等为中心工作。

【工作综述】 2016年，日喀则公安边防支队在总队党委、日喀则市委市政府的坚强领导下，广大官兵凝心聚力、开拓创新，奋勇拼搏、攻坚克难，部队全面建设和公安边防工作向前整体推进，实现了发案少、秩序好、社会稳定、群众满意的工作目标，确保了边境地区“三无”“三不出”的维稳工作目标，为维护日喀则边境和谐稳定做出了积极贡献。

边境管控。全年来共查获非法出入境案件25起50人，查获绕关避卡7起10人、伪造证件7起16人、冒用他人证件1起1人、携带反宣品6起10人，劝返各类证件不符人员200余名；签订安全责任书800余份，查获走私案件2起，抓获涉案人员4人。开展日琼布多寺亮点品牌建设，开展普法宣传165次，完成查嘎寺“珍达次久”、吉汝寺“次旺次珠”等18起佛事活动安保。

“四项建设”。举办信息化应用培训，营区监控系统、公安网络、视频会议覆盖率100%；举办2016年度机动中队军事比武，提升官兵实战能力。深化“依法文明执勤提升服务水平”和执法突出问题排查整改活动，建立起“日练、周测、月考、季评”制度和“文明使者、服务之星、执法标兵、证件鉴别专家”评选制度。推行领导干部带头学法制度，组织“全员法律学习季”，深入基层一线单位开展“执法质量巡查、法制骨干巡讲、精品案例巡展”暨“送法到一线”活动。完成执法规范化建设三年强制达标项目检查验收，开展法制岗位技能练兵网上考试，模拟办案演练，法制授课；邀请地方公安执法骨干开展联合案卷“面对面”交叉评查活动，选派5批次20名法制员前往市公安派出所跟班学习，指导拍摄帕里边防派出所《执法规范程序示范片》。狠抓“安全工作大检查”“严警容、转作风”“大排查、大清理、大整改”和“条令学习月”等活动，配套推进“四学六练”、驾驶员队伍专项整治等专项工作。充分发挥督察作用。

爱民固边。部署开展“三访四见暨提升警民双向熟悉率”“群众工作会战”等活动，走访群众2.48万户12.75万人，开展法制宣讲570场次，发放宣传单6900余份，建立结对帮扶205对，推动19名困难儿童和残疾人纳入社会救助体系或慈善机构救助范围，协调争取医保、低保120个，帮助解决饮水、生产、就业等问题93个，帮助困难群众解决就业岗位365个，上门办证、送证655个，排查化解矛盾纠纷363起，为群众做好事办实事解难事830件，义务巡诊850余人次，免费发放药品价值5万余元，捐款捐物价值20万余元。创建爱民固边模范村206个、模范乡（镇）23个、模范县（市）1个。固化推广吉隆“竹编合作社”等成功经验，协调2016年第一批少数民族发展项目13个、762万元，融入脱贫摘帽计划及异地搬迁相关

日喀则边防支队到市儿童福利院与孩子们一起过“六一”

工作，开展党政军警民共建“边境第一村——岗巴吉汝村”工作。

政治工作。开展新老党员宣誓、慰问困难党员及烈士家属、“两学一做”学习教育微党课、“为你读党章”等活动，严格星级党支部、党员评比，有针对性编印“两学一做”学习教育读本，发放《党务工作实用手册600问》《组织生活制度示范》光盘。邀请地方党校专家授课，举办营职领导干部理论读书班，组织党支部书记培训、开展模范组织生活实操演练，规范组织生活运行、提升组织生活质量。以“讲党性、迎考验”主题教育为统领，开展“三个服务到一线”“四会”教员巡回辅导授课等工作，举办官兵“自我‘画样’、群众‘修样’、组织‘定样’”，开展“大考面前见精神”“让政治工作向战斗力聚焦”等思想大讨论活动，完成支队警营文化长廊、荣誉室建设及强警目标宣传标语制作，协助组稿拍摄全国“民警的一天”系列专题，组织帕里边防派出所官兵开展“我的教育我做主”“模范旗帜如何荣誉传承”等系列访谈，成功举办“大爱无边·忠诚担当·使命托起希望”4·25地震一周年主题报告会。建立干部教育管理月通报制度，建立健全干部激励机制，修订支队《干部管理规定》，落实从优待警举措，协调解决7名官兵子女入学难题，为39名官兵家属、子女办理随军，推荐多名官兵参加部局、公安厅、总队组织的疗养。

日喀则支队官兵到市敬老院和老人一起包饺子

后勤规范化建设。建立健全审计意见落实反馈、审计情况通报、跟踪回访和整改督办制度，科学编制调整年度经费预算，修订完善《日喀则边防支队后勤管理规定》、制定《审计发现问题库》，编制《报账员手册》，组织基层报账员培训，持续推进财务大清查、经费物资专项整治“回头看”活动，不断扩大国有资产清查工作、公安业务经费清查和审计整改专项检查成果。全年共投入9700余万元，为30余个基层单位解决了住宿、取暖、饮水、用电、农副业生产等难题，完成了基层单位综合整治项目竣工验收，推进吉隆方向灾后重建项目维修加固。从营房改造、取暖、用电、吸氧等方面入手，改造基层单位节能灶，配备安装制氧、净化水设备，推动基层单位给养器材项目建设。畅通绿色医疗渠道，办理随军家属、小孩城镇居民医疗保险，营造栓心留人的警营环境。圆满完成机动中队比武等演练卫勤保障工作。全力做好部队越冬物资储备。培训基层种养殖员，提高基层自身造血功能。

人民防空

【人防宣传教育】 5月、10月在桑珠孜区中小学校、德勒社区、卡热社区开展人防知识宣传，接受“三防”知识教育学生1500多人次，群众6000多余人次。全年利用广播电视、报纸、网络、微信等平台开展宣传，共发微信500余条，短信7300余条，电视新闻3条。7月7日期间，全市共设固定和流动宣传点2个，流动宣传车3台，悬挂横幅5条，高调宣传人防知识，全面提高市民国防观念。第三季度深入开展人防知识“五进”活动，发放双语宣传手册1500余份。9月首次成功举办日喀则市人防业务知识培训班，涵盖桑珠孜区、亚东、岗巴三个重点县区人防办、市17家国营、民营房地产开发企业负责人和市人防办全体干部职工共36人，并邀请内地人防专家授课，理论与现场教学相结合，培训达到了预期目的。面向领导开展宣传，持续给主要领导和分管领导订阅《中国人民防空杂志》，为领导提供人防工作资料。

七七警报试鸣暨人防知识宣传

【人防工程】 一是积极做好市人防掩蔽训练基地项目前期工作，已筹集资金700余万元，已征用土地5.6亩。工程建设前期规划已经完成。二是完成自治区国动委建设发展“十三五”规划调研工作；协调市发改委，完成申报人防“十三五”规划项目人防专业队伍模拟演练中心、教武场、日喀则市人防信息化建设、亚东人防指挥中心、岗巴人防指挥中心等七个项目，总投资2.3310个亿。三是继续保持“结建”工程走在全区第一的高水平。目前日喀则市中心城区“结建”人防工程17007.48平方米，在全区人防结建工程中排第一，按国家标准城区每人达到1平方米，而我市城区人均还不到0.4平方米。

【人防行政执法】 2016年8月全区人大对人防“一法一办法”贯彻落实情况执法检查中，市人防办得到了自治区人大执法检查组的肯定和高度评价。全年收缴人防工程“易地建设”费452.86余万元。11月完成了日喀则市人民防空办公室权责清单，共计14项并及时向社会公布，明确了市人防行政执法权责。12月市人防办入驻市“一站式服务中心”，开设了人防行政审批便民服务窗口。

【人防指挥通信】 2016年8月对现有的24台警报控制终端器进行全部更新更换，对局部警报器位置进行调整，提高了通信警报系统的快速反应能力、音响覆盖率，目前日喀则市城区音响100%覆盖率。争取到信息化信息库建设资金200万元。

【“两学一做”活动】 先后制定《日喀则市人民防空办公室“两学一做”教育活动实施方案》《日喀则市人民防空办公室“讲学习、讲忠诚、正风纪、转作风、提效能”主题活动实施方案》，全办10名党员参学，参学率达100%。报送相关材料及学习简报73期，每季度开展一次党建工作、党风廉政建设工作等委内容的“书记上党课活动”，组织专题学习14次，组织开展党员公益活动五次。12月组织召开高质量民主生活会，查摆出党组班子6个方面12条问题，制定了切实可行的整改措施。

【廉政建设】 修订和完善《日喀则市人防办准军事化建设制度》共计23项。建成廉政文化走廊，营造廉洁从政氛围。

【强基惠民】 先后投入现金1万元，捐款捐物折合人民币2万余元，积极争取项目资金67万元，推进实施精准扶贫、产业开发、强基惠民活动。

综 述

【概况】 中共日喀则市委政法委员会（市综治办）内设8个正科级科室和1个副科级事业单位，分别是办公室、政治处、调研室（610办）、综治协调科（流动人口管理办公室）、综治督导科（平安创建办公室）、市维护稳定工作领导小组办公室（市维稳工作指挥部办公室）、执法督察室（法学会秘书处）、市铁路护路联防工作领导小组办公室和机关后勤服务中心，核定政法专项编制33名（行政编制18名、机关事业编制12名、后勤事业编制3名），实有人数27人（不含市级领导、部队领导、援藏干部兼任）。

全年，市委政法委紧紧围绕全市改革发展稳

市委政法工作会议

定大局，倾全力保障‘12.8’法会圆满举办，打造法治珠峰，确保了日喀则“四无、三稳定、三不出”目标，为全市经济社会发展和长治久安提供了坚强有力支撑。

【维护稳定】 加强反分裂斗争。始终把反分裂斗争和维护稳定作为硬任务和第一责任，放在心上、扛在肩上、抓在手上，持续开展反分裂、反自焚、反渗透专项行动，巩固深化维稳措施，健全完善维稳机制，披星戴月、栉风沐雨，奋勇拼搏、连续作战，确保了全市社会大局和谐稳定，实现了“四无”“三不出”“三稳定”目标。加强“128”专项安保。把“12·8”时轮金刚灌顶法会维稳安保工作作为全年政法工作的重中之重，超前谋划、精心组织，密切配合、整体作战，整个法会期间未发生一起拥挤、踩踏、交通事故，未发生一起危安、刑事、暴恐事件，各项活动安全祥和圆满进行，实现了“三放心”“三满意”目标。加强边境防控。加强对境外敌对势力的关注力度，进一步强化思想认识、源头治理、边境防控、教育管控、线索摸排等工作措施，有效防范应对了区外、境外敌对势力对我市造成的冲击影响，健全完善“军管线、警管点、民管片”长效机制。进一步加强与尼泊尔警方会晤合作，有效防范和应对达赖集团渗透破坏活动。

【平安法治建设】 深化严打整治斗争。始终保持对危害国家安全、危害公共安全、黑恶势力和严重暴力犯罪活动的严打态势，共侦破刑事案件104起，抓获犯罪嫌疑人115人，尤其破获了系列盗窃案件25起，捣毁犯罪团伙3人，追回赃款65万，取得了良好震慑效果，群众安全感明显增强。深化平安日喀则建设。制定《2016—2020年平安日喀则建设规划》和《2016年日喀则市级平安创建活动方案》，狠抓自治区级“平安县”和市级“平安乡镇”创建申报工作，将市（中、区）直各单位纳入市级平安单位创建活动，协调妇联、教育、卫生等成员单位部署平安家庭、平安学校、平安医院等创建活动。年内，全市自治区级“平安县区”创建率达72%，市级“平安县区”创建率达100%，巩固率达100%。深化“先进双联户”创建。双联户长带领双联家庭继续认真落实“10+2任务”“七项基础工作”等联户平安措施，调解矛盾纠纷1288起，排查整治安全隐患1200起。因地制宜发展特色产业，联保联担小额信贷2536.24万元，新增经济实体368个，带动致富6037户3.2万人，实现增收3000余万元，完成精准扶贫建档立卡近4300户17万人，兑现“先进双联户”奖励资金1200万余元、审批政策加分165人。将“基础教育联管联抓”纳入“先进双联户”创建活动，实现“四无”目标。深化司法体制改革。制定印发《日喀则市司法体制改革试点工作方案》，推进桑珠孜区法院、检察院司法体制改革，健全完善错案追究责任倒查制度、司法责任追求制度，顺利完成首批法官和检察官入额考试。

【社会治理】 注重寄递物流业安全管理。认真落实《关于加强物流动业安全管理的实施意见》精神，签订《物流寄递企业治安管理责任状》，建立企业责任追究、举报奖励等机制。在全市16家快递公司安装6台安检机，使邮件寄递业“三个100%”制度得到全面落实。注重铁路护路联防。坚持“定人、定岗、定责”和24小时无缝隙守护要求，强化巡逻清查、重大活动及敏感节点的安全守卫，完善拉日铁路沿线安防设施，及时排除安全事故4起，确保了拉日铁路日喀则段绝对安全。注重社会治安防控体系建设。大力推进特种行业视频监控系统建设，加强公共复杂场所与公安数据平台的有机联网、整合共享、灵活调用，提高公安机关对行业场所的监管水平，严密阵地管控。实现重点部位、复杂区域、敏感地带“天网”工程视频监控全覆盖，共受理各类治安案件1057起，查处涉案人员2023人次。注重实有人口服务管理。健全完善实有人口服务管理工作机制，落实“以证管人、以房管人、以业管人”，稳步推进户籍改革，将全市流动人口纳入“双联户”范畴，做到服务与管理并重。注重矛盾纠纷排查调处。各级综治部门认真执行月报制度，突出矿产开发、征地拆迁、客货运输、灾后重建、虫草采挖等重点领域纠纷隐患排查，与人社、信访、农牧、住建等19家单位召开矛盾纠纷排查调处工作会议171次，对涉及面广、政策性强的矛盾纠纷，坚持从快从速原则，从遏制无理闹事势头入手，依法妥善化解了矛盾纠纷。将信访工作纳入社会治安综合治理考评体系，积极探索建立《信访工作责任追究实施细则》《信访工作约谈制度》等制度，促进信访形势明显好转。积极推进信访信息联网工作，促进信访工作信息化、便捷化、高效化。

书记张延清在市综治办调研

【队伍建设】 坚持抓班子，带队伍，强化政法队伍“精气神”建设，领导班子坚持以身作则、率先垂范、以上率下、示范引领，讲政治，讲担当，讲作为，讲奉献，一级做给一级看，一级带着一级干，层层示范带动，营造起风清气正、干事创业浓厚氛围。同时，全市政法系统以县（乡）换届选举为契机，大力推进政法系统领导班子和二级班子队伍建设，切实把想干事、能干事、干成事的人选派到关键岗位上来，选优配强政法系统各级领导班子，激发内生活力和动力。

【大事记】 2016年，着眼提升司法公信力、提高人民群众获得感，聚焦完善体制机制、促进公平正义，冲破思想观念束缚、破除利益固化藩篱，统筹推进各项改革，桑珠孜区人民法院、人民检察院改革稳步推进，涉法涉诉信访改革、户籍制度改革等不断深化，司法改革取得明显进展。

2016年，全市圆满完成各个重要时段、敏感节点维稳和“128”时轮金刚灌顶法会维稳安保以及大型民俗宗教活动维稳安保工作。

（杨 红）

检 察

【概况】 2016年底，西藏自治区日喀则市人民检察院共有干警105人，其中男干警51人、女干警54人；汉族43人、藏族及其他民族62人；研究生5人、本科学历79人；具有检察官资格52人。共有党员98人，机关党委下设5个党支部（含退休党支部）。市院内设19个处（室、局），分别为办公室、政治部、纪检监察室、反贪污贿赂局、反渎职侵权检察局、侦监一处、侦监二处、公诉一处、公诉二处、职务犯罪预防处、民事行政检察处、刑事执行检察局、控告申诉检察处、法律政策研究室、案件管理处、检察技术处、计划财务装备处、法警支队及后勤服务中心。

【政治思想建设】 全年召开党组会议154次、理论中心组学习会224次，对各类会议和领导重要讲话精神进行了分析解读。

【检察监督】 刑事案件办理。2016年，经审查依法批准逮捕134件184人；依法提起公诉123件152人。自侦案件办理。市院反贪、反渎、预防、控申四个部门组成联合调研组深入8县32个乡（镇）42个村开展职务犯罪调研和摸排，发现线索3件；办理贪污贿赂案件8件7人，立案5件4人；查办渎职案件8件13人，立案1件3人；开展法制宣传教育活动337场次，受教育群众达10.69万人次，警示教育基地接待机关单位参观21次，播放警示教育宣传片17次，受教育人数1013人次；提供行贿犯罪档案查询4871件（次），其中为17个县“两代表一委员”提供专项行贿犯罪、犯罪记录及控告、申诉、举报查询4275人（次），推进了社会诚信体系建设。执法司法并重。监督侦查机关立案1件2人；对侦查机关不应当立案而立案的案件，监督撤案1件2人。提前介入重特大案件和复杂疑难案件12件，对违法侦查活动发出《纠正违法通知书》2件，依法对24件42人做出不批捕决定。突出抓好刑事审判监督。依法对22件24人做出不起诉决定。派专人审查基层院备案的“三书一表”，对公诉案件进行规范性指导。受理民事判决监督申请2件2人，均作出不支持监督决定。经常性开展各监管场所安全检查和隐患排查，提出检察建议19件，消除安全隐患34次；审查保外就医5件4人、羁押必要性1件1人。开展羁押人员法制讲座7次130人。对涉及财产刑的270件342人进行全面排查，筛查出罚金刑未执行81.89万元。开展涉法涉诉信访“百万案件”评查活动，积极推进律师参与化解和代理涉检信访案件工作。受理控告、申诉、举报案件10件10人，均已妥善处理。监督制约并重。利用“检察开放日”活动，邀请人民监督员、人大代表、政协委员及党委、人大领导视察检察工作62次93人，各级党委主要领导先后57次对检察工作作出重要批示。召开检委会92次对疑难、复杂案件40件进行科学分析判断。

2016年8月30日，市检察院与尼泊尔检方开展检务交流

【素质提升】 班子建设。狠抓“领头雁”工程和主体责任，年初召开两级院检察长座谈会科学部署年度工作重点，年中派工作组深入基层督促检查工作部署和履职情况，在基层选优配强“一把手”，共转任、提拔、交流、调整县处级干部14人、科级干部16人。教育培训。采取“请进来、送出去”和公开招录、人才引进等方式充实基层队伍，丰富技能培训、岗位练兵、在职学历教育、司法考试培训、挂职锻炼，统筹组织干警参加各类正规化、专业化、职业化培训140余人（次）。邀请四省市对口援助检察机关业务专家讲师团深入基层开展送教、巡讲活动，受训干警400余人（次）。选派17名干警赴吉林省院参加司法考试培训，其中通过国家考试线3人，通过西藏线及西部线17人。充分运用援助省市检察机关丰富的网络培训资源，通过检察专网、视屏系统等信息化手段开展业务指导、专业咨询、远程教育，有效节约了培训成本，提高了培训效果。组织汉族干警开展“藏语”培训班，培训达120人次。监督执纪。两级院党组认真贯彻落实中央“八项规定”、区党委“约法十章”和九项要求，实现了零投诉、零违纪目标。对两级院干警遵章守纪和工作生活作风情况开展不定期巡查、检查和督察40余次；开展党风廉政建设和反腐败教育28次受教育2884人次；在重要节点开展督导检查13次；开展对业务部门执行“一案三卡”“安全办案”“廉洁办案”“一案双责”等制度的专项督察。宣传教育。加强检察门户网站、“两微一端”建设。扎实深入开展“六城共建”活动，建立定期环境整治和党员志愿服务活动。与尼泊尔检方两次开展涉边检务交流。

2016年10月7日，市委书记张延清（右一），市委常委、政法委书记朱江（右二）视察检察工作

【基层基础建设】 两级院案件公开率为74.83%，完成案件风险评估88件100%；15个院完成一期分级保护测评和统一业务应用系统安装；6

个院完成涉案财物室及受案大厅建设，9个院正在筹建。完成两级院案件质量评查，明确了工作流程、落实了责任主体、夯实了工作基础；及时纠正案件信息70件，筑牢了统计工作基础。投资215万元，完成市院办公楼修缮、绿化和食堂改建工程。与相关单位协调，解决仁布、康马等县院新增办公用地约30亩，进一步加大了对现有基础设施建设的管理。

【受援工作】 受援工作中，两级院紧紧围绕检察业务、干部人才、教育培训、检察文化、信息科技、资金项目“六位一体”受援目标，借外力、用内力、重合力，与四省市签订《2015—2017年对口援助协议》，认真开展“双百计划”，选派21名干警赴内地锻炼，迎进13名干警赴西藏开展对口支援，进一步加强了与四省市的交流合作，争取到位援助资金695万元。

审 判

【概况】 2016年，全市法院收、结案数量创历史新高，共受理各类案件1968件，审、执结1760件，同比分别上升28.46%、27.18%；法定审限内结案率达99.71%。有力地维护社会大局稳定、服务了经济健康发展、保障了群众合法权益、促进了社会公平正义。

2016年11月28日，市中院党组班子与自治区十届人大代表视察组进行座谈，中院党组副书记、常务副院长卓嘎同志（右侧前排左起第五位）向驻市区的自治区十届人大代表作工作汇报

【案件审理】 受理各类刑事案件183件，审结162件，同比分别上升34.56%、22.73%。加大民商事审判工作力度，主动适应经济发展新常态，围绕抓发展、促改革、惠民生、护生态等领域工作，共受理各类民商事案件1299件，审结1153，同比分别上升36.45%和36.77%。加大统一指挥、协调和执行力度，扎实开展清理执行积案专项活动。建立健全执行联动工作机制，成立以市委领导挂帅，以政法、行政执法和金融等21家部门为成员的执行联动领导小组，加强对解决“执行难”案件的组织领导工作，全力打压失信被执行人空间，加大对逃避执行、规避执行等执行“老赖”和抗拒执行行为的制裁力度。共受理各类执行案件475件，执结435件，同比上升8.94%、8.48%。其中，依法对6名被执行人采取拘留措施，依法强制执行9件，在互联网上公布失信被执行人信息60余条。

【法治宣传】 开展普法宣传572场次，发放宣传资料23.19万份，受教育群众18.2万人次，接受法律咨询1.88万人次，投入经费达82万元。

【司法服务】 加大力度，诉前化解、调处各类矛盾纠纷225起，以调解（撤诉）方式结案731件，调撤率达80.86%。加大维稳巡逻和值班安保工作力度，积极为推进社会发展和长治久安提供有力保障，共投入警力1.25万人次，车辆3170台次，投入维稳经费360万元。完善维稳应急、安保措施，加强对责任区域外来人员的排查、登记和隐患摸排，妥善抓好涉诉信访案件排查化解工作，确保实现“三无”“三不出”目标。

【司法体制改革和信息化建设】 着力构建法官单独职务序列改革，顺利完成了全市164名首批法官入额工作。建立健全人员分类管理、审判权力运行等规章制度。强化案件跟踪督促督办机制，不间断对收结案、法官办案、均衡结案等审判运行态势进行分析、总结和通报。完善案件质量评查机制，对各类案件坚持一案一查一评析，对存在瑕疵和错误的案件，及时启动审判监督程序，对发现的突出问题、普遍性问题公开通报、集中点评。建立健全多元化矛盾纠纷解决机制，成立特邀调解组织43个，聘请特邀调解员112人。着力构建高效司法新机制，做好家事审判改革及工作机制改革试点工作，及时组建少年审判法庭，加强对未成年人犯罪的预防及教育转化工作；探索推行“1+2+2+1”调解模式，最大限度避免家庭成员之间“对簿公堂”，努力消除家庭成员之间隔阂；积极推进刑事案件速裁工作机制，在充分保障被告人诉权的前提下，简化庭审程序。着力构建司法为民新机制，为159件案件当事人减免缓诉讼费16.74万元，为22名申请执行人兑现执行救助金50.88万元，排查并及时兑现执行案款50.4万元；打通司法服务“最后一公里”，采取“车载流动法庭”方式，巡回审理案件366件，行驶里程6.4万公里。着力构建阳光司法新机制，加大信息化3.0版建设前期工作力度，完成了2010年以来的7300余件案件信息录入工作；借助县（区）“发布”“订阅号”等互联网信息，发布司法信息1300条。巩固和提高立案登记制改革成果，当场登记立案1623件，网上公开裁判文书1412件，公开审判流程信息1403条，依法登记、公开、开庭率均达100%。

2016年10月18日，市中级法院党组副书记、副院长、正县级审判员白玛仁增同志担任审判长，公开开庭审理一起被告人张某某、史某某虚开抵扣税款发票罪案件

【基础设施建设】 协调落实“十三五”项目33个资金13680万元，协调落实办案办公装备、转移支付等资金2214.36万元；为仁布等3县法院各协调一名对口援藏干部，为南木林等6县法院各解决了10万元的法律书库建设资金，为两级法院落实援助项目资金610万元。

【依法接受监督】 始终把接受人大及其常委会监督作为全市法院正确履行职责、实现司法公正的重要保障，坚持并落实大会报告、专项报告工作制度，中院采取向市人大常委会专题汇报、邀请代表委员、视察和听取汇报等方式，加大监督联络工作；全市法院共邀请、走访代表、委员360人次；邀请代表、委员旁听（观摩）案件庭审达70人次。

【党建工作】 调整、充实和加强机关党委、各党支部班子建设及基层党组织工作，开展“两学一做”学习教育及“讲学习、讲忠诚、正风纪、转作风、提效能”主题教育活动，将法院工作置于党的绝对领导之下。解决“四风”“六难三案”方面仍存在的不足和问题，对3个基层法院、5名干警违反会风会纪、工作纪律及时进行了通报批评。贯彻执行《中国共产党纪律处分条例》《中国共产党廉洁自律准则》，强化司法巡查和审务督查制度，加强对重要岗位、重点部门和重点人员的党风廉政建设和反腐败监督检查。强化能力建设，采取邀请援藏法院专家、上级法院业务骨干和本级组织培训等方式，培训干警730人次，选派参加各级各类专项培训570人次。抓实班子建设，中院调整、充实院领导班子成员及审委会委员5人，提任正、副县级非领导7人；提任基层法院院长4人。

【精准扶贫】 共选派129名干警进驻37个村，期间，全市法院自行筹资和发动干警筹资、捐款等投入办实事经费380万元，协调落实相关惠民项目43个、资金570.4万元，为民办实事455件，惠及农牧民群众9800人。共有339名党员干部与588户2341人开展“结对认亲”交朋友活动，并为结对帮扶贫困群众解决生产、生活物资43万元。

公 安

【概况】 日喀则公安成立于1952年3月，经历了日喀则分工委、社会科、社会部以及政法部等重要发展阶段，于1965年西藏自治区成立后被正式命名为日喀则专员公署公安处，“文革”及改革开放初期先后被命名为公检法军管会、人保组和地区公安局并于1980年11月改称日喀则地区行署公安处，2015年1月，随着日喀则撤地设市，原地区公安处更名为日喀则市公安局。日喀则市公安局现为正县级建制，下辖18个县区公安局、2个口岸公安分局，176个公安派出所，108个便民警务站，1个寺庙派出所，9个寺庙警务室。

【维护社会稳定】 2016年完成“时轮金刚灌顶法会”等安保勤务40余项，深入开展打击危害国家安全、“盗抢骗”、黑恶势力、涉枪涉爆、“扫黄打非”“高原扫毒”“护校安园”等13个专项行动，持续推进公安改革、“四项建设”，狠抓党风廉洁建设和队伍管理，全年未发生重大危安案件。坚持和完善党政军警民联勤联动机制，启动一系列应对防范各类风险挑战专项工作，突出做好了重大案（事）件处置应对、风险隐患排查化解等重点工作。

重大安保工作。完成珠峰文化旅游节、扎什伦布寺“三大传统佛事活动”、各级领导调研等重大活动安保警卫任务，均实现了绝对安全、万无一失的目标。完成“时轮金刚灌顶法会”活动安保工作，被自治区公安厅授予“集体二等功”。

打击防控工作。全年共破刑事案件181起；立毒品案件7起、破7起；破经济案件2起。共查处治安案件1178起，收缴一批危爆物品和管制刀具。组织开展建筑施工领域突出问题专项整治行动，排查建筑工地200余处，查处案件81起。开展系列道路交通安全整治行动，共处理各类交通违法行为104638起。累计派出跟车民警4642人次，落实

2016年7月20日，自治区党委书记书记吴英杰检查日喀则市公安工作，市委书记张延清等市委领导陪同

了重点道路包段守护措施。推进了“九小场所”整治，全面排查整改火灾隐患3031处次，全市无重大火灾事故发生。

管理服务工作。深化“简政放权”工作，共梳理行政权责447项，编制完成权责清单和流程图，协助市政府完成“三定”工作。简化了居民因私办理护照审批流程，依法依规办理《旅行证》1723证13146人、签证27证37人，外国人居留许可证69证69人。严格落实户籍办理终身责任制，全面推行指纹信息身份证办理登记，共受理市外迁入1519人，制发二代证3.4万张，制发临时身份证1650张。办理机动车业务4万余笔、申领换发驾驶证业务2.1万人次、受理开展驾驶人考试业务3.4万人次。累计办理新开业网吧手续6家，办理网吧法人变更手续5家，年审网吧55家。深入开展规范性文件清理工作，废止18份、修改后重新生效7份，提供法律咨询76次。

队伍建设工作。先后开展了“两学一做”“讲学习、讲忠诚、正风纪、转作风、提效能”教育活动，在全市公安机关中开展了“纪律作风整治年”活动，完成了党性分析、对照检查、谈心谈话等规定动作，组织专题活动560次。围绕党委重大决策部署开展各类督察活动975次。民警年度体检、医疗保障100%覆盖。积极推进干部选拔任用工作，按程序选拔调整了66名优秀干部，开展了新任干部履职考核评议工作。落实全面从严治警措施，对2个部门进行派驻巡察、对25个局属部门实施流动巡察。开通了日喀则公安微信公众号，按期刊印了《日喀则公安》周报、季刊。

理论中心组学习

【重大案事件】 “4·30”电信诈骗案 2016年4月30日，南木林县受害人刘某报案称被他人通过电话诈骗了16万余元。南木林县公安局接案后迅速行动，成立工作专班办理该案，专案组先后赶赴浙江、福建等地进行调查取证工作，初步锁定犯罪嫌疑人取款地，经进一步分析研判获取了犯罪嫌疑人的活动轨迹等重要线索后成功抓获犯罪嫌疑人李某，此案带破外省市（福建、新疆、浙江、甘肃等地）电信诈骗案件4起。

“10·27”盗窃案 2016年10月27日，停放在桑珠孜区儿吉朗卡路某汽车装饰店门口的一辆白色皮卡内发生盗窃，犯罪嫌疑人盗走总价90余万元物品。接到报案后，桑珠孜区公安局立即启动“大案要案”工作机制，通过前期详细调查，锁定犯罪嫌疑人逃匿方向，办案民警连夜出发，经过5昼夜的艰苦奋战，11月1日在拉萨将3名犯罪嫌疑人抓获归案并追回被盗物品。

萨迦县拉洛乡交通事故 2016年1月3日9时30分许，萨迦县拉洛乡达那村白某驾驶一辆重型自卸货车，从定结县前往日喀则市由东向西行驶，当该车行至萨迦县扎西岗乡查玛村205县道路19KM＋150M处时，由于对向行驶的一辆中型普通客车驾驶员操作不当，导致该车左侧与重型自卸货车左侧保险杠相挂，造成中型普通客车1名乘客当场死亡，1名乘客送往医院后死亡，3人受伤及两车损坏，直接损失10000元。

拉孜县卡嘎镇交通事故 2016年2月3日22时10分许，谢通门县卡嘎镇陈则村次某驾驶1辆大型货车，从日喀则市驶往拉孜县方向，当该车行驶至国道318线5017KM+700M（急弯、下陡坡）处时，车辆失控后冲出公路西侧150M深沟内，造成驾驶人次某和1名乘客当场死亡，其余3名乘客受伤，直接损失15000元。

【专项工作】 “扫黄打非”专项行动 为严厉打击制贩淫秽物品及非法出版物等违法犯罪活动，努力营造和谐稳定的社会文化环境，公安机关治安部门严格按照公安厅“扫黄打非”工作要求，深入开展“扫黄打非”专项行动，清理检查印刷企业、出版物、音像批发零售单位和打字复印店等经营单位1677家次，排查洗浴中心328家次，宾馆、招待所2243家次、出租房屋22549家次，办理涉黄行政案件46起，抓获违法人员92人，有效净化了全市治安环境。

“高原扫毒”专项行动　根据公安厅统一部署，全市公安机关在2016年开展了“高原扫毒”专项行动，共破获涉毒案件4起，抓获一批制毒贩毒犯罪嫌疑人，缴获毒品海洛因、冰毒、麻古若干；依法铲除毒品原植物罂粟、麻黄草、大麻若干，有效遏制了全市涉毒案件抬头之势，同时，深入开展了禁毒宣传工作，在全社会形成良好的禁毒工作氛围。

“缉枪治爆”专项行动　为确保危险物品不流失、不炸响，公安机关治安部门在公安部、公安厅的统一部署下，深入开展“缉枪治爆”专项行动，检查民爆物品从业单位59家、检查验收民爆物品储存库9家，排查整改安全隐患80处，共清理封存（扣押）炸药5291.25公斤、电雷管481枚、导爆管3209枚、导爆索390枚，收缴枪支11支、各类子弹3418发、雷管5175枚、索类爆炸物1034.02米、人影弹4枚、MP1新华牌虑毒罐1个、仿真玩具枪支103支、管制刀具981把。

印度官方香客管理服务工作　2016年6月20日至8月6日，由日喀则市外侨办接待的7批印度官方香客团陆续从乃堆拉山口入境。公安机关出入境管理部门组织民警及沿途各县区、口岸公安机关骨干力量随团以接力式管控的方式，圆满完成了共计7批次294人的管理服务工作，得到了市委和上级业务部门的肯定和表扬。

“护校安园”专项工作　根据自治区公安厅、综治办和教育厅部署要求，公安机关组织全市各“护校安园”成员单位深入推进2016年度

实战大比武开幕式

“护校安园”专项行动，校园增加警力护校队3支、建立治安岗亭3个、设立学校护校队3支。开展校园活动安保44场次，排查整改校园内部安全隐患312处，排查整治涉校治安乱点41处，进校开展法制宣传569余次，组织观看校园安全防范知识视频60余次，发放宣传材料共计28430余份，开展校园内部消防处置、自然灾害应急等演练414次，受教育师生达112000余人次。

项目建设领域突出问题整治行动　全市项目建设领域突出问题专项整治工作启动以来，公安机关严格按照全市项目建设领域突出问题专项整治行动动员部署会议精神，积极督促各县区公安机关切实按照工作职责稳步推动专项整治工作落实，检查建筑工地1800余家，发现并整改各类安全隐患290余处，核查、登记建筑工地流动人员2900余人次，督促办理居住证（居住登记卡）650余人次，查处项目建设领域治安案件81起，刑事拘留3人，行政拘留35人，行政罚款20人，行政警告53人，排查涉及项目建设领域的矛盾纠纷111起，调解97起，通报有关部门14起，开展法制宣传教育活动50余次，发放宣传资料5600余份，悬挂横幅75条，张贴宣传栏62个。

司法行政

【概况】　市司法局机关司法专项编制51名，局内设办公室、政治处（国家司法考试办公室）、法制宣传科（市法制宣传教育工作领导小组办公室）、基层工作科、法律援助工作科、律师公证

管理科（司法鉴定管理科）、法制科（仲裁工作管理科）、计划财务装备基建审计科和社区矫正管理科（社区矫正管理支队）9个科室；有日喀则市珠峰公证处、市法律援助中心（西藏循矩律师事务所、“148”协调指挥中心）和机关后勤服务中心3个所属事业单位。主要承担着律师、公证、法律援助、司法鉴定等法律服务工作，以及基层人民调解、社区矫正、安置帮教、普法依法治理、国家司法统一考试报名初审等职能。

2016年4月18日—27日，司法厅党委委员、副厅长于续文莅临日喀则市专题调研社区矫正工作

【法治宣传教育】　组建市级“普法讲师团”，在市直单位进行普法巡回讲座。全市首个户外普法宣传LED显示屏投入使用。市法治宣传教育基地免费向社会开放。第七个五年普法规划起草工作已经完成。截至2016年底，全市有法治宣讲团（组）112个，法律知识宣传队伍2023支、普法志愿者队伍149支、法治宣传员7771人、法治联络员3772人，法治副校长341名、法治辅导员485名。

【人民调解】　完成建立专业性行业性人民调解组织调研工作。以市人民政府名义印发《关于在日喀则市事（企）业单位设立人民调解委员会的实施方案》。截至2016年底，全市共有人民调解委员会1902个，人民调解员15296人。2016年，三级人民调解组织共排查纠纷356次，预防纠纷180件，防止民间纠纷转化为刑事案件5件21人，防止群体性上访2件64人，防止群体性械斗4件470人。调解案件987件（疑难复杂案件18件），调解成功959件，调解成功率为97.1%。调解协议涉及金额574万元。

2016年10月7日，市委书记张延清一行莅临市司法局对搬迁工作进行调研

【安置帮教】　全面启用刑满释放人员信息管理系统，对在册的安置帮教人员基本信息进行核实、补录，做到数据完整、信息全面。为安置帮教成员单位有针对性的帮扶工作提供帮助。

【社区矫正】　市、县区两级社区矫正机构建立健全与法院、检察院、公安机关的协调机制、信息共享机制和衔接配合机制。将社区服刑人员全部录入到公安大情报信息系统。拉孜县试点运用GPS电子手环对社区服刑人员的监管工作完成。

【法律服务】　市、县区两级法援中心已全面开通12348咨询热线；简化法律援助申请、审查和受理程序，实行当天受理当天指派，将原有经济困难标准的1.5倍以下人群纳入法律援助范围；在日喀则市看守所建立法律援助工作站，及时为限制人身自由的人员提供便捷高效的法律服务；我局派出经验丰富的法律专业人士参加日喀则市权责清单论证会，共审核论证全市22家行政部门1700余项行政职权。谢通门县制作印发藏汉双语便民服务联系卡。2016年，两级法律援助机构共办理各类法律援助案件325件，其中刑事案件19件，民事诉讼类案件30件，民事非诉讼类案件276件，全部办结，代写法律文书980余份，接受咨询达3950余人次，共挽回经济损失713万余元。循矩律师事务所共代理案件58件，其中民事案件48件，刑事案件10件，顾问单位8家，非诉事务7件，提供法律咨询400余人次，累计收费49.99万元。推进公证规范化建设，2016年共受理公证1125件，出证

1125件，其中民事公证1098件，经济公证27件，总标的5000余万元，合同履行率达到99.9%，为国家、集体、个人挽回经济损失300万余元。接待群众来信来访425人次，代写法律文书316件。

2016年9月29日，日喀则市法律援助中心驻市看守所法律援助工作站正式成立，并举行揭牌仪式

【反腐倡廉】 制定印发《日喀则市司法行政系统2016年党建和党风廉政建设工作要点》和《日喀则市司法局2016年廉政风险点及防控措施》，领导班子成员签订《廉洁从政承诺书》，局全体党员干部承诺党风廉政建设注意事项，并公示上墙，接受群众和纪检组监督。全年，局纪检组参加领导班子议事会议15次，提出意见建议8条，对岗位廉洁监督5次，并提出整改要求。

【维护稳定】 参与3月敏感期、法会、国庆节、自治区第九次党代会维稳安保工作任务；派出督导组深入18个县（区）开展督导检查工作。

【队伍建设】 结合“两学一做”学习教育和“讲学习、讲忠诚、正风纪、转作风、提效能”主题活动，细化“十项载体”内容，推出“讲法治课”“业务大讲堂”等自选动作。4月召开社区矫正专题培训会议，培训各县区司法局局长、社区矫正工作人员40余人。8月举办社区矫正、安置帮教和人民调解工作专题培训会议，培训各县区司法局负责人和具体业务工作人员43人。

【受援工作】 吉林省司法厅、上海市司法局、山东省司法厅累计提供援助资金107万元，白朗县、南木林县通过援藏途径争取经费42万元、10万元。选派22名干部赴黑龙江、山东、吉林、上海参加司法行政业务培训和考察学习，吉林省司法厅派出讲师团为日喀则司法系统授课。与上海市司法局签订《上海市司法局与日喀则市司法局对口支援工作备忘录》；徐州市义行律师事务所与日喀则循矩律师事务所签订共建协议；与吉林省司法厅商谈科技援藏事宜。

【基层基础建设】 全市99个乡镇司法所建设项目已列入“十三五”规划中，2016年已批建设的13个乡镇司法所，前置手续已完成。市司法局搬迁项目正在稳步推进。

【重大事件】 市法律援助中心（西藏循矩律师事务所）联合信访局做好律师参与信访接访工作。

经济管理

发展与改革

【概况】 日喀则市发展和改革委员会（粮食局），作为市人民政府的职能机构，是综合研究制定经济和社会发展政策，进行总量平衡，指导总体经济体制改革的宏观经济调控部门。日喀则市发展和改革委员会（粮食局），于2016年7月由原市粮食局并入原市发展和改革委员会后更名而来。现有内设机构12个，即办公室（政工人事科）、发展规划科（国民经济综合科、经济体制改革科、地方经济科）、固定资产投资科（财政金融科）、农村经济科、基础产业科（产业协调科、能源办公室、经济贸易科）、资源节约和环境保护科（应对气候变化科）、社会发展科（市国防动员委员会经济动员办公室）、经济合作科（市对口援藏项目协调办公室）、市物价局、市铁路建设运营工作办公室、粮食调控科、粮食监督检查科。所属事业单位9个，即基本建设管理办公室（“一站式”审批服务中心）、价格监测认证中心、机关后勤服务中心、项目投资评审中心、节能监察中心、粮油检测中心、市国家粮食储备库、江孜国家粮食储备库、拉孜地方粮食储备库。下管企业2个，即圣康饭店、圣康农产品加工厂，共有企业职工47人。另设市纪委派驻纪检组（监察室）。核定编制180个，现有在编人员111人。其中：县级干部5人（不含援藏干部4人和挂职锻炼干部1人）、科级干部46人、科员及其他人员60人（不含援藏专技人员1名）。男76人、女35人。藏族79人、汉族32人。研究生及以上2人，本科52人、大专20人、中专及以下37人。委（局）机关设机关党委，下设党支部5个，共有党员155名，其中：机关党支部2个、72人，粮企支党支部1个、19人，退休党支部2个、64人。群团组织现设有机关工会、妇委会、团支部。

预计全市全社会固定资产投资完成265亿元，同比增长89.1%，投资总额位居全区第二、增速位居全区第一。

【项目推进工作】 一是投资拉动、项目带动作用明显。预计完成全社会固定资产投资265亿元，同比增长89%。日喀则机场至市区高等级公路、市第四高级中学、棚户区改造、西部四县220KV农网延伸工程、亚东县仁青岗边贸市场等项目上马实施；拉洛水利枢纽及配套灌区工程、恰央水库、强布水库、G318线绕城路、桑珠孜区北郊水厂、环城路、谢通门—南木林县110KV输变电工程等项目稳步实施；市第二中等职业技术学校、人民医院新院区基本完工；桑德、帕孜水利枢纽及配套灌区工程，日喀则至吉隆、亚东高等级公路，日喀则至吉隆铁路等项目前期工作有序推进。二是灾后重建工作稳步推进。全市灾后恢复重建完成投资62.58亿元，完成年度计划的89%。民房重建基本完成，开工建设15753户，开工率达到98.6%。基础设施和公共服务设施重建扎实推进，G318线聂拉木县城至樟木镇灾后恢复工程、G216线吉隆县城至热索桥灾后恢复工程等应急保通类项目全面完工，G318线聂拉木县城至樟木镇灾后恢复工程、G216线孔唐拉山至吉隆县城灾后恢复工程、84个寺庙维修工程、吉隆口岸疾控中心恢复重建工程及12个乡镇卫生院、吉隆县中学及9所乡镇小学稳步实施。整村推进和特色小城镇建设进展顺利，163个整村推进项目开工80个，32个特色小城镇建设项目开工31个。产业重建统筹推进，岗巴羊产业基础设施建设、优质马铃薯生产基地建设、蔬菜温室大棚等重点产业项目全面开工。日喀则新区建设全面启动，实施樟木镇整体搬迁。三是切实加大投融资力度。根据国家专项建设基金申报要求，共落实专项建设基金项目3个（即：日喀则市宗山至扎寺片区棚户区改造项目、日则市桑珠孜区岗多林、米日贵林、江洛康萨、彭确曲美历史街区棚户区改造项目一期，日喀则市城市停车场建设项目），总投资32亿元，落实专项建设基金3.8亿元。棚户区改造项目已开工建设（曲荣美达路），城市停车场建设项目正在加紧审批，将于近期开工建设。拟定了《西藏日喀则市政府投资项目采用EPC项目总承包模式建设管理办法（试行）》《日喀则市工业企业发展激励办法》，在城市综合管廊、污水处理系统等项目上积极探索ppp模式，现已储备发布PPP项目21个，总投资106.67亿元，各项目正在推介洽谈中。同时，与5家银行（国开行西藏分行、农发行西藏分行、农行西藏分行、西藏银行、中信银行）签订了合作协议，授信额度达到2500亿元，已落实信贷资金40.9亿元（不含扶贫），预计年底，落实棚户区改造、农村公路、市政基础设施、扶贫产业等信贷资金近50亿元。四是强化项目前期中介力量。充分吸取内地省市在项目评审方面的经验和做法，引进了山东高新、陕西中昕工程咨询机构、中国建筑西南设计研究院有限公司，承接我委工程造价咨询业务机构已达6家。同时，为进一步确保我市项目建设市场有序规范运营，已对6家企业的财务状况、项目评审成果等方面进行了专项职业检查。

【谋划发展思路】 一是充实完善“十三五”规划项目库。根据国家、自治区相关政策，对“十三五”时期国民经济和社会发展规划纲要进行完善，进一步充实了“十三五”规划项目库，现规划项目325项，总投资2720亿元，“十三五”时期计划完成投资1500亿元。二是扎实推进对口支援规划编制工作。进一步完善了四省（市）、两企业“十三五”时期对口支援西藏日喀则市经济社会发展规划，山东、上海、吉林“十三五”时期对口支援西藏日喀则市经济社会发展规划已上报自治区发改委，待审查。同时进一步完善了四省（市）、两企业“十三五”对口支援规划项目库，规划项目297项，总投资48.13亿元。三是扎实做好城市总规比选与编制工作。大力配合中国建设科学研究院城乡规划所做好城市总体规划前期调研工作，并积极配合上海同济城市规划研究院做好总体规划文本的修改完善工作，确保按市委、市政府要求如期完成城市总体规划的比选与规划编制任务。四是着力推进产业发展规划编制工作。委托中国社会科学院数量经济和技术经济研究所负责全市产业发展规划编制工作，强化顶层设计，推进全市转型发展，变资源为产业、变产业为财源，进一步增强自我造血、自我发展能力。五是着力推进恢复重建规划编制工作。配合编制了“4·25”尼泊尔地震西藏灾区灾后恢复重建总体规划，年初经自治区人民政府批复实施，确定灾后恢复重建资金111.48亿元；日喀则市“4·25”地震城乡建设、基础设施、公共服务和产业恢复重建四个专项规划年初同步实施。六是扎实做好专项规划编制工作。高标准编制了历史文化名城核心保护区控制性详细规划和修建性规划，日喀则市桑珠孜区岗多林、米日贵林、江洛康萨、彭确曲美和扎西伦布寺—宗山片区棚户区改造修建性详细规划，其中《邦加孔市政道路改造项目》与《邦加孔市政改造工程（一期）高端合院及地下室建设工程》初步设计文本已通过初审，为老城区保护与建设工作实现先导先行、重点突破。七是扎实推进示范试点申报工作。完成了《日喀则市国家生态文明先行示范区实施方案》及《日喀则市低碳城市试点实施方案》编制和申报工作，已被列入国家生态文明先行示范区建设第二批试点单位；及时启动了日喀则市清洁能源示范市创建工作，编制完成了《日喀则市清洁能源示范城市发展规划（2016—2020）》，并通过水电水利规划设计总院评审，上报国家能源局；着力做好了拉孜县曲下镇和定日县协格尔镇申报第三批国家新型城镇化综合试点工作。同时，科学编制《日喀则市桑珠孜区农村产业融合发展试点示范实施方案》，试点示范项目预计总投资72.24亿元，已上报国家发改委、农业部等部门。

【统筹协调工作】 一是协调组织召开项目推进会。组织召开了2016年市重点项目推进会议，督促项目法人加快项目前期工作，加快项目建设进度，确保年度投资任务完成。二是推进在线审批平台建设。加大协调力度，积极配合自治区同步建立运行了投资项目在线审批监管平台，实现项目网上并联审批。三是“一站式”作用发挥明显。积极推动“一站式”审批服务中心运转工作，截止目前累计受理各类建设项目前置审批手续4536件，办结4536件，办结率达100%。同时，申报国家级“青年文明号”荣誉称号工作进展顺利。四是协调推进重点项目。帮助协调解决项目推进中的困难，顺利推进日喀则市第四高级中学、第二职业技术学校、桑珠孜区棚户区改造等重点项目工作进度，主动承担环城路、城区道路等重大工程的组织实施工作。五是做好拉日铁路后续协调服务工作。积极协调处理葛洲坝集团公司在拉日铁路建设中未兑现临时用地费和修复乡村道路资金312万元遗留问题；积极做好火车站公共配套建设项目升级改造前期工作；协调配合推进拉日铁路延伸线前期论证工作，配合做好了拉日铁路延伸线实地踏勘工作。六是做好基础产业协调工作。协调推进桑珠孜区万亩光伏+生态设施农业示范园区规划编制工作，做好了与阿里联网工程及日喀则、亚东、定日支线机场选址踏勘工作。同时，配合电力公司做好了电力项目土地补偿民事纠纷调处工作。七是加快推进确权登记试点工作。协助白朗县开展农村土地承包经营权登记颁证的范围划定工作，已划定地块43238块、总面积62577.78亩。农村土地承包权属调查、家庭成员及承包地块信息采集等工作顺利推进，现已完成农户承包地块的公示、审核工作。

【经济调节】 一是扎实推进国民经济管理。加强对全市经济运行和社会发展情况的监测与分析，编报了日喀则市年度国民经济和社会发展报告、日喀则市年度国民经济和社会发展计划及各季度经济运行分析报告，为市委、政府掌握宏观经济运行和社会发展动态提供了基础支撑。二是扎实推进价格监测预警与执法认证工作。严格落实了价格监测报告制度，重点加强对粮油、菜、肉等生活必需品价格的监测和预警。在全市范围内对行政事业性收费项目进行了全面清理，目前共减免学生和家长收费34万元，减免困难学生缴费2476人次。调整和规范了公立、私立医院部分医疗服务收费，强化价格举报、查处工作，共受理各类价格投诉举报125件、价格咨询425件，立案查处8件，退还消费者价款11350元。同时，着力做好了价格认证工作，现已开展各类价格认证鉴证服务81件，案件金额205.28万元。三是扎实做好节能减排工作。规范固定资产投资项目节能审查工作，严格按照《西藏自治区固定投资项目节能评估和审查暂行办法》规定，加强对项目可行性研究报告的节能审查力度，强化后期监督检查，有效控制能源资源消费增量，确保实现节能目标。并按照项目管理权限，共审批项目332项，办结332件，办结率达100%。同时，制定《日喀则市开展2016年节能宣传周和低碳日主题宣传活动》方案，组织市直单位和桑珠孜区，积极开展“节能领跑、绿色发展”和“绿色发展、低碳创新”为宣主题的宣传活动，进一步提高节能降碳意识，助力日喀则市节能减排工作顺利推进。四是扎实推进粮食流通管理。加强粮食流通领域调控工作，积极筹措资金，做好粮食收购工作；健全粮食储备及应急体系；强化粮食流通统计；加大产销合作力度，构建粮食市场监督管理和服务体系，积极营造良好的粮食流通市场环境。

【机关党建】　一是以“铁拳党建”为统领，深化“立足规划、服务发展”党建品牌创建活动，推进党建服务发展，助推自治区51周年大庆、“4·25”灾后恢复重建、新型城镇化、国家级生态文明示范区争创等重大工作。二是以作风转变为目标，扎实推进课题调研、强基惠民、党员干部结对认亲、“青年文明号”和全国文明单位创建工作，不断深化和巩固党的群众路线教育实践活动和“三严三实”专题教育成果，着力推进“两学一做”落到实处。三是以制度建设为保障，进一步修订和完善《党组工作规则》《党组会议制度》《主任办公会议制度》《党组中心组学习制度》和《财务审批管理办法》等制度，规范权力运行，推进各项决策民主化、规范化和制度化。四是以素质提升为目标，认真组织开展党组中心组学习和党员学习日活动，开展“发展改革大家谈”系列讲座，积极选派党员干部参加区内外各类业务培训，全面提升党员干部服务“发展稳定先行市”建设的能力。五是以执纪监督为抓手，严格贯彻落实《条例》和准则要求，认真落实“两个责任”和“一岗双责”，推进日常警廉醒廉和廉政风险防控，加大对违反中央八项规定和“四风”问题的整治力度，扎紧笼子，切实把纪律挺在了前面。

统　计

【机构概况】　2007年10月，国家统计局日喀则调查队成立，同年12月，日喀则地区统计局由原地区发改委管理的副县级机构调整为正县级行署工作部门。2014年12月，日喀则地区撤地建市，更命为日喀则市统计局、国家统计局日喀则调查队，2016年6月日喀则市统计局、国家统计局日喀则调查队分设党组。

日喀则市统计局核定编制35名，内设办公室（政工人事科）、综合统计科（统计执法监督科）2个正科级行政科室和数据管理中心、社会经济调查队2个正科级“参公全额拨款”事业科室及机关后勤服务中心1个副科级事业科室。在职干部职工31名，其中，中共党员24名，大专以上文化程度25名。

国家统计局日喀则调查队为国家统计局派出机构，隶属国家统计局西藏调查总队，实行“编制、人员、工资三个统一垂直管理”，核定编制17名，内设办公室、工交投资调查科、农业调查科、农村住户调查科、城镇住户调查科、贸易调查科、价格调查科、专项调查科8个正科级科室，其中，办公室与统计局办公室合设。在职干部职工16名，其中，中共党员13名，大专以上文化程度13名。

日喀则市2016年统计工作座谈会

【统计调查业务工作】　一是第三次全国农业普查工作扎实有序开展。按照“全国统一领导、部门分工协作、地方分级负责、各方共同参与”的原则，坚持启动从早、谋划从细、推动从紧、贯彻从实，周密部署、扎实推进，严格按照普查方案和工作细则，在保质保量完成农村住户基本情况问卷调查工作的基础上，日喀则市第三次全国农业普查入户登记工作同步及时跟进。全面认真贯彻落实西藏自治区第三次全国农业普查宣传工作会议精神，各级农业普查机构扎实做好农业普查宣传工作，在全市范围内形成“人人知晓普查、人人配合普查”的良好氛围。扎实开展了“我为农普写家书”和“农业普查福到农家、依法普查利国利家”主题宣传活动。通过手机群发短信息（50万用户）、电子显示屏播出农业普查宣传片、日喀则广播电视台播出《致普查对象的一封信》、市区线路公交车广告屏滚动播放农业普查宣传片等宣传方式，实现了普查宣传无盲区、无空白、全覆盖，日喀则广播电视台播放农业普查新闻2篇。各级农普办累计宣传188场，发放、张贴各类宣传品近14万份，普查临战宣传效果凸显，在全市范围内形成了普查宣传热潮，达到预期效果。二是完成常规报表和委托调查任务。在认真开展生产总值、农牧业、工业、建筑业、投资、价格、城乡居民收入等常规报表收集、整理、审核和上报、分析工作的基础上，充分发挥统计调查“轻骑兵”作用，圆满完成群众安全感、农民工市民化监测、纳税人满意度等抽样调查任务，承接全市国税系统“纳税人满意度——市、县区绩效考核”抽样调查。卓有成效的工作得到区局、总队专业处（室）和区、市直部门的一致认可和高度评价。

日喀则市第三次全国农业普查培训会并发表开班仪式

【统计制度方法】 一是按照“统一单位标准、统一单位管理、统一工作流程、统一软件平台”的原则，积极协调工商、税务、质检，加强基本单位名录库管理工作，适时动态核实对比，全年“入库”法人单位5470家，产业活动单位2203家，“五证合一”“一招一码”登记法人单位工作全面启动。基本单位名录管理基础作用持续巩固和发挥。二是加强领导，强化培训。及时向市政府呈报《关于进一步加强固定资产投资改革工作的意见》，转发各县区、市直行业主管部门，要求严格贯彻执行，进一步明确统计负责人，指定专（兼）统计人员，为改革试点工作顺利进行指明方向、明确目标；组织召开全市“投资统计改革试点动员暨建设领域统计程序培训会”，加强县区、部门统计人员技能培训，有效保障我市投资在全区回落大背景下逆势上行，全年完成投资额253.44亿元，完成年度既定目标任务的95.6%。二是2016年底全市17家规模以上工业企业、39家限额以上批零住餐（重点服务业）企业、26家资质等级建筑企业全部纳入“联网”直报，适时“在线”审核，进一步扩大联网直报领域，235家规模以下工业企业实现联网直报。

【统计服务科学发展能力】 一是“围绕市情、结合政策、应用数据”服务理念进一步提升。撰写统计分析51期。其中，“上半年经济运行情况分析”“1—6月规模以上工业企业运行简析”等统计分析被区党办单篇采用，张延清书记亲自审核“自治区第八次党代会以来经济社会发展情况专题报告”，报送区党委组织部，“我市经济发展短板简析”市政府办全文转发县区、部门。2016年我市规模以上工业高速增长”“2016年日喀则市规模以下经营情况分析”被政务信息采用。

【破解统计科学发展瓶颈制约】 一是基层统计调查人员编制基本落实。落实县区54名事业编制，10名行政编制，独立设置县区正科级统计机构工作也正在积极协调之中。二是加强业务培训。积极争取培训机会，全年选派36人次参加“送出去”学习，对基层统计人员培训达500余人次，基层统计人员的业务素质得到普遍提升，特别是农业普查操作技能和农业普查方案达到了融会贯通为农业普查全面入户奠定了坚实基础。

【统计调查普法宣传工作】 2016年是贯彻落实“七五”普法规划的开局之年，在整个“七五”普法规划和依法治理中起到至关重要的作用，对于切实做好普法依法治理工作具有十分重要的意义。强化统计法制队伍建设，提升依法治统能力，系统地学习习近平总书记“四个全面”治国理政布局方略，认真学习党的十八届四中、五中全会、切实提高依法治统意识。充分利用已经建立的统计执法检查机构，以专业执法推动全员执法。深入学习宣传贯彻落实《中华人民共和国统计法》《统计违法违纪行为处分规定》和《西藏自治区实施〈中华人民共和国统计法〉办法》，以“9.20中国统计开放日”“10.20世界统计日”“12.4宪法日暨法制宣传日”等重大宣传节点为载体，组织开展形式多样的统计普法宣传活动，使统计法治精神深入人心。2016年组织开展了2次统计执法检查工作，抽查了“四上企业”26家。检查中发现有7家单位统计制度和统计台账不完善、发现异常数据，及时告知企业，责令修正。严格规范法统计数据生产流程，严把统计报表“六道关口”重点抓好“四规范、四确保”工作，做到了数出有据、据之可查、查之可信。

【党建和驻点村帮扶工作】 一是党风廉政建设“两个责任”落实到位。制定《日喀则市统计局、国家统计局日喀则调查队2016年度党风廉政建设工作计划》，明确工作任务，定期召开党风廉政建设专题会议，深化认识，细化措施，强化执行，层层传导压力，明确职责分工，逐级签订《2016年党风廉政建设工作责任书》，班子成员分责落实个人“2016年党风廉政承诺书”目标任务；强化预算约束，内部审计，规范并严格执行公务接待，严禁用公款宴请、赠送节礼、违规消费，减少接待和应酬，杜绝铺张浪费，季度公布“三公经费”开支明细。二是聚力“两学一做”学习教育，在巩固党的群众路线教育实践活动、“三严三实”专题教育的成果基础上分阶段开展“两学一做”学习教育，把学习教育范围进一步扩大到全体党员。局队机关党支部按照“科学计划、分步实施、跟踪评价、阶段总结”的总体思路，分步骤、有计划地推进集体和个人学习、专题讨论、主题实践等活动。围绕“两学一做”学习教育共开展了集中学习35次，开展专题讨论5次，进行专题讲党课6堂，进行主题实践4次；在局队党员中开展“手抄党章100天”活动，党员抄写党章50余篇；局队党员志愿服务队围绕日喀则市创建全国文明城市开展志愿服务17次。三是持续巩固和扩大驻村成果。全体干部职工结对帮扶聂拉木县门布乡驻点村35户贫困户，立言立行，兑现帮扶资金4.37万元；物质捐赠、助学援助、“三老、五保户、困难户”慰问等活动常态化。

党员干部帮群众收割青稞

质量技术监督

【概况】 日喀则市质量技术监督局始建1993年5月，2009年升属正县级建制，实行区直属管理。目前，共设办公室、质量监督管理科、标准计量科、特种设备安全监察科、稽查队和质量技术检验计量综合测试所。市质监局要紧紧融入“6677”工作思路，从服务地方经济全局出发，充分发挥质监部门在产品质量行政法律法规、产品检测、计量检定校准、标准化工作、技术人才等方面优势，在经济发展的大局中找准位置、找准工作切入点，切实增强服务企业、服务基层、服务发展的意识，不断提高质监工作的有效性，真正在做精做深第一产业方面赋予质量品牌优势，在做优做实第二产业方面注入质量发展内涵，在做大做强第三产业方面助推旅游商贸服务又好又快发展，为全市提速跨越，提质增效，全面建成小康社会做出新贡献。

【质量振兴工作】 2016年3月组织全市32家成员单位及部分县区召开了日喀则市质量振兴工作会议，形成了《日喀则市2016年质量振兴活动工作方案》，确保了质量振兴工作的有序开展。通过了2015—2016年度政府质量考核工作，构筑各县高度重视、广泛参与、敢于担当、体现特色的质量提升环境。

【产品质量安全监管工作】 对全市40家重点企业，分别实施信用监管、责任监管、常态监管和加严监管等差别化监管方式，结合实际，对产品企业有针对性地开展了质量提升活动。2016年抽查了食品相关产品、藏式家具、水泥、加气砖、烧结砖、建筑墙体用预制砖、藏香、手机电池、纸尿裤、湿巾、卫生巾、纸杯、PE给水管等产品，共计抽取样品138个批次，合格率94.2%，与2015年相比提升0.2百分点。

【质量诚信体系建设工作】 建立完善产品质量安全岗位责任制、原料进厂查验制度、生产过程质量控制制度、成品出厂检验制度、产品质量追溯制度、售后服务制度。积极探索建立包括评价原则、评价等级分类和信用等级分类监管等内容，涉及生产许可、特种设备管理保证能力、标准化管理保证能力、计量管理保证能力、质量水平等关键要素，企业质量信用评价制度。组织我市30家企业签订《质量诚信承诺书》，并在《日喀则报》整版发起质量诚信倡议活动。动员引导2家重点企业发布企业质量信用报告，自觉接受社会监督。

【品牌和地标建设工作】 实施品牌发展战略，大力推进标准化和地理标志建设工作。完成了我市江孜青稞、南木林土豆、萨迦油菜三个第八批国家级农业标准化示范区的考核验收，并上报了第九批建设项目。在“岗巴羊、亚东木耳、艾玛土豆”已获得国家地理标志产品保护的基础上上报了“江洛康萨藏白酒”“亚东鲑鱼”“帕里牦牛”三项地标产品。以市政府名义，质监、农牧、工商联合下发《关于全力做好农畜产品标准化建设工作的通知》，为促进珠峰有机种养加业又好又快发展奠定技术支撑。实施品牌发展战略。于2016年10月上旬获批了珠峰景区自治区级服务业标准化试点；于2016年12月底获批了全国珠峰观光探险旅游知名品牌创建示范区。与四川省标准化研究院签订了合作协议，制定了《岗巴羊》《艾玛土豆》《亚东木耳》三项地理标志产品西藏地方标准。推进企业产品标准管理制度改革，开展企业产品标准自我声明公开和监督管理工作。

【自身建设工作】 （一）筑牢思想建设，扎实开展主题教育学习活动。坚持“两手抓、两不误”，统筹兼顾，在抓好业务的同时，把“两学一做”主题教育活动作为党建的重要工作来抓。按照市委统一部署在“两学一做”学习教育中开展“讲学习、讲忠诚、正风纪、转作风、提效能”主题活动。全年组织全体党员集中学习20次，邀请市委党校讲师讲党课1次，局党组成员讲党课4次，围绕党章党规专题讨论3次，组织开展“手抄党章100天”活动，开展书法、摄影比赛1次。

（二）加强制度建设，确保工作科学规范、协调有序、高效合法。编制《西藏自治区日喀则市质量技术监督局制度手册》，共13个大项33个小项，全面系统地汇编了各项规章管理制度，分发人手1册，做到用制度管人、按制度办事。根据区局《关于印发西藏自治区质量技术监督志编纂工作任务分解方案的通知》要求，抽调专人，溯源收集，确保方志工作的有序开展。

（三）推进法制建设，不断提高依法行政水平。修改完善了《日喀则市量技术监督举报奖励细则（试行）》《日喀则市量技术监督“双随机一公开”工作管理办法》等7项工作制度。根据业务需要学习了《产品质量法》等26部法律法规。邀请了市政府法制办对我局15名执法人员进行执法证换证和法治质监建设培训并制定了权责清单、流程图和服务指南各152项。

海 关

【概况】 日喀则海关成立于1974年9月1日，2016年有干部职工21名（藏族10人，汉族11人），主要负责对除聂拉木县和吉隆县以外的日喀则地区的进出境运输工具、货物、行李物品、邮递物品和其他物品实施监督管理。

日喀则海关内设办公室和综合业务科两个科室。综合业务科负责在亚东中印乃堆拉边贸通道开展海关监管业务。每年5月1日开关，至11月30日闭关，历时7个月，为季节性开放口岸。

2016年，全年共监管进出口货物总值5179.95万元，与去年同期相比（下同）减少49.09%。其中进口货物总值4163.27万元，减少53.43%，出口货物总值1016.68万元，减少17.78%；进出境边民18032人次，减少47.62%，其中中国边民8785人次，减少47.93%,印度边民9247人次,减少47.32%；进出境车辆7736辆次，减少44.20%，其中中方车辆3109辆次，减少54.44%，印方车辆4627辆次，减少34.28%。进出境印度官方香客14批次，共计588人次，增长21.49%，查验行李物品1256件次。

【深化改革】 各项业务改革稳步推进。在坚持双人查验的基础上，重新梳理查验流程，加强了对瞒报、夹藏货物的执法力度。通过走访边境乡村、开设法制宣传窗口、与边民代表召开座谈会等方式开展法制宣传与政策宣讲活动，从而使边民懂法、守法，极大的提高了通关效率。二是关区一体化改革顺利推行。在边民互市贸易管理系统上线的第一年，全程参与并测试使用该系统，积极向总关职能处室及时反馈意见，共向总关反馈意见建议15条，采纳8条，较好地改善了系统的运行环境。

【打击走私工作】 2016年，着力改进加强实际监管，不断提升服务经济社会发展水平。根据新形势、新任务的要求，我关认真梳理工作思路，明确工作重点。继续做好边境防控的工作，加大对边民互市贸易渠道核生化物品、武器枪支弹药、反宣品、散发性宗教用品等违禁品的查缉力度，防止敌对势力对我境内的政治渗透和暴力破坏。自海关总署开展“国门利剑2016”专项联合行动以来，日喀则海关严格按照相关要求开展专项行动，共查获并收缴“达兰萨拉”藏药厂生产违禁藏药100粒，退运超出限量大米97500公斤、面粉343200公斤。

根据全国打私工作会议和打私办主任会议精神以及西藏自治区2016年打私工作要点。2016年6月，由日喀则海关牵头，召开了第一次日喀则市打击走私工作会议，对重点打私项目和“国门利剑”行动进行了部署，开创了日喀则市打击走私工作的新局面。同时，我关对所辖非设关地开展了边境互市贸易点的调研，形成了《日喀则海关关于日屋（陈塘）、里孜等民互市贸易点的调研报告》，客观准确地分析了边民互市贸易情况，提出边民互市贸易管理和发展建议，整体提升了海关的打私效能。

【法治海关建设】 2016年以来，重点在“修订完善制度，健全长效机制”上下功夫，坚持用制度管人、管事。进一步梳理、修订和完善各项规章制度。现已印发实施的有《中共日喀则海关党组工作规则》、《日喀则海关贯彻落实“三重一大”制度实施办法》、《日喀则海关工作规则》、《日喀则海关关于明确报销审批权限的通知》、《日喀则海关差旅费管理操作办法》、《日喀则海关服务中心临时聘用工作人员管理办法》、《日喀则干部职工带薪年休假经费包干操作办法》等7项制度。综合业务科的工作规则正在修改完善中。通过制度建设，进一步夯实基层基础建设，提升执法和管理水平。

【政务运作】 全年参加海关总署、拉萨海关举办的各类培训22人次，并坚持二次培训的原则，提高了各项工作能力和工作质量。紧扣海关中心工作，全方位、多维度做好信息宣传工作，全年共上报简报及信息227条。加大督查督办力度，实现的工作更高效、更快捷。

国土资源管理

【概况】 国土资源局内设6个行政科室，即办公室（政工人事科）、土地利用管理科（耕地保护科）、不动产登记局（地籍管理科）、矿产资源管理科、执法监察科（市国土资源执法监察支队）和地质环境科；1个参公科室，即土地储备中心（土地挂牌拍卖中心）；3个事业科室即机关后勤服务中心、地质环境监测站、政策信息中心；下设1个独立事业单位，即土地利用规划所（土地评估中心、不动产登记中心）。2016年核定行政编制23名，参公编制4名，事业编制42名。

【耕地保护和建设】 与17个县区逐级签订耕地保护责任书，确保自治区下达日喀则市209万亩耕地红线不突破，永久性基本农田划定成果为177.7万亩；全面完成桑珠孜区中心城区周边基本农田划定工作，初步完成其它17县永久基本农田划定工作；市政府层面自筹资金开展土地整治项目前期工作，计划补充耕地1万亩。

【重点项目用地保障】 一是高效开展土地初预审。2015年全年共出具初预审意见书600余份，优先保障全市重点项目及时落地开工；二是抓好土地储备工作。按照市委、市政府决策部署，积极开展了被征地区域土地实地踏勘、测量和核准等收储工作，去年共预征收土地面积9万多亩。其中，河东综合物流园区储备地9804亩，城西樟木新区征收1414亩，珠峰文化旅游创意园区征收土地17000余亩，珠峰开发开放试验区征收土地64000余亩；三是市场公开透明。通过招拍挂方式依法出让经营性土地27宗，面积926.21亩。

【矿产资源管理】 采取定期和不定期的方式对矿山地质环境和国土资源领域乱采滥挖、无证开采等安全生产开展多次巡查，针对发现的问题提出整改意见，确保了矿山运营的绝对安全，编制完成了《日喀则市优势矿产业发展规划》，并通过了国土资源厅审批，强化了矿产资源勘察项目的登记备案和小型非金属矿及砂石、粘土采矿权的审批工作。2016年，共登记备案科研项目31个，探矿项目60个；全年矿业总产值7.14亿元，上缴税收约1.84亿元，合理征收矿产资源补偿费1038.63万元。

【地籍管理】 12月6日顺利举行日喀则市不动产登记“停旧发新”的首发仪式；圆满完成江孜、白朗两县集体土地所有权确权登记试点工作，7月成功举办“全区农村集体土地所有权确权登记发证工作现场培训会”；年内，岗巴县、康马县已完成发证工作，桑珠孜区、亚东县、谢通门县、萨嘎县完成发证总量的50%。

【国土资源监管】 年内，开展联合执法8次，发现并制止非法占地行为18起，对违法人员进行警示教育15次，警示违法人员80余人次；扎实做好2015年度土地矿产卫片执法工作，违法用地及违法采矿行为基本整改到位。

【地质环境工作】 一是编制完成了《“4·25”地震灾后恢复重建地质灾害防治专项规划》，并通过了自治区人民政府审查；编制完成了《“4·25”尼泊尔地震西藏灾区地质灾害防治专项规划日喀则市实施方案》（以下简称《实施方案》），并通过了国土资源部、自治区国土资源厅审查；以市政府名义印发实施了地质灾害防治工程“两办法一机制”，指导《实施方案》的顺利有序实施。从2016年6月初开始，按照市委、市政府的部署要求，加快对《实施方案》编制的9项地质灾害防治工程建设内容逐项进行落实，涉及总资金11.3096亿元。截止年底，已完成了《实施方案》中三年内需完成的167个地质灾害治理项目和吉隆口岸地质灾害综合治理项目的勘查设计工作，其中部分治理工程和应急排危除险项目已开工建设，预计总投资58086.52万元；完成了17个县区地质灾害详细调查项目的野外调查工作，预计总投资4342.90万元；18户避让搬迁项目、群测群防项目资金、高标准“十有县”建设项目、地质灾害应急演练及培训等资金已全部下放到县区实施，预计总投资7643万元；2个科研项目、地质灾害信息平台建设项目、34个动态防治工程调整项目正在推进实施；二是全面开展地质灾害领域隐患排查工作，按照“三查”（汛前排查、汛中巡查、汛后核查）工作要求对18个县区地质灾害情况进行了多次排查，对全市1823处和汛期新增的90多处地质灾害隐患点逐点落实了群测群防人员，建立了群测群防工作制度、灾情速报、汛期值班等8项制度，制定了汛期地质灾害防治方案、应急预案，落实了工作职责和任务。全年未发生一起因地质灾害引发的人员伤亡事故；三是加大非煤矿山的清理和整顿。为有效落实市委常委1届43次会议精神，根据《市人民政府办公室关于做好非煤矿山和地质灾害领域隐患排查工作的通知》文件要求，督促全市18县区按照人民政府牵头，采取企业自查、乡镇（村居）普查、县区国土部门检查和市国土部门督查的方式全面开展了非煤矿山和地质灾害领域隐患排查工作。根据排查反馈和各县区上报情况，全市共排查地质灾害隐患点1974处，新增地质灾害隐患点63处。

审　计

【概况】　日喀则市审计局的前身是成立于1984年的日喀则地区审计局，2014年12月原日喀则地区撤地设市以后，正式定名为日喀则市审计局，为日喀则市政府工作部门，正处级建制。人员编制60人（其中：行政45人，事业15人），在编49人，领导职数6名，设有9个内设机构（正科级）：办公室（政工人事科）、法规科、财政金融审计科、行政事业审计科、社会保障审计科、市直经济责任审计科、县区经济责任审计科、固定资产投资审计科、经贸农业与资源环保审计科。另设3个事业科（正科级）：机关后勤服务中心、信息网络中心、固定资产投资审计中心。

2016年，共完成审计项目26个，查出主要问题金额20.97亿元，其中违规金额14.74亿元、管理不规范金额6.23亿元；审计处理应上缴财政资金0.69亿元、应调账金额17.81亿元；审计发现非金额剂量问题61个；审计促进整改落实有关问题金额

召开主题活动动员大会

17.53亿元，其中增收节支0.53亿元、审计促进拨付资金到位17亿元。移送纪检监察机关和有关部门处理事项2件，涉及人员1人，金额16万元。出具审计报告和专项审计调查报告68篇；提交审计信息78篇，被批示、采用8篇。提出审计建议112条。

【国家重大政策措施贯彻落实跟踪审计】 对2016年度第二、第四季度国家重大政策措施落实情况进行跟踪审计，查出配套资金未及时准入指定账户、产业项目未及时开工等4个非金额剂量问题。

【财政预算审计】 对日喀则市本级和康马县2015年度财政预算执行和其他财政收支情况进行了审计。查处财政支出不真实、滞留财政收入、滞留应拨付的专项资金、执行法定和各项政策性配套不规范、财政预算资金拨付率低、捐赠资金管理不规范等违规资金19.05亿元。

【经济责任审计】 共对17名党政领导干部（其中地厅级1人、县处级9人、乡科级7人）和2名企业领导人员进行审计。通过审计，查出领导干部负有责任的问题金额1.16亿元。针对领导干部在履行经济责任中存在的突出问题，提出审计意见和建议43条。

组织党员到福利院慰问

【固定资产投资审计】 对日喀则市人民政府办公室2015年度公共租赁房建设项目、日喀则市第二高级中学综合实验楼建设项目、桑珠孜区农业综合开发江当灌区节水配套改造工程项目3个政府投资项目和303个援藏项目进行审计，审计金额达16.29亿元，审计共发现违纪违规和管理不规范资金0.75亿元，审计处理应上缴财政资金0.015亿元。向被审计单位提出37条审计建议。

【民生资金（项目）审计】 对日喀则市2015年度保障性安居工程进行审计，审计查处应收未收保障性住房资金和廉租住房租赁补贴结余等问题资金0.01亿元。

【交办任务】 一是根据审计厅要求，及时开展上报了我市2015年“公务支出和公款消费”审计报告和报表；二是配合自治区审计厅和市纪委做好“4·25”灾后安置及恢复重建跟踪审计项目的相关协调和督促检查工作；三是抽调审计业务人员参加自治区审计厅组织实施的对我市“城乡低保专项资金审计”“三包经费审计”和全区“基本医疗保险基金审计”工作；四是积极配合市纪委、市脱贫攻坚指挥部办公室参与对日喀则市15个县区脱贫攻坚督导检查考核工作和监督检查扶贫资金管理使用情况；五是选派纪检组长和一名科级干部长期配合参与自治区及市委相关巡视、巡察工作。

【审计知识专题讲座】 为提高领导干部廉政和财经法纪意识，从班子成员选派业务能力强的同志先后2次在市委党校举办的各类培训班上开展了以审计知识、财经纪律和案例分析为主要内容的专题讲座。通过宣讲，使大家认识审计、理解审计、支持审计，取得了很好成效。

【信息化建设】 引导全体审计人员增强创新意识，了解新形势、掌握新技能、发现新问题、提出新建议。鼓励审计小组在援藏干部的技术引领下探索运用AO软件进行审计，通过新的审计方式方法的应用，不断积累经验，积极建立新型的审计工作模式。

【审计科研】 在援藏省市的大力支持下，研发符合投资审计流程和管理方式的日喀则市政府投资审计管理系统项目，实现对使用财政资金、国有企业资金等投资基本建设项目实施的真实性、合法性、效益行进行监督和评价。该软件的开发对于保证政府投资项目资金的安全和完整，促进我市现代化政府投资审计管理和监督体系的建立与完善，充分发挥政府投资项目的经济效益、社会效益、环保效益，保障人民群众基本公共权益，维护社会的稳定，构建和谐文明社会等都有很强的现实意义。

安全生产监督管理

【概况】 2016年，全市共发生事故42起，死亡13人，伤48人，直接经济损失31.032万元，与上年同期相比，事故起数下降26.32%，死亡人数下降7.14%受伤人数下降17.24%，经济损失下降60.82%。其中，1至12月份，全市发生经营性安全生产事故4起，死亡人数7人，伤6人，经济损失4.15万元，与去年同期相比，事故起数下降20%，死亡人数、受伤人数持平，经济损失下降54.04%。其中：萨迦县辖区生产安全事故6人；拉孜县辖区生产安全事故死亡4人；萨嘎县辖区生产安全事故死亡1人；白朗县辖区生产安全事故死亡1人；桑珠孜区辖区生产安全事故死亡1人。全市年内未发生较大及重大生产安全事故。

道路交通方面。全市道路交通方面共发生事故27起，死亡12人，受伤48人，直接经济损失26.395万元，与去年同期相比，事故下降6.90%死亡人数上升20%，受伤人数下降7.69%，经济损失上升100%。

火灾方面。全市共发生事故14起，直接经济损失4.637万元，与去年同期相比，事故起数下降46.15%，死亡人数、受伤人数均持平，经济损失下降92.79%。

工矿商贸领域方面。全市共发生事故1起，死亡1人，与去年同期相比，事故起数持平，死亡人数下降66.67%，受伤人数、经济损失下降100%。

【安全生产形势】 年内，全市安全生产形势持续平稳，事故起数和死亡人数实现年度“双下降”，在事故统计改革的第一年，全市各级、各部门牢固树立“红线意识”和“底线思维”，严格落实安全生产责任，进一步提高思想认识，创新工作方法，扎实开展事故信息直报和应急救援管理等工作。严格落实“党政同责、一岗双责”安全生产责任和企业安全责任“五落实五到位”，不断完善安全生产控制指标体系，强化安全监管体系建设，加大安全生产执法监察工作力度，深化安全生产隐患专项整治，认真开展安全生产宣传教育培训工作，进一步明确各行业主管部门的安全生产责任。

2017年4月4日，市安监局党组书记、副局长陈海英深入昂仁县矿山检查安全生产工作

【安全生产责任】 积极推动政府、部门安全生产“党政同责、一岗双责”制度。完善行业主管部门直接监管、安全监管部门综合监管、地方政府属地监管的监管体系，继续执行安全生产警示制度、问责制度和定期通报制度，严格落实“一票否决”制。全面推行重点企业安全生产承诺报告制度，强化企业负责、职工参与、政府监管、行业自律和社会监督的机制。

【非煤矿山安全监管】 对非煤矿山复产验收，采取明察暗访和随机检查的方式，对已开工的矿山企业、尾矿库落实安全生产责任和安全生产各

2016年11月15日，安监局局长塔杰赴矿山进行安全生产检查

项措施、安全生产资质、作业现场安全生产管理和安全生产隐患排查治理情况进行检查。共检查非煤矿山11家次，发现各类隐患178项，已完成整改169项，另外9处在整改当中。整改率94.9%。

【危险化学品安全监管】 对全市35家加油站进行危险化学品企业安全生产联合执法检查，累计出动执法人员4503人次、执法车辆1331台次，检查企事业单位和场所11753家次，发现各类隐患7018处，现场整改5485处，下发整改通知书933份，责令“三停”3家，罚款5.5万元。

【烟花爆竹安全监管】 组织各县区行业监管部门对辖区内所有批发、零售商进行进行全面检查、排查，消除安全隐患。督促各县（区）安监局审查申请办证的的安全生产经营条件，合格后予以办理许可证并对节后退出烟花爆竹零售商的情况进行跟踪检查，并对经营点的储藏清理情况进行督促检查。共开展烟花爆竹安全检查67次，发现隐患107起，发现隐患已全部整改完毕，其中，市区烟花爆竹安全检查零售15次，发现隐患15处，现场整改15处，批发2次，发现隐患4处，相处整改3处，限期整改1处。

【职业健康安全监管】 针对“一区一县”非煤矿山、水泥、建材、建筑施工、烟花爆竹、危险化学品、印刷、制药、电力热力、教育、宾馆、饭店等行业开展了为期45天的职业病危害因素普查工作。完成上报企业1181家，劳动者人数8545人，职业病累计人数249人，接触职业病危害人数7764人。

【道路交通安全监管】 强化法律法规宣传，增强宣传效果，营造安全、有序的道路交通环境。协同公安、交运部门，按照“全覆盖、零容忍、严执法、重实效”的要求，重点围绕道路交通，定期、不定期加大检查督查力度。

【宣传教育培训】 通过悬挂横幅、播放警示教育片、发放宣传资料及接受现场咨询等形式，加强“安全生产月”宣传教育。充分利用驻村、城镇网格化、双联户等工作平台，广泛开展群众性安全生产教育，推动安全发展理念、安全法律知识和安全常识进农牧区、进校园、进企业、进社区，提高全民安全生产意识。全年安监系统开展宣传教育209场次，受教育人数达20余万人（次）。先后举办乡村安委会专职人员培训班、非煤矿山企业安全生产业务知识培训班、安全生产事故统计信息直报视频培训班、特种作业人员培训班、职业健康专题业务培训班，对全市9个县300多名安委会专职人员，64家非煤矿山企业负责人、安全管理人员、18个县区的安监执法人员105人，全市25名安监局事故直报负责人，364名电焊电工、190名职业病因素接触人员进行业务培训。

【机关党建】 把党员的思想教育摆在更加突出的位置，结合“两学一做”学习教育和市委“讲学习、讲忠诚、正风纪、转作风、提效能”活动要求。2016年，开展专题研讨5次，研讨发言40余人次，专题上党课4次，座谈会2次，开展知识问答1次，观看爱国教育、廉政警示教育片3部，撰写心得体会30多篇。

【党风廉政建设】 严格落实中央“八项规定”、区党委“约法十章”“九项要求”，制定了市安监局《2016年度党风廉政责任书》并与全局党员干部签订落实，全面落实了党风廉政建设责任制。

食品药品监管

【概况】 2016年，日喀则市食品药品监督管理局内设办公室（政工人事科、政策法规与信息科）、应急处置与综合协调科、食品生产监管科、食品经营监管科、药品与化妆品监管科、医疗器械监管科6个职能科室，下设市食品药品检验所、稽查队、藏药审评认证中心、后勤服务中心、药品化妆品不良反应监测中心5个直属事业单位，人员编制共46名。机关行政编制14名、机关事业编制3名，其中：局领导职数5名，内设机构科级领导职数9名。食品药品检验所事业编制13名，其中：科级领导职数3名。食品药品稽查队事业编制7名，其中：科级领导职数3名。藏药审评认证中心事业编制5名，其中：科级领导职数2名。机关后勤服务中心事业编制3名，其中：副科级领导职数1名。药品化妆品不良反应监测中心事业编制4名，其中：科级领导职数2名。现有人员中行政人员13人，专业技术人员11人，参照公务员管理人员17人，工勤人员5人。藏族干部职工33人，汉族干部职工13人。

【食品安全监管】 按照实施食品安全量化分级管理标准。对日喀则市区餐饮单位进行了动态量化分级，2016年共完成餐饮单位量化分级578家，其中：大型17家，量化分级率100%；中型90家，量化分级率达到99%；小型（小吃店）471家，量化分级率81%。学校（托幼机构）食堂15所，量化分级率达到100%。并将量化分级结果通过媒体和网络平台向社会公示。

推行“两证合一”改革。2016年6月28日，日喀则市食品药品监督管理局与西藏自治区食品药品监督管理局同步正式启用新版《食品经营许可证》，将餐饮服务许可和食品流通许可“两证合一”，各县区也陆续启用。2016年对餐饮店、超市、商场、食品批发部、卤菜店、馒头店等食品经营单位共核发《食品经营许可证》918份。

制定了针对国抽和省抽的工作开展实施方案。利用7个月的时间，除了国抽任务3个批次无法抽到外，其余176个批次以及我市生产企业生产环节7个批次的食品抽样工作顺利完成。得到了自治区食品药品监督管理局的好评。

【医疗器械监管】 开展了三大节日前医疗器械监督检查、注射用透明质酸钠专项检查、第三类医疗器械经营企业质量管理自查、医疗器械流通领域违法经营行为专项整治等，共监督检查医疗器械经营企业184家（次），使用单位50家（次），共下达责令整改通知书20份。

【药品化妆品安全监管】 一是积极推进基层藏药制剂申报单位资料上报。加强《基层藏药制剂监督管理办法》宣传推广工作，发放了《日喀则市开展基层藏药制剂监督管理办法实施方案》。全市8个县区的10个单位申报基层藏药制剂，实地查看13次、内审资料30余次，已有1家基层藏药制剂申报单位通过现场认证，1家单位正在整改，共有28种藏药制剂通过品种备案确认。

二是开展新版GSP认证工作。严格许可及《药品经营质量管理规范》（GSP）认证和整改“回访”工作。之前未认证的14家药品零售企业已全部完成认证。新开办的4家药品零售药店正在筹备中。

三是对药品经营企业和使用单位进货渠道进行核查。为更好地管理辖区内药品经营企业和使用单位药品的进货渠道，要求各县区食品药品监督管理局对辖区内药品经营企业和使用单位供货方资质证照真伪与兄弟省市发协查函，日喀则市食品药品监督管理局辖区内药品经营和使用单位将供货单位的资质证照上交一份至日喀则市食品药品监督管理局药品与化妆品监管科备案。各县区药品经营企业和使用单位将药品供货单位的资质证照备案至各县区食品药品监督管理局。

四是对辖区内化妆品经营企业进行摸底。经过摸底，辖区内化妆品经营企业共计170家（兼营企业总数126家、专营企业总数44家）。

五是对辖区内药品批发企业及药品中转库进行飞行检查。对辖区内3家医药公司、药品中转库进行了多次监督检查，包括“挂靠经营走票”等违法违规行为。

【药品不良反应监管】 督促辖区内药品经营单位、使用单位每年及时上报药品不良反应事件，2016年上报208例，其中严重不良反应1例。并以日喀则市食品药品监督管理局红头文件和信息简报形式将工作开展情况上报至自治区相关部门。

【食品安全应急能力建设】 一是制定了《日喀则市食品安全事件应急预案》。并在预案中明确了应急响应的内容程序及相关职责等。

二是建立应急处置队伍。专门设立应急处理与综合协调科，主要职责为：指导和协调食品安全事件应急处置工作，组织重大食品安全事件应急处置、负责食品舆情监测、分析、应对工作；负责食品安全应急体系和能力建设；制定食品安全事件应急预案，组织演练等。

三是组织开展食品安全事件应急处置桌面推演活动。按照事故发生、发展的不同阶段，分别对预警报告、应急响应、应急处置、响应终止、后期处置5个课目进行了桌面推演。每个课目设有情景模拟、主持解说、现场问答环节，七个工作组负责人从食品安全事故协调、信息汇总、信息发布等方面开展事故调查及原因分析，对问题食品进行抽样检验，作出调查结论，对问题食品停止销售、查扣、下架销毁控制措施等内容进行周密地演练。

【食品安全保障】 切实抓好重大活动餐饮服务食品安全保障工作，严格落实食品安全责任，制定《重大活动定点餐饮单位食品安全责任承诺书》，与承办单位签订承诺书。建立健全食品安全保障工作规程。2016年全市重大活动餐饮安全实现“零事故、零投诉”工作目标。重大活动时，成立专门的食品安全工作领导小组，制定详细工作方案，提前组织执法人员对用餐点及周边的食品经营单位进行监督检查，确保食品安全保障万无一失。2016年共参加重大活动食品安全保障25次。特别是“12·8”活动、时轮金刚灌顶法会时，完成42万余人次的食品安全保障工作，得到上级党委、政府的充分肯定。

【全口径大稽查制】 提出了在食品药品监管领域执行“全口径大稽查”工作制，并制定下发了《日喀则市食品药品监督管理局全口径大稽查制实施办法（试行）》，将执法人员分成六个稽查组，实行责任片区包路段、包县（区）责任制，要求各县（区）食药局积极协助。各稽查组于4月初开始，组织成员对责任片区内的“四品一械”生产、经营、使用单位开展日常监督检查、专项检查、飞行检查、餐饮量化分级、药械诚信体系建设、检验抽样、食品药品法律法规宣传教育、“12331”投诉举报处理等所有相关工作。

全口径大稽查制实施以来共出动执法人员2200余人次，出动执法车辆440余台次，先后开展了开学前及“三大考试”前学校食品安全专项整治、重点时段食品及药械安全专项整治、流通环节食品安全专项整治、注射用透明质酸钠专项整治、医疗器械流通领域违法经营行为专项整治、打击假冒伪劣“四品一械”专项整治等工作，共检查学校及幼托机构食堂30家（次），学校周边餐饮单位360家（次），食品经营单位4000家次，下发限期整改通知书89份，共查处和正在办理各类案件23起，其中大案要案3起，销毁不合格食品306个品种，货值金额105万余元，要求兄弟省市协查函数4起，受理群众举报31起，回馈率达到100%。通过加大案件查处力度，严厉打击了制售假劣药械等违法违规行为。

（胡　琴　薛　冬）

工商行政管理

【概况】 日喀则市工商行政管理局内设7个科室，分别为政工人事科、办公室、市场规范管理科、食品流通监督管理科、反垄断与反不正当竞争执法科、法规科、企业注册监督管理科，下设1个桑珠孜区分局（副县级）、17个县工商局、6个工商所。日喀则市工商行政管理局人员编制为243人，现有干部职工197人，包括1名援藏干部。藏族干部职工占总人数71.6%；全系统干部职工平均年龄34岁。

2016年1月15日，在全市工商行政管理工作会议上表彰2015年度日喀则市工商系统目标管理考核先进单位

【商事制度改革】 日喀则市工商局不断优化职能，加大简政放权力度，强力推进工商注册制度便利化，通过各种媒体大力宣传商事制度改革政策，及时解答群众咨询和诉求，扩大了改革政策的知晓率和覆盖面。通过开展“党员先锋岗”“青年文明岗”创建活动，实行“五办”服务（资料齐全马上办，资料不全指导办，紧急项目加班办，特殊项目跟踪办，重大项目现场办）、“四通”服务（符合条件的确保畅通，有利于发展的适当变通，需要与相关部门联系的主动疏通，难以疏通的加以沟通），为企业提供预约服务、上门服务、提前介入服务、延时服务等专项服务，全面推行网上电子化登记，并积极践行“不说不能办，只说怎么办”的工作理念，让企业走上了“办照快车道”。通过从规范审批事项入手，从企业信息共享切入，从部门联动监管发力，从信用约束机制突破，认真履行“双告知”职责，有效促进了商事制度改革工作“落地生根”。

市场主体快速增长。随着商事制度改革的深入推进，有力促进了全市市场主体快速健康发展。到2016年底，全市各类市场主体发展到3.76万户，注册资本（金）305.73亿元，同比分别增长22.1%、85.95%。2016年新注册各类市场主体就达到8371户，注册资本（金）130.5亿元。

深入推进“五证合一”“两证整合”改革。根据国务院办公厅的通知要求以市政府名义下发《日喀则市市场主体年报公示和“三证合一、一照一码”营业执照换发工作方案的通知》《日喀则市关于全面推进“五证合一、一照一码”登记制度改革的通知》，发挥牵头作用，与税务、质监、社保、统计等部门的协调沟通，联合国税局、发改委、法制办四部门下发《关于日喀则市个体工商户营业执照和税务登记证“两证整合”实施方案的意见》，形成了政府主导、工商主抓、部门协作的工作机制。在各部门支持配合下，分别于2016年10月1日和12月1日与全国同步实施了“五证合一、一照一码”和个体工商户“两证整合”登记改革，进一步降低了制度性交易成本、创业成本。

市场准入宽松便捷。按照自治区人民政府《关于贯彻落实注册资本登记制度改革方案的实施意见》，除金融机构、证券公司等27个行业外，其他各类公司全部实行注册资本认缴制，取消注册资本最低限制；除募集设立股份公司外，一律不再提供验资报告，破解了创业资本瓶颈。企业设立前置审批事项由226项减少到34项，精简了85%。

注册登记更加便利。全面推行网上电子化登记，放宽住所和经营范围登记条件。2016年5月以来累计办理企业网上名称预核准291件、网上登记392户，占同期企业登记数的38.43%，极大的方便了市场主体。

产业结构更加优化。新设立市场主体主要集中在二、三产业，日喀则市市场主体第一产业占比2.61%，第二产业占比21.46%，第三产业占比75.93%，建筑业，批发和零售业，住宿和餐饮业，居民服务、修理和其他服务业成为投资创业

2016年8月19日，赵仕春局长陪同自治区工商局赵世军书记导市工商局12315指挥中心检查指导工作

的首选，产业结构进一步优化。

【企业信息年报】 督促市场主体履行信息公示法定义务，全面向社会公示年报信息、即时信息以及股东变更、动产抵押等信息，广泛接受社会监督。日喀则市2015年度市场主体年报率达99.52%。（个体工商户年报率99.75%，企业年报率98.5%）。

【助推经济发展】 到2016年底，全市商标申请总量达702件，有效注册商标达506件，其中著名商标22件，地理标志商标总量8件；推荐11件商标参加第十批西藏自治区著名商标评审认定，积极指导“神猴”商标申报中国驰名商标。全市广告经营单位发展到58家，从业人员240人。出台《关于充分发挥工商注册登记职能做好家庭农场登记工作的意见》，全力服务家庭农场登记工作，促进农业生产市场化、产业化、规模化发展，全市已登记注册农民专业合作社1383户，出资总额7.47亿元，其中家庭农场10户，注册资本（金）2778万元。继续加大诚信创建工作，2016年日喀则市2家企业荣获2014—2015年度国家级“守合同重信用”企业公示资格，3家企业荣获2014—2015年度自治区级“守合同重信用”企业公示资格。进一步加强非公党建工作，2016年新吸纳党员40人，培养积极分子15人，目前全市非公经济市场主体共组建党组织54个，选派党建指导员28名，党员总数821名。

【事中事后监管】 综合运用日常随机抽查、专项执法检查、投诉举报接查、无照经营清查、移交线索协查等手段，公示抽查结果，处理查实的问题，列入异常名录，积极营造诚信经营的市场环境。在全国企业信息公示系统和自治区门户网站中，累计公示行政处罚案件145件。抽查市场主体829户，均依法公开抽查结果，接受社会监督，44户市场主体列入经营异常名录。同时围绕群众关心的食品安全、消费维权、非法传销等热点、焦点问题，组织开展了一系列专项行动，用实干锻炼执法队伍，用行动维护市场秩序，用成效回应群众关切，全年共查处各类违法案件208件，案值200.52万元，罚没款56.45万元。

【保护消费者权益】 日喀则市工商局把调解消费

纠纷、维护群众权益作为部门重要职责，积极推进“一会两站”和“12315五进”规范工作，筹备成立了消费者协会，选举产生了新一届理事会及会长、副会长、秘书长，制定了《日喀则市消费者协会章程》，消协组织维权能力有效增强。制定《日喀则市工商局关于进一步规范处理消费者投诉工作的意见》，认真受理处理消费咨询投诉举报、着力改善消费环境，建立12315维权联络站（点）310个。全年受理消费者投诉261件，为消费者挽回经济损失78.38万元。并充分发挥牵头部门作用，加强相关部门的协作配合，建立了消费投诉举报、受理、分流和查处机制，进一步推进“诉转案”工作，以案促管、以案促调，查处“诉转案”25件。同时围绕群众反映的强烈商品，积极做好流通领域人造板、塑胶管材2个品种30个批次的商品质量抽检工作，抽检中8个批次不合格，抽检合格率达73.33%，对不合格商品按照《流通领域商品质量抽检办法》规定全部下架退市。

【队伍建设】 日喀则市工商局通过坚持学做结合，以理论中心组专题学习、专家和领导干部讲党课、党员干部抄党章谈体会、支部集中研讨、组织知识竞赛等方式深入开展“两学一做”学习教育和“讲学习、讲忠诚、正风纪、转作风、提效能”主题活动。通过召开党风廉洁工作专题推进会，听取班子成员分管领域党风廉洁建设工作汇报，开展集体约谈、岗位廉洁风险防范管理和“一月一案一警示”活动，实行党风廉洁教育工作月报告、月督查、月通报工作机制，层层签订《党风廉洁建设责任书》，下发《家庭廉洁倡议书》，积极落实“两个责任”。通过层层签订了《基层党建工作责任书》，加大对基层党建工作的经费投入，组织党员观看教育片，成立退休党支部，慰问困难党员，重温入党誓词，表彰系统优秀党员、党务工作者和先进基层党组织，保障了基层党建工作顺利开展。通过制定全年教育培训计划，“一月一法一考”、跟班学习、“走出去、请进来”等形式强化干部培训，分层、分步开展教育培训，提升队伍整体素质。通过制定《重大事项请示报告和督查督办制度》，对系统年初目标任务分解、阶段任务安排、会议纪要安排部署等方面的落实情况及时督办督查，形成督查通报，确保了各项工作督办及时，落实到位。通过扎实开展强基惠民工作，投入资金50万元，为群众办实事办好事72件。通过落实维稳措施，制定完善《日喀则工商系统维稳应急处突工作预案》，配齐配强机关护院队、推选联户长，实施信访、接访、维稳信息“日报告”和矛盾纠纷排查“月报告”制度，更新和维修监控设备，邀请消防、特警人员进行专业指导和培训，落实人防、物防、技防措施。加大无照经营查处，严格落实安全生产责任制，加强对重点部位、重点场所、重点物品的排查管控，及时整治各类治安安全隐患，全年实现了全系统“三不出”的目标。

2016年3月14日，日喀则市工商局开展综治法律宣传，执法人员向过往群众讲解法律法规，发放宣传资料

【推进六城共建】 向市文明办推荐了70家企业和100户个体工商户参与评选“诚信示范企业”和“诚信示范店”。制定了《关于对日喀则市区藏语文社会用字规范化情况进行检查整改的方案》，会同藏语委（编译局）等部门积极开展藏语文社会用字执法检查，下达整改通知书387份。我局报送创城工作信息68期，市创城办采纳26条，工作得到了创城办的充分肯定。

【援藏工作】 日喀则市工商局充分借助对口援藏工作平台，采取“走出去”和“请进来”相结合的方式开展智力援藏，邀请山东、吉林、济南、上海援藏省（市）局4批23位领导和业务骨干前来开展业务培训和交流指导，参训人员达600余人次。选派10名基层业务骨干到上海市局进行为期15天的跟班交流，学习先进经验。

希夏邦马峰

农牧林水

农牧业

【概况】 2016年机构改革后，日喀则市农牧局内设9个科室（办公室、政工人事科、财务科、农业科、牧业科、科技信息科、规划项目科、抗灾办、产业办），辖1个副县级事业单位（市农业科学研究所），6个科级事业单位（市动物疫病预防控制中心、市农业技术推广服务中心、市草原工作站、市畜牧技术推广服务中心、市农机推广站、市动物卫生及植物检疫监督所）。现有在职干部职工264人。其中专业技术人员133人（中级以上职称59人），干部181人，工人73人。

日喀则市是西藏重要的粮食生产基地，粮食产量占全区的40%以上，居全区第一位，素有“粮仓”之称。农作物常年播种面积达129万余亩，占全区总播种面积的1/3。畜牧业也占有十分重要的地位，全市草场总面积1.88亿亩，其中可利用草场面积1.79亿亩，年末牲畜存栏量达469万头（只、匹）左右，居全区第二位。农牧业是日喀则市国民经济的基础和支柱产业。

【种植业】 共落实农作物播种面积134.04万亩，其中粮食作物播种面积88.14万亩、经济作物播种面积32.86万亩、饲草饲料作物面积13.04万亩。推广种植“喜马拉22号”40万亩、“藏青2000”27.24万亩。落实测土配方施肥示范70万亩、粮食绿色高产高效创建60万亩，建成农作物良种繁育基地9.54万亩。大力推广病虫害“绿色防控”“统防统治”技术，建立完善农业病虫害监测预报机制。落实13个“千亩千斤”和69个“百亩千斤”青稞高产栽培示范点，总面积达2.94万亩。农产品质量安全监管工作不断加强。白朗县国家农产品质量安全试点县申报考核工作顺利完成。

农牧局副局长宋一彤检查青稞生产

【畜牧业】 畜种改良工作稳步推进。草奖工作通过自治区级终验，3.63亿元草奖资金全部兑现到户。草原资源与生态监测、基本草原划定和草原征占用工作有序开展。仲巴等6县牲畜包虫病防治试点采样工作顺利完成。18县（区）动物检疫电子出证工作全面覆盖。动物疫病防控措施逐级落实。冬虫夏草采集工作顺利，共采集虫草452.06公斤。适时开展渔业捕捞专项整治工作。11月尼泊尔出现牛口蹄疫疫情后，我们及时果断组织开展防控工作，做到了拒疫情于国门之外。

【农畜产品质量安全】 以农业投入品安全使用和生产销售为重点环节，围绕蔬菜种植、畜禽养殖，有针对性地在农产品生产基地、规模种植、养殖场和农业标准化示范区，集中查处违法生产销售违禁农药、兽药、饲料及添加剂和有毒有害物质的行为。打击制售假冒伪劣种子、肥料、农机等农资的违法违规行为。2016年未发生农畜产品质量安全事件。

【农业产业化】 全市17家龙头企业总产值达4.9亿元。农牧民专业合作社发展到676家，注册资金达3.8亿元，参与户数达2.7万户。启动了全市有机示范区年度监管工作，完成了44个农产品有机转换认证和有机产品认证。开展了“三品一标”相关知识培训。全力推进脱贫攻坚工作，完成产业扶贫项目89个、扶贫投资7.54亿元、实现脱贫2.63万人。亚东、康马、白朗3县达到脱贫摘帽标准。启动了珠峰有机种养加业规划编制工作，同步开展了实施方案编制。

种子精选包衣

【农牧业项目】 全年建设实施现代农业青稞生产基地、人工饲草地、退牧还草等10类83个农牧业基本建设项目，落实国家投资6.73亿元。完成国家投资5.73亿元，完成率85%。同时，加快推进“4·25”地震农牧业灾后恢复重建项目，落实蔬菜温室、岗巴羊产业化扶持、马铃薯产业化扶持等5类41个灾后重建项目专项资金2.3亿元。“十三五”农牧业项目投资申报进展顺利，初步落实规划内项目中央预算内投资8.05亿元。

【防抗灾工作】 受“厄尔尼诺”现象影响，2016年全市农田受灾面积达10.68万亩（其中绝收1.22万亩）；因灾死亡牲畜8267头（只、匹）；草场过水淹没2.61万亩；牲畜棚圈倒塌1060座、受损744座。灾害造成经济损失达1.74亿元。灾情发生后，市农牧局及时组织人员深入实地调查核实，指导开展抗救灾工作。各县区积极采取措施，果断处置，加大防抗灾物资储备，有效降低了灾害损失。全年向各受灾县解决化肥141.6吨及各类兽药130件。为应对今冬明春可能出现的风雪灾害，争取780万元防抗灾资金购置储备了2000吨饲草和1000吨饲料。

【科技服务保障工作】 组织农牧民、乡镇农牧综合服务中心人员分阶段重点开展农牧业相关技术培训，先后举办种植业生产技术、农机操作、草原征占用及草原执法、农牧业基本项目建设管理、农牧综合实用技术、动物检疫电子出证、人工种草与牧草调制加工技术、农畜产品标准化建设等8期培训，共培训600人次。在生产关键环节，组织农技人员蹲点全程服务。全力推进基层农技推广服务体系建设，完成了104个乡镇农牧综合服务中心业务用房建设，落实人员编制901人。

【农牧区改革】 在白朗县巴扎乡开展农村土地（耕地）承包经营权确权颁证试点工作的基础上，初步启动了桑珠孜等8县区农村土地（耕地）承包经营权确权工作。在巴扎乡乃琼村举行了42户农村土地承包经营确权登记试点暨首批农村土地承包经营抵押贷款发放仪式，共为6户发放贷款49万元。推动土地经营权规范有序流转，至年底桑珠孜、白朗两县区土地流转面积达5.5万亩。基本草原划定工作基本完成。

【日喀则绿麦草】 日喀则市牧草资源丰富，草场总面积1.89亿亩，其中可利用草场面积1.79亿亩。日喀则绿麦草极其耐贫瘠、耐干旱、耐霜寒，在水肥条件稍好下生长特旺盛，在高海拔4760米康马县聂如堆乡、聂如麦乡上坡上成功种植。株高可达2.2米。实验地鲜草测产3500公斤、干草测产650公斤。

日喀则绿麦草亩产鲜草量为2500—3500公斤，人工种植区域机械收割率达80%。2009年日喀则市引进西藏百绿草业科技有限公司，依托公司优栽培技术、农业机械及先进的管理理念，开展覆膜种植、种子包衣、病害防治、免耕播种及草产品加工（裹包青贮）等适用技术试验、示范、推广技术，新增日喀则绿麦草49.17万亩，按照“三三制”（即，三分之一作为防抗灾饲草储备，三分之一用于发展规模养殖，三分之一进入市场销售回笼作为滚动发展资金）探索建立草产业生产经营管理模式，既能保证农牧民增收，又促进了畜牧业可持续发展。全市有年加工2万吨以上牧草产品加工厂2个，市级草产品联营公司统一经营以日喀则绿麦草为主的牧草销售。

【日喀则青稞】 又称裸大麦、元麦、米大麦，可食用，为藏区主食，在青藏高原上种植约有3500年的历史，从物质文化之中延伸到精神文化领域，在青藏高原上形成了内涵丰富、极富民族特色的青稞文化。日喀则青稞高70～110厘米，茎秆直立，光滑无毛；叶鞘无毛，有时基生叶的叶鞘疏生柔毛，叶鞘先瑞两侧具弯曲沟状的叶耳；叶舌小，长1～2毫米，膜质；叶片扁平，长披针形，长8～18厘米，宽6～10毫米，叶面较为粗糙，叶背面较平滑。日喀则青稞内外颖壳分离，籽粒裸露，籽粒长6～9mm，宽2～3mm，千粒重47克左右，呈淡白色，干粒饱满。形状有纺锤形、椭圆形、菱形、锥形等，颜色多种多样，有黄色、灰绿色、绿色、蓝色、红色、白色、褐色、紫色及黑色等。日喀则青稞富含矿物质、维生素、天然叶绿素、抗氧化酶、黄酮等活性物质，籽粒含淀粉45%～70%，蛋白质8%～14%，尤其引起全世界关注的是，它还富含功能奇特的营养素——β－葡聚糖。

日喀则有西藏的粮仓之誉，2016年日喀则市共落实农作物播种面积134万亩，其中，日喀则青稞播种面积就达88.14万亩，年产量达60万吨。近年来，随着日喀则青稞产业化、品牌化、商品化、系列化发展，日喀则从事青稞加工的产业化经营企业、合作社已发展到20多家，年创造利润699万元，实现产值5000余万元；年收购日喀则青稞量达7000多吨，加工量达6500多吨，兑现青稞收购款5291万元；直接带动农户达7285户，通过专业合作组织带动和订单形式辐射带动农户2万户以上。

【日喀则牛奶】 西藏地区主食以乳制品为主，乳制品在西藏人民的饮食结构中扮演着非常重要的角色，在数千年的历史中，日喀则奶牛采用自然放养的饲养方式，运用高原野生牧场的生物多样性，为生产优质的日喀则牛奶及以牛奶为原料加工制作的的乳制品（酸奶、酥油等）奠定了坚实的基础。天然纯净、远离污染的日喀则牛奶营养丰富、呈白色，富含蛋白质、氨基酸等元素，日喀则奶牛保存了未经人工侵扰的原始生态环境，生老于斯的奶牛，自然一生不会受到工业、化学污染。正是来源于这片世界上最后的净土，使得牛奶得以保证其天然、纯净、健康本质，这是世界上任何其他地区生产的牛奶都无可比拟的优势，远离工业化饲料污染，高原野生牧场的生物多样性远超于人工牧场，使它们得以产出更天然、健康的好牛奶。日喀则奶牛哺乳期相对较短，每天产奶量2公斤左右，乳脂率4.01%，日喀则牛奶天生有一股浓郁的自然奶香，不腥不膻，喝一口，自然的奶香就会在口中弥漫开来，为让人体会真正自然牛奶的口感愉悦。

日喀则朋必，在日喀则除了有风味独特的牦牛肉奶制品外，还有一道备受藏民们喜爱的特产—日喀则朋必，朋必为藏语，是一种用藏区特有藏豌豆制作而成的食品，在藏区已有400多年的历史。日喀则朋必采用藏区特有的藏豌豆为原料进行制作，属西藏绿色食品。制作日喀则朋必要选择藏区海拔3000米—4800米出产的藏豌豆，选用颗粒完整、无虫蛀的藏豌豆，清洗干净后进行浸泡，浸泡完成后，搅磨藏豌豆进行发酵，发酵完后分离淀粉与朋水，淀粉即为藏豌豆淀粉，用藏豌豆淀粉制作的日喀则朋必样子和内地的凉粉差不多，但是因为加工工艺不同，在颜色上有些发绿，在口感上有些厚重。日喀则朋必蛋白质、氨基酸、微量元素等营养成份含量丰富，不喜爱吃肉食的藏区群众食用后也可以像肉类一样的补充营养，现在日喀则朋必的加工工艺已被西藏藏雄特色农产品科技发展有限公司继承，公司用传统的手艺和现代化的生产技术配合制作，目前已经形成生产线进行生产。日喀则朋必的标准化生产又为日喀则地区特色产业发展，添上了浓墨重彩的一笔。

【霍尔巴绵羊】 大约1400年前，藏区开始驯化、饲养绵羊，具有悠久的发展历史，仲巴县霍尔巴乡气候干燥、寒冷、日照充足，草地类型多样，植被丰富，为霍尔巴绵羊提供了天然牧场，养殖较为容易。霍尔巴绵羊实行放牧饲养，体格大，体躯呈长方形，头部中等大小，体毛绵密，被毛以白色为主，背腰平直，生长发育快。成年霍尔巴绵羊公羊平均体长76.87±3.25cm，平均体高73.56±3.45cm，母羊平均体长71.94±3.57cm，平均体高68.76±2.43cm。

霍尔巴绵羊羊肉里含有很高的脂肪和维他命，肉质细腻易消化，羊肉性温，能驱赶风寒，增强体质，霍尔巴绵羊脂肪对关节疼痛、便秘等有疗效。霍尔巴绵羊具有较高的食用价值和药用价值。仲巴县紧紧围绕“牧矿兴县、边贸富民”的发展战略，稳步发展畜牧业，2016年，霍尔巴乡出售了共1800余只霍尔巴绵羊，平均每只800元，现金收入达到144万余元，共创收163.2万元，年均人收入增长1028元。

【重大成就】 2016年种植业在全区种植业综合验收考评中取得了第一名；市农科所培育的春油菜新品种“2007—55”和马铃薯新品种“200905”通过自治区评审，正式定名为“年河18号”和“艾玛土豆1号”；培强肉业“岗巴羊”荣获第十四届中国国际农产品交易会参展农产品金奖；桑珠孜区比杂农机技术服务农民专业合作社和白朗县圣雄养殖农民专业合作社被列为国家级农民专业合作社示范社。

长势喜人的青稞良种田

林　业

【概况】　1996年10月成立日喀则地区林业局（副县级），下设综合科、营林林政科、林业公安科三个科室。2002年4月在机构改革中正式升格为正县级地区林业局，内设办公室、营林科、林政科、森林公安局。2010年4月机构改革，地区林业厅下设办公室、造林科、资源林政管理科、计划财务科、野生动植物保护科、森林公安局6个正科级行政科室，内设林业病虫害防治站、雅江中游河谷黑颈鹤国家级自然保护区管理中心2个正科级事业科室，后勤服务中心为副科级事业科室，隶属办公室管理；原珠峰管理局由正县级降格为副县级事业单位（参公），更名为珠峰管理中心，隶属地区林业局下属单位。2014年，日喀则地区撤地设市，日喀则地区林业局更名为日喀则市林业局。根据《日喀则市人民政府办公室关于印发日喀则市林业绿化局主要职责内设机构和人员编制规定的通知》文件，更名为日喀则市林业绿化局，划入城市园林绿化职责，增设市园林绿化中心，为正科级事业单位；湿地管理局更名为湿地保护中心。

日喀则市林业绿化局工作职责：贯彻执行国家、自治区、本市有关林业园林绿化的法律、法规及规章，拟定去全市林业及其生态环境建设、园林绿化发展战略、中长期规划；组织开展森林资源、陆野生动植物资源、湿地和荒漠的调查、动态监测和评估，并发布相关信息，承担林业生态文明建设工作。

日喀则市林业绿化局内设6个正科级行政科室。行政编制15名（不含森林公安局），原核定机关使用的6名事业编制暂时保留，逐步消化、置换。其中局领导职数5名；内设机构科级领导职数11名（不含森林公安局）。市林业绿化局所属事业机构6个，正科级机构5个，副科级机构1个，共事业编制38名，科级领导职数10名。下属单位森林公安局（正科级），政法专项编制7名。下属单位珠峰管理局（副县级），参公事业编制15名，正科级科室3个，领导职数4名。

【造林绿化】　2016年完成各类营造林工程88.1亩，其中：人工造林27.3万亩，完成率100%；防沙治沙工程55万亩，完成率100%；人工林和天然林抚育4.5万亩，完成率100%；新一轮退耕还林1.3万亩，完成率100%。完成2016年生态安全屏障防沙治沙、拉萨及周边造林和防护林体系建设项目申报工作。申请2016年度新一轮退耕还林2.3万亩；编写完成2018—2020年防沙治沙项目三滚动投资计划；完成2017年度“两江四河”流域造林规划、防沙治沙、防护林前期工作。2016年出圃优质造林苗木15个品种154万株；培育苗木13个品种158万株。积极开展了朋区藏布荒漠化区域砂生槐试种、银杏和雪松的陆地及温室栽种适应性对比试验等科研试验3项。

市委副书记赵志远主持召开2016年造林绿化现场会

【资源林政管理】　资源林政执法工作。办理各类建设项目征占用林地6宗，补办日喀则市德勒棉崇藏香有限责任公司建设项目占用征收林地1宗。督促办理“桑珠孜区万亩光伏+生态设施农业产业示范园区”“樟木新区安居工程”“珠峰创意园区”3宗日喀则市重大项目。督办林业行政案件6起，共计罚款0.2万元，赔偿损失0.2万元，没收木材1.25立方，补种树木120株，行政处罚5人。建设完成亚东县四个公益林专业管护站、定日县曲当乡公益林专业管护站、吉隆县吉隆镇公益林专业管护站（试点）。涉及四个有林县5个一级木材检查站的建设项目，至2016年底除聂拉木县因受地震影响尚未开工外（已完成前期设计工作），其他各县已完成项目建设。森林资源清查及其他工作。配合区林业厅完成资源林政管理信息系统及木材检查站的监控系统工作。2016年由县区林业主管部门与乡（镇）、乡（镇）与管护人员之间，层层签订管护合同，落实管护责任。

【森林防火工作】 2016年，共开展了7次综合性的法制宣传工作，发放宣传册3万余册、宣传单5400余份，组织下乡宣传162次，召开林区群众会议143次。对五个有林县进行了6次火灾隐患大排查，开展大规模清山活动18次，收缴火种432件，清赶遣送智障人员42人次。在全市范围内开展了“2016高原绿盾一号、国门利剑”“日喀则市禁毒工作”“打击非法占用林地等涉林违法犯罪专项行动”等专项行动，受理7起行政案件，查处7起，处理22人，罚款11.03万元。受理1起珍稀野生动物刑事案件，破获1起。

【林业病虫害防治监控】 植物检疫。2016年共开具跨省调运《植物检疫要求书》343单，按照《森林植物检疫操作规程》，共复检苗木、花卉267批次，复检率为100%。共处理36批次，共处罚金13800元。有害生物防治。指导监督各县区林业部门开展以春尺蠖、杨树腐烂病为主的林业有害生物防治工作。全年防治面积达15300余亩，使用农药12.3吨，雇佣民工300余人次。有害生物防治普查。配合国家林业局昆明勘察设计院对全市6个省级测报点进行有害生物普查工作。涉及聂拉木县7个乡镇、南木林县14乡镇、桑珠孜区12乡镇、谢通门县5个乡镇、拉孜县11乡镇、吉隆县4乡镇。

【城区绿化】 2016年城区绿化总投资1679.27万元，其中：“4·25”地震灾后恢复重建资金1179.27万元，山东省援藏资金解决500万元。2016年城区绿化工作3月份正式启动，主要完成城区8条主干道（大庆路、卡热浦东路、黑龙江南路、吉林路、山东路、上海路、扎德路、朗热路）及火车站周边、环明珠湖、东郊桥进城空地、市旅游服务中心等区域绿化，共计栽植各类苗木10万余株，新建草坪5.2万平方米，栽植各类苗木24种，其中常绿树10种，落叶树种及花灌木14种，新增城区绿地面积5.5万余平方米。

【野生动植物保护与自然保护区管理】 野生动植物保护工作 一是加强宣传力度。2016年日喀则市林业保护局开展了野生动植物保护法律、法规的政策宣传活动3次以上，共开展野生动植物及其制品的专项整治活动2次。二是野生动物肇事补偿工作。完成了2015年野生动物商业保险试点工作和2016年野生动物商业保险试点方案。兑现2015年肇事补偿资金1227万元。继续指导保险公司开展2016年野生动物商业保险试点工作。三是完成野生动植物救护工作。主动争取了亚东、康马、萨嘎、仲巴等县的濒危野生动物救助站的前期项目上报工作。确保野生动物救助工作的正常开展。四是完成野生动植物普查工作。积极配合全区重点保护野生动植物第二次调查工作，完成了亚东、吉隆、定日等地的野生植物第二次调查工作。

湿地及自然保护区建设与管理工作 一是完成江萨湿地公园申报工作。江萨湿地公园总体规划已委托国家林业局中南设计院进行编制，我局已完成规划的各项前期工作，于2016年6月份通过自治区审查并上报国家。二是完成白朗年楚河国家湿地公园试点验收相关工作。配合国家林业局完成白朗年楚河国家湿地公园试点验收相关工作。三是积极实施湿地保护与恢复项目。马泉河湿地保护与恢复工程。该工程除设备采购外，其他项目均已实施完成。珠峰国家级自然保护区定结县片区湿地生态效益补偿（试点）建设项目实施方案已完成相关修改工作。仲巴县湿地补助资金项目已开工建设，仁布县湿地奖励资金项目已实施完成。昂仁县湿地补助资金项目已开工建设，定结县湿地奖励资金项目已开工建设，预计年内全部实施完成，并竣工验收。

【国家级自然保护区建设与管理工作】 珠穆朗玛峰国家级自然保护区　一是项目建设。稳步推进珠峰国家级自然保护区能力建设项目、珠峰二期工程和珠峰国家级自然保护区管理局2016年周转房项目建设。完成2014年林业补助资金设备采购。《2015年度中央财政林业补助资金西藏珠穆朗玛峰国家级自然保护区补贴项目实施方案》的实施计划中涉及112.93万元的生态恢复与治理工程已实施。完成珠峰国家公园、珠峰四期、珠峰十年规划前期实地调研工作。二是雪豹科研与管理保护工作。2016年基本明确了珠峰保护区雪豹的分布，了解了雪豹及雪豹猎物的生存状况。正在开展雪豹种群密度的调查分析。形成了《2014—2016年工作报告》，与中科院寒旱所完成了《珠峰地区气候和环境变化评估》。三是珠峰国家级自然保护区世界人与生物圈网络“十年”评估整改工作。结合国家林业局核查组提出的意见，切实加强整改，在保护区设立1000余座界桩及标识标牌，采用20余吨天然石料制作30个界碑。四是日常巡护和联合执法。2016年，协同市环保局开展保护区执法检查，同时对定结县等贯彻落实《西藏自治区湿地保护条例》的情况进行了检查。完善《珠峰国家级自然保护区管理办法》。五是开展了珠峰国家级自然保护区人员培训。通过培训将进一步提高野保员的基本技能、保护意识和森林防火及管理人员的管理水平。

黑颈鹤国家级自然区保护区　三期项目的招投标前置手续和四期项目的各项申报工作已完成。至2016年底，正在实施西藏自治区雅江黑颈鹤国家级自然保护区及周边湿地生态效益补偿试点工作。

【造林工作】 防沙治沙工作。由市林业绿化局打造的日喀则市防沙治沙示范性亮点工程顺利完工。项目坐落于桑珠孜区江当乡，招投标给中农先飞（北京）农业工程技术有限公司实施，并开展与中国农业大学和西藏自治区林业调查规划研究院合作，进行高原干旱半干旱地区防沙治沙试验。项目区内引进国内先进的节水灌溉技术，采用分区域喷灌、小管滴流和漫灌三种方式，以及分区域开展植树造林、播种沙生植物和物理治沙等措施，探索一套科学适用的防沙治沙技术成果，推向全市各县区。

南木林雅江北岸生态示范区。自2014年实施南木林生态示范区以来，共投入林业资金1个多亿，造林面积达2.4万亩以上，形成集中连片的规模性造林格局，通过实施大规模造林，不仅使以往的荒滩荒地变为了现在的绿洲，有效减少水土流失和风沙天气发生，改善区域生态环境，还解决了当地群众的就业问题，带动部分贫困户脱掉贫困的帽子，实现林业发展与农牧群众增收“双提高”。

【生态效益补偿金】 自中央森林生态效益补偿基金项目实施以来。日喀则市18县（区）1786.1万亩林地陆续被纳入生态效益补偿范围，公益林面积占林地总面积的95%以上，2016年日喀则市中央森林生态效益补偿基金由自治区财政厅以提前告知的形式拨付至各县区财政局，共计9179.21万元，补偿标准为国有林地4.85元/亩、集体林地10元/亩，资金兑现按照人均管护面积进行发放。资金管理严格按照生态效益补偿基金管理办法执行，确保生态效益补偿金管护资金不挤占、不截留、不挪用、专款专用，及时足额的兑现到群众手中。

【园林企业】 日喀则市雅江园林投资发展有限公司2016年3月15日公司注册，注册资金200万，办理了三级绿化资质，2016年底，公司更名为日喀则市珠峰园林投资发展有限公司，注册资金变更为1千万元人民币，2017年3月底再次更名为日喀则珠峰生态园林绿化有限责任公司，公司出资人名称为日喀则市人民政府，授权日喀则市人民政府国有资产监督管理委员会履行出资人职责，增加注册资金至2亿元人民币，公司经营范围变更为：各类植树造林和防沙治沙投资；园林投资；园林绿化工程的设计、施工及维护管理；苗木、花卉、草坪的培育、生产和销售。（依法须经批准的项目，经相关部门批准后方可开展经营活动）。

公司2016年完成注册后，以12416599.98元中标2016年城区道路绿化项目一标段，主要包含日喀则市城区8条主干道（大庆路，卡热浦东路、山东路、扎德路、吉林路、黑龙江路、上海路、雪强路延伸段）及火车站周边、环明珠湖、东郊桥空地、日喀则市旅游服务中心绿化，共计栽植各类苗木10万余株，新建草坪5.2万平米，栽植各类苗木24种，其中常绿树10种，落叶树种及花灌木14种，通过绿化新增城区绿地面积5.5万余平米。

【亚东林场改革】 根据《中共中央国务院关于印发〈国有林场改革方案〉和〈国有林区改革指导意见〉的通知》、《西藏自治区人民政府关于印发西藏自治区国有林场改革实施方案的通知》文件精神，对亚东林场（成立于1976年）进行改革，开展了国有林场改革工作摸底调研、宣传动员、《日喀则市国有林场改革实施方案》编制、资产评估等工作，《实施方案》已经自治区国有林场改革领导小组办公室同意，《日喀则市国有林场改革实施细则》编制完成。

【野生动物肇事补偿商业试点】 组织领导。成立了以市政府分管领导为组长，市政府副秘书长及市林业、财政、人保西藏日喀则分公司主要领导为副组长，相关单位业务人员为成员的领导小组。并在日喀则市林业局设立商业保险试点领导小组办公室，由主要领导兼任办公室主任，分管领导兼任副主任，市林业、财政局、人保西藏日喀则分公司工作人员为成员，负责处理日常事务及协调工作。18县区成立相应试点工作领导小组，抽调业务骨干具体负责。

宣传培训。转发试点方案以及关于《西藏自治区财政厅、西藏自治区林业厅、中国人民财产保险公司西藏分公司关于开展陆生野生动物造成公民人身伤害或者财产损失补偿保险试点通知》，并把野生动物肇事保险业务知识纳入干部培训内容。

市财政局及时通知各县区财政局将各自保费转入人保日喀则分公司，确保理赔金及时足额到位，为开展好理赔工作奠定了资金基础。市林业组织各业务人员认真学习《试点方案》，并要求林业部门尽快从原有的业务执行者转变为监督、检查、调查核实人保公司业务受理情况的职能转变，同时做好受损群众同财政，人保公司之间的协调工作。

日喀则市林业局下发《关于我市开展野生动物肇事损失补偿保险试点工作的补充通知》，重点将人保西藏日喀则分公司在18县区204个乡镇农业保险协管员联系号码转发到各乡镇人民政府，便于群众报案，保障流程不脱节报案畅通。

2016年总共受理18县（区）肇事上报数据为1339.5671万元。

党组书记尼玛普赤看望慰问老人

【精准扶贫工作】 按照全区林业精准扶贫工作部署和林业厅要求，积极推进精准扶贫，与深入实施“生态补偿脱贫一批”有机结合起来。日喀则市生态脱贫岗位共计70211人及资金2.1亿元已下达各县，其中公益林生态护林员36709人、自然保护区、湿地、野生动物疫源疫病监测、沙化土地封禁区域生态管护员共计33502人，每人每年3000元。截止2016年底到位资金1213.70万元，可解决4045人生态脱贫岗位，生态护林员岗位已下达各县。开展帮扶慰问2批次，共计56人，发放面粉56

袋，现金6300元，慰问金11400余元和价值2000余元的各类衣物药品。

【强基础惠民生工作】 一是开展村干部文化素质双提升工作。共组织开展为期5个月的藏语、汉语等基本知识的集中授课和党的方针、惠民利民、精准扶贫等政策宣讲。二是寻找致富门路。协助建设仁青林村砂石场。通过扶贫贷款150余万元购置配套设备和3台运输车辆、1台大型挖掘机，为曲当村协调购买价值8万余元的装载机一台，解决1万元油料费。三是为民办实事、解难事。2016年共为四村的8名在校贫困大学生发放助学金8000元。义诊400余人次，免费为群众发放价值28000余元的藏药和西药药品。解决水蜜桃大苗130株，为四村免费争取到价值5400余元的兽药4箱及畜牧饲草紫花苜蓿种子100斤。

农业综合开发

【概况】 日喀则市作为西藏脱贫攻坚三大主战场之一，贫困人口占全区的28.75%，贫困发生率25.27%，贫困面广、贫困程度深、脱贫任务艰巨。2016年，紧紧围绕“12569”扶贫工作思路，实现脱贫44419人，完成目标任务的115%，康马、白朗、亚东3县达到了脱贫摘帽标准，234个贫困村（居）达到脱贫退出标准。

2016年10月17日，扶贫日刘虎山市长视察扶贫宣传情况

【目标任务】 采取项目、产业、安居、搬迁、就业、教育、文化扶持、兜底、金融、健康、援藏、社会、强基惠民“十三项”精准扶贫措施，全面推进农区、牧区、农牧结合部、边境地区4个重点区域和11个重点贫困县（区）、68个重点贫困乡（镇）、391个重点贫困村（居）的脱贫攻坚。

【特色产业发展】 按照打造珠峰七大产业的要求，制定了产业精准扶贫工作指导意见、项目管理办法、统筹整合财政涉农资金管理办法、脱贫致富产业发展资金管理办法，全面完成了产业精准扶贫规划编制。2016年整合各类资金17.41亿元，开工项目89个，实现产业脱贫18580人。

【灾后重建与易地扶贫搬迁】 21200人易地扶贫搬迁全面开工建设，已竣工2695户，入住1993户8349人，累计完成投资10.41亿元。岗巴县做到了3年搬迁任务1年完成；定日县结合新型城镇化建设，在县城园区集中搬迁1652户6582人，成为全区最大集中安置点，南木林县结合雅江北岸万亩人工种草项目，推进易地扶贫搬迁工作，得到了国务院扶贫办主要领导的充分肯定；统筹灾后恢复重建、整村推进、特色小城镇及产业发展、易地扶贫搬迁资源，完成3845户14244人建档立卡贫困人口易地搬迁任务，实现灾后重建与易地扶贫搬迁互融互推。

【教育发展脱贫】 投入资金近2900万元为7307人在十五年免费教育阶段实现脱贫；累计投入266.9万元资助建档立卡贫困家庭在校大学生823人；投入259.5万元资助高校录取特困生971名；中等职业教育“两后生”专项招生165人。

【扶贫政策】 充分利用自治区优惠政策，制定岗位职责，坚持一人一岗，对接完成15.17万个生态补偿岗位，拨付生态补偿岗位资金4.55亿元；深入开展健康服务、大病救助、扶贫帮困等救助活动，对16.96万建档立卡贫困人口进行疾病筛查，为32805名困难群众落实医疗救助资金2456万元；年内认定了31家市级扶贫龙头企业，各家银行受理产业扶贫贷款38笔，共计6.88亿元；在全区率先出台了《日喀则市"政府风险补偿基金+银行信贷"支持扶贫产业开发实施办法（暂行）》，市县区两级注入风险补偿基金5.73亿元，撬动银行信贷资金46亿元，解决贷款融资难问题。为5057名建档立卡持证贫困残疾人落实最低生活保障政策；兑现农村低保金1.34亿元，开展临时救助1801人次，支出临时救助资金360万元；拨付农村五保供养资金978.34万元，集中供养农村五保户1992人；农牧区养老保险等主要保险参保率、发放率达到100%；下拨边民补贴1.39亿元。

【结对帮扶】 制定出台了《干部结对"4321"行动方案》《"百企帮百村"行动方案》《"十三五"定点扶贫工作实施方案》，全市全体干部职工（结对42361户）、104家定点帮扶单位和161家重点企业均参与结对帮扶活动，捐资捐物折合人民币2484.81万元。

【农业综合开发】 2016年实施农业综合开发项目共12个，（其中：国家级高标准农田建设项目8个，省级高标准农田建设项目3个，省级生态农业综合开发项目1个），总规模10.42万亩，总投资17969万元，完成固定资产投资7200万元。建设高标准农田10.02万亩、生态综合治理0.4万亩，为改善农牧业生产条件、提高农牧业生产能力、促进产业化经营做出了积极贡献。同时完成申报康马县自治区级农业综合开发县工作。

2016年12月3日，自治区脱贫攻坚摘帽县考核组听取日喀则市汇报会议现场

【政策保障】 全市制定印发了《中共日喀则市委日喀则市人民政府关于打赢脱贫攻坚战的实施方案》的通知，逐级签订《脱贫攻坚目标责任书》，层层落实责任；创造性的提出"九个一批"精准帮扶措施；市、县两级调整充实了扶贫开发工作领导小组，成立了脱贫攻坚指挥部，组建了工作专班。

（朱　强）

水　利

【概况】 市水利局下设办公室（政工人事科）、财务科、防汛抗旱指挥部办公室、规划计划科、农田水利水电科、水政水资源科技科、重点水利项目建设管理站、水利工程质量与安全监督站、满拉灌区管理局、重点水利枢纽管理局、水土保持监测中心。2016年全市计划开复工水利项目63个，实际开复工项目114个，年初计划完成投资19.21亿元，实际完成20.59亿元，均超额完成任务。

【重点水利项目建设】 《日喀则市"十三五"水利发展规划》已开展项目前期工作357项，涉及大中型水利枢纽、水库、灌区、抗旱应急供水、中小河流治理、冰湖治理、山洪灾害防治、生态保护、水土保持等，总投资315.85亿元（包括申请贷款的181个项目共55.73亿元），已完成188个项目的技术审查，83个项目获得概算批复。加快推进"十三五"规划建设的3项重大水利工程和5项中型水库

前期工作，桑德、帕孜、湘河水利枢纽及配套工程等重点项目通过水利部水规总院预审；拉洛水利枢纽工程提前实现截流目标，恰央、强布

等水库建设进展顺利。

【民生水利建设】 实施桑珠孜区边雄灌区、吉隆县托罗塘灌区等项目，开展16个小型农田水利重点县和专项县建设，新增和改善灌溉面积23.2万亩，因地制宜兴建“五小水利”工程，加快边境地区和牧区水利设施建设。抓好中小河流治理、山洪灾害防治，加强和完善7个县城防洪工程体系建设。实施农村饮水安全巩固提升工程，解决1.1万农村人口饮水安全问题。聚焦脱贫攻坚，编制完成《日喀则市“十三五”水利扶贫规划》，建立农村水利扶贫“十三五”项目库。

【防灾减灾工作】 2016年汛期，日喀则市大部分县区降雨量比常年偏多4成以上。18个县区、139个乡镇发生不同程度的洪涝灾害，累计受灾人口6.68万人，水利设施直接经济损失达2.54亿元。市防指及时启动防汛三级应急响应，先后派出多个工作组赶赴防汛抗灾一线指导工作，严格落实防汛抗旱行政首长负责制，以山洪灾害防治为重点，强化群测群防群控的市县乡村四级防汛抢险联动机制，成功处置聂拉木县樟木镇“7.5”山洪泥石流、拉孜县扎西岗乡“8.2”漫堤和仲巴县“8.1”强降雨等洪涝灾情。累计向各县区调拨铅丝笼20.27万平方米、编织袋58.2万条、发电机及水泵47套等防汛物资，保障抢险救灾物资需求，确保了无人员死亡（失踪）、无水库垮坝、无重要堤防溃决。

【水资源管理与保护】 在18县区启动了最严格水资源管理县级考核工作，完成了实行最严格水资源管理制度“三条红线”任务分解。加强水生态保护补偿试点工作，完成自治区首批水生态补偿奖励机制试点仲巴县项目。编制完成《日喀则市江河湖库水系连通项目发展规划（2016—2030）》。开展了纪念“世界水日”“中国水周”、防洪减灾、水土保持法、安全生产等宣传活动，开展了水土保持“四进活动”（进学校、进工地、进农村、进党校），发放各类宣传资料1.8万册，营造了依法治水的良好氛围。

【水利工程监督检查】 对全市水利工程项目开展了五轮检查，对在建工程采取定期与不定期的检查方式，检查125个项目点，检查覆盖率100%，通过加大监督检查力度，做到及时发现问题、提出问题、解决问题，确保全年实现安全事故为零、质量事故为零、拖欠民工工资为零的“三零”目标。全年无重大质量事故发生，安全生产零事故。

【水利重点领域改革攻坚】 水行政审批制度改革深入推进，公布部门权力清单、责任清单145项，投资1000万元以下的项目审批权限全部下放到县区，同时对下放的审批权限加强事中、事后监管和指导。推进江孜县农业水价综合改革试点，积极探索总承包、代建制等新型建设管理模式，加大力度引进内地实力强、素质高的建设管理队伍。联合财政局出台《关于深化小型水利工程管理体制改革的指导意见》，健全基层水利服务体系。认真研究抵押补充贷款（PSL）政策，经水利厅和中国农业发展银行审核批准抵押补充贷款第一期额度9.02亿元。

【党建工作】 全面落实“两个责任”，扎实开展“两学一做”专题教育，全市水利系统党员干部党员意识、党章意识进一步增强。配合市委巡察二组完成巡察工作，采取强有力措施认真整改巡察、审计发现问题。切实履行维稳第一责任，坚决贯彻落实十项维稳措施，确保了全市水利系统持续和谐稳定。

工业信息化

【概况】 市工业和信息化局于2011年2月份正式挂牌成立。核定机关编制21人，现有县级干部5人，科级干部5人；在职党员15人。内设办公室（政工人事科）、运行监测协调科（节能与综合利用科）、中小企业科（原材料与消费品工业科）、信息化推进与信息安全科4个正科级行政科室，另有机关后勤服务中心、信息资源中心2个事业科室。2016年，市工信局以全市产业发展大会精神为引领，聚焦产业，扎实工作，开拓创新，奋发有为，实现了“十三五”开局工业经济提质增效和工信工作提速跨越新目标。

工业经济发展新闻发布会

【总量增长】 2016年，全市实现工业总产值21.93亿元，增加值11.47亿元，增速达到34.3%；规模以上工业实现总产值16.66亿元，实现工业增加值8.53亿元，增长30.8%，较全区平均水平高出18个百分点，位列全区第二。

【产业推进】 坚持规划编制与产业引导同步推进，完成了12个县区27处重点水源点的地质勘查、水质检测一期任务，制订天然饮用水、民族手工业产业推进方案，委托专业机构着手编制专项规划；民族手工业重点企业更加注重市场营销、技艺更新，30家重点企业预计全年实现产值1.37亿元、实现利润0.41亿元，同比分别增长21.5%和37.6%。

【企业发展】 2016年，全市新增规模以上工业企业2家，总数达到17家，规上产值占总产值的比重达到77%；年内，萨迦昆氏藏香、达热瓦青稞酒业2家企业荣获全国优秀质量小组称号，为试点推进工业“三品”（增品种、提品质、创品牌）战略奠定基础。

【项目建设】 2016年，中瑞矿业斯弄多矿区I号矿带铅锌矿采选工程投入试生产；8月份，聂拉木县亚来乡年产12万吨雪域露珠天然饮用水项目竣工试生产，成功入围第三届藏博会天然饮用水高峰会议和广州国际中小企业博览会产品推介；3月份，藏诺药业GMP技术改造项目投产，挖掘打造了一批新的经济增长点。

【工作情况】 基层党的建设。召开局党建和党风廉政建设工作会议，局党组与党组成员、各科室签订了目标责任书，及时研究部署基层党建、维护稳定、党风廉政、社会治安综合治理等工作，稳步推进“两学一做”学习教育和创先争优强基惠民活动；制订出台《市工信局党组“新常态.心服务”党建品牌创建工作实施方案》，进一步加强基层党组织建设，明确分工职责，重新改选局支部委员会；完成“三定”方案职能调整与权责清单公示工作，持之以恒地抓好班子和队伍建设。全年，分批选派机关干部参加政策理论、经济管理等培训学习35人次。

【运行监测分析】 召开全市工业经济运行分析会议，安排部署2016年重点工作，进一步统一了工业经济抓重点产业、重点企业、重点园区的思想认识；根据市人民政府任务分解方案，就涉及到的重点任务及时在局内部作了分工，确保责任落实到人；充分挖掘工业经济新的增长点，充实运行监测科力量，强化月季报表统计分析，对规模以下企业、初创型工业小微企业开展摸排调查，做到“应统尽统”；制订方案、完善措施，完成了2016年春运综合协调工作。

检查高新雪莲安全生产情况

行业管理职责。注重产业政策研究，形成了“十三五”总体规划，结合部门职责，就珠峰文化旅游创意园区、日喀则综合物流园区以及加工业其他产业发展提出了有针对性的政策建议；组织开展规上企业节能低碳宣传活动、工业锅炉和机电设备节能统计，全力推荐神猴药业、民生管业等科技型中小企业申报国家技术创新示范企业，明确企业主体责任，加大民爆领域安全监管，全年开展安全检查协查30余次；加大对外交流合作，赴援藏省市主动对接第三次全国工信系统援藏会议受援协议，并在自身建设、招商引资等方面取得了实质成果。

服务引导企业发展。赴高新雪莲、珠峰冰川、曲登尼玛等企业开展调研，协同解决企业遇到的实际困难问题；联合市财政、统计、工商等部门就2015年激励对象开展初审，落实了2015年工业企业发展激励资金；成功举办“山东企业家西藏行”活动，通过专题讲座、观摩考察、经验交流等方式，全年共组织90人次的企业负责人质量品牌、知识产权、能效标准、“互联网+”等专题培训。

信息化发展。组织开展四期农村综合信息服务站运维项目验收工作，做好43个试点村的农信APP推广工作，配合工信厅完成服务站网络由2兆宽带提速至4兆提速验收工作；抓好电子政务（一期）工程建设，完成网络布线和设备安装，组织开展了全市202家接入单位负责公文处理或网络技术人员操作培训；在上海援藏工作组的大力支持下，成功开展了全市县区机关单位藏文办公软件应用高级实训；组织各县区分管县区长等共20人赴杭州参加全区电子商务工程县长研修班，为依托“互联网+”促进各县区产业升级、精准脱贫打开了思路、拓展了路径。

国网西藏电力有限公司日喀则供电公司

【企业概况】 国网日喀则供电公司于2002年6月16日成立，是在原日喀则地区电力局、日喀则市供电所、江孜县供电所、白朗县供电所和地区电力调度所的基础上组建的。公司现有13个部门，在册员工272人。

国网日喀则供电公司隶属国网西藏电力有限

公司，公司以建设和运营日喀则电网为核心业务，承担着保障更安全、更经济、更清洁、可持续的电力供应的基本使命，主要负责日喀则地区14个县市供电工作。2016年先后荣获了“日喀则地区重合同守信用单位”“西藏电力有限公司社会治安综合治理先进单位”“全区纳税25强”“国家电网公司文明单位”“自治区级青年文明号单位”“2016年教育考试招生工作先进集体”等荣誉称号，各项工作得到了国网西藏电力有限公司和日喀则市委、市政府的充分肯定。

全年完成固定资产投资8.26亿元；投产110千伏及以上线路167.9公里、变电容量184.5兆伏安；售电量4.93亿千瓦时，同比增长23.93%；营业收入3.41亿元，同比增长31.78%；平均电价691.31元/千千瓦时，同比提高41.2元/千千瓦时；线损率8.79%，比计划指标低0.21个百分点；全年电费回收率100%。

2016年国网日喀则供电公司加快前期工作，项目可研取得实质性进展，完成日喀则“十三五”配电网规划滚动修编、通讯规划和配电网自动化主站建设方案。科学谋划项目建设里程碑计划，加强组织协调和督促检查。合理有序安排全年各项工程建设，110千伏工业园、谢通门、南木林输变电工程建成投运，甲孜、拉孜2#主变扩建工程投运，林日二线、林甲二线和甲拉线完成切割，江当、仁布35kV农网工程完成负荷改接，日喀则电网结构进一步优化。拉孜中广核、拉孜百科、康马力泰和江孜华润光伏项目顺利投运，日喀则电源结构进一步增强。2014年第二批户表工程有序开工建设，新一轮农网工程可研及初设的设计及外审工作进展顺利，取得可研批复19项，初设批复6项。多林至谢通门110千伏线路工程获得国网公司2016年度优质工程荣誉称号。“十二五”农网工程结算、决算全部完成。率先完成新一轮农网改造升级工程指挥部和业主项目部组建，完成47项工程物资明细和单体工程量梳理，完成桑珠孜区、谢通门等23大项1097个单项10千伏及以下工程施工图审查工作，为今年3月份工程顺利开工奠定基础。

【经营管理】 2016年国网日喀则供电公司严格综合计划和预算管控，较好的完成了全年综合计划和财务预算执行。扎实推进“三集五大”巩固提升。狠抓线损管理和电费回收，全年线损率较去年保持平稳，电费风险得到有效控制。推进同期线损管理系统建设应用，扎实做好营配调贯通、关口表整治、PMS2.0系统应用、用电信息采集提升等工作。认真开展资产清查、ERP数据治理和打包资产解包工作。推进农电管理提升活动，积极配合做好农电帮扶工作。深入推进“三全五依”法治企业建设，积极做好法律诉讼及法律宣传工作。加强协同监督，深入开展依法治企审计检查整改“回头看”和基建项目“六查六规范”工作。

【安全生产】 2016年国网日喀则供电公司牢固树立安全第一思想，贯彻落实国网公司、西藏公司安全工作部署，认真执行本质安全30条措施。全面落实各级安全责任制，定期召开安委会和月、周例会，分析安全形势，部署安全工作。加强安全工作组织领导，公司班子成员定期深入一线开展督导检查。认真开展“三查三强化”、春秋季安全大检查活动，重点开展防开关拒动、消弧线圈、继电保护、直流系统、输电线路六防等专项整治，累计排查隐患410条，整改378条，整改率92.2%，为岁末年初迎峰度冬工作奠定坚实基础。强化停电计划管控、新设备投运管理及各种施工和抢修作业现场安全管控。开展全员安规培训考试，特别是“三种人”的履职能力培训。开展城市配电网隐患整治，强化故障抢修，规范业扩报装，供电服务能力和水平持续提升。开展亚东雪灾应急支援和昂达线水毁倒塔抢修，提升农网安全运行水平。提前策划开展重大节日和重要活动保电，圆满完成时轮金刚法会等各类保电151次。全年未发生交通、消防、信息等安全事件，未发生七级及以上电网设备事件，安全生产保持总体平稳局势。

（刘晓燕）

交通　通讯

交通运输管理

【概况】 日喀则市交通运输局于2010年根据政府机构改革三定方案批复，将原地区交通局更名为地区交通运输局，于2014年日喀则地区“撤地设市”后，更名为日喀则市交通运输局，突出了日喀则市交通运输建、管、养、运综合职能。局系统共有干部职工1532人，其中：离退休干部职工702人，在职干部职工830人。局机关设有办公室、规划统计科、建设管理科、公路养护管理科、安全监督路政科、计划财务科、政工人事科等7个行政科室，公路基本建设工程质量监督分站、日喀则市道路运输管理局2个参公单位，以及机关后勤服务中心、干部工人服务站、项目管理中心、项目技术评审中心、路网监测与应急处置5个事业科室。局属事业科级单位有江孜、亚东、岗巴、萨陈、加加、吉隆、桑珠孜7个公路段，共下设32个工区和15个道班。

【交通基础设施建设】 实施交通基础建设项目143个，建设里程3320公里，总投资112.3亿元，其中新落地项目86个总投资82.5亿元，完成投资36亿元，同比增长125%。重点项目中，G318线绕城路顺利完工；“4·25”地震灾后交通恢复重建项目、日喀则机场至日喀则市专用公路分别完成总投资的43%和36%；G562线克古拉垭口至普当至南木林公路完成总投资的68%；省道514线萨尔至陈塘段改建工程已开工建设；日喀则城南客运中心主体工程已完工。农村公路中，54个续建项目有序推进，落实2016年第一批、第二批农村公路计划项目82个，计划总投资38.54亿元，资金量排全区第一。根据全市易地扶贫搬迁规划，梳理上报易地扶贫搬迁安置点公路需求项目44个，建设规模224公里，计划投资5.46亿元，可解决3075户、12942名建档立卡易地搬迁贫困群众的出行难问题。

2016年5月26日，召开市政府与中交二公局合作交流座谈会

【项目前期工作】 一是拉萨至日喀则机场、日喀则至亚东、日喀则至吉隆3条高等级公路，已初步形成工可方案。二是积极配合交通运输厅完成了G219线沿边横向通道、G563线萨迦大桥至萨迦县城公路、G216线吉隆县城至热索桥升级改造工程、孔塘拉隧道、亚东那塘至沈久拉至托加边防公路、亚东帕里至康布边防公路等“十三五”规

划重点项目前期工作。三是农村公路项目中，在对个别建设难度高、投资规模大的项目先行开展方案研究的基础上，其余乡镇通畅工程已全部完成前期工作，并按轻重缓急有序推进了建制村通畅工程和自然村通达工程。

2016年5月26日，召开市政府与中交二公局合作项目建设推进会

【公路养管服务工作】 加强预防性养护和日常养护，进一步强化干线公路日常养护管理，投入国省公路小修保养经费1799万元，设养里程达2129.76公里。组织实施了6559万元的公路安全生命防护、危桥改造及公路大中修等工程建设。积极做好“4·25”地震灾后道路保通及突发公路阻断事件的抢险保通，顺利完成“128”佛事活动等畅通保障任务，公路应急处突能力和水平不断提升。在6月份仲巴、萨嘎、昂仁县等汛期水毁灾害中，全力抢通受灾路段，及时组织核查上报了水毁调查及恢复重建初步方案，估算资金总计3.7亿元。

【道路运输服务工作】 完成公路客运量270万人（次）、旅客周转量48408万人公里，完成公路货运量333.7万吨、货运周转量199887万吨公里，同比增长8%、7.9%、8%和8.9%。全市拥有营业性载客汽车408辆、载货汽车9702辆，运输行业持证从业人员达1.47万人，行政村客运班车通达率65%，研究制定并呈报了《日喀则市推进农村客运发展工作实施方案》；结合“六城共建”工作，优化完善了市区公交运营线路，建设安装了195块公交停靠站牌，在公交车上安装了藏汉双语报站和适时监控系统，对出租车行业进行专项整治，运输服务水平得到改善。

【改革试点工作】 一是在全区率先实行“投融资+EPC”试点工作，当前已完成桑珠孜区、谢通门县的农村公路招投标工作。将农村客运站点建设规划编制统筹纳入EPC项目中，与试点县区农村公路建设同步建设、同步完工、同步投入使用。二是将投资2000万元以下农村公路建设管理权限下放至各县区政府，桑珠孜、江孜、拉孜、仁布4县区试点下放3000万元以下农村公路建设管理权限。三是市交通运输投融资体制改革迈开新步伐，按照《公司法》要求组建了西藏日喀则珠峰交通建设投资有限公司，并已开展运营工作。四是在市委、市政府领导下，稳步推进道路运输体制改革工作，组建了珠峰安达交通运输产业有限责任公司，顺利完成了15辆旅游车辆回购、车主安置等工作，实现了“一个不聚集、一个不上访、一个不罢运”的目标要求。

【行业治理】 一是深化交通运输法治建设，深入开展文明执法专项整治、公路路域环境整治和全国五月路政宣传月活动。共计处置路产路权损坏案件21件，立案、破案和结案率均为100%，收取公路损坏（害）赔（补）偿费8.68万元。二是大力推行政务公开，公开权责清单250项，其中行政许可18项，行政处罚196项、行政强制9项，行政检查12项，行政确认3项，行政奖励2项，其他10项。三是加大公路工程质量监督检查力度，对105个公路工程项目出勤500人次，下发抽查意见书180份、停工通知20份、项目质量综合通报6份、工程质量指导性文件2份。

【安全生产工作】 一是组织开展公路项目专项安全生产检查4次，排查安全隐患47条，下发限期整改通知书32份，不安全因素得到有效整改。二是投资98.14万元加强和改善公路安全通行质量，在公路沿线增设警示指示标志牌165块、更换褪色公路标志标牌57块；设置波形防护栏16.68公里；危险路段新增防护墩337块；排查桥梁71座、涵洞

650道。三是形成对安全生产齐抓共管的良好局面。在积极开展“五不一确保”安全承诺宣誓活动的同时，联合安监、交警、质监等部门开展全市危险化学品运输企业专项检查7次，下发限期整改责任书3份。运管局牵头对全市16家运输企业进行安全生产检查7次、下发整改通知书8份，举办道路运输从业人员安全培训学习56次，参与人员1350人次；联合交警支队、交通综合执法支队首次开展了全市公交、出租行业从业人员文明从业培训，参与人员460人。

【党的建设】 一是坚持党要管党、从严治党。调整充实党风廉洁领导小组，与局属各单位签订了《党风廉洁目标责任书》，制定了《党风廉洁建设和反腐败工作要点》《党风廉洁建设工作目标责任制分解表》，全年召开党风廉洁建设专题会议3次，听取班子成员党风廉洁汇报2次，全面从严治党得以加强。二是积极开展“两学一做”学习教育。举办“两学一做”学习讲座、专题研讨等16场次，开展领导干部讲党课活动5次。开展党员组织关系排查，完善党员档案。落实了党员公开承诺制。三是加强基层党的组织建设。在局属7个公路段全部建立党组织，选配了党支部书记，提高了党的“组织覆盖”和“工作覆盖”。吉隆公路段党支部荣获“全区先进基层党组织”荣誉称号。四是完善惩防体系建设。明确领导班子、书记、班子其他成员、职能部门221项主体责任，制定防控措施231条。五是加强党员干部队伍建设。全年提拔使用29名干部，局管干部队伍年龄结构进一步优化。组织干部参加学习培训30余人次，对11名履职尽责干事创业先进个人进行了表彰。与山东省交通运输厅开展了交通人才智力技术合作，通过“走出去”“请进来”等多种方式，加强干部职工教育培训力度。

2016年6月30日，市交通运输局庆祝建党95周年讲党课活动

交通综合执法

【概况】 2016年，日喀则交通综合执法支队共出勤执法人员6710人次、检查车辆28835台。查处违法违章经营车辆153台，查处非法超限运输车辆2130台，卸载机转载货物456吨，查处非法营运车辆87台，排查安全隐患125起。

【“打非治违”行动】 8月至9月对重点路段、重点部位、重点车辆开展“打非治违”专项行动，共出动执法人员765人次，执法车辆286台次，共检查车辆总数3488台，查处违规营运车辆423台，非法营运车辆87台，实施行政处罚17起，转载旅客125起，暂扣车辆108台。9月至12月，共出动执法人员1356人次，查处可疑车辆49台，证据确凿暂扣21台，行政处罚车辆17台，给予行政处罚金额68000元整，警告教育28台。

检查危险货物运输车辆

【治超工作】 年内，发放公路货车超限超载治理新规定等宣传单2000多份，接受驾驶员咨询200余起。拉孜大队超限超载检测站共清查单超车次1350次、强制卸载及转载吨位940吨，收取公路补偿费1129767元，累计排查道路运输各类安全隐患3800余起。

【强基惠民】 为桑珠孜区年木乡普奴村驻村点争取40万元的养鸡场项目、30万元的蓄水库项目；为结对帮扶贫困户、困难群众捐款2万余元。

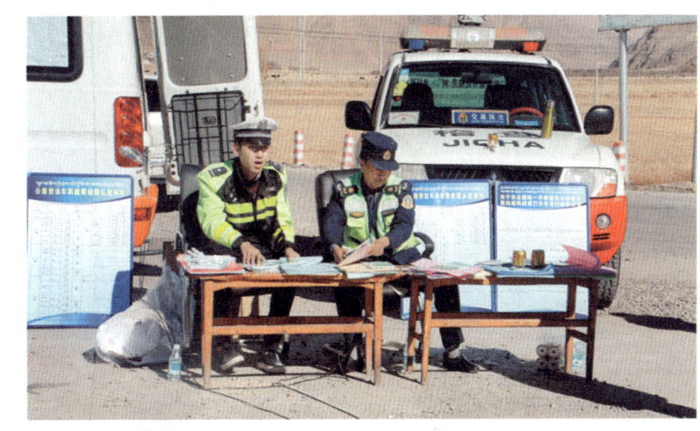

对过往车辆驾驶员发放并宣传最新公路货运车辆超限超载认定标准

通信监管

【概况】 市通信监管办公室是西藏自治区通信管理局下属部门，2016年1月7日，市政府召开了“调整理顺日喀则市通信监管机构协调会议”，将市通信监管办公室工作移交市专用通信局兼管。

【做好通信保障服务】 做好各节点通信保障服务，特别是“12·8”活动期间区市通信业共投入应急保障人员152人，调配应急车29辆，通信设备68台，为保障佛事活动期间通信网络的正常运行，三家电信公司纷纷对活动现场周边的通信设备加强巡检，其中联通公司完成2个基站的扩容工作，各增加了一款bps板。移动公司在二高基站上紧急新建1个3G小区，并紧急调配了2台应急通信保障车。

2016年通信行业运行情况表

一、移动电话用户数	户	541190
二、互联用户数（固定、移动、专线）	户	234353
三、基站数	个	2656
四、通信管道	千米	292.17
五、通信覆盖情况		
（一）光纤到村	个	1075
（二）无线覆盖		

续表

1.行政村	%	100
2.国道	%	95
3.重点景区	%	100

【电信普遍服务试点申报工作】 随着“互联网+”概念的迅猛发展，日喀则市信息化工作在宽带接入能力及移动手机网络连接能力取得了可喜的成绩，为推动农村及偏远地区宽带建设发展，促进城乡基本公共服务均等化，带动农村经济社会和信息化水平不断提升。日喀则市共18个县区1643个行政村，其中，通光缆行政村1139个，未通光缆行政村504个，村级光缆宽带接入率达69%，且已通宽带行政村宽带接入速率较差，目前未达到农村信息化需求。

为此，日喀则市通信监管办及时开展电信普遍服务试点申报工作，经与日喀则市三家基础电信运营商积极协商，为实现“宽带中国”战略目标，在2016年第二批电信普遍服务试点申请1107个行政村，其中未通宽带67个行政村，升级1040个行政村，共建设投资50916万元，其中新建67个行政村，建设投资7236万元；升级改造1040个行政村，建设投资43680万元；申请中央补贴资金17820.6万元。10月13日，自治区通信管理局和自治区财政厅组织开展了第二批电信普遍服务试点项目招投标工作。11月23日，日喀则市人民政府与电信公司签订了共同推进电信普遍服务合作协议。

11月14日，工信部专家组到日喀则市三家基础电信运营企业调研用户信息保护工作情况现场检查

【消除移动通信盲区】 2016年日喀则市各基础电信运营企业，在行政村移动通信盲区全面消除的基础上，按照自治区通信管理局工作要求，逐渐向自然村延伸，对全区300个具备条件的自然村实现移动通信覆盖和200个行政村通宽带，日喀则市对44个自然村实现移动通信覆盖和62个行政村通宽带，推动电信普遍服务补偿机制，加大农村宽带发展支持力度。

【落实实名制工作】 落实实名制，保护电话用户、互联网用户和电信业务经营者的合法权益，维护电信网络和信息安全，促电信业和互联网行业的健康发展。从检查结果表明来看，日喀则市三家电信运营商的自办营业厅、指定营销机构和代办点能够严格落实新入网用户必须进行身份证实名登记的规定，同时在其营销场所的醒目位置张贴电话用户实名制宣传海报，对用户的疑问能够耐心地进行解释，对老用户未实名登记的各公司高度重视整改工作，采取外呼、短信群发、微信朋友圈等方式告知客户，明确客户必须在今年年底前完成实名补办登记。电话用户实名制工作落到了实处。

11月14日，工信部专家组到日喀则市三家基础电信运营企业调研用户信息保护工作情况座谈会

【认真开展各节点宣传活动】 认真做好各节点宣传活动。一是开展3月份综治宣传，二是开展5.17电信日宣传活动，三是第三届国家网络安全宣传周活动，增强广大人民群众网络安全意识，提高网络安全技能，营造网络安全人人有责、人人参与的良好氛围。

（班　点）

航　站

【概况】 航站下辖日喀则和平机场，属军民合用机场，是区内通航的第五个机场，也是离拉萨贡嘎机场最近的机场。2010年7月13日，航站组建成立，同年10月30日试飞暨通航成功；2011年7月8日正式开通定期航线；2012年相继通过航空保安审计和安全审计；2013年4月2日，引入第二家执飞航空公司西藏航空；2015年7月10日，实现每天1个航班。

航站下设航务管理部、运行保障部、机场公安分局、安全检查站、航空护卫部、地面服务部、安全管理办公室、财务管理部、综合办公室9个部门。

机场位于西藏自治区日喀则市江当乡、日喀则市东北方向，海拔3800.8米，通过国道318与日喀则市相连，距市中心公共距离45公里。场区属大陆高原性气候，主要气候特点是寒冷干燥、空气稀薄、日照充足、紫外线强、霜冻期长，气候变化强烈，昼夜温差大，河谷两侧高山地带常年积雪。影响机场飞行的主要天气为夏季的雷暴和春秋季节的大风扬沙天气。

机场飞行区等级4C，可起降A 319同类及以下机型，最大使用机型为B 757－200改进型；跑道长5000米、宽45米，两侧道肩各宽2.5米，设有一条联络滑行道、一条机坪滑行道；停机坪18370平方米，自滑式停机位3个；航站楼为一层式，建筑面积4502平方米，满足高峰小时旅客吞吐量246人、年吞吐量23万人次的要求，设有4个值机柜台，2个无行李柜台、3个安检通道、3个登机口；现有特种车辆20辆；旅客登机方式为步行到飞机前，通过客梯车登机；机场无航空供油设施，航空公司正常航班均自带返程油料；机场消防救援设施设备按六级标准配备，消防车辆5辆。

【运输生产】 截止12月31日，共保障航班起降606架次，同比增长27.6%；旅客吞吐量48132人次，同比增长31%；行李410.3吨，同比增长22.6%；货邮257吨，同比增长18.5%。

【安全运行】 跟各部门负责人签订《2016年综合责任书》，制定下发《日喀则航站2016年度工作任务分解表》。落实生产讲评会制度，按时上报安全生产情况。按时参加区局周讲评会，每周组织航站生产讲评会，按时上报安全生产周报、月报，严格执行每日报平安制度。开展SMS专项工作，通过空管安全管理体系二次审核。制定“平安民航”工作方案，定期组织召开联络员会议，安排部署阶段性工作要点及整改项目，全年共完成整改项目13项，建立完善机场重点要害部位档案17份；进一步优化货邮安检管理机制，严格执行货邮检查“三个百分百”；组织安检站内部教员为邮局工作人员授课，讲解货邮航空运输知识。与空军场站签订防止跑道侵入协议，共同成立防止跑道侵入领导小组，开展防止跑道侵入和FOD治理宣贯活动；组织全站员工对飞行区进行徒步拉网式FOD检查和清理工作一次，适时对飞行区内鸟网进行更换。组织开展培训工作和应急演练，外派培训53项，参培人员106人次，完成计划内内部培训974人次。组织开展风险源识别与管理培训；开展新进员工岗前培训和岗位证书复训；完成了民航职业技能鉴定特有工种的考试工作以及危险品培训考试工作；邀请武警日喀则市消防支队特勤大队教官开展消防培训，举办义务消防员培训工作和急救包的使用知识及现场救治技能培训；组织民航业务知识及规章制度讲课活动；开展航班延误引发群体性事件桌面演练和离港系统故障应急演练。开展设施设备不定期巡检和换季检查，完成安检站X光机年度定检、35KV变电站年检预防性试验等工作。

【基础设施设备建设】 设施设备类项目。完成7项，实施中2项，合同签订中一项，完成询价一项，区局统一招标中一项，取消一项。另为保障经费有效使用，车载台项目待航站对讲机系统改造后实施，预计延期至2017年。工程建设类项目。航站区污水管网改造工程已完成；新建航站区业务用房工程进入施工阶段。机场至日喀则市专用公路新改建工程涉及机场进场道供水管、低压电缆以及通信光缆改迁项目。因地区相关部门未就进场道西侧林地事宜达成一致意见，改迁工程已全部停滞，具体施工时间待批复后确定。

【企业经营管理情况】 按照机场使用许可证换证计划，对《日喀则和平机场使用手册》进行修订，接受四川监管局对机场使用手册内容和机场运行实地检查，根据检查回馈内容及时进行整改，圆满完成机场换证工作。针对机场标高与实际运行标高存在差异问题，及时发布航行通告，公布机场实测标高及停止VOR/DME进近程序使用，并委托专业机构对机场飞行程序进行优化设计，已通过管理局批复已正式使用。全力投入安保审计工作，逐一分解细化242项审计点，落实责任到各部门；每月定期召开联络员会议，通报审计工作进展情况。全面实施营改增，所有的营业税纳入“营改增”试点。

【践行“三条底线”】 组织全站干部职工认真学习《关于进一步深化民航改革工作的意见》，深刻理解文件中提出的10个方面和40个专项任务其内涵和实质，集思广益，组织开展一系列活动：在机场周边村庄组织开展消防知识宣传教育活动；坚持班车工作人员主动为旅客提放行李；加强对老弱病残和有高原反应等特殊旅客的服务；对安检通道进行改造，加长通道长度，复查台旁加装扶手，通道前增设行李整理台；开展特殊航空运输服务质量自查活动，组织学习《残疾人航空运输管理办法》；重新梳理特殊旅客的售票、候机、安检服务流程，增设绿色通道。

【党群工作】 全年组织学习25次。邀请日喀则市党校老师作《认真学习党章严格遵守党章》的专题讲座；与桑珠孜区郭加新村共同组织纪念中国共产党成立95周年系列活动；持续组织开展手抄《党章》100天活动；组织全体党员逐条逐句诵读《章程》。制定下发了《2016年民航日喀则站党建工作要点》和《2016年民航日喀则站党建工作任务分解表》，要求各支部制定支部年度工作计划，认真贯彻落实航站党建工作任务。每季度坚持上报党风廉政工作开展情况，通过观看廉政教育片以及集中组织廉政专题学习等方式组织开展廉政教育宣传活动，进一步提高党员领导干部廉洁自律意识和拒腐防变的能力。开展班组建设，制定下发《2015年度班组建设考评奖惩意见的通报》和《日喀则航站2016年班组建设计划》，同时召开班组建设工作交流座谈会，组织开展班组建设检查考核工作，针对检查中发现的问题及时点评指出，提出优化意见建议。召开航站第二次党员大会、第二次职工代表大会和第二次团员大会。选举产生了航站党委第二届委员会、第二届纪律检查委员会；航站工会第二届委员会、第二届经费审查委员会、女职工委员会；航站第二届团总支委员会。

邮　政

【概况】 截止2016年底，日喀则市分公司在职职工总人数264人（含劳务工），其中：研究生1人，本科学历36人，占职工总人数的14.02%；专科学历122人，占总人数的46.21%；中专学历22人，占总人数的8.3%；高中22人，占总人数的8.3%；初中45人，占总人数的17.06%；初中以下16人，占总人数的6.1%。全市辖17个县分公司和22个邮政所。市邮政分公司内设机构有综合办公室、人力资源部、计划财务部、安全保卫部、工会、市场经营部、信息技术部、代理金融业务局、网运物流部、揽投中心、中心支局、科技路支局、上海中路支局、黑龙江北路支局和黑龙江南路支局。全市拥有邮路8条（其中：一级干线邮路2条、二级干线邮路6条），邮路单程1603公里（不含农村通信邮路）。

【邮政业务发展】 2016年，全市邮政业务实现收入3596.42万元，完成预算进度100.96%，全区排名第三，同比增长15.27%，全区排名第二，超额完成预算目标。劳动生产率14.22万元，同比增长17%。实现收支差额—3821.58万元，完成年预算的98.56%，均控制在区分公司的预算范围之内。

邮务业务。实现收入1536.78万元，占主营业务收入的42.73%，完成预算的108.20%，同比增长31.26%，完成预算、同比增幅均列全区第一。函

全区2016年电商分销业务推进现场交流会在日喀则市分公司召开

件业务实现收入274.36万元，完成预算111.98%，同比增长27.14%，全区排名第一；集邮业务实现收入332.21万元，完成预算105.46%，全区排名第三，同比增长15.67%，全区排名第四；报刊业务实现收入564.29万元，完成预算100.77%，全区排名第三，同比增长10.65%，全区排名第二；2017年报刊大收订流转额实现1377.22万元（其中党报党刊流转额1044.66万元），完成预算的105.94%，同比增长106.46%，全区排名第一；电商业务实现收入117.12万元，完成预算123.94%，同比增长106.46%，全区排名第一；分销业务实现收入231.97万元，完成预算124.33%，全区排名第二，同比增长181.69%，全区排名第一。

代理金融业务。实现业务收入1222.46万元，占主营业务收入的34.00%，完成预算94.27%，全区排名第五，同比增长7.3%，全区排名第四。推进电子渠道建设，个人网银结存672户，手机银行累计注册1199户；在用POS商户达94户（15年年底累计47户，2016年一年新增47户，增长率100%）；新增代发工资8户，累计代发工资总额1563万元；利用移动发卡机拓展发卡渠道，全年新增绿卡10572张，结存总数达到15481张；布放助农取款机5台，全年开展流动服务达到112次，走访客户11841户。

包裹快递业务。实现收入616.95万元，占主营业务收入的17.15%，完成预算93.48%，全区排名第四，同比增长8.79%，全区排名第三。快递包裹业务完成收入247.11万元，同比增长8.68%；标准快递业务完成收入209.70万元，同比增长—0.2%；继续深入推进包裹快递业务改革步伐，梳理揽投中心运营机制，再次明确机构职责，加大发展奖励力度，建立沟通顺畅、下上衔接的工作机制。

【函件业务】 通过开发宣传海报、旅游宣传册、精准扶贫宣传册等项目，实现收入131.26万元；续订门票20万枚，实现收入42.6万元。

【集邮业务】 借势造势，以珠峰文化节为契机，市分公司先后开发《情系珠峰·吉祥日喀则》《结沪藏情.筑中国梦》项目，形成收入35.38万元。

【报刊业务】 借助开展“两学一做”活动，开发专题教育学习笔记本6352册，实现收入17.79万元。

【电商分销】 岗巴县分公司成功将“邮掌柜”系统引入县互惠互利超市用于日常经营，在全区率先开创了“加盟合作”的营业模式；按照年初农村电商网点规划布局，全市25处农村电商网点均上线运营，实现电商网点全覆盖，并且成效显著。全市农村电商网点累计实现进销存金额121.68万元，全区排名第一；邮掌柜APP覆盖率100%，全区排名第一；实现集采批发代购销售额105.74万元；开办助农取款等便民金融服务5处；仲巴县以销售体育彩票带动电商业务发展，实现体育彩票销售额125万余元；借助全区分公司在我市召开全区电商分销现场会时机，加大产品促销力度，实现收入19万元。加快服务型企业建设步伐。成功与日喀则财政局、交警支队就“代收交警罚没款”签订了战略合作协议，不仅为民提供方便，也有效带动邮政业务的发展，实现双赢；与日喀则教育体育局签订体彩代售协议，并率先在全区开展业务培训上线，全年实现收入12.90万元，全区排名第一；开设了代售火车票便面服务窗口。

【金融业务】 市分公司高点定位，在三季度提出“8月底余额转正，9月底圆梦5亿”、跨年度竞赛中提出“大干四季度，实现新突破，向年内新增余额过亿冲刺”活动，两项活动均超额达成目标，全年余额净增12604万元。勇于突破，在全区率先完成年内新增余额过亿目标，为此区公司专门下发贺电给予20万嘉奖并亲自到日喀则祝贺。各金融单位不唯计划唯市场，齐头并进，年内中心支局净增余额3496万元，江孜县分公司新增余额1997万元。

【基建工程建设】 2016年，积极抓好基本建设工作，从工程项目申报、审批、招投标等方面严格按照相关规定执行，基础项目建设不断加强。累计投资600多万元，完成了山东路网点、江孜县分公司、亚东县分公司、帕里镇标准化网点装修，市分公司院内路面硬化、排水系统改造，17个县分公司机要室、电视电话会议室以及上下水装修和改造；职工食堂和职工活动中心进行装修改造。为了提升邮政金融业务市场竞争力，创造更多的社会与经济效益，新修了上海中路营业网点，10月初已经投入使用。

【乡邮工作】 完成了农家书屋和寺庙书屋4270件的投递任务。对165个乡镇投递频次进行了调整，由周一班调整到周二班。为全面了解各乡镇营业网点的运行情况和服务质量，深入基层调研36次。就乡邮投递工作开展专项调查12次。采用公开招商方式引入个体工商户14户，以委代办的形式开展乡镇邮政相关业务。做好空白乡镇运营工作。通过公开招商方式引入各类商业资源，延伸邮政服务功能。专项检查乡邮投递工作。

【自身建设】 党建工作。制定了分公司《2016年党建党务工作安排》，认真组织开展“两学一做”学习教育。开展了以“学党章，强信念”“学党规，守纪律”“学讲话，强担当”为主要内容的大讨论。开展“讲学习、讲忠诚、正风纪、转作风、提效能”主题活动。开展对口挂靠帮扶工作，在短短一个月的时间内5个被帮扶的县分公司共实现收入43.07万元，成效显著，有效弥补了之前业务收入欠产。

切实履行监督责任。年内处理了违反中央“八项规定”公车私用案件两起共4人；对制度执行不力、组织涣散、造成企业经营乏力的1名县分公司负责人进行诫勉谈话，在党委会上向分公司党委提出了处理意见；对员工绩效不公开、不透明，存在问题的1名干部进行了谈话。为进一步落实中央“八项规定”精神，规范招待费用的使用，降低企业成本，堵塞管理漏洞，对招待费用管理实施了效能监察。

日喀则市分公司开展世界邮政日宣传活动

邮政管理

【概况】 日喀则市邮政管理局设办公室和行业管理科（机要通信科）两个科室，机关行政编制9人，实有人员8名。全年，全市邮政企业和规模以上快递服务企业业务收入（不包括邮政储蓄银行直接营业收入）累计完成3645.73万元，同比上升6.62%；业务总量累计完成2439.43万元，同比上升6.18%。

【普遍服务业务】 全市函件、包裹、报纸、杂志、汇兑累计业务量分别为16.82万件、0.39万件、1875.61万份、57.44万份、6.21万笔，同比增长率分别为17.21%、－84.34%、4.90%、4.30%、－43.75%。

附表 1 日喀则市邮政行业2016年发展情况表

指标名称	单位	累计	累计
一、邮政行业业务收入	亿元	0.36	6.62
其中：快递业务收入	亿元	0.07	42.54
二、邮政行业业务总量	亿元	0.24	6.18
其中：函件	万件	16.82	17.21
包裹	万件	0.39	-84.34

续表

指标名称	单位	累计	累计
快递	万件	19.77	11.95
订销报纸累计数	万份	1875.61	4.90
订销杂志累计数	万份	57.44	4.30
汇兑	万笔	6.21	-43.75

【快递业务】 全市快递服务企业业务量累计完成19.77万件，同比上升11.95%。业务收入累计完成681.43万元，同比上升42.54%。其中，同城业务收入累计完成4.08万元，同比下降33.87%；异地业务收入累计完成631.27万元，同比上升45.59%；国际及港澳台收入累计完成3.02万元，同比下降63.13%；其他收入累计43.06万元，同比上升42.91%。

【邮政基础设施建设】 2016年全市邮政营业场所共222处，其中，城市自办23处，农村自办55处、农村代办144处。提供邮政普遍服务的营业场所共222处，其中，城市自办23处，农村自办55处、农村代办144处，电子化作业营业场所23处。共有邮筒（箱）66个，邮政报刊亭10处。我局配合相关部门完成全市乡镇补白网点178个，实现了乡镇网点全覆盖。另外，为了保障寄递行业安全，提高寄递企业的工作效率，邮政管理局给各个寄递企业配备安检机6台。

【安全执法检查】 全年累计出检84次，出检208余人次，其中，深入萨嘎、仲巴等县乡检查44次，

2016年11月11日，开展双十一旺季服务保障检查

市区快递业检查40次。针对检查中对涉及存在安全隐患的企业，依法依规严肃整治，当场纠正违规行为25起，对一时整改不了的，下发整改通知书4份，作出行政处罚2起，处罚金额8000元，约谈4家企业负责人要求限时整改并督促整改到位。

【消费者申诉工作】 全年，妥善处理消费者有效申诉3件，为消费者挽回经济损失1000余元，消费者满意率为100%，切实维护了消费者合法权益。

【解决服务群众“最后一公里”问题】 经过普查登记末端网点底数，截至2016年底，全市经营快递业务10家品牌、25个网点（不含邮政分公司网点数据），其中有5家品牌的19个网点在县乡运营，为当地群众提供寄递服务。

【行业发展】 2016年共受理10起快递企业分支机构备案申请，协助自治区邮政管理局对10家企业快递业务经营许可资质进行实地及形式核查，依法注销1家快递企业（西藏孚韵速递有限公司日喀则分公司）快递业务经营许可资格。

附表2 主要快递企业2016年发展情况表

单位	业务量累计（万件）	同比增长（%）	占全国/省比例（%）	业务收入累计（万元）	同比增长（%）	占全国/省比例（%）
合计	19.77	11.95	100.00	681.43	42.54	100.00
EMS	11.30	-3.34	57.14%	482.64	34.20	70.83%
申通快递	3.11	363.63	15.74%	75.84	262.70	11.13%

续表

单位	业务量累计（万件）	同比增长（%）	占全国/省比例（%）	业务收入累计（万元）	同比增长（%）	占全国/省比例（%）
圆通速递	1.99	-8.14	10.06%	32.35	-0.49	4.75%
韵达快运	0.54	-46.07	2.75%	20.25	-18.64	2.97%
中通速递	1.55	23.65	7.83%	41.67	127.46	6.12%
天天快递	1.28	46.07	6.48%	28.68	31.50	4.21%
百世快递	0.00		0.00	0.00		0.00

中国电信集团公司日喀则分公司

【概况】 中国电信集团公司日喀则分公司共有职能部门17个，产生一级划小承包单元37个，员工235人。在追求企业价值增长的同时，中国电信集团公司日喀则分公司始终坚持企业自身发展与地方经济繁荣和谐共生，认真履行企业社会责任，积极向社会提供就业岗位，认真执行强基惠民工作，圆满完成了各类通信保障任务。公司始终秉承“用户至上、用心服务”的经营理念，始终坚持全面创新、求真务实、以人为本、共创价值的企业价值观，致力于日喀则市通信事业的发展，为广大用户提供更加优质便利的通信服务。

【网络能力】 完成185个乡镇、7个中继站的IPRAN改造工作。乡镇及以上覆盖率达到99%，行政村覆盖率达到23.4%。新建乡通光缆共五段190公里。新建C网基站48套，优化14套，CDMA基站累计达到773套，乡镇及以上覆盖率达到99%，行政村覆盖率达到72.83%。成功构建“50兆起步，百兆主推，千兆引领”的全新光网络能力。完成老局机房搬迁整治、整合改造工作。完成有线网络优化项目和无线网络IP改造、2M扩容优化项目。积极接应区公司重点专项工作，完成全年网络运行维护指标。提升IT集约化运营考核指标，实现IT问题电子化工单管理。积极承接区公司新MSS系统上线工作。

2016年1月21日，举行中国电信日喀则分公司2016年度工作会议

【社会责任】 圆满完成十一世班禅大师首次时轮金刚灌顶法会的保通及2016年珠峰文化节保通任务。认真落实企业安全生产主体责任，层层签订安全生产责任书，全年严格执行24小时值班制度。强化安全隐患排查力度，定期开展安全生产现场检查，不定期对通信施工现场进行明察暗访，及时整治安全隐患。升级分公司人防、物防、技防等设施设备，加大消防安全培训力度。

（畦莹莹）

中国联合网络通信有限公司日喀则市分公司

【概况】　中国联合网络通信有限公司日喀则市分公司前身是2001年3月22日成立的中国联通日喀则分公司，2008年与原中国网络通信有限公司日喀则分公司重组并更名。截止2016年12底，下辖17个县级营业部、6个职能部门、员工125人。公司上下以全面落实聚焦战略，推动创新合作发展为契机，不断深化经营发展模式转型，优化资源配置模式，创新内部激励与评价机制，提升管理水平与运营效率。目前已建成了覆盖日喀则18个市县的移动、固定及数据网络，成为经营移动、固定、数据网络的全业务运营商。

【市场经营】　2016年，日喀则市分公司在聚焦战略的正确引领下，经营基础管理水平显著改善，渠道销售能力稳步提升，聚焦优势初见成效。全年补录实名制双照片超过1.2万户，完成总用户数的81%、完成一证五户清理674户，完成目标数的100%；无一例实名制违规情况，未出现实名差错通报，未发生因实名制升级投诉的问题。大力创新优质产品，聚焦青年消费群体，推出沃派校园套餐、流量王等高性价比套餐；聚焦流量经营，推出沃+系列定向流量产品、12款视频类限流产品、7款热门音乐类产品、腾讯专属产品大小网卡产品（T项目）和副卡产品；聚焦固网经营，推出宽带+电视+内容的组合产品。

【网络支撑】　完成了1·28法会、珠峰文化节等重要应急通信保障工作任务；迁改40处通信杆路光缆，解决多处一干、二干、本地光缆隐患；完成樟木7处基站和日喀则主干电缆报废；完成日阿西线八处中继站太阳能和电池扩容，谢通门一处中继站搬迁，平机场一处中继站的电源整改；落地日喀则吉隆县至吉隆镇光缆、日阿西线波分设备、县城分组网和亚东县城光缆建设；完成日喀则联通核心机房与日喀则电信核心机房4G承载网互通光缆布放工作，达成日喀则吉隆县至吉隆镇附挂电信一干杆路合作。

2016年5月17日，西藏联通日喀则分公司举行“沃惠5.17·激情不NG”回馈新老用户宣传促销活动

【企业社会责任】　驻村工作队深入贯彻落实强基惠民生工作“七项重点任务”，完成了2016年驻村队换届工作。同时，根据日喀则市委、省公司关于“十三五”时期脱贫攻坚工作精神，通过采取精准调研，组织干部职工慰问等措施，积极做好“定点扶贫”“百企帮百村”“结对帮扶”工作，切实履行了企业社会责任。

中国移动通信集团西藏有限公司日喀则分公司

【客户发展】　重点开展精细化的市场运营，针对不同的市场、不同的目标客户群，开展针对性的营销，在满足客户个性化的需求的同时也提升可客户的感知。在藏历新年、五·一劳动节、林卡节、珠峰文化节等期间在市区及各区县人流较多的区域开展了形式多样化的营销活动及业务宣传，在客户享受到优惠活动的同时，了解到客户信息保密、实名制等相关政策的内容，更好地履行企业的社会责任。

【渠道运营能力】 超额完成了区公司“渠道千户会战”指标，实现全市范围内乡镇渠道的100%覆盖。通过乡镇渠道积极在乡镇区域发展家宽用户，落实国务院提出的“宽带中国战略”。在发展实体渠道的同时借势互联网+飞速发展的势头及成本压缩的大环境，积极拓展电子渠道，向客户积极推广和安装10086客户端、手机营业厅等软件，实现业务的“不出门受理”。

【家庭宽带市场份额】 通过不断优化资费、丰富活动内容及提升网络资源覆盖率，公司的家庭宽带业务市场份额得到的提升。2016年通过无线接入的形式来满足无资源区域用户的需求，并提升装维的进度及售后的服务等方式提升整体的客户满意度。

【落实实名制】 对实名制工作进行“制度、系统、培训、检查、考核”五个工作环节及“电话回访、漏洞清查、双照片录入”三项举措的落实；加大对各层级渠道的管理，对预提卡发放流程进行整改，所有渠道点通过预提卡入网的，必须严格按照区通信管理局及日喀则市通信监管办要求采用NFC手机+实名制APP的方式采集用户身份证信息及用户头像；针对前台及预提卡新入网的用户，百分百要求双照片信息采集，且必须为正面清晰照片，确保人证一致。通过以上的举措，2016年实名制工作未出现任何问题。

【应急保通】 2016年，主要进行了吉隆口岸开通仪式、江孜达马节、谢通门谢雄文化旅游节、林卡节、珠峰文化节、展佛节、十一世班禅时轮金刚灌顶法会等各类文化交流活动的应急保障工作，主要采用对附近基站扩容、加开应急通信车及电源车的方式，用以保障人流量较多出现通话高峰期时各类通信方式的正常使用，防止出现通话拥塞或者设备掉死。

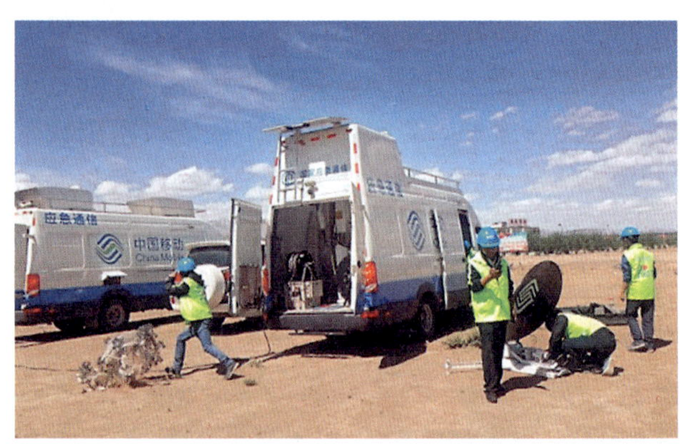

日喀则分公司应急演练现场

【网络运维】 2016年，移动通信基站共建成3005座（其中2G基站1021个，3G基站1034个，4G基站1003个），乡镇及口岸信号覆盖率达到100%，行政村信号覆盖率达到92%（移动任务村信号覆盖率100%），重要道路沿线覆盖率达到95%。日喀则传输线路总长度11360公里，其中二干2700公里，本地网8660公里，乡镇光缆通达率达到100%，行政村光缆覆盖率达到85%。重要小区、商户及乡镇家宽光纤接入率达到100%，人均接入速率达到100M。

财政　税务

财　政

【概况】　市财政局核定行政事业编制78个（其中行政编制32人，事业编制46人）内设行政科室10个：办公室（政工人事科）、预算科、经济建设科、国库科、社会保障科、行政政法科、教科文科、综合科、农业科、监督检查科；内设事业科室9个，包括：机关后勤服务中心、支付中心、会计培训中心、投资评审中心、政府采购中心、安居办、信息网络中心、会计核算中心、资产管理中心。

2016年全市完成地方一般公共预算收入12.37亿元，同比增长30%，完成年初预算9.19亿元的134.6%，完成考核任务11.42亿元的108.32%。其中，市本级完成3.5亿元，同比增长40%；县区级完成8.87亿元，同比增长27.25%，增速均高于上年；全市一般公共预算支出完成312.37亿元，同比增长67.84%，完成调整预算数144亿元的216.92%。其中：市本级完成支出92.37亿元，同比增长107.01%；县（区）级完成支出220亿元，同比增长55.49%，为促进全市经济发展和社会稳定提供了财力保障。

【财政保障】　民生资金保障。民生支出全年达到167.07亿元，同比增长119.51%，农业、脱贫攻坚、教育、文化、社会保障和就业、医疗卫生等重点领域支出增幅都比较高，做到了民生支出“只增不减”。重点项目保障。围绕“4·25”地震灾后恢复重建，拨付资金59.64亿元，占到位资金的69.39%。围绕支持经济园区建设，结合产业发展用地需求，共垫付征地补偿费11.5亿元，解决征地补偿费1.6亿元。围绕支持岗巴恰央水库建设，垫付资金1亿元，防止双拖欠问题发生，确保该工程建设顺利推进。围绕支持重点项目建设，落实重点项目前期经费1.2亿元，有力地保障了“十三五”规划重点项目启动实施。

2016年全市财政局长座谈会

【财政改革】　预算编制水平逐步提高。统一软件管理，已实现全市2178个预算单位的部门预算在同一个系统中按市、县、乡的网格化结构网络式编制；进一步细化收入来源，对税收和非税收入、上级补助、上年结余等通盘考虑；进一步优化支出结构，将人员和公用经费细化到按人安排预算；进一步加强数据库建设，将所有市、县区预算单位、在职人员、离退休人员、其他供养人员、固定资产、教育事业等基本情况在部门预算软件中建立了数据库；在2014年初步形成全口径预算格式的基础上，进一步完善“四本”预算编制，全口径预算编制日趋成熟。预算执行效率逐步提高。财政部门认真执行市人民代表大会批准的预算，维护预算的权威性。在规定时限内批复部门预算，严格控制预算追加事项，减少部门预算调整。建立预算支出执行进度考核和约谈机制，及时督促支出进度慢的部门和县区加快预算执行。项目库建设力度逐步提高。制定《市直部门项目支出预算管理工作实施方案》，下发《关于加强和改进市直部门项目支出预算管理的通知》，对项目支出预算管理定义、范围、重大意义、实施目标、管理方式等给予明确，初步建立了部门预算项目库模板，确保资金到位后项目能及时开展实施，避免“资金等项目”和资金躺在账上“睡大觉”的现象发生。

【财政管理】 国有资产管理机制建设加速推进。在全市范围内组织开展行政事业单位国有资产清查工作；进一步加强市行政事业单位国有资产管理，规范国有资产出租出借行为，开展将部分临街商品房进行公开对外招租试点，并通过公开竞价的方式确定了出租价格和承租人；推动资产管理简政放权，将各县区公务车辆处置审批权限下放至各县区公务车辆管理部门。财政投资评审工作加速推进。狠抓项目预算程序管理，严格把关预算编制质量，2016年共完成项目竣工决算评审196个，送审金额15.01亿元，审定金额14.6亿元，审减资金4086万元，综合审减率达2.72%，在加强投资评审的同时，把节约的资金投入到民生领域和项目建设，收到了节约开支与保障重点的双重效果。政府采购工作加速推进。2016年，市本级共执行政府采购190笔，采购金额8.31亿元，节约资金1874万元。积极支持筹建市公共资源交易中心。财政监督管理加速推进。完成对部分市直行政事业单位“三公经费”的抽查；协助区财政厅对全市预算单位开展基本账户和专户清查，开展专项财政监督检查，组织专人对强基惠民执行情况、相关资金落实到位情况、行政事业单位财务设立帐外资金情况、“三包”经费使用情况等进行专项检查，及时纠正处理了一批违规违纪问题。

普法宣传

【党风廉政建设】 深入开展“两学一做”学习教育活动，创新开展“讲学习、讲忠诚、正风纪、转作风、提效能”主题活动；严格落实“一岗双责”，与科室签订《日喀则市财政局2016年党风廉政建设目标责任书》；要求各业务科室及时足额拨付各类资金，落实工作经费，为党风廉政建设机制创新提供资金保障；局纪检组全面开展财政纪律检查和行政监察工作。

国家税务

【概况】 日喀则地区国家税务局于1994年9月正式挂牌成立，2014年12月撤地设市后更名为日喀则市国家税务局。市国税系统内设机构14个，直属机构3个、事业单位2个、县区级行政划分设置18个，全系统在职干部职工237人；退休60人。2016年，全市税务系统组织各项收入163716万元，同比增收41560万元，增长34.02%，其中：税收收入159214万元，同比增收40175万元，增长33.75%；其他收入4502万元，同比增收1385万元，增长44.42%。车辆购置税和车船税两税收入首次突破亿元；落实税收优惠政策减免税金6.57亿元，其中鼓励高新技术企业减免税金48.38万元，促进小微企业发展减免税金5860.74万元，促进区域发展企业减免税金5.33亿元，有力促进地方经济社会发展。中央级稳居预算级次首位，级次变化明显，受“营改增”政策影响，中央级收入增幅高出地方级增幅43个百分点。结构趋优，发展合理，产业指标匹配良好。全市非公有制经济实现税收157764万元，占总体税收比重达96.36%，二产收入仍居首位。落实各项税收优惠政策，减免税规模达38070万元。

【税收法治】 年内，市国税局严格贯彻落实国家法律、法规及各项税收政策规定，改善民生减免610万元、鼓励高新技术49万元、促进小微企业发展5860万元，节能环保4万元，促进区域发展26682万元，支持文化教育体育399万元，支持金融市场138万元，支持三农1920万元，支持其他各项事业2408万元；加大重大税务案件审理力度，完善重大税务案件审理工作制度；加强与地方党委、政府的沟通，主动配合职能部门的工作，把好了政策“出口”；加强争创法治税务示范基地建设工作，经过考核评议，白朗县国税局被授予第一批“西藏国税系统法治税务示范基地”的称号。

【便民办税】 市国税局联合工商等部门开展守信激励和失信惩戒协同管理，向社会公示23户严重失信的纳税人名单；积极推动“银税互动”，促进小微企业依法诚信纳税，降低融资成本，助力小微企业发展。大力推行网上申报、批量扣税、涉税事项通办业务、简并申报纳税次数、自助办税终端、开辟绿色通道、严格落实“二维码”一次性告知制度和首问责任制，提供预约、限时办结、延时、提醒等服务。

2016年12月，纳税人积极走进纳税人学堂

【队伍建设】 根据职位空缺情况及现实工作需求，开展晋升科级领导职务选拔工作，共晋升正科级领导职务7人，副科级领导职务20人；17个县局先后成立党组；完成基层与基层、基层与机关干部交流共48人。召开2016年度党风廉政建设工作会议、行风监督员座谈会、党组理论学习中心组召开专题学习会、邀请党校老师举办专题讲座、开展演讲比赛、开展廉政文化作品征集评选活动，对新任职的27名领导干部进行廉政谈话。赴17个县局开展2016年度党风廉政建设责任制考核抽查工作，共开展明察暗访9次，“一案双查”4起。

2016年9月，开设纳税人学堂--企业所得税汇算清缴培训

【内部管理】 围绕“资金向基层倾斜，人才在基层流动，形象在一线树立，成绩在一线创造”的工作思路，全面加强基层税务机关标准化档案室、标准化监控设备、标准化视频会议室、标准化食堂改造、标准化食堂改造、饮水改造项目、箱式变压器等建设项目，有效地推进了各项税收工作的深入开展。组织科研骨干，组成课题组撰写《日喀则市“十二五”期间税收与经济发展实证研究》《加强大企业税收管理的思考—以日喀则市国税局为例》和《日喀则市吉隆县社会综合治税的研究》文章，被《西藏税务》内刊采纳2篇，《日喀则研究》党刊采纳4篇；修订了税务学会和国际税收研究会《章程》；《日喀则税务》

通过设置新栏目、实行专人负责、季度约稿制等措施，共出刊4期，创刊以来共出刊18期；积极参加区局科研所组织的科研骨干人才视频培训会。

【风险管理】 制定《日喀则市国家税务局2016年度税收风险管理工作计划》（日国税函〔2016〕10号），成立工作领导小组，明确全年税收风险管理工作目标，指明税收风险管理的发展思路；根据区局推送的风险内容，进行风险等级排序，深刻剖析问题成因，及时推送，强化风险预警，致力应对和防范；通过加强发票管理，严格票表比对，开展纳税评估等方式，堵漏增收成效明显。

【税制改革】 “营改增”工作5月1日成功开票、6月1日顺利申报，2016年5至12月，全市试点纳税人累计减税1349.31万元，其中，一般纳税人减税14.28万元，小规模纳税人减税1335.03万元。推行资源税全面改革以来，全市共组织入库资源税收入864.34万元，清理矿产资源补偿费450余万元。除砂石外，铅锌矿、石灰石、硼矿、矿泉水、锂矿等税目税费负担率均有下降，平均降低3%。开展个人所得税全员全额明细申报工作，全市应明细申报纳税人6083户，实际申报5934户，明细申报覆盖面达97.55%，纳税人数达28093人，申报个人所得税税额323.74万元。落实固定资产加速折旧优惠政策，加速折旧14.7万元。“三证合一”“一照一码”“两证整合”登记制度改革进展顺利。继续拓宽第三方涉税信息获取渠道，成立日喀则市第三方涉税信息共享工作领导小组，与工商、财政、公安等部门签署相关信息交换协议，形成了上下联动、社会参与的良好氛围。

【党的建设】 市国税局设立机关党委和纪委，将机关党支部扩大到5个，18县区局均成立党组。组建全区国税系统第一支国旗护卫队，定期举行升国旗、唱国歌仪式。开展党组书记抓党建工作述职评议考核工作。认真开展“两学一做”学习教育、“三爱”专题教育活动和“讲学习、讲忠诚、正风纪、转作风、提效能”主题活动，通过“国税课堂”、中心组、“三会一课”“手抄党章”、观看《代价》和《榜样》教育片等方式抓好学习，并联合市政府办公室开展“七一”联谊活动，举办“歌颂祖国、歌颂党”主题朗诵比赛，开展“两学一做”学习教育知识竞赛和征文比赛，举办“庆祝西藏自治区成立51周年”主题讲座，开展“好家风、好家训”宣传推广，通过每日一题、每周一测、跟班学习等形式开展“岗位大练兵”活动。

【标准化管理建设】 4月1日全面启动标准化建设，成立领导小组，制定《日喀则市国税系统标准化建设管理方案》，将办公场所、征管档案、办税大厅、制式着装、党员活动室、视频会议室、公文处理、净水器管理、后勤服务等9项内容纳入到2016年首批建设范围中，制作《日喀则市国税系统标准化管理手册》。投入2300余万元致力改善基层税务机关及干部职工工作生活条件的高原富氧、后勤服务、净水器、视频会议室、监控设备、档案室标准化项目。

金融 保险

中国人民银行日喀则市中心支行

【概况】 人行日喀则市中心支行是人民银行总行在日喀则设立的分支机构，是履行央行货币政策、金融稳定和金融服务的基层央行。现人行日喀则市中心支行内设14个职能科室，干部职工108人。中层干部36人，中级专业技术职务48人。2016年，人民银行日喀则市中心支行在日喀则市委市政府、上级行的正确领导下，围绕人民银行2016年“三级”工作会议精神，以“强基础、讲规矩、抓管理、促发展”为奋斗目标，认真贯彻落实西藏特殊优惠金融政策，积极维护辖区金融稳定，不断提升金融服务水平。

截至2016年12月末，全市各项存款余额522.93亿元，较年初增长127.94亿元，增长32.39%；各项贷款147.92亿元，较年初增长26.86亿元，增长22.19%。

【金融政策】 一是研究制定《日喀则市2016年信贷工作指导意见》等系列金融政策，抓好对年初货币信贷计划的落实。涉农贷款余额66.75亿元，较年初增长5.06%；扶贫贴息贷款余额38.8亿元，较年初增长32.77%；二是切实推进重点项目建设贷款，督促指导各商业银行落实发放了“日喀则市2016年度保障性住房建设项目银团贷款”5.87亿元，投放了交通厅机场项目贷款7亿元和交通局农村公路建设贷款16.6亿元；三是为促进农牧民增产增收、青年就业、大学生村官创业等实施了一系列“民生工程”，以农村妇女小额创业贷款为例，截至2016年12月末，贷款余额983万元，惠及户数22户，贷款规模较年初降9.82%；四是推动国开行、农发行、农行、藏行同市政府签署战略合作协议，加大对棚户区改造、易地扶贫搬迁、贫困子女上学等经济发展薄弱环节的支持力度，授信额度达2590亿元。

【监测分析】 一是建立了日喀则市反洗钱工作职能部门联席会议制度，组织召开了“2016年辖区反洗钱案情线索会商会”和涉稳资金监测工作再安排、再部署会议，实现了资金监测点全辖覆盖；二是为切实打击治理日喀则辖区电信网络新型违法犯罪活动，日喀则中支与日喀则市公安局通力协作，成立了市级“反诈骗中心”，协调日喀则辖内各国有商业银行派员入驻“反诈骗中心”；三是组织召开“日喀则市联合整治非法买卖银行卡信息专项行动联席会议”，明确专项行动领导小组成员单位及职责分工、工作任务，有效遏制和打击非法买卖银行卡信息违法犯罪行为。

【金融扶贫】 一是组织成立日喀则市金融机构支持精准扶贫工作指挥部。指挥部成员覆盖全市各银行业金融机构主要负责人和业务骨干；二是积极与市政府协调，从各金融机构选派优秀干部11人到日喀则市政府部门及部分县挂职交流，助力日喀则市发挥好“金融撬动”战略和脱贫攻坚战略实施；三是我中心支行专设了金融扶贫办公室，明确专职工作人员，增强工作主动性和实效性；四是推动市政府向全辖批转《日喀则市“政府风险补偿基金+银行信贷”支持扶贫产业开发实施方案（暂行）》，建立了信贷资金支持扶贫产业开发的政银合作新模式，市、县区两级政府已注入风险补偿基金5.73亿元；五是推动市政府向全辖批转《日喀则市金融机构支持精准扶贫工作实施方案》，积极引导商业银行持续加大对扶贫攻坚信贷支持力度；六是召开了全市扶贫产业开发贷款工作推进会，各商业银行与7家扶贫产业经营主体签订了贷款合作意向书，拟发放扶贫产业开发贷款1.16亿元；七是夯实金融精准扶贫信息基础，建立18个区县“十三五”精准扶贫（建档立卡户）原始数据库，以银行业金融机构原始数据库为基础，按照“随用随贷、逐笔立据、周转使用、优先受理”的原则发放建档立卡户小额信用贷款。截至2016年底，日喀则市新发放精准扶贫到户贷款9，770万元，惠及建档立卡户2，871户，存量精准扶贫到户贷款55，530万元，惠及18，146户，28，430人；发放产业扶贫贷款4，600万元，惠及3家企业；八是“一把手”带队深入白朗等6个县，对精准扶贫、易地搬迁、灾后重建、产业扶贫工作开展情况开展调研，并与各金融机构及时沟通反馈，安排部署产业扶贫贷款落地工作。12月13日，中国银行日喀则分行为西藏萨迦昆氏藏香工贸有限公司发放全区第一笔产业扶贫贷款300万元；12月20日，西藏银行日喀则分行为亚东玛曲投资有限责任公司授信8000万元，首批发放产业扶贫贷款4000万元；12月26日，农业银行日喀则分行向白朗现代藏式服装厂发放300万元产业扶贫贷款。

截至2016年末，日喀则市、县区两级政府已注入风险补偿基金5.73亿元，其中，市级政府注入风险补偿基金4亿元，县区级政府注入风险补偿基金1.73亿元，约占日喀则市2016年财政收入的60.2%，可撬动银行信贷资金46亿元。市银行业金融机构共发放“政府风险补偿基金+银行信贷”模式产业扶贫贷款4600万元，可带动339人脱贫，提供384个就业岗位，供养21个贫困小学生直至大学毕业，培养16个文化产业技术人员。其中，亚东玛曲投资有限责任公司的项目建成后，每年将利润的5%注入扶贫基金。

【金融服务】 一是完善G318、G219国道沿线金融服务工作，截至年底，G318国道沿线共建立了59个助农取款服务点以及553个特约商户，实现了日喀则境内G318国道沿线5个县金融服务全覆盖。G219国道沿线建立了9个助农取款服务点以及7个特约商户，实现了日喀则境内G219国道沿线3个县的金融服务覆盖；二是自2015年岗巴县成功试点将财政补贴资金通过惠农卡发放工作以来，累计发放补贴资金2952.9万元；三是积极探索“两权”抵押贷款，深入开展调研，实行常态化跟踪监测，8月26日，日喀则市历史上的第一笔“两权”抵押贷款落地，日喀则市农村土地承包经营确权登记试点颁证暨农村土地承包经营权抵押贷款发放仪式在白朗县巴扎乡隆重举行，首批发放抵押贷款46万元；四是大力推动农牧区社会信用体系建设工作，优化农牧区金融生态环境。截至12月末，全市已评定信用县5个、信用乡（镇）181个、信用村1632个；五是进一步深化农村支付服务环境建设，扩大支付清算网络覆盖面。截至12月末，全市累计建设金融服务点1719个，覆盖1669个行政村，覆盖率100%；六是加强农牧区“四卡”贷款发放工作，截至2016年底，全市金融机构农牧户贷款卡发放量达108，721张，贷款规模24.38亿元。发证面为98.95%，使用率达95.28%；七是实现同日喀则市工商行政管理局的中小微企业信息共享并形成长效合作机制，签署了备忘录，正式形成联动机制。

【金融宣传】 一是邀请人民银行研究局副局长王宇同志在日喀则市政府党组理论中心组第一次专题学习会上作了题为《金融支持西藏经济社会发展》专题讲座。日喀则市在家市级领导、各部门、各市县主要领导同志和有关人员近500人参加了专题学习会；二是举办了日喀则市首期全市领导干部金融培训，邀请了人民银行等8家金融机构的专家进行授课，参加此次培训的有市政府各委、办、局的行政主要领导和18个县区的县区长、分管金融财政的县区长等70余人；三是多渠道、多形式开展金融宣传，专题开展了“金融知识进军营”双拥共建等“六进”活动和金融知识边疆行、“雪域高原”支付行等活动；四是深入开展农牧区金融知识宣传工作，2016年，开展“央行支付、中流砥柱”“央行支付、服务千家万户”等多项农牧区金融知识宣传活动；五是开通“喜嘎孜金融”微信公众号，通过报纸、电视、广播等新闻载体，开展金融知识宣传，提高金融知识普及率，拓宽金融知识受众面。

【政府风险补偿基金+银行信贷】 市、县区两级政府专门切块拿出资金建立风险补偿基金，在合作银行专户存储。银行以政府风险补偿基金为担保，按照8—10倍的杠杆给扶贫产业项目经营主体提供信贷资金支持。政府风险补偿基金担保后，合作银行不再要求借款人提供其他抵押担保。当贷款发生不良时，银行和政府风险补偿基金按照1：9的比例承担不良贷款本息损失。

中国银行股份有限公司日喀则分行

【概况】 中国银行股份有限公司日喀则分行所属机构覆盖日喀则市、樟木镇、亚东县，其中营业部1个、县级管辖支行2个，同城支行2个，内设办公室、公司业务部、个人金融部、财务管理部、运营管理部、监察保卫部。年内，中国银行日喀则分行各项人民币存款余额97.92亿元，较年初下降1.69亿元，市场份额20.35%。其中储蓄存款余额12.27亿元，较年初新增1.83亿元；公司存款余额85.66亿元，较年初下降3.53亿元。各项人民币贷款余额18.96亿元，较年初新增9.36亿元，增幅98%，市场份额14.08%，较年初新增5.72个百分点。其中个人贷款余额4.66亿元，较年初新增0.76亿元；公司贷款余额14.31亿元，较年初新增8.60亿元。各项贷款持续保持低不良率。

中国银行田国立董事长在日喀则分行调研

中国银行日喀则分行首笔产业扶贫签约仪式

【金融宣传】 组织开展了“金融知识进万家”“金融知识安全月”“银行卡非法买卖”“反诈骗”“加强信息保护和支付安全防范电信网络诈骗”等主题宣传活动十余次，对消费者所关心的问题及疑点进行解答；自查银行卡受理终端个人信息保护、交易安全、硬软件等方面可能存在的风险，延伸开展支付业务系统风险专项排查，从网络支付、网上银行、手机银行等业务系统入手，全面排查影响信息和资金的技术风险隐患；积极在各营业网点柜台摆放金融知识

中国银行日喀则分行开展“3·15消费者保护权益金融知识宣传”活动

宣传手册，利用LED屏滚动播放金融安全提示标语、个人消费者权益保护知识等。

【特色业务】 一是根据区市两级政府要求，做好吉隆支行筹建工作，并先期开设了营业部延伸点，开办外币兑换业务，用实际行动履行社会责任。二是利用西藏金融优惠政策做特色授信产品，持续优化授信结构，关注中小微企业发展，年末发放了日喀则市首笔“政府风险补偿基金+银行信贷”模式项下产业扶贫贷款，获得了较好的社会效应；同时积极引入创新产品，成功叙做了中国银行日喀则分行首笔投标保函业务，丰富授信产品种类，提高授信服务水平。

中国建设银行日喀则分行

【基本情况】 1979年1月，根据西藏自治区革委会“藏革字（79）15号”文关于“成立各地、市建设银行并对外挂牌”的精神，中国人民建设银行日喀则地区支行正式成立并对外挂牌。2016年，日喀则分行共有员工62人，其中中长期员工57人，定向招聘员工5人；研究生学历4人，大专以上学历53人。分行机关下设办公室、财务会计部、安全保卫部、风险管理部、零售业务部、批发业务部、纪检监察部共7个职能科室，共有营业部、山东路支行、新区支行3个营业网点。

截止2016年底，日喀则分行全口径存款时点余额为576，383.52万元，全口径贷款余额为332，760.67万元，不良贷款146.04万元，不良贷款率为0.04%。

【战略转型发展】 紧紧围绕“综合性、多功能、集约化、创新银行、智慧银行”的转型方向，以总、分行转型发展规划为指导，深入分析把握日喀则市经济实际，坚持以市场为导向，以客户为中心，制定了日喀则分行转型发展规划，明确了日喀则分行转型发展的指导思想、转型目标、总体要求、转型重点及保障措施。组织全行员工认真学习贯彻总分行转型发展要求，强化员工的转型发展意识，深入推进我行的改革发展。2016年，分行主动营销建筑、交通、矿业、新能源等行业，与日喀则市雅江扶贫开发有限责任公司签订《“政府风险补偿基金+银行信贷”支持扶贫产业开发合作协议》，积极参与地方政府扶贫产业项目，通过信贷资金帮助企业实现成长，带动建档立卡贫困户走出困境。

【业务快速稳健增长】 负债业务。坚持客户分层经营，建立分层管理体系和运行机制，提高各层级客户服务能力。制定了中长期客户营销计划，明确营销责任人，重要客户由行领导担任首席客户经理带头攻关营销，上下联动，实行“一对一”跟踪服务。全面贯彻落实“存款兴行”的经营理念，不断强化员工的主动服务意识，创新服务方式，继续实施全员服务战略。牢牢抓住网点销售主渠道，从业务办理、产品销售等环节入手，积极抢抓机遇，根据不同客户进行有针对性地营销。充分发挥客户经理的作用，广泛开展社会调查，充分了解并掌握诸多项目的工程进展情况、资金到位情况，积极挖掘市场潜力，较好的实现了年度增存目标。

资产业务。对公贷款：加强拉日铁路贷款项目对接，对大行业、大项目客户加强系统联动，寻找和拓展新的有效目标客户，同时积极和兄弟分行协同发展业务，加强合作，实现资源的优化配置。年内，成功实现交通、矿业、新能源、棚户区改造等大项目贷款投放共计282，000余万元，较好地完成了当年贷款新增计划。同时，稳步推进重要客户战略，营销成果逐步转化，贷款储备不断充实。个贷方面：积极应对竞争激烈的市场环境和房地产调控的严峻形势，以重点产品和重点客户为核心，加强营销服务，巩固房改金融优势，积极开展业务和产品创新。继续巩固个人消费贷款，助力小微企业。截止2016年12月31日，个人类贷款余额19，395.84万元，比年初增长2，911.77万元。

中间业务：4月至10月，联合美容美发、西餐咖啡、黄金珠宝、零售超市等6家优质商户联合推出“刷建行信用卡，购物消费享优惠”信用卡积分兑换营销活动；12月，开展“龙支付”积分兑换活动；利用建行理财产品“种类丰富、购买便捷、期限灵活”的特点，开展理财产品和基金销售的营销工作。并深入分析市场，研究客户需求，紧密结合客户实际，开展基金、黄金产品的销售，进一步巩固并提升了市场竞争力。截止2016年底，代销实物贵金属348.00万元。营销对公财险0.79万元，实现了零的突破。（3）大力发展网上银行、手机银行、POS机业务，助力用卡环境的改善，不断扩大我行金融服务能力和覆盖面。

（一）综合服务

顺利完成新建营业办公大楼的搬迁、山东北路分理处的升级及藏雄自助银行服务区增设。

经过2年多的筹备和建设，2016年7月顺利完成新建营业办公大楼的搬迁。新营业办公大楼的投入使用，体现了上级行对日喀则建行金融服务设施建设的高度重视，营业及办公环境的极大改善，提升了客户服务体验，满足了经营发展的需要，为转型发展奠定了坚实的硬件基础。2016年，中国建设银行股份有限公司日喀则分行山东北路分理处成功升格为网点型支行，进一步提升了该网点综合化、集约化、智慧化经营导向，金融服务能力和服务水平得到提升。此外，当年还新增设藏雄自助银行网点一个，新布放自助设备8台，进一步改善了日喀则当地金融服务环境，也再次扩大了我行的金融服务覆盖面和服务能力。

（二）风险内控

一是严控市场风险，提高防范信贷风险的主动性与预见性。开展柜面业务现场、非现场检查，提升操作风险管控水平。二是严格落实贷款条件审核要求和“审贷分离”制度，加大贷后管理力度，做好贷款五级分类及后续管理工作。截至年末不良余额仅146万余元，不良率0.04%，资产质量达到历史最好水平，信贷风险管理能力再上台阶。三是积极配合建行西藏总审计室、西藏银监局、日喀则人民银行等机构开展内外部检查，针对缺陷和不足，高度重视，认真落实整改工作。进一步夯实了基础，强化了风险管理与内控合规工作。四是针对2015年审计检查问题进行梳理汇总，在分类总结的基础上制定了《日喀则分行基础管理考核办法（试行）》，不断加强我分行的制度建设，规范员工的日常行为。

中国农业银行股份有限公司日喀则分行

【概况】 中国农业银行股份有限公司日喀则分行的前身是成立于1995年7月1日的中国农业银行日喀则地区中心支行，2009年，股改并更名。为正县级机构，所辖112个对外营业机构，含1个二级分行营业部，19个县区支行，3个二级支行，86个营业所，3个城区分理处，服务面覆盖我市所有县区和86个乡（镇）。分行机关内设15个部室。拥有在职员工896人，其中县支行及以下员工743人。

截止2016年12月底，各项存款余额为3133134万元，各项贷款余额为824836万元。

【存款稳存增存】 一是通过开展“春天行动”“激情仲夏”“赢在金秋”等大型营销活动，精心确定营销活动主题和计划，并配套设计了有针对性、精准营销的活动指引，出台了务实、操作性强的综合营销方案、竞赛办法及奖励办法，有效增强了全行综合营销能力、客户服务能力和价值创造能力，提高了存、贷款、中间业务、渠道建设、客户拓展等核心指标的市场竞争力。二是抢抓“十三五”时期，日喀则打造“面向南亚开放的前沿区和重要的商贸物流中心”的大好发展机遇，以日喀则市区为城市业务发展主战场，兼顾各县域市场潜力挖掘，由公司业务部牵头搜集了我市“十三五”时期项目规划信息，成立了专业营销团队，密切关注灾后重建项目资金、机场至市区高等级公路建设、吉隆铁路建设等一批“十三五”大型项目和湘河电站、拉洛水利枢纽工程等“十二五”未完工项目。由班子成员带头开展营销，将两级财政、部队、市住建、交通、发改、水利、卫生局等单位的存款挖潜作为营销重点，采取了高层对接、集中座谈、分别走访的方式，大力实施“保、抢、挖”策略，实现了对公存款有效增加。三是针对基层网点对零售业务产品掌握不全面，营销技巧欠缺等实际问题，分行党委创新工作举措，抽调前台业务部门骨干，组成两个组，深入辖内19个县（区）支行，开展“一对一”业务辅导，有效提升了基层网点业务人员营销技能，现场指导客户体验农行电子银行产品，增进了客户对产品的了解，四是紧紧围绕全区农行2016年零售业务工作会议精神，召开农行零售业务工作会议，对零售板块重点工作进行部署，明确了农行零售业务发展目标及措施。截止年底，对公存款为2479413万元（含理财11143万元），比年初增加872883万元，完成全年计划的339.64%。储蓄存款余额为653721万元（含理财19481），较年初增加126274万元，增长23.94%，完成全年计划的123.73%。

【优化贷款结构】 一是按照区分行提出的“第一时间营销、第一时间提供服务、第一时间上报审批、第一时间实现投放”的“四个第一”营销要求，积极抓好对公贷款投放工作。首开日喀则市“银团贷款”先河，成功向市住建局投放12900万元贷款。新拓展了江孜娘曲藏布旅游产业有限责任公司、日喀则市康嘎尔藏香厂和西藏富丽建设集团有限公司3家法人贷款客户，实现对公贷款有效投放。二是大力营销“房抵贷”“随薪贷”“薪保贷”“家装贷”等个人消费贷款产品，进一步拓宽个人贷款受理面，满足居民购车、教育、装修等消费需求。三是进一步优化现有产品功能、加强业务宣传，促使“次新”类产

2016年7月14日，农行日喀则分行在繁华地段人员密集处设立宣传点，开展金融支持西藏经济社会发展宣传活动

品获得新的发展渠道。在以往年度开办异地房抵贷的基础上，根据分行要求对产品的借款主体、用信范围、押品范围等进行了优化，同时结合开展大量宣传营销工作，使军人住房公积金贷款业务取得了突破性进展，在10月份内发放了首笔军人住房公积金贷款，拓宽了产品渠道，完善了客户体验，提升了农行形象。截止年底，对公贷款余额为266823万元，较年初减少207万元；个人贷款余额为558013万元（含农户贷款456018万元），较年初增加92285万元。

【网点标准化转型建设】 一是以“百年大计”工程标准打造现代化网点，全面推进网点标准化建设，认真做好网点硬件转型工作，截止年底，农行共立项111个硬件转型网点，其中，昂仁查孜等8个网点进入施工阶段，康马嘎拉等8个网点进入采购阶段，康马少岗等19个网点已竣工验收，新设昂仁卡嘎支行，分行营业部等39个网点建设项目已完成竣工决算，萨迦孜松等36个网点建设项目已完成工程决算。二是巩固前期网点规范化服务治理成果，由班子成员利用到基层督导调研之机，开展网点规范化服务突击检查，对于发现的问题进行现场辅导整改，以此督促各网点将规范化服务抓常、抓细、抓出成效。三是对2015年度“服务明星”进行了隆重表彰，以此鼓励临柜人员积极主动做好规范化服务。建立了“星级网点”授旗制，按季度对辖内各网点进行“星级网点”评比，并向获评网点授“星级网点流动红旗”，此举激发了各网点狠抓规范化

服务的积极性和主动性，提高了客户满意度。四是继续加强渠道建设，在辖内推广了21台超级柜台，提升了网点业务分流率，促进网点向体验化、智能化、轻型化方向发展。同时，结合全市实际，合理规划布局自助网点，加大了对商业圈、学校、生活小区等人流密集地和金融资源富集区的自助设备投放和巡检维护力度。截至年底，共新设离行式自助网点42处，共布放220台设备，在日喀则市同业占比高达90%以上。

2016年11月1日，农行日喀则分行组织全体员工向“4321”结对帮扶、“百企帮百村”“9·10”江仁村冰雹灾害进行爱心捐款

【县域支行和金融服务“三农”工作】 一是以行发“1号文件”，下发了《农行日喀则分行关于进一步贯彻落实<农行西藏分行做好金融服务“三农”工作的意见>的通知》，明确了2016年金融服务“三农”工作要求和各项指标任务。二是认真做好信贷精准扶贫工作，根据《农行西藏分行关于进一步规范扶贫贴息贷款利率政策的通知》要求，对扶贫部门确定的建档立卡贫困户贷款执行扶贫优惠利率政策，加大了涉农信贷资金投入，积极支持日喀则市广大农牧民群众脱贫致富奔小康；以“四卡”信贷产品为依托，在充分考虑农牧户经济基础、信用状况和还款能力等方面情况的基础上，继续加大农户到户贷款投放力度，同时，扎实做好三农对公客户拓展和贷款投放工作，积极支持农牧民发展农牧业生产，从事建筑建材业、民族手工业、农（牧）家乐、旅游业、农牧民经济合作组织、农牧区商品流通及运输业等工商业活动。截止年底，累计发放涉农贷款348291万元，累计收回276142万元，余额达到659990万元，较年初增加72149万元，增长12.27%。三是认真落实自治区提出的“乡乡有网点、村村有服务”重要精神，加快推进三农金融服务点布设，更好地发挥农行在农牧区产品、渠道等方面的服务优势，为惠农卡持卡客户提供足不出村，方便快捷的金融服务。截止12月底，累计布设三农金融服务点1757个，进一步提高了服务“三农”工作水平。四是加快农牧区信用体系建设，截止年底，累计评定信用（乡镇）181个，信用村1650个，实现了乡乡都有信用村，县县都有信用乡，助力全市县域金融生态环境逐步优化，全市无不良贷款县支行增至11个，涉农贷款不良率为0.05%。

西藏银行股份有限公司日喀则分行

【概况】 西藏银行是西藏自治区首家国有地方性股份制商业银行。西藏银行日喀则分行于2014年5月30日成立，是西藏银行设立的第一家地（市）级分行，为正县级机构。分行机关下设业务拓展部、风险管理部、营业部、综合管理部4个部门；现有在岗职工28人，其中大学本科以上22人，占比79%，少数民族17人，占比61%，员工平均年龄32岁。

2016年，西藏银行日喀则分行发挥地方性法人商业银行“机制灵活、程序简便、决策高效、服务优质”的特点，加大信贷投入支持地方经济社会发展，加强内部管理防范案件风险，突出特色提升优质文明服务，狠抓党建确保又好又快发展，有效履行了企业社会责任，充分体现了“立足西藏、面向全国、服务西藏”的经营宗旨。截至2016年12月31日，分行各项存款余额27.85亿元，各项贷款余额13.20亿元，不良贷款额和不良贷款率继续保持为0。

【存款结构】 不断优化。重点营销日喀则优质企业客户，重点发展私营业主、个体工商户等VIP储蓄客户，有效改善了存款结构较为单一，客户结构不合理的问题。截止2016年底，财政性存款占比仅为48.72%，其它机关团体、企业以及储蓄存款比例有了长足的提高。

西藏银行日喀则分行发放“政府风险补偿基金+银行信贷”首笔贷款签约仪式

【资产业务】 2016年累计发放贷款9.05亿元，其中对公贷款8.04亿元，个人贷款1.01亿元，有力支持了地方社会经济发展。一是总行与日喀则市政府签订了《全面战略合作协议》，在“十三五”规划期间支持日喀则市经济建设发展，提供综合授信人民币500亿元。二是分行与日喀则市雅江扶贫开发有限责任公司、日喀则市桑珠孜区娘麦扶贫开发有限公司、亚东县亚东助民有限公司签订《“政府风险补偿基金+银行信贷”支持扶贫产业开发合作协议》，受理了亚东玛曲投资有限公司贷款8000万元，2016年发放了4000万元，受理并发放了日喀则市曲美乡吉祥养殖业农民合作社贷款112万元，为政府脱贫攻坚工作贡献了力量。三是以牵头行身份成功组织市农行、中行、建行发放“日喀则市2016年度保障性住房建设项目银团贷款”5.87亿元，促成了日喀则金融历史上的第一笔银团贷款。四是适时介入地区“十三五”规划和重点产业规划项目，结合日喀则采矿行业的优势，成功发放西藏中瑞矿业发展有限公司4.8亿元。五是对个贷业务进行了重点安排部署，在防范风险的前提下提高了个贷业务的总体发放效率。

【内控管理】 分行不断完善制度建设，制定了《西藏银行日喀则分行会计主管考核实施细则》等8项新制度，为各项工作的规范开展奠定了制度基础。进一步理清了各部门的岗位职责，建立了前后台部门之间“相互制约、相互监督”的机制，严格规范问责处理机制，将规范的经营管理贯穿工作始终，切实防范了案件和风险的发生。2016年，分行未发生任何案件及责任事故，不良贷款额和不良贷款率继续保持为0。

行长卓雅带领分行党员、积极分子、志愿者等参加日喀则市“助农收割”党员志愿服务活动

【党建工作】 2016年，西藏银行日喀则分行党委深入贯彻落实习近平总书记系列重要讲话精神，全面落实从严治党要求，加强了党建工作的组织领导，严格按照总行党委党建工作要求，狠抓思想建设、制度建设、组织建设、反腐倡廉建设四个方面工作。设立了党支部，支部委员分工明确，基层党组织不断完善；成立了分行“两学一做”学习教育领导小组，制定了《2016年党建工作计划》《日喀则分行党委理论学习中心组学习制度》，组织全体党员持续开展了“两学一做”学习教育以及“我爱我市”城市卫生大扫除、慰问盲童学校、“助农收割”“三亮三比”“共产党员先锋岗”等践行活动，党员四个意识不断增强，先锋模范作用发挥有力；严格党员发展，培养发展预备党员1名，入党积极分子6名；及时收缴党费并按时上缴；加强了党员监督管理，全年党员无违法违纪行为。

（郭定斌）

中国人民保险日喀则分公司

【基本概况】 中国人民保险日喀则分公司是“世界500强”企业中国人民保险集团股份有限公司（PICC）在西藏的派出机构，成立于1992年10月。机构由起始的一个发展到目前遍布全市十八个县区共17个营销服务部、便民服务点，保险网点遍布204个乡镇，快速高效的服务网络无处不在，从业人员由成立之初的5人，增至2016年底的122人，已成为有较强实力，内部组织结构合理，管控有力，服务水平优质，防范风险能力达到较高水平。公司积极响应中央关于全国支援西藏的号召，执行特殊的低费率优惠政策，让利于投保单位和人民群众，以实际行动和优质服务回报社会，有力的促进我市经济社会的稳定和发展。

对全体员工进行两意险培训并部署下一步两意险工作的发展方向

【工作综述】 理赔管控。新建人保日喀则拆检中心，与市交警大队沟通后，实行了人保\交警事故科24小时合署办公，机动车事故报案，第一时间赶赴第一现场，分清事故责任界限，有效防范诈骗、强加责任的现象。

农险工作。积极跟进农险事业部改革的步伐，认真开展调研工作，结合实际慎重确定县域服务网点、站的设点，筹划拉孜、江孜支公司的组建。

2016年日喀则农险工作除处理正常年景自然灾害的工作流程外，7月至8月份由于天气异常，强降雨，导致洪涝灾害，使牲畜大量死亡、西部仲巴、萨嘎、昂仁三县农牧民住房成片损毁。农险工作人员第一时间赶赴灾区现场与市、县工作组抢险救灾，并深入村、户核灾核损，在灾情面前体现了人保公司应急能力和对大灾核损的主导能力，为市委、市府提供了决策依据。公司（外聘讲师）与中共日喀则市委组织部农村党员干部现代远程教育中心，精心录制《农牧区保险政策解读》藏语版光盘。播放在日喀则农村干部远程教育讲坛上，供县、乡、村干部学习，掌握政策性农业保险知识，为农牧民群众更好的服务。

开展“两学一做”学习教育，加强党建与中心工作相结合。严格落实党内生活各项制度和“三重一大”工作制度，努力开创争做“四讲四有”合格党员的氛围，坚持边学边查边改，先后开展“我爱我市”城市大扫除、人保植树林、人保国学活动、总公司“大手牵小手”活动、关爱留守儿童活动、看望慰问孤寡老人，精准扶贫与驻村点贫苦户结对帮扶等工作。

开展强基惠民活动、精准扶贫、“百企帮百村”工作。

精准扶贫：精准扶贫为杜琼乡9个行政村，贫困户132户，贫困人口535人，其中产业扶持200人；发展教育132人；医疗救助28人；信贷扶持114人。一是落实工作保障、广泛宣传动员；二是建档立卡工作、结对帮扶到村到户、政策宣讲家喻户晓；在下一步工作中制定长期目标，进行产业促精准扶贫，大力发展民族手工业、养殖、种植产销。

百企帮百村：对公司定点帮扶定结县5个村进

签订战略合作协议

行前期调研，分析致贫原因，有针对性的与驻村工作队一道使其脱贫。

发挥国家就业见习示范单位作用。公司作为国家级大学生就业见习示范单位和团中央见习示范单位，公司协助相关部门积极探索大学生就业见习模式，加强与人社局、团市委、教育局沟通，提供就业见习岗位，积极促进大学生就业，我公司在自身不断发展壮大的情况下积极为我市的经济建设和社会发展培养人才服务，减轻政府就业压力，服务社会，彰显国企勇担社会责任（自2010年至2016年上半年共接纳就业见习316人）。

中国人寿保险股份有限公司日喀则市分公司

【公司概况】 中国人寿保险股份有限公司日喀则市分公司（以下简称：中国人寿日喀则分公司）于2012年5月30日隆重开业，有效延伸了人寿保险服务范围，扩大了保险覆盖面。截至2016年底，公司拥有员工及营销员200人，是日喀则市范围内唯一一家寿险公司。2016年，中国人寿日喀则分公司围绕基础和业务两条主线，充分发挥人寿保险“经济助推器”和“社会稳定器”的作用，向全市各族人民及团体提供人寿、意外和健康保险产品，涵盖生存、养老、疾病、医疗、身故、残疾等多种保障范围，共有健康保障类、意外保障类、少儿类、养老类、理财类、团体保险等六类累计百余险种，全方位满足各界人士对人身保险保障和投资理财的需求。2016年，中国人寿日喀则分公司完成保费4778.85万元，同比增长30.62%；其中长险新单保费3192.97万元，同比增长10.40%；首年标保288.36万元；长险新单首年期交保费668.47万元，同比增长58.82%；10年期及以上首年期交保费525.29万元，同比增长72.89%。短期险保费959.64万元，同比增长108.71%。

2016年，中国人寿日喀则分公司接收理赔案件84件，理赔442.06万元，结案率达100%。

【个险销售】 营销员队伍建设方面，积极增员，稳健框架，保质保量。2016年之前，各组经理框架不稳，虚挂人力较多。2016年，中国人寿日喀则分公司着重加强了组织队伍的夯实工作，截至12月31日共增员77人，降级2人，晋升6人，晋级3人，稳健营销队伍框架。对长期不举绩低收入人员坚决清理，本年度共清理人员近50人，保证营销队伍质量。在大力增员的同时，严抓新人的入司标准，特别强调了增高素质人，杜绝滥竽充数，与去年相比，今年新人的学历和综合素质均得到了大幅度提升，保证队伍质量。总体上，2016年个险月均增员率8.17%，新人三晋率45.83%，月均综合举绩50人。

【银保渠道】 一是与银邮渠道继续取得了较好的合作关系。针对全年各阶段经营重点，中国人寿日喀则分公司积极配合西藏自治区分公司各项安排，并结合实际情况适时推出竞赛方案有针对性的进行业绩拉动。二是自营业务发展良好，通过借助个险产说会，银保客户经理自营，还有下村展业，实现自营期交保费149.73万，占到全年期交的72.07%。实现短险保费34.39万。

集团公司副总裁赵立军（左一）视察指导工作

年初开门红启动大会

城建　环保

住房和城乡建设

【概况】 日喀则市住房和城乡建设局核定行政编制20（包括机关事业编制6名），实有行政占编人员34名（其中局领导7名、办公室10名、住房保障科6名、市政建设科5名、建筑市场建管科3名、房地产市场监管科3名）；核定事业编制（包括事业单位参照公务员管理人员）39名，实有事业占编人员（包括事业单位参照公务员管理人员和自收自支）人员22名（其中建设工程质量安全监督站5名、资金管理中心3名、建设工程交易中心2名、城建档案馆4名、房屋产权产籍管理中心4名、机关后勤服务中心4名）；不占编制的人员20名（其中援藏干部2名、借调人员2名、大学生西部志愿者3名、公益性岗位10名、聘请人员3名）。

2016年，全市开工建设保障性住房14963套（含棚户区改造）、市政基础设施项目47个、特色小城镇示范点建设项目11个，完成投资19.81亿元。全市住房公积金缴存人数突破4万、缴存总额突破12亿元，发放贷款13.45亿元、办理提取4.23亿元，个贷率、使用率分别为76.19%、83.15%，两项指标均位列全区第一。截至2016年底，全市城镇化水平达24%，同比提高1.3个百分点。

【项目建设】 市政基础设施建设。164项城镇基础设施项目列入日喀则市储备项目及三年滚动建设计划，总投资达80.40亿元；29项城镇基础设施项目列入日喀则市2016年城镇基础设施贷款计划，总投资达15.82亿元，其中：申请贷款13.28亿元。争取到2200万元的历史文化名城（名镇、名村）建设资金和400万元的项目前期经费。开工建设市政基础设施项目47个，完成投资11.7亿元。4个特色小城镇示范点开工建设项目11个，完成投资1.2亿元。中心城区城市建设步伐明显加快，海绵城市、地下综合管廊完成规划编制，珠峰开发开放试验区（曲布新区）地下综合管廊、北郊城市防灾避险工程、旧城改造项目、年楚河两岸生态景观治理工程、城市供热项目等一批重大项目正开展前期工作，估算投资近190亿元，日喀则市“城市双修”（生态修复、城市修补）工作正式启动，城市建设步入了科学发展、跨越发展、加速发展的新阶段。

保障性住房建设。将总投资35亿元的桑珠孜区棚户区改造项目纳入自治区棚户区改造PSL项目库，获得政策性银行贷款22亿元。为推动项目的落地，在没有政策性银行支持的情况下，在全市率先启动银团贷款5.78亿元，开工建设保障性住房14963套（含棚户区改造），完成投资6.91亿元。启动了南郊市直干部职工周转房维修改造项目。

【行业监管】 建筑市场监管。全市建筑业达630家（含农牧民建筑施工队）。

加强电子化招标、投标、评标。累计在自治区交易平台登记项目375个、总投资200.5亿元，中标项目325个。

项目建设领域突出问题专项整治。对西藏天河房地产开发有限公司、湖北郑公塔建筑安装工程有限公司、湖北森泰建设集团有限公司、广州宏达工程顾问有限公司、四川良友建设咨询有限公司5家建筑业企业进行了约谈，对四川鼎恒建设工程有限公司、四川省城市建设工程监理有限公司进行了行政处罚，处罚金额达3万元。

房地产市场监管。累计发放预售许可证6个，批准销售房屋913套、12.72万平方米。

建设工程质量安全监督。出具项目工程监督报告64个，完成200万元以上项目建设工程质量安全登记书349份，发出施工现场整改通知57起、停工通知3起，组织专项执法检查8次，下派监督人员到施工现场689人次，全市监督覆盖率达到95%。

住房公积金监管。清理违规贷款手续218笔，涉及资金1.35亿元。

【行业服务】 认真做好信访初访和矛盾协调化解工作，协调解决拖欠民工工资问题3起，涉及103人，解决拖欠资金1076.28万元。

服务“三农”。扎实推进中心城区旧城改造前期调研、论证工作；实施农村危房改造4916户，总投资达5288万元；加大传统村落申报保护力度，南木林县土布加乡岗嘎村、定日县岗嘎镇岗嘎村、谢通门县通门乡坚白村、亚东县帕里镇居委会被列入第四批中国传统村落名单；举办了为期13天的农牧民建筑施工队技术人员培训班，共计346名农牧民受训、301人参加了考试、240人通过了考试，通过率80%以上。

暖心贫困户。新建成的4424套廉租房实现100%入住，并向4246户城镇低收入住房困难家庭兑现了1650.56万元住房租赁补贴。

支持外来人员。1372套公租房分配入住，解决了3000余名外来务工人员的后顾之忧。

优化公积金服务。以提高住房公积金使用率为目标，在确保资金安全的前提下，最大程度地降低门槛、简化手续，2016年缴存人数突破4万、缴存总额突破12亿元，发放贷款13.45亿元、办理提取4.23亿元，个贷率、使用率分别为76.19%、83.15%，两项指标均位列全区第一，全区住房公积金管理工作现场会在日喀则市圆满召开。

争取援藏资金。以第三次全国住建系统援藏工作座谈会召开为契机，通过援藏省市住建厅（住建委）争取到建材检测设备、办公设备、公务用车购置费用685万元，已到账425万元，为县级住建部门开展建设工程质量安全监督工作提供了硬件保障。

【深化改革】 顺应机构改革新形势，积极呼吁推行“规”“建”“管”分离的行政管理体制，2016年市城乡规划局、城管委均已挂牌；牵头组建了市公共资源交易中心，将其作为集政府投资项目统一交易、监管、服务等功能于一体的综合交易平台。

顺应城建融资新形势，市委、市政府同意成立珠峰城市投资发展有限公司，将其作为市政设施领域的投融资平台、重大工程项目的建设推进平台、市政公用事业的运营管理平台。

顺应建筑市场新形势，将房建市政工程施工图审查和建材检测全面推向市场化运作；拟定了《在本市积极推广装配式建筑的报告》《关于“营改增”后日喀则市建筑领域保护税源工作对策和建议的报告》，为推动日喀则市装配式建筑发展和建筑业企业税收本地化献计献策。

顺应制度建设新形势，进一步完善了28项综合管理制度，构建用制度管权管人管事的工作机制。

顺应科技发展新形势，成功举办了“西藏建筑供暖领域前沿技术与工程实践”知识讲座，增进了全市建设系统干部职工对高寒高海拔地区清洁供暖技术的了解。

顺应信息公开新形势，召开“十二五”保障性住房建设成就和建设系统灾后恢复重建新闻发布会，通过《日喀则报》《日喀则网》等媒体公布了行政权力和责任清单项目事项、2016年度部门预算情况说明等内容，并将微信公众号“日喀则建设”作为信息公开的重要渠道之一，全面推进党务、政务、财务公开工作。

【重大成就】 2016年全市住房公积金缴存人数突破4万、缴存总额突破12亿元，发放贷款13.45亿元、办理提取4.23亿元，个贷率、使用率分别为76.19%、83.15%，两项指标均位列全区第一。

【灾后重建】 积极参与32个灾后重建特色小城镇、163个整村推进项目方案评审，选派干部全程参与日喀则新区（樟木新镇）建设，全面协调推进其民房及市政基础设施的方案审查、规划审批、招投标等工作，加强灾后重建项目质量安全监督；开辟住房公积金贷款、提取“绿色通道”，为受灾干部职工发放贷款256笔、1.3亿元，提取126笔、0.2亿元，解决了近400名受灾干部职工的燃眉之急。

（张惠宗）

城乡规划

【概况】 日喀则市城乡规划局于2016年6月经市委、市政府批准成立，为市政府工作部门，正县级机构。核定编制31名，其中行政编制14名，事业编制17名。县级领导职数5个。内设办公室（含政工人事科和财务室）、规划编制管理科（总规划师办公室）、建设规划科（城乡规划执法监察支队），设市规划设计院、市规划信息研究中心、市城乡规划展示馆、机关后勤服务中心4个全额拨款所属事业单位。

举行日喀则市城乡规划局挂牌仪式

【规划编制】 总体规划层面。《日喀则市城市总体规划（2016—2035年）》（以下简称《总规》）编制工作于2014年10月启动，2016年12月中旬分别在北京、拉萨、日喀则召开了不同层次的专家及市“两代表一委员”五场评审评议会，对《总规》进行充实、完善。控规层面。2016年9月，启动《中国西藏珠峰文化旅游创意产业园区》编制工作，其控制性详细规划及城市设计已经通过了专家和市直行业部门的评审，现规划编制单位正在根据评审意见建议进行修改完善。6个县已完成县城控制性详细规划的编制工作。专项规划层面。全面参与《日喀则珠峰开发开放试验区总体规划》《日喀则市城市综合地下管廊规划（2016—2030年）》《日喀则市历史文化名城核心区（扎什伦布寺—宗山片区）控制性详细规划》《年楚河两岸景观带改造规划》等专项规划的编制工作，及时对接《总规》，有力推动了专项规划的编制工作。村镇规划层面。各县区已完成了29个重点乡镇和4个特色小城镇的总体规划和控制性详细规划、建设规划。

【规划审批制度】 梳理权责清单23项，涉及城乡规划的编制、实施、管理等事前、事中、事后管理，进一步明确《建设项目选址意见书》《建设用地规划许可证》《建设工程规划许可证》及《乡村建设规划许可证》的办理程序，修改和完善办事流程图、服务指南等。严格执行城乡规划“一书三证”管理办法，共审批28个《建设项目选址意见书》、16个《建设用地规划许可证》、21个《建设工程规划许可证》，妥善处理城市规划区项目审批问题。会同市国土局等部门完成了广播电视发射塔、鲁缘幼儿园、西郊客运站等17个项目选址工作。协调推进市重点项目进度。

【党的建设】 深入开展“两学一做”学习教育和市委“讲学习、讲忠诚、正风纪、转作风、提效能”“深化五项教育、增进五个意识”主题活动。加强廉洁文化建设，设立“廉洁走廊”和“党风廉洁墙”，制定机关内部管理及业务管理制度28项，形成了靠制度管权、管事、管人的长效机制。

城市管理

【概况】 日喀则市城市管理委员会（城市管理综合执法局）于2016年6月成立，主要责任：负责日喀则市有关城市市政市容管理方面的法律、法规、规章和政策，综合协调、督促落实城乡环境建设、环境秩序整治工作，负责城市运行监测。指导城市公共设施事故的预防和应急管理工作。负责全市城市管理综合执法的统一指导、协调、监督和考核；承担城市管理领域特重大、疑难和跨区域案件的查处工作等。内设办公室（政工人事科、计划财务科）、政策法规科（执法监督科）、市容环卫科、城管执法科（综合执法支队）、机关后勤服务中心、市政公共设施管理中心、数字化城管指挥中心7个机构。人员编制：机关行政编制14名，其中：部门领导职数5名；内设机构科级领导职数9名。

【市容环卫管理】 以“六城共建”，特别是创建全国文明城市为平台，采取“晨检”“晚检”等督查措施，强力推进“门前三包”责任；开展“垃圾不落地”专项整治，强化环卫公司的监督，净化了市容环境；组织委班子成员，对52条城区道路路段进行包段排查；落实了253家驻市机关的环境卫生包干区域和37名地级领导环境卫生包段督查路段，形成了全民参与整治市容环境的良好氛围；扎实开展“128”专项工作等重大节庆活动的环境卫生服务保障工作；投入资金10余万元通过张贴宣传标语图画、播放宣传口号、发放“倡议书”等方式营造社会氛围。

【城市管理综合执法】 组织城管、交警、住建、工商、水利、环保、食药、路政等执法部门，对渣土（砂石）运输车辆沿途遗撒滴漏，临街工地污染周边环境，沿街商户占道经营、乱搭乱建，生活垃圾、建筑垃圾乱倒乱堆等城市管理违法行为突出问题进行联合执法，共查处各类违法行为498起，罚款21.8万元。收容流浪狗560条。

【市政设施维修养护】 多方筹措资金4077万元，对市政道路、雨污管网、城市亮化、环卫设施进行维修改造。共维修市政道路40379平方米，步行街、青岛路、欧珠路、吉培路的路况得到明显改善；改造管网5651米，首次组织专业施工单位对19682米管道、925座检查井进行彻底清淤疏通；全面排查并维修城区路灯4526盏，安装了LED灯笼和中国结1344套；采购了4辆钩臂式垃圾清运车、60座箱式垃圾桶、1000个果皮箱。

【对口援藏工作】 先后邀请了上海市绿化市容局、城乡建设和交通发展研究院、上海市城投公司的领导和专家，实地考察日喀则市固废循环经济、垃圾焚烧发电、数字化城管等重点工作发展前景，编制了《日喀则市城市网格化综合管理信息系统工程方案》，并上报市政府研究批准。

（许明英）

环境保护

【概况】 日喀则市环境保护局成立于2002年，时为副县级建制（挂靠原地区国土资源局），编制5名。经2010年机构调整，升格为正县级局。2014年，撤地设市后，更名为日喀则市环境保护局，为市政府工作部门之一。在2016年机构调整后，设有办公室（政工人事科）、规划与环境影响评价科、污染防治与辐射环境管理科、自然生态保护科4个行政科室和机关后勤服务中心、环境监察支队、环境监测站、环境工程评估中心4个局属事业单位。核定总编制39名，其中机关行政编制12名、机关事业编制3名（局领导职数4名、内设机构科级领导职数9名）；事业编制24名。实有人员37人，其中行政人员17人（县处级6人、科级6人、一般干部5人）；事业人员20人（一般干部12人、工人8人）。退休干部职工6人。

【环保督察】 一是配合自治区政府完成了2015年度环境保护考核现场核查，评定了考核等次，优良县由2014年度的3个增加到10个，不合格县由2个降为1个，获得奖励资金达2200万元。2016年度环境保护考核进展顺利，完成自治区现场复核工作。二是顺利开展环保综合督查。印发了《日喀则市环境保护综合督查工作方案》，成立领导小组，明确督查重点。积极做好自治区环保督察组在我市大督查期间的协调服务，组成2个督查组赴18县区开展了综合督查，边发现问题、边反馈意见、边督促整改，提出70余条整改要求，增强了环保意识，树立了环境执法权威，推动了“党政同责”“一岗双责”责任落实。三是认真做好环境监测监管能力建设调研。采取实地查看与座谈交流相结合方式，充分征求意见建议，认真总结经验，分析问题原因，形成了《关于日喀则市环境监测监管执法能力建设情况的调研报告》。

【污染防治】 深入实施大气污染防治行动计划。制定了黄标车和老旧车辆淘汰方案，全年计划淘汰量1120台，实际完成1158台。加快燃煤锅炉淘汰，累计淘汰拆除燃煤小锅炉151台，超额完成48台。支持新力电杆厂“煤改电、煤改太阳能”的节能模式，树立节能减排典范。完成2个空气自动站事权上交工作，发布监测数据4000余个，空气环境质量优良率达97%。加强水污染防治。印发了《日喀则市水污染防治行动计划工作方案》，切实加强水环境管理，着力节约保护水资源，全力保障水生态环境安全。全市8个地表水国控断面、2个饮用水源地实现月监测，出具水质有效监测数据1400余个，水质达标率100%。强化土壤污染防治计划的宣传贯彻，正在开展信息化平台建设的前期工作，协助市民政局销毁过期救灾药品30吨。四是积极助推环保立法，向市人大提交了《关于环境保护立法项目的报告》，建议制定《日喀则市机动车排气污染防治办法》，提升机动车排气治理水平。

【环评审批服务】 一是持续深化改革，进一步简政放权。印发《日喀则市环境保护局下放环境影响评价文件审批权的建设项目目录（2016年本）》，把环评登记表权限（约占审批总量的70%）全部下放到县区，环评审批更加便捷高效。二是坚持技术规范，严格专家评估。充实完善专家库，实行评审专家组组长负责制，专家组中环评工程师（或工程师）比例达到80%以上。审查环评报告文本500项（其中报告表486项，报告书14项），469项一次性通过技术审查，通过率为93.8%（否决率6.2%）。三是做好审批服务，缩短审批时间，提高审批效率，批复建设项目环评391项，是2015年工作量（154项）的2.6倍。四是提前介入服务，优化项目内容。在选址环节主动开展现场踏勘，完成30余项实地踏勘工作，出具意见或预审意见14项，对1项环境基础设施项目提出了否决意见，开展了2个建设项目的竣工环境保护验收工作。五是全面信息公开，落实周报制度，建设项目和规划环评的文本、批复全部信息公开。

【环境监管执法】 一是规范环境执法行为。开展环境执法人员执法证考核清理工作，选派21名同志参加了第十期全国环境监察干部岗位培训班，均通过考核。二是做好突出环境问题专项整改，制定整改方案，强化督查催办，推进整改落实。惠彬水泥制品厂等达到整改要求。三是加强污染源隐患排查监管，出动车辆130台次、执法人员400余人次，下达限期整改通知书20余份，对西藏民生管业有限公司实行停产整顿，对圣福肉联有限公司、豫东新型建材公司等6家企业行政处罚47万元。四是依法征收排污费，确保应收尽收，征缴排污费200余万元。五是及时化解信访矛盾，处置群众信访11起，其中噪声9件、大气污染1件、固废污染1件，当天接访、当天办结，妥善办结率100%。六是强化执法手段措施，查封西藏民生管业有限公司1条塑料制品生产线（未批先建）。

【环保项目建设】 一是日喀则市城郊湿地保护与恢复项目国家投资部分（2270万元）全部竣工。二是预计投资4360万元的日喀则市、定日县2个生态环境监测站项目选址确定，可行性研究报告获批。三是农村饮用水水源点环境保护项目顺利推进，2015年批复的250个点（投资2500万元）基本完工；2016年获批的250个点（投资2500万元）资金到位，实施方案已批复。四是完成山东、上海两省市援助的2个环保能力建设项目（200万元）。五是投资1000万元的土壤污染防治信息化建设项目正在协调推进，六是积极创建自治区生态村，获批命名自治区级生态村60个、自治区级生态乡1个。

【环境科学研究】 一是“日喀则地区生态空间格局与保护红线研究”结题验收。“日喀则市辐射环境本底调查研究”完成50%。二是《西藏日喀则市生态环境承载力与生态足迹时空动态驱动力分析评价及预测研究》有序开展。三是受环保部监测司委托开展了“4.25”地震环境应急监测，发布了《四二五大地震环境应急监测质量报告》等科研成果。四是编制了《日喀则市“十三五”生态环境保护规划》，正在修改完善。五是与上海市环科院达成了日喀则城区重点区域噪声在线监测平台的建设意向。

（师刘琦）

商贸 流通

招商引资

【概况】 日喀则市商务局为主管全市国内外贸易的综合性经济管理部门，内设投资促进局和供销合作联合社2个副县级事业单位；5个科室，即办公室（政工人事科）、内贸科（市场秩序科、市商务综合行政执法大队）、对外经济贸易科、市口岸管理办公室、投资促进科。同时设置了3个正科级和1个副科级事业编制机构，即商务服务中心、投资服务中心、投资项目信息中心和机关后勤服务中心。人员核定编制总数为50名，实有人员24名（含援藏干部1名）。截至2016年底，全市共有各类市场主体3.71万户，以私营企业和个体工商户为主。市内现有1家农副产品批发市场，19家农贸市场；农家店2085家、配送中心18家、商贸服务中心21家；生活必需品监测企业2家；油库1座，加油站41家；家政服务企业3家，典当公司1家；再生资源回收经营企业2家，各类回收站点约65个。

2016年4月7日，全市商务工作会议召开

全市共有边境通道227条，传统互市贸易点28个，边境小额贸易和边境互市贸易额分别占全区边境小额和边境互市贸易的90%和80%以上；共有樟木、吉隆、亚东（待恢复）、日屋、陈塘和里孜6个贸易口岸，其中樟木、吉隆为国际性陆路口岸，日屋、陈塘、里孜为双边性陆路口岸。2016年，全市社会消费品零售总额实现83.2亿元，同比增长13.8%；外贸进出口总额实现5.85亿美元，同比增长44%；引进项目81个，到位资金40亿元；兑现家具家电下乡补贴资金3414.1万元，直接撬动社会消费1.18亿元。

【商贸流通服务体系建设】 继续推动“万村千乡市场工程”项目，制定并下发180家农家店、6个县级配送中心、30个乡镇商贸服务中心的建设任务；加大“家电家具下乡”优惠补贴政策宣传和督导力度，杜绝骗取财政补贴等违法行为；第二届家政技能培训招收183名学员，培训合格167人，促成10名学员与家政服务公司签订就业合同，并通过自治区验收；推进早餐示范项目样板建设，丰盛藏式餐厅、阿妈藏面馆和谭府楼小吃城三家大众化特色早餐示范工程项目实施企业已通过项目初验，早餐服务体系起步愈加完善；深入贯彻“互联网+流通”计划，举办首届电子商务进农村培训班，集线上线下销售为一体的旺家福电商平台正式上线运营，白朗县正式入选电子商务进农村示范县名单，亚东等其它9县区进入电子商务进农村“示范县”入库项目。

【市场执法检查和物资储备监管】 全年共开展行政执法市场检查11次，检查商业场所55个、经营户64户、批发和集贸市场9个、40家加油站和3家汽车加气站；督促物资储备企业做好存运，以满足应付市场异常波动需要，应对突发事件，保证节假日市场的正常供应。

【项目申报和规划编制】 完成总投资2.24亿元的14个口岸边贸基础设施项目项目前期工作。陈塘－日屋口岸和里孜口岸发展规划通过市常务会议审定，发展蓝图基本确定。南亚物流业规划形成规划报告（讨论稿），其他工作稳步推进。

【对内对外开放】 兰州—日喀则—加德满都“兰州号”南亚公铁联运线路顺利开通；南亚物流业规划编制进展顺利，年度口岸边贸基础设施建设任务圆满完成。吉隆边境经济合作区规划编制经自治区政府常务会议研究同意；吉隆口岸热索一线联检基础设施建设完成，并正式投入使用，运行情况良好；吉隆口岸扩大开放顺利通过自治区预验收。

【招商引资】 年内起草了《日喀则市招商引资工作若干实施意见》《日喀则市招商引资考核及奖惩办法》，印发《西藏日喀则市投资指南》和《日喀则市重点招商引资项目》等宣传资料，积极利用援藏渠道和展会平台，充分利用PPP等新型投融资模式，吸引了一批有实力有技术的企业到我市投资兴业。全年共引进项目81，完工17个，到位资金40亿元。

2016年8月26日，珠峰文化旅游节签约仪式举行

【会展经济】 组织企业参加区内外各类展会，“第三届”藏博会期间实现展销金额273.73万元，并荣获自治区先进集体称号。第六届后藏物资交流会交易规模进一步扩大，实现交易金额6795.2741万元，同比增长6.36%。

【自身建设】 扎实开展“立足商务服务市场”党建品牌建设，着力打造创新、绿色、开放、民生、法治五型商务。申请注册“日喀则市商务局”微信公众号，公开发布商务党建和业务工作动态，建立党员干部职工学习制度和考评体系；配合有关部门督促落实危化品领域与商务有关的值班维稳工作。年内共实施强基惠民30余项，累计投入资金29.56万元；发动干部职工自筹帮扶资金9万元；定点扶贫乡全年脱贫35户，138人。

2016年10月26日，组织电子商务进农村示范县建设座谈会

日喀则市珠峰扶贫开发有限责任公司

【概况】 日喀则市珠峰扶贫开发有限责任公司成立于2016年6月20日，是日喀则市扶贫开发建设的重要投融资平台，致力于全市精准扶贫，决胜全面小康。公司是目前日喀则市乃至西藏地区

最具发展潜力的大型国有企业之一，业务覆盖西藏有机农牧产品的种养殖与加工、民族特色手工业、天然饮用水、文化旅游、物流、清洁能源、金融投资、扶贫产业融资与担保，“十三五”末公司将实现总资产超百亿元。公司经营范围：易地扶贫搬迁项目投资、开发与管理；城乡基础设施投资、建设与经营；清洁能源服务；农业服务业投资与开发；农产品生产与销售；货物运输（不含危化品）；旅游管理服务；资产管理（不含金融资产管理和保险资产管理）；投资管理及投资咨询（不含金融和经济业务）；广告制造及发布。公司自成立以来，秉承“倾情扶贫事业，致力全面小康”的理念，致力于打造具有区域竞争实力的大型国企，着力推进日喀则市扶贫攻坚与全面小康建设。公司目前在职人员22人。

【公司组建】 为了推进全市产业开发，建立健全扶贫事业投融资平台机制，实现国有资产的保值增值，促进全市扶贫事业发展，市委、市政府决定成立扶贫公司。一是依照《中华人民共和国公司法》（以下简称《公司法》）和其他有关法律、法规规定，制定公司章程，履行工商登记等各项手续。二是根据市委、市政府决定，在市委组织部、市政府、市国资委、珠峰投资公司等的大力支持下，选派了公司董事长、总经理、监事长、副总经理、董事、监事等决策、执行、监督人员，从各县借用3名工作人员、新招聘1名驾驶人员，为公司工作正常开展奠定了基础。三是于6月20日公司正式开业，与白朗、江孜、康马、亚东等签订了战略合作协议，公司正式开业运营离市里原定计划提前了两个月。

【产业投资】 2016年共计投资扶贫产业4.67亿元，主要投向6个项目，并在投资合同中，明确本金逐年回收和投资收益回报要求，全年实现投资收益为135.5万元。一是投入1亿元实施国家农业科技示范园区江孜县青稞精深加工项目。该项目由江孜县江浦农业发展有限公司和西藏藏稞食品有限公司共同建设的江孜县红河谷现代农业科技示范区有机青稞精深加工项目，截止2016年底从1亿元中拿出15%约等于1275万元，完成项目一期加工厂房改造和设备购买工作，项目投产后每年带来2000万元的收入，能够带动120名建档立卡贫困户增收；二是投入3000万元实施康马县人工饲草基地建设项目，其中已拿出1240万元，修建人工饲草基础设施项目，项目投产后每年带来2250万元收入，能够带动78名建档立卡贫困户增收；三是投入1亿元实施日喀则国家农业科技示范园区白朗县高效大棚蔬菜基地建设项目，其中已使用1185万元，项目投产后每年带来2641.5万元的收入，能够带动182名建档立卡贫困户增收；四是投入1亿元实施桑珠孜区光伏小镇+生态设施农业项目，项目投产后每年带来5000万元收入，能够带动91名建档立卡贫困户增收；五是投入1亿元实施南木林县精准扶贫人工种草产业项目，其中新建饲草基地46000亩，项目投产后每年带来7606.80万元收入，能够带动4000多名群众增收，其中涉及182名建档立卡贫困户；六是投入3700万元实施亚东县边贸市场扶贫商铺建设项目，项目投产后每年带来930.16万元的收入，能够带动653名建档立卡贫困户增收。

【招商引资】 广泛开展招商引资项目，目前已达成两个合作项目，一是与黑龙江五大连池啤酒公司合作，投资4.2亿元成立珠峰有机生态啤酒公司。二是与湖南华绿生物科技公司、白朗县合作，投资5000万元已经在白朗嘎东成立了西藏珠峰华绿生态农业科技有限公司，实施有机肥、生物有机肥、测土配方肥等的研发、生产、销售等一体化农业产业投资源开发项目。

【投资理财】 公司谋求产业资金的效益最大化，打好时间差，一有闲钱立即做理财业务，全年，通过购买银行短期保本理财产品、大额定期存单、7天通知存款等方式，提高资金利用效率，实现国有资产保值增值。截止2016年底，公司通过以上银行理财业务实现收益约为245.66万元。

【基金担保】 公司与市农、中、建、西藏银行签订业务合作协议，运作2亿元风险补偿基金，努力解决市、县区扶贫产业开发资金紧缺问题。目前，通过政府风险补偿基金政策为企业提供了8笔贷款担保业务，总金额达2.2898亿元，实际投放贷款4笔、金额8848万元，并在担保过程中未收任何手续费，经营主体项目的调查、出具担保书等一切成本公司自行承担。

【异地扶贫搬迁】 公司从市财信公司承接了易地扶贫搬迁贷款项目41.59亿元，全力做好易地扶贫搬迁资金保障和监督管理工作，大力支持易地扶贫搬迁，推进精准脱贫。一是落实资金保障。根据各县区资金需求，配合市易地扶贫搬迁组，在做好5月份财信公司已拨付各县区12亿元资金的监管工作外，及时向农发行西藏分行提出资金预拨需求，年内向亚东、岗巴、萨嘎、康马等四县落实易地扶贫搬迁贷款资金8316.85万元，确保了有关县区项目的顺利推进。二是加强资金监管。起草了《易地扶贫搬迁资金监管协议》，按月了解各县（区）资金用款进度，并指导督促各县规范账户设立、加快资金使用进度、加大备工备料等工作。

日喀则市雅江扶贫开发有限责任公司成立仪式

【银行融资】 在通过政府风险补偿机制撬动本市商业银行信贷资金的基础上，我公司拓展思路，承担责任，多次与国家开发银行西藏分行积极对接，批量融资我市扶贫产业项目贷款，并制定了《日喀则市精准扶贫产业批量融资模式运作管理办法（暂行）》，截止2016年底已经提交首批12个、金额12.17亿元的扶贫产业贷款项目，致力于缓解各县区扶贫产业项目融资难的问题。

【自身建设】 一是为确保公司财务开支等依法合规，邀请西藏金桥会计师事务所，全面清理规范了公司财务开支、账户管理等工作，并按月编制规范的财务报表，开展了财务报表等年度审计工作。二是每周制定周工作计划，明确每位员工的工作分工、完成时限和工作要求，进一步加快了工作效率。三是为提升员工的整体素质，年内选派公司总经理、副总经理、员工先后5次参加自治区、日喀则市在内地、拉萨、本市等举办的各类培训班，参加1次项目考察，学习先进的管理经验和业务知识，进一步提高了自身素质。同时，大力践行社会责任，公司联合市脱贫攻坚指挥部办公室、市委宣传部，支付专项费用，制作了日喀则市2016年脱贫攻坚宣传片，在全市营造良好的宣传氛围。公司还协助配合市政府办公室，举办全市首期领导干部金融知识培训班。

【扶贫产业项目实施情况】 公司2016年共实施扶贫产业项目6项：国家农业科技示范园区江孜县青稞深加工项目，投资1亿元；康马县人工饲草基地建设项目，投资3000万元；日喀则国家农业科技示范园区白朗县高效大棚蔬菜基地，投资1亿元；实施桑珠孜区光伏小镇+生态设施农业项目，投资1亿元；实施南木林县精准扶贫人工种草产业项目，投资1亿元；实施亚东县边贸市场扶贫商铺建设项目，投资3700万元。以上六个项目累计投入资金4.67亿元，项目投产后每年预计收益2.04亿元，能够带动1306名建档立卡贫困户增收，并且公司与项目主办方均签订精准扶贫协议。

【政府风险补偿金担保贷款项目实施情况】 2016年度，公司给18个县（区）安排政府风险补偿基金2亿元，市级政府风险补偿基金2亿元，共计4亿元。到目前，累计发放政府风险补偿金担保贷款14笔，金额1.7335亿元。其中：农行累计发放6笔，金额2023万元；中行累计发放1笔，金额300万元；建行累计发放2笔，金额3900万元；西藏银行累计发放2笔，金额8112万元；邮储银行累计发放3笔，金额3000万元。据统计，2016年我公司提供风险补偿基金担保贷款带动3472名群众增收致富，150名群众实现就业。

【招商引资项目实施情况】 2016年引进珠峰华绿有机肥研发与生产扶贫产业项目，投资金额1亿元。同时，总投资2.058亿元的珠峰啤酒饮品项目、总投资2450万元的珠峰林下资源开发两个招商引资项目也已成功落地实施。

【重大事件】 2016年6月20日，日喀则市雅江扶贫开发有限责任公司（现更名为日喀则市珠峰扶贫开发有限责任公司）正式挂牌成立，自治区人大常委会副主任、市委书记丹增朗杰，市委副书记、市长刘虎山等自治区、市领导出席。

2016年8月23日，日喀则市珠峰扶贫开发有限责任公司与白朗县人民政府、白朗县年雄扶贫开发有限公司签定合作协议。

2016年8月18日，公司与江孜县人民政府、江孜县宗成开发有限责任公司签订合作协议。

烟草专卖

【概况】 日喀则地区烟草专卖局、西藏自治区烟草公司日喀则地区公司位于日喀则市山东路108号，2004年7月1日原日喀则地区烟草公司与日喀则地区专卖局合并，并上划自治区烟草专卖局（公司），是日喀则地区国有中直企业中的利税大户之一。

日喀则地区烟草专卖局（公司）设办公室、人事劳资科、财务审计科、专卖管理科、营销中心、综合督查科、安全保卫科、内管派驻办8个科室，下设5个配送中心，分别为拉孜配送、江孜配送、定日配送、萨嘎配送、和城区配送。

2016年卷烟销量1.6326万箱，同比增加0.0166万箱，增幅1.03%，完成年度目标任务的100.04%；实现销售额5.9008亿元，同比增加0.4073亿元，增幅7.42%，完成年度目标任务的106.16%；单箱销售收入3.63万元，同比增加0.19万元，增幅5.52%；实现利税0.9448亿元，同比增加0.2778亿元，增幅41.65%，完成年度目标任务的118.84%。

【两学一做】 一是坚持领导带头学，局党组5名成员带头学习党章党规、习近平总书记系列讲话，带头抄写党章、系列讲话和《准则》《条例》，强化党员动手能力，使之入脑入心；二是坚持分组集中学，局（公司）在职31名党员分两组进行学习，按照四个专题研讨，分组学习讨论13次；三是坚持支部辅导学，党支部为党员发放党章党规等学习资料186份，组织各科室辅导学习12次；四是坚持“三会一课”学，建立“三会一课”学习制度，组织党员定期开展学习；五是坚持流动党校学，邀请党校老师到单位授课4次，参与党员88人次；六是坚持典型教育学，组织党员观看反面警示教育片4次，开展警示教育；七是坚持知识竞赛学，积极参加市委组织的“学党章党规”知识竞赛活动，做好参赛选手的初选，24名党员参与初选，营造开展学习教育的浓厚氛围。

根据国家烟草专卖局党组关于《中共国家烟草专卖局党组关于进一步加强行业各级党组织党费管理工作的意见》国烟党[2016]77号，按照中组发〔2008〕3号文件精神，将2008年至2016年4月期间的实发工资、应交党费、已交党费和应补交党费进行了核对清算，补缴党费45.277万元。

【专卖管理】 2016年开展了三次联合专项打假工作，制定了专项打假工作方案，时间跨度接近5个月，按照方案工作要求开展了市场专项整顿工作，通过开展专项行动，卷烟市场得到了清理。2016年共查获各类案件70起，共查获“假、私、非”卷烟50.814万支，总案值60.766万元，上缴罚没款5.87万元。二是继续完善“规范自律”的内管机制。紧紧围绕“注重自律、提高效率”两大课题，认真落实“全面覆盖，良性互动，注重实效”的内管工作模式，促使各流程、各环节在思想上更加重视，在行动上更加自觉，在标准上更加严格，在整改上更加主动，在工作上更加规范。三是积极提高法制建设水平。积极开展“法律七进”活动，组织局（公司）全体员工开展《合同法讲座》《行政复议法》《反家庭暴力法》讲座，组织全体员工开展法律知识竞赛活动，全面推进普法依法治理工作。加强日常宣传，通过宣传栏、座谈会及日常走访检查等形式，大力宣传烟草专卖法律法规及行业相关政策。

【基础管理】 积极推进ISO9000质量管理体系的贯标自查工作，以贯标对标工作为抓手，强化基础管理，狠抓安全管理，严格对照区局（公司）下发的质量体系审核要点，制定详细的计划，责任明确到人，逐条对照，逐条改进，提高体系文件执行率。以卷烟营销师、专卖管理员技能鉴定为契机，采用面授、案例分析、以会代训等多种方式，定期组织培训、学习，及时总结和推广先进经验，不断提高一线员工的履职能力。2016年江孜卷烟配送中心建成投入使用，投入资金1500万元，改善了职工办公、生活条件。

【队伍建设】 召开了党风廉政建设专题工作会议，制定《日喀则市烟草专卖局（公司）2016年落实党风廉政建设和反腐败工作目标管理责任方案》，组织法人与纪检组长、其他党组成员、科室负责人签订《党风廉政建设责任书》。扎实推进廉政风险防控体系建设，到目前为止，共整理出72个廉政风险点，其中有25个一级廉政风险点，33个二级廉政风险点，14个三级廉政风险点，扎实推进局（公司）惩治和预防腐败体系建设。按照行业劳动用工管理办法要求，通过第三方招聘了三名保安人员，将2名协议工移交到第三方，减少劳动用工风险，规范了劳动用工的管理。与65名新员工签订了第三次无固定期限劳动合同，10名新员工签订了第二次劳动合同。

中国石油西藏销售日喀则分公司

【概况】 中国石油西藏销售日喀则分公司始建于1972年，1998年7月上划中国石油天然气集团公司，归属中国石油西藏销售分公司垂直管理。主要承担驻地油品的储存、调运、销售以及日喀则市抢险救灾油料的供应。

公司机关下设三个部门：业务运作与安全环保部、财务部、综合管理部，下辖一个南郊油库、十七县区26座加油站（中心加油站、东郊加油站、西郊加油站、北郊加油站、南郊加油站、白朗、江孜〈2个加油站〉、康马、亚东、岗巴、拉孜〈2个加油站〉定日、定结、萨迦、昂仁、萨嘎、聂拉木、樟木、谢通门、南木林、仁布、吉隆、大地、汇丰）；总库容6540立方米。

2016年，销售成品油15.96万吨，同比增长3.8万吨，增幅31%。纯枪销售14.07万吨，同比增长3.27万吨，增幅30%，直销1.89万吨，同比增长0.54万吨，增幅39.62%；累计办理加油卡1.65万张，卡销比85%；便利店销售514万元，增幅129%。

【经营管理】 2016年，公司克服格炼直炼资源紧张、铁路管输运输困难等不利因素，优化资源流向和配送，强化市场控制，调入资源16.42万吨，供应日喀则市成品油15.96万吨。有力保障了抗洪救灾、抗击雪灾等突发事件油品供应。

“双低站”治理持续优化，在运营6座承包站，日均油品环比增幅23%，优化用工26人，促进站点人均劳效提高30%，大大提高公司“双低站”经营效率。

【队伍建设】 大力引进人才，接收内地石油学校和本地大学生6人，分配在县站培养使用，充实县站力量。培训和接收实习生、见习生16人，队伍素质显著提高。加强队伍培训。认真开展“师带徒”活动，组织“开口营销”现场培训20余次，系统运维培训120余人次，人员结构、综合素质进一步得到了提升优化。

【群团工作】 公司团委积极落实团委“三会一课”制度，认真配合市团委组织开展各项工作，定期组织公司青年团员前去孤儿院、敬老院进行献爱心活动，共送去价值6000余元的慰问品。公司妇联积极关心女职工生产生活，在“三八节”组织开展女性职工健康讲座、听取女性职工存在问题和困难，引导女性员工投身企业建设。关心爱护职工，工会工作有序开展。公司工会看望慰问基层员工、困难群众和离退休人员80余次，召开离退休座谈会7次。大病帮扶慰问困难员工2名，争取慰问金6万元，协助办理医疗报销20余万元。花费10万元组织173名员工健康体检，及时向操作一线的员工发放劳保用品15万元，极大的改善了基层员工群众的生产生活条件。

【安全工作】 深入落实HSE管理原则，细化分解安全环保责任，加强油库站标准化建设，组织召开了2次安委会和12次安全维稳工作专题会议，开展安全经验分享36场次，安全环保教育培训185人次，整改各类安全隐患62项。严格执行117号主席令和实名制登记加油、零散油管理，坚持特殊时期24小时值班制度和重要信息报告制度。深入开展节前安全检查、季度稽查和“安全生产月”活动，采取有力措施开展隐患排查，治理整改隐患18项，保证了安全稳定的生产经营局面。

为三个驻村工作点花费100多万修建灌溉水井

【强基惠民】 投资100余万元，为三个驻村点修建灌溉水井，均已完工投使用，有效解决了当地农田灌溉问题。公司主要领导看望慰问驻村工作队和当地群众3次，为驻村点农牧民送去价值5万元慰问品，在“3.8”妇女节来临之际，组织三个驻村点妇女同志开展“庆三八”活动，发放价值6000元慰问品。

自治区常委、纪委书记王拥军莅临南郊油库检查指导工作

科学

科技

【概况】 日喀则市科学技术局（科学技术协会）内设机构编制9个，人员编制39个（公务员编制10人、机关事业编制4人、全额事业人员编制25人），其中领导职数5人。内设办公室（政工人事科）、科技成果管理科（市知识产权局、政策法规科）、农牧科技科、科学技术协会办公室、科技开发交流中心、能源研究示范中心、高新技术产业发展中心、生物科技研究所、机关后勤服务中心。2016年，市科技局（科学技术协会）围绕“民生改善新高地、发展稳定先行市”的战略目标，以“实施创新驱动发展战略”为主线，以科技服务“三大产业”为抓手，努力使日喀则市科技工作再上新台阶。

【科技项目】 2016年，共争取各级科技项目58项3734.26万元，主要有：国家科技项目《西藏科技抗震救灾应急技术支撑与示范》1项300万元；自治区科技科研项目（包括：中央引导地方科技发展专项、自治区重点科技项目、自治区众创空间平台建设项目、自治区“三区”科技人才项目）14项1576.6万元，市级科研重点项目26项480万元（包括：农牧民科技特派员培训项目1项30万元），市级科协项目12项77.66万元，科技援藏项目5项1300万元。

【良种技术】 年内，“喜玛拉22号”亩产量达406.7—520.5公斤，比“喜马拉19号”“藏青320”增产36.1%。科研课题“春青稞GH88009”在萨迦、昂仁、定结等海拔4400米以上乡村试点示范种植获得成功；引进“藏青25号”进行试种，该品种β—葡聚糖含量可达到14%，比其它青稞品种含量都高，亩产可达到500斤，对下一步β—葡聚糖提炼提供充足原料打下良好基础。“年河18号”甘蓝型油菜新品系较当地主栽品种亩增产30公斤以上。自治区科研重点项目脱毒马铃薯高效优质栽培技术示范，平均亩产达5500斤，增产37.5%，最高亩产达到8230斤。

【科技精准扶贫】 组织康马、白朗、萨迦、江孜、拉孜、谢通门6县实施自治区中央引导地方科技发展专项6项570万元，项目覆盖14个村，带动

2016年6月13日，自治区科技厅张岩书记带队一行调研组在江孜县红河谷农业科技园区考察指导工作

167户贫困户633人，培训技术人员420人。

【强基惠民送科技行动计划项目】 项目已覆盖18个县34个乡41个村，示范带动农牧民1311户，基层技术培训3937人。同时，完成了《江孜县琼堆村高海拔优质奶牛品种改良示范项目》，引进优质娟姗牛F2代3头，与当地奶牛品种10头对比示范养殖；启动《马玉村牧家乐太阳能系统配套技术示范》项目。

【农业科技园区】 依托日喀则国家农业科技园区，进一步发展白朗县绿色蔬菜产业基地，引进茼蒿、油麦等7种蔬菜新品种进行对比试验，进一步对嫁接育苗技术进行集成与提升，嫁接成活率达75%以上；研究内置式秸杆反应堆和外置式秸杆反应堆技术，有效减少化学肥料使用40%以上；培养技术人员4名，培训100名农牧民，辐射带动6000栋温室，进一步打响白朗绿色蔬菜品牌。成功推广了娟姗牛等奶牛高效繁殖及饲草种植加工技术，据测算改良奶牛日产奶量比当地牛平均增加2.5公斤。萨福克羊养殖与良种扩繁技术的实验成功，有效提高了肉羊养殖效益，周岁商品杂交育肥肉羊平均活体重达47.7公斤，比同龄当地羊提高23.5公斤，毛绒产量达3.6公斤，比当地羊提高0.3公斤，商品杂交羊育肥屠宰率达到45%，比当地羊提高5.5个百分点，平均每只杂交肉羊多产肉部分的经济效益达到714元，平均每只杂交羊多产毛绒部分的经济效益达到40元。萨富克羊第三代基本可产二至三胎，为今后农区良种肉羊舍饲规模化养殖及林区肉羊提纯复壮奠定了良好基础。依托黑龙江省科技厅技术援藏，积极打造康马县草畜科技生态示范园区，建立人工饲草细加工基地；科技服务艾玛乡雅江生态开发区建设及南木林“湘河谷”经济林生态产业发展，推动日喀则生态环境保护与建设。扶持创建聂拉木县琐作乡农牧科技示范园，逐步将反季节蔬菜推广到乡村，解决基层吃菜难问题。

【科技成果转化】 主要扶持了白朗康桑农产品发展有限公司糌粑加工真空包装，制定真空青稞糌粑加工标准，增加青稞糌粑贮藏保质期；加强青稞深加工科技成果转化，拟开发青稞曲奇饼干2—3种；扶持了旺达食品有限公司青稞制粉加工方便面生产线技术研究，开展青稞方便面生产技术改进、产品研制和中试生产，改进与研制出1—2条生产方便面生产工艺流程和生产线，开发1—2种方便面食品；牵头日藏雄特色农产品科技发展有限公司对日喀则传统地理地标的农副产品（朋必）进行加工及保藏技术研究；实施了白朗县蔬菜保鲜技术集成研究与示范，引进贮藏保鲜试验库和示范库成套设备，采取新型保鲜膜及保鲜剂配套技术，通过蔬菜采收、精选、清洗、预冷、装袋、闭封、入库、恒温等保鲜措施，实现保鲜贮藏目标。

日喀则国家农业科技园区立体式无土栽培示范

【科技交流与合作】 探索建设“互联网+”创客空间，借助上海市研发公共服务平台—西藏日喀则服务驿站暨“喜格孜”众创空间科技服务平台，主要对管理干部及科技工作者开展了“大数据时代”“小微企业政策解读”“大众创业万众创新”等远程培训；多方协调并加强衔接桑珠孜区小微企业创业创新基地城市示范园平台建设工作，协助市人民医院申请“创三甲”科技攻关项目，成功申报了“萨迦县民间传统藏医养生保健操项目”，有效开展了藏药珊瑚接骨丸的物质基础及作用机制研究、马玉村牧家乐玻璃房太阳能系统配套技术提升等项目。

【科技“三区人才”工作】 共争取到资金261.6万元。主要有以下三方面：一是科技人员选派名额90名，每人每年2万元标准补助，并成立一支“三区”科技人才服务队，选派的科技人员基层一线服务天数累计不少于100天。二是组织边境县农牧科技拔尖人才13名参加自治区农科院培训，培训天数200天；三是由市科技局组织培训，培训人数21天，主要是以农牧民科技特派员和农牧民科技明白人培训为重点，提高基层科技服务能力及科学素质。

2016年4月21日，在市科技局召开全市科技工作会议

【农牧民科技特派员培训】 利用全市204个乡镇1673个行政村3346名农牧民科技特派员“一村均2名农牧民科技特派员”的人才优势，主要开展太阳能系统设备维修、拖拉机维修、摩托车维修以及青稞增产种植、大棚蔬菜新品种示范等技术共100名进行了培训，特别对科技特派员气象预测平台信息报送人员64名进行了培训，引导农牧民依靠科技走上致富奔小康。

【科技宣传与科学技术普及】 推进科普基地建设，继续实施学会能力提升计划，继续申报藏医学会、蔬菜学会等市级学会；实施各级基层科普行动计划。成立日喀则市科普中心、流动科技馆，创建社区科普活动站、寺庙科普活动站；18县区均建立农村中学科技馆；召开全区科协系统科协工作现场会；推进科普示范县、示范社区等创建活动；申报科普大篷车，争取实现全市18个县区全覆盖；继续开发“科普手机报”平台，创新大众科普传播手段。全面贯彻落实《全民科学素质行动计划纲要》，组织18县区参加中国科协启动的首批2016—2020年度全国科普示范县（市、区）创建工作。

气　象

【概况】 日喀则市气象局始建于1955年12月，前身是西藏军区第三气象站。观测场位于北纬29°15′，东经88°53′，海拔高度为3836米，为国家基准气候站，国家二类艰苦气象台站。主要业务范围包括地面气象观测、高空气象观测、农业气象观测、天气预报、气象服务、气象防灾减灾、气象灾害预警、气象科研、依法行政、社会管理等。

日喀则市气象局设立了办公、业务、人事、计划财务4个内设机构和气象台、大气探测与技术保障中心、气象科技服务中心、财务核算中心4个直属事业单位，以及防雷减灾、人工影响天气2个地方气象机构，下辖定日、拉孜、聂拉木、亚东、江孜、南木林和吉隆7个县气象局。截止年底全市气象部门现有干部职工108人，市局57人，基层县局51人，其中藏族90名、汉族18名，其他民族无，全市气象干部职工平均年龄为37岁。地编人员10人，平均年龄27岁。

日喀则全市已建成各类自动气象站40个，其中19个国家级无人自动气象站，11个区域无人自动站，7个有人站、3个交通站。建成便民警务站气象信息发布系统36个，农牧综合服务中心建设气象服务站149个，全市十八个县区建成人数达1

万余名的气象信息员队伍。

2016年12月9日，仁布县气象局揭牌仪式

【气候概况】 2016年，全市年平均气温4.8℃，较常年值偏高0.2℃，属正常范围。年降水量414.7mm，较常年偏多。6月中旬我市各地相继进入雨季，与常年同期相比，雨季开始期偏早。全市大部四季气温偏高，冬季降水总量偏少，降水时空分布不均匀，西南部局地出现了强降雪天气；春季中东部降水略多，其余各地偏少；夏季全市降水量偏多，降水相对集中且强度大；秋季降水各地正常略少。

年内极端天气气候事件频发，部分站点气温、降水量创历史同期新高，尤其是西部牧区，较常年同期相比，夏季降水频繁且强度大，多地出现了洪涝、冰雹、雷电等灾害性天气，对农牧业生产和交通运输等带来了一定的影响。

气温全市各地年平均气温为—2.1～12.3℃，与常年相比，南木林正常，其余各地偏高，其中定日偏高1.3℃。年初极端气温事件多，1月22日南木林最低气温降至—20.8℃，23日最低气温达到—26.0℃，连创历史新低（—17.8℃/1999年1月11日）。2月19日帕里和定日最高气温达15.0℃和15.3℃，（帕里：13.8℃/1985/02/19，定日：15.0℃/1993/02/09）。

降水全市各地年降水量为66.8～2724.8mm，最多值出现在樟木。与常年相比，聂拉木偏少，桑珠孜区、定日和帕里正常，其余各地偏多，其中南木林偏多6成。盛夏时段全市大部降水量偏多，极端降水事件出现较为频繁，7月26日帕里站最大日降水量达到36.1mm，创历史同期新高（32.3mm/1973年7月23日）。

日照全市各地年日照时数为2454.2～2359.1小时，与常年相比，定日、帕里正常，其余各地偏少，其中南木林偏少326小时。

大风冬、春季我市西部和南部边缘地区多大风天气，部分时段风力达10级以上，沿江河谷地区午后出现了5级左右的阵风，局地部分时段风力达7级，并伴有扬沙、浮尘天气。年平均风速各地在1.3m/s～6.4m/s之间；年最大风速各地在10.0m/s～38.0m/s之间；年极大风速各地19.7m/s～46.6m/s在之间，大风日数各地正常略多。

【主要气象灾害】 2月12日聂拉木出现大风天气，造成聂拉木局业务办公楼顶铁皮被刮走，极大影响日常业务工作和行人安全。

1—2月，日喀则市西部和南部边缘地区出现强降雪天气，局地出现了暴雪，强降雪天气造成国道318、219高海拔路段路出现积雪和暗冰，对道路交通造成了不利的影响。

6月25日，日喀则市定日县岗嘎镇，遭受短时强降水并伴有冰雹天气，导致岗嘎镇热久村唯一一条水源输送暗渠被山洪冲毁，受损长度近100米、经济损失约15万元，导致全村75户、450人，耕地890亩、牲畜7200头都受到不同程度影响。

6月29至30日，日喀则市萨嘎县夏如乡夏如村、拉亚村出现冰雹、泥石流灾害。受灾户数94户、受灾人数596人，农田受灾面积132.64公顷，其中绝收面积4.95公顷、经济损失约10万元。夏如村约150米长水渠，拉亚村长约1000米、宽0.8米的水渠完全被泥沙填埋，无法正常灌溉，严重影响农业生产。

7月3日，日喀则市拉孜县扎西宗乡杂村遭受冰雹灾害，农田受灾严重，受灾面积占全村农田面积的90%，且全部绝收。受灾52户，371人。

7月5日，拉孜镇拉果自然村境内出现短时强降水并伴有冰雹，造成拉果村10米左右铅丝笼结构防洪坝被冲毁。

7月11日，拉孜镇萨龙村、孜果村境内出现短时强降水并伴有冰雹，导致萨龙村0.27公顷农田被淹、70米左右铅丝笼结构防洪坝被冲毁、部分道路被毁，交通受阻。

7月12日，江孜县卡堆乡受冰雹和短时强降水天气影响，农作物、房屋、防洪堤坝等遭到不同程度的损坏，卡吾村农田受灾面积约26.7公顷，其中绝产13.3公顷，水渠和村道受损长度达400米左右，并导致部分民房进水。预计经济损失56万元。吾聂村受灾农田面积约15.9公顷，其中绝产10.9公顷，损坏防洪堤坝453米左右，经济损失约33万元。

7月28日，江孜县出现强降水并伴有冰雹天气，造成890亩农田受灾，其中重灾680亩，轻灾210亩，死亡牲畜1头，直接经济损失约285400元。

7月10—13日，拉孜县扎西岗乡朵门村突降冰雹并引发洪灾，造成79.9亩农田受灾，其中17.8亩绝收。

洪涝6月30日，受短时强降水影响，日喀则市江孜县纳如乡吐如雄村、吐如岗村、恰曲村、日括村出现洪水、泥石流灾害。农田受灾总面积30公顷，其中绝收0.34公顷；恰曲村5户民房受淹无法入住，未造成人员伤亡。

6月30日，定日县扎西宗乡出现短时强降水，遭受洪水灾害，受灾户数189户，受灾人数845人。云加村农田受灾面积2.13公顷，多处桥梁、渠道、防洪堤坝被冲毁，经济损失88.4万元；白列村农田受灾面积1.67公顷，多处桥梁、渠道、乡村公路被冲断，经济损失36万元；娘木村农田受灾面积1.2公顷。

7月9日，江孜县日朗乡出现强对流天气并伴有冰雹和雷电。短时强降水引发山洪，造成部分牲畜遭到雷击死亡，未造成人员伤亡；紫金乡出现短时强降水，紫金乡帮玉村、努堆村、格西村等出现不同程度的灾害，其中帮玉村农田受灾面积1.33公顷，受灾户23户，直接经济损失约达6万元，未造成人员伤亡。

7月10日，定日县岗嘎镇古龙村、我嘎村、龙江村出现短时强降水并引发洪涝，导致古龙村农田受灾面积3.4公顷，其中绝收2.3公顷；我嘎村农田受灾面积1.7公顷，其中绝收1公顷；龙江村草场受灾面积16.7公顷。

7月11日，江孜县卡堆乡卡吾村受短时强降水天气影响引发山洪，农田受灾面积约1公顷，防洪堤坝15米被冲毁，导致村委会及村民院内进水。

7月12日，江孜县卡麦乡出现短时强降水，导致嘎益村农田受灾面积5.06公顷、那吾村农田受灾面积1.33公顷、朗嘎村农田受灾面积0.4公顷、玉村农田受灾面积1.53公顷、康比村农田受灾面积1.33公顷。

7月13日，受持续性强降水影响，定日县岗嘎镇遭受山洪灾害，共有492.2亩农田受灾，其中21.3亩绝收；54.7亩草场受灾；575.2米防洪坝和两座桥梁被冲毁，6350米水渠受损，一户民房倒塌。

7月13日，日喀则市定日县岗嘎镇查孜村、地东村受短时强降水天气影响发生山洪，导致查孜村15亩农田受灾，其中12亩绝收；地东村10亩农田受灾，其中8亩绝收。查孜村曲寻河防洪堤坝受洪水冲击多处损毁，现已无法发挥作用。

7月25日，江孜县日星乡出现强降水，引发洪水灾害。导致1.5公顷农田被淹（绝收1.4公顷）；1座牛圈倒塌。

7月25日，卡麦乡出现短时强降水，导致该乡13.6公顷农田受灾（其中绝收4公顷），共造成经济损失12.32万元。

8月1日，江孜县热索乡、日朗乡出现短时强降水，导致2间房屋受损，158.5亩农田受灾，其中3亩绝收，直接经济损失达8.7万元。

8月2日，拉孜县扎西岗乡雅鲁藏布江段河堤（为当地群众自发修建的简易堤防）发生决口，决口2处、宽度约210米，造成1650多亩农田、7410亩草场、2460亩林地被淹。初步估算受灾损失为2065万元，未发生人员伤亡及房屋受损。

8月5日，日喀则市拉孜县彭措林乡受强降雨影响，造成3间民房倒塌，83.8亩农田受灾，其中50.5亩绝收。

8月9日和11日，日喀则市拉孜县彭措林乡出现强降水引发多雄藏布江水位涨高，使之前修建于多雄藏布江边的护田堤坝几处坡口溢水，导致约22.1公顷农田被淹（绝收14公顷）。

雷灾7月25日，江孜县日星乡出现雷暴天气，

1匹马被雷击致死，未造成人员伤亡。

【人工影响天气作业】 6月下旬至10月上旬，全市9县（区）112个炮点共开展人工防雹作业882次，用弹量6295发（枚），（其中火箭作业296次用弹796枚，高炮作业586次用弹5499发）。保护农田面积达80万余亩，炮控范围内未发生冰雹灾害。据各级农牧部门评估平均投入与产出效益比为1：39，取得了显著的社会、经济效益。

【气象防灾减灾】 通过“四个到位”的“吉隆模式”，加快推进新设县气象局建设，年内先后挂牌成立白朗县、谢通门县、仲巴县、萨嘎县、仁布县等县局。市政府办公室印发《日喀则市新设县局建设方案（2016年至2017年）》，对新设县局人员、职能、经费及下一步工作等作出部署。完成2017—2019年全市气象部门基础设施建设项目的申报工作。完成聂拉木县局灾后重建项目前期准备工作，争取在全市范围内尽快开展气象服务及气象防灾减灾工作。市政府发文调整人影工作领导小组，投资修建了两个人影弹药库；与市国土局签订了防灾减灾联动合作协议，加强信息交换共享；举办2016年农牧民人影技能培训班，组织开展人影作业和防雷减灾工作，做好全市危险化学品、易燃易爆企业安全隐患“三查三改”防雷检测工作；积极协助旅游部门对江孜宗山遗址雷击事故进行调查、鉴定、评估；截止10月份，防雷办共审核795套施工图纸，常规防雷检测42家，竣工验收10家，下发整改通知书14份；完成7项防雷工程建设工作。

【气象为农服务】 市气象台发布并指导县级气象局发布灾害性天气预报及其次生灾害性天气预报，地质灾害预报；珠峰旅游气象服务系统和桑珠孜区便民警务站气象服务信息发布系统运转良好；多次准确预报重大灾害性天气过程，主动向市政府汇报汛期天气情况和强降水预测信息，做好重大活动、节日专题专报；江孜县设施农业、定日县乡镇气象信息服务站、拉孜县油菜种植等特色为农服务工作推进有序；推动聂拉木、仁布等11个县区“三农”服务专项建设，均已通过全区交叉检查验收。全年累计发布预报预警200余期，专题预报60余期，农业气象服务信息34期，微信公众号发布信息789条，发送各类预报预警和宣传短信近30万条（次）。

日喀则市气象局安全生产月宣传

【党建、党风廉政和精神文明建设】 经市直机关工委批准，撤销市局党总支，成立市局机关党支部，并被市委评为“先进基层党支部”。制定市局“两学一做”学习教育活动方案，按规定完成学习教育各项活动，根据全市统一部署，积极开展“讲学习、讲忠诚、正风纪、转作风、提效能”主题活动。成立市局党风廉政建设工作领导小组，多措并举推进党风廉政宣传教育月活动，对新任科级干部进行任前廉政谈话。做好定日、南木林、亚东、江孜县气象局申报全国文明单位和拉孜、聂拉木县气象局申报自治区级文明单位推荐工作，在全市庆“七一”红歌会中荣获组织奖。积极配合区局做好国有资产清查、主要负责同志任中经济责任审计和财务大检查工作，就存在问题精心组织整改。做好强基惠民驻村工作，第六批驻村工作队已于12月26日奔赴驻地。

【援藏工作】 顺利完成第七、第八批援藏干部轮换交接。整理援藏项目需求，向上海、吉林、山东、黑龙江四省市发函商榷，积极督促落实，并于11月赴吉林、山东、黑龙江三省考察调研，签订《援助共建协议》。山东省济宁、淄博市局在现有基础上额外增加投入，援助亚东、拉孜县局建设职工食堂、文体设施等，经费于12月已到位。

（张雁南）

地　震

【概况】　日喀则市地震局经批准于2006年9月成立。内设两个科室。截止2016年底，全局有干部职工9人，为副县级编制，设立有党组一个，党支部一个。2016年，市地震局始终坚持防震减灾的工作方针，把防震减灾工作列入重要议事日程，始终立足“减”，着眼“防”，在未雨绸缪、下好先手棋上下功夫，建立健全防震减灾体系，进一步健全预案，完善体系，建强队伍，强化宣传。2016年共发生3级以上地震17次，其中5月22日结县和定日县分别发生里氏5.3级地震。

日喀则市召开防震减灾工作会议，总结2016年防震减灾工作，部署2017年工作

【防震减灾体系】　由四川科技厅指定成都高新减灾所无偿援助的地震烈度仪与地震预警设备的安装顺利完成，共援助地震烈度仪30套，预警终端10套，折合人民币460余万元。该项目利用电波比地震波传播速度快的原理，地震烈度仪负责监测地震烈度，预警终端接收预警中心信息后立即向人们报警，一般比地震波破坏来临提前几秒至几十秒。同时17县一般台站选址和10个基准台站选址工作顺利完成。

【防震减灾工作组织领导】　一是根据《破坏性地震应急条例》和《西藏自治区地震应急预案》等有关法律法规，完善并印发出台《日喀则市地震应急预案》，预案结合实际，有针对性地细化了决策指挥、抢险力量组织、受伤人员救治和受灾人员转移安置等应对措施，明确各重点环节责任人，做到组织到位、措施到位、责任到位，形成政府统一指挥，部门联动联防、社会共同参与的应急响应机制，确保一旦有震情，第一时间启动应急、启动救援。二是面对当前地震趋势，为加大对重点危险区防震减灾工作的指导，结合自治区领导批示讲话精神，根据2016年地震危险区地震趋势会商意见，及时出台了日喀则市《关于进一步做好防震减灾工作的意见》下发至各县区和有关部门，就做好2016年防震减灾工作进行了安排部署。据初步统计，目前我市各县区应急物资、资金储备到位，有的县将应急物资储备到易发灾害乡（镇）村，防患于未然。三是针对人员变动较频的状况，去年上半年将我市地震速报及宏观异常情况速报员进行重新登记，建立县、乡、村三级速报员2063人。四是加大地震应急救援志愿者队伍建设，结合实际进行地震、医疗救援等技能专业培训工作。

【强化宣传，普及防震减灾知识】　一是广泛开展宣传活动。以全国“防灾减灾日”暨汶川地震纪念日、《中华人民共和国防震减灾法》实施日和科普宣传日等为契机，有针对性地开展防震减灾宣传活动，向市民发放防震减灾知识读本和防震、避震知识读本，接受社会各界民众的咨询。二是利用平安中国防灾宣导系列电影季，结合学校、社区的实际利用周末和空闲的时间，在城北办事处幸福社区、城南办事处波姆庆社区、市职校、上海实验学校、市小学等地组织放电影6场次，组织群众1112人次、师生3000人次，进一步提高了地震自救互救能力。三是全面开展防震教育。利用广播、电视、电台、报纸、横标、短信、印发宣传资料等形式，全面开展防震、避震常识教育，增强全民防震减灾意识。

【加强党的建设，努力开展各项工作】 认真落实党建工作责任制和“三会一课”制度，按期召开局党组会议，坚持班子成员上党课制度。健全完善党建工作制度，加强党员队伍常规管理。将队伍建设的总体要求融入到每个岗位，增强了工作人员的责任意识、大局意识和服务意识，形成了用制度管事管人的长效机制。严格执行班子内部重大事项通气通报制度，进一步规范了班子内部议事规则和决策程序，提高了班子决策的透明度。

【“两学一做”】 “两学一做”学习教育活动全面开展以来，成立了学习活动领导小组，配备相应的工作人员，制定实施方案，并严格按照区党委、市委的要求开展了“学党章党规、学系列讲话、做合格党员”为主题的学习活动，全体党员都逐条逐句通读熟读党章并抄写党章，全面理解党的纲领，牢记入党誓词，牢记党的宗旨，牢记党员义务和权利，认真学习了《中国共产党廉洁自律准则》《中国共产党纪律处分条例》等党内法规及《习近平总书记系列重要讲话读本》，使增强了全体党员为共产主义这一人类无比壮丽的事业而奋斗的信心。

安全生产日宣传

日喀则市2016年灾情信息统计

发震时刻	纬度	经度	单位	震级	参考地名
2016-06-27 22:52:55.7	29.07	87.22	6	3.6	昂仁县
2016-06-10 13:47:29.9	28.32	87.58	7	3.1	定结县
2016-05-26 17:29:25.1	28.49	87.57	6	3.2	定日县
2016-05-24 02:09:01.5	28.58	87.53	7	3.9	定日县
2016-05-22 12:49:43.2	28.59	87.50	9	4.1	定日县
2016-05-22 10:05:54.1	28.41	87.59	6	5.3	定日县
2016-05-22 09:48:45.6	28.36	87.60	10	5.3	定结县
2016-05-22 09:32:29.2	28.31	87.62	6	4.1	定结县
2016-05-21 15:58:58.8	28.37	87.59	7	3.6	定结县
2016-05-11 04:30:48.0	30.66	83.33	8	3.3	仲巴县
2016-04-20 01:22:18.4	28.12	88.16	7	3.3	定结县

续表

发震时刻	纬度	经度	单位	震级	参考地名
2016-01-31　12:18:23.3	29.71	84.27	9	3.1	仲巴县
2016-01-28　17:36:02.9	29.76	88.31	7	3.4	谢通门县
2016-01-28　08:50:26.8	29.65	88.24	6	3.1	谢通门县
2016-01-22　03:22:48.2	28.36	85.21	8	3.8	吉隆县
2016-01-14　08:03:52.7	29.70	88.22	6	3.3	谢通门县
2016-01-14　07:15:44.7	29.68	88.20	7	3.8	谢通门县

卫 生

卫生和计划生育

【概况】 1964年前，日喀则地区未设立卫生职能机构，只有专署人民医院。1965年5月，日喀则专区文教卫生局成立，负责日喀则文教卫生工作。1971年12月，日喀则地区卫生局成立。1972年，日喀则地区革委会卫生局成立。1976年，恢复日喀则地区卫生局。2014年，日喀则撤地设市后，日喀则地区卫生局（人口计生委）更名为日喀则市卫生局（人口计生委）。2016年，根据自治区人民政府、日喀则市人民政府的文件精神，日喀则市卫生局更名为日喀则市卫生计生委。日喀则市卫计委为市政府工作部门，主要职责包括贯彻执行国家和自治区关于卫生和计划生育工作的法律法规和方针政策，拟定全市卫生和计划生育事业发展规划；贯彻落实国家和自治区药物政策和国家基本药物制度，执行国家和自治区基本药物目录；负责制定全市疾病预防控制规划、免疫规划、严重危害人民健康的公共卫生问题的干预措施并组织落实；负责组织拟定并实施基层和计划生育服务规划和政策措施；负责医疗机构和医疗服务行业的准入管理并监督实施；负责制定职责范围内的职责卫生、放射卫生、环境卫生、公共场所卫生、饮用水卫生管理规范、标准和政策措施，组织开展相关监测、调查，负责传染病防治监督等。日喀则市卫计委现设有办公室（政策法规科）、规划财务科（信息科）、疾病预防控制科（市爱国卫生运动委员办公室、卫生应急办公室）、医政管理科（干部保健科）、基层卫生和妇幼保健康服务科（科技教育与宣传科）、流动人口计划生育管理科（计划生育服务指导科）、综合监督科（食品安全标准与监测评估科）、藏医药管理科、政工人事科等科室。2016年6月14日，我委属单位市中心血站，正式挂牌成立。截至2016年年底，我委核定编制56名、实有干部职工52名，日喀则市拥有各级医疗卫生机构257个，卫生技术人员2853名，床位3087张，平均每千人拥有卫技人员3.74人，平均每千人拥有病床3.9张。

副主席德吉莅临卫生计生委检查指导工作

【医疗改革】

（一）公立医院改革

着眼医院未来发展需要，市人民医院制定三定方案，科室设置从39个增加到50个，人员编制从369人增加到539人，神经外科等8个科室与上海市各大“三甲”医院建立结对帮扶关系，打造8个合作中心，8个科研课题获得审批，医疗服务水平和医疗质量显著提升。持续开展县级医院等级评审，邀请自治区专家对桑珠孜区及定日县级医院进行了二级医院评审，2家医院分别通过了二级甲等医院和二级乙等医院评审，到目前已有17家县级医院通过了等级评审。推进医院信息化建设，已有16家县级医院实施了医院信息化，桑珠孜区医院与对口支援省（市）医院开通了远程医疗会诊。国家卫生计生委确定江孜县医院为全区唯一公立医院综合改革成效显著单位，江孜县医院格桑院长荣获“2016年中国优秀医院院长”称号。落实县级公立医院综合改革资金4370万元和药品零差率补助资金1693万元。完成了3740万元的县级医院高原病诊疗设备采购工作。

（二）基层医疗机构服务

全面推进县乡卫生服务一体化管理试点和乡村卫生服务一体化管理制度，促进县乡村卫生工作协调发展。制定出台了《实施乡镇卫生院绩效考核暂行办法》，建立健全乡镇卫生院激励机制。加强建设“群众满意乡镇卫生院”，仁布县切瓦乡卫生院等19个乡镇卫生院荣获国家级“群众满意乡镇卫生院”称号。完成了投资3252万元的乡镇卫生院能力建设项目设备招标采购，重点支持中心乡镇卫生院建设，对20个中心乡镇卫生院配备了DR等医疗设备。制定出台了《市卫计委关于进一步加强村医管理工作的意见》和2016年村医任务清单，规范村医管理，提升基本医疗和公共卫生服务能力。

（三）农牧区医疗保障制度

为缓解大病统筹基金透支的压力，全市门诊统筹基金划分比例从10%下降到5%，将大病统筹基金划分比例从55%—58%提高到60%—63%。在18个县区扩大实施了市级医院即时结算制度，实现了市、县级医院即时结算制度全覆盖。实施了江孜等4个二级医院与周边县的即时结算制度，进一步方便了群众就医。实施市级农牧区医疗监管系统信息化建设，实现了市直医疗单位与市医管办医疗费用网络审核。市医管办对市级定点医院开展了即时结算费用集中审核，对不合理收费提出了扣费的整改要求。2016年，全市农牧民个人筹资率达到99.34%，共筹集医疗资金2.9亿元，报销补偿2.4亿元，农牧民受益282.42万人次。共理赔大病补充医疗保险138例、孕产妇及新生儿医疗保险578例。

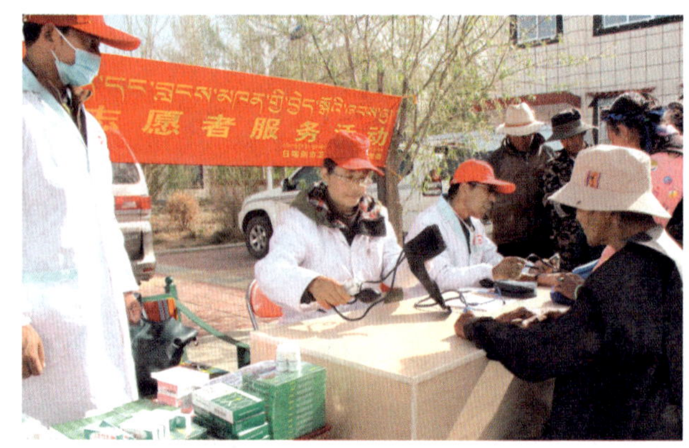

日喀则市卫计委开展义诊活动

（四）卫生基础设施建设

实施市人民医院新院区建设项目，到2016年底主体工程已竣工并通过验收，附属工程已完成招投标及全面填方工作；手术室等核心区域二次深化设计已完成第一阶段招投标，各项装修工作正有序推进。2016年卫生系统新建项目共39个，总投资8600万元，所有新建项目已开工建设并完成总投资的80%。续建项目共14个，总投资1650万元，完成总投资的95%。“4.25”灾后重建卫生项目共15个，总投资1.11亿元，除定日县绒辖乡卫生院外，其余14个项目已开工建设，开工率达到93%。

（五）卫生人才队伍建设

制定出台了《2016年基层卫生技术人员培训方案》，计划培训3157人次，预算培训资金673.66万元，全市完成培训3121次，其中市级培训1493人次。组织开展了基层卫技人员岗位大练兵活动。共评审中级职称61人、初级职称209人。落实乡村医生生活补助资金和公共卫生服务奖励补助政策。

【市人民医院“创三甲”工作】 第一、二批“组团式”援藏医疗队共制定医院专科发展规划

13个，健全制度42项，开展教学查房831次、医疗讲座70场，抢救危重病人187次，结对带教医务人员84人次；开展临床新技术75项，其中腹腔镜肝包虫病切除术等项目的实施填补了全区空白；打造国家级继续教育项目品牌16个。市卫计委积极支持“组团式”援藏工作，投资380万元实施专家公寓楼配套设施建设，对专家所需530万元医疗设备进行了招标采购；协调上海市及自治区卫计委组派专家对医院“创三甲”进行预评估，达到了以评促建的目的。通过实施“组团式”医疗援藏，使市人民医院的管理水平和医疗服务能力得到了全面提升，有力推进了“创三甲”目标的实现。启动实施了三级医院对口帮扶县级医院，目前大部分县与对口援助方签订了援助协议，并开展了对口援助各项工作。

【公共卫生服务】 落实公共卫生服务资金3578.3万元。继续实行基层公共卫生服务网格化管理模式，落实公共卫生服务项目，服务面和可及性不断提升。

（一）重大疾病防控工作

巩固扩大县级疾控中心规范化管理活动。2016年全市法定传染病发病为258.55/十万。有效处置6起突发传染病疫情。落实乡镇卫生院疫苗接种挂牌服务制度，全市常规疫苗接种率达到90.4%。制定出台了《市卫计委关于进一步加强和规范结核病防治工作实施方案》，推行结核病防治绩效管理制度。2016年全市共登记治疗结核病人871例，其中新涂阳130例，完成治疗率达到75%以上。加强鼠疫疫情监测管理，有效处置了7起鼠间鼠疫，在11个疫源县组织开展保护性灭獭，对仲巴等13个县进行了鼠防督导。召开了艾滋病综合防治示范区建设推进会议，完成艾滋病自愿咨询检测服务177人次，艾滋病筛查101人。对口支援省（市）组派72名专家赴全市开展包虫病流调。邀请武警总医院及解放军302医院专家赴萨嘎、昂仁两个县开展包虫病筛查2377人，手术治疗80名患者。邀请对口支援省市专家赴17县（区）开展重性精神疾病患者现场诊断复核846例，为确诊者实施了医疗救治和随访服务。积极推进桑珠孜区慢性综合防治示范区建设。

（二）妇幼健康和优生优育

加大孕产妇及儿童系统管理力度，促进“两降一升”。2016年全市住院分娩率为97.7%，相比2015年提高4%；孕产妇死亡率为66/十万、婴儿死亡率为15.9‰，相比2015年分别下降9/十万和2.6‰。落实住院分娩奖励补助资金2054.03万元。对18个县区开展妇幼卫生专家蹲点督导培训，对江孜等9个县进行了孕产妇及婴儿死亡回顾调查。开展预防艾滋病、梅毒和乙肝母婴传播阻断检测2944人次。完成乳腺癌、宫颈癌筛查9448人次，农牧区妇女孕前和孕早期增补叶酸0.9万人次。落实全面两孩政策，审核发放生育证1112人。实施免费孕前优生健康检查和出生缺陷干预项目。加强计生技术服务和优生优育宣传教育，已婚育龄妇女综合节育率达80%以上。实施流动人口基本公共卫生计生服务均等化试点。2016年全市计划生育“三项扶助”受助人群达8714人，预算资金1030.96万元。

（三）创建国家卫生城市和健康促进工作

根据市委、市政府“六城共建”工作部署，我委成立了创卫办，组织考察组赴拉萨、林芝学习创建卫生城市工作经验，并结合实际制定出台了《日喀则市创建国家卫生城市工作实施方案》，目前各项工作正有序推进。市卫计委组建了健康教育专家库，开展健康知识讲座11次。深化健康促进入户行动示范村创建活动，巩固健康促进活动成果。

（四）卫生计生综合监督执法

全市卫生计生监督覆盖率达90.73%。市卫生监督所开展食品安全风险监测170份样品，公共场所卫生监督检查211户次，下达书面整改意见书102份；学校卫生监督检查15所，下达书面整改意见书8份，学校饮用水水质检测24份；先后3次监督检查南郊水厂，水质检测12份；医疗卫生机构监督检查46家次，下达整改意见书29份，立案处罚4家；餐饮具集中消毒配送中心监督检查4次。开展了县级卫生监督专项督导。

（五）采供血管理工作

我委投资200多万元改装了市中心血站办公楼并配备了设施设备，6月份市中心血站正式挂牌运行并召开了首届血液管理工作会议，截止12月采血量达18万毫升，临床用血17.2万毫升，基本满足临床用血需求，我市采供血管理工作步入了规范化轨道。

（六）卫生惠民工程

全市农牧民健康体检76.8万余人，体检率达98.15%；在编僧尼健康体检4693人次，体检率达100%。下拨城乡居民暨在编僧尼免费健康体检补助经费3923.21万元。确诊儿童先心病患者71例，免费手术救治10例。开展白内障患者免费复明手术1614例。

市卫计委在江孜县江热乡举办大型结核病防治宣传活动

【藏医药特色优势发展】 市藏医院筹资609万元改造了住院部、门诊大厅等，并配备药浴理疗设备，服务设施得到改善；筹资130万元加强骨伤科等重点科室建设，开展培训讲座8次、藏医药特色诊疗13.7万人次，投资400万元实施藏药制剂室能力建设，藏药生产批号增加到138种，传统医药特色优势得到发挥；完成《日喀则大本草》编辑，建立了自治区名老藏医传承工作室，藏医药文化建设得到推进。我委落实藏医药专项经费680万元，召开了第三届藏医药学术研讨会。在40个乡镇卫生院实施藏医馆服务能力建设项目，推进标准化乡镇藏医科建设。制定下发了《社会办藏医试点工作实施方案》。组织4个县藏医院人员赴那曲考察学习基层藏医药能力建设。积极推广农牧区藏医药适宜技术，满足群众服务需求。

【精准健康扶贫】 制定了《日喀则市健康扶贫实施方案》，召开了健康扶贫工作启动会，举办培训班，组织开展了“因病致贫、因病返贫”人群摸底调查。对2016年3015户、3514人的健康扶贫对象进行了建档立卡，全面实施了健康扶贫六项措施，确保健康扶贫工作落到实处。2016年，实施分类救治和慢性病签约服务达1815人，治疗痊愈人数达270人，好转人数达905人，退出因病致贫人数达1175人，占健康扶贫对象总人数的33%。

【规划引领、医疗保障、党建工作】 一是研究拟定了《日喀则市区域卫生发展规划（2016—2020年）》，对“十三五”时期全市公共医疗卫生服务体系及卫技人员、床位、设备配置进行了规划，待自治区卫计委及市政府审批后下发。二是圆满完成了“128”医疗保障任务。我委制定了《“128”在日喀则活动期间医疗卫生保障工作方案》，组织开展医疗保障各项工作。制定了《“128”时轮金刚灌顶法会医疗卫生和食品安全应急处置方案》，出动11辆救护车、33名医护人员，圆满完成了医疗保障任务。三是深入开展“两学一做”学习教育和“讲学习、讲忠诚、正风纪、转作风、提效能”主题活动，强化党员干部思想政治建设，提高基层党组织的凝聚力和战斗力。贯彻落实党员领导干部“一岗双责”制、党风廉洁建设党委主体责任和纪检监督责任，加强廉洁教育，严格执行中央“八项规定”和自治区“约法十章”“九项要求”，推进机关政风持续转变。大力弘扬卫生计生职业精神，持续改善服务行为，卫生计生系统作风新常态深入人心。切实贯彻落实维稳措施，确保了卫生计生系统持续安全稳定。

日喀则市人民医院

【概况】 2016年，日喀则市人民医院各项业务指标呈显著增长态势。医院总诊疗人数达到199564人次，其中门诊诊疗人数160019人次，比2015年增长8383人次，增长率为5.53%；急诊诊疗人数16030人次，比去年增长2885人次，增长率为21.95%；住院部收治住院病人13175人次，比2015年增长2618人次，增长率为24.8%；出院13367人次，比2015年增长2444人次，增长率为22.37%；全年开展大小手术3410例，健康体检23427人次，比去年增长4779人次，增长率为25.63%。

【医疗管理】 医院改革。制定《日喀则市人民医院党政联席会议制度》，院党政领导班子每两周召开一次联席会议，明确联席会议议事规则。制定《日喀则市人民医院中层干部例会制度》，每月召开一次中层干部例会，规范医院中层干部管理。

制度建设。制定和优化《医疗护理规范诊疗工作制度》《医疗护理质控评价体系》等近80项规章制度。对两千余条制度职责流程进行梳理，对医院的各项规章制度进行校订，医院管理从粗放式、简单化转向精细化、科学化迈出重要一步。

三定方案工作。全面梳理医院科室、岗位、编制，建立健全职能部门与临床科室的架构，科室从39个增加到50个（增加了11个），人员编制从369个增加到539个（争取了170名），圆满完成了三定方案的编制。

【护理事业】 2016年，全院完成特一级护理10316人次，接生2150人次，抢救1108人次，输血1997人次。护理各项指标达标情况：基础护理合格率≥95%，一级护理合格率100%，护士长管理考核合格率92.8%，护理工作满意度98.67%，护理人员技术操作合格率95.8%，护理人员考试合格率87%，健康教育覆盖率100%。在各病区全面推广优质护理服务及责任制整体护理服务，使优质护理服务覆盖率达到100%。

【科研学术】 2016年，市人民医院在各级各类杂志上发表学术论文共26篇，其中SCI论文四篇，由医务科巴桑旦增、龙子雯撰写的《十六种靶向药物联合化疗晚期/转移性结直肠癌疗效的Meta分析》发表在《Oncotarget杂志的研究》，影响因子（IF）=5.08；由院部米玛多吉、医务科龙子雯撰写的《短期疗效不同的化疗方案治疗晚期胃癌分析》发表在《Oncotarget杂志的研究》，影响因子（IF）=5.08；院部巴桑次仁、医务科龙子雯撰写的《inmmuniotherapy和化疗治疗黑色素瘤的评价分析》发表在《Oncotarget杂志的研究》，影响因子（IF）=5.08；普外科巴桑、医务科龙子雯撰写的《MicroRNA—27a促进结肠癌细胞的扩散入侵目标SFRP1激活/B—cateninWnt信号通路》发表在《细胞生理学和生物化学》，影响因子（IF）=4.65。此外在国家核心期刊上发表的论文17篇，其中骨外科7篇，妇产科3篇，院部2篇，耳鼻喉科2篇，神经外科2篇，内科1篇；在自治区核心期刊上发表的论文5篇，其中内科2篇，护理部、妇产科、质控科各1篇。学术论文发表数比去年有了明显提升，发表论文质量有了显著提高，打破了医院无SCI论文的现状，充分体现了医院学术气氛越来越浓厚，医务人员的论文写作和科研能力快速提升。

【教学培训】 2016年，市人民医院狠抓“三基三严”训练和岗位培训，注重内涵建设。每季度进行1次三基培训考核。“组团式”援藏专家所在科室均坚持每周一次或每月1到4次的三基培训科内授课，组织全院医技人员三基理论考试一次，操作考核一次，考试成绩纳入医技人员年度考核并已存入档案；为加强护理继续教育与考核邀请上海护理专家进行专场培训7场次，培训护理人员约560人次，院内组织护士培训及护理查房共30课次；全年全院教学查房累计250余次，组织完成全院性教学大查房4次，全年开展疑难危重病例讨论累计84例，开展科间或全院性的会诊大讨论6例；应邀外派会诊12人次；组织多学科、多科室协同性的全院性会诊，使得我院对疑难危重病人救治的多科协作、应急处置的医疗服务能力得到了一定提升。

【援藏工作】 2016年，上海援藏医疗队开展教学查房831次，其中全院性教学查房4次；医疗业务讲座70场，制定医院专科发展规划13个，健全医院制度42项，开展临床新技术75项，结对帮带当地医务人员84人次，远程医疗会诊2次，组织疑难危重病例讨论62场，完成187次危重病人的抢救，已经带教指导开展手术119台次，创了数个西藏第一，第一例开放伤VSD术，第一例腹腔镜肝包虫病切除术，第一例鼻内镜下颌窦开放术，第一例鼻背肿瘤切除+肌蒂皮瓣修复手术，第一例显微镜喉息肉切除术和甲状腺巨大囊肿手术，填补了西藏地区空白，向“中病不出市”迈出了坚实的步伐。

【新院区项目建设】 各标段工作有序推进。新院区主体工程已全部竣工并通过验收；总体附属工程已完成招投标，并且完成全面填方工作，进入路基铺设、排水管道铺设阶段，新院区部分绿化工程已启动；手术室等核心区域二次深化设计工程已完成第一阶段的全面招投标工作，各项装饰装修工程正有序推进。

第二阶段招投标工作。一是新院区所需添置的64排CT、MRI、DSA以及DR等价值6000余万元的大型乙类设备的招投标工作由市政府采购中心的具体操作下已基本完成，各项大型乙类设备的添置有望尽快落实到位。二是医院信息化建设招投标工作已顺利完成，医院信息系统内容涵盖了建设数字化医院的各项重点工作，中标公司根据招标要求，目前正在做各项前期准备工作，将在新院区正式投入运行。

缺口资金来源问题。市政府于2016年9月6日召开常委会议，专题讨论研究了新院区缺口资金的有关问题，并形成会议纪要（市政府常委会议纪要〔2016〕8号）为解决新院区缺口资金做出的明确要求，进一步明确了各有关部门分工明确，责任落实到位。

【党建工作】 深入开展“两学一做”学习教育活动，进一步理顺党组织管理关系，完善党组织机构，制定了《日喀则市人民医院党组关于调整党支部设置方案》及《日喀则市人民医院党组关于换届党支部委员的方案》，并结合医院党员多、分布广等实际情况，将原有7个党支部调整到24个党支部，有效解决了组织管理难度大的现状。

日喀则市藏医医院

【基本概况】 日喀则市藏医医院成立于1982年，是一所集医疗、教学、保健、预防、科研、生产为一体的民族医藏医医院，是西藏自治区藏医学院教学医院，是日喀则市城镇职工基本医疗保险、农牧区新型合作医疗定点机构。2013年12月被国家中医药管理局评为“三级乙等民族医”医院；2014年12月被自治区党委、政府评为“自治区级平安医院”。目前医院占地面积16.8亩，内设机构22个（其中临床科室14个），核定事业编制134名，属差额拨款单位。有国家级重点专科1个（骨伤科），自治区级重点专科2个（胃肠科、心脑科），院级专科3个（外科、眼科、藏医外治科）；有全国名老中医1名、全区名老藏医2名、市珠峰英才1名；编制床位300张，开放床位240张；拥有CT、四维彩超、DR影像、生化、胆道腹腔镜、麻醉、白内障乳化、心脏监护、制剂等先进设备。开展藏医特色疗法23种，拥有藏药品生产批号138种，年生产藏药成品40余吨。截止2016年11月底，完成门急诊量106334人次，比去年同期增加5311人次，增长5.3%。收治入院病人数3396人次，比去年同期增加535人次，增长18.6%。出院病人数3360人次，比去年同期增加505人次，增长17.7%。平均住院天数18.5天，病床使用率82%。

财务收支。截止2016年11月底，事业收入7025万元，比去年同期增加2325万元，增长49%。医疗支出6466万元，比去年同期增加440万元，增加7%。

2016年8月，原日喀则地区地委书记平措同志视察我院

【能力建设】 医疗服务能力有新提升。2016年，投入资金220余万元，对住院部、医技楼、药浴中心服务功能进行改造，提高医院服务能力。投入资金67万元，对病人伙房、病房厕所、患者开水房、门诊大厅进行改造，方便患者就医。投入资金42余万元，新建了生活、医疗垃圾处理点，强化感染控制，预防交叉感染，保障患者和职工健康安全。

专科建设有新推动。争取国家资金200万元和医院自筹资金80万元安装了药浴理疗新设备，建立了治未病科，从根本上解决了“治未病”功能落后和设施不到位问题。利用国家投资150万元，医院自筹资金30万元重点加强国家级重点专科骨伤科，自治区级重点专科心脑血管科和胃肠科，院级重点专科眼科、外科的专科建设，达到了院有专科、科有专病、病有专药、药有特色的目标。

藏医特色疗法有新突破。投资近100万元，加大了藏药处方开发、卡擦用药、藏医传统疗法器具、藏药药浴、理疗等特色疗法的投入力度，同时制定了鼓励医务人员发挥藏医特色疗法的奖励措施。截止11月底，医院共开展了藏医特色治疗13.7万余人次。

藏药制剂能力有新提高。为制剂室注入发展资金50余万元，更新了部分设备，优化了生产工艺，提升了包装质量，藏药品生产批号由72种增加到了138种，拥有藏药处方药286种，年生产藏药成品40余吨，实现年产值2600万元，进而使藏药生产技术得到跃升，成本有了较大幅度下降，效益有了明显提高，同时满足了临床供给；五是医院建设不断规范。按照《西藏自治区大型藏医医院巡查工作内容及任务分解》的要求，开展了全面细致的工作，顺利通过了西藏自治区大型民族医医院巡查组考评，医院规范化建设得到了专家组的一致认可和好评。

【医疗管理】 医疗质量管理。严格遵守三级医师查房制度、首诊负责制度、会诊制度、死亡病例讨论制度、疑难病例讨论制度、术前讨论制度、病例书写规范等相关制度。2016年，质控检查病历总数3360份，归档病历3360份，甲级率达到97%以上。

提高医护人员业务能力。邀请院内外专家开展藏医基础能力提升培训讲座8次，开展医务人员基础知识考试4次、护理技能考试2次，不断提高医护人员掌握藏医基础知识和技术操作能力，提升医疗服务质量。

加强麻醉、剧毒、放射药品管理。严格执行《药品管理法》，防止药品滥用和流失，保证了临床用药安全。

规范藏医护理技术操作。严格执行等级护理制度及考评标准，制定了藏医特色护理方案，在临床实践积极推广藏医特色护理，全院护理人员都熟练掌握和应用藏医特色护理技术与操作规程。

【藏医药文化】 提高科研能力。由医院编辑出版的《日喀则大本草》，已与民族出版社就出版工作达成协议，2017年4月将首印3500册。申请市科委科研项目资金10万元，完成了珊瑚接骨丸临床疗效跟踪调查。申请自治区藏医药管理局科研项目资金30万元，开展了《藏医火灸穴位名称与定位及挂图标准》科研项目。

2016年8月，西藏自治区人大常委会委员、教科文卫委员会副主任委员嘎旺在我院考察指导工作

挖掘藏医药传统特色。2016年争取国家资金30万元，开展了藏医北派学术传承考证和基础挖掘工作。通过努力工作，收集掌握了弥足珍贵的藏医北派传承下来的实物器具和文字资料，并整理出3种卡擦药配方。

推进名老藏医传承工作室建设。建成了自治区第二届名老藏医朗嘉同志传承工作室，并通过自治区卫计委验收。名老藏医传承工作室的建成，不仅收集整理一批藏医药经验处方，而且对藏医临床实践发挥了重要作用。

【项目建设】 一是新建制剂室建设项目取得了实质性进展，目前该项目已完成了土地审批、可研、初设、地勘、节能评估等前期工作，项目总投资5975万元，其中：国家投资1500万元，4000万元纳入了市政府援藏资金统筹安排计划,其余资金由医院自筹；二是根据医院占地面积小的问题，紧抓市人民医院2017年搬迁之机，向市政府和市国土部门呈报了《日喀则市藏医院关于解决医疗用地的请示》，并向相关部门申报了日喀则市藏医院改扩建项目。积极争取山东援藏资金（拟定4000万元，用于改扩建项目建设）。

【履行公立医院担当】 一是完成“128”金刚灌顶法会医疗任务。期间，抽出36名临床经验丰富的专业技术人员投入到“128”法会医疗点、医院接诊和随时待命等工作，接诊98人次，投入资金27.6万元；二是扎实做好驻村工作。围绕“5+3”驻村工作任务，医院投入驻村经费9万元，为驻村点群众购买了生产、生活用品，解决群众实际困难。医院干部职工捐款1.4万余元，为驻村点群众次仁罗杰筹集医疗费。驻村队员联系到爱心组织及爱心人员为两村贫困户捐赠衣物等物资折合人民币2万余元；三是认真开展精准扶贫工作。院党组成员先后三次到精准扶贫点开展调研工作，制定了《日喀则市藏医院精准扶贫工作实施方案》，确定了101户精准扶贫对象，设立了单位和个人共同出资的扶贫专项基金，制定了切实可行的帮扶措施；四是开展三级医院对口支援帮扶工作。医院与南木林县人民医院、谢通门县人民医院签订了对口帮扶协议，选派6名骨干医生坐诊，计划每年落实帮扶资金60万元，支持两院藏医科基础设施建设和人才培养；五是积极参与公益活动。通过“五下乡”等公益活动，开展免费义诊1.2万人次和白内障复明手术330例，发放免费药品折合人民币6.8万元。为学生、干部职工、寺庙僧尼体检640人次。

教育　文化

综　述

【概况】 日喀则市教育局内设办公室（后勤服务中心）、政工人事科、财务科（学生资助管理中心）、师资管理科、基础教育科、职业成人教育科、思想工作政治科（团教工委）、教育项目中心、体育科（市体育场管理中心）、教育督导办公室、考试中心、电化教育管、教科所（市语言文字工作委员会办公室）13个职能科室，辖市直学校13所（普通高中6所，十二年一贯制学校1所，小学1所，幼儿园4所，特殊教育学校1所）。2016年，全市教育系统狠抓教书育人、管理育人、服务育人和环境育人，圆满完成了年度教育各项目标任务，教育事业取得了显著成效。

自治区教工委副书记、教育厅党组书记、副厅长普布次仁同志莅临我市调研指导工作

【思想道德建设】 以爱国主义、民族团结、新旧西藏对比教育和反分裂斗争教育为重点，全面深化社会主义核心价值观“入脑、入心、入言、入行”教育，以庆祝各种重大节日和纪念日活动为载体，开展了祭英烈、“红心向党”“向国旗敬礼”等活动，不断深化民族团结教育“七个一”“三联三进一交友”思想道德实践活动。扎实推进“校园文化展示月”活动，校本教材、学生社团、特色课堂、走廊文化建设成果丰硕，优秀传统文化“三进”活动成效突出，“一校一特色、一校一精品”的特色办学理念基本形成。卫生与健康教育扎实推进，心理健康教育特色校创建活动取得新进展。平安校园创建不断深化，“基础教育联管联抓”纳入“先进双联户”创建活动成效显著，“十二查”和“十五防”工作机制进一步健全，防恐、防爆、防止校园拥挤踩踏事故及季节性传染病防治等措施有力，校园周边综合治理、禁毒防艾、校园欺凌专项治理等工作扎实有效推进，校园网络监控系统和安保设施设备逐步齐全，物防、技防、人防水平大幅提升。教育系统创城工作特色显现，青少年思想道德建设、学校常规管理与文明城创建有机结合，治城育人的功能进一步提升。坚持日常管理与重要节点维稳相结合，维稳处突与常态维稳相结合，安全稳定与思政工作结合，教育系统实现全年持续和谐稳定。

【教学管理措施】 先后在拉孜、桑珠孜、康马、江孜等县区召开初中、小学、高中以及学前双语教育现场会，全面推广在深化薄弱学科攻坚、推进传统文化“三进”、规范学校常规管理等方面典型做法，促进全市教育教学质量和管理水平整体提升。坚持每学期召开教学质量分析会，并通过学业水平测试、模拟考试等措施，及时掌握了解研究各县区各学校教学质量，认真分析研究和部署教学质量提升工作。组织开展教研特色校、优秀教研论文、教研先进单位、优质课评选工作，通过开展教研员蹲点调研、骨干教师“送教下乡”、教师教学大赛、创建“名师工作室”和“名校长工作室”、举办“中学校长论坛”和“小学校长论坛”“一师一优课，一课一名师”网上晒课、课件擂台赛等活动，全市教研能力和学科教学水平不断提高。制定出台了《日喀则市教学管理工作制度》，中小学教育教学管理得到加强。重视加强学前幼儿园的评价考核，办园行为进一步规范。双语教育不断加强，全面推进以普通话为主的双语教学，从学前到高中阶段的双语教育体系不断完善。教育督导力度进一步强化，督政、督学、监测三位一体的职能得到切实发挥，学期初开学综合督导检查机制进一步健全，坚持“双重管理”原则，强化对各县区教育局长和学校班子的业务考核工作。

【师资队伍建设】 教育人才组团式援藏工作全面启动，17名援藏管理干部和153名援藏专任教师对口支援我市5所学校，完成了70名骨干教师和20名管理干部分赴四省市跟岗学习、挂职锻炼、集中培训任务，受援学校管理能力、教学水平明显提高。优配强县区教育局班子和学校班子队伍，重视和加强注重各县（区）教育局班子和学校班子的业务考核。完善教师培养交流补充机制，认真落实全面推进中小学教师全员培训制度，年内累计完成国培、区培计划以及市级培训等各类教师培训1935人次。注重教师业务能力考核，完成教师业务考试6300人次。扎实推进结对帮扶和团队式教师轮岗支教工作，完成团队式轮岗支教教师33人，向仲巴等6县互派管理干部12人，选派8名西部薄弱学校管理干部到市直优质学校开展跟岗学习和挂职锻炼。新补充教师517人，教师结构性短缺问题得到进一步缓解。重视优秀教师表彰，依据《班禅大师奖教金管理办法》，在教师节对百名“珠峰好教师”进行了表彰，年内共有551名教师受到自治区级以上表彰，有590名教师受到市级表彰。中小学职称制度改革有序推进，年内完成705名一级教师和277名高级教师的职称评聘工作。

【教育惠民政策】 全年获批教育系统项目下达总资金达7.18亿元，涉及高中教育、薄弱学校改造、特殊教育学校、双语幼儿园、教师周转房、义务教育学校、寄宿制学校集中供暖等201个项目，各级各类学校办学条件进一步改善。市体育馆、市示范性综合实践基地等重大项目交付使用，第二职业技术学校二期、第四高级中学等即将完工。教育信息化建设有序推进，全市学校交互式电子白板、多媒体计算机网络教室和校园网络覆盖率分别达到68%、82%和10%。各项教育惠民政策全面落实，学前至高中教育阶段“三包”及生活补助和助学金标准逐年提高，营养改善计划得到全面推进，师生公用经费保障水平大幅提高，学生资助体系进一步完善，各级各类学校收费从严管理。招考“阳光工程”深入推进，年度各类考试安全有序开展。领导干部定点联系学校制度更加完善，累计为各级各类学校解决实际困难和问题651件。教育扶贫“321”工程有序推进，通过“一对多”“一对一”“多对一”结对子方式扎实开展52户贫困户脱贫工作，完成建档立卡贫困家庭子女及“两后生”免费中职专项招生426名，完成内地西藏中职班招生250名。

【教育党建】 年内对机关党委、各支部进行改选，增设了3个市直幼儿园党支部及1个市直幼儿园退休党支部，全市教育系统党组织总数达到300个，党员人数达到5376人，教职工党员比例达到60.4%。严肃认真对待巡察整改，根据市委巡察组反馈的意见，完成了相关规章制度的完善及整改工作。

【体育运动事业】 市政府制定出台《全民健身计划（2016—2020年）》，明确未来五年全市全民健身工作的发展目标、主要任务。组织和承办了自治区"巾帼心向党"暨第三届"格桑花"杯广场舞大赛、"全国新年登高健身大会西藏分会场"日喀则新年登高健身活动、"穿越喜马拉雅"徒步穿越（吉隆沟站）活动等各类大型全民健身赛事和活动。举办了全市第五届"体彩杯"足球赛，组织参加2016年自治区足球锦标赛，有力促进了足球运动事业的加快发展。举办全区第二期一级社会体育指导员培训班，完成二级社会体育指导员培训任务。"阳光体育运动"广泛开展，狠抓学校"一课两操一活动"，开展学生体质健康标准测试工作。重视发展校园足球，完成3所学校的全国特色校园足球申报工作。加大体育后备人才培训力度。全市体育彩票销售布点达57处，全年完成彩票销售8478.27万元，比上年增长52.35%，超额完成自治区下达的基本目标和奋斗目标，创收体彩公益金达600多万元。

【重大事件】 2016年，日喀则市第二中等职业技术学校建设项目按照高等职业技术学校的标准先行开工建设，第一期建设项目已完工，计划于2017年9月开始招生，不仅对促进后藏地区与内地在人才、文化、技术及情感向心力等方面的交流、交往、交融、增强边疆民族地区对祖国的认同感、维护与发展后藏地区的稳定大局具有重要作用，而且对于推动日喀则的跨越式发展、后藏地区的繁荣发展和边界稳定具有重大的战略意义。

（宋明飞）

文化管理

【单位概况】 日喀则市文化（文物）局内设6个科室，分别为办公室（政工科）、文化艺术科、文化产业科、文化市场科、文博科、督察科；6个局属事业单位，分别为市民族艺术团、市群众艺术馆、日喀则博物馆、市图书馆、文物抢救与鉴定保护中心、后勤服务中心。2016年，在日喀则市委、市政府的正确领导和自治区文化厅、文物局的大力支持下，牢牢把握"文化兴市"目标定位，按照"12365"的发展思路，着力提升公共文化服务水平、做好优秀传统文化传承创新、强化文化市场监管、推动文化产业提质增效、加强文化遗产保护，全市文化文物工作保持了良好的发展势头，在建设文化强市和特色文化传承区上取得了新成绩、迈出了新步伐。

【公共文化服务体系建设】 积极构建现代公共文化服务体系，下发《日喀则市加快构建现代化公共文化服务体系实施方案》，推动了全市公共文化服务体系建设标准化、均等化。巩固国家公共文化服务体系示范项目建设成果，江孜县基层群众自办文艺团体示范项目在2016年5月一次性顺利通过文化部评审验收。总投资1400万元的市群众艺术馆改扩建项目和投资2050万元的市图书馆新建项目进展顺利。开展了县乡文化设施作用发挥专项整治行动，对现有设施设备、人员、经费管理使用情况进行监督检查，清理了个别县、乡文化设施设备挤占、挪用问题，彻底整治了闲置和作用发挥不良的县乡文化设施。2016年，全市公共文化服务体系建设经费达8920万元。全市各级文艺团体开展文化惠民演出达900余场，观众人数达47万余人次，丰富和活跃了基层群众精神文化生活。

珠峰文化节开幕式

【文艺创演】 围绕"中国梦"主题，新创作《美丽日喀则》《明年再相聚》《说唱新旧变化》等一批反映群众心声、彰显时代强音的优秀文艺作品。

完成出访瑞士、德国、列支敦士登演出，参加上海国际旅游节和第三届藏博会开幕式等文艺演出任务。拉孜县民间艺术团《妙音踏舞》荣获文化部第十七届“群星奖”。南木林镇雪藏戏队表演的《智美更登》剧目在拉萨雪顿节期间举办的“第四届藏戏大赛”中荣获全区一等奖。完成第十四届珠峰文化旅游节日喀则主会场和上海活动周各项文艺演出活动。《美丽日喀则》书系完成定稿。

3·28演出

【产业发展】 编制了《日喀则市“十三五”文化产业发展规划》。认真梳理申报全市文化产业重点项目，遴选48个文化产业项目纳入日喀则市“十三五”文化产业发展规划，其中33个项目列入自治区“十三五”文化产业发展规划。协调市扶贫办将123个文化产业项目纳入“十三五”产业扶贫规划，申请项目扶持资金9亿余元。申报了第三批自治区级文化产业示范基地3个、文化产业示范园区1个，争取产业扶持经费112.7万元。着力打造唐卡艺术作品和唐卡产业品牌，更名改选西藏日喀则唐卡协会，下设唐卡画院和唐卡鉴定委员会。启动实施了唐卡人才“千人工程”，与100名唐卡画师签订了人才培养专项扶持协议，按照每名唐卡画师1.5万元的扶持标准，共发放150万元专项扶持资金。召开日喀则市产业发展大会和文化旅游产业发展大会。完成了“珠峰文化节”“江落康莎”“齐吾岗派”“勉萨派唐卡”等4个商标注册申报工作。

【非遗保护传承】 公布了第一批市级非物质文化遗产代表性项目名录86个，县区级以上项目达到235个。积极推动以传习基地为重点的非遗保护利用设施建设，申报落实江孜达玛节、陈塘夏尔巴歌舞等2016年度国家级非物质文化遗产保护专项经费1250万元，落实自治区级非物质文化遗产保护专项资金及民间藏戏队保护专项资金484.53万元。完成了81支民间藏戏队的普查调研登记工作，为民间藏戏艺术传承保护提供了客观依据。联合市教育局开展了传统文化“三进”活动，用生动活泼的形式让优秀传统文化在高原扎根，进一步增进了学生对国家和民族的认同感。“非遗进校园”活动在18县区40余所中小学相继开展，其中拉孜县拉孜镇中心小学被命名为西藏非物质文化遗产进校园示范基地，8所中小学校被命名为“非遗进校园市级示范学校”，并解决了70万元补助经费。成功举办“西藏自治区古籍普查（日喀则）培训班”。顺利完成全市古籍普查面上工作，其中13部（函）入选国家珍贵古籍名录——少数民族文字珍贵古籍。

【市场管理】 开展“扫黄打非”珠峰工程、“固边·清源2016”“净网2016”“秋风2016”等专项行动，检查市场365家次，对各类违法违规的经营场所进行处罚。简化文化市场审批管理工作，审批新增娱乐经营场所10家，完成年审换证、变更延续办证81家，接待业务咨询50人次。继续做好文化市场技术监管和服务平台应用工作，推动文化市场监管与服务在线运行。

江洛德庆曲林寺尼姑羌姆

【文物保护】 与各县人民政府签订《文物安全目标责任书》，并会同市、县区公安消防、统战、民宗等相关职能部门对三级文物保护单位开展文物消防、安防、文物施工现场大检查，确保文物安全。制定出台了《日喀则市文物保护管理办法》。

“十二五”重点文物保护工程白居寺、乃宁曲德寺、查木钦墓地保护维修工程全面开工建设。全国第一次可移动文物普查已完成15个县区现场登记、录入、拍照、鉴定、资料收集等工作。邀请区内知名专家开展后藏石刻调查与保护研究项目，完成了18县区179座寺庙656处石刻文物点普查调研工作。普查发现属于珍贵文物的石刻1342个。完成第七批自治区级文物保护单位和第八批全国重点文物保护单位资料整理上报工作，共上报全国重点文物保护单位37处，自治区级文物保护单位92处。吉隆县帕巴寺保护维修项目、日喀则博物馆文物预防性保护项目顺利开工建设。

【公共文化基础建设】 针对“4.25”地震中6个重灾县中3个县综合文化活动中心、4个乡镇综合文化站严重受损及24个乡镇综合文化站不同程度受损情况，争取总投资4934万元资金，用于文化馆（站）恢复重建和维修加固。萨嘎县、仲巴县灾后恢复重建文化项目已全部完工，其他4县已完成前置审批手续及招投标工作。总投资7860万元的64处文物灾后重建项目，已全部完成项目保护维修初设方案及经费概算编制工作，并已办理前置审批手续，已进入招投标阶段。江孜县帕拉庄园、江孜县宗山抗英遗址、吉隆县强准祖拉康等15处三级文物项目已开工建设。

日喀则市新闻出版广电局

【概况】 日喀则市新闻出版广电局是市政府的职能部门之一，负责全市新闻出版广播电影电视行政管理工作，为正县级建制，内设办公室、宣传管理科、传媒机构管理科、规划科技科和新闻出版管理科5个行政科室和新闻出版广播影视技术服务中心1个事业科室。局下属三个独立事业单位：日喀则广播电视台（副县级建制）、市电影发行放映管理站（正科级建制）和市新华书店（正科级建制）。

【新闻宣传】 紧扣“四个全面”战略布局、民生改善、脱贫攻坚、灾后恢复重建、“六城共建”、第十四届珠峰文化旅游节和各类主题活动等全市宣传工作重点，在全市进一步唱响时代主旋律，传播正能量。《日喀则新闻联播》共播出稿件3020条，在西藏电视台各类新闻节目中累计播出报道273条。我们继续加强广播电视品牌栏目、节目的创作生产工作，开辟新闻类、儿童类、文艺类、旅游类等多种节目，不断满足社会各界多元化的的收听收视需求。今年4月底，日喀则广播电视台独立译制完成了首部藏语电影译制片《车票》，填补了我市无藏语译制片的历史空白，进一步提高了广播电视节目的公信力和传播力。

【广播影视公共服务】 继续深化“西新工程”成果。明确巩固已有成果、提高覆盖质量工作重点，加大对设备的维护力度。深入县区）和部分乡村，

为新闻出版广电系统庆祝建党95周年活动

为给受洪灾影响的仲巴县灾区群众安装广播电视设备

强化巡查督导，加强维护维修，确保了“三满”播出。加快推进广播电视“户户通”工程。我局争取到全市新增户直播卫星接收设备12600套，占全区设备采购计划的1／5，所有设备已于6月底完成了安装调试任务。完成全市农牧区72422户直播卫星接收设备的清流置换任务，并于7月初完成初验，所有设备均达到了相关技术指标。通过加快实施广播电视“户户通工程”，使我市白朗、亚东等11个县基本实现广播电视“户户通”全覆盖目标，提前完成了年度目标任务。今年全市农牧区直播卫星入户率达到85%，全市广播电视综合覆盖率达到98.12%和96.48%。稳步推进农村电影放映工程。围绕我市“五下乡”、灾后恢复重建、各类主题活动，我局发挥行业优势，选备多部科教片、爱国主义影片和国产励志故事影片，深入到农牧区积极开展电影巡回放映，进一步丰富了广大群众的精神文化生活。截止2016年底，发行影片500多部，全市共放映电影19350场，累计观众达120万人（次），完成了全市电影放映指标。

【重点项目】　为按计划圆满完成全年重点项目，于5月5日召开全市广播影视系统重点项目工作推进会，明确了全年重点项目工作，并与各县区文广局签订了《广电系统重点项目责任书》。已完成项目。完成17县2镇抽屉式配电柜及南木林等6个县天馈系统改造项目，并于6月底完成了安装调试工作。正在实施项目。县级数字影院建设。已完成定日、仁布等14个县数字影院建设任务。拉孜县等3个县正在抓紧建设，有望于年底完成建设任务，加入全国数字电影院线。灾后恢复重建项目。截止2016年底，吉隆镇新闻出版广播影视综合楼和定日县岗嘎镇广播电视发射站正在建设当中，预计明年7月投入使用。聂拉木县新闻出版广电综合楼建设项目已进入招投标阶段。有线、无线数字电视整体转换工程。17县1镇有线、无线数字电视整体转换工程已完成项目前期工作。市广播电视台90米广播电视发射塔和昂仁、岗巴、吉隆镇70米广播电视发射塔建设项目。市广播电视台90米广播电视发射塔项目经市政府专题会议研究，正进行完善项目设计和选址等相关工作。昂仁、岗巴、吉隆镇70米广播电视发射塔建设项目已完成地勘工作，正在由国家新闻出版广电总局进行基础设计工作。日喀则广播电视台译制设备采购项目。由于采购设备型号均为全区统一，为与市广播电视台现有设备兼容，发挥资金最大效益，经上级业务部门批准，我局根据市广播电视台建议已编制新设备采购方案，正在与市采购办进行招投标前期工作，预计年底完成采购工作。吉隆等8县增加中央藏语广播节目调频覆盖项目。因各县未完成铁塔新建任务，现无法架设发射天线等设备，待铁塔建成后，将及时进行设备安装调试等工作。

为安装广播电视周转站机房

日喀则市职业技术学校

【学校概况】　日喀则市职业技术学校是一所国家级重点中等职业学校和国家级示范中等职业学校，同时还是国家开放大学西藏学院日喀则学习中心和西藏大学继续教育学院日喀则教学中心。

学校现有教职工208人，其中行政后勤人员23人、专业技术人员185人。在专业技术人员中，藏族122人、汉族及其它少数民族63人；硕士16人、本科163人、其它学历6人；高级讲师25人、讲师86人、助理讲师51人、教员23人。

学校以培育护理、藏医医疗与藏药、汽车运

用与维修3个国家级重点建设专业为载体，按照一二三线专业设置原则，“以点带面”不断优化专业设置。学校现开设护理、藏医医疗与藏药、汽车运用与维修、学前教育等4个一级专业，旅游管理与服务类、计算机类、农林牧类、农村医学、唐卡绘画等12个二线专业和林业技术、建筑工程技术、计算机应用、建筑装饰工程技术、机电设备运行与维修、药剂等6个三线专业，共计22个专业。同时结合日喀则“抓住一个优势、运用两种手段、打造三个经济带”的经济发展战略和日喀则市委最新提出的“6677”工作总体思路，积极建立适应产业发展的专业动态调整机制，做强一线专业，做大二线专业，开发新兴专业，停招三线专业。

学校现有各级各类在校生4018人，主要包括全日制在校生和继续教育学员。其中，全日制中专在校生2115人、西藏大学继续教育学院和国家开放大学西藏学院日喀则学习中心等继续教育学员1903人。全日制在校生中，2016级学生980人（计划内招生848人、脱贫攻坚专项招生132人），2015级学生556人，2014级学生579人。

学校占地面积292余亩，建筑面积85000多平方米。现有多媒体教室47间、多功能阶梯教室3间、艺术楼1栋、图书馆1座、校内实训中心6个。学校图书馆各类藏书48273册、报刊杂志124种、电子阅览室1个、阅览座位数120个，生均纸质图书23本；现有畜牧兽医实训中心、作物种植实训中心、旅游服务与管理实训中心、汽车运用与维修实训中心、藏医医疗与藏药实训中心、护理实训中心，并建有驾校、汽修厂、藏香厂等生产性教学车间，工位数960个，生均工位数0.45个；现有教学和实训设施设备1429台套，设备总值4650万元，生均设备值2.2万元。

【特色亮点】 一、“三级两线”德育工作模式。“三级两线”德育模式是建立在现代教育理念基础上的德育体系，它是指坚持以人为本，通过整合学校内部各种德育力量，优化配置学校内部德育资源，促进学生政治思想道德健康发展的学校德育模式。它包括两条主线，一是“校党组—群团组织—学生会”这条主线，强调党组在学校德育工作中的领导地位，以及党团活动和学生自治在学校德育工作中的重要性。一是“校委会—职能部门—教职工”这条主线，围绕管理育人、服务育人、教书育人，把德育工作贯穿学生的生活和学习的全过程，在具体实施过程中，这条主线还可以具体为“分管领导—教务处—任课教师”“分管领导—学工处—班主任”“分管领导—其它处室—工勤人员”等子系统，各有其德育职能。

二、“职普融通”教学改革模式。学校从2013年开始试点“职普融通”班，经过三年教学改革试验取得了不错的成效。在西藏因为就业面狭窄等问题，“职普融通”很好地解决了中等职业学校毕业生“出路”问题。2016年，学校机电工程专业和建筑技术专业两个“职普融通”试点班共计83名学生，全部升入高等学校继续学习，升学率100%。其中，57名学生参加全国统一高考，升入高等学校继续学习，26名学生参加西藏自治区对口高职考试升入高等学校继续学习。2016年9月，学校在总结“职普融通”教学模式的经验基础上，通过班子例会研究决定，继续组建建筑工程技术、供用电技术、农村经济管理和机电设备运行与维修等4个“职普融通”班，合计招收203名学生，进一步试点“职普融通”教学改革模式。

三、“对口支援”师资培养模式。根据2014年6月17日教育部对口支援西藏和四省藏区中职教育工作部署会和2014年9月23日教育部西藏和四省藏区中职教育推进会精神，学校与江苏宿迁学院、广大东软学院和上海现代护理职教集团结成对口支援（受援）对子；2016年6月14日，学校与山东省潍坊市机械工业学校签订对口帮扶框架协议；同时，学校与上海、吉林、黑龙江等省市援藏干部派出单位达成帮扶协议。通过这些对口支援学校，学校加快师资转岗培训。特别是2016年开始，学校制定“教师专业发展三年行动计划”，依托对口支援学校，加快“双师型”教师培养，争取利用3到5年时间，把“双师型”教师比例提高到60%。

【社会培训】 日喀则市职业技术学校发挥资源优势，积极服务日喀则乃至全区经济社会发展，开展了多种形式的人力资源培训。2016年4月4日至5月31日，学校应山南市卫生局委托，对山南市错那、桑日两县27名在岗村医进行为期两个月的针对性提高培训，6月16日开始，学校举办3批次260人次的日喀则村医提高班，进一步增加了农村卫生“网底”功能。2016年暑假，学校先后开展了全区100名乡村书记文化素质强化培训和西藏大学继续教育学院1903名函授学员面授工作。同时，学校作为日喀则市教师培训学校，2016年9月份开始，先后开展了2批次60人次的日喀则非幼教专业教师岗前指导培训，以及2批次96人次的日喀则新任幼儿教师岗前培训。作为学校与日喀则市交通运输局合作项目，学校2016年完成道路运输资格培训8批次897人次，很好地服务了农牧民自主创业。

【社会服务】 2016年5月，学校举办了以“弘扬工匠精神，打造技能强国”为主题的职业教育宣传周活动。活动期间，学校开展了中职宣传、讲座、学生专业考核、学生见习等一系列内容丰富、形式多样的校园特色活动，弘扬了工匠精神，展现了职教风采，营造了全社会关注职业教育、重视职业教育的良好氛围，宣传学校中职职业教育创新发展的建设成果。同时，根据西藏自治区教育厅《关于在我区广泛开展社区教育工作的通知》精神，2016年7月，学校成功举办2016年社区教育校园开放日活动，日喀则市教育局、工商联和桑珠孜区城南、城北两个街道办事处领导出席活动，桑珠孜区12个社区的60名代表参加活动，并构建了学校与社区双向参与、互动发展的社区教育长效机制；2016年10月，学校在日喀则市桑珠孜区人民政府的大力支持下，面向桑珠孜区城南、城北两个街道办事处失地失业人员开展了家庭旅馆、驾驶技术和健康保健技能培训班，以及面向退休人员开展了太极拳、书画、舞蹈等兴趣班，培训490人次，受到社区居民的一致好评，收到了良好的社会效益。另外，学校还选派4名高级讲师为日喀则市人力资源和社会保障局组织的文化系统和交通系统专业技术人员培训班授课，受到参训学员的广泛赞誉。

【就业质量】 2016年，日喀则市职业技术学校毕业生共计359人，通过学校推荐就业和学生自主择业两个就业主渠道，初次就业率在85%，就业对口率在60%以上，初次就业月收入平均在1500元左右。其中，在西藏高原天然水有限公司就业的学生享受五险一金和每月4500元的最低工资保障。从专业角度分析，护理专业就业率是91%、汽车运用与维修专业就业率是85%、藏医医疗与藏药专业就业率是89%、学前教育专业就业率是93%，其它专业就业率基本在80%左右。同时，我校还有333名学生报名参加普通高考和对口高职考试，共有196人升入高等学校继续深造，升学率58.85%，其中机电工程和建筑技术两个“职普融通”试点班升学率100%，创造历史新高。

民族与宗教事务

【概况】 日喀则市民族宗教事务局成立于1982年，属日喀则市人民政府工作部门，财政全额拨款行政单位。局机关内设办公室（政工人事科）、民族科、宗教科、市佛教协会办公室4个职能科室，所属机关后勤服务中心、德庆格桑颇彰管理站、政研信息中心3个事业单位。局机关行政编制18名，其中局领导职数5名，内设机构科级领导职数9名，2016年共有干部16名，县级领导6名（含一名副调研员）；事业编制17名。主要职责包括：贯彻执行党中央、国务院和自治区关于民族宗教工作的方针、政策、法律、法规；贯彻执行民族区域自治法及有关法规，保障少数民族的合法权益；协调推动有关部门履行民族工作相关职责，促进民族政策在经济发展和社会事业有关领域的实施、衔接，指导政府系统民族工作；依法履行宗教事务管理职责，依法保护公民宗教

10月13日，日喀则市召开2016年民族团结进步表彰大会

信仰自由和正常的宗教活动，维护宗教界合法权益，促进宗教关系和谐；指导全市宗教事务部门依法履行管理职责；研究提出协调民族、宗教关系的工作建议，协调处理民族、宗教关系中的重大事项；配合专门机关揭露打击达赖集团等境内外敌对势力利用民族宗教危害国家安全及社会稳定的破坏活动，依法履行管理职能，防范利用宗教进行非法、违法活动，抵御境外利用宗教进行的渗透活动；指导市佛教协会工作。2016年，市民宗局积极探索“保护、管理、引导、服务”宗教工作理念，加强和改进新形势下民族宗教工作，依法加强民族宗教事务管理，确保了民族宗教领域和谐稳定。

【干部队伍建设】 结合“两学一做”学习教育共开展集中学习40余次，领导干部讲党课4次，邀请党校老师讲党课2次，组织专题研讨11次。为2个驻村点争取到集体加工厂、接羔育幼暖圈、桥梁、人畜饮水项目等十余个项目，资金投入达900余万元。在驻村点、扶贫乡开展了“4321”结对帮扶工作（目前结对子40户，107人，共投入物资3万余元，并发放捐赠衣物2批）。

【民族团结】 在全市开展中央和全区民族工作会议精神宣传工作，协调市委党校举办了县处级干部培训班，参加培训人数达200余人；制定了《日喀则市民族宗教事务委员制兼职委员单位及工作职责》《日喀则市民族宗教事务委员制工作制度》。结合3·28“西藏百万农奴解放纪念日”，组织各族各界群众代表80余人在全国民族团结进步创建活动示范单位江洛康萨居委会召开全市民族团结工作座谈会；利用3月综治宣传月、9月“民族团结月”开展民族团结宣传26次，出动宣传人员460人，发放宣传资料2.2万余份，通过广播、电视台、出租车LED顶灯、市直各单位电子屏及户外电子屏开展民族团结宣传教育工作，向市民发送民族团结宣传短信1.3万余条，全市上下直接受教育群众达14.45万人次；在日喀则至拉孜方向、至拉萨方向共制作了6个版面的宣传高炮。年内，全市获得自治区级民族团结进步模范集体16个，模范个人26名；10月召开全市民族团结进步表彰大会，对全市各条战线上涌现出来的30个民族团结进步模范集体和60名个人进行了隆重表彰；发放自治区、市级表彰奖金90.4万元。江孜宗山抗英遗址已被命名为全国民族团结进步教育基地，江洛康萨社区被命名为全国民族团结进步创建活动示范单位。争取少数民族发展资金（兴边富民）2.2亿元，并整合用于精准脱贫产业发展；累计争取并落实扶持资金683万元，惠及9家民贸民品企业，同时带动贫困群众就业增收；总投资300万元实施拉孜县锡钦村、江孜县西郊村、白朗县马义村3个特色村镇保护项目，保护修缮特色民房民居。

8月27日，中央统战部副部长、国家民委党组书记、主任巴特尔在江洛康萨居委会调研

【宗教事务管理】 落实《中共日喀则市委日喀则市人民政府关于加强和改进新形势下宗教工作的意见》，实现宗教领域在“三月敏感期”“萨嘎达瓦”“时轮金刚法会”期间“四无”“三不出”“三稳定”目标。对2016年各宗教活动场所举行的传统宗教活动全部依法登记备案，重点抓好南木林县色吾寺“桑多白日”传统民俗转山活动、谢通门县索布寺猴年“转山、转溶洞”民俗宗教活动督导，确保转山各项佛事活动安全顺利举行。争取自治区寺庙维修补助资金180.78万元维修宗教活动场所15座，依法审批维修11座宗教活动场所，有效杜绝寺庙改建、扩建、乱建现象。

宗教领域灾后恢复重建工作。“4·25”地震84座宗教活动场所共争取灾后恢复重建资金5414万元。2016年，按照“三不增加”和修旧如旧的原则对全市“4·25”地震84座宗教活动场所进行勘察测量，年内按照规划完成整体重建任务的95%。

“128”服务工作。按照“中央满意、区党委满意、市委满意、班禅大师本人满意、信教群众满意”的要求和“安全第一、健康第一，规模适度、庄重有序，确保万无一失”的原则，积极做好法会现场、僧尼住宿备用区公益服务、夜间值班、维持秩序等工作，确保了十一世班禅首届时轮金刚法会安全圆满顺利。

规划“十三五”重点宗教活动场所保护修缮项目。编制上报了《日喀则市“十三五”重点宗教活动场所保护修缮项目实施方案》，批复投资3901万元对32座宗教活动场所进行维修保护，计划2017年安排岗坚寺等10座宗教活动场所进行修缮保护。

认真做好伊斯兰事务。组织开展全市伊斯兰教5个临时礼拜点排查工作；为2名影响力较大的伊斯兰教人士争取赴沙特阿拉伯朝觐名额，并呈报自治区审批。

日喀则市扎什伦布寺管理委员会

【概况】 扎什伦布寺成立了以驻寺干部为主体、爱国爱教僧人参与的管理委员会，已组建管理委员会党工委，配备书记1名、委员2名。管委会班子成员9人，其中干部3人，由十一世班禅大师担任名誉主任，由萨隆·平拉副主席兼任管委会第一主任，委员32名，其中干部3名。管委会下设办公室、宗教事务处、人事社保处、文物资产处、宣传教育处、治安管理处等六个副县级职能部门。

【消防安全】 对扎寺、两个颇彰和寺属企业共进行了100次大型安全检查，26次专项安全检查，排除安全隐患15处。全年为扎寺配备消防器材箱100个、消防灭火器730具、消防水带131盘、水枪50支、铁锹435把、水桶415个、消防土碱1000袋，沙子2000袋等，确保了各项安防设施到位。

【“128”服务工作】 做好接待“128”相关服务工作。在法会选址、平整场地、现场布置、安防措施、便利交通、等环节开展了大量卓有成效的工作，2名管委会干部、6名僧人被市委、市政府分别授予“2016年时轮金刚灌顶法会”接待服务工作先进集体和先进个人。

【政策法宣工作】 一是抓好寺庙法宣教育。全年开展寺庙法宣大型专题讲座3场次，发放学习资料1500余份，翻译学习宣传资料1万余字，并坚持组织僧众观看爱国主义教育影片、纪录片，认真传达管委会各时期重要会议和班禅大师听取管委会工作时的重要讲话及党的十八届六中全会等精神。二是抓好干僧互学活动。组织力量专门编写整理了《扎寺僧人汉语学习手册》共1000册，授课教员分5组，每组安排4名驻寺干部、派出所干警、消防官兵担任教员，坚持每周二下午组织僧众开展汉语教学活动，提高僧众汉语水平。三是抓好僧人业余文化。管委会积极组织僧人向市委宣传部征集推荐“指尖妙笔”书画展作品，共征集推荐僧人藏文楷书、藏汉文草书、美术字体和“拉帕”字体等作品16幅，部分作品得奖，充分展示了僧众的良好精神风貌。四是抓好庆祝活动。根据《日喀则庆祝百万农奴解放57周年宣传纪念活动方案》和管委会的具体安排部署，从2016年3月开始，成立5个宣讲小组，组织600人次僧人开展了以“牢记历史，珍惜来之不易的幸福生活”为主题的庆祝百万农奴解放宣传纪念活动。

【寺庙管理】 一是严格执行僧人请销假制度，严格审批手续。二是规范正常的宗教秩序。谋划好扎寺全年50多项佛事活动规模、人数、责任单位、责任人职责，严格按照自治区大型宗教活动审批管理程序，细化寺庙各项大型宗教活动各类安全评估、方案预案，组织执勤力量分区分片分点维持活动秩序，满足广大僧俗信众的宗教需求。三是加强学经班管理。管委会严格审批学经人员，管理学经人员，制定教学计划，明确学制年限，组织考试考核，评定学位等级，建立正常学经体系，维护学经人员合法权益，确保寺庙学经人员的规范管理、严格管理。四是做好文物保护管理。建立健全人防物防技防的文物保护措施，确保扎寺文物保护管理工作更加科学化、规范化、制度化。2016年，按照全国可移动文物普查工作安排要求，安排2名干部专门配合寺庙文物管理组，对每件文物逐一建档立卡，并录入数据库，现输入完成14513件。

【利寺惠僧政策】 一是抓好僧人社保事宜。管委会积极协调市人社局落实2013年、2014年度僧人养老保险缴费返还事宜，共落实僧人养老保险政府奖励代缴资金13万多元；新增城镇居民基本养老保险参保人数62人，拨付僧人养老金1.7万元；为32名僧人办理医疗报销手续，共报销医疗费38万多元；积极协调桑珠孜区民政局为32名僧人实施医疗救助事宜；申报批准了10名新增低保僧人；落实寿星老人健康补助8100元，调整12名党外人士生活补助标准。二是抓好户籍管理工作。进一步规范扎寺僧人户籍管理工作，管委会会同扎寺派出所、寺庙治保组成立扎寺在编僧人户籍清查小组，清查全体僧人户口，针对少数僧人存在有两个户口的问题，管委会组织专人，积极主动协调市民宗局、公安局和各县区公安部门，分赴日喀则市桑珠孜、萨嘎、拉孜、昂仁、萨迦、江孜、白朗、仁布、谢通门、南木林和山南、拉萨等12个有关地市县区，集中办理了僧人户口迁移手续工作，认真落实了扎寺在编僧人户口全部由扎寺派出所统一管理的规定要求。三是抓好僧众健康教育。特邀西藏藏医学院研究生导师南加为扎寺老僧、患病僧人就诊看病，并在扎寺大礼堂为广大僧众举办了一场以“关爱僧众健康，传送保健知识，建设健康寺庙”为主题的健康教育专题讲座，进一步提高了僧人的健康意识。四是抓好僧人培训推荐工作。2016年管委会推荐和审核自治区佛协常务理事1名，日喀则市第一届佛协副会长、常务理事、理事等代表11名，完成党外人士生活补助申报审批工作，推荐12人次的党外人士参加上级部门组织的赴内地参观学习考察。五是抓好走访慰问僧人活动。“三大节日”期间全体驻寺干部走访慰问寺庙堪布、阿钦、经师等执事人员及老僧、治保僧人、非遗传承人等139人次，投入资金7万余元。六是抓好关心成才工作。为鼓励广大僧众不断提高宗教造诣，2016年管委会为考上嘎钦学位的6名僧人每人发放奖金1000元，共计6000元；祈愿法会期间，为每名僧人发放布施100元，共计8.8万元。七是抓好基础设施建设。管委会派专人协调拉萨市有关部门解决了拉萨雪林多吉颇彰接通天然气、草坪灌溉和人工湖灌水等事宜，有效提高了专项工作接待服务水平；为提升扎寺国家4A级旅游景区基础设施建设和环境美化，今年积极协调相关部门争取投资500万元对原寺庙停车场进行改扩建，停车场内修建了旅游咨询服务中心、2个星级卫生间等；管委会组织扎寺僧人与管委会干部职工、派出所干警、消防大队官兵，在寺庙周边栽下松树、杨树、柳树等300余株树苗，对寺院内义务进行卫生大扫除，进一步改善和美化了扎寺旅游景区环境；管委会积极争取国家投资500万元的扎寺逻玛奶牛标准化养殖改扩建工程；为进一步改善僧众日常生活饮用水质量，积极协调相关部门将卡龙沟水源引入扎寺，2016年已完成工程初步设计，项目初步概算投资139.6万元；积极协调市卫生监督所，先后3次对新宫和拉

2016年7月14日，张书记到扎寺视察工作

让殿进行取水采样，针对扎寺地下水大肠杆菌严重超标的情况，在市卫生监督所专业人员的帮助下，对扎寺120吨和500吨蓄水池投放消毒药水，确保了广大僧人和驻寺干部能喝上放心水；积极推动扎寺申报创建国家5A级旅游景区筹备工作，完成了申报创建专家评审会议文字、图片、视频等所需材料，主要领导专程前往北京参加国家旅游局组织的景区质量评审会，现已列入筛选的24家参评单位。

残疾人工作

【概况】 日喀则市残联于2003年机构单列，为副县级建制，内设办公室、组织维权（宣传文体）科，下设残疾人康复中心、残疾人就业服务中心、机关后勤服务中心三个所属事业单位。核定编制19人，其中：行政编制9人，事业编制10人。核定领导职数7名，其中：县级领导2名，科级领导5名。实有在职人员13名，其中：县级干部3名、科级干部5名，科员1名、工人1名，专业技术人员1名，事业管理人员2名。

全市残疾人口总数约4.3万人，占全市总人口5.73%，截止目前已办理残疾人证19633人，占18.57%；视力残疾人3646人，占18.57，听力残疾人达1865人，占9.5%；言语残疾人达983人，占5.0%；肢体残疾人达9605人，占48.92%；智力残疾人达647人，占3.3%；精神残疾人达1444人，占7.36%；多重残疾人达1443人，占7.35%。农牧民残疾人口18099人，城镇残疾人口1534人，分别占残疾总人口的92.19%和7.81%；男性残疾人10035，女性残疾人9598，分别占51.1%和48.89%；0—6周岁残疾332人，7—15周岁残疾1690人，16—60周岁残疾12949人，60周岁以上残疾16.62人，分别占1.69%、8.61%、65.96%、23.74%。

【党的建设】 残联党组牢牢把握提高工作效能这一主线，不断增强全体单位干部职工的事业心、责任感，通过细化分工、强化职责，把提升效能作为今后工作的突破口和着力点来抓，着重解决残疾人就业、脱贫、康复、组织维权等社会服务工作。结合“两学一做”学习教育活动充分利用党员生活会开展每周二、四集中学习与自学等方式，认真学习上级党组织要求的学习内容、以自治区第九次党代会、市委“6677”工作思路为指导，加强党的执政能力建设，杜绝慵懒散漫现象。全力打造风清气正的服务机关。

【开展专项调查掌握残疾人基本状况顺利完成两项补贴发放工作】 根据中国残联开展全国残疾人基本状况和需求专项调查的要求，按照市委、市政府、自治区残联的统一部署，日喀则市残疾人联合会积极贯彻落实好残疾人两项补贴政策，期间共走访调查全市1694个村居（社区），做到了不遗漏、不少报。共同维护了残疾人保障政策的严肃性和公正性。目前，各项统计工作已经顺利完成，资金兑现共计1998.69万元。持证残疾人19633人得到政策补贴。

【宣传工作】 在市委市政府的组织协调下，2015年我会组建了日喀则市红蕾艺术团，也是日喀则第一支以残疾人为主要演艺人员的民间艺术组织。市残联都会组织艺术团开展的一系列丰富多彩的宣传活动，全年发放宣传册（单）2800余份，宣传人次8000余人次。

【康复、教育、就业服务基础工作】 （一）抓实康复理疗工作。为预防并尽早发现各类残疾，动态掌握辖区内残疾人的康复需求。市联合会积极协调各县区开展诊断筛查工作，组织、指导各类残疾人进行康复训练。并根据诊断筛查情况为广大残疾人同胞配发各类康复理疗器材。为贫困残疾人发放轮椅180辆、助听器135件、各类拐杖270件、盲杖40件、坐厕椅196俩、总价值48.6万余元，收益群众达3000余人。免费为160名肢体残疾人转介到拉萨进行了假肢安装；二是在仲巴县帕羊镇等10个乡镇投资50万元建立残疾人康复站，为基层残疾人提供“一站式”服务。依托社区残疾人康复站就地、就近为残疾人提供康复医疗、训练指导、心理疏导、知识普及、等多种康复服务；三是落实“4.25”地震灾区残疾人家庭无障碍改造工作，为了把聂拉木、吉隆等四个县重灾区残疾人家庭无障碍改造项目执行好，力争把项目做成精品工程、我会积极协调中残联、自治区残联，一边向上级部门汇报灾区残疾人困难，一边入户摸底调查，确定受益残疾人1127人，为每名残疾人争取到无障碍改造项目资金5000元，共计586万元。

（二）开展残疾儿童教育工作。为加大扶残助残工作力度，“十三五”期间，中央财政用彩票公益金设立“残疾人事业专项彩票公益金助学项目（学前教育）”，对家庭经济困难的残疾儿童实施学前教育训练和生活费补贴，每年每人次平均资助3000元。市残疾人联合会经过详细统计、研究后，每年确定日喀则市边雄盲校、日喀则市特校两家机构中15名家庭经济困难的残疾儿童为该项目受助对象，至2016年底共发放资金90000元。有效减轻了残疾人家庭经济困难。二是2016年由日喀则市教育局牵头日喀则市残联、日喀则市特殊学校对全市辍学、未入学的残疾儿童入学情况进行核查工作。为保障基础信息核查质量，联合成立了核查工作领导小组，及时抽调业务骨干深入日喀则市18个县区，做好现场指导和检查工作，努力争取、督促残疾儿童入学。对未入学的适龄儿童少年进行逐户、逐人登记，做到了准确，不错、不漏，在见面率上求95%以上。

（三）残疾人就业。为进一步加大对残疾人扶贫对象的支持力度，引导贫困残疾人依托残疾人扶贫基地和残疾人专业生产合作社增收脱贫。2015年至2016年底市残疾将残疾人就业、带动从业与建设残疾人扶贫基地相结合，从已征收的就业保障金中扶持资金197万元用于开展残疾人创业项目建设，为仁布、定日、白朗、桑珠孜区等五个区县建立了创业就业基地，扶持残疾致富带头人创业，带动了一批贫困残疾人就业。二是2016年开展了四次残疾人就业技能培训班，帮助105名残疾人就业增收。在残疾人就业扶贫工作中为残疾人树立了自尊、自强、自立的信心。三是在上海、吉林两省的援助下，成立了市残联下属公司“日喀则市爱心梅朵手工艺品有限公司”，招入职工全为残疾人，给一批残疾人搭建了就业平台，让残疾人实现了就业创业的愿望。

【驻村、扶贫工作】 （一）为驻村点改善农村安全饮水、饮水困难问题，于2016年8月13日在拉萨完成项目方案评审，项目总投资59.8万元。

【基础设施建设】 2016年由中央彩票公益基金投资1120万元的日喀则市残疾人康复服务中心项目顺利完成前期工作，2016年5月中旬将开工建设。预计2018年实施完成。昂仁、定日、谢通门三县县级残疾人综合服务设施工程也在抓紧建设中，预计8月底交工完成。至年底，拉孜等10个县级残疾人综合服务设施工程中，已竣工验收7个，总投资达3800万元（其中：基建投资3300万元，设施投资500万元）。

县区概况

桑珠孜区

【概况】 桑珠孜区，是中国历史文化名城和历代班禅大师的驻锡地，是后藏政治、经济、文化、旅游中心，是日喀则市委、政府所在地，也是日喀则市唯一的市辖区。先后荣获“国家历史文化名城”“全国双拥模范城”“全国文明城市创建提名城市”和“全国粮食生产先进单位”荣誉称号。

桑珠孜区位于西藏自治区西南部、喜马拉雅山北麓，雅鲁藏布江及其主要支流年楚河的汇流处，总面积3875平方公里，平均海拔3836米。全市辖2个街道办事处、10个乡，176个村（社区），人口20万，其中藏族人口占97%，另外有汉、回、满等13个民族。

桑珠孜区是我国西南边疆的中心城市和连接印度、尼泊尔、不丹等南亚国家的“桥头堡”；日喀则机场开通直达成都航线，年运送旅客超过2万人次。青藏铁路的延伸线——拉萨至日喀则铁路通车于2014年8月通车运营，年货运量可达830万吨。辖区拥有扎什伦布寺、夏鲁寺、贡觉林卡等众多的自然名胜、文化遗迹，成为西藏最具吸引力的旅游胜地之一。物产资源丰富，盛产青稞、冬小麦、荞麦等，被誉为“西藏的粮仓”之一。矿产资源主要有煤、金、铜、铬、铁、铅、锌、水晶等。野生动物资源有岩羊、獐、水獭、黑颈鹤等。药用植物资源有虫草、贝母、大黄等。蕴含丰富的光伏资源，年平均日照时间约3248小时。

2016年预计实现地区生产总值67.9亿元、同比增长18.48%，三产比例优化为7：35：58；固定资产投资预计完成30.7亿元、同比增长6.82%；地方财政一般预算收入完成1.7亿元、同比增长22%；社会消费品零售总额预计达21.36亿元、同比增长23.68%；城镇居民人均可支配收入预计实现27836.58元、同比增长11%，农村居民人均可支配收入实现10738.2元，同比增长10%，经济发展不断向好，社会局势持续稳定。

桑珠孜区边雄乡普奴村举行4·25灾后恢复重建暨整村推进项目开工仪式

【农牧业】 继续推广“良种+良田+良法”的生产模式，推广青稞良种“喜马拉雅22号”7.4万亩，创建高产示范田8.84万亩，实播农作物21.06万亩，良种覆盖率超过85%，2016年粮油总产量达1.69亿斤，粮食产量实现“八连增”。年新生仔畜

16万头（只、匹），成活率达到98.7%，牲畜出栏12万头（只、匹）。农牧产业化成效明显，品牌创建稳步推进。培育发展农机合作社5家，动力机械1.54万台，机耕、机播和机收率分别达到80%、72%、60%。加速推进马铃薯、绿色果蔬示范基地建设，累计实现土地流转3.85万亩。落实良种推广补贴、良种繁育基地建设补贴、农机补贴、草畜平衡奖励资金等各种惠农补贴1900.39万元。发展壮大农牧产业化龙头企业7家、国家级农牧民专业合作社4家，江洛康萨青稞藏白酒、娘麦青稞种子等4类产品通过国家有机产品认证。

【项目建设】 建立重大项目服务机制，制定重大项目领办制度，提高项目审批效率。“五证合一”“一照一码”改革成效明显，全年各类市场主体达10222户，注册资金达55.16亿元，同比分别增长17.9%、64.9%。推进服务型政府建设，市民服务中心2016年共接受咨询2111件，受理业务26423件、办结事项25895件，办结率达98%。全力开展项目建设领域突出问题专项整治，对重点区域、难点问题由区级领导蹲点攻坚、重拳出击，确保了珠峰二期、机场快速通道、吉林北路等多个建设项目顺利推进。实施新建、续建项目165项，实际完成固定资产投资30.7亿元，其中援藏项目11项，完成投资5770万元。总投资7亿元的德百年产30万吨天然饮用水厂项目进展顺利，完成九处水资源发展规划；投资1.09亿元的北郊水厂主体建设、管网铺设工程基本完工，预计2017年9月试运行；投资1.66亿元的污水处理和收集系统工程、江北灌区东嘎西干渠工程以及宜农宜草土地开发整治建设项目顺利竣工。

桑珠孜区产业发展大会

【旅游业】 深入挖掘历史文化名城核心区、扎什伦布寺、四世班禅出生地、德庆颇章、夏鲁寺等历史文化资源，依托雅鲁藏布江、年楚河湿地、千年核桃树、普嘎土林和普姆曲宗溶洞等丰富的自然景观，大力推进文旅联动。扎实推进非遗文化保护传承工作，申报建设非遗传习基地3处。利用珠峰文化节展销文化旅游产品，促进文化旅游产业发展繁荣。东嘎乡生态林卡、年木乡罗林村、江当乡郭加村等生态游、家庭游持续升温，《好运·桑珠孜》《大美桑珠孜》等宣传片反响热烈，知名度进一步提升。2016年共接待游客206.53万人次，旅游总收入9.29亿元。餐饮、物流、金融等服务业发展迅速，全区现有商业网点9335个，物流配送、城镇快递营业网点30余家，金融机构各项存贷款余额分别达到33.5亿元和5亿元，分别比年初增加12.5亿元和7649万元。

【特色产业】 以“两园一镇”为平台，培育规模以上工业企业3家，总投资9.1亿元，签约企业17家（其中工业园6家，光伏产业园区11家），意向投资83.11亿元。13家企业在自治区完成650兆瓦光伏指标备案工作，完成光伏特色小镇评审并开工建设。光伏园区道路建设等5个基础设施建设项目已上报自治区相关部门立项，总投资13.17亿元。第十四届珠峰文化节上签约项目7个，协议投资12.55亿元。2016年预计实现工业生产总值5.04亿元、同比增长16.94%。成立以区委书记为组长，政府区长为常务副组长，相关区级领导为副组长，各级各部门为成员的产业发展领导小组，下设珠峰有机种养加业等7个专项小组和办公室，召开了全区产业发展大会，制定出台了《2016—2020桑珠孜区“十三五”时期产业发展规划》，明确了产业发展思路、目标、举措，将责任分解到部门，落实到责任人，压实到时间节点，动员全区各级各部门和各级干部加快推进“产业强区”建设。

东嘎土豆出产于西藏日喀则市桑珠孜区的东嘎乡，在日喀则素有“金豆豆”的美誉。东嘎乡地理环境独特，土地肥沃，农户大田大多数靠在雅江北岸水分充足，具有发展土豆的独特优势，东嘎土豆品质高（单产高、个大、皮薄、味好、淀粉成分丰富），具有较高的市场评价。近年来日喀则市桑珠孜区立足地区优势，进行产业结构调整，积极探索群众增收的新路子，通过政府引导、企业带动、群众参与的联动等机制，成立了“日喀则市桑珠孜区东嘎乡曲瓦达普土豆种植专业合作社”,其类型为农民专业合作经济组织，业务范围为土豆种植及销售。合作社以东嘎土豆种植为突破口，通过“种植科学化、深加工、打品牌、拓市场”等系列措施，推动了东嘎土豆产业快速发展，截止2016年，东嘎土豆种植总户数已达到1478户、总面积7606亩、总产量3042.4万（斤）、总销售912.72万（斤）、总收入1095.264万（元）。目前，东嘎土豆产业已被纳入日喀则市桑珠孜区高原特色产业—农牧产业的发展重点产业之一。

桑珠孜区光伏+生态设施农业扶贫示范园开工典礼

【城乡建设】 围绕“六城共建”活动，先后投入8000多万元，维修市政设施1850处，新建公共厕所10座，购置垃圾箱等设施4572个，城区路灯亮化率超过95%。进一步理顺城市管理体制，制定了《桑珠孜区城市市容市貌管理实施方案》等十余项制度，完成区国有环卫、园林绿化公司组建工作，城市管理水平明显提升，城乡面貌明显改善。灾后重建全面开展，城乡建设统筹推进，实施灾后重建项目12个，总投资2.3亿元（概算批复投资2.25亿元），建立“群众自建+政府补贴”重建模式，本级财政配套986.67万元用于灾后重建工作，民房重建项目已基本完成，整村推进项目完成70%。《桑珠孜区新型城镇化综合试点工作实施方案》已通过自治区发改委审核，灾后重建甲措雄乡、江当乡特色小城镇建设通过评审。大力推进土地资源管理，机场快速通道、珠峰开发开放实验区、珠峰文化创意示范园等9个项目共征地3.5万亩，兑现征地补偿款12.22亿元。完成永久基本农田划定资料收集工作。投入1.54亿元，完成保障性住房建设948套，维修改造250套，新建144套。行政村、寺庙公路通达率100%。

【生态保护】 实施生态造林17367.7亩，树木成活率达到95%以上，积极申报甲措雄乡桑阿林村等6个村为自治区级生态村。投入3845.32万元推进节能环保、美丽乡村文化大院示范点建设、环境保护公益宣传牌、环境综合整治等工作，共计淘汰10蒸吨以下燃煤锅炉114台。出台了《桑珠孜区乡（街道）环境保护工作目标考核奖惩办法（试行）》，从生态功能区转移支付资金中安排100万元作为乡（街道）环保专项资金，生态环境明显改善。圆满完成2016年度自治区环境保护考核自评及现场复核工作。

【精准扶贫工作】 精准识别并建档立卡贫困户2900户11530人，“九个一批”全面实施，完成脱贫794户3263人。健全融资体系和平台，设立4800万元精准扶贫政府补偿基金，成立注册资金1.2亿元的桑珠孜区娘麦扶贫开发公司。评审确定“十三五”产业扶贫项目91个，预计投资25.5亿元，2016年藏式窗业、唐卡产业园以及吉祥养殖等48个项目列入产业扶贫规划，计划投资8.6亿元。民生领域投入达14.25亿元，占全年财政总支出的80.3%。城乡居民五大保险应保尽保，兑现城乡低保金1632.25万元，落实各类救灾救助资金253.56万元。关心关注五保集中供养工作，将五保集中供养生活补助金从4400元提标到4740元，投入44.36万元改善五保集中供养服务中心编外困难群众和供养老人的生活。关心关爱护路队员，解决33.48万元资金配备服装装备，144名护路队员在原有工资基础上，每人每月增加300元。本级财政配套2400万元用于保障性住房附属工程建设，保障了300户低收入群体及时入住廉租房，为1153户1163人发放住房补贴496.8万元。受理劳动争议案件242件，追回民工工资581.92万元。城镇新增稳定就业人员2926人，城镇登记失业率控制在2%以内。引导和转移富余劳动力5.3万人次，实现劳务收入1.54亿元。

【教育事业】 加快实施“科教兴区”战略和可持续发展战略，继续推行学前教育、贫困学生学段资助、“互联网+空中课堂”和寄宿制中小学生校车免费安全接送“四个全覆盖”，义务教育均衡发展成果不断巩固，落实教育“三包”经费、营养改善计划专项资金3607万元，7所幼儿园、14所学校附属设施完工，教育发展水平和教育教学质量不断提升。

【医疗卫生】 投资1000万元配置首台64排螺旋CT，启用区卫生服务中心并完成“二甲”医院创建工作，社区、乡卫生院功能不断完善，农牧民合作医疗参合率达96%，农牧民健康体检4.72万人次，在编僧尼健康体检349人次。文化惠民工程深入推进，全年开展文艺下乡50场次，电影放映980场次，投入30余万元为文化大院和农家书屋免费发放图书21060册，免费发放卫星直播设备34套，广播电视村村通基本实现全覆盖。便民服务工作扎实有效，2475名60岁以上老年人实现在市区免费乘公交出行。

【援藏工作】 青岛市第七批援藏干部组三年总计投入援藏资金2.39亿元，实施各类项目36个，解决1.9万人次就业。投资4600余万元建设文化大院四座，选派500余名干部、专业技术人员赴青岛培训，协调青岛市安排23个街道、乡镇与全区12个乡（街道）结对共建。招引项目30个，计划投资197.5亿元，累计纳税近2亿元。统筹做好庆祝自治区成立50周年和“4.25”地震抗震救灾“两件大事”。第八批援藏干部2016年6月进藏以来，积极转变角色，履职尽责，扎实开展工作，预计“十三五”期间实施援藏项目25个，总投资达4亿元。

【维护稳定】 深入贯彻落实自治区“十项维稳措施”，积极推进网格化管理，精心服务“128”活动。依法依规做好寺庙管理工作，积极推广“同心”工程。广泛开展民族团结进步创建活动，民族通婚家庭达到546户。全面排查和化解矛盾纠纷，共受理信访案件54件94人次，排查化解矛盾纠纷334起，办结率达92.6%。严格落实安全生产“党政同责”制度，切实加强安全生产监管力度，全年安全生产形势良好。

【廉洁建设】 深入开展“两学一做”学习教育和“讲学习、讲忠诚、正风纪、转作风、提效能”主题活动，围绕建设学习型、服务型、廉洁型、法治型政府，扎实推进政府自身建设。制定《桑珠孜区委桑珠孜区人民政府关于贯彻落实<法治政府建设实施纲要（2015—2020）>的实施意见》，细化工作措施，法治政府建设进一步深化。实行公车统一派单调度制度，深入推进公务接待、公务用车、办公用房改革，拍卖废旧公务用车13辆，“三公”经费支出较2015年下降144.22万元，同比下降9%。设立区长服务热线，全力解决群众关注问题。继续实行政府办公会、政府常务会议邀请人大代表和法律顾问列席制度，研究解决214件请示事项。自觉接受区人大及其常委会的法律监督与工作监督、政协民主监督和社会舆论监督，办理人大议案58件，政协提案64件，办复率达到100%。审计监督、行政监察力度进一步加大。

江孜县

【概况】 江孜县位于西藏自治区南部，日喀则市东部，雅鲁藏布江中段南侧，年楚河上游河谷地带。东起乃钦康桑雪山，西连白朗县，南邻康马县，北接仁布县、桑珠孜区。县城地理坐标为东经89° 36'，北纬28° 55'，全县东西长约102.5公里，南北宽约90公里，平均海拔4100米。江孜县境内的主要河流是年楚河，江孜县境内年楚河源头最高海拔7191.1米，最低海拔3914米，高低落差达3277.1米，干流长90.6千米。多年平均水量为22.0立方米/秒，年平均径流深为112毫米。江孜县境内另有年楚河的支流龙马河（热龙河）、涅如河、康如普曲、日朗普曲、金嘎则曲、纳如同曲及多处季节性河流，另有两座面积为25.70平方千米是高山冰川湖。此外，江孜县境内地下水较为丰富，主要来自大气降水、东南雪山积雪渗透、河谷两侧地表径流渗透及田间回归水。全县境内河谷地段地下水大于河谷两侧山沟，西北大于东南。江孜县地处喜马拉雅雨影带，受海拔高度、地形地貌等影响，形成了独特的高原温带半干旱大陆季风气候，主要气候特点是：空气稀薄、温凉少雨，干湿分明；太阳辐射强，光照条件好，明洁度大；垂直变化大，立体气候显著；春迟，夏短，冬长，秋冬差异不大；寒冷期长，温凉期短，四季不分明，昼夜温差大；空气干燥，冬春多大风沙暴，无霜期短等。江孜县位于喜马拉雅山脉中段北坡印度板块和欧亚板块缝合线的典型地段。全境地形属藏南高山宽谷地地貌区，地貌以残存高原面为基础，兼有极高山、高山、高山湖盆、中山、低山、宽河谷与盆地以及永久冰川等多种地形类型，其中以寒冻剥蚀高中山为主，除年楚河沿岸为宽窄相间的农耕发达条带平原外，其余全为高山地貌。江孜县境内主要野生动物有野牦牛、青羊、黄羊、雪鸡、獐子等，主要野生植物有藏青杨、柳树、沙棘、红景天、贝母等104种植物。江孜县距日喀则市90公里。辖19个乡（镇），155个行政村，367个自然村，14292户，总人口7.2万人。其中农村人口54839人。地域面积3800平方公里，主要以农业为主，主要农作物有青稞、小麦、油菜等，畜牧业主要以牛、羊为主，江孜的奶渣、酥油更是盛名远播，成为江孜特色产品。全县共完成实播面积16.19万亩，累计粮油产量71265吨，被自治区评为“产粮先进县”。全年推广优质青稞等新品种8.5万亩，农机三项作业率达50%以上。年底存栏牲畜30.82万头（只、匹）。出栏牲畜11.82万头（只、匹），肉类总产量2185.8吨，奶类产量18393.75吨，禽蛋产量98.55吨。青稞初深加工项目一期建成。红河谷藏红花农业科技有限公司、藏宏农业生态科技有限公司等一批企业入驻科技示范区。森林覆盖率11.84%，林地面积51718.74公顷，活立木总蓄积量80086立方米，林木绿化率12.90%。境内有国家一、二级保护鸟类19种，自治区级20种。每年到境内年楚河流域迁徙的鸟类主要有黑颈鹤、斑头雁、赤麻雁、白额雁等。另外还有藏野驴、岩羊、黄羊、盘羊等；主要乔木树种有高山柏、竹柳、杨树等，灌木树种有砂生槐、三棵针、蔷薇、小檗、小叶杜鹃、沙棘等。已探明矿产资源有主要矿产资源有黄金、磷、石墨、水晶、石英岩。全县AAAA级景区1处（江孜古城旅游景区）；AAA级景区2处（卡若拉冰川、帕拉庄园）；AA级景区2处（斯米拉景区、热龙寺景区）；目前紫金湿地公园及藏王宫遗址景区已上报AAA级景区（待批）。全县星级酒店6家，其中2个三星级酒店；4个二星级酒店；农牧民家庭旅馆及小型招待所19家，其中2家金星级农牧民家庭旅馆。民族手工业以藏改谢玛氆氇加工、卡麦陶瓷、江孜地毯为主。

2016年，全县GDP达到20.20亿元，同比增长18.27%；全县一般性公共财政收入达到3700万元，同比增长20.30%；完成全社会固定资产投资11.57

亿元，同比增长58.50%；城乡居民可支配收入达到12508.90元，农村经济总收入达到10.23亿元，全县整体经济运行质量和效益稳步提升。全年累计完成邮政业务收入239.52万元，完成年计划的101.49%，超预算进度的1.5%，比上年同期增长13.8%。完成电信业务总收入986万元。全县行政村电信、移动和联通通信手机信号覆盖率达到97%以上，乡（镇）通邮率达到100%。社会消费品零售总额4.12万元。接待旅游人次13.9万人，实现旅游收入4865万元，同比分别增长64%、66%。地方财政收入3700万元，同比增长20.3%；地方财政支出122461.41万元。年末城乡居民储蓄存款余额58582万元。全年农村居民人均收入10819.55元，实现城镇就业再就业136人，实现农牧区劳动力转移就业28000人次，城镇登记失业率2.1%以内。截至年底，参加企业职工基本养老保险591人次，城镇职工基本养老保险3299人次，城乡居民养老保险（含僧尼）40807人。农牧民参加新型农村合作医疗62107人，参合率99%。参加养老（包括基本养老、新型农村养老、城镇居民社会养老）保险参保人数34096人，征缴保险费金额为1234.67万元；医疗（包括城镇职工基本医疗、城镇居民医疗）保险参保人数7576人，征缴保险费金额为3681.65万元；工伤保险参保人数2811人，征缴保险费金额为88.34万元；生育保险参保人数2411人，征缴保险费金额为185.51万元；失业保险参保人数1505人，征缴保险费金额为277.24万元。城镇居民中有895人得到政府最低生活保障金。有寺庙32所，僧尼385人，登记备案的传统宗教活动150种。

2016年10月13日，江孜县文物局工作人员到白居寺开展第一次可移动文物普查工作

【党建工作】 以基层党建“十个一”、机关党建“五个一”为抓手，着力解决基层党建中存在的突出问题。重点开展“两学一做”学习教育、县乡两级领导班子换届工作、“讲学习、讲忠诚、正风纪、转作风、提效能”主题活动和党建规范建设年活动。强化理论武装，大力践行社会主义核心价值观，严格落实党委意识形态工作责任制，系统学习习近平总书记系列重要讲话精神，学习贯彻党的治藏方略，切实加强非物质文化遗产的保护、传承和管理工作，推进文化事业大发展、大繁荣。大力宣传长征精神、老西藏精神、两路精神、珠峰精神和江孜精神，始终把牢正确的政治方向。科学制定党员发展计划，转正党员214名、发展新党员220名、吸收入党积极分子800余名。

【廉洁建设】 严格执行中央“八项规定”和自治区“约法十章”“九项要求”等廉洁自律规定，出台《党政机关重大事项请示报告制度》，严格干部管理，作风新常态深入人心。认真落实“两个责任”，严肃党纪政纪，处理违规人员14名，其中党内警告9名，党内严重警告、行政降级1名，行政记过1名，行政警告2名，行政记大过1名，共为国家挽回经济损失63万余元。2016年政府“三公”经费支出908.47万元，比去年有所降低。以权责清单制度改革为抓手，有效推进政府治理体系和治理能力现代化，激发市场活力和社会创造力。依照法定权限和程序行使职权，坚持向人大报告、向政协通报，自觉接受民主监督，答复和办理人大代表议案149件、政协委员提案64件，答复率、满意率均达到100%。从严落实纪律作风要求，积极开展廉政教育学习，筑牢拒腐防变的思想道德防线。认真开展党风廉政风险防控机制建设工作，通过全员参与查找风险点，制定防控措施，建立长效机制，狠抓干部队伍作风建设，为推进全县党风廉政建设提供组织保障。

【经济稳步发展】 坚持以经济建设为中心，认真贯彻落实“五大发展理念”，统筹做好稳增长、调结构、促改革、惠民生、防风险各项工作，推动经济发展持续向好。召开全县产业发展大会，确定了“1136”产业发展思路，积极打造以“珠峰红河谷”为品牌的产业发展集群，优化产业发展布局，农牧产业转型升级，第二产业提质增效，第三产业稳步增长，三次产业比例优化为20：14：66。重点完成原生态文化史诗剧《江孜印迹》实景版提升和舞台版创排项目，其中舞台版作为市珠峰文化节上海活动周开幕首演剧目，取得圆满成功。

【维稳工作】 有效落实“十项维稳措施”，建立健全党政军警民协调联动维稳工作机制，严厉打击十四世达赖集团各种分裂渗透破坏活动。155个驻村工作队，620名驻村干部深入开展强基础惠民生活动，召开维稳宣讲大会920余场次，参会群众达19.8万余人次；88名驻寺干部依法依规服务全县寺庙、僧尼，全面落实“六建”“九有”等一系列利寺惠僧政策，促进宗教和睦、佛事和顺、寺庙和谐。创新“45678”社会治安综合治理工作（平安建设）管理模式，巩固深化城镇网格化管理体系，投入资金400万元建设了平安城市监控升级项目。受理来信来访19件，调处19件，办结率100%。

【项目建设】 招商引资力度不断加大，吸引各类企业10家，2016年完成招商引资3.61亿元，其中华润投资2.4亿元的江孜县太阳能光伏电站项目已投产运营；江孜县金塔东城综合市场、娘曲藏布庄园酒店、顶峰家俱城等社会民间投资项目共计1.4亿元。全年全社会开（复）工固定资产投资项目144个，年内重点完成县城道路、县城排水、县城供水等重点项目，开工建设江孜镇特色小城镇建设、重孜乡特色小城镇建设等灾后重建项目。实施7个行政村新能源推广项目。完成3个自治区级生态村申报工作。投资58万余元添置部分环卫设施设备。开展了年河两岸砂场专项整治工作，使全县地材开采秩序进一步规范。

【社会保障】 城乡低保工作实现“应保尽保”“双集中”供养工作稳步推进。筹措资金2375万元，实施了“八件实事”民生工程。完成35家企业488万元农民工工资保证金收缴工作。发放1467万元救助弱势群体1.4万人次。完成残疾人基本服务状况和需求专项调查工作。强基础惠民生干部驻村工作扎实有效，全年投入资金1800余万元实施强基础惠民生项目126个。全年完成农牧民富余劳动力输出2.5万人，预计收入达1.7亿元。

2016年5月19日，江孜县委书记孙嘉丰、江孜县委副书记、政府县长曲达出席华润20MWP光伏电站开工仪式

【科教文卫事业】 实现全县155个行政村（居）各2名科技特派员的目标。完成了19个乡（镇）综合文化活动站建设，农家（寺庙）书屋、“户户通”广播电视覆盖率均达到100%。积极申报了涉及舞蹈、藏医药、戏剧、唐卡、宗教活动、手工技艺等类型的9个自治区级非物质文化遗产代表性项目。群众自办文艺团体建设项目顺利通过国家验收。积极推进义务教育均衡发展迎检工作。多方筹措资金1.8亿元实施了一大批教育基础设施建设项目，城乡办学条件明显改善。教育教学质量稳居全市前列，其中初中升学率达80%以上，高中升学率达到95.2%。新型农村合作医疗政策全面落实，医疗设施设备得到了全面改善，城乡居民、在编僧尼得到免费体检。获得全区首家基层藏药制剂资格。充分利用“组团式医疗援藏”资源全力提升医疗水平发展，建设了日喀则市首家微生物实验室和高原疾病氧疗中心。

【脱贫攻坚工作】 脱贫攻坚有序推进，投资3.2亿元开工建设7个产业扶贫项目；落实七类生态补偿岗位9036个，兑现生态补偿岗位资金2710.8万元，每人发放岗位补贴3000元；易地搬迁到位使用资金4959.5元，完成49户173人易地搬迁安置任务；实现劳务输出30007人次、25199人，总收入达1.7亿元，人均收入达6715.6元；救助弱势群体13869人次，发放救助资金1467万余元，五大保险实现应保尽保；完成3期含建档立卡贫困人员187名的培训，89人走上工作岗位；筹措资金71.3万元帮助贫困学生460人；发放救助资金1027万元，并完成医疗救助对象免费检查；发放小额信用贷款129笔504.2万元，实现对贫困户结对帮扶全覆盖；与市珠峰扶贫开发有限公司签订1亿元青稞初深精加工协议。

【援藏工作】 第八批援藏江孜小组在顺利与第七批完成工作交接的基础上，围绕基础设施、产业扶持、社会民生等重点领域确立了“1+2+2”三年援建工作思路。积极探索产业和智力援藏新模式，组织江孜第一期中青班培训，25名副科级干部到浦东参训，组织2期共50人的基层干部培训班到浦东培训；全面开展医疗、教育“组团式”援藏工作，邀请上海教育名师、名校长团13人到江孜，对江孜492名教育系统领导班子、教师，分5个班开展了60节培训课；设立农牧业扶持基金和贫困大学生精准帮扶基金。2016年，投资5886万元实施涉及精准脱贫、产业建设和民生事业等援藏项目26个。编制援藏江孜小组三年工作规划和2017年项目计划，涉及精准扶贫项目6个，产业发展项目5个，社会事业项目13个，设立了农牧业扶持基金和贫困大学生精准帮扶基金。

2016年8月7日，江孜达玛文化旅游节—文艺演出

白朗县

【概况】 白朗县地处西藏自治区西南部，雅鲁藏布江主要支流——年楚河中游，平均海拔4200米，县城驻地海拔3893米，地形地貌类型较为复杂，主要有极高山地貌、高山地貌、河谷地貌等，境内北部水资源较为丰富，中南部水资源相对贫乏，北部山间河谷地下水供源主要是降水、年楚河及其支流，浅层地下水深度在4—6米之间,中南部高海拔山区地下水供源主要是降水、冰雪融水，浅层地下水深度在8—10米之间。白朗县属藏南谷地的一部分，具有显著的高原季风、温带半干旱气候特征，干湿冷暖季节分明，年平均降水量361毫米，年平均气温5.9℃，全年日照时数3200小时，光能辐射199千卡/平方厘米，无霜期120天～140天，风期100天左右，最大风力8级以上；气候总特征为太阳辐射强，日照时间长，热量水平高，四季不分明，干湿季节明显；主要山川有东喜桑齐日山，主要物产青稞。距拉萨280公里、距日喀则市49公里，辖11个乡镇，111个行政村，7182户，总人口49080人，其中农村人口44761人，人口出生率18.49‰，自然增长率14.62‰；地域面积2759平方公里，主要以大棚蔬菜、优质青稞、农区畜牧业和传统民族手工业为主，农业包括青稞、豌豆、小麦、油菜以及各类温室大棚蔬菜等作物，畜牧业包括黄牛、娟姗牛、岗巴羊、新疆细毛羊等。耕地面积8518.17公顷，粮食播种面积8492.24公顷，经济作物耕地面积1000公顷；森林覆盖率10.74%，林地面积40486.226公顷；国家级野生保护动物有喜马拉雅旱獭、野驴、狐狸、鹿、长嘴百灵、黑颈鹤、斑头雁、斑鸠、拉萨裂腹鱼、双须重唇鱼等，已探明矿产资源深层封闭式地热田，铜、磷、铅、锌、铬

铁、泥炭、水晶等矿藏储量最为可观。主要旅游景点色热珠德寺2A级、参卓林寺2A级。特色产品有糌粑、蔬菜、藏靴、氆氇。2016年，白朗县完成生产总值9.62亿元，同比增长24%；其中，第一产业突破4.32亿元，同比增长13.5%；第二产业突破1.26亿元，同比增长22%；第三产业突破2亿元，同比增长28.25%。全社会固定资产投资10.16亿元，同比增长83%，完成邮政业务总量507000件，完成电信业务总量597万，固定电话用户1478户，使用率100%；移动电话用户26418户，使用率100%；互联网用户3610户。社会销售品零售总额1.39亿元，同比增长19.1%。接待旅游7.45万人次，实现旅游收入175万元。地方财政收入2006万元，同比增长32%；地方财政支出94188万元。年末城乡居民储蓄存款金额19211万元。全年农村居民人均纯收入11780元，实现城镇就业再就业1107人，城镇登记失业率控制在2.5%。截止年底，参加城镇失业保险929人，参加基本养老保险23689人，城镇职工参加基本养老保险315人。参加新型农村合作医疗45054人，参合率99.89%。参加城乡居民养老保险23689人，已领取养老保险待遇3974人。城镇居民中有21户25人得到政府最低生活保障金。有寺庙、拉康、日追22所，僧尼265人。

【产业发展】 突破产业发展瓶颈，确定建设高原特色现代农牧产业强县的战略目标，以集中连片、规模经营的方式，实施了有机枸杞、大棚蔬菜、有机青稞等一批产业化项目，以示范带动、利益驱动、市场推动的农牧业现代化构架快速形成，实现第一产业突破4.32亿元，同比增长13.5%；第二产业突破1.26亿元，同比增长22%；第三产业突破2亿元，同比增长28.25%。加快经济发展，重点支持蔬菜产业做大做强，对蔬菜公司进行改造升级，引进企业试点性连片建设高效智能大棚200余亩，试种红景天、独一味等藏药材大棚15座，成功举办“第六届蔬菜采摘节”，为26个蔬菜种植基地提供果蔬幼苗120万株，全年县域蔬菜产量达7980万斤，果蔬品种达126个，销售收入达1.6亿元，蔬菜种植收入在农牧民人均纯收入中提升到23%；大力推进标准化青稞种植，全

2016年6月8日，西藏自治区党委常务副书记吴英杰（左一）一行到白朗县巴扎乡检查指导工作

县农作物总播种面积12.7万亩，粮经饲比例优化为67∶21∶12，粮食作物面积达8.55万亩，推广“藏青2000”7.7万亩，向山南、林芝等五地市调运良种612万斤，粮油总产持续突破亿斤大关后再创新高；大力推广优良畜种及标准化、规范化养殖，加快岗巴羊短期育肥，加大萨福克肉羊养殖规模，年末牲畜存栏27.5万头（只、匹），出栏率34.1%，肉、奶产量分别为500万斤和1600万斤，饲草料产量达1.65亿斤。壮大民营经济，深入开展土地承包经营权确权登记颁证工作，加大农民合作社的扶持力度，全县各类农民专业合作经济组织79家，国家级、区市级示范合作社达11家，覆盖蔬菜种植、奶牛养殖、皮毛加工等16个行业，辐射带动1202户2000余人增收致富。

【精准扶贫】 严格精准识别，对建档立卡1946户9237人进行逐户调查、评估、公示，并进行“四级”建档管理。严格精准施策，深入实施“九个一批”工程，组建扶贫开发有限责任公司，实现产业脱贫4047人，异地分红脱贫1066人，兑现分红资金116.96万元；易地搬迁241户1279人，在完成年度97户523人目标的同时，提前实施2017年计划144户756人脱贫；医疗救助脱贫463人，建档立卡贫困群众医疗参保率、大病保险覆盖率100%，对基本医疗费用、大病统筹保险报销后自付部分进行全额救助；社保兜底340户935人，按时足额发放最低生活保障金322万元；金融政策扶持1341人，主动协调贷款127.5万元；发展教育脱贫1666人，对109名贫困在校大学生资助55.6万元；生态受益6112人，兑现生态补偿岗位资金1833.6万元；开展农牧民实用技能培训5期，转移就业1107人，转移就业率达193%；调动全县干部职工与所有贫困户结成帮扶对子，调动25家企业投入帮扶资金432.46万元对贫困村进行结对扶持。严格责任落实，建立“县区抓落实、乡镇专干”和“工作到村、扶贫到户”工作机制，严格落实“县、乡、村”三级目标责任人职责，全体干部、各级部门、社会各界全面参与脱贫攻坚，做到了每项措施落实到人；顺利完成自治区第三方评估、自治区考核验收，全县9237名建档立卡贫困人口达到了脱贫摘帽标准，人均纯收入超出脱贫指标，圆满完成了脱贫摘帽任务。

2016年7月6日，日喀则市政协副主席边巴（左四）到白朗县嘎东镇兴旺民族服饰合作社调研精准扶贫工作

【项目建设】 项目建设稳步推进，坚持实施项目带动战略，累计完成全社会固定资产投资9.07亿元，实施水利、交通、保障性住房等项目141个，完成年度目标的113%；实施灾后恢复重建项目15个，完成投资1.1亿元，完成年度任务的117.4%，灾后民房重建152户901人，全部竣工并交付使用，公共服务及特色小城镇项目有序推进，有望于2017年8月底全面竣工投入使用。招商引资成果显著，切实把招商作为发展产业、壮大县域经济的强大推力，成立重点产业发展领导小组，建立年雄实业开发有限公司，搭建政府投融资平台，出台招商引资优惠政策规定，建立招商引资项目库，新引进企业4家，达成招商签约项目3个，到位资金3.36亿元，20兆光伏发电项目、设施农业园区建设项目、高原有机枸杞项目加紧实施，首次实现招商项目落地建设大突破。项目建设环境优化，大力推进项目建设领域专项整治，对全县234家施工企业进行突击检查，对年楚河流域47家砂厂、砖厂、预制厂进行摸排登记，重点整治违规开采砂砖厂、打击在项目建设中哄抬物价、暴力垄断等违法犯罪行为，关停整顿砂砖厂2家，搬迁18家，为项目建设创造了良好环境。

【综治工作】 深入开展社会综合治理，全面落实维稳十项措施，成立维稳工作专班，加大社会面管控力度，严密防范非法出境，圆满完成“128”法会安保任务，加强应急处突，开展邪教人员专项排查，全力消除社会不稳定因素；不断完善群防群治工作，壮大护院队、护村队、护校队、治安联防队伍，开展“先进双联户”创评，构建县域大防控格局，实现网格覆盖率100%。创新和加强寺庙管理，加大民族团结宣传力度，认真开展和谐模范寺庙暨爱国守法先进僧尼评选表彰。加大安全生产监管力度，加强安全生产工作安排部署，层层签订安全生产目标责任书，梳理安全生产监管部门权责清单198项；严管严控油气领域，督促建设企业履行安全生产主体责任，开展餐饮场所专项整治，确保人员密集场所安全无隐患；建立完善应急救援预案和信息报告处置机制，加强应急救援演练，不断提高干部群众安全意识，构筑安全生产坚固防线。妥善处理信访矛盾纠纷，建立每月全面摸底排查工作机制，重点敏感时段专门制定方案，并进行有针对性的排查调处，未出现重复访现象，信访办结率100%，年内无进京和到自治区越级上访情况。

【惠民富民】 发展教育提素质，坚持优先发展教育战略，加大教育经费投入，在全区率先通过“素质教育”评估验收，小学、初中入学率100%，义务教育巩固率100%；把教育质量作为一把手工程，建立县级领导定点联系制度，定期检查督促教育教学工作；加强教师队伍建设，大力实施薄弱学科攻坚、“强师兴教”工程，专门设立教师奖励资金100万元办学质量进步明显。狠抓科技助发展，加大高原蔬菜温室大棚土壤处理技术等应用推广，建设好农民科技特派员队伍，成立县、乡农牧民科技特派员之家，全年培训农牧民2万余人次，科技对农牧业增收贡献率达到43%。丰富文化树品牌，加快构建现代公共文化服务体系，乡镇文化站作用进一步发挥，公共文化免费开放力度不断加大；切实加强非遗保护，区、市、县级非物质文化遗产项目达到21个；不断加大文化市场监督力度，适时开展文化市场突击检查、联合执法、专项整顿，坚决抵制有害信息和非法出版物流入市场。落实保障惠民生，加强基层卫生服务保障，严格执行农牧区合作医疗制度，完成县医院、疾控中心和9个乡镇卫生院标准化建设，农牧民和僧尼的医疗保障得到加强，孕产妇住院分娩率等指标明显提高；建立完善社会保障体系，强化社会保险基金的征缴与管理，全面落实各项保障政策，引导社会私营企业发起成立“白朗县慈善协会”，每年筹集上百万元善款用于帮扶贫困大学生和特殊困难家庭。

2016年5月28日，白朗县2016年度采摘节品种展示

【党建工作】 年内圆满完成县乡领导班子换届，严肃换届纪律，认真落实干部选拔“十不准”“十严防”“四个凡提必”和“六个绝不使用”要求，换出了强有力的班子。创新基层党组织建设，以“月例会、季督查、半年考核、交流、评比”为抓手，采取“交叉考核、互点互评”“统一量化、集体打分、现场反馈”等方式，层层传导压力，确保各级党组织将党建工作紧紧抓在手上；深化党建“20有”、支部书记互评互谏等六项党建载体，创新开展“党建项目化推进年”、强基惠民活动，切实解决基层党建“不善抓、不会抓、抓不实”的问题；依托县党校建立“市级乡土实用技能人才培训站”，承接“全区发展任务重、情况复杂村（居）干部培训”“全市村党支部第一书记培训”等重要培训任务；在“两学一做”学习教育中，提出“2613”学习载体，在“讲学习、讲忠诚、正风纪、转作风、提效能”主题教育中，开展“十项措施、百日行动”，党员干部作风得到进一步加强。

【党风廉政建设】 切实加强党风廉政建设，认真落实“两个责任”和“一岗双责”，加强党风廉政建设自查考评力度，在全区率先成立县级“巡查办”，主动在全县开展了两轮巡查工作；严格落实中央八项规定等作风建设新要求，坚决正风肃纪、强化监督问责，特别是对干部“走读”问题进行严肃整顿；大力支持纪委开展案件查办，约谈处理干部9名，查办案件3件5人，其中审理结案2件4人，立案调查1件1人；给予党内警告处分3人，党内警告、行政警告1人，处理不合格党员3名，党风政风民风不断向上向善。

亚东县

【概况】　亚东县位于喜马拉雅山脉中段南麓，平均海拔3400米，地属喜马拉雅山高山地貌，亚东河流域水资源水质良好，符合国家颁发的饮用水、渔业用水、地面水、农业灌溉水各项标准，属亚热带半湿润季风气候，主要山川隆吐山、泡罕里山、乃堆拉、则里拉、康布河、帕里河、亚东河，主要产物亚东鲑鱼、亚东木耳。距日喀则市309公里。辖5乡2镇，25个行政村，67个自然村，4120户，13774人（农村人口1113人），人口出生率1.3%，自然增长率0.24%。地域面积4240平方公里。主要以畜牧业与林下资源产业为主，畜牧业包括帕里牦牛、岗巴羊。耕地面积1.33万亩，粮食播种面积0.71万亩，经济作物耕地面积0.28万亩。森林覆盖率31.3%，林地面积133874公顷。国家级野生动物有小熊猫、金钱豹、长尾叶猴、孟加拉虎、獐子、鹿、野驴、猞猁、熊、水獭、狐狸、黑颈鹤、黄白鸭等，已探明矿产资源有铁、水晶、泥炭等。主要旅游景点有古墓群、古寺庙（东嘎寺、噶举寺）、会谈碑、卓木拉日雪山、多庆湖。2016年，全县完成生产总值5.83亿元，同比增长10%；其中第一产业完成0.6亿元，同比增长16%；第二产业完成1.94亿元，同比增长8%；第三产业完成2.73亿元，同比增长11%。实现社会消费品零售总额1.33亿元。进出口贸易总额9906.48万元。地方财政收入8274.9元，同比增长32%；地方财政支出87102万元。全年农村居民人均纯收入8820.66元。

【项目建设】　全年共实施项目98个，完成全社会固定资产投资9.05亿元，同比增长38.17%，完成123.12%。主要包括玛曲大厦、康布至吉汝增古公路改建、县城供水工程、卓吉花园、喜马拉雅——卓木景区旅游基础设施等重点项目实施；县级综合业务用房、乡镇干部职工周转房、帕里镇商业综合楼、南亚中心、县城电网改造工程等建设项目投入使用；帕里镇生活垃圾卫生填埋场、堆纳乡堆纳小康示范村、康布乡坡耕地水土保持综合治理示范工程、下司马镇新城区防洪堤工程、下司马镇城镇化风貌改造一期等建设项目基本完工；堆纳水库、仁青岗边贸市场仓储区、亚东县市政道路（春丕段和切玛段）、上亚东林马塘鲑鱼养殖基地、下司马镇城镇化风貌改造（三期）等项目前期工作有序推进。

【农牧工作】　2016年总播种面积13350.65亩，粮食作物播种5855.1亩，同比增长0.46%。全年实现粮油产量236万斤，青稞产量229万斤，蔬菜产量250万斤。年末总牲畜存栏97687头（只、匹），牲畜总增率24.52%，出栏率24.51%，成畜死亡率3.77%，仔畜成活率91.08%，牲畜疫病防治密度100%。审核、办理虫草采集证2253本。建立打击非法捕捞、贩运、销售亚东鲑鱼及专设举报机制，增殖放流亚东鲑鱼1.5万尾。草原生态保护补助奖励1044.16万元。续建亚东县高寒牧区牲畜棚圈建设项目、春丕优质蔬菜生产基地整合建设项目、亚东县草补奖资金人工饲草地建设项目、下司马镇农牧综合服务中心建设项目、亚东鲑鱼苗种繁育基地附属设施建设项目，总投资6575.6万元。新建亚东县2015年草奖绩效奖金（草牧业试点）人工饲草基地建设项目、帕里牦牛扩繁场生活用房建设项目、亚东县岗巴羊规模化养殖场建设项目，总投资3919.2万元。基本草原划定覆盖全县7个乡（镇）25个行政村，勾绘图斑152个，野外定点1.02万个，涉及草原504.98万亩，其中重要放牧草原面积5.0375万亩，人工草地面积1.23万亩，并通过市级验收。及时调整充实县乡两级防抗灾工作领导小组，成立38个防抗灾应急突击队，年内新建暖棚圈113座，维修棚圈227座，做好防抗灾饲草料等物资的筹备工作。

【脱贫攻坚与灾后重建】 制定了《亚东县打赢脱贫攻坚战的实施方案》，成立了县扶贫开发工作领导小组和脱贫攻坚指挥部，精准识别763户、2506名建档立卡对象（其中社保兜底110户186人，一般贫困户653户2320人）。县财政根据不低于财政收入12%的比例，配套了627万扶贫专项资金，政府投入2000万元，设立政府风险补偿基金。对口援藏计划投入500万扶持产业发展。实施人才支持计划，向贫困村居选派12名优秀干部，调整充实2名贫困村居党支部书记。对基层专业技术、经营管理、党员干部等各类人才进行培训40次、2300人次。落实“十个一批”脱贫措施，成立亚东鲑鱼养殖、岗巴羊养殖等农牧民专业合作社22个；设立了3100万元的政府风险补偿基金，撬动西藏银行贷款8000万元，投资南亚中心、玛曲大厦建设项目；争取珠峰扶贫开发有限公司3700万元，建设亚东仁青岗边贸市场扶贫商铺；完成易地扶贫搬迁39户117人。筹集资金近120万元设立亚东县助困基金，用于助学、医疗、特殊帮扶救助。2016年来精准扶贫对象人均收入达7545.8元，建档立卡精准贫困户脱贫率达100%；自愿申请退出精准扶贫对象742户2484名，脱贫目标任务完成率达111.3%，配合自治区第三方评估验收组顺利完成评估验收工作，圆满完成脱贫摘帽任务。灾后重建项目建设全面铺开，完成投资8686万元，完成年度计划的103.48%。

【旅游工作】 全年接待旅游100586人次，实现旅游收入2011.72万元，同比增长58.1%。下亚东乡切玛村民俗射箭场2017年投入运营。投资718万元的国道562沿线旅游基础设施建设项目，援藏投资300万元的民居开发与旅游扶持项目全面启动。下亚东乡切玛村旅游规划完成。成立“亚东亚境旅游文化发展有限公司”和“亚东亚旅国际旅行社”，与20余家旅行社签订合作协议；对接拉萨畅游旅行社推出拉萨至亚东精品旅游线路“简哥自由行”高品质旅游产品。

【文化工作】 完成了茶马古道、吉汝拉康、曲美雄谷、日琼波多寺、真桑寺5个自治区级文物保护单位和东嘎寺、外事办、亚东古驿站3个国家级文物保护单位升级材料的申报工作。下司马镇传统藏白酒酿造技艺、下亚东乡孔雀舞、狮子舞被正式列入日喀则市非物质文化遗产保护名录。组织民间艺术团共表演62场次，观众达31589人次。噶举寺、东嘎寺壁画项目总投资70万元；帕里高山台站项目投资200万元，完成了实地勘测和前期准备工作。为全县农牧民群众、驻亚官兵、外来务工人员、学生等放映电影1402场次，观众达53319人次。全年对文化市场经营场所检查46次，没收违禁光碟及私自刻录光碟10张，开展非法卫星地面接收器专项检查2次，没收非法销售地面卫星接收器6套。

【教育工作】 2016年全县小学入学率99.9%，初中毛入学率为102.72%，学前教育毛入园率88.11%。财政投入达1254.8万元。实施了亚东县全民健身活动中心建设项目及县中学地质灾害治理工程。2016年亚东县中学统考位于全市第5名，小学统考位于全市第5名。教师奖励资金增加到50万元。学校临时工工资待遇低海拔增加到2000元、高海拔增加到2200元。县乡（镇）幼儿园项目全部建设完成并投入使用。在各学校组织开展“祖国大好河山游历参观”“国门教育·边境绿色行”“师生爬山活动”《三字经》诵读等活动。为72名建档立卡贫困大学生按照每年区外7000元、区内5000元标准发放资助金46.3万元。鼓励两后生进区内各所职校继续学习专业技术知识，扩大就业途径。全年下拨“三包”经费457.8601万元、营养改善计划专项资金96.0319万元，1605名学生享受“三包”政策，1221名学生享受营养餐。

【就业和社会保障】 全年实现城镇就业再就业1432人，城镇失业率2.1%。投入培训专项资金111.43万元开展汽车驾驶培训132人，装载、挖机技能培训8人，手工编织培训144人（已实现94人就业）；开展乡镇社保平台工作人员培训39名，输送各类培训24人。安置就业岗位184个，规范公益性岗位管理机制，开展转岗引导性培训。2016年，全县参加城镇失业保险560人，城镇职工参加基本养老保险505人。参加新型农村合作医疗9953人，参合率99.7%。参加城乡居民养老保险7332人，已领取养老保险待遇1207人。城镇居民中有140人得到政府最低生活保险金。有寺庙6座、拉康3所，僧尼42人。对驻亚部队灾后重建项目21个施工点进行排查，涉及工人357名。全年调处劳资纠纷68起，涉及群访人数576人、资金3100余万元。收缴农牧民工工资保证金1007.9余万元，项目竣工清退农牧民工资保证金557.1万元。

【环境保护】 全年办理建设项目环境影响审批事项73个，参与项目选址53个。对不符合开采规划的5家砂场进行了搬迁；对辖区2家违法使用燃煤锅炉的单位予以行政处罚，完成了燃煤锅炉限期拆除整改。农村饮用水水源地环境保护工程有序推进;总投资500万元的道路边坡治理工程完成90%;总投资50.8万元的林玛塘下游、阿桑村、多加岗3处砂石采坑生态恢复项目完成。顺利完成亚东县2017年国家重点生态功能区以及2016年全区环境保护年度审核。编制了7个乡镇创建自治区级生态乡环境保护规划（2015–2018）、《西藏自治区日喀则市亚东县生态文明建设示范县创建规划（2016–2020年）》;积极申报自治区生态乡、生态村（居），并获批4个生态村和日喀则市首个生态乡。

【党建工作】 全年召开党建工作部署会议、推进会议等党建专题会议7次，县委书记牵头深入全县各乡镇、村（居）实地督导党建工作8次，组织县直机关党组织书记到先进支部现场观摩交流学习78人次。抓好“两学一做”学习教育。印发了《关于在全县党员中开展“学党章党规、学系列讲话，做合格党员”学习教育方案》和《亚东县2016年党员干部学习计划表》。全年各级党组织累计组织党员学习1300余次，召开县委理论中心组学习会议13次，县处级以上领导干部讲专题党课18次，支部书记讲专题党课42次，普通党员和老党员讲专题党课36次，驻村工作队队长讲专题党课9次，受教育党员2000余人次。开展了民主评议党员、“手抄党章100天”等活动。县委理论中心组召开了4次专题研讨会，全县102个基层党组织共召开专题研讨会280余次。每周分3次通过短信平台向全县党员推送“两学一做”学习教育内容。抓好村居干部素质能力提升工程。建立了村干部学历等级、村居干部个人及家庭成员基本信息和掌握技能等各类台账10余类；解决了30万元的村居干部素质能力提升教育培训经费，举办了为期7天的村居干部素质能力提升巡回培训班，对全县未达到初中文凭的102名村居干部进行了模拟测试。全年累计培训村干部350余人次，在上海成功举办县乡干部能力提升培训班。抓好干部管理工作。研究制定了《关于认真落实全面从严治党进一步加强党的建设的实施方案》等方案，印发了《亚东县关于规范干部职工休假的通知》等制度性文件。在村居两委班子考核奖励资金县级配套33.5万元基础上提标7万元，为113名60岁以下的农牧民村居干部缴纳养老保险5.65万元。不定期对干部在岗情况、现实表现情况等进行明察暗访，及时通报批评查处了一批懒慵散干部。提拔调整干部64人，3名优秀村居干部选拔为乡镇公务员。落实村（社区）组织工作经费、村（社区）干部报酬、农牧民党员活动经费及村（居）第一书记工作经费等资金，解决5个社区干部提标问题。县、乡、村三级考核评定综合得分末位的2个村居党组织通过集中整顿实现了晋位升级。抓好作风建设。县委班子成员围绕党风廉政建设和反腐败工作，与各乡镇、县直部门主要负责人进行廉政谈话62人次。开展党员志愿服务活动95次，落实党组织服务群众专项经费25万元，健全完善党风廉政建设规章制度25条；帮助村（居）理清发展思路25条，找准发展路子25个，制定、完善、实施经济社会发展规划25项。“短平快”项目批复5个，批复资金235万元。解决民生方面的突出问题98个，慰问五保户、贫困户和困难群众300余人次；组织开展文艺演出、法律宣讲活动、党和政府各类重大决策、会议精神学习会等270余场次，受教群众达5万余人次，发放各类宣传资料7812份，拉挂宣传横幅120余条；为村居办置公开栏25个，健全完善党务、政务公开制度50条。开展“党员干部走村入户、结对认亲交朋友”活动，年内共开展各类帮扶活动2680余次，发放慰问物资价值达20余万元。对全县村居财务情况进行专项督导检查，并对村级财务人员、监督委员会成员进行了专项培训。抓好基础建设。完成了帕里镇二居委活动场所标准化建设项目的选址、设计等前期工作。成立了亚东玛曲投资有限责任公司党委，新建党支部5个、党总支1个。抓好保障。2016年共投入党建经费355余万元。全县共有46个村（居）集体经济，规模达到1万–5万12个，5万–10万元以上11个，10万以上21个。顺利完成县乡党委换届工作，选举产生了新一届县委委员25名、候补委员5名，乡镇党委班子成员35名。投入130余万元，打造机关党建示范点、亚东县党员教育基地、帕里镇便民综合服务中心、机关党建群建规范化示范点。投资30余万元，拓展机关党员活动中心功能，建立了“妇女之家”“干部职工书屋”“青少年活动中心”等群团活动站点。

【纪检监察】 县委年初召开党风廉政建设和反腐败工作会议，安排部署2016年纪检监察工作，与7乡镇、38个县直部门签订了《党风廉政目标责任书》。制定实施《关于落实党风廉政建设党委主体责任和纪委监督责任的实施方案》等方案，对40余个部门“一把手”进行了个别约谈和集体约谈；对62名干部、第六批驻村工作队及第二批“村居第一书记”等50余名同志进行了廉洁谈话。

反腐倡廉受教育党员干部达700余人次；在县乡（镇）换届期间，对272名代表、委员进行了资格审查；为全县147辆公务用车喷涂了统一标识和监督、举报电话。2016年共受理案件11起（其中上级交办案件4起、自办案件7起），处理违规停放的公务用车10余次。查处近年来挂账资金183.23万元。清退亚东县纪检监察局参与议事协调机构和积极落实“三转”。规范乡镇纪检组织建设，配备5乡2镇各专职纪委书记1名、纪委副书记1名、纪委委员1名，同时完成了全县7个乡镇单设纪委、单独挂牌工作。

【援藏工作】 完成援建项目投资4115.32万元，完成计划的88.79%。安排550万元援藏资金用于特色产业扶持、亚东鲑鱼养殖基地、上亚东乡嘎林岗震后群众产业恢复项目及多情湖景观平台建设、多情文化民俗村建设等。依托“医疗援藏”成功实施亚东县史首例急诊夜间手术，全年开展下腹部手术4例；针对乡镇卫生技术人员开展定期规范化轮训300人次。梳理确定援建“十三五”规划和18项2017年初选项目。上海相关单位、爱心人士向亚东县教育、文化、卫生等部门捐钱捐物，价值超过100万元。

聂拉木

【概况】 聂拉木，藏语意为“颈道”，地处东经85° 27′～86° 37′，北纬27° 55′～29° 08′之间，位于西藏自治区以及日喀则市西南部，喜马拉雅山脉北麓，少部分地区位于喜马拉雅山脉南侧；东邻定日县，南以喜马拉雅山脉分界与尼泊尔国毗邻，西连吉隆县，北接萨嘎、昂仁县。聂拉木县区划总面积7863.92平方公里，南北最大距离179公里，县驻地海拔3810米，边境线长153公里，县境内聂拉木口岸是国家一级陆路通商口岸。境内平均海拔4300米，最高点为希夏邦马峰（海拔8012米），最低点为中尼边境54（3）号界桩（海拔1433米）。聂拉木县是珠穆朗玛峰国家自然保护区的重要组成部分。距离日喀则市443公里。

聂拉木县辖5乡2镇44个行政村（居委会）。聂拉木县人口由汉族、藏族、回族、土家族、夏尔巴人等民族组成，卡查尔（藏尼混血儿）在境内定居的人员也逐渐增多，截至2016年底，全县4542户1.99万人，形成以藏族为主、其他少数民族共存的边境口岸县。

聂拉木县在地貌上是青藏高原藏南山地的一部分。冰川作用、流水地质作用明显，加之新构造运动、高原隆升，因而南坡河流切割深，重力地貌发育，易发生崩塌、滑坡、山洪、泥石流和地震等环境地质灾害。

境内水利资源极为丰富，主要河流有捧曲水系（县境北部）和波曲水系（县境南部）以及佩枯错水系（县境西北部）；有藏南谷地最大的内陆湖——佩枯错，达热错、门唐杰玛湖、米扎湖、贡布东莎湖等湖泊。整个枯岗日山脉冰川和永久积雪面积达6000平方公里，主要集中于希夏邦马峰周围。希夏邦马峰核心保护区面积3727平方公里，区内有海拔8012米的世界第十四高峰——希夏邦马峰。

县境区域分布于喜马拉雅山脉南、北两侧，由于东西向穿越境内的喜马拉雅山脉阻挡了印度洋暖湿气流北进，造成山脊两侧气候各异的明显差别，形成南、北两个大的气候类型区。聂拉木县年平均温度3.5℃，年平均降水量为281.7毫米，县城驻地年降水量582.9毫米。

境内动植物资源十分丰富，国家重点保护植物有长蕊木兰、西藏延龄草、天麻、锡金海棠、参三七等，其中药用植物繁多，主要盛产冬虫夏草、贝母、三七、当参、雪莲、灵芝菌、黄芪等130多种名贵药材。草场面积4201平方公里，森林覆盖率10%，林地面积756.32平方公里。珍贵用材树种有樟科、壳斗科、松科、木兰科等。

聂拉木是农、牧、林、商综合性的高原湖盆半农半牧县，农牧业为国民经济的支柱产业。耕地面积2.99万亩，农作物主要以种植青稞、小麦、豌豆、油菜为主，盛产土豆，所产土豆风味独特，畅销尼泊尔。牧业以养殖牦牛、黄牛、山羊、绵羊、马为主。

县内野生动物种类繁多，珍禽异兽繁衍生息，主要有雪豹、西藏野驴、麝、黑颈鹤、藏雪鸡、棕尾虹雉、小熊猫、藏原羚等100余种。境内蕴藏矿产资源，有铅、煤，黄金、宝石等金属。

主要旅游景点有希夏邦马峰、佩枯错湖、白玛曲顶寺、喇普寺、益加拉康、樟木口岸等。特色产品主要有聂拉木县充堆藏药厂生产的七十味珍珠、常觉、芒觉、二十五味珍珠、二十五味尤矛、加仁钦波、尊珠达协、二十五味珊瑚等几十种名贵藏药；雪域露珠水资源开发有限公司生产的泉水。有寺庙、拉康、日追17所，僧尼150人。

2016年，聂拉木县完成生产总值61115.5万元，同比增长22.8%，其中第一产业达8098.5万元，同比增长—2.6%；第二产业达17658万元，同比增长112.8%；第三产业达35359万元，同比增长6.7%。全社会完成固定资产投资18.37亿元，同比增长775.1%。完成邮政业务总量31000件；完成电信业务总量386万元，固定电话用户147户，使用率85%；移动电话用户728户，使用率76%；互联网用户147户。社会消费品零售总额实现7800万元，同比增长16.4%。地方财政一般预算收入完成2483万元，同比增长25%。地方财政支出128443万元。全年共接待游客5903人次，实现旅游总收入111.6万元，同比增长15%。年末城乡居民储蓄存款余额10759万元。全年农村居民人均纯收6730.89元。

【党的建设】 2016年，聂拉木县坚持以科学发展观统领全局，深入开展“两学一做”学习教育活动，坚持稳中求进工作总基调，把改革创新贯穿于经济社会发展的各个领域各个环节，攻坚克难，砥砺奋进，开展党建工作。一是进行党组织关系排查工作，2016年全县共有流动党员29名，“口袋”党员2名；二是进行党代表和党员违纪违法排查工作，2016年全县共计发现党员委违纪5

人，已处理；三是基层党组织按期完成换届，全县现有基层党组织85个；四是对党费收缴开展专项检查规范党费收缴工作制度，完善工作流程，教育引导党员充分认识缴纳党费是做合格党员的起码条件，结合“两学一做”学习教育增强党员意识、提高党性觉悟；五是扩大党组织工作覆盖面，全县共有非公有制党组织1个，社会组织2个；六是抓党建促脱贫攻坚，全县紧紧围绕“以扶贫抓党建、以党建促脱贫”的总体思路，引导各级党组织和广大党员干部集中精力，高质量、高标准落实精准扶贫各项工作任务，不断提升贫困村发展的“造血”功能，促进扶贫开发工作和农村党建工作的良性互动、共同发展；七是加强党员干部学习教育，对从长期不重视党建工作、基本制度不落实、党员教育管理宽松软的党组织进行了重点整治，严格执行“三会一课”制度、组织生活会制度、民主评议党员制度，深入开展“两学一做”主题活动，形成经常性的良好氛围。

【廉洁建设】　落实党风廉政建设责任制。召开聂拉木县风廉政建设暨纪检监察工作会议，对全年党风廉政建设工作安排部署。制定《聂拉木县2016年度党风廉政建设目标责任书》《聂拉木县2016年度党风廉政建设党委（党组）第一责任人目标责任书》《聂拉木县2016年度反腐败协调工作目标责任书》，逐级落实责任。严格纪律审查。2016年，共收到信访举报16件，查办案件21件（含上年未办结5件）。其中立案4件，已全部结案，初步核实了结10件，谈话函询4件。给予党内警告处分1人、行政警告处分1人、行政记大过处分1人、留党察看一年和行政撤职处分1人、通报批评4人。加大监督检查。全年开展“四风”问题监督检查18次，处理1人；开展“4.25”地震灾后恢复重建监督检查5次，签订《党员干部在灾后恢复重建项目等评审验收中拒绝收受和发放红包承诺书》《灾后重建项目管理廉政责任书》；对换届中新任调整的76名科级干部进行集体廉政谈话、12名主要负责人进行个人谈话。严肃换届纪律。制作换届纪律宣传横幅41个，全县副科级以上干部签订《严守换届纪律承诺书》。加强自身建设。配齐县纪委监察局领导班子，规范内设机构；先后组织20人参加上级业务培训；规范乡镇纪检组织建设，每个乡镇纪委设专职纪委书记1名、纪委委员2名；配合市委巡察二组做好2016年市委第二轮巡察工作。压缩“三公”经费192万元，同比下降10%。推行政务公开，全年通过微信平台和政府网站公开信息1150条。开展政风行风评议，政府自身公信力和群众满意度不断提升。

【灾后重建】　2016年聂拉木县5乡1镇（不含樟木镇）灾后民房重建全面开工，2842户基本完成，425户已搬入新家，累计完成了4.4亿元的投资，占总工程量的98%；2016年聂拉木县陆续推进整村推进建设，36个整村推进项目全部开工，完成1.3亿元投资，完成总工程量的52%；2016年聂拉木县高效推进特色小城镇项目，投资2.9亿元的三个特色小城镇中乃龙乡、门布乡、聂拉木镇特色小城镇完成1.57亿元投资，完成了总工程量的64%；2016年聂拉木县投资5.5亿元灾后重建基础设施建设项目同步实施，共完成了40973万投资，其中水利项目完成3461万元，农牧项目完成1663万元，同时积极帮助协调计划外318国道恢复重建聂拉木境内重建工作，完成了3.5849亿元投资；将文教卫生灾后重建项目与其他正常项目整合资金，计划内教育类完成了2239万元投资，卫生类完成了255万元，文化类完成了479午万元，维修加固完成了657万元。

【农牧产业】　2016年农作物播种面积为2.99万亩，其中粮食种植面积1.67万亩，油菜种植面积0.26万亩，蔬菜种植面积0.29万亩，饲草种植面积0.77万亩，粮经饲比例56：18：26，全县粮油总产7178吨，其中粮食总产量6669吨。二是畜牧业发展情况良好。2016年末，牲畜存栏18.03万头（只、匹），其中大畜1.9万头（匹），小畜16.13万只。仔畜成活率达到92.54%；成畜死亡数6073头（只、匹），成畜死亡率控制在3.27%。草场三灭6.05万亩。由于樟木牲畜全部消化，导致牧业部分产量减产。

【教育事业】 教育事业投入力度不断加大。全县幼儿园在园人数为503人，城镇学前三年入园率113.5%，农村学前两年入园率50%；小学在校生人数为1682人，小学适龄儿童入学率100%，巩固率100%；初中在校生人数为830人，初中阶段毛入学率106.4%，巩固率98.5%，小学六年级升初中做到了整班移交。我县残疾儿童32名，其中随班就读5名，12名在日喀则特校就读。全县各学校“三包”经费管理规范，拨付及时到位，做到了专款专用，共落实“三包”经费1148.81万元。2016年教育基础设施共投入854万元，琐作乡、门布乡中心小学教工宿舍项目、聂拉木镇中心小学操场硬化及塑胶跑道项目已竣工使用。设立聂拉木县“高原梦、山海情”教育发展专项基金，主要用于资助贫困大学生和奖励优秀教师。

【医疗卫生】 聂拉木县参合3551户、参合人数16423人，其中民政代缴2288人，政府补助及个人筹资756.21万元，其中个人筹资共计32.85万元，民政代缴4.58万元。参合率达到100%。累计医疗救助760人次，发放医疗救助资金169.4万元。参加新型农村合作医疗保险509人，参合率达到100%。

【文化事业】 继续巩固农村广播电视“村村通”工程，聂拉木县广播覆盖率为96%、电视覆盖率达到95.8%、“户户通”覆盖率达到89%。放映爱国主义电影880场（次），观众达5.3万人次；文艺下乡52场次。加大对网吧等娱乐服务场所的整治力度；努力抓好文物普查工作；进一步加大文物和非遗保护工作力度；管理好基层文化队伍，丰富文化内容体系，构建群众文化活动常态化。

【社会保障】 职工养老保险参保人数318人、征缴基金381.9万元，职工医疗保险参保人数1481人、征缴基金1417万元，城乡居民养老保险参保人数10530人、征缴基金96.96万元，工伤保险参保人员1492人、征缴基金34.8万元，生育保险参保人1231人、征缴基金83.3万元，失业保险参保人数为716人、征缴基金109.8万元。城镇居民医疗保险参保人数为509人，征缴基金23.52万元。兑现城乡居民养老保险223.92万元（60岁以上1205人）。

兑现农村五保供养资金43.13万元；落实高龄失能老年人两项补贴10.86万元；落实寿星老人健康补贴4.27万元；兑现残疾人双向补贴48.58万元；落实救灾救济粮资金370万元；为困难群众解决临时救助金6.5万元；落实一次性教育救助资金40余万元。兑现低保资金365.07万元。

发放退伍军人一次性优待金22.2万元；发放优抚对象慰问金6.86万元和退伍士兵慰问金1.64万元，临时救助105人次，其中外来人员12人次。

2016年共储备价值452.6万元的救灾物资，价值278万元防抗灾饲草料。圆满完成了“7.05”特大山洪泥石流、“7.22”山体崩塌应对防抗工作。

【生态保护】 2016年，与2家企业签订总量减排目标责任书，2016年全县总量控制指标与2015年排放总量控制计划持平；对50家企业环境安全隐患进行排查，查出各类隐患5条，限期5家企业落实整改；完善水源点取水口保护区辅助工程等工作开展，排查饮用水源地污染隐患，清理整治饮用水源保护区内的污染源，确保人民群众饮用水安全；积极办理项目环评文件75项，总投资为22.63亿元；填报项目环境影响登记表和申报表92项，总投资达6.27亿元，环保投资458.383万元；全年完成重点区域公益林628亩、拉萨周边防护林体系2462.3亩和防护林体系封山育林8000亩，项目投资为176万元。生态安全屏障防沙治沙工作22000亩，正在实施退耕还林工作2880亩。

【维护稳定】 2016年，聂拉木县认真抓好维稳各项措施落实，完善维稳工作基础建设，狠抓平安创建的巩固提升工作，圆满完成了“三大节日”“三月敏感期”“萨嘎达瓦”“转山转湖”宗教活动等重大节日和节点的维护稳定安保工作，实现辖区“三稳定”工作目标。全年开展治安巡逻3700余次；开展边境巡逻3800次，抓获非法出入境人员7

人；开展安全生产联合大检查8次，排查整改隐患62处；调解矛盾纠纷20起，全部妥善化解；全面落实党的各项利寺惠僧政策，健全“六建”体制机制。

【项目建设】 2016年，完成固定资产投资18.83亿元。全年共组织实施项目144个，总投资35.46亿元，累计完成投资18.37亿元，同比增长775.1%。其中灾后重建完成投资13.37亿元，援藏项目完成投资2484万元。完成103个项目的项目库建设，前置手续已办完69个，完成26个贷款项目计划。完成了国家发改委2016年国家稽察“十二五”建设项目，共计73个，总投资96.27亿元。水利项目共计9个，总投资21.33亿元。农牧项目7个，总投资3329.8万元。林业项目共6个，总投资1809万元。交通项目共8个，总投资8.03亿元。教育项目共7个，总投资7688万元。住建项目共计7个，总投资2亿元。卫生项目8个，总投资4870万元。国土项目11个，总投资2196.36万元。文广项目共13个，总投资4149万元。发改项目共34个，总投资8.19亿元。援藏项目共14个，总投资2.5亿元。

【精准扶贫工作】 有效识别968户3111人建档立卡贫困群众，制定《聂拉木县十三五脱贫攻坚总体规划》《聂拉木县十三五扶贫产业规划》《聂拉木县十三五转移就业规划》《聂拉木县十三五生态补偿规划》和《聂拉木县3211干部结对认亲帮扶责任方案》，注册成立“聂拉木县希夏帮马扶贫开发投资有限公司”，设立1000万元的政府风险补偿基金，积极与农行、国开行等金融机构对接扶贫产业项目，有效减贫164户574名建档立卡贫困群众。结合产业规划与聂拉木县实际，发展贫困户有能力经营项目，2016年实施4个扶贫项目，完成投资2600万元。2016年，聂拉木县按照上级部门要求安排生态岗位2832人（其中建档立卡贫困户2832人），已稳定实现每人每户增收3000元，实现贫困户全覆盖。2016年，通过转移就业脱贫的建档立卡贫困户群众167人，就业人员月工资在2000元以上；2016年，聂拉木县将551名符合条件的在校学生和60度名建档立卡“两后生”全部纳入到了发展教育脱贫规划中，对551名中小学发放各类补贴200余万元，对全县16名贫困大学生资助8.5万元；2016年，对因病至贫返贫的91人指定了“一户一档、一人一卡”的救助措施，已兑现建档立卡门诊补偿资金12万余元、住院补偿金额40万余元，基本实现了病有所医、医有所补；2016年，县农行对91户建档立卡贫困户放贷97万元，本级财政自筹1000万元，设立政府风险补偿基金，并与合作银行签订了信贷协议；2016年，全县灾后重建2207户，以开工2149户，完成主体1866户，已竣工1620户，已入住680户，含建档立卡贫困户597户2027人，工程建设进度达90%以上；2016年，社会兜底对象227户468人。

【援藏工作】 2016年，确定烟台援藏项目11个，涵盖了产业发展、民生保障、教育事业等7个领域。2016年，计划投资4334万元。其中用于灾后恢复重建2384万元，医疗卫生200万元，教育事业200万元，特色产业350万元。现已启动项目7个，完成投资2834万元。其余4个项目已经在市发改委立项。两地交流交融人数70人。

拉孜县

【概况】 拉孜，藏语意为“神山顶，光明最先照耀之金顶”。拉孜县地处西藏自治区西南部、日喀则市中部，东连萨迦县，西南接定日县，西靠昂仁县，北邻谢通门县。全县总面积4405平方公里，辖9乡2镇，98个行政村，人口59785人。县城位于西藏东西、南北交通大动脉318国道和219国道交汇处，是西藏东南部与东部地区与尼泊尔、樟木口岸、珠峰大本营和阿里地区往来的必经之地。县城驻地曲下镇，海拔4010米，东距日喀则市150公里，经日喀则至拉萨430公里，距樟木、吉隆口岸各约400公里，距日屋口岸200公里以内，是距离各边境口岸最近的规模较大的县城，基本属于南亚贸易陆路通道的前沿地带。

2016年，拉孜县生产总值8.94亿元，同比增长26.7%；地方财政一般预算收入3346万元，同比增长44%；完成国家税收2424万元；公共财政累计

第八批烟台援藏分组结合我县实际、制定了《山东省烟台市组团式医疗援助聂拉木县实施方案》。通过层层遴选了9名德才兼备的医务工作者，将来我县参加组团式援藏，为下一步医疗卫生事业的发展提供了条件，极大的解决干部职工群众就医难的问题。

2016年6月22日，上海市第七批、第八批援藏拉孜小组轮换迎送座谈会

【项目建设】 2016年，拉孜县完成《拉孜县十三五国民经济发展规划》和11个《乡镇总体发展规划（2015-2030年）》，重点实施县城新区基础设施、污水处理厂及西部影视基地等项目建设。进一步规范全县项目申报、审批、招标等流程，设立500万元项目前期经费，重大项目前期工作有序推进。芒嘎河生态环境综合治理和西部体育基地、实训基地、党校基地、医疗服务基地、车辆检测基地的“五基地一治理”项目进展顺利。积极推广“PPP”投融资模式，成功争取贷款项目2个，投资金额达7900万元，位列日喀则市各县区第一位。引进并实施互惠互利超市、两岸咖啡、宜必思连锁酒店为一体的城市综合体项目和商混站、羊毛清洗厂等企业。清洁能源产业实现新跨越，中广核一期20兆瓦光伏发电项目已并网发电、二期10兆瓦光伏发电项目已通过评审，拉孜百科一期20兆瓦光伏发电项目已建成；中电投和海润光伏公司110兆瓦光伏发电、油菜深加工等项目已签约，项目协议资金达21.7亿元。拉孜县2016年招商引资实际到位资金4.99亿元，完成年度目标任务的434%，创历年之最，位列全市第三。

【农牧业生产】 2016年，全县农作物总播种面积为12.76万亩（其中青稞播种面积为7.63万亩，青稞年总产量7570万斤、油菜播种面积为2.25万亩、马铃薯播种面积为1.12万亩、藜米播种面积为480亩、饲草料播种面积为0.91万亩，其他农作物播种面积为0.8万亩），较去年总播种面积增加0.91万亩，粮食生产增长3.6%，畜牧产业稳步发展，各类牲畜存栏34.34万（头、只、匹）。

【产业发展】 2016年，拉孜县全力推进“八大特色产业”，经济结构不断优化。三次产业比例由30.3:24.3:45.4调整为28:28:44，其中二产提高3.7个百分点，产业结构更加科学合理。全县农村经济总收入实现5586万元。新建高标准农田3万亩，推广良种种植6.3万亩，建成现代农牧业技术综合展示区5759亩，完成“千亩千斤”示范田3000亩。全年粮油产量达到8680万斤，较去年增收338万斤，荣获“全区粮食生产先进县”称号；新生仔畜7.15万头，牲畜出栏8.02万头，草畜生态平衡顺利通过区、市两级验收。二产快速发展，全县实现工业总产值3040.15万元。园区建设步伐加快，实施道路建设和供电工程，基础设施建设加速推进，产业园区已具备项目承载能力。2016年已有2家企业投产运营，在

2016年12月10日，日喀则市第六届后藏物资交流会拉孜交易会在拉孜县曲下镇隆重开幕

建企业2家，意向入驻企业6家。商贸旅游业蓬勃发展，2016年共接待游客7.2万人次，同比增长114.93%，实现旅游收入948.27万元，同比增长66.7%。成功举办第六届后藏物交会拉孜交易会，实现交易额1947.38万元，“日喀则西部中心”商业集聚效应日益凸显。

【基础建设】 2016年，拉孜县共实施交通项目7个，完成投资9399.45万元。完成拉柳公路项目建设，实施扎西宗经曲玛至拉孜镇公路通畅项目，农村公路通达率、公路网建设均排在全市前列。实施水利项目10个，完成投资5240.89万元。重点实施小型农田工程、扎西宗干渠和县城新区防洪堤工程。加快水利项目前期进度，开展芒嘎河普曲流域综合规划编制和桑德水利、仁多水库前期工作。2016年，县城绿地率达29.3%，绿化覆盖率达14.6%。实施防护林体系3769亩，实施封山育林4000亩，林地面积达7.71万公顷，绿化覆盖面积达14.6%。拉孜县建城区面积已达3.71平方公里，形成以嘉定路、闸北路、南汇路、曲下西路、曲下东路为纵向和以曲下北路、老中尼路、和谐路为横向的“五纵三横”城区交通网络体系。2016年，有44户，125人易地搬迁到县城，县城人口稳步增长，核心带动能力进一步增强；2个特色小城镇全面实施，扎西岗乡小城镇项目建设成效显著，小城镇建设已初具规模。2016年拉孜县被国家评选为全国第三批城镇化试点县。

【民生改善】 2016年，拉孜县共实施教育基建项目31个，投入资金1.16亿元，其中：本级财政配套1000万元，较2015年增加800余万元。重点实施曲玛乡等9所小学基础设施薄弱改造，扎西岗乡等3所小学改扩建工程，彭措林乡等6所附属幼儿园和县第二幼儿园新建项目。完成12所义务教育学校教工之家改造项目，对12所义务校园进行升级和环境美化。“两基”成果不断巩固，农村学前两年及城镇学前三年入园率分别为75%和87%，较2015年分别提高5%和8%，小学、初中入学率巩固为100%和98.5%，较2015年分别提高0.02%和

2016年10月23日，拉孜县《妙音踏舞》获得第十七届中国艺术节“群星奖”

0.06%。义务均衡教育发展成果顺利通过国家验收。为调动教师教学的积极性，县委、县政府拿出120万元对全县60个教育先进集体和439名优秀教师个人进行奖励。

2016年，拉孜县启动二级甲等医院创建工作，柳乡卫生院被评为“全国基层满意卫生院”。儿童基础免疫接种率达98.1%，新入托、入学儿童查验接种证率达100%，孕产妇建卡率100%，新生儿死亡率控制在12.1‰以内。2016年居民基本养老保险参保率达96.42%，制定并出台《拉孜县农牧区医疗管理办法实施细则》，医疗参合率达99.93%，僧尼体检率达100%，农牧民体检率达95%，11个乡镇全部完成新农合中心系统与药品配送系统建设。援藏投资100万元改建藏医楼，新增藏医科室3个，协助乡镇卫生院开展藏医诊疗，乡镇藏医药普及率达到90%。

2016年，拉孜县实现劳务输出1.18万人次，实现收入1.17亿元；开展技能培训9次522人，培育自主创业12个；新增就业662人，其中建档立卡户就业人数为533人。

2016年，拉孜县组织150名群众演员参加“第十四届珠峰文化旅游节开幕式及上海巡回演出”。民间艺术团堆谐舞蹈《妙音踏舞》在“全国第十七届群星奖”决赛中获得“群星奖”。加大文物保护力度，组织开展后藏石刻文化调查保护工作，争取资金887.26万元对昌木钦古墓群进行全面修缮保护。

【社会稳定】 2016年，拉孜县各级驻村工作队累计帮助村级组织培养入党积极分子351人、发展党员103人，排查化解各类矛盾1532件，为群众办实事好事2400余件，解决民生方面突出问题13件，累计投入经费670万元。全县18座寺庙在2016年被评为和谐寺庙、419人被评为爱国守法先进僧尼；推选先进双联户代表316户；开展“七五”普法、“法律七进”等活动61场次，受益群众达1260人。积极探索并建立健全信访工作跟踪和调处机制，制定并出台《拉孜县信访联席会议关于实行信访工作约谈制度的规定（试行）》《拉孜县信访工作管理办法（试行）》《拉孜县信访接待工作制度（试行）》，全年，共受理群众来访25件，办结24件，办结率为96%。积极加强民族团结进步教育，鼓励民族通婚，广泛开展民族团结进步模范创建评选活动，2016年，县内登记民族通婚9对，评选民族团结进步模范集体10个、个人15名。全面保障“128”时轮金刚灌顶法会，县委先后召开5次工作部署会，加强对法会现场、参与群众往返途中和县城后方等工作的安排部署，采取全体县级领导分头负责、干部职工集中保障、公安力量全员上路等有力措施，在连续4天每天2400余人参与情况下圆满完成各项工作。

【“两学一做”】 2016年，拉孜县将“两学一做”学习教育作为党员干部教育的重要内容。2016年5月份，县委从党费中支出6.2万元，购买党员学习笔记本、党徽、党费收缴证4000本，印发党员学习动态40余期，开通手机报2～3条/月，为学习教育更好的开展提供保障。采取手抄学习党章100天、知识竞答、县委书记带头上党课、理论中心组带头开展研讨等形式，认真组织全体党员进行学习。全县全年先后组织各类学习2400余场次，参训人员达7.1万人次。拉孜县整合前期资源载体，提出“一个服务、两项活动”（即：服务基层群众长效机制建设“村干部工作实效大比武”活动、“机关干部工作能力大比拼”活动），“两项活动”第一期竞赛分别与11月18日、22日成功举办，营造出比学赶超的良好氛围，形成良性竞争的大格局，2016年共为群众解难事29件，办实事11件，办好事5件。

【脱贫攻坚】 2016年，拉孜县完成建档立卡易地搬迁397户、1696人，其中县城安置区完成100%，其余各乡镇、村安置区完成80%；提前实施的249户、1112人易地搬迁已完成工程进度的60%，完成易地搬迁投资4811.32万元。大力培育扶贫产业，全力打造万亩蔬菜基地和“一区三园”产业布局，把产业扶贫作为能脱贫、能致富、不返贫的重要抓手。2016年，全县共申报扶贫产业项目8个，投资金额2.2亿元，2016年底全部完成项目前期工作，进入项目贷款阶段。2016年，实现生态就业脱贫1649人，完成年度脱贫任务660户2730人，占“十三五”脱贫任务的17.5%。

【灾后重建】 2016年，拉孜县完成灾后重建项目投资1.45亿元，完成率为100%，其中：民房建设完成投资3055万元，235户群众迁入新居；完成灾后重建基础设施投资950万元、完成产业项目投资1000万元、完成公共服务投资600万元。通过精准扶贫和灾后重建“两项重点任务”的实施，有效促进拉孜县各项事业的快速发展。

【拉孜青稞】 拉孜青稞是拉孜县规模优势最突出的粮食作物，是西藏重要商品粮基地之一，一般说来播种时间在4月上旬至5月上旬为宜。成熟前表面光滑，呈绿色，成熟后变为黄色，一般株高80–120cm，籽粒为裸粒，拉孜青稞的赖氨酸、蛋白质含量通常高于小麦和水稻，富含ß—葡聚糖、黄酮类，淀粉和维生素，还有促进胃消化的纤维成份，对于降低人体血脂、胆固醇有一定作用，在缓解糖尿病等方面具有独特的保健作用。

拉孜县自然条件独特，基本无污染，作为“绿色”食品的拉孜青稞受到越来越多的青睐，藏族群众通常将青稞磨制成糌粑（青稞面）食用，随着生产水平的提高，农牧民对青稞品质的追求也日益强烈，把青稞拿来酿酒、制成麦片，其副产品也可做牲畜饲料，青稞是加工副食品的主要原料。拉孜青稞丰富的营养和保健作用逐渐得到现代医学的证实，极有开发价值和市场前景，推进农业科技创新步伐，推动全县的农业生产和农村经济进入健康、发展的轨道。截止2016年，青稞产量7571.86万斤，种植面积7.63万亩，有效的带动了当地农牧经济发展。

【拉孜藏鸡】 及拉孜藏鸡蛋拉孜藏鸡是藏区分布最广、养殖最多的畜禽，据《巴协》记载，“公元815–857年，洛帝故（臣）以磬石堵门，在洞内呻吟许久，即闻鸡叫。”说明大约1000年前，藏区就已经饲养鸡了。建国前，一般藏民多无食用鸡肉鸡蛋的习惯，养鸡的主要目的是将公鸡用以司晨报晓，母鸡则用来产蛋，将鸡蛋作为贡品向上层缴纳，充当税金。

拉孜藏鸡能适应高寒恶劣多变的气候环境，该鸡体型轻小，匀称紧凑，性情活泼，好斗性强，善于登高飞翔，常年栖息于畜圈梁架之上，或露宿于宅旁树林。拉孜藏鸡蛋产量不多，一般年产蛋40–100枚/只，母鸡开产需要240日龄，500日龄产蛋为42.4枚，受精率为80%左右，拉孜藏鸡蛋蛋白浓稠，蛋白质含量高，营养含量丰富。

据统计目前全市共有拉孜藏鸡26244余只，年产拉孜藏鸡蛋1047480余枚。形成了特色鲜明的藏鸡规模化养殖繁育产业，有力带动了净土健康产业的迅猛发展，群众生活显著改善，农牧民人均可支配收入相比往年年均增长19%以上。

【拉孜菜籽】 油拉孜菜籽油产自西藏自治区拉孜县，拉孜县高原奇特多样的地形、地貌和高空空气环流等诸多因素的影响，形成了日照强烈，气温较低，温差大，雨水集中，干湿明显的气候特点，特殊的环境因素，使用拉孜菜籽种植产量高，颗粒饱满、含油量高，品质独特；最适合作为拉孜菜籽油的制作原料，用拉孜自产的菜籽加工的拉孜菜籽油，色泽澄清透明，颜色浅黄无异味；“拉孜菜籽油”磷脂及酸价含量低，其所含的亚油酸等不饱和脂肪酸和维生素E等营养成分能很好地被机体吸收。

【拉孜扎念琴】 拉孜县是藏区最有名的制琴之乡，拉孜扎念琴以六弦琴最为主，扎念是藏族最有名的古老弹拨乐器，是西藏乃至整个藏族地区普遍流传的藏族传统乐器之一。拉孜扎念琴琴身为木质，由形似横剖的葫芦状共鸣箱与细长的琴杆和弯曲成半圆形的琴头等构成；琴体大小不一，琴身全长为100厘米–110厘米。共鸣箱似切开的半葫芦形，长27厘米左右，用整块木料掏空内腔制成，背面大多刻有棱形花纹。扎念的共鸣箱分为大共鸣箱和小共鸣箱，其中大共鸣箱为圆形和椭圆形，共鸣箱的正面则蒙上羊皮、鹿皮、鱼皮或蟒皮，面宽14厘米–16厘米，小共鸣箱为菱形或椭圆形，与琴杆的较粗部分接连为一体；拉孜扎念琴音色清脆响亮，用于歌舞伴奏和独奏。

昂仁县

【概况】 昂仁县位于日喀则西偏北，雅鲁藏布江上游，岗底斯山脉中脊线上，东经87.14°—87.75°，北纬29.17°—31°之间。东邻谢通门县和拉孜县两县，西接措勤和萨嘎两县，南靠聂拉木和定日两县，北依尼玛县。拉（孜）普（兰）公路（219国道）横贯境域南部。县域平均海拔4513米，县城驻地海拔4380米，总面积3.96万平方公里，占日喀则市总面积的21.78%。县域地势由东向西逐渐抬升，全县日照强，干湿季分明，降水集中于6～9月份、最低年份降水量为300毫米，最高年份降水量为700～800毫米，年平均降水量400毫米，无霜期仅60天左右。昂仁县距日喀则市207公里，县人民政府驻卡嘎镇。辖2镇15乡，185个行政村，485个村民小组（自然村），12335户，总人口57459人，其中农区40078人，牧区17381人，人口自然增长率分别为13‰、14.9‰。主要以农牧业为主，农业包括青稞等作物，畜牧业包括牦牛等牲畜。

2016年，全县完成生产总值7.8亿元，同比增长16%；其中，第一产业完成1.8亿元，同比增长6%；第二产业完成2.4亿万元，同比增长23%；第三产业完成3.6亿万元，同比增长20%。社会固定资产投资8.46亿元，同比增长22%。社会消费品零售总额1.53亿元，同比增长18%。地方财政收入3083万元，同比增长23%；地方财政支出130849万元，同比增长125.2%；农村居民人均可支配收入7252.29元，同比增长21.2%；邮政业务总收入96万余元，邮政快递总量完成7.5万余件，快递收入7万余元，邮政储蓄存款余额2100

2016年3月25日，区党委常委、区政协党组书记、副主席，统战部部长公保扎西（左二）视察昂仁县委统战党外人士之家

万元；电信业务收入500万元，移动业务收入1200万元；接待游客28.19万人次，实现旅游收入857.6万元，同比增长41.8%。

【农牧业】 2016年，全县共落实农作物播种面积7.85万亩，同比增加0.39万亩，其中粮食作物播种面积6.39万亩、经济作物播种面积0.94万亩、饲草饲料作物面积0.52万亩。粮、经、饲三元种植比例为81：12：7。粮油总产量达4144.38万斤，蔬菜产量达1430.7万斤、饲料作物产量达2347.06万斤。2016年全县牲畜总存栏达55.36万（头、只、匹），其中新生仔畜为18.03万（头、只、匹），成活率为94.38%，同比增长3个百分点；成畜死亡数为1.05万（头、只、匹），死亡率为1.93%；牲畜出栏数17.48万（头、只、匹）；免疫58.43万（头、只、匹），免疫密度达到99%，免疫抗体合格率达到95%；2016年，全县牛肉产量达1828.81吨；奶类产量达4559.96吨；羊毛产量达238.98吨，其中绵羊毛产量达152.4吨，山羊绒产量达38.95吨，山羊粗毛产量达47.63吨。鸡蛋产量达11.41吨，其中出售6.84吨。全县羔皮产量达7008张。

【民生事业】 2016年，兑现2015年草畜平衡奖励资金及禁牧补助资金共计5242万元；落实2015年农机购置补贴资金共239万元；全县农村公路总里程2273.16公里，实现了所有乡镇和建制村通公路，乡镇通油路率达41.17%，建制村通水泥路率达23.24%，综合交通运输网络构建加快；完成水利项目建设4个，总投资2127.1万元，水利基础设施日趋完善；投资5500万元开工建设保障性住房320套，建成152套；乡镇通光缆率、通邮率和行政村通电话率均达到100%。

【脱贫攻坚】 “九个一批”工程全面启动，2016年全县784户、2911人实现脱贫，圆满完成市下达目标任务，其中完成易地扶贫搬迁304户，惠及1122人，设立了1800万元的精准扶贫昂仁县政府风险补偿基金，全县党员干部对建档立卡贫困户进行了结对帮扶。

【民生事业】 新增城镇就业15人，城镇失业率控制在2.05%以内，2016年全县劳务输出稳步增长，实现劳务输出2.96万人次、2.33万人，实现劳务收入7052.3万元，分别完成年初目标任务的101%、126%。严格落实教育免费“三包”政策，强化措施切实做好控辍保学，落实“三包”经费2714.43万元，落实营养改善计划资金630.4万元；设立育才教育基金奖励资金122万元，兑现育才教育基金76余万元，其中资助大中专学生187名，共36.45万元，包括贫困户大学生34名，共兑现9.1万元；贫困户高中生3名，共兑现3800元；表彰先进集体、优秀教师和先进个人共兑现教育基金39.56万元；截至2016年底，全县在校生8830人，同比增加157人；落实好以免费医疗为基础的农牧区医疗制度，全县孕产妇住院分娩率达96.5%、免费孕检率达51.3%、婴儿死亡率控制在2.8‰以内、在编僧尼体检422人次、农牧民健康体检5.6万人次；积极推进家电家具下乡工作，及时兑现购置家电家具补贴资金。2016年，全县累计销售家电家具下乡销售金额为1044.17万元，补贴资金达280.77万元；水利基础设施日趋完善，新建康萨灌区等大型水利工程10项，增加有效灌面79964.32亩；藏中电网覆盖县城及7个乡镇130个行政村；建成农村、寺庙饮水安全项目183个，新增解决15025人饮水安全，农村饮水安全人口覆盖率达92%。

【抢险救灾】 全年受强降雨天气影响，9个乡镇受灾严重，先后发生灾情249起，其中重大灾情8起，全县受灾户数达1978户，受灾人口10201人，因灾造成经济损失约2.76亿元，全县基础设施严重损毁，群众房屋倒塌严重，交通、通讯部分中断。县委、县政府第一时间投入300余万元应急资金用于抢险救灾，紧急调拨救援车辆172台次、救援帐篷88顶、各类救援物资8.24万件，转移安置受灾群众731人，实现了“零伤亡”。灾后，对267户民房需进行修复或重建，并完成搬迁入住。

【社保体系】 截至2016年底，全县基本社会保险覆盖率达98%，共41158人次参保，征缴社会保险费3294.76万元。企业基本养老保险参保342人，失业保险参保970人，工伤保险参保1875人，城镇职工基本医疗保险参保2003人，城镇居民医疗保险预计参保833人，生育保险参保1730人，城镇居民养老保险参保33405人。城镇失业登记率控制在2.05%以内。有意愿的孤寡老人集中供养率和孤儿集中收养率均达到100%。

【特色产业】 紧紧围绕桑桑酥油、牦牛、藏鸡、人工种草等为优势，不断壮大和发展各类农畜产品生产加工企业。截止2016年底，发展各类农牧业生产加工专合组织35家，参与农牧户356余户，辐射带动2563人，实现经营收入560余万元。同时申报市级专合组织3家，扶持和培育加工专业合作社2家。

【项目建设】 实施2015年退牧还草工程等5类农牧业基本建设项目，总投资为5778万元：其中2015年第三批青稞基地建设项目、草奖人工种草基地建设项目、2015年退牧还草工程、灾后重建温室大棚项目等已全部完工。桑桑镇垃圾填埋场项目总投资为903万元，2016年已完成90%。2016年昂仁县完成水利项目建设共计4个，项目总投资为2127.1万元，主要包括2016年小型农田水利基础设施建设专项县项目、灾后恢复重建村庄供水工程、灾后恢复重建村庄防洪堤工程、水利公益性项目。科技特派员创业项目共计资金20万元，培养和培训农牧民200人，辐射带动1000人次，创建1个专业合作社，培训示范大户3户，辐射带动500人次。亚木乡温室蔬菜栽培示范推广项目共计资金11万元，于4月份顺利通过验收。总投资2.36亿元的秋窝乡至亚木乡公路改建，2016年已完成总工程量的38%。总投资6200万元的县城给排水和总投资3150万元的县城污水处理及收集系统，2016年已完成总工程量的55%。总投资3493万元县中学、县幼儿园、秋窝乡一小、波热小学等4个扩建项目已交付使用。

【文化发展】 截止2016年底，全县共有185家农（牧）家书屋、44座寺庙书屋。全年共维护13个乡镇“村村通”站点，更换广播直播卫星清流设备2950套（其中包括8个乡镇的维护和新增有线用户1800户）。2016年共制作新闻201条，自治区采用1条，日喀则市电视台采用96条，确保每周2期昂仁县新闻；另制作6部专题片；2016年昂仁县电影放映580场，观众达23040多人次；13个乡镇科普活动站的建设，相关设备已发放，共计资金19.5万元；建立青少年科技馆，设备已发放，共计资金20万元；曲德寺和通林寺寺庙科普活动站的建设正在进行中。

【灾后重建】 全县2016年灾后重建项目共计33项，总投资3.32亿元，2016年已完成1.62亿元，占总目标任务的68.35%。昂仁“4.25”地震灾后恢复重建项目总投资为625.96万元，正在实施；2016年灾后重建共实施11个行政村、483户，总投资6279万元，截至2016年底入住率达85%，超额完成上级指标；投入1400万元，完成10个牧区乡（镇）光伏电站维修修建；整合政权建设资金684万元用于改善乡镇基础设施和干部职工生活条件；投入100余万元，完成吕龙寺、维色林寺等6座寺庙墙体及围墙维修。

【环境保护】 2016年度重点区域造林，完成3个乡镇、5个作业区，910.3亩重点区域造林，总投资为190.7万元，林木成活率达85%以上；防护林体系建设工程，完成2015年度防护林体系建设，共造林440亩，总投资为189万元，林木成活率达85%以上；完成2015年度拉萨周边防护林工程，在多白乡叶村共完成拉萨周边造林2000亩，在多白乡谢村封育6000亩，项目总投资102万元，林木成活率达85%以上，森林覆盖率达3.67%。

【重大举措】 医疗方面：进修深造，外科2名医生选派中山大学规培3年、儿科1名医生选派自治区人民医院骨干培训1年，内科1名医生选派青海大学高原病培训6个月，1名眼科医生选派自治区人民医院眼科培训1年，3名医生选派到日喀则市人民医院骨干培训各1年，分别为DR、普外、内科和胃镜技术；继续教育，6名考入临床专升本和4名护士护理专升本，2名聘任中级职称；改善环境，申报人才需求报告、立项500多万元的规范化消毒供应室、洗衣房、急救创伤科、职工食堂、病灶、电子图书阅览室、病厕、远程医疗中心、LIS和PACS系统和规范ICU建设等创建国家“二乙”医院小型项目15项。经济方面：争取资金7000万元建设牦牛养殖示范基地，扩大产业规模，有效带动建档立卡贫困户50户165人受益，户均增收2450元，人均增收740元。争取扶贫信贷资金6000万元建设秋窝、多白乡霍尔巴羊养殖基地，有效带动建档立卡贫困户40户128人受益，使户均增收2200元，人均增收690元。

【招商引资】 新能源集团有限公司计划投资5亿元在昂仁县建设50兆瓦的光伏电站并网项目（年均发电量约8000万KW.h），项目已获自治区备案批复。该项目建成后，每年可为昂仁县增加财政税收1000万元左右，为被占地的101户创造收入90万元；光伏电站项目建成后拟从贫困户中聘用10人看护，每人每年增加收入2万元；年增发电量约8000万KW.h，有效解决全县供电不足，断电、停电等问题。

【援藏工作】 援藏工作组发起“手牵手爱心传万里，心连心淄藏一家人”爱心捐赠活动，收到各界捐赠的价值100余万元的爱心棉衣11500余件。淄博援藏“十三五”项目规划民生投资18673万元，占总投资的91.7%。

【社会稳定】 2016年，法院共受理各类案件84件，同比增加23件，上升0.4%，审执结82件，综合结案率97.6%；受理民事诉前调解8件、民商事案件62件，审结60件，未结2件，调解54件，撤诉6件，结案率为97.1%，调撤率为100%，结案标的达480.56万余元；受理执行案件7件，执结7件，执结率达到100%；执行到位标的额98.62万余元；坚持开展“法律七进”活动、“三月敏感月”综治宣传活动等，充分发挥“车载流动法庭”优势，开展普法宣传26场次，发放宣传资料13600余份，受教育群众2.1万人次，接受法律咨询65人次，诉前化解纠纷6起，化解调处各类非诉纠纷11起，投入经费达10.65万余元；协调解决5起维权案件，追回拖欠的农民工工资14万余元；排查整改安全隐患处7处。

【党建工作】 全县5748名党员积极投身“两学一做”学习教育和“讲学习、讲忠诚、正风纪、转作风、提效能”主题活动中；严格落实党员领导干部讲党课活动，县四大领导班子成员分别以普通党员身份，参加所在党支部的组织生活会，组织开展“向榜样看齐、做合格党员”民主生活会37次，开展了4次专题学习研讨，党员领导干部讲党课168场次，平均每人撰写学习笔记3万余字，巩固深化了学习效果。

强化“五个融入”，践行“四讲四有”合格党员。2016年共开展各类志愿者服务活动45次，其中开展“保护魅力金措，党员志愿在行动”主题活动2场次，参与党员1158人（次）；开展“助农收割”志愿服务活动20场次，参与党员2580人（次）；开展环境卫生大整治活动3场次，参与党员1280人（次）；开展抗洪抢险救灾活动20场次，参与党员1462人（次）。

严肃换届纪律。加强换届政策和组织纪律的宣传教育，制作藏汉双语换届纪律宣传标语80张、宣传栏3个，编印《昂仁县县乡领导班子换届知识点手册》100份，严格落实“六必签”要求，与各级党组织签订严守换届纪律《承诺书》238份，承诺签订率达到100%，切实把好选举提名关、人选关、程序关。2016年全县17个乡镇全部实现党政主要领导“一藏一汉”配备格局，从“三类人员”中择优选拔了24名干部进乡镇领导班子成员，班子性别结构、学历结构、素质能力得到进一步优化。

强化党建主体责任。共召开4次党建工作专题会议，研究决定党建工作重要问题，每季度听取乡镇党委书记、县直机关党支部书记党建工作汇报，认真研究对策措施，并亲自督导落实。制定出台《非公经济党组织和社会党组织党的建设工作的实施意见（试行）》，及时调整了非公党工委成员，按照“五有五好”工作要求，明确在各非公企业中建立党的组织工作，2016年已对全县34家企业进行了摸底排查，共有32家企业有党员的建立了党组织，党组织覆盖面达到了94%。

落实党建考核奖惩。认真抓实基层党建7项重点任务工作，按照年初签订党建工作目标责任制要求，推行党建半年考核制度，实行党建工作“一票否决制”，先后对党建工作滞后的3名乡镇党委书记和3名县直机关党支部书记进行了组织约谈。

2016年8月28日，中共昂仁县第九次代表大会全体代表合影

强抓党员发展工作。2016年全年共发展274名党员，扎实开展党员组织关系集中排查工作，全县共排查出流动党员211名、失联党员25名，经查找取得联系的25名，口袋党员2名，并对具备处置条件的不合格党员进行了处置，清退不合格党员1名，纳入组织管理23人，限期改正1人，警告2人。

【党风廉政建设】 认真落实“两个责任”和“一岗双责”，加强党风廉政建设考评力度，成立县级“督察组”，在全县开展两轮巡视督察工作；严格落实中央八项规定等作风建设新要求，坚决正风肃纪、强化监督问责；全力配合纪委开展案件查办；认真贯彻落实党的十八届三中、四中、五中、六中全会、中国共产党西藏自治区第九次代表大会、中央第六次西藏工作座谈会等各项会议精神，全面落实科学发展观，认真执行中共中央、国务院关于实行党风廉政建设责任制的规定，把党风廉政建设工作摆在首位，与业务工作同部署、同落实、同检查、同考核，确保党风廉政建设和反腐败工作的各项任务落到实处，取得良好成效。

中国共产党昂仁县第九届委员会和中国共产党昂仁县第九届纪律检查委员会在新行政办公大楼前合影留念

定日县

【概况】 定日县位于西藏自治区西南边陲，地处喜玛拉雅山脉北麓，珠穆朗玛峰北坡。东邻定结县、萨迦县，北接昂仁县，县域总面积13938平方公里，平均海拔4500米，共有13个乡（镇），175个行政村，381个自然村，全县总人口57905人，民族成份主要为藏族，占总人口的99%。全县有13个乡（镇），175个行政村，农牧民11556户54529人，藏族占100%。318国道横穿定日县境内，在定日县境内全长120余公里。定日县北部是拉轨岗日山中段，南部是青藏高原南缘中喜玛拉雅山脉，东部是协林藏布入朋曲河大转弯湖盆，珠穆朗玛峰、洛子峰、马卡鲁峰、卓奥友峰高度均在海拔8000米以上，其中世界第一高峰—珠穆朗玛峰海拔8844.43米，有世界第三极之称。

定日县属高原温带半干旱季风气候区。日温差18.2℃，常年温差22.1℃。气候干燥，降水量少，年平均降水量为289.6毫米。土壤成因复杂，主要是湖泊沉积、河流冲击、风蚀风积。有风化石英、黑（白）云母、粉沙、沙砾等。土壤结构变化明显，从南至北，由低至高，分别为黄棕壤、棕壤、暗棕壤、高山寒漠土、高山草甸土、高山草原土、沼泽土、草甸土、风沙土。县域内有著名的外流河（扎嘎河、朋曲河）及内流河（罗别藏布、协格尔河、西纠河、牛曲河、朋卓普曲）等几十条河；朋曲河发源于聂拉木县的希夏邦马峰，由西进入县境内，在措果乡折向南流，流经定结县陈塘镇与拿当河汇流后流向尼泊尔。

2016年全县完成GDP总量为88600万元，同比增长26.6%；全社会固定资产完成投资20.8亿元，同比增长197.2%，超过“十二五”时期的总和；公共财政一般预算收入7082万元，同比增长30%，实现了连续三年30%以上增长；社会消费品零售总额11870万元，同比增长17.57%；旅游收入取得重大突破，仅门票收入达到3157万元，创造了历史新高；城镇化率达到了25%；城镇登记失业率成功控制在2%以内；农村居民人均可支配收入达到7385.62元，同比增长27.3%；884户、3476人实现脱贫；教育、卫生、科技、文化等社会事业全面发展；造林2956.4亩、封山育林7000亩、退耕还林2198.1亩，防沙治沙26000亩，扎果乡切村被评为自治区级生态村。

【党建工作】 召开了全县党建工作会议、“七一”表彰会议，分别就乡镇党建、机关党建、“两学一做”等工作作出部署，签订目标责任书，层层靠实党建责任，表彰了党建工作先进集体、“双十佳”村党支部和“两优一先”，表彰资金43万元，重点奖励和普遍鼓励的表彰方式调动了各级党组织书记重视党建、狠抓党建。“双提”工程：特聘教师124人，以3本教材为重点，开办村干部文化课集中培训班52班次，平时学习近8500课时。“两委”班子运行：加强对软弱涣散村级党组织整顿，采取整顿情况周报告制度、党建考核挂钩、村干部激励挂钩的做法大力整顿，解决问题40个，完善各项规章制度436条。村干部素质提升：制定“双提升”（驻村队员理论素质提升、村“两委”成员文化素质提升）方案，采取流动党校、集中学习、平时自学的方式，加强对村干部文化知识的教育和培训，提高文化素质，为2017年村“两委”换届做准备，全面夯实基层组织队伍建设，据不完全统计，参加“双提升”和各项培训的村干部和农牧民党员达1500余人。党员干部能力提升：发放《定日县党员组织生活记录本》红皮笔记本2100余本，《习近平谈治国理政》133本，藏语版党章2665本，由县委组织部牵头，对38个县直机关和13个乡镇进行组织员工作、驻村工作等培训共9次；由县委党校牵头，利用流动党校对乡镇农牧民党员培训7次；175个驻村工作队组织农牧民党员开展集中学习2500余次。党建促脱贫：整合争取大学生村官创业资金207.5万元，实施项目30个。按照“4321”结对帮扶活动，参与党员群众达1548人，结成帮扶对子272对，谈心谈话1000余人次，脱贫党员达300名。

【廉洁建设】 年初制定《定日县2016年度党风廉政建设党委主体责任工作计划》和《工作方案》，指导县纪委制定了《党风廉政建设和反腐败工作的任务分解》，同时，制定了《2016年度重点工作督查手册》，将党风廉政建设工作摆在突出位置，使全县全年党风廉政建设工作有章可循；召开了全县党风廉政暨纪检监察工作会议，总结通报了2015年度党风廉政建设和反腐败工作情况，全面系统地安排了2016年度党风廉政建设和反腐败工作；结合“两学一做”学习教育和“县乡换届”，采取组织理论中心组集中学习和自学相结合方式，认真学习党章党规、学习“党员领导干部问责条例”、学习区市两级转发的各种“违反八项规定的通报”文件精神；先后研究制定了《定日县干部职工十不准》《财务报销九不予》《政府采购管理办法》《公车管理规定》《公务接待规定》等规章制度；组织专班对13个乡镇和部门财务进行审计；研究制定了《换届风气监督工作方案》，成立了《风气监督工作领导小组》、起草了《严肃换届干部调整工作纪律的通知》等各类通知文件；3月份，县委安排联系乡（镇）县级领导督促指导各乡（镇）党风廉政建设工作情况，并于4月初听取了汇报；10月份，县委再次组织专班对13个乡（镇）党风廉政建设工作推进情况进行了专门督查，并于11月2日以常委（扩大）会议形式听取了督查情况汇报，下达了《督查通报》。12月中旬以部门与部门、乡（镇）与乡（镇）交叉方式进行考评验收。

【旅游产业】 制定了《定日县旅游发展总体规划（2012—2030年）》和《珠峰东坡—嘎玛沟高山生态旅游区发展规划（2014—2030年）》，珠峰北坡大本营景区国家5A级景区创建和国家级标准化示范区建设已经启动，协格尔、岗嘎等两古城部分旅游项目规划，编制《西藏珠穆朗玛国家公园导游词》，《神奇珠峰文化定日旅游指南》画册等已经完成，定日县“两古城、四景区、两条旅游观光带（318国道旅游观光带和澎曲河旅游观光带）的“全域”旅游空间布局基本完成。开展了“冬游西藏，乐在珠峰”活动.新建了定日北大门、加措观景台、加吾拉观景台、观佛祈福台等一批景点项目。修建了曲宗路、环保与应急救援中心、县城和曲当旅游集散中心、景区售验票站、宾馆饭店及厕所、旅游驿站、旅游标牌等一大批景区景点基础设施，旅游接待服务能力明显提高，2016年旅游接待总人数11.50万人，旅游总收入3157.57万元。

开展了“西藏绝美·浸在定日”宣传营销活动，加强了政府网站旅游板块、旅游公司官方微信建设，启动了智慧旅游；成功举办了第十届珠穆朗玛洛谐文化旅游节、首届珠穆朗玛徒步大会和首届“珠峰绿色守护志愿者”大型公益活动，珠峰北坡大本营景区被国家质检总局命名为“全国知名品牌”，完成了定日县文旅公司对珠峰北坡大本营景区管理权、运营权承接，规范了定日县文旅公司对珠峰东坡—嘎玛沟景区公司化、市场化管理与运营。编制完成了《卓奥友峰—绒辖沟高山生态旅游区发展规划（2016—2030年）》《孜布日山高山生态旅游区发展规划（2016—2030年）》和《珠穆朗玛国家公园定日县导览图》，“全域”旅游“四规一图”全部编制完成。

【脱贫攻坚】 结合城镇化、推进产城融合打造全区最大安置点的典型经验受到国家和区、市高度评价与支持奖励。县城藏民族传统文娱活动体验园（皮林拿玛公园）基本建成，总投资986.83万元；协格尔古城观光购物体验园古街区改造项目顺利推进，商砼、砂场、砖厂、运输队等项目发挥巨大效益。生态岗位脱贫资金在生态建设与脱贫攻坚中发挥巨大作用。开展干部包户帮扶、驻村帮扶、企业帮扶、党建帮扶等帮扶措施。

书记丹增朗杰（右三）深入绒辖乡实地查看灾情

【灾后重建】 2016年重建工作中，建立了灾后重建指挥部例会制度，推进了县城、白坝、岗嘎、加措及乡镇特色小城镇水、路、电、讯、垃圾处理、园林绿化、公共厕所等市政基础设施建设，完成了绒辖小城镇建设前期工作。开工民房重建3707户，涉及国家补助资金共计55605万元。完成了东巴小学（总投资2659.45万元）、措果小学整校重建（总投资2375.05万元）和白坝卫生院（总投资223.67万元）、岗嘎卫生院整院重建重点项目主体工程（总投资707.87万元）。完成了重建防洪堤（共12处，总投资2364.59万元）和饮水工程（共21处，总投资2404.08万元）。推进了交通、通讯、农牧、文化、生态等其他重建工作。

【援藏工作】 上海市松江区领导多次到定日调研走访。定日县委、县政府也派出工作组专程赴松江向区委区政府汇报工作，区委区政府主要领导均表示松江区在现有援藏盘子基础上将根据定日需要给予定日发展特别是脱贫攻坚更大的支持帮助。松江发改、规划、民政、残联、交通、水务、党校等有关部门也加大了对定日的援助。确保了第七、八批援藏定日干部轮换和援藏工作连续性。曲宗综合体（曲宗环保和应急救援中心）、县城林卡公园（一期）、岗嘎市政道路及上海路改造等重大援藏项目已竣工投入使用。援藏五年规划和第八批援藏计划已经上报。探索组建国企控股的松江定日合资企业或松江注册在定日的独资企业的工作。加快上海援藏招商引资平台构建，签约资金达到12.88亿元。

【特色文化】 成功举办了第十届珠穆朗玛洛谐文化旅游节。定日县广播电视台被国家广电总局批准成立。珠穆朗玛博物馆重大文化工程和清军墓革命性历史文化保护工程建设过半。实施了邵海云烈士墓维护工程。启动了协格尔古城和岗嘎古村落维护工程、绒辖陈塘古村落保护建设工程。岗嘎村被国家住建部、文化部等八部委列入第四批中国传统村落名录。完成了11个乡镇文化站和30个文物点维修加固。推进了协格尔曲德寺、绒布寺文物保护点本体维修。申报绒布寺、推桑林寺、巴龙寺为自治区级文物保护单位，朗果寺为国家级重点文物保护单位。申报甲谐和绒布亚谐为自治区级文化遗产。洛谐传承人欧珠申报为国家级非物质文化传承人。定日洛谐被确定为西藏自治区非物质遗产项目传习基地。向国家工商总局保护性抢注了珠峰婚礼和珠穆朗玛徒步大会图标。组织县民间艺术团开展商业性演出10场，并参加日喀则市珠峰文化旅游节及上海分会场的演出，洛谐舞蹈《珠峰赞》参加了“日喀则藏历新年晚会”的演出。

【维护稳定】 成功确保了“128”法会及在定日活动期间全县的和谐稳定。成功确保了近2000亩地征收期间的和谐稳定。加强了民族团结工作和兴边富民行动，落实了定日农牧民同区外其他民族通婚家庭探亲交通补助费发放政策、定日汉族和非藏族少数民族干部同西藏区域内农牧民、城镇失待业居民通婚家庭探亲交通补助费发放政策。推进了“模范和谐寺庙、爱国守法僧尼”和“先进双联户”创建活动。加大了政法维稳单位装备配备。

【县乡两级换届工作】 根据党中央、区党委和市委的统一部署，定日县于2016年5月—10月期间开展县乡两级党委、人大、政协换届工作，选出了结构合理、素质较好，为大多数党员群众所满意的“两代表一委员”和广大人民群众积极拥护的县乡两级领导班子。落实党政正职“一藏一汉”配备等干部政策，13个乡镇共配备班子成员128人（其中市委组织部从市直机关调备9名汉族副职），藏族89人，占69.54%，汉族和其他少数民族39人，占30.46%。

2016年5月25日，定日县长所乡玉白村村民正确行使自己的民主权力为心中的代表投票

【举办首届珠穆朗玛徒步大会】 首届珠穆朗玛徒步大会于7月14日—17日成功举办，新华社西藏分社、西藏日报、西藏商报、拉萨晚报、西藏卫视、拉萨电视台等10多家媒体以及央视网、凤凰网、新华网、今日头条、搜狐、新浪等15家门户网站予以关注和报道。大会共收到区内外报名申请236个，经审查后共招收区外队员20人、区内队员40人，开创了首次在海拔5200米的地域开展群体性大型徒步活动和旅游推介活动的纪录；相继开展“最美星空下的篝火晚会”“世界最高峰下

为最爱的人送祝福”“洛谐文化体验”等活动，厘清外界对珠峰旅游的认识误区，推介定日旅游文化资源。

定日县2016年首届珠穆朗玛徒步大会出发仪式

【举办珠穆朗玛洛谐文化节】 2016年10月15日—17日召开定日县第十届珠穆朗玛洛谐文化旅游节，规模为历年最大一次。文化节通过文艺表演、珠峰巧手作品征集、征文活动、物资交流会等活动形式，充分展示定日县独特的人文景观和丰富的旅游文化资源。文化节物交会参展商品达80余种，主要为农畜土特产品、民族手工艺品、服装、日用百货、藏药材、旅游产品等，交易总额达248.81万元。

【项目建设】 2016年定日县共实施重点项目192个，总投资达365562.31万元，其中续建项目16个、总投资达70574.84万元、完成投资达31736.17万元，新建项目176个、总投资达294987.47万元、完成投资达176263.83万元。岗绒油路、陈塘油路建设进展顺利，协盆公路17座水泥桥全部建成通行，协白公路竣工投入使用，岗嘎至曲当油路、白坝至尼辖油路、白坝交通桥已经全部列入国家或自治区建设计划，通乡通村通景区通放牧点油路硬化前期工作推进。曲当乡至定结陈塘口岸公路完成初步设计。定日支线与通用机场、过境铁路和高等级公路有关工作协调推进，支线机场气象站建设前期工作基本完成。康工电站列入全区2017年重大能源项目。2015年和2016年小农重点县工程完成，实施了部分河流治理、安全饮水和措果灌渠工程。推进了部分通讯和电力设施建设改造工程。

【城镇建设】 建设定日县城给排水、红绿灯和抓拍系统；续建林卡公园（第七批援藏项目，总投资800万元）、皮林拿玛公园（总投资986.83万元），实施县城规划绿地植树种草全覆盖工程。白坝国际旅游集镇加快建设，完成了新公安检查站建设，供水设施、滨河路完成前期工作，产业扶贫部分项目完成前期，白坝村委会综合体试点工程竣工。岗嘎镇完成洛谐路、人民路二期工程，新建给排水和部分市政道路。定日县城市管理综合执法局成立。

【产业发展】 制定了产业发展规划和扶贫产业规划，确立了珠穆朗玛生态文化旅游业、天然饮用水业、清洁能源业、特色有机农牧业、民族传统手工业、南亚边贸物流业、第三极户外运动产业等七大主要产业。珠穆朗玛关帝庙（格萨尔拉康）主体建成，岗嘎加油站、白坝青年旅社如期竣工。白坝20兆瓦太阳能光伏电站（总投资20000万元）、孜布日山壹号泉水厂（总投资2.2亿元）、恰来光伏电站（总投资5亿元）和岗嘎加气站（总投资200万元）等项目加快推进。

【农牧经济】 引进岗巴羊种羊360只、霍尔巴羊种羊100只，亿元饲草基地计划在克玛乡建设。长所红皮土豆、珠峰黑金刚土豆种植规模有序扩大。黑枸杞种植列入全市有机农牧业产业规划，试种产量继续增加。藏青2000和喜马拉雅22号青稞良种种植规模继续扩大。3414农作物田间试验评比获得全区第一名。推进土地流转试点前期工作。长所乡和扎果乡高标准农田改造项目完成。化肥“零使用”五年行动计划正式启动。定日县97209.6亩基本农田调整划定工作完成。

【重点工业】 加大珠峰冰川矿泉水厂增产提效、开拓市场协调谈判敦促力度。定日县被确定为全市光伏产业基地和全市重点推进县区。岗嘎民族手工业园开工建设，县城—白坝民族手工业园已加紧前期工作。大力推进绿色建筑建材业发展，支持各乡镇开办集体所有制性质的若干砂场、砖厂、石料场；开展轻钢结构房屋试点工作。组建了国有珠穆朗玛建筑建材有限责任公司和扶贫励志建筑工程有限责任公司。推进了小城镇和景区宽带通信网、数字电视网等信息基础设施建设。

【商业边贸】 加强同尼泊尔相邻索伦昆布县、多拉卡县联系。加快恢复兰巴拉边贸通道筹备工作。推进绒辖旅游边贸自由谷旅游与城乡建设规划及交通基础设施建设，启动陈塘边贸互市点前期工作。加快推进县城及重建小城镇商业街建设前期工作。进一步推进景区景点和农牧区商店、饭店、茶馆、摊位、农机具维修点建设。鼓励广大群众经商办企业，扶持县域内民营企业发展壮大。推进了农牧区电商发展，开始实施驻村工作队和第一书记、大学生村官牵头在村级活动场所办电商行动计划。

【保障民生】 城镇失业率控制在2%以内。开展了驾驶、建筑、厨师等方面大规模培训，鼓励农牧民就近务工，支持引导失地群众优先转移就业。全力推进薄弱学科攻坚工程，内地初中西藏班招生考试创造了定日县近10年最好成绩，13名学生被录取。完成了两所中学和定日县幼儿园改扩建，定日县第一小学整校迁建基本完成，定日县第二小学建设已经完成招投标，实施了9所乡小学附属幼儿园项目，推进了长所乡、曲洛乡、曲当乡、扎西宗乡等乡小学建设。定日县疾控中心、白坝卫生院和扎果乡卫生院建成投入使用，岗嘎镇、措果乡、加措乡卫生院主体完工。定日县卫生服务中心成功晋级二级乙等医院。开展了包虫病、心血管病、重度精神病筛查工作。基层卫生信息化覆盖率已达到99%以上，全民健康档案网上录入率达到100%。开展了社会救助、社会福利和受灾群众过冬安置工作。开工建设了流浪乞讨未成年人救助保障中心。重点推进了县城、盆吉乡保障性住房建设和县城棚户区改造。组建了定日县不动产登记中心。全力推进了防减灾和安全生产工作，完成16个地质灾害治理项目前期工作。

珠峰绿色守护志愿者

【环境保护】 启动了《生态县建设规划（2016—2020年）》编制工作，开展了生态乡镇、生态村年度创建活动。加强了森林防火和病虫害防治，加大了河滩沙棘林保护力度，从严执行了禁止砍伐灌木林规定，大力推进以电代薪工程，推广电炒青稞机工作受到区、市环保部门高度评价。加强了澎曲河及其支流沿岸重点保护湿地划定和围栏建设，严防围绕湿地开荒种地及河滩非法采砂案件发生。完成了拉萨周边等年度造林任务，推进了“五边”造林工程，开展了“绿色小城镇”“绿色庭院”创建活动。加大了沙棘、黑枸杞等生态经济树种推广力度。落实了草补金、野生动物肇事补偿金、国家公益林生态效益补偿金等生态补偿资金。完成了环境监测站建设项目前期和43个村水源地保护项目建设。加强了环境监察执法、宣传教育和综合整治工作，制作了环保宣传牌和宣传片，发放了环保袋，加大了垃圾箱设置。新建了医废仓库。

【名词解释】 “两古城、四景区、两条旅游观光带：协格尔古城、岗嘎古城；珠峰景区、嘎玛沟景区、绒辖沟景区、孜布日神山景区；318和彭曲河旅游观光带。

3414农作物田间试验：3个因素，4个水平，肥效实验的14个处理方案。3个因素为氮、磷、钾；4个水平为0水平（不施肥），2水平（推荐施肥量），1水平（等于2水平×0.5），3水平（等于2水平×1.5）。

“五边”：路边、田边、村边、园边、城边。

南木林县

【概况】 南木林县位于西藏自治区中南部，日喀则市东北部，地处岗底斯山脉东段的河谷地带，雅鲁藏布江中上游北岸。地理坐标介于东经88° 46′—90° ，北纬29° 18′57″ —30° 18′29″ 之间。南木林县东与拉萨市尼木县交界，西与日喀则市通门县相邻，北与那曲地区申扎、班戈两县接壤，东南与日喀则市仁布县毗邻，南与日喀则市桑珠孜区隔江相望。县境东西宽98公里，南北长110公里，幅员总面积8848平方公里，占西藏自治区总面积0.74%、日喀则市总面积的4.86%，平均海拔4300米。县城所在地南木林镇位于南木林县的中南部，东距西藏自治区首府拉萨市308公里，南距日喀则市政府76公里，海拔4050米。

南木林意为“全胜之地”或“至上境地”。自古以来其核心地区香曲流域一带以“香”之名著称。南木林县地形地貌起伏较大，最高海拔6043.3米，最低海拔3740米，相对高差2303.3米，除河谷、风沙地带外，一般为高山深切窄峡谷地貌，绝大部分地区海拔在3790—4950米。就南木林县地域界线而言，南北纬度仅差48′42″ ，东经经度也只相差107′37″ 县境内年均气温5.9℃，极端最高气温26.5℃，极端最低气温—17℃。年日照实数为2917.5小时，年平均降水量707.2毫米，年平均蒸发量为2298.11毫米，年平均风速4.5米/秒，有霜期241天，无霜期120天，1月最冷、8月最热，冬无严寒，夏无酷暑，春季大风频繁，年降水量偏少，季节分配不均，空气稀薄，气候干燥，属于典型的高原温带半干旱气候类型。

南木林县辖1镇16乡146个行政村，其中3个纯牧业乡，14个半农半牧乡镇，14868户87029人，为西藏第二人口大县；南木林县耕地面积11.84万亩，草场面积790万亩，人均占地1.40亩；地区生产总值增长14%以上，完成9.29亿元；地方财政收入增长29.4%以上，完成3006万元；社会固定资产投资增长206.8%以上，完成18.34亿元；农牧民人均可支配收入增长9.8%以上，达到6589.35元。完成城乡居民健康体检7.6702万人，完成率达到95%；在编僧尼健康体检554人，完成率100%；孕产妇保健管理1742人，完成率100%。合作医疗个人筹资人数8.0739万人，筹资金额161.4780万元，户参率100%，人参率98.7%。截止2016年底，全县住院人数2322人，门诊人数24044人，合作医疗报销总人数24.5480万人，总资金2590.8853万元。

2016年，地区生产总值增长14%以上，完成9.29亿元；地方财政收入增长29.4%以上，完成3006万元；社会固定资产投资增长206.8%以上，完成18.34亿元；农牧民人均可支配收入增长9.8%以上，达到6589.35元。

【产业发展】 农牧业产业发展。粮、经、饲比例为55：45：0.4，粮油总产量5183.24万斤。牲畜存栏数370162头（只、匹），出栏总数70195头（只、匹），产仔93680头（只、匹），成活率达到88%以上。农机工作进展。2016年完成指标动力机具550台、脱粒机60台、播种机276台、翻转犁555台、圆盘耙66台、土豆收获机105台、土豆播种机36台、车厢264厢、种子加工14台，合作社农机具有：轮式拖拉机15台、捡拾压捆机3台、旋耕机5台、液压翻转犁5台、青饲料收获机2台。农机购置总补贴资金602万元。农牧民技能培训。开展了农牧民藏香铸铜工艺培训以及驾驶员、挖掘、装载技术、汽车维修保养、空压机采石技术、钢筋混凝土、藏鸡、奶牛养殖等多种技能培训12批次，参加技能培训人数达到1675人。其中建档立卡贫困户650人，培训后实现就业631人（其中建档立卡贫困户437人），完成全年脱贫指标498人的127%。培训及其他途径共转移就业1040人，完成全年转移就业指标588人的177%。输出人次和收入均超额完成市年初下达指标。

【脱贫攻坚】 一是针对贫困面广、人口基数大、贫困程度深的现状，成立了南木林全胜扶贫开发公司，制定了“三个三”精准扶贫发展战略，全面推进精准扶贫、精准脱贫工作，确保了2016年6121人脱贫任务如期完成。二是编制完成《南木林县“十三五”产业扶贫规划》。将涉及种植业、养殖业等40个产业项目确定为重点实施规划。2016年，艾玛乡高标准奶牛养殖项目已完成前期工作；苗圃基地、经济林建设、人工种草和生态旅游观光等项目正开展前期设计工作；投资700万元的艾玛乡高效温室已完工；投资250万元的秋木乡养鸡项目已完工；投资5640万元的4.7万亩人工种草项目已完工；坚持高端定位、优质优价，充分利用日喀则市农畜产品数量上的稀缺性、产地上的唯一性，突出市场运作、龙头带动、品牌引领，做大、做强、做深、做优有机加工业。通过改善条件、扩大规模、突出重点，做强林下藏鸡养殖，将林下藏鸡扩大5000只，奶牛养殖扩大到500头，推动养殖规模化、集约化发展；扩大有机马铃薯种植规模，计划种植有机马铃薯40000亩，以小产品形成大产业，以小产品撬动大市场。三是“天河净土、世纪交响”雅江北岸南木林县生态产业园区规划总体规划第一稿编制完成，通过了县、市初审。四是依托南木林县珠峰技工学校，投入500余万元购置挖掘机、装载机、木工工具、教练车等设备，加大农牧民技能培训力度，使劳务输出从“体力型”向“技能型”转变，实现“培训一人、转移一人、脱贫一户”的目标。五是把金融扶持政策作为精准扶贫的有力抓手，2016年县政府与县农行签订了“政府风险补偿金+货款对象”支持扶贫产业开发合作协议，投入3000万元作为政府风险补偿基金，帮助250户贫困户贷款742.45万元。六是实施生态扶贫，成立了艾玛乡人工饲草种植农民专业合作社，入社群众744户、6000多人，直接带动每户每年可增收7614元。雅江北岸南木林生态示范区新增护林员801名，人均可增收5611元；发动当地5200名群众参与示范区建设，人均可增收（预计）769元；安排建档立卡贫困户生态岗位2.09万人，人均发放岗位补偿金3000元；七是实施易地扶贫搬迁。按照市委、市政府“一年搬迁、两年完成”要求和“搬得出、稳得住、可发展、能致富”目标，立足自身实际、创新方式方法，探索出了一条集中连片贫困地区通过易地搬迁脱贫的新路子。2016年，开工建设南木林镇吉龙村、艾玛乡柳果村等14个集中安置区1053户、4782人，已搬迁入住453户、2209人。

【灾后重建】 投资1.46亿元的18个灾后重建项目已全部落地。其中，南木林镇、多角乡特色小城镇建设，正着手道路、给排水、广场等基础设施工作，工程总进度已完成60%；艾玛恰热村整村推进项目已开工建设，总工程量完成了60%；投资1610万元的有机马铃薯产业化建设已完成客土平整、播种等工作，正开展田间管理工作；与达热瓦公司合作开发的综合石材加工厂计划总投资5000万元，已完成场地平整、厂房建设等相关工作；投资5512万元的424户民房重建项目现已全部开工，目前竣工240户；8座寺庙维修已竣工，县级初验完毕；投资分别为100万元和200万元的南木林县供水工程项目、多角乡昌普村防洪堤工程已竣工。

【旅游文化产业】 全年共接待游客11.8万人次，同比增长81.5%，实现旅游收入543万元，同比增长38.2%。荣获日喀则市旅游局颁发的旅游工作综合三等奖和旅游网络宣传工作先进单位、旅游纪念品研发工作先进单位、旅游规划项目工作先进单位称号。

【城乡基础建设】 一是着力提升城市品质。绿化方面：修建大理石花岗石护树池1000个，新增县城绿化面积30000平方米。亮化方面：新安装太阳能路灯88盏。净化方面：县城4辆垃圾转移车每天分上下午2次对县城内生活垃圾进行收集转移，全年转移生活垃圾1000吨。硬化方面：仁欧村巷道改造120米，县城人行道路维修500米，人民东路延伸改造500多米。二是城市管理不断优化。城市管理执法大队平均每天30人次巡逻执法，全年共查处乱搭乱建、乱占乱摆、乱停乱放等大小问题900多件，并对当事人进行教育整改。为全面提升县城镇建设和管理水平，9月份成立了南木林县城市管理委员会，有效加强了城市管理。

【生态建设】 2016年，累计完成植树造林8000余亩，栽植各类苗木48万余株。截至年底，示范区累计完成投资1.3亿元，植树造林2.6万亩，栽植各类苗木167万株，成活率达到95%；苗圃内完成小榆树栽植130亩、31万株，扦插竹柳200亩、150万株；出苗量达6万株，实现经济效益210万元。树木涵养水源、固沙治沙效果初步显现，示范区含氧量、空气湿度明显提升，“后藏花园、天然氧吧”已初具规模，已初步形成了“宜林、宜农、宜牧”的绿色产业体系和综合性生态建设基地，生态安全屏障得到进一步巩固。题为《高原老人吃上生态饭》的生态建设助力精准扶贫做法登上《人民日报》2月1日头版。同时，严格执行环境影响评价和“三同时”制度，全年开展专项执法56次118人次；办理环评项目85个，征收排污费16.15万元；按照《南木林县城乡环境综合整治实施方案》对17个乡镇开展了环境综合考核，并根据考核数据进行奖励，资金共计15万元；在全县范围内开展了4次水质和空气监测，监测结果均达标。

【项目建设】 2016年，与市政府签订目标责任书项目125个、计划总投资15.12亿元，其中新建项目100个、计划总投资7.86亿元，续建项目25个、计划总投资7.26亿元。全年完成固定资产投资18.35亿元，超额完成3.23亿元，完成率达121.36%，居全市第三名。一是城乡基础设施建设进一步完善。县城供水、县人民法院审判法庭、湘河大桥、看守所及拘留所、210套公租房、4所卫生院等建设项目已基本完成，预计2017年投入使用；投资8565万元的乡镇干部职工周转房已全部完成；投资1950万元的南木林县2016年公共租赁住房已全部完成；投资1.26亿元的23个教育项目已全部完工。计划外新增投资3000万元的乡镇移动基站、投资1500万元的教育均衡发展专项资金和投资1000万元的基础配套设施等项目全部完成。二是交通水利能源建设有序推进。投资3500万元的县城至秋木、多角乡公路已全部完工；投资4356万元的110千伏输变电、2014年农网改造升级工程已投入运行；艾土公路已完成道路工程的65%，完成投资3838.6万元；投资2.33亿元的县城至达孜乡公路已完成总投资的30%；湘河水利枢纽及配套灌区工程已完成项目送审，正办理可研批复；投资3300万元的S304线岔口至芒热乡公路、投资1194万元的孜东完小至夏麦村公路、投资1564万元的多角乡仲康村至昌木普村公路等工程的路面和路基正在建设中。

【社会事业】 一是扎实开展城乡医疗救助工作。积极开展城乡居民及在编僧尼健康体检工作，截止年底，完成城乡居民健康体检7.6702万人，完成率达到95%；在编僧尼健康体检554人，完成率100%；孕产妇保健管理1742人，完成率100%。合作医疗个人筹资人数8.0739万人，筹资金额161.4780万元，户参率100%，人参率98.7%。截止2016年底，全县住院人数2322人，门诊人数24044人，合作医疗报销总人数24.5480万人，总资金2590.8853万元。二是扎实落实惠民政策。保障方面：五大保险应保尽保，全年累计发放养老金894.21万元，发放农村低保资金988.9万元、城镇低保资金128.3878万元，落实农村五保户供养资金38.8680万元，为219名特困高校生发放2015年高校救助金305.5万元，按实际情况发放临时救助金10.24万元，为1265名城乡居民发放医疗救助金426.21万元。安居方面：落实兑现2015年市安居办分配的农牧民安居工程263户自治区补助资金263万元、抗震（加固）补助资金131.5万元、市级财政配套补助资金13.15万元，兑现率均为100%等。商务方面：为全县17个乡（镇）农牧民群众、城镇低保户落实兑现2014、2015年度家电家具补贴资金475万元。民宗方面：落实县政府解决的寺庙“六个一”办实事经费53.8万元、寺庙维修加固资金46万元；区民宗委解决仁青岗、牛曲果林两座寺庙维修资金10.8万元等。

三是交通水利能源建设有序推进。县城至秋木、多角乡公路完工并投入使用；国道562已完成道路工程80%，；艾土公路已完成路基、管涵、排水沟等工程，已完成总工程量的36%；南郎公路大力建设路基、挡墙工程；湘河水利枢纽及配套灌区工程已完成项目送审，正办理可研批复；110千伏输变电、2014年农网改造升级工程等现已投入运行；2015年农网改造升级工程已完成招投标工作，待2017年4月开工建设。

【社会稳定】 强化“桑朵白日”传统民俗转山活动服务管理，截止年底，前来转山人数达26036人次、车辆3432台次，无区外信教群众，均在管控范围内。扎实做好法会期间各项维稳安保工作，南木林县参加法会僧尼400余人、群众6552人次。

【党风廉政建设和反腐败工作】 2016年，共受理信访件14件，初核14件，了结12件，立案2起（其中正在审理1件、正在调查1件）。同时，对上年达孜乡案件进行结案处理，给予4人党纪政纪处分；对22人受党纪政纪处分执行情况进行监督检查，提出整改意见3条。喷涂公车标志196台。通报批评公车乱停乱放问题3台（次），并对2名专职驾驶员分别给予500元经济处罚。专项检查公款旅游、公款吃喝、违规发放津贴福利以及变相公车私用等“四风”问题59次，对出现驻村驻寺值班带班人员擅自离岗、脱岗、漏岗现象的11个乡镇、20个县直单位进行通报曝光。对乡镇党委书记、乡镇长、乡镇纪委书记46人进行大约谈、大提醒活动，对拟提拔人选进行严格廉政审核并开展集中任前廉政谈话237人；对轻微违规违纪诫勉谈话8人、提醒谈话10人。强化换届风气监督，对402名“两代表一委员”进行严格审查把关，提出对4名候选人的取消意见；开展县乡两级换届工作谈心谈话活动，确保全县换届工作的顺利完成。

【党的建设】 抓实“两学一做”学习教育，截至年底，开展《党章准则条例》考试3场次，参考党员1190余人次；开展县级领导干部专题研讨3场次，撰写专题调研报告54篇，参与党员领导干部28人次。抓实换届纪律，换届结束后乡级领导班子共推选“三类人员”17名，乡镇换届调整后总人数为142人，比换届前增加35人，增幅31.4%，选举产生的新一任县、乡领导班子结构更加优化，综合能力全面提升。

【民主监督】 县人大常委会依照《组织法》《选举法》《代表法》有关规定，任命国家工作人员103名，罢免及终止代表资格1人，免去人大常委会组成人员5人，接受市一届人大代表辞职1人。二届政协一次会议提交提案59件，经审查立案47件。

【援藏工作】 援藏项目建设。第五批援藏工作组全面完成三年援藏计划确定的各类项目。投入援藏总资金1.157亿元建设苗圃基地建设、县医院信息化建设、雅江北岸生态示范区、湘巴文化艺术中心、艾玛乡标准卫生院、县城亮化工程等25个援藏项目，现已全部竣工。第五批援藏工作组8名同志被日喀则市委、市政府表彰为“优秀援藏干部”。援藏工作思路。第六批援藏工作组在深入调研的基础上，研究确定了“11421”工作思路，即完成“一个目标任务”（全面完成援藏工作任务），突出“一个统领抓手”（山东省“十三五”援藏规划），做好“四项重点工作”（生态建设、民生发展、教育均衡、鲁藏两地交流交往交融），强化“两项保障措施”（自身队伍建设、融入团结合作），办好“一批援藏事实”。交往交流。截至年底，潍坊共有7批次部门、单位赴藏调研对接工作，协调潍坊市委办在南木林县开展为期两天的文秘人员培训；协调潍坊市医疗系统6名专家到南木林开展为期一个月的包虫病流行情况调查并捐赠了价值260万的医疗设备；协调潍坊电力公司捐赠南木林县价值5万元电脑、10万元工作服和15万元的越野车一辆，捐赠南木林县卡孜乡完小价值30万元的棉衣和棉鞋。

萨迦县

【概况】 萨迦县位于日喀则市西南部，喜马拉雅山北麓，雅鲁藏布江南岸。县城距日喀则市150公里，距拉萨430公里，县驻地海拔4468米。全县地形地貌以高山、谷地为主，辖域面积8126平方公里，平均海拔4400米，属高山季风型气候，年均降水量280毫米，多风沙，日照强烈，高寒缺氧，常年气候复杂多变，自然灾害频繁。

全县辖9乡2镇、107个行政村、329个自然村，总人口53204人，建档立卡贫困人口3619户13303人，居民以藏族为主。经济结构以农牧业为主，共有耕地11.4万亩，主要农作物有青稞、油菜等；全县可利用草场面积645万亩，牲畜28.72万头（只、匹），畜牧业以饲养牛、羊为主，是以农业为主的半农半牧县，2016年全县粮油总产6346.34万斤。

萨迦县是"萨迦王朝"的发源地。13世纪中叶，忽必烈统一全中国，建立元朝中央政府后，封萨迦派五祖八思巴为"帝师"，赐玉印"命统天下释教"，即管理全国佛教事务，并协助中央政府管理西藏。萨迦派在元朝的支持下，统一了西藏，西藏地方政权正式归中央政府统一管理。萨迦派五祖、元朝国师八思巴以此为基地建立了统治西藏九十多年的萨迦政权，萨迦王朝当政时期是政教合一的地方政权，成为当时西藏的政治、宗教中心。

萨迦寺是藏传佛教四大教派之一"萨迦派"的祖寺，分南北两寺。萨迦北寺创建于公元1073年，已被毁；萨迦南寺始建于1268年，1961年被评为"全国重点文物保护单位"，是西藏重点旅游景点之一。萨迦寺是祖国统一、民族团结的见证和象征。现存各类文物近10万件，其中尤以经书最为著名，素有"雪域敦煌"之称。寺庙建筑规模宏大、造型美观，是国内外游客旅游观光和科学考察的圣地，更是祖国统一、民族团结的见证和象征。

2016年，全县地区生产总值完成9.92亿元，同比增长14.55%；地方一般公共预算收入7007.27万元，同比增长26%；全社会固定资产投资9.1亿元，增长184.4%；农村经济总收入达4.78亿元，增长15.2%；农牧民人均收入达7343.1元，增长16.4%，社会消费品零售总额1.06亿元，增长16.2%；全县粮油总产6346.34万斤，增长1.1%；各项税收收入1.43亿元，增长71%。

【党的建设】 "两学一做"学习教育和"讲学习、讲忠诚、正风纪、转作风、提效能"主题活动扎实开展，各级党组织和广大党员"四个意识"更加牢固。圆满完成了县、乡两级领导班子换届工作，扎实推进"万名村居干部素质能力提升工程"。修订完善《县委工作制度》，出台《县委议事规则》《县委重大事项请示报告制度》《干部职工外出报批报备暂行规定》《县直机关事业单位干部职工考勤管理暂行办法》等规章制度，作风新常态深入人心。强化党风廉政建设，认真落实"两个责任"，完善县委巡察机制，扎实推进纪检监察机关"转职能、转方式、转作风"，切实加大党风廉洁建设和反腐败工作力度，坚决依法从严查处各类贪污腐败案件和违规违纪行为。

【维护稳定】 深化区党委十项维稳措施，着力构建维稳长效机制，依法开展打击整治专项行动，深入开展反自焚专项斗争，强化矛盾排查调处，加强流动人口管理，确保了三月敏感期、"128"考察调研等重大节点、重大活动的安全稳定，促进了社会和谐。455名干部驻村驻寺，持续开展强基惠民活动和依法依规管理寺庙宗教事务，促进了宗教和睦、佛事和顺、寺庙和谐；深化城镇网格化管理，将网格化管理拓展延伸到寺庙、村民组、居民区，织密城乡防控网络；深入开展平安县城建设，强化社会治安综合治理，实现县乡村三级综治巡防常态化；开展"先进双联户”创建，联户保平安、联户促增收效果明显；加强喉舌管理，占领舆论阵地，维护意识形态领域安全。强化维稳力量，完善指挥体系，认真落实维稳责任制和责任追究制，以铁的纪律保证各项维稳措施落到实处。

【经济发展】 2016年规划产业项目39个，招商引资项目8个。农牧业快速发展，粮油年产量稳定在6000万斤以上、蔬菜产量3000万斤以上。高原畜牧业稳步推进，“四大改良”持续加大，形成了奶牛、岗巴羊、藏鸡等优势养殖产业。工业经济平稳运行，高新雪莲水泥厂，实现财政收入3578万元，工业建材项目发展态势良好。第三产业快速发展，古城文化旅游发展成效明显，全年共接待游客18.5万人次，同比增长18.2%。各类市场主体达到1833户，注册资金1.86亿元，同比增长42.86%、91.53%。项目建设健康发展，2016年实施项目126个，突出抓好萨迦北寺防洪工程及市政等86个新续建项目建设，完成投资9.1亿元。农田水利、道路交通设施建设步伐加快，G563项目成功申报，古城二期配套工程竣工，拉洛水利枢纽及配套灌区工程成功截流。城乡面貌不断改善，扎实开展“六城同创”，县乡更加整洁、群众更加文明；吉定镇、萨迦镇、麻布加乡小城镇建设稳步推进，一批交通、水利、旅游等基础设施项目开工或建成投用，城镇功能更趋完善，城乡人居环境显著改善。

【民生事业】 灾后重建加快推进，完成“4.25”灾后重建项目18个，318户民房重建基本完成，麻布加乡、雄麦乡受灾群众2017年10月将全部搬入新房。整村推进、小城镇建设及公共服务设施完成70%，完成灾后重建投资1.5亿元。脱贫攻坚有序进行，“六个精准”“九个一批”有效落实，全县617户、2517人实现脱贫减贫，易地扶贫搬迁开工378户，完成286户、1452人；5个扶贫产业项目开工实施，8784个生态补偿转移就业岗位完成对接；扎实开展干部结对帮扶、定点帮扶和“百企帮百村”工作，确保帮扶政策落到实处。教育投入力度不断加大，落实学校基建项目资金8260万元，实施了学校标准化建设、薄弱学校改造、灾后重建等一系列教育工程；五大保险实现应保尽保，就业渠道不断拓宽，劳务输出3.24万人次，实现收入9873.67万元；建设保障性住房140套，住房保障能力进一步增强；医疗人才组团式援藏扎实推进，“两降一升”工作实现新突破，县藏医院主体竣工，县人民医院等级评审稳步开展。

【生态建设】 加大重点区域水土流失、沙化土地和退化湿地治理，大力开展植树造林，加快推进绿地建设，着力打造宜居环境。投入资金735万元，完成了生态公园280亩造林带建设和1228亩重点区域生态公益林建设，封山育林1.4万亩，周边造林2000亩。县城庭院绿化、“湿地保护恢复工程和乡镇、农牧区生态工程建设”和管护工作扎实有序开展。

【民主建设】 支持县人大及常委会依法行使监督、决定、任免等职权；支持政府转变职能、依法行政；支持政协开展政治协商、民主监督、参政议政；支持法院、检察院依法独立公正行使审判权和检察权；巩固壮大爱国统一战线，各无党派人士团结协作得到加强，民族、宗教等工作取得新进步；工青妇群团组织桥梁作用积极发挥；加强党管武装和双拥共建工作，军民融合深度发展水平不断提高，荣获“全国双拥模范城市”；依法治县深入推进，司法体制改革稳步实施，“六五”普法圆满收官，法治建设水平不断提升；平安建设、政法等工作深入推进，社会治安防控体系不断完善。

【援藏工作】 第七批援藏干部三年共实施援藏项目23个，总投资1.29亿元，农牧民群众在援藏项目建设中实现了增收致富，县域经济在援藏投资中不断壮大。第八批援藏干部迅速进入工作状态。通过查阅资料、召开座谈会、实地走访调研、问卷调查等方式积极开展调研，深入了解萨迦县情民情社情，为做好今后三年的援藏工作奠定了坚实的基础。

谢通门县

谢通门县城全景

【概况】 谢通门县属冈底斯山中西段，境内多高山，地形复杂，山峦起伏，沟谷纵横，境内平均海拔4200米以上。境内属高原温带半干旱季风气候类型区，北部干冷，南部相对湿润，季风一般集中在2月—5月，年平均气温6.36摄氏度，年降水量约400毫米。县境内以近似平行的雅鲁藏布江和多雄藏布河以及各支流构成基本水文网络，全境水系呈格子状，水质优良、含沙量少。县境内处于国土资源部规划的重点找矿区块内，矿产资源种类多，储量丰富，已发现有工业价值的矿种有：铜、金、富铁、银、铅锌、黄岗岩及稀有金属等。境内动植物种类繁多，动物种类主要有西藏野驴、藏羚羊、麝、猞猁、雪豹、棕熊、斑头雁、黑颈鹤等，植物种类主要有杨树、香柏、苹果树、梨树、桃树、贝母、虫草、雪莲花等，森林覆盖率达7.02%。

谢通门县位于日喀则市西北部，雅鲁藏布江北岸，东邻南木林县和日喀则市，北接那曲地区申扎县，西邻昂仁县，南与萨迦县和拉孜县接壤，全县东西长142公里，南北宽106公里，总面积14042.74平方公里，县城距日喀则市政府驻地83公里，全县辖1镇18乡、95个行政村、12249户，5.0819万人（农业户6885户、32613人；牧业户3088户、13113人；非农牧业户2276户、5093人）。其中牧区乡有：美巴切勤乡、切琼乡、纳当乡、娘热乡、青都乡、春哲乡、孜许乡、南木切乡、查布乡、措布西乡；农区乡有：卡嘎镇、达那答乡、仁钦则乡、荣玛乡、塔定乡、通门乡、达木夏乡；半农半牧乡有：列巴乡、达那普乡。旅游资源丰富独特、品味极高。自然景观主要有：卡嘎温泉、雪日山、里布底错、强布温泉、查布温泉、嘎布温泉、索布寺拉普溶洞，人文景点主要有：20座寺庙，其中僧寺15座、尼寺5座，格鲁派8座、萨迦派5座、宁玛派5座、苯教2座。人文古迹最为代表性的有“一山一水两寺”（“一山”为欧曲山，“一水”为卡嘎温泉，“两寺”为扎西坚白寺、日嘉寺）旅游商品主要为卡嘎朗玛藏刀，通门皮具，仁钦则陶器。

2016年，全县完成生产总值9.88亿元，财政收入1.27亿元，比2015年增长17%；完成固定资产投资15亿元，比2015年增长183%；社会消费品零售总额7200万元，比2015年增长81%；实现农牧民人均可支配收入8541.75元，比2015年增长10.3%。

【农牧业生产】 三次产业比例调整为24：42：34。严格确保8.01万亩耕地保有量，通过土地开发整治年内新增耕地200亩。2016年落实农作物播种面积60970.5亩，其中粮食作物播种面积40868.5亩，经济作物播种面积15402亩，饲草料作物播种面积4700亩。全县粮食产量达到15881.35吨（青稞产量11515.65吨），油菜产量1124吨，蔬菜产量11309.6吨，饲草料产量11560.55吨。全县共落实推广示范"藏青2000"10300亩，亩产720斤；"喜马拉22号"15000亩，亩产750斤。良种推广亩均增产50斤以上。在通门乡完成"3414"完全试验3个，"3414"不完全试验1个，校正试验1个，三区试验3个共8个试验田。2016年新生仔畜成活105367头（只、匹），成活率达94.7%，成畜死亡3805万头（只、匹），死亡率为1.37%，出栏牲畜121138头（只、匹），出栏率为47.17%。肉产量2794.18吨，奶产量4013.08吨。兑现草原生态保护补助奖励机制政策资金2716万元，人均增收677元以上。春、秋两季重大动物疫病防治共免疫注射双价苗317016万头（只、匹），免疫三价疫苗164763万头（只、匹），免疫密度达到100%。

【党建、党风廉政建设】 深入开展"两学一做"学习教育和"讲学习、讲忠诚、正风纪、转作风、提效能"主题活动，严格落实意识形态工作责任制，坚持每月2次县委理论中心组集中学习，努力打造忠诚、干净、担当、作为的干部队伍。圆满完成县、乡领导班子换届工作，选优配强169名乡镇领导班子队伍。制定出台《处置不合格党员》《处置不合格村干部》等办法，认真落实基层党建七项重点任务，扎实开展村干部素质能力提升工程。强化党风廉政建设工作，层层签订目标责任书，严格落实党风廉政建设中政府党组及成员的重要责任，持之以恒纠正"四风"、树立行风、摆正作风，严格执行中央八项规定精神以及县委"禁酒令"等，严肃整治会风会纪，作风新常态深入人心。突出"两个责任"落实，健全责任制考核办法，启动九届县委第一轮巡察，保持反腐高压态势，营造了风清气正的政治生态。

【项目建设】 2016年全县开（复）工项目116个，总投资18亿元（其中国家投资16.6亿元），全年累计完成投资12.5亿元，占69%。完成2017年度前期项目32个，拟投资8.5亿元。2016年县本级财政投资项目43个（公安技侦业务用房、五保集中供养附属、县法院附属、县城绿化等），总投资10844万元。实施灾后重建项目共10个，总投资13202万元，累计完成投资10676万元、占81%，其中民房重建343户（卡嘎镇吉定村111户、通门乡通门村190户、荣玛乡荣玛村42户），总投资6789万元，完成投资6653万元，完成98%。2016年底，竣工项目待验收6个、在建项目2个、待开工项目2个。

谢通门县恩玖塘光伏电站开工仪式

【城镇建设】 按照"一心两轴多点"的城镇化发展布局，重点加强县城城市道路、基础设施和政务服务设施三类项目建设，总投资5.013亿元，实施特色小城镇、县城道路建设、数字影院、司法局改扩建、消防业务用房、税务局业务用房及周转房、新城区防洪工程、双语幼儿园、2016年公租房、县城绿化等27个县城建设项目，累计完成投资4.2亿元。2016年底，县城新区规划面积达到3.6平方公里，市政道路总里程达7.18公里，形成了"一环三纵三横"的县城道路新格局；新增县城绿化总面积达到300亩，绿化率达到了5.13%；新增城市道路交通指示灯9处，新安装太阳能路灯320余盏；县法院业务用房已竣工并投入使用。

按照全县"一圈二轴三带"的空间发展格局和小城镇建设"一心、两片"的城镇发展总体规划，以灾后重建、易地搬迁为重点，全力实施民房重建任务，加快推进了卡嘎、通门、荣玛、达那答特色小城镇建设的实施步伐，制定了县城4.25灾后重建规划和荣玛乡荣玛村、雄村村庄规划及卡嘎镇吉定新村建设规划；完成了达木夏、通门、塔定、达那普、仁钦则5个乡总体规划。全面开展乡镇功能建设，实施了农网改造升级工程、16乡完小改扩建，6乡司法所建设，2乡中心法庭建设，基层农技推广体系建设等18个基础设施类项目，总投资3.8亿元。实施日谢公路沿线建设项目14个，项目总投资3.31亿元。

【矿业发展】 进点备案矿山企业30家，2016年进点企业11家，2016年依托矿产开发实现税收1.69亿元，实现本级财政收入7629万元，分别占到全县税收和本级财政收入的83%、60%。

【旅游业】 顺利举办第五届谢雄文化旅游节，县域旅游的品牌方向、文化内涵、实物载体愈发明确和具体，2016年接待区内游客4.71万人次、同比增长30%，实现旅游收入1648万元、同比增长35%，藏刀、皮具、陶器等民族手工艺品稳步发展，实现销售额656.6万元。

【民生保障与精准扶贫】 2016年通过“九个一批”措施完成脱贫287户1269人，顺利推进年度668户3019人易地扶贫搬迁任务。积极落实扶贫政策，将所有建档立卡贫困群众全部纳入农村合作医疗范畴，通过落实社会保障兜底政策让340户513人享有更加可靠的社会保障，争取生态补偿岗位8602个并认真做好2580.6万元生态就业岗位资金兑现工作。兑现2016年上半年2246户7435人农村低保资金及上半年提标资金490.93万元，181户252人城镇低保资金、第一、二季度，上半年提标资金88.805万元；经规范城乡最低生活保障工作的开展，兑现下半年940户2829人农村低保资金及提标资金181.27万元，兑现50户82人城镇低保资金、第三、四季度及下半年提标资金18.9万元；兑现残疾人99.858万元、寿星老人10.27万元、2016年经济困难的高龄、失能老年人23.16万元，共计133.288万元。兑现2批国家农业机械购置补贴700万元，兑现家电、家具购置补贴187.72万元；2016年各项社会保险累计参保3.3万人次，征缴金额3228.2万元；实施城乡医疗救助254人次兑现救助金额98万余元，临时救助4人次发放救助资金1.09万元，落实本级财政资金83.88万资助260名新录取贫困大学生。同时，实施建设252套保障性住房，总投资3772万元；实现农牧区劳动力转移就业17312人次，累计创收5228.2万元，劳务输出工作运行良好。

【教育工作】 2016年共计投入本级财政资金2166.4万元，设立耕耘奖50万元，在年度教育工作会议暨表彰大会上兑现全县教学质量奖金207万元，积极争取中信银行教育资金100万元，帮助279名贫困大学生更好地完成学业。全县义务教育阶段入学率达到99.6%以上，巩固率100%，中考内地西藏班过线42人，小考内地西藏初中班过线3人。

【文化广播工作】 兑现2015年19个民间藏戏队抢救性保护资金39万元。发掘荣玛乡吴坚村“堂谐”、达那普乡拉嘎村“揉皮技艺”等一批具有价值的非物质文化遗产，并积极开展申报工作。对全县8座寺庙、11个村落、19处石刻文物点进行考察，对具有一定价值的石刻文物进行保护。公布卓列寺、贡巴强寺、塔定普村民宅壁画为第二批县级文物保护单位。全年共发放清流型直播卫星接收机4430套，新增直播卫星接收机1144套，便携式直播卫星一体机设备68套，全县广播电视工程覆盖率达到95%。

【科技卫生事业】 2016被中国科学技术协会授予“全国科普示范县（市、区）2016—2020年”荣誉称号，全县参加合作医疗的农牧民45108人，筹集基金2074.16万元，参合率达99%。2016年农牧民住院2839人次，发生总费用1950.12万元，报销1463.33万元，产妇数882人，住院分娩842人，住院分娩率95%。

【防抗灾工作】 严格落实全县163个地质灾害隐患点防灾责任制和责任人，启动新城区防洪工程、达那答斯多嘎多沟治理和列巴乡尼玛弄泥石流治理等项目，本级财政投入360万元支持购买并及时发放防抗灾饲草料、防汛抗旱物资等。

【维护稳定】 2016年，持续推进维稳“十项措施”，把全县95个行政村划分为36个警务片区，成立乡镇治安联防队，实现了社会面管控无缝隙、无盲区、无空白点。深化开展安全生产和食品药品监督检查工作，强化信访工作，健全完善信访工作联席会议制度，全力排查隐患、化解矛盾、完善台账，提高应对突发公共事件的处置能力，维护群众切身利益。严把环境准入关，2016年全县共审批建设项目64个，项目环评执行率达到100%；落实投资1608万元实施林地建设2.2万亩，县本级投入1243万元深入开展了县城绿化工作，目前县城绿化总面积达到300亩，干部群众生活环境得到极大改善。重点加强项目整治，开展专项督导检查19次，排查隐患37处，妥善处理矛盾纠纷1起，处置违法违规采砂人员2名，取缔非法采砂厂、砖厂各1家，失信施工企业登记在案2家。出台谢通门县“六城共建”实施方案，全力推进各项创建工作，2016年成功挂牌自治区级文明县城，荣获自治区民族团结进步模范集体、自治区“先进双联户”创建评选工作先进县等称号。

【政府建设】 十二届人大八次会议代表所提建议办复率98%。2016年，全县“三公经费”支出1208.2万元，同比减少21.06%。制定上报政府职能转变和机构改革方案，拟设立23个政府部门，按照“三上三下”工作要求梳理政府权责3475项；2015年9月至2016年12月共审批1000万元以下建设项目71个，涉及资金2.45亿元，积极开展基本农田划定和土地承包经营权确权登记本级试点工作，2016年底已完成外业工作。

【援藏工作】 一是组织县法院年轻法官学习使用信息化平台录入案件，2106年谢通门县人民法院电子卷宗录入率从过去的60%提高到100%，数据平台使用率达到100%。并针对信息化建设空白的实际，提出率先开展法院信息化建设的建议得到黑龙江省高院和市县两级法院的采纳，同时被日喀则中院列为重点工作在全市进行推广。二是组织兽医检疫人员到仲巴、萨伽、江孜三个县牛场和羊场进行现场检疫，严格把关，为群众精挑细选优质种牛和种羊959头（只）。三是每名援藏队员与结对贫困户每月一沟通，每季一见面，针对贫困户的不同情况制定不同的脱贫方案。开展了向贫困户送温暖活动，共慰问米面油1700斤，现金10500元。对因病致贫的农户，主动帮助联系区外的知名大夫进行问诊，帮助解决病痛。四是邀请北京弘化基金会组织中医到县义诊，为730多名藏族同胞解除了痛风、关节炎、骨质增生、肠胃病等疾患；与北京弘化基金会达成“书香通门”建设协议，由基金会无偿资助图书在全县中小学、公共场所设立开放式图书柜，并发动开展全民阅读活动；五是争取援藏资金700万元，对荣玛乡部分村庄2390.63平方米进行硬化，安装太阳能路灯455盏及附属工程；新建达那答乡卫生院业务用房689.18平方米、医疗垃圾存放室25.47平方米、公共厕所及附属工程项目。

【日喀则珠峰一见则喜特色产业】 “谢雄藏鸡养殖产业园”：产业园位于谢通门县卡嘎镇境内，2016年底成鸡存栏1万羽。项目投入扶贫产业贷款资金3.02亿元，设计年产能：鸡雏120万羽、蛋鸡20万羽、产蛋80万枚、饲料3万吨。园内主要设施有：成鸡舍、雏鸡舍、办公区、休闲区、鸡粪处理池、污水处理站、加工厂房、包装车间等。建成投产使用后，第一年将实现净收入近5000万元，利税1200万余元。实现2500贫困人口脱贫，户均增受4640元以上。项目正常运营后，可实现4000人脱贫致富。

“生物科技示范园”：示范园位于谢通门县达那答乡如贵村境内，于2016年由果蔬基地转型为生物科技示范园。主要培育平菇、鸡腿菇等食用菌，2016年产食用菌325吨，销售额300余万元，吸收60名群众就业，人均增收2万元。按照市委“6677”工作思路和全市产业发展大会要求，示范园项目计划投资3.87亿元，拟建设集食用菌菌棒制作、食用菌生产、食用菌培育、食用菌产品加工、食用菌废菌料饲料加工及生态观光休闲体验于一身的大型农业示范基地。建成后，将实现年产鲜菇700万公斤，饲料500万余公斤，带动周边346户、1250人建档立卡贫困户实现增收。

“中草药种植园”：种植园区项目位于谢通门县塔定乡境内，2016年种植黄芪、独活、党参等中药材100余亩，投入资金90万元，修建干品加工车间、办公室、晾晒场等。为进一步扩大生产规模，种植园区项目计划投入扶贫产业贷款资金9766.22万元，占地819.59亩，建筑面积7189.01平方米。园内设施包括办公生活区、育苗种植区等，涵盖育苗一种植一采摘一份拣一清洗一晾晒一加工一成品入库等环境。设计年产能700余吨。项目可实现年利润996万元，实现建档立卡贫困60户244人脱贫，人均增收1.2万元。同时可辐射带动周边近100户建档立卡户，300人从事中草药种植，户均增收3.4万元。解决临时用工100余人次，人均增收7000元。

定结县

【概况】 定结县位于西藏自治区南部、日喀则市西南部、喜马拉雅山北麓，属边境县之一，地处东径87° 19′ —88° 20′ ，北纬27° 48′ —28° 48′ ，东连岗巴县，西接定日县，北靠萨迦县，南邻尼泊尔、印度锡金，平均海拔约4400米。萨迦—日屋和吉隆—亚东两边防公路纵横县境，叶如藏布、金龙河蜿蜒全境，汇归朋曲河出境。全县东西长108公里，南北宽103公里，幅员面积7566平方公里，边境线长达176公里，界桩17个，辖3镇7乡1个口岸管委会、70个行政村、6338户23631人，其中农牧民4235户19256人。县城驻地江嘎镇海拔4280米，距日喀则市230公里，距拉萨市510公里。县域内有1

2016年5月5日至6日，区党委副书记、自治区主席洛桑江村在定结县陈塘镇调研

个国家二类陆路通商口岸——日屋口岸（按“一口岸两通道”规划设置）。

定结县地处青藏高原南部，位于喜马拉雅山脉中段北坡，属藏南山原湖盆谷地地貌的一部分。地势南北高，中间低，全县东西长108公里，南北宽103公里，海拔5000米以上的山峰遍布全境，最高峰康朗节峰（岗拉庆）为6466米，陈塘峡谷最低海拔2040米，相对高差近4500米。境内分布有众多河流、草原、湖泊和盆地，众多的山系、河流、湖泊、盆地等构成了定结自然地貌的基本骨架。中西部分布有以朋曲支流叶如藏布和金龙河为两条主线的河谷区，平均海拔4300~4400米，沿河两岸的村落、人口、耕地、草场较为集中。东部是这两条河流的河源区和以措母折林为中心的高原湖盆区，平均海拔4500米左右，地势较为宽阔平坦。南部是喜马拉雅山脉主脊的高寒山区，海拔4700米以上，多为冰川和雪山。西南部是陈塘峡谷区，地处喜马拉雅山主脊南翼，是印度洋暖湿气流北上高原的重要通道，峡谷地势差异大，平均海拔2500米，多为原始森林。

定结县属高原内陆干燥气候，大部分地区四季不分明，日照充足，紫外线强，昼夜温差大，干燥少雨，多大风。主要农牧区年均日照时长，相对无霜期100天左右，牧草生长期短，陈塘林区相对无霜期200天左右。定结年均日照达3353.5小时。年均气温2.7℃，一月份平均气温—7.4℃，极端最低气温—27℃，七月份平均气温11.8℃，极端最高气温18℃。受高原气候和喜马拉雅雨影带的影响，全县降雨量小，干湿季节分明，年平均降水318.8毫米。年均降雪15.2天，降雪初日在9月上旬~11月上旬，降雪终日在5月中旬~6月中旬。由于地形和地理位置的影响，风期长达230天，风向不确定，年均日照时数3326.7小时，年均日照率75%。

定结县地域广阔，蕴藏着丰富的资源，土地类型多样，有耕地、草原、林地、荒滩、湖泊、沼泽等。全县耕地面积4.12万亩，草场529.68万亩，林地276.33万亩，湿地44万亩。定结有叶如藏布河和金龙河两条主要河流，年流量分别在5~50、3~25立方米/秒之间。全县河流总长250公里，河网密度0.033公里/平方公里，年径流总量4.7亿立方米。主要湖泊有措母折林、定结贡左措、直习措等，冰湖有30余个。定结已知的矿藏有硼、食盐、水晶、瓷土、泥炭等。措母折林湖（多布扎湖）有一定硼砂储藏，主要以粉末状为主、硼晶为辅，伴有食盐、磷等国家稀有矿种，具有一定开发潜力。定结江嘎、萨尔瓷土储量较多，矿床成熟度较低，缺少规模开采经营，当地群众以自采为主，多用以与粘土搭配后装修粉饰房屋。

定结县位于喜马拉雅中段，植被较复杂，植物种类较丰富。定结县绝大部分区域在喜马拉雅山脉北麓和山原地带，植被类型实简单，植物种类较少。植被以高山草原为主，河源和宽谷地带有成片的沼泽草甸植被，高山草甸发育较好。定结县朋曲河流域下游植物分布在喜马拉雅南麓，植物种类较丰富，植物随海拔增高。定结县属半农半牧区，种植的主要作物有青稞、油菜以及马铃薯、元根、白菜等，陈塘镇还可种植菁菜、葱、青椒、韭菜、西红柿、茄子、四季豆、南瓜、黄瓜等。定结县主要药材有川贝母、胡黄连、灵芝菌、雪莲花、刺参、蒲公英、桃儿七、红景天、珠子参、参三七、黄芪、独一味、山莨菪等。主要树种有乔松、喜马拉雅冷杉、高山栎、糙皮桦、喜马拉雅红杉、圆柏、落叶松等。定结县有国家一级保护动物羚羊、鼠羚、喜玛拉雅塔尔羊、盘羊、长尾猴、班羚、雪豹等；二级保护动物熊猴、小熊猫、金猫、林麝、喜玛拉雅麝等；三级保护动物黑熊、豹猫、赤鹿、岩羊等。定结饲养的动物主要有牦牛、犏牛、黄牛、绵羊、山羊、猪、狗、猫、马、驴、鸡、鸭等。

2016年预计全县完成国内生产总值（GDP）3.80亿元、同比增长20%，一、二、三产业结构比重由2015年的23：18：59调整为21：18：61，农村经济总量实现总额31695.85万元、同比增长78.9%，农牧民人均纯收入达到6685.75元、同比增长22.82%，社会消费品零售总额实现6880万元、同比增长0.66%，地方财政收入完成1722万元、同比增长68%。社会固定资产投资完成107276万元，同比期增长220.2%。旅游接待人数1.38万人次、同比增长7.2%，实现旅游收入637万元、同比增长0.79%。实现边贸总额3790万元、同比增长11.8%，其中进口1290万元，出口2500万元。全县粮油总产达粮油总产6875.74吨，年末牲畜存栏219230头（只、匹）。

【维护稳定】　认真落实自治区十项维稳措施，加强对涉稳重点人员、重点区域、重要地段的管理监控。在“三大节日”“3月敏感期”“萨嘎达瓦”节。“时轮金刚灌顶法会”、十八届六中全会、自治区九次党代会等重要节点，细化完善维稳措施，落实值班带班制度，确保了社会局势和谐稳定。坚持一线堵、二线查，构筑了维护边境稳定的铜墙铁壁，确保了一个出不去、一个进不来。加强矛盾纠纷排查调处，开展社会治安巡逻，深化驻村驻寺工作，强化社会“网格化”管理，平安和谐大局进一步巩固。严格执行“三不增加”政策规定，深入开展和谐模范寺庙暨爱国守法先进僧尼创建评选表彰活动。狠抓“扫黄打非·珠峰工程”，加强网络安全监管，意识形态领域安全可控。

【项目建设】　受“4.25”灾后重建投资拉动，全县固定资产投资、项目建设呈井喷式发展态势。全年开复工项目149个，总投资195495万元，完成投资10.7276亿元。其中投资2.85亿元的扎西岗至琼孜乡楚纳村三级油路已全面开工；投资1400多万元的吉布弄曲扎西岗防洪坝工程和投资600万元的多布扎灌区工程竣工并发挥效益，投资1760万元的现代农业青稞基地建设项目已全部完成；总投资7000万元的市政一、二期给排水工程调试运行，投资3853万元的市政道路建设全面竣工，县城公共服务水平得到显著提升。长春市援藏工作组在深入调研的基础上，初步确定投资达4227万元涉及精准脱贫、湿地生态保护、教育均衡发展、乡镇卫生院建设等6个项目。

【脱贫攻坚】　全县共识别重点贫困乡镇3个、重点贫困村55个、贫困人口1181户4505人，2016年脱贫1014人。确定2016年第一批产业项目11个，总投资4242万元，5个项目已开工建设，市县注入风险补偿基金900万元。完成易地扶贫搬迁工程规划设计工作，开展易地扶贫搬迁274户，到位资金2852.49万元，已拨付资金1790.45万元。制定《定结县精准脱贫结对帮扶“3211”工作方案》，全县1073名机关企事业干部、驻军部队与贫困人户实现帮扶对接，捐款捐物折合人民币约34.6万元，14家企业与14个重点贫困村实现帮扶对接。五是转移就业工作成效显著。核实确定生态岗位4505个，实现贫困人员转移就业599人，培训建档立卡贫困人员433人，培训后转移就业419人。

【民生改善】　推进义务教育均衡发展，全面落实“三包”经费、学生营养改善专项补助政策，中、小学适龄儿童入学率分别为99.86%和100%，入学巩固率达100%，全年本级财政累计投入364万元支持教育事业，投入比例占地方财政收入的36%。全年落实“三包”经费739.83万元，农村义务教育（不含县镇）学生营养改善计划补助资金151.06万元，乡镇教师生活补贴金127.23万元。卫生事业健康发展，农牧民参合率达到99.87%，全年农牧民住院1059人次、补偿金额586.02万元，门诊就诊37135人次、补偿金额205.25万元。完成18733名城乡居民和27名在编僧尼的健康体检建档工作，对2088名儿童进行先心病筛查。扎实推进基层文化建设，发挥县民间艺术团作用，干部群众文化生活不断丰富，公共文化服务能力不断提升，群众文化生活基础条件不断完善。社会保障不断加强，各大保险参保率均达到100%。实现劳务输出6597人19603人次，实现收入3231.7万元，城镇登记失业率控制在2.1%以内。生态建设稳步推进，2016年完成2016年完成防沙治沙30364.5亩、植树造林4425亩，兑现林业惠民资金79.95万元。

【灾后重建】　民房重建工程基本完成，其他重建项目稳步推进。全县“4.25”地震灾后恢复重建项目21项，总投资64220.42万元，2016年计划投资

48069.40万元，完成投资39314.46万元。其中民房重建2159户，总投资34875万元，2016年完成投资33131.25万元，完成民房总投资的95%；民房重建开工2123户、占重建总户数的98%，完全竣工2080户、占重建总户数的96%。投资254.99万元的2个寺庙维修已全面完工，投资375万元的3个文物保护单位拉贵拉康已接近尾声。投资1.12亿元的16个整村推进已完成前期各项工作，17个村委会建设、江嘎特色小城镇、非住宅恢复重建、整村推进村庄供水和防洪堤、岗巴羊规模化养殖、非住宅维修加固、自然保护区防火设施维修等项目顺利推进。

市委书记张延清在定结县视察调研

【产业发展】 有机种养加业方面，投资1300万元建设多布扎乡标准化养殖基地，人工种草3000亩，重点实行短期育肥、反季节销售，增加群众收入；投资800万元建成确布乡藏雪鸡养殖基地，现规模达800余只，计划五年内养殖规模达10万只以上；利用本地优势资源，投资380万元建成扎西岗乡土豆加工厂；打造包装绿色食品，对陈塘藏香猪、藏鸡、确布藏雪鸡蛋开展“地理标志证明商标”申请。特色旅游业方面，规划在陈塘孔定玛建设文化产业园区，打造“夏尔巴第一村”，通过各方努力，争取到建设资金9600万元。

定结藏香猪定结藏香猪是定结县特有的畜禽产品，养殖历史悠久，体格健壮、嘴尖头长、蹄细骨硬、毛皮黑亮光滑、善于奔跑，其心肺功能特别发达。成年藏香猪大都自然生长两年以上，虽然成长周期稍长，但其繁殖能力较强，一年可繁殖2次（8、9月份和2、3月份），一次产仔8头左右。这些体形瘦小的定结藏香猪大多是黑色的，也有黑白杂色的，鬃毛颇长，成年猪平均体重不超过50公斤，身材小，耐寒冷的独特品质。定结藏香猪肉中氨基酸含量最高，微量元素最高，脂肪含量最低，猪肠最长，猪皮最薄，口味Q弹爽嫩的独特品质。

定结鸡爪谷定结鸡爪谷又叫龙爪稷，它还有很多别名：龙爪粟、鸭足稗、非洲黍，是一种热带耐旱谷类作物。书禾本科，草木属。有很长的栽培历史。在定结，鸡爪谷多分布在海拔2500米以下的暖湿地带。谷秆高1米左右，叶鞘有脊，叶片较宽，穗状花絮3枚–9枚，乘指状排列于茎顶，常作弓状弯曲，形似鸡爪。定结鸡爪谷种子很小，直径1毫米–1.8毫米，圆球状，深棕色。主产区在定结县南部陈塘镇，陈塘镇地处喜马拉雅山主脊南翼峡谷，是印度洋暖湿气流北上高原的重要通道。典型的亚热带热带雨林气候，为鸡爪谷的种植提供了适宜的环境。很早以前，鸡爪谷就是夏尔巴的主食了，将鸡爪谷脱粒、晒干、磨成细粉，放入烧开的水中稍煮一下，然后反复搅拌成面团，煮熟后即可食用。

定结藏雪鸡定结藏雪鸡是定结县特有的畜禽产品，在该县养殖历史悠久，结藏雪鸡体长约60CM左右，体重在1.5–2.0千克之间。通体以灰褐色为主，上体两翅膀羽毛均杂以黄、灰和黑色，余部灰白色，两翅各有一块白斑。胸部和腹部暗灰色，杂以红棕色醋纹。嘴紫褐色，趾橙红色的独特品质。

定结藏雪鸡蛋定结藏雪鸡蛋壳白色较厚、表面较粗糙、单个重70–100克，蛋黄颜色较深，蛋白透亮浓稠，微量元素含量丰富。藏雪鸡品质优良，市场用量大，产品供不应求，目前全县共计约有定结藏雪鸡约2万于只，鸡蛋年产量大约450吨左右。定结藏雪鸡养殖已成该县农业发展的主导产业之一，该县县委、县政府高度重视，已修建标准化定结藏雪鸡养殖示范点3个，鸡舍面积达5000余平方米。

陈塘黑金耳陈塘黑金耳是定结县特有的农牧产品，生长于雪域高原高寒地区，珍贵纯净。其外形酷似木耳，直径在8mm-15mm之间，高原光照、水分、温度有利于定结黑金耳的生长发育，使其具有了色泽莹黑，肉质肥厚鲜嫩，营养丰富的特定品质。

【小城镇建设】 按照“一城两镇”发展思路，定结县已初步形成了以县城所在地江嘎镇为中心，以日屋镇、陈塘镇等乡镇为辐射带动的小城镇建设格局。完成了县城总体规划和10乡镇控制性详细规划，有计划有步骤地实施市政道路改扩建、市政给排水、市政美化亮化工程，城镇功能逐步完善，县城承载力得到提升，初步形成了“四纵四横”“一环”达7公里的县城路网体系。完成总投资15479.78万元的公租房、1014套周转户新（续）建项目，投资3439.49万元的826户棚户区（危房）改建建设项目。审核发放126户150人的租赁住房补贴45.9万元。江嘎镇特色小城镇建设全面启动，涉及部分公房除险加固、避难场所建设、迎宾路延伸、八一林卡路延伸、日屋路延伸、环城南路、环城西路、外环路建设、萨陈路恢复整治、市政道路人行彩砖恢复整治等项目全面开工建设，累计完成投资3600万元。

【深化改革】 一是推进“营改增”和商事制度改革，完成“营改增”上线推广环境布置及系统升级工作，全县“营改增”工作顺利上线。“五证合一、一照一码”正式启动，非公经济蓬勃发展，新增市场主体137户657人，注册资金16524.81万元。二是推进政府机构改革和事业单位人事制度改革，重新调整并确定23个政府部门职能，根据28个县直部门的职责范围，网上公布了3429项权力清单。三是开展了项目建设领域突出问题专项整治行动，重点整治在垄断建材、擅自涨价、哄抬运费等方面影响项目建设推进的问题，发展环境进一步优化。四是积极推进工资审批制度改革、医疗保险制度改革、户籍制度改革、医疗体制改革、信访制度改革、纪律检查体制改革等工作，取得初步成效。

【党的建设】 一是顺利完成了县乡换届。选举产生新一届县乡领导班子，在保证乡（镇）党政正职“一藏一汉”的配备基础上，增加了乡镇领导汉族比例，全年调整提拔乡科级干部68人，选派20名优秀干部任乡镇专职副书记和组宣委员，实现了乡镇党委副书记和组宣委员的全覆盖。二是基层组织建设进一步加强。扎实开展机关党建、强基础惠民生、基层党建“结对帮扶”等工作，基层组织的凝聚力、战斗力明显增强，陈塘镇党委荣获全区先进基层党组织，配备行政村村党支部第一书记62名。三是强化党风廉洁建设和反腐倡廉工作。全面落实中央“八项规定”和区党委“约法十章”“九项要求”，认真落实“两个责任”“一岗双责”，党风政风民风持续好转。四是坚持民主集中制，严肃党内政治生活。制定《定结县党政机关重大事项请示报告制度（试行）》《定结县乡（镇）党委政府议事规则》等相关制度。五是“两学一做”学习教育和“讲学习、讲忠诚、正风纪、转作风、提效能”主题活动顺利开展。全县各级党组织开展专题学习188次，县级干部讲党课67次，科级干部讲党课86次，完成“两学一做”四个专题研讨。六是“两个会议”精神学习宣传深入开展。通过包乡（镇）县领导深入基层宣讲、驻村工作队入户宣讲、组织机关干部职工举行红歌比赛、开展“五下乡”活动等形式，深入学习贯彻十八届六中全会、自治区第九次党代会精神，确保会议精神家喻户晓。

吉林省长春市第五、六批援藏干部与县四套班子合影

【抗震救灾】 2016年5月22日9时32分，定结县（北纬28.31度，东经87.62度）发生4.1级地震，震

源深度6千米。9时48分，定结县（北纬28.36度，东经87.60度）发生5.3级地震，震源深度10千米。地震造成部分民房、公用设施建筑轻度裂缝，道路、电力、通讯等设施设备运转良好，未造成人员伤亡。市政府副市长巴桑率领市交通局、民政局、住建局、应急办、地震局、中国铁塔公司西藏分公司传输局日喀则分局等单位赶赴定结实地调研、指导抗震救灾工作，自治区地震局、日喀则武警交通部队、日喀则武警水电部队也在第一时间赶赴定结帮助抗震救灾工作。

仁布县

【概况】 仁布县位于西藏南部腹心河谷地带，日喀则市东部，介于东经89° 45′ ~90° 22′ ，北纬29° 02′ ~29° 30′ 之间。东倚浪卡子，南邻江孜，西接日喀则和南木林，北望尼木，扼前后藏咽喉要道，历来都是藏区重镇，有后藏东大门之称；全县东西长约66公里、南北宽约42.5公里，国土总面积2124.11平方公里，占日喀则地区总面积的1.17%。仁布县地貌奇特，山势陡峭，多为断崖绝壁；境内山高谷深，沟壑纵横，地质构造复杂，属藏南温带半干旱高原季风气候区。境内河流、湖泊众多，河流两岸土地肥沃，是全县重要的粮食产地，也是农牧民聚居地。过境雅鲁藏布江和发源于乃钦康桑雪山的门曲河，水资源蕴藏丰富；仁布县地理位置优越，交通十分便利，全县交通便利，318国道、拉日铁路穿境而过，乡镇公路已形成县域网格。全县气候温和，较为宜居，县域驻地海拔3780米。全县辖8乡1镇、73个行政村。

仁布县是一个以农为主，牧副兼顾的县，土壤质地主要由壤土、砂壤土、砂土、粘土等类型，农业耕地土壤以壤土和砂壤土为主，主要种植青稞、小麦、豌豆、油菜、土豆等农作物和蔬菜等。全县初步形成矿产品、建筑业、农畜产品、民族手工业、旅游业等新兴产业，2016年全县实现地区生产总值5.07亿元，同比增长10%。地方一般公共财政预算收入完成3004.3万元，同比增长46%。全社会固定资产投资完成7.27亿元，同比增长20.2%。社会消费品零售总额达1.24亿元，同比增长91%。农牧民人均可支配收入达到6589.4元，同比增长9.5%。各项税收达2716万元，同比增长75.56%。金融机构各类存贷款额达7.07亿元。

“仁布”藏语意思为“聚宝盆”，境内矿产资源丰富，现已探明的有铬铁、铅、锌、大理石、玉石等，其中玉器以其独特的光泽和品质享誉区内外。同时还有许多珍贵的野生动物和名贵药材。仁布名胜古迹、神山圣湖很多，有闻名全藏的强钦寺，有能遇见未来雍泽律神湖、帕当“卡热”圣山等。仁布江嘎尔藏戏属西藏四大著名藏戏流派之一，以雄浑、醇雄、苍劲的色钦喇嘛藏戏唱腔著称，现已列入国家非物质文化遗产。

【党建工作】 年内，共发展党员153人。成立仁布县私营协会党委，下辖6个党支部。在合作社内部成立合作社党支部共11个。开展“藏汉”双语培训班，对机关党员、农牧民党员等2000余人次进行培训。开展“万名村（居）干部文化素质提升工程”，投入专项资金120万元，共开展村干部文化素质提升教育培训5期、培训381人次。开展无职党员设岗定责活动，为1500名无职党员设立了思想政治、公共事务、经济发展、社会监督四大类，党务、村务监督岗、农牧服务岗、财务监督岗、社会治安维护岗等11个涵盖农村经济社会发展的岗位。推行党员公开承诺，1922名党员面向群众做出公开承诺，承诺事项4317件，已兑现承诺3000余件。落实2015年村“两委”班子考核激励资金154.78万元；将村级党组织运行摸底与“后进”村、发挥作用不明显村干部整顿相结合，采取干部包村、强化教育等措施开展对4个软弱涣散村级党组织和1名发挥作用不明显的村干部整顿工作。打造查巴乡吾米村和查巴村2个村级活动场所示范点，引领带动全县村级党务活动开展，计划每年投入资金800万元实施2个村级活动场所标准化建设。

【廉洁建设】 2016年，县委常委会议先后5次研究部署全县党风廉政建设和反腐败工作，8次研究讨论案件查办工作。组织全县9个乡镇、47个县直机关事业单位、73个行政村驻村工作队员共700余名党员干部职工开展《中国共产党廉洁自律准则》《中国共产党纪律处分条例》考试。利用网信、微信以及移动通讯短信、彩信宣传换届政策法规和换届纪律信息21条，悬挂换届纪律漫画26幅，发放宣传资料5000余份。在县城主要街道和各乡镇政府驻地设立县纪委换届举报箱28个，责成各乡镇纪委在所辖各行政村设立举报信箱73个，期间县纪委检查举报箱128次；牵头成立9个县乡领导班子换届风气督查小组，开展换届风气监督检查50余次；严格按照“十严防”要求，认真做好228名党代表、95名人大代表、87名政协委员进行资格审查，及时取消2名不符合党代表条件的代表资格。深入酒店、餐厅、农家乐、旅游景点开展明查暗访，对遵守八项规定精神，严守区纪委“十项严禁”情况检查17次，畅通监督渠道。对全县110辆公务用车进行公车标识喷涂工作，对违反中央八项规定、违反工作纪律的党员干部通报2起6人。县纪委监察局共收到问题线索9件，其中市纪委转办3件，单位受理6件。截至年底，了结处理7件，立案审查2件，结案率达100%。收缴违纪款上交国库113131元；进行批评教育4人、开展谈话函询1人、诫勉谈话1人、给予党纪政纪处分1人，对4名干部不廉洁行为予以全县通报。举办纪检监察业务培训班2期，培训纪检业务人员120人次，采取跟班学习方式，培训乡镇纪检机关干部11人，采取选派方式，推荐外出学习16人。

【农牧业】 2016年，农业产值实现7958.7万元，同比增长42.22%，林业产值实现101.34万元，同比增长47.4%；农林牧渔服务业产值实现1101.26万元，同比增长0.36%。全年粮油总产量3076万斤；蔬菜总产量936.8万斤，饲草总产量606.6万斤，粮、经、饲种植比例调整为79.6：16.9：3.5。开工建设帕当乡、查巴乡、康雄乡12000亩高标准基本农田。引进推广“藏青2000”“喜拉22号”高产脱毒马铃薯等良种种植，种植面积达4.25万亩。全年新生仔畜27267头（只、匹），出栏39020头（只），牲畜免疫率达100%。实施“娟姗牛”人工冻配奶牛改良工程，全年改良奶牛512头。全年劳务输出26787人次，创收8294.16万元。康雄乡亚德细褐羊毛制品基地荣获全国科普示范基地奖，普松乡白仲村筘子制作技术示范基地和切洼乡普纳村蔬菜种植示范基地荣获自治区科普示范基地奖，仁布县被评为2016—2020年全国首批科普示范县，6名群众被评为“科普惠农兴村计划”农村科普带头人。

【教育事业】 仁布县有义务教育阶段学校10所，其中初中1所，在校学生1214人，初中适龄少年毛入学率达104%，巩固率达99.6%；小学9所，在校学生3091人，小学入学率100%，巩固率100。有县级幼儿园1所，乡镇附设幼儿园6所，村级学前点57个，全县学前在园人数1007人，学前教育覆盖全县71.6%的行政村，学前两年入园率88.54%，学前三年入园率69.09%。全县专任教师362人，其中初中专任教师117人、小学专任教师207人，教师学历合格率100%。制定《仁布县推进县域义务教育均衡发展工作方案》，出台《留守儿童、三类残疾和失亲儿童关爱工作意见》《进城务工人员随迁子女平等接受义务教育办法》《仁布县中小学布局规划》《中小学校长、教师轮岗交流工作方案》《学校精细化管理工作要求》。举办仁布县教育系统庆祝建党95周年文艺汇演暨“两学一做”学习教育主题演讲比赛2016年教育系统接收正式党员11人，预备党员19人，积极分子15人。目前教育系统党员教职工人数达到265人，占全县教职工人数的76.8%。2016年，全年教育投入3000万元2016年，仁布县内地西藏班考试，12名学生被录取到内地西藏班，内地西藏班上线率在全市排名第六。中考卷面成绩600分以上有1名学生，500分以上有24名学生。有62名学生录取到了区内外重点高中，有164名学生录取到了普通高中，有122名学生录取到了区内外中等职业学校。2016年9月28日，仁布县顺利通过义务教育基本均衡国家督导评估。

【医疗卫生】 全年大病统筹基金支出达839.08万元，门诊统筹基金支出达6.51万元。全年完成城乡居民物理体检34494人，基础疫苗接种率和国家扩大免疫疫苗接种率分别达99%以上和98%以上。藏医特色科室建设取得显著成效，切洼乡卫生院成功研制了藏药药浴“五味甘露”治疗法。计划生育各项优惠政策有效落实，“三项扶助”资金力度不断加大。对口援藏省市医疗单位捐赠药品和医疗器械价值达61万元。全年城镇居民、职工参加“五大保险”人数达24390人次，征缴基金达2302.34万元。

【文化事业】 文化“五下乡”活动有效开展；“村村通”“户户通”覆盖率达98.8%。完成全县文物普查巡查和资料收集整理工作；喇嘛玛尼新入选自治区级非物质文化遗产。

【社会保障】 完成危房改造82户，拨付补助资金123.39万元；争取农村危房改造项目294户，补助资金达441万。发放城镇、农村低保资金总额达479.4万元，发放困难家庭医疗救助资金247.32万元，发放特殊困难群众临时救助资金108.08万元，兑现低保家庭高龄老人等特殊人群补贴资金总额达208.33万元。“五保供养”标准由每人每年4400元提高至4740元。孤儿集中收养和流浪乞讨人员教育帮扶工作得到加强；儿童妇女工作上台阶；有效服务军队和支持国防建设。

【旅游业】 挂牌成立西藏仁布神湖旅游开发有限责任公司。“雍泽绿观相湖”景区游客服务中心完成终验，景区道路全线贯通。嘎布久嘎生态民俗旅游村顺利评为国家3A级旅游景区，游客服务中心主体建设及景区基础设施建设投入使用，仁布县旅游商品展销厅开张营业。圆满举办第五届江嘎尔藏戏文化旅游节，首届仁布玉女杯旅游形象大使大赛引起广泛关注。

【生态保护】 年内，有效推进环境保护网格化管理，严格环评项目审批，大力开展砂石厂整治，增强企业环保意识。完成仁布村、江新村、祥巴村、萨达村、孔培村等5个行政村自治区级生态村创建工作。有效实施门曲河源头治理工程、农村饮用水水源地保护项目、县域自来水厂水源地保护项目。大力实施薪材替代、太阳灶工程，提高农牧民家庭生活能源薪材替代率。大力开展植树造林工程，完成拉日铁路仁布段、拉萨周边、防沙治沙封育等重点区域造林共计1519.84公顷。开展县城新区、单位院区、嘎布久嘎游客接待中心绿化工作，推进同江林卡基建改造升级。加强湿地保护，建成帕当乡孔培湿地公园。认真做好野生动物肇事补贴和生态公益林补偿工作，共计兑现资金326.7万元。落实草原保护政策，兑现草原生态保护补助奖励机制资金356.06万元，兑现草原监督员资金21.6万元。强化国土执法监察，全力推进矿产资源工作。

【维护稳定】 年内，有效推进安全生产工作，开展建筑施工领域等各类检查42次，查处各类安全隐患74处，下达整改指令53份，整改率达100%。全力做好食品药品安全工作，开展食品药品专项检查65次，督促整改150余条。全面加强源头管控，认真做好疫情防控工作。开展结核病等防治工作，加强学校等公共场所传染病防控。开展寺庙管理和僧尼服务工作，全力做好“128”接待服务工作，积极推进利寺惠僧政策落实。评选表彰县级和谐模范寺庙12座、爱国守法先进僧尼237名，市级和谐模范寺庙4座、爱国守法先进僧尼130名。有效贯彻自治区十项维稳措施，全面推进城镇网格化管理，全面加强各类矛盾调解化解工作，围绕“10+2”任务，有效开展“先进双联户”评选创建活动，促进社会治理。全面落实铁路护路联防工作各项机制，认真开展铁路护路联防工作。积极开展民族团结进步创建活动，切洼乡开发区成功申报民族团结进步示范点。全面加强流动人口和重点人员服务管理工作，切洼公安一级检查站“过滤网”和“护城河”作用明显。

【项目建设】 年内，仁布县共实施项目162个，续建项目16个，新建项目共72个，计划外项目74个，投资总额为14.88亿元；积极与张氏企业洽谈查巴乡觉布门曲天然饮用水开发项目；加快推进6条市政道路整治改造和5条市政道路新建工作；规划完善仁布新区布局，推进仁布商贸新城、给排水等市政基础设施、藏医院、综合文体中心、广播影视服务中心等项目建设；着力打造查巴、康雄小城镇建设示范点，且已初具规模。争取到特色村镇、整村推进项目共8个，总投资5107.2万元，2016年度目标任务为3047万元，目标完成率为总投资的60%。上报完成投资3100万元，完成率为101.7%。查巴乡吾米村整村推进项目完成100%，帕当乡孔培村防洪堤坝项目完成100%，七座寺庙维修项目完成94%，帕当乡萨达村整村推进项目完成60%，德吉林镇特色小城镇建设项目完成50%。

完成县城总规修编和9个乡镇小城镇建设总体规划，启动城市景观风貌规划编制工作，全面推进老城区市政基础设施改造，新区布局加快建设。建成新区防洪堤工程，启动新区神湖路、环山路建设。续建公租房100套，开工建设120套。完成县直周转房建设48套，续建乡镇干部职工周转房378套。以拍卖和挂牌方式完成县城新区商业街两批次土地出让工作，共出让土地25宗，面积达22239.68平方米，成交价1896万元，已交保证金485万元。积极开展县城机关事业单位环卫分片包街工作制，有效推进县城净化美化。德吉林镇、查巴乡被列为全国重点乡镇，康雄乡茶村被列为全区唯一的全国散居型试点村庄。

【精准扶贫工作】 2016年，实施“九个一批”工程实现297户1582人脱贫。开工建设产业扶贫项目7个，带动106户496人创业增收；开工建设易地搬迁项目380户，拨付资金6063.87万元；开工建设德吉林镇特色小城镇等5个灾后重建项目，完成投资3100万元；开展“订单式”培训，培训人数达240人，创收143万元；全年实现生态脱贫896人，完成计划的191%；全县社会兜底保障达362户1279人；1851名干部职工结对帮扶建档立卡户2317户，送出慰问金共计125.45万元；8家企业与24个重点贫困村建立帮扶机制，实施项目8个，带动20人就业；建立扶贫援藏机制1项、就业扶贫援藏1项、培训建档立卡贫困人口23人。

【援藏工作】 7月6日，哈尔滨市第六批10名援藏干部接过哈尔滨市第五批援藏干部的接力棒，援藏代表团走遍了仁布县8乡1镇的53个行政村，走访200余户，与联系点结对认亲，慰问贫困教师。在促进仁布建设发展、改善群众生活、维护社会稳定等方面取得了明显成效。9月7日—9日成功举办第五届江嘎尔藏戏文化节。积极参与部署“128”接待及安保任务，周宏坪、魏家宜被评为仁布县“128”活动先进个人。推动仁布公安民警与内地公安民警异地挂职交流，制定了3年内完成40名干警到内地学习计划。首批4名干警于11月2日组团到哈尔滨市进行为期十天的培训。

萨嘎县

【概况】 萨嘎县位于日喀则市西北部，东与昂仁县、聂拉木县接壤，南与吉隆县和尼泊尔共和国为邻，西与仲巴县、北与阿里地区措勤县相望。地理坐标为北纬28° 80′ —29° 80′ 、东经84° —86.3° 之间。全县平均海拔4600米以上，县城海拔4513米。萨嘎县地貌类型属高原山地类，地势由北向东倾斜，西北有岗底斯山脉，南面有喜马拉雅山脉。全县水资源丰富，有大小河道上千条，主要河流有10余条，总长计5000公里，水能资源蕴藏量均为90万千瓦，流量约300亿立方米，河网密度约为0.2公里/平方公里。萨嘎县海拔高，自然环境特殊，气候恶劣，高寒严酷，属内陆干燥高寒气候。年平均气温在—3℃，农区无霜期为120天、牧区为90天，无绝对无霜期，全县日照时间长，辐射强度大，年平均日招数一般在3000小时至3400小时，日照率达70%至80%，辐射总量达180千卡/平方厘米至200千卡/平方厘米，旱季与雨季分明，雨季基本集中在7、8月，年降水量在200毫米左右。境内主要有求吾琼山、伦布岗日山、强拉山等众多高山。境内219国道贯穿全县东西，县城驻地加加镇距日喀则市约450公里，距拉萨市约720公里，是往来拉萨和阿里重要节点，具有重要的政治、经济、军事和交通地位。萨嘎县下辖7乡1镇，即昌果乡、拉藏乡、如角乡、达吉岭乡、雄如乡、旦嘎乡、夏如乡和加加镇（其中昌果乡、拉藏乡、雄如乡为边境乡），共38个行政村，4493户。全县总人口为15741人，其中农村人口13742人，人口出生率22.8‰，自然生产率19.6‰。地域面积约为1.24万平方公里，主要以畜牧产业为主，农业包括青稞、小麦、油菜作物，畜牧业包括风干牛肉、奶渣、酥油、酥油糕等。农作物播种面积7839.3亩。其中粮食作物6183.3亩、经济作物1064亩（油料作物449亩，蔬菜播种面积615亩）、饲草料作物592亩。萨嘎县天然草场1297.75万亩，可利用草地面积1257.51万亩。高寒草甸草原亚类草原面积1533105亩，占全县可利用草场面积的12%，其中可利用草场面积1502415.3亩，占全县可利用草场面积的12%。高寒草原亚类草原面积6311122.5亩，占全县草场面积的49%，其中可利用草场面积6082987.9亩，占全县可利用草场面积的49%。高寒草甸草场4604405.7亩，占全县草场面积的35.89%，其中可利用草场面积4501872.2亩，占全县可利用草场面积的36.2%。低地高寒沼泽化草甸亚类草场面积377250亩，占全县草场面积的2.9%，全县森林面积116万亩（主要树种为爬地松），耕地面积7142.45亩，平均亩产粮食426.2斤。动物资源主要有野牦牛、野驴、黄羊等；水产资源：萨嘎县查明的鱼类有铲齿裂腹鱼、双须重唇鱼、裸裂尾鱼、斑切胸鱼等；植物资源有爬地松、雪莲花等。县境内自然资源丰富，矿产资源有铁、钢、铅、金、硝、硫磺、花岗石、水晶石、碳石等。截止2016年12月，所有矿点密藏地下，尚未开发利用，许多矿种有待进一步勘探。萨嘎县旦嘎乡磨刀石在旧社会就驰名卫藏，矿点在擦角拉山西处，储量不大，交通不畅，只有民间以人工少量开采，无加工习惯。萨嘎县主要旅游资源有如角雪山位于县城北部约60公里，素有“小岗仁波钦山”之美名，以其陡、峻、险、奇而饮誉区内外，其山脚下方圆20平方公里内分布着10余个大小湖泊，有6处地热温泉，主要分布在如角、卡古、嘎学、达孜、康来等地，其中如角温泉尤为出名，位于平顶山头上，形如碗口，泉池面积约有30平方米，热气冲天，大团气雾犹如白色烟雾，映衬着蓝天，景色极为玄妙，当地群众用以洗浴，重要的是用以医治常见性顽固症，如胃病、皮肤病、关节炎等，疗效颇佳，有不少外地游人不辞辛苦慕名而来。萨嘎县特色产品主要有“萨嘎奶糕”“门曲奶渣”“雄如羊毛被”“旦嘎藏刀”“如角妇女手工艺品”和“拉亚妇女编制品”等。

2016年，完成生产总值3.69亿元。同比增产16%。其中，第一生产完成0.64亿元，同比增长7.8%；第二生产完成1.87亿元，同比增长5.0%；第三生产完成1.18亿元，同比增长26.93%。全社会固定资产投资5.33亿元，同比增长62.13%。2016年，中国邮政集团公司西藏自治区萨嘎县分公司各项存款达到232万元，同比增长28.18%；邮政金融总收入达256万元，同比净增46%。完成电信业务总量1235.17万元，固定电话用户315户，使用率100%，移动电话用户12961户，使用率90.5%，互联网用户866户。社会消费品零售总额达到1.24亿元，同比增长91%。财政一般预算支出完成97881.43万元，比上年决算支出增加44944.25万元，同比增长85%。年末全县金融机构各项存款余额达到87380万元，金融贷款余额为29030万元。全年农村居民人均可支配收入达到8130元，同比增长32.6%。全县共有9个宗教活动场所，其中5座寺庙、2个拉康、2个日追，僧人定编为75名，现实有僧人46名。

【党建工作】 建立健全《县委议事规则》等12项规章制度。在2016年度县乡换届中交流36名干部，选配15名汉族干部到乡镇任职，配备“三类人员”共21人。以突出精准扶贫、“两学一做”、换届、发展党员工作等课题为重点，共举办各类培训65场次。全年共发展党员106名，其中农牧民党员54个，有“双带”能力的占80%；10名失联党员取得了联系，规范管理流动党员10名，处置6名不合格党员，追缴党费2万余元。完成8个乡镇、92个机关和企事业、非公党组织换届工作。对全县村级组织重新分类定级，制定“一村一策”，萨嘎县4个较差村村实现晋位升级。认真落实村干部文化素质提升工程，举办为期10天的集中培训班。总投资2099.48万元实施加杰村、达琼村等8个村级活动场建设项目。配套100万元资金，落实好村干部报酬待遇，以村正职900元、副职500元标准为村干部统一购买养老保险；出资35万元，落实村民监督委员会激励待遇；统一制发《萨嘎县村干部考勤登记表》，群众满意率高达89%。投入200多万元资金，大力实施“一乡一品”“一村一特”。运用“支部+合作社”“支部+贫困党员”“支部+贫困户”等模式，壮大如角乡擦让村业余编织合作社、夏如乡拉亚村妇女编织合作社、昌果乡统购统销等村集体经济；2016年村集体经济累计收入达78万元，解决就业45人。认真开展机构编制工作，新组建卫生和计划生育委员会、文化新闻出版广电局、统计局等机构；推行政府工作部门权责清单，县权责清单事项由原来的1719项增加到3464项；落实老干部工作，积极发挥老干部余热作用。

【廉洁建设】 签订《2016年党风廉政建设和反腐败责任制工作目标责任书》83份；召开党风廉政建设责任制工作专题会议4次，反腐败工作领导协调小组召开反腐倡廉专题内会议2次。县纪委从党纪、政纪、“四风”等9个方面进行谈话人数达到116人。制定下发了《中共萨嘎县纪委谈话函询办法（试行）》《中共萨嘎县纪委诫勉谈话办法（试行）》《乡镇纪检监察信息考核办法》等各项规章制度；完成了萨嘎县42个党政机关、企事业单位114辆公务用车的统一标识工作；制定和完善了委、局周例会、月例会和7乡1镇纪检干部请销假制度等。对12名违纪同志进行了谈话并给予批评教育和党内警告。开展廉政文化教育，发放家庭助廉读本54本，签订了44份家属承诺书。清理、取消或退出议事协调机构51个，保留10个。对7乡1镇进行财务专项检查，对专存在问题的加加镇、如角乡通报批评。认真处理信访案件，发现问题线索2起，办结市纪检信访室转办信访件1件，协助市纪委办理2起违纪案件。认真开展监督执纪纠风工作，明察暗访发生在群众身边的“四风”问题和腐败问题线索情况3次，开展挪用公款和对遵守中央八项规定情况专项检查7次，对全县驻村、驻寺严格遵守工作纪律和节假日维稳值班、维稳纪律值班带班专项督导检查13次。催收行政单位部分未能收回的房租租金30.8万元，收回违反财经纪律、违规使用鼠害治理专项资金51.36万元。

【农牧业】 2016年全县济作物1064亩（油料作物449亩，蔬菜播种面积615亩）、饲草料作物592亩。粮、经、饲三元种植比例为79：13：8；推广良种2200亩；粮食作物产量1312.75吨、油料作物产量106.15吨、蔬菜作物产量600吨，同比分别增长22%、4.5%、14%；；农业生产共投入化肥89.3吨，其中二铵36.6吨，尿素52.7吨，农家肥施用量达到了96驮。2016年全县牲畜存栏总数为179447头（只、匹）；牲畜出栏数为78273头（只、匹）；新生仔畜数为74897头（只、匹）；成活数67623头（只、匹）；成畜死亡3505头（匹），成畜死亡率控制在1.9%，同比下降0.5个百分点；牲畜短期育肥9500只；活羊出口数2000只。肉产量

1742.64吨；奶产量1781.96吨。

防抗灾工作2016年共调运防抗灾饲草料468吨；新修、维修棚圈1175余座；采购19万左右的类兽用药品；积极应对冰雹及强降雨自然天气灾害，解决化肥5.08吨分配到各受灾户手中。

防疫免疫工作针对2016年西藏自治区发生的A、O型口蹄疫疫情，萨嘎县农牧局安排专人在G219沿线22道班和拉藏、昌果两乡设卡消毒，对过往车辆进行消毒检查；春季免疫应免牲畜177434（头、只），实际免疫176742（头、只），免疫密度均达到99.6%；全县小反刍疫病免疫疫应免牲畜174603只，实际免疫174603只，免疫密度均达到100%；秋季免疫，应免牲畜176878头（只），实免牲畜176878头（只），实免率达100%。

专技培训2016年萨嘎县开展了“农业科普病虫害防治”、农牧业科技下乡培训、基本草原划定、乡（镇）兽防人员及村级防疫员培训和农业实用技术、种养殖培训等活动，举办县级培训班2期，实地培训及各类业务培训20期，发放资料3000余份；通过各种方式培训农牧民8000人左右。

草奖工作2016年3月萨嘎县顺利通过2015年草原生态保护补助奖励机制工作区级终验。截至年底，萨嘎县向群众兑现草原生态保护补助奖励机制资金3130.95万元。2016年已落实草原生态监督员岗位882人。

【教育事业】 2016年，全县幼儿园在园人数339人；城镇学前三年毛入园率达70.1%，农牧区学前两年毛入园率达51.4%；小学适龄儿童入学率达99.2%，小学毛入学率达108.4%；初中适龄儿童入学率达97.2%，初中毛入学率达98.3%；义务教育阶段巩固率达98.9%。县本级财政经费预算257.4万元，其他教育投入达到224万元。县教育局制定萨嘎甲谐、珞谐、藏汉敬语、传统绘画（唐卡）、萨迦格言等独具特色的校本教材，完成传统文化进学校、进教材、进课堂工作。县政府补贴三类的乡村教师生活补助13.32万元；班主任津贴由原来的每生2元提高到每生6元，超课补贴由原来的5元提高到10元；设立50万元专项教育奖励资金，表彰一批优秀毕业生、优秀教师、优秀班主任和优秀教育工作者；开展城乡结对、城乡教师交流工作机制，选派业务能力及责任心较强的教师到基层实施交流支教工程，对表现优异的教师每月发生活补贴300元。加大薄弱学科攻坚力度，实行薄弱学科和教学工作县长、局长、校长一把手责任制。多举措促进教育均衡发展，将教育资源向偏远学校倾斜，制定《萨嘎县教职工交流锻炼实施细则》。

【医疗卫生】 2016年，全县农牧区合作医疗参合人数达到13375人，参合率达到98.1%；农牧民医疗县级配套资金由原来2元/人/年提高到5元/人/年。落实《乡村服务一体化管理办法》，对全县77名村医在各乡镇卫生院进行轮训，村医报酬提高到每月1000元。组织开展基本公共卫生服务培训、免疫规划培训、重点传染病防治知识、妇幼技术人员等方面培训，参训人员104名；派遣医技人员24名到市、区级继续深造。开展包虫病筛查，分11批次将83名包虫病阳性患者送到北京进行手术治疗。兑现2016年计划生育三项扶助人员补贴131人，兑现扶助资金22.31万元；落实住院分娩补贴政策奖励资金40余万元，住院分娩率达到95%；为320名儿童实施儿童营养改善项目。完成1263名儿童的先心病筛查，发现疑似病例35人；完成僧尼健康体检44人，居民健康体检13433人，体检率98.5%。

【文化事业】 投入3.66万元开展为期25天的“甲谐进牧区”培训活动，共培训24人；开展“甲谐进校园”活动。争取“4·25”地震灾后文化重建经费10万元，维修文化基础设施设备。出台《萨嘎县文物保护实施办法》，完成第七批、第八批重点文物保护单位申报工作、更换自治区级非遗传承人1名、第二批自治区级非物质文化遗产项目传习基地申报等工作。开展文化市场“扫黄打非”专项治理整顿18次，查处上网人实名登记不规范不详细1家次、悬挂未成年人禁止入内标志1家次。

【社会保障】 全县劳务输出完成6238人、7481人次，完成目标任务分别为103.9%、115%，劳务创收2030.824万元，任务完成率106.5%。城镇登记失业率2.1%。实施技能培训267人，培训合格率达到96%以上，投入培训资金达到79.05万元。五大保险应保尽保，截至年底，城乡居民养老保险实际参保人数为8946人，参保率达100%。城乡最低生活保障累计为255户544人城镇低保对象，发放低保金79.78万元；为705户2354人农村低保对象，发放低保金161.58万元；为120名“五保”对象，发放五保资金56.88万元；城乡医疗救助745人次，累计支出救助资金83.83万元。人社部门共接待来信来访投诉案件8起，涉及劳动者53人，涉及金额约80多万元；主动检查各类用人单位38户，涉及劳动者900余人，限期整改指令书3份；共征缴32家工程承建企业民工工资保证金额450.32万元；共退还11家工程承建企业民工工资保证金276.1万元。

【旅游业】 萨嘎县旅游服务中心已投入使用。对县域内旅游市场经营、旅游服务质量、旅游餐饮安全等进行联合执法检查6次。全年接待旅游13.98万人次，实现旅游总收入601.68万元，同比分别增长394.78%、127.09%。边境贸易平稳恢复，进出口总额实现8910多万元，同比增长26%。

【生态保护】 加大环保宣传力度，严格查办环境违法行为，审批建设项目环境影响评价登记表81项，出具环评证明7件；检查采砂点、加油站、水泥制品厂等企业环评措施落实情况10余次，累计对雄如乡布扎村扶贫施工队、萨嘎县旦嘎乡农牧民施工队、云南白邑建筑工程有限公司等企业（项目）下达限期整改通知书11份，环境信访案件处置率达100%；对有环境违法行为的行业（企业）行政罚款4900元。聘请并协助四川省天晟环保股份有限公司完成了每年四个季度县城加加镇自来水厂、雅江县城段水质及县城空气的监测工作；2016年5月首次对县城娱乐场所开展了噪声监督性监测并对噪声超标企业负责人提出了整改要求；县城大气监测4项指标均达到《环境空气质量标准》（GB3838—2002）一级标准；加加镇自来水厂监测的22项指标全部达到Ⅰ类标准限值要求；雅鲁藏布江流经县城上游500米和下游1000米的23项检测指标除2016年第二季度溶解氧和总氮监测结果分别Ⅱ类和Ⅲ类水质标准以外，其余21项指标均达《地表水环境质量标准》（GB3838—2002）Ⅰ类标准。化学需氧量、氨氮、二氧化硫和氮氧化物排放总量分别控制在41.8吨、4.6吨、1.4吨和20.2吨范围内，查处查封关停县城万泰水泥制品厂燃煤10吨以下锅炉2台。2016年申报自治区级生态村2个、自治区级生态乡1个，2个村获得“自治区级生态村”命名。

【维护稳定】 县委、县政府坚持将政法、综治、维稳工作纳入全县经济社会发展总体规划和年度目标管理之中，制定了长期规划、年度计划和阶段性工作重点，并与经济工作同安排、同部署。落实工作责任，各级党政主要领导履行保一方平安、维护一方稳定的政治责任，定期研究全县政法、综治、维稳各项工作，解决突出问题，形成了主要领导亲自抓、分管领导具体抓、其他领导配合抓的齐抓共管工作格局。

【项目建设】 2016年全县开复工项目67个，计划投资5.6亿元，已完成投资5.33亿元，全社会固定资产投资同比增长62.13%；投资500万元以上的重大建设项目28个，分别占2016年投资总数的41.79%；2016年灾后重建项目20个，总投资30162万元，开复工14个，完成投资1.88亿元，724户民房重建任务基本完成，2个特色小城镇（加加镇、拉藏乡）、6个整村推进（达桑村、提吾卓纳村、达琼村、甲村、萨嘎村、溪果村）完成投资6454万元，占计划投资的73.17%，完成总投资的40—50%左右、寺庙维修加固工程已全部完成，其他灾后重建项目不同程度完成相关工作任务。2016年雅鲁藏布江源头国家级生态功能保护区（二期）建设工程（萨嘎区）建设项目，总投资1770.15万元，该项目主要包括故土废物防护、生态保护、生态恢复及社会发展工程；农村饮用水水源地环境保护工程项目，该项目总投资130万元。招商引资光伏电站项目，总投资48.4亿元，2016年计划投资1.3亿元，截至年底已完成投资5000万元，完成计划投资的71.1%。

【精准扶贫】 2016年共计完成214户、794人的脱贫任务，在指标基础上超额完成83户、341人，脱贫户全部达到脱贫标准，指标完成率达到163%，脱贫户年人均收入达到3600元。153户易地搬迁民房已全部开工，其中73户竣工，完工率达到47%，共拨付资金3466万元，资金拨付率达到99.3%；针对易地搬迁户制定了短期育肥、人工种草、蔬菜温室、扶贫物业楼等一系列产业项目，确保搬迁户搬的出、稳得住、有事做、能致富。完成2016—2020年的总投资13亿元的11个产业项目论证工作及前期设计及勘察工作，萨嘎新区扶贫物业楼、萨嘎县蔬菜大棚温室项目已于2016年9月开工，可帮扶贫困户71户、250人年人均增收1500元以上；实施6个短期育肥及借母还子项目，覆盖6个乡镇，投入资金424万元，实现年增收50余万元，帮扶建档立卡贫困户143户、544人，年户均经济效益达到3400元。完成培训及转移就业214人，完成率达156%；其中培训后就业68人，其他途径转移就业146人，超额完成年初既定的扶贫转移就业目标；实现84人享受教育脱贫政策，其中71人享受国家三包政策；7人考上中职院校享受国家贫困户减免政策；有6名大学生享受县政府教育奖励政策（即：区外本科每人5000元、区内本科3000元、区外专科3000元、区内专科2000元、城镇低保户和农牧民子女再此基础上增加1000元）；“萨嘎圆梦教育奖励基金”共募捐资金156.65万元，从2017年起建档立卡贫困户子女上大学逐步实现学费全包及生活得到补助；争取到3655个生态岗位，建档立卡生态岗位实现全覆盖；实施医疗救助97人。为53户、103人社保兜底对象发放口粮折合人民币66457元，发放保障金56.6万元，发放残疾人兜底补贴9600元。农行县支行面向74户建档立卡贫困户发放扶贫小额贴息贷款293万元，户均贷款达到4万元；组织干部群众、企事业单位、农牧民施工队全面开展“情系困难群体、帮扶贫困家庭”爱心捐助活动，筹集扶贫资金23万元。萨嘎县1068名干部、当地15家施工单位对836贫困户共开展帮扶活动1673次，平均每户开展2次慰问活动，帮扶物资折合人民币达到57万元。投入35万元特色民族手工业启动资金，实现了36名贫困妇女就地就近就业，实现年人均增收2000元。

【援藏工作】 做好第五批9名援藏干部的考核工作，如实、公正地评价援藏干部；在各级宣传媒体上广泛宣传了援藏工作成效和援藏干部先进事迹，展示援藏成果和援藏干部良好形象。2016年，第六批援藏计划实施萨嘎县加加镇加布村小康示范建设项目，新建50户民房、道路硬化、村委会等附属设施，项目总投资1200万元。

【“两学一做”学习教育】 制发“两学一做”实施方案，创新“三学”（即：下乡送学、驻村工作队督学、村官领学）自选载体，把学习教育内容细化量化，列出具体学习篇目，制定全年学习教育计划表、讲党课安排表和督导工作方案；向全县883名机关党员发放《党章》《准则》《条例》《萨嘎县基层党组织规范化建设工作手册》《中国共产党发展党员工作细则（藏汉双语版）》和“两学一做”学习教育笔记本等材料共10300余本；发放党徽883个；组织集体学习570余场次；制作宣传横幅45条，LED标语95条，宣传50场次，受教育干部群众达1万余人；对全县机关党员干部进行集中授课6场，讲党课22次；组织观看专题片《榜样》40余场次；佩戴党徽、亮明队旗、着好志愿服装，开展卫生大清扫、种树种草等丰富多彩的党员志愿服务活动；开展“讲学习、讲忠诚、正风纪、转作风、提效能”主题活动，全县党员干部和各支部聚焦自身存在的问题，分别列出整改任务1700、130余项，撰写对照检查材料、党性分析材料各760篇；县级领导以身作则，带头坚持“三会一课”，积极参加双重组织生活。

【创先争优强基础惠民生活动】 县38个驻村工作队、152名驻村队员宣讲党的十八届六中全会、中央第六次西藏工作座谈会、特别是习近平总书记系列重要讲话精神300余场次，参会群众28000余人次；宣讲区党委八届七次、八次全会精神、自治区十届人大四次会议、自治区政协十届四次会议精神、宣讲全区经济工作会议精神150余场次，参会群众1300余人次；宣讲中央扶贫开发工作会议精神、全区经济工作会议、扶贫开发工作会议精神200余场次，参会群众25000余人次；组织群众收听收看全国“两会”精神17000余人次，收听收看率达100%。办座谈会150余场次、上党课98场次，努力打造一支真真正正发自内心念党情、感党恩、听党话、跟党走的村级干部队伍；帮助村“两委”从明晰权责、规范程序、服务群众等方面制定34项制度，落实党务村务财务公开、村干部坐班和农牧民党员公开承诺践诺等制度规范化、常态化在38个行政村实现全覆盖；举办党员培训班（包括以会代训）98期，培训党员2000余人次，开展“两学一做”之学习党章及系列讲话培训会102场次；开展“村干部文化素质提升工程”培训1900余场次。建立健全维稳工作机制38条，召开维稳会178次，开展矛盾纠纷排查活动128次。帮助村“两委”理清发展思路96条，找准发展路子48个，制定完善经济发展规划62项；组织农牧民群众学习培训800余人次。累计开展感恩教育大会85场次，参会群众15000余人次。把3600多本优惠政策“明白卡”发放到每户群众手中。制定《萨嘎县强基惠民驻村工作目标责任书》，把“5+3”任务分解细化至22项70条具体任务，明确完成时限与责任主体。2016年，共开展巡回检查14次，考核2次，列出整改任务100余条，落实100余条。

【政务公开】 逐步健全完善政务公开工作机制，健全县、乡、村三级公示体系，健全完整的公示途径，完善重大事项的决策听证，充分利用电视、广播、《萨嘎动态》《萨嘎党建》、萨嘎发布（微信、微博）等各类媒体和县、乡、村三级公示栏及时准确公示政策性、管理性文件、规章、规定等和政府重大投资项目、招标采购等行政行为的程序和结果。2016年12月，主动公开政府信息数423条（其中，主动公开规范性文件103件，制发规范性文件总数273件）、《萨嘎动态》公开信息400条、萨嘎县政府新闻网公开政府信息数672条、新浪微博—萨嘎发布公开政府信息数70条、萨嘎发布（政务微信）公开政府信息数652条、其他方式公开政府信息数519条。

【民族团结宣传教育】 共印发了宣传单1100余份，宣传手册300份，宣读相关文件4份，在县城各街道悬挂横幅4条、制作宣传栏5个，营造了浓厚的民族团结氛围。2016年萨嘎县委、县政府表彰模范集体10个和模范个人15名，共发放表彰奖金11万元。

康马县

【概况】 康马县地处西藏自治区南部、日喀则市东南部、喜马拉雅山脉北麓，北纬28° 10 ' ~29° 90 '，东经89° 10′ ~90° 10′ 。南邻亚东县，西连岗巴县、白朗县，北靠江孜县，东与山南市浪卡子县相邻，东南与不丹王国接壤。东西宽60余公里，南北长100余公里，平均海拔4300米，县政府驻地康马镇距日喀则市136公里，G562国道南北贯通全境，是通往亚东仁青岗边贸市场的必经之路。属高原温带半干旱季风气候区，是一个典型的以高山牧业为主的半农半牧边境县。县境内年平均气温3.1℃，最热月为7月，平均气温10.8℃，最冷月为1月，平均气温为—6.4℃，极端最高气温24.6℃，极端最低气温—23.8℃，昼夜温差较大；日照时间长，年平均日照时间3187.3小时；年降水量130~360毫米；年平均风速2.7米/秒；冬季寒冷、风沙较大；夏秋温凉、天高气爽；空气稀薄、气候干燥，具有明显的高原气候特征。最高海拔是县境南部的喜马拉雅山脉，海拔在6000米以上，境内河流湖泊众多，水量比较充沛，水利资源丰富，水质普遍较好，湖泊有冲巴湖、多庆湖、白湖、美龙湖、色母湖；河流有康马河、康如河、涅如河。多样的地貌类型使自然景观有明显的地域差异和平面、垂直分布，气候、土壤、植被明显呈现垂直变化。

全县辖8乡1镇，即：南尼乡、少岗乡、雄章乡、康如乡、萨马达乡、嘎拉乡、涅如堆乡、涅如麦乡和康马镇（其中嘎拉乡、萨马达乡、涅如堆乡为边境乡），共47个行政村。总人口22916人，其中农村人口20495人，人口出生率15.43‰，自然增长率11.25‰。地域面积7452.59公顷，主要以农牧产业为主，农业包括青稞、油菜、豌豆、马铃薯作物，畜牧业包括牦牛、绵羊、山羊、马、驴。耕地面积3140.2公顷，粮食播种面积2239.39公顷，经济作物耕地面积0.91万亩。森林覆盖率2.03%，林地面积14765.338公顷。国家级野生保护动物有藏野驴、雪豹、岩羊、盘羊、水獭、麝、猞猁、狼、野兔、班头雁、鹰等，已探明矿产资源有金、银、铜、铁、铅、花岗岩、云母、大理石等，主要旅游景点南尼寺、藏扎寺均属AA级景区。

2016年完成生产总值48723万元，同比增长25.58%；其中第一产业完成9771万元，同比增长17.57%；第二产业完成18832万元，同比增长27.96%；第三产业完成20120万元，同比增长10.65%。全社会固定资产投资9.74亿元，完成邮政业务总量246191件，完成电信业务总量3905。固定电话用户400户；移动电话用户6500户，使用率78.5%；互联网用户113户。社会消费品零售总额6052万元。接待旅游1.029人次，实现旅游收入35.5725万元，同比增长35.425%。地方财政收入1844万元，同比增长53.92%；地方财政支出113702万元，同比增长83.97%。年末城乡居民储蓄存款余额15993万元。全年农村居民人均纯收入8297.7元，城镇登记失业率0.2%。截止年底，参加城镇失业保险742人，参加基本养老保险348人，城镇职工参加基本养老保险348人。参加城镇失业保新型农村合作医疗20384人，参合率100%。参加新型农村养老保险11645人，已领取养老保险待遇1787人。城镇居民中有295人得到政府最低生活保障金。

【农牧业】 2016年，全县农作物播种面积4.71万亩，粮食播种面积3.56万亩，粮食产量2245.5万斤。其中青稞播种面积3.2万亩，青稞产量1870.02万斤。经济作物播种面积0.91万亩，饲草播种面积0.24万亩，粮经饲比为75.6：19.3：5.1；全县新生仔畜91810（头、只、匹），新生仔畜存活率为97.75%；成畜死亡数为2430（头、只、匹），死亡率为1.4%。全年肉产量达1611.36吨，奶产量达3386.86吨。

2015年12月4日，康马县委书记李仁新（右二）在涅如堆乡检查草业建设

【精准扶贫】 2016年，康马县4408名贫困人口全部实现人均增收16%以上的目标，达到自治区3311元脱贫标准，全县贫困发生率控制在3%以下。其中，发展产业脱贫：充分利用康马县草业、石材优势、贫困村互助资金项目，通过2016年精准扶贫项目和历年产业项目收益进行分红，已向贫困户兑现了产业分红资金440.8万元，实现人均增收1000元；转移就业脱贫：贫困户技能培训人数达到610人次，实现就业143人，挂牌3个转移就业基地；易地搬迁脱贫：全面启动“十三五”易地扶贫搬迁352户1652人搬迁任务，已搬迁入住50户247人；医疗救助脱贫：全县新农合参保率达到100%，医疗救助对象报销比例达到

100%。组织开展了健康扶贫行动，对267名建档立卡贫困人口按人均500元标准进行了免费体检，并且根据体检结果制定了诊疗方案，防止了因病返贫问题；社会保障兜底脱贫：将建档立卡177名兜底对象全部列为兜底保障范围，全年落实243.15万元城乡低保资金；金融扶持脱贫：通过灾后重建、整村推进等资金渠道，为三个乡镇三个村的130户575人进行了灾后民房重建，充分改善贫困户住房条件，已顺利入住；发展教育脱贫：从县级财政预算中投入80万元建立康马县教育奖励资金，进一步完善贫困学生资助制度，对178名考上大学的康马籍农牧民子女（其中贫困子女32人）给予每人8000元至10000元不等的资助，对106名在校贫困大学生每人补助资金2000元。917，名义务教育阶段的学生实行了国家教育“三包”政策，顺利实现了教育脱贫一批；生态补偿脱贫：确定了2757个生态岗位，实现岗位就业全覆盖，人均增收3000元，兑现生态补偿资金1065.9万元。

县长扎西多布拉深入涅如麦乡，调研易地扶贫搬迁工作

【灾后重建】 2016年，康马县灾后恢复重建项目总投资近2.08亿元，共实施项目11个。“4.25”地震灾后恢复重建完成固定资产投资14069.45万元，民房重建494户全部动工建设，已完成建设和入住375户。

【项目建设】 2016年，全县计划内实施建设项目90个。其中，续建项目21个，总投资36157.3万元，所有续建项目已全部竣工；新建项目69个，总投资165593.76万元，2016年计划投资85273.03万元，已开工建设项目46个，截止2016年12月底，完成投资74329.01万元；新增38个，完成投资12557.313万元。

【维护稳定工作】 健全完善了《康马县社会稳定风险评估机制》《康马县重大活动安保机制》。开展边境武装巡逻、巡查，成功堵截企图非法出境人员1名。开展联合执法检查40余次，下发整改通知书20余份，排查整治各类交通安全隐患80余处，处理交通违法行为664起，纠正交通违规行为1459起，治理道路交通安全隐患15处，及时消除消防、道路、卫生等隐患34处。全年未发生重（特）大安全事故。共开展专项清查整治行动71次，整改安全隐患26处；开展枪爆物品清缴集中宣讲17次，入户宣传41次，有效消除了各类安全隐患。

【党建工作】 坚持理论中心组学习制度，坚持党建工作领导小组工作例会制度，定期听取汇报，研究分析问题。召开党建工作专题会议，对2016年全县基层党建工作作了全面安排部署，与县、乡、机关、村层层签订党建工作目标责任书，有力推进主体责任制落实；先后召开常委会10次，专题研究党建工作8次。听取组织部门、乡镇党委、县直机关工委负责同志专题汇报6次，约谈党组织书记34人次，进一步靠实党建责任；主动联系乡镇、学校、寺庙、村5个，联系贫困户4户，走访调研全县乡镇和村党支部12次，帮助解决实际困难25个，看望慰问困难党员23人次。组织党建工作领导深入检查指导5次，落实党建经费100万元，有效保障了党建工作的顺利开展，抓好“两学一做”学习教育，全县各党委（党组、党支部）制定实施方案102个，宣传方案12个，督查方案12个，学习计划102个，发放了“两学一做”藏汉双语学习笔记本2900余册，召开“两学一做”学习教育工作座谈会10次，县委理论中心组先后组织开展学习12次，开展专题讨论6次，27名县处级党员干部以普通党员的身份参加了所在支部的组织生活会。

【党风廉政建设】 2016年，共开展监督检查16

次，出动34人次，对47个行政村“两委”班子成员是否存在滥用职权、以权谋私、吃拿卡要、是否存在私营沙场欺行霸市等违规违纪行为开展检查，共发现共性问题8件，已整改8件。对各县直部门、乡镇“三公经费”、惠民资金、专项资金管理使用情况进行检查，对手续不齐、账目不清的5个县直部门个2个乡镇进行台账登记，并提出整改意见。并在节日期间通过微信公众平台发布廉洁过节公告，提醒干部职工在节日期间廉洁自律及注意事项。同时以短信的方式每周向全县干部职工发送廉政短信，全年共发送廉政短信53条，受教育党员干部12000余人次。共受理信访举报及问题线索13件（市纪委转办3件），了结9件（其中，下发函询5件），立案1件，正在核查3件，给予党纪处分2人，政纪处分3人、诫勉谈话6人、约谈13人。

【民生和社会事业】 教育事业 落实教育优先发展战略地位，保障教育投入，争取国家投资2320万元，本级财政投入资金1098.39万元，开工建设了康马镇中心小学塑胶运动场、县中学和康马镇小学教职工食堂等一批教育基建项目，办学条件进一步改善；严格落实教育惠民资金，共拨付“三包”经费935.35万元、营养改善经费208.03万元；结合本县实际，制定出台了《康马县义务教育均衡发展实施方案》《康马县教育工作三年行动计划（2015年—2018年）》《康马县关于深入推进教育均衡发展工作的实施意见》等教育工作长效机制；顺利通过义务教育均衡发展验收工作，6月份和10月份，康马县以优异的成绩分别通过了自治区和国家义务教育均衡发展验收。2016—2017学年，小学生应到2011人，实到2011人，初中学生应到850人，实到850人，小学和初中入学率及在校生巩固率达到100%。

文化事业 加大文化惠民、文化创作以及文化扶贫力度，2016年，县民间艺术团创作完成了14个新的文艺作品，荣获日喀则市第十四届珠峰文化旅游节文艺汇演一等奖；由县民间艺术团表演的相声《精准扶贫》在日喀则市脱贫攻坚“精准扶贫·圆梦日喀则”文艺汇演中荣获二等奖；大力宣传康马县脱贫攻坚各项工作成果，通过西藏新闻播出本县脱贫攻坚专题新闻4条，日喀则市电视台共采纳专题新闻8条，并在《西藏日报》《日喀则报》上刊登。

医疗卫生 2016年，全县参合农牧民20384人，参合率100%；全县新农合补偿人数34821人次，报销补偿728.69万元；全县计划免疫常规免疫应种3493人次，实种3493人次，接种率达100%；全县产妇353人、活产数351人，住院分娩人数347人、分娩率为98.86%，孕产妇死亡为“零”；5岁以下儿童死亡5人，死亡率为14.25‰。

【社会保障工作】 2016年，全县参加城镇失业保险742人，征缴基金140万元，基金征缴率为100%；城镇职工参加基本养老保险348人，参加城镇新型农村合作医疗20384人，参合率100%。参加新型农村养老保险11645人，已领取养老保险待遇1787人。城镇居民中有295人得到政府最低生活保障金；参加城镇职工基本医疗保险1552人（包括在职和退休人员），征缴基金1460万元，基金征缴率134%；参加城镇居民基本医疗保险640人，征缴基金32万元，基金征缴率103%；全县劳动力转移就业32663人次，21770人，转移就业收入突破8166万元；全年实现就业培训1061人次，培训合格率达100%，培训后就业率达90%，农牧区转移就业培训690人，培训合格率100%，培训后就业率达93%。

【生态保护工作】 造林绿化共植树造林1955.8亩（树种有北京杨、白榆、沙棘、当地树种等），其中重点区域公益林造林1795.8亩；义务植树160亩。

草原生态补助奖励机制年末牲畜存栏19.98万（折绵羊单位），低于核定载畜量22.04（折绵羊单位）。共兑现草奖资金1305.43万元。其中，禁牧资金420万元，草畜平衡奖励资金881.11万元、天然草原监督补助资金1.32万元。

环境保护与建设2016年，全县未发生任何饮水安全事故，无环保相关举报或投诉案件，县境内没有引进“三高”企业和项目，在全区74个县（区）环境保护考核中，康马县被评为优秀等级，奖励300万元。共投资34.3万元，对14个农村、7个生态村饮用水水质进行监测，对县城环境质量进行4次监测，根据监测报告，康马河水体水质达到《地表水环境质量标准》Ⅲ类以上，水质标准不低于上年，县城建成区空气质量达到二级以上；加强县城扬尘污染防治、油烟污染治理和燃煤锅炉整治，要求餐饮业安装油烟净化装置，已有11家餐饮业按要求安装了油烟净化装置；积极争取了年楚河源头生态功能保护区建设项目，涉及资金4000万元和康马县乡镇垃圾转运站建设项目，总投资4000万元。

【旅游业】 2016年，全县共接待游客1.029万人次（其中：香客0.657万人次、入住游客0.372万人次），实现旅游综合收入35.57万元（其中住宿收入30.6165万元）。6月29日，西藏自治区旅游发展委员会组织召开日喀则市康马县等七个边境县旅游发展规划终审会，同意通过《康马县旅游发展总体规划》（2012—2025年）评审。

【特色产业】 2016年，全县岗巴羊短期育肥数达12010只，出售10520只，总收入850.01万元，纯收入595.01万元。康如雄章酥油、萨玛达藏鸡和嘎姆果日糌粑分别实现销售收入125.1万元、15.32万元、31.07万元，少岗采石场纯收入达65万元。大力建设岗巴羊草牧业生产基地，在涅如堆、涅如麦、嘎拉等草业基地连片种植绿麦草和箭舌豌豆2.8万亩，其中涅如堆乡16000亩，涅如麦乡8000亩、嘎拉乡4000亩，鲜草产量6000吨，青干草产量2300吨，共外销2170吨，总收入达520.8万元。

【援藏工作】 黑龙江省第六批援藏工作队康马工作组初步拟定了康马县三年援藏项目资金总额为5911万元，其中2017年度项目资金2121万元已经获得批复。

吉隆县

【概况】 吉隆县位于西藏自治区日喀则市的西南部，地理坐标介于东经84° 61′ ~86° 09′ ，北纬28° 16′ ~29° 18′ 之间。南面和西面与尼泊尔联邦民主共和国接壤，北面以雅鲁藏布江为界与萨嘎县毗邻，东面与聂拉木县交界。全县东西长约300公里，南北宽约200公里，边境线长162公里，总面积9300平方公里。耕地面积1.8万亩，林地面积214.53万亩，森林面积42.64万亩。县城驻地宗嘎镇，距日喀则市490公里，距拉萨市760公里，平均海拔4200米以上，全县海拔1750至8012米之间。全县辖宗嘎镇、吉隆镇、差那乡、折巴乡、贡当乡、萨勒乡6个乡（镇）41个村（居）委会。截止2016年底，全县共有4198户、16297人（其中女性8114人、男性8183人，农牧民3346户14600人、非农牧民852户1697人，城镇人口4074人、农村人口12223人）。人口出生率为24.48‰，自然增长率为6.50‰。境内居民以藏族为主，有16078人，占98.66%，其他民族有汉族、回族、满族、珞巴族、夏尔巴人等。全县有寺庙、拉康10座，僧尼40人。

吉隆县地处喜马拉雅山系中段与冈底斯山系中段之间，大致以喜马拉雅山中段主轴至希夏邦玛峰主脊线为界，其北翼表现为南高北低，南翼则相反。因复杂多样的地形和较大的海拔落差，位于喜马拉雅山南翼的吉隆镇、萨勒乡及贡当乡南部、宗嘎镇南部属于高原湿润半湿润峡谷气候区，年降雨量在800毫米左右，年均气温在4℃~22℃，无霜期约200天。位于喜马拉雅山北坡的折巴乡、差那乡及宗嘎镇中北部、贡当乡北部属于高原干旱半干旱气候区，年降雨量在300毫米左右，年均气温在—15℃~15℃，无霜期约130天以下。

吉隆县物产丰富，农业产值占全县国民经济总产值的比重较高。主要农作物有青稞、小麦、豌豆、油菜等，其中青稞种植面积最广，青稞在吉隆镇和萨勒乡可一年两熟。吉隆镇温室大棚主要种植白菜、萝卜、莲花白、菠菜、辣椒、黄瓜、茄子、西瓜、西葫芦等十几种瓜果蔬菜，部分群众基本实现自给自足。吉隆镇还种植有少量的苹果、梨、桃子、核桃等果木植物。全县天然草场广阔，畜牧业生产有较大潜力，牲畜年末存栏数可达到10余万头（只、匹）。

境内动植物资源十分丰富，主要树种有乔松、西藏长叶松、喜马拉雅冷杉、西藏铁杉、长叶云杉、高山栎、糙皮桦、喜马拉雅红豆杉、西藏趴地柏、落叶松等。吉隆林区有8种国家重点保护珍稀植物，其中喜马拉雅长叶松、长叶云杉和喜马拉雅红豆杉3个树种国内仅产于吉隆。药材资源种类繁多，中草药高达200余种，常用药材品种有冬虫夏草、天麻、贝母、苦黄连、三七、灵芝菌、红景天、雪莲花、手掌参、刺参、蒲公英、桃儿七、大花五味子、三七、黄芪、独一味等。国家和自治区一级重点保护动物有雪豹、熊猴、喜马拉雅塔尔羊、长尾叶猴、西藏野驴、喜马拉雅麝、红胸角雉、棕尾虹雉、黑颈鹤、玉带海鹛、金雕、胡兀鹫、尖裸鲤等；二级保护动物有鬣羚、黑鹇、斑羚、藏原羚、黑熊、棕熊、水獭、血雉、盘羊、岩羊、猞猁、藏雪鸡等。

吉隆县矿产资源丰富，有铁、铅、金、硝、硫磺、花岗石、水晶石、石灰石、锑、铅、锌、铜等矿产资源。宗嘎镇普拉村有铜矿，贡当乡贡当村有锑矿、铅锌矿和锌铝矿，萨勒乡卓村、萨勒村和差那乡一带有水晶矿，其贮量不详，目前勘察程度还很低，尚未开发利用，许多矿种有待进一步勘探。

吉隆全境位于珠穆朗玛峰国家级自然保护区内，是日喀则市最具特色的一个集自然、人文景观于一体的自然保护区域。县城驻地宗嘎镇有马拉山脉、孔唐拉姆山、吉隆藏布等自然景观，以及大唐天竺使出铭、曲德寺、查嘎寺、卓玛拉康、加木拉康、拉姆曲登塔群、沃玛三趾马化石、米拉日巴旧居遗址等名胜古迹。位于吉隆县折巴乡和聂拉木县交界处的佩枯措湖是日喀则市唯一的、最大的堰塞湖，位于海拔8012米的希夏邦玛山脚下，水域面积300平方公里，景区集雪山、湖泊、牧场、天然石雕于一体，景色宜人。离县城驻地69公里的吉隆镇旅游资源最为丰富，因风光独特、气候宜人，有着“一山呈四季，十里不同天”的美誉。镇内帕巴寺、强准祖拉康等寺庙均有1000年以上的历史，镇内还有蕃尼古道、招提壁垒、冲堆石塔等古建筑和历史文化遗产。吉隆镇温泉遍布，其中吉隆镇的门恰温泉、江村温泉等较为有名。镇内雪山、冰川、江河、湖泊、原始森林、奇花异石、珍稀动物、温泉瀑布、历史文化、名胜古迹等造就了具西藏地域特色的独一无二的旅游景观。

2016年，全县地区生产总值（GDP）完成71173万元，同比增长57.9%。固定资产投资完成22.31亿元，同比增长306%。地方财政一般公共预算收入为2235万元，同比增长23%。人均GDP达到44102元，同比增长56.4%。农村居民人均可支配收入达9592元，同比增长18%。社会消费品零售总额9226万元，同比增长18%。全县劳务输出8456人次，实现劳务收入2393.42万元。全县进出口贸易及边贸总额达33.54亿元，同比增长459.88%，旅游人数达12.73万人次，同比增长296.7%；实现旅游收入5063.7万元，同比增长409.3%。城镇登记失业率控制在2.1%以内，全县经济社会呈现出突破式发展的良好态势。

【农牧业】 2016年全县完成农作物播种面积18330.71亩，在宗嘎等3个乡镇推广“藏青2000”“喜拉22号”等良种7000亩，良种亩产达到685斤，粮油总产量1006万斤，较去年增加17万斤，增长12%。新生仔畜43948头（只、匹），仔畜成活率达92%，成畜死亡数为2175头（只、匹），死亡率控制在1.8%，牲畜出栏达到47078头（头、只），出栏率达到40%，年末牲畜存栏量达到117919头（只、匹），各类疫苗平均免疫率达到98%以上。全县虫草产量达150斤，产值约525万元，同比增加30万元。兑现各类惠民资金1159.38万元。投入资金2633.12万元完成3个农牧续建项目和5个新建项目。争取282.5万元牲畜暖棚圈项目建设资金，新建牲畜暖棚圈113座（全县牲畜暖棚圈数量达1061座），暖棚圈覆盖率达42%，农牧业发展总体形势稳中有升。

【教育事业】 始终坚持教育优先发展的基本原则，以教育均衡发展为主线，以推进灾后重建为重点，以促进教育公平为核心，加大本级教育经费投入，年度投入占财政收入的27%。深化教育体制改革，教育教学质量稳步提升，中小学入学率均达到100%，中小学巩固率达99.8%和100%，学前两年毛入学率73.8%。全市小考成绩排名比往年增进2个名次；县中学普通高中（中专）考试有223人被上级学校录取，有5人上内地西藏班分数线，内地西藏班有4人被录取（其中边境照顾生2人），录取率7.4%。县户籍在校贫困学生共326户、524人，已完成教育脱贫173户、224人（其中小学135人、初中57人、高中13人、大学19人），超额完成年度教育脱贫指标。强化教育行为，薄弱学科攻坚方面落实“三包”机制、“三课”制度；教研下乡督导教学27次，出动教研员68人次，累计听评课172课时，下发教学处方单5次，解决涉及教育教学问题15个，开展集中下乡教研2次；信息化建设在教育系统集中开展信息化教学培训1次，提升教师信息化教学能力，大部分教师已能熟练掌握PPT教案的制作，并初步运用到电子白板教学中；师资力量合理倾斜，进一步扩充乡镇学校师资队伍，提高乡镇教学水平。

【医疗卫生】 2016年，全县孕产妇住院分娩率达到100%，婴儿死亡率控制在15‰以内，孕产妇死亡率0%，农牧民医疗合作参合率达100%，各类疫苗接种率达99.2%，农牧民及僧尼健康体检达100%。对各学校5岁至15岁儿童进行各类疫苗接种250人次，接种率达99.2%。开展农牧民群众健康教育13次，印发宣传材料（藏汉双语）共计2465余张。继续巩固和推行国家基本药物制度和药品零差价制度，比例保持在100%，县卫生服务中心药品占基本药品80%，达到了预期效果。卫生监督执法采用突击监督检查形式对211名从业人员进行健康体检并发放健康证，坚持对学校食堂进行每周至少一次定期不定期的卫生监督检查，确保学校学生生命安全。开展免费孕前优生健康检查项目和出生缺陷一级干预项目，检查工作完成285人次，完成率91.6%。食药管理部门强化食品、药品安全监管，没收过期食品174种，价值6888元；过期药品35种，价值39268.83元。

【文化事业】 《魅力后藏》书系更名为《吉祥日喀则》吉隆篇，编纂完成并通过社科院审核。2016年，强化群众文化队伍、文化阵地、文化活动和文化内容方针建设，编排优秀节目深入农村、社区慰问演出，组织好“五下乡”文化活动，服务到基层；积极创新群众文化活动平台，以文化为载体积极探索开展全民文艺活动；认真制定年度培训计划，加大对县民间艺术团的培训力度；参加日喀则市第十四届珠峰文化旅游节活动，获全市二等奖；民间艺术团荣获全市名列第2名的优秀成绩。开展文艺活动进乡村、进部队、进学校52场次，举行了向4·25地震灾区群众慰问等文艺演出活动。电影放映690场次，完成2040户的户户通置换工作，发放直播卫星接收设备163套，丰富了群众业余文化生活。加强文化市场监管和“扫黄打非”工作，联合其他各相关单位对涉及文化经营场所进行定期不定期清理清查9次，共发放了820多（册）张宣传材料，营造良好文化市场环境。加快文化产业的发展，不断优化文化产业的发展。继续做好非遗保护工作，有效传承非物质文化遗产，切实保护文物安全，形成了县、乡、村三级文物保护联动格局。新闻媒体工作质量和数量全面得到提升，共采制及播报了355条新闻，上传了253条新闻，日喀则市电视台采纳了133条新闻、自治区电视台采纳5条新闻、中央电视台采纳3条新闻；建设完成吉隆县70米发射铁塔项目，文化事业全面发展。

【社会保障】 充分利用当地培训资源，就地开展就业技能培训，开展就业培训410人次，培训就业率达85%，积极对接劳务市场，为农牧民工有序流动就业提供快速畅通的信息服务，提高外出务工的组织化程度，以就业促进劳务增收，全县劳务输出8456人次，实现劳务收入2393.42万元，通过自主就业与政府促进就业相结合，城镇失业率控制在2.1%以内。强化督查促进各项社保政策落实，进一步扩大养老、医疗、工伤、生育和失业等五险种社会覆盖面，城镇居民养老保险、基本医疗保险均达99%，医疗保险基金征缴率达100%，失业保险、生育保险参保率100%，全面兑现各项补贴资金等。落实303户民房改造补助资金515.1万元，投入资金2788万元完成1934套棚户区改造工程，投入3485万元推进1394套棚户区基础设施建设，民生事业明显进步。

【旅游业】 坚持规划引领，《吉隆口岸规划》《吉隆镇总体规划》《吉隆镇控制性详细规划》《吉隆县旅游总体规划》顺利通过自治区评审。《吉隆县土地利用规划》《吉隆边境经济合作区建设总体规划》已报自治区政府待审批。积极与宏绩公司合作，结合灾后重建规划，实施了乃村旅游景点开发，蕃尼古道历史文化博物馆、清军墓景区建设规划，推进贡唐王朝遗址、蕃尼古道、招提壁垒景区、汝村传统村落保护与发展规划等项目。在上海、广东等地发放旅游宣传资料6万余份、宣传书籍1950册、歌碟530张。争取资金5.3亿余元实施了吉隆口岸国际边贸市场、出口货物查验场、口岸小商品交易及展示平台等建设，进一步完善口岸基础功能。引进15家商贸公司、4家报关公司、6家物流公司，积极推进热索外币兑换点、口岸中行营业网点、口岸免税店、国际邮件交换站等建设，满足口岸服务和运行需求。2016年，全县旅游人数达12.73万人次，同比增长296.7%；实现旅游收入5063.7万元，同比增长409.3%。全县进出口贸易及边贸总额达33.54亿元，同比增长459.88%，旅游业正逐步进入大繁荣日期。

【生态保护】 大力实施“生态立县”战略，切实做到在保护中开发，在开发中保护。投入55.42万元植树造林241亩，经济林37亩，县城补植120亩。完成红豆杉扦插育苗5000株，成活率达93%。建立群测群防预警预报点183处，编制防灾预案183份，排查隐患32处，治理项目点17个，搬迁3个，对12个隐患点进行检测预警。发放野生动物肇事损失补偿金222.38万元。投入4630万元实施吉隆镇污水处理厂一期工程建设项目。总投资140万元对14个农村饮用水水源地进行保护，政府投资近50万元建设医废暂存间和医废处置点、新建建筑垃圾填埋点。制订了《吉隆县环境保护考核办法（试行）》，加强生态环境保护，全县生态环境持续向好。

【维护稳定】 严格落实自治区维稳“十项”措施，加强社会治安综合治理，强化城镇网格化管理和“双联户”服务管理工作，健全军警民联防联控机制，坚决打击非法出入境，维护边境和谐稳定。扎实推进干部驻村驻寺工作，严格落实“5+3”工作任务，深入开展“六建”“九有”“一创建”“一评选”等活动，夯实了基层基础，确保了寺庙和谐稳定。落实“党政同责、一岗双责、齐抓共管”的安全生产责任制，形成党委总揽全局、政府依法监管、部门各司其职的工作格局，制定各类应急方案40份，组织开展各类突发事件演练9次，开展各类安全隐患排查87次，查出安全隐患248处，下达整改指令44份。查处交通违法违规行为458起，查处刑事案件4起，治安案件8起，受理各类矛盾纠纷29件，调处率达100%。帮助农民工追回工资429万元，涉及328人，保障了人民群众的合法权益。

【项目建设】 按照“项目前期抓跑办、项目建设抓进度、项目实施抓管理”的总要求，加大全县固定资产投资建设力度。2016年，全县固定资产投资完成22.31亿元（目标任务为22.23亿元），同比增长306%，超额完成年度计划目标。26个续建项目（除孔塘山脚至差那乡公路、贡当汝村至拉青拉公路外）全部竣工。吉隆口岸国际边贸市场、海关监管仓库（二期）、吉隆县2016年公租房、托罗塘灌区工程、基层农技推广体系建设等102个新建项目和吉隆口岸联检楼业务用房、G216线K81、K87大塌方点专项治理、口岸出入境现场办公区域改造等项目全面推进。总投资3.3亿元的宗嘎镇、吉隆镇特色小城镇建设和总投资2.38亿元的34个整村推进项目有序实施。通过“西博会”“藏博会”“珠峰旅游文化节”等，加大招商引资工作洽谈，签约意向性投资额2.41亿元，落实招商引资1.12亿元。引进了商混站等招商引资项目建设。

【精准扶贫工作】 全县始终坚持把899户3106人如期脱贫作为“第一民生工程”。编制完成了《吉隆县“十三五”产业精准扶贫规划》，编制扶贫开发项目39个，总投资达63238万元。投入2534.34万元完成258户973人易地扶贫搬迁，超额完成年度目标任务的14.3倍和11.4倍。投入3063万元推进扶贫项目建设，带动74户302人稳定脱贫。同时，政府将64个商铺，优先租给建档立卡贫困户，帮助贫困户增收致富。实行“政府风险补偿基金+银行信贷”支持扶贫产业开发模式，政府注入500万元风险补偿基金（撬动银行信贷资金4000万元），与县农业银行签订战略协议，已向127户贫困户办理小额信贷款506万元支持扶贫产业开发。政府每年预算12.93万元对41名贫困大学生进行资助（区外每人每学年3000元，区内每人每学年2000元）。为14名建档立卡贫困家庭在校大学生发放了2.24万元一次性助学金，实现教育脱贫238户383人。开展贫困人员技能培训76人次，帮助231名贫困群众实现转移就业，完成年度计划的138%，实现45户46人脱贫。精心安排1868个生态补偿岗位，帮助443户1234人脱贫。深化“432111”结对帮扶活动，落实帮扶资金50余万元。为20名建档立卡贫困群众解决医疗费用20.31万元，为150户237人社保兜底贫困群众发放低保金和五保供养资金64.79万元。确认城乡低保51户73人，农村低保426户1301人。2016年，全县完成了528户1944人贫困群众脱贫任务，分别完成年度目标的493.46%和461.76%。

【援藏工作】 2016年，吉林省第六批援藏工作队，计划投资资金3300万。共确定援藏项目7大项，涉及双吉大厦2400万，吉隆镇完小附属设施建设550万，师资培训及教育信息化项目50万，贡当乡卫生院建设项目100万，交流交融100万，校车采购项目56万，卫生服务中心自来水和下水道改造42万。进一步加大人才力量支持，邀请内地组织医疗、农牧专家共计60余人次对口吉隆县医疗、农牧开展培训，培训医疗人员20人，培训农牧人员40人。

【特色产业】 根据日喀则市产业发展大会要求，按照一产抓特色、二产保稳定、三产大突破的产业发展思路，召开了吉隆县产业发展专题会议6次，组建了领导小组、成立工作专班，形成规划编制工作实施方案，全面依托吉隆镇等区域独特的气候、资源优势，大力发展特色产业，强化产业结构调整，以“霍尔巴羊”养殖业、林下资源种养加业、文化旅游业、边贸物流业“四大产业”为重点，委托咨询单位开展产业规划草案、专项产业发展规划和项目库编制工作，完成了《吉隆县产业发展规划编制工作》，经过努力，初步形成了以优质青稞、无公害蔬菜、野葱、林下药材、白绒山羊、藏鸡藏猪、木碗加工、竹编工艺等为代表的特色产业。2016年，县农牧民专业合作组织达到32家，涉及种植、养殖、加工、销售等领域；完成绵羊短期育肥出栏6000只以上，实现收入500万元以上；完成农作物良种推广7000亩，每亩增产达到60斤以上；野葱种植面积达到40亩；大棚蔬菜种植125座；藏猪存栏351头；藏鸡存栏约8300羽；白绒山羊存栏7800多只；畜群改良工作成效显著，萨福克肉羊、帕里牦牛、绢扇牛三个品种的改良仔畜成活数达到692头只，产业发展起步良好。

【灾后重建】 按照灾后重建“二年基本完成、三年整体跨越、五年同步小康”的总体要求，落实县级干部包乡（镇）、乡（镇）干部包村、专业技术干部包片指导的工作机制，全力推进灾后重建工作。总投资200952.87万元的2207户民房重建、2个特色小城镇、县城至热索地震灾后恢复工程等50个灾后重建项目全面推进。民房开工建设2149户、完成投资31170万元，开工率97.3%、投资完成率94.2%。目前已完成主体施工2007户，全部竣工1985户、搬迁入住1194户。30个灾后重建项目开工建设，总投资1945万元的国门及联检楼、口岸停车场等维修加固工作已完成；总投资4600万元的非住宅维修加固和非住宅重建工作全部竣工。落实吉隆镇等4个地震受灾乡镇自然灾害生活补助资金1068万元。完成总投资5030万元的整村推进供水工程38个点和防洪堤工程14个点。总投资1848万元的寺庙维修和吉隆镇新闻广播电视综合楼项目开工建设。2个特色小城镇、34个整村推进点建设、县城至热索地震灾后恢复工程正在抓紧实施。2016年，全县灾后重建完成投资108789.51万元。

【党建工作】 2016年，吉隆县精心组织、扎实开展“两学一做”学习教育活动，开讲党课170余班次，培训人次达4300余人次，开展知识竞赛2次，举办演讲比赛1次。全县各级党组织先后组织学习450余场次，上报优秀党章作品24篇。全面完成乡镇领导班子和县领导班子换届工作，全票选举出64名乡镇班子成员，25名县委委员，24名人大常务委员，10名政府正、副县长，法院院长和检察院检察长各1名，17名政协常务委员。全年发展党员116名，吸收入党积极分子69名，完成762名机关党员“一人一档”建立工作。投入30万元培训经费用于提升村（居）干部素质能力工程，共举办教育培训160场次，培训村干部2100余人次。重点打造了宗嘎镇宗嘎居委会、贡当乡康北村2个党建示范村，投入70万元；投入129万元，兴办了折巴乡党员爱心店、江村木质家具合作社、多普村天麻加工店等村办集体经济实体。选派13名官兵兼任边境村居党支部副书记、党建指导员，采取认亲戚、拉家常、上门服务等办法建立结对帮带对子81对，慰问困难党员群众154人次，慰问物资折合人民币8.4万元，举办爱国知识宣讲8期，组织军地文化、科技、卫生三下乡活动11场次。全县81个“党员志愿服务队”1030名党员志愿者开展了329次以“洁美家园”“上门送服务”“献爱心、送温暖”“助农秋收”等为主题的党员志愿者服务活动，参与党员4750余人次，帮助灾区群众打土坯砖20余万块，修缮房屋23处，免费送去建房施工砂石11车，捐款捐物13.9万元，搭建简易帐篷300余顶，修建简易路7.3公里，为孤寡老人服务86人次，秋收助农187场次。

【廉洁建设】 2016年，吉隆县认真开展“两学一做”学习教育和“讲学习、讲忠诚、正风纪、转作风、提效能”主题活动，开展理论中心组学习、专题学习、专题党课教育等26次，教育面达100%。严格落实中央“八项规定”、自治区“约法十章”“九项要求”，加强作风建设，坚持民主集中制原则和邀请人大代表列席县长办公会议制度。落实党风廉政建设责任制，发送“廉政短信”2600余条，积极开展办公场所廉政文化走廊建设，制定了《公务接待管理办法》《公务车辆管理规定》，加强了公车管理，规范公务接待，严格控制“三公”经费支出。2016年，全县“三公”经费支出1290万元，同比下降16.41%，其中：公务用车购置费300万元，公务用车维护费867万元，接待费123万元（全年共接待工作组317起3876人次）。受理群众来信来访43件，办结43件，办结率达100%。办理人大代表建议17条，政协委员提案6条，答复率达100%。继续推进简政放权、放管结合，深化经济体制改革，树立了高效政府、阳光政府、廉洁政府、务实政府的良好形象。

仲巴县

【概况】 仲巴县位于日喀则市最西端，喜马拉雅山以北，马泉河两岸，西接阿里普兰县，北靠阿里革吉县、改则县，东邻阿里措勤县和日喀则萨嘎县，南与尼泊尔王国接壤，边境线长357千米，县政府驻地拉让乡，距日喀则市632公里。219国道贯穿全境。全县属典型的高原山地地貌，喜马拉雅山脉矗立于仲巴县南部，冈底斯山脉斜贯仲巴县中部，其支脉遍布全县，境内平均海拔在5000米以上。全境辖12乡1镇，58个行政村、6389户、24889人。产业主要以牧业为主，牲畜主要包括牦牛、绵羊。草场面积为4587.7万亩。国家和自治区Ⅰ级重点保护的野生动物10种，国家和自治区Ⅱ级重点保护的野生动物有24种。全年开采锂矿88182.77吨、硼矿25075吨。主要旅游业为宾馆和牧民家庭旅馆，雅江源宾馆和驿站中心酒店成功评定为三星级酒店，2016年累计接待国内外游客6.72万人次，创收735万元。全县GDP预计完成6.83亿元，同比增长22%，完成固定资产投资8.15亿元，同比增长125%；预计财政收入3100万元，同比增长132%。，三产比例调整为34：27：39，一、二、三产业分别完成2.34亿元、1.83亿元、2.66亿元，同比分别增长32%、42%、8.3%。全县完成邮政业务总量73.7万，完成电信业务总量470万。固定电话用户2700户，使用率97%；移动电话用户8457户，使用率99%；接待旅游672万人次，实现旅游收入735万元，同比增长3.08%；年末城乡居民储蓄存款余额12686万元。牧民人均纯收入达10490.33元，增长23%，截止年底，参加城镇失业保险625人，参加基本养老保险13595人，城镇职工参加基本养老保险218人，参合率100%。现有寺庙扎东寺、伟曲果林寺、南木林寺、桑旦强久林寺、阿巴扎仓寺、达热寺、桑阿土登林寺、达热寺、郭夏寺、色金寺，共有僧尼79人。

【党建工作】 县委班子成员带头开展“两学一做”学习教育和“讲学习、讲忠诚、正风纪、转作风、提效能”主题活动，坚持党的民主集中制，以上率下，形成了干事创业的良好氛围。全面落实基层党建工作责任制，完成了县乡换届选举，配齐配强县乡领导班子。围绕实现“2153”工作思路、推进仲巴经济社会跨越式发展和强化基层执政基础抓班子、带队伍、配干部，全年共调整充实县处级干部12名，科级干部156名。对部分村干部进行了调整。履行党风廉政建设“两个责任”，县委提出“坚守十个规矩”“四个千万不能”“四个绝不允许”工作要求，组织干部职工学习《党章》《中国共产党廉政准则》《中国共产党纪律处分条例》《中国共产党问责条例》等规章制度，对《县委工作制度》进行完善，对全县村以上干部建立了廉政档案，出台禁酒令、禁赌令，形成用制度管人管钱管物管事的长效机制。

自治区副主席其美仁增率队在帕江、吉玛检查指导工作

【廉洁建设】 及时转发区市两级纪委查处的各类案例通报，并将发生在群众身边的“四风”和腐败案件典型通报翻译成藏文印发至58个行政村，筑牢党员干部的思想道德防线；开展重要节庆专项督查9次，编发廉政短信5000多条；编订《中国共产党问责条例》330册、《党员领导干部学习资料》500册、《党风廉洁建设笔记本》380份发放给全县科级以上干部和各支部、各单位进行学习；按照“一人一档、专人负责、专人保管”的原则，采集县乡党员干部、村两委班子成员信息，共建立党员干部廉政档案857份；组织县直机关各部门开展廉政风险点排查工作，对各部门查摆出来的廉政风险点和防控措施制作统一规格的公开栏，全部进行公示；对各乡镇新提拔干部进行任前任后廉政谈话和集体谈话，让新任干部做到心中有组织、有纪律、有敬畏，守得住规矩和“红线”。

【畜牧业】 全年牲畜存栏52.59万头（只、匹），出栏17.05万头（只、匹），新生仔畜21.8万头（只、匹），成活19.88万头（只、匹），成活率达91.2%，成畜死亡1.15万头（只、匹），死亡率控制在2.24%以下。珠峰吉拉牦牛、珠峰霍尔巴羊经济圈打造初具规模，知名度进一步提高。抓好牧业防灾减灾工作，基本草原划定工作扎实开展，草原生态保护补助奖励工作通过验收，兑现草原生态保护补助奖励资金8836.01万元，历史遗留草场纠纷得到调解。

2016年7月3日，帕羊文化节文艺演出

【旅游业】 积极打造“神山驿站”旅游路线定位，累计投入400余万元，沿219国道制作了集文化、旅游、产业、教育、扶贫等方面的10个广告牌和2个风情牌坊，大仲巴宣传格局初步形成。宾馆和牧民家庭旅馆发展到22家，雅江源宾馆和驿站中心酒店成功评定为三星级酒店，全年累计接待国内外游客6.72万人次，创收735万元。

【民生工作】 县委明确了教育事业“把握七项原则、推进十抓十促”工作要求，制定了《仲巴县教育教学奖励基金奖惩实施细则》《仲巴县教育局教师量化考核制度》《仲巴县教研工作制度》等一系列改善办学环境、提高办学质量的规章制度，将2015年县级财政收入的55%投入教育，投资300万元新建10所学校教职工之家，设立100万元仲巴教育教学奖励基金，投入资金15万元资助仲巴籍大学生，出资300万元完成帕羊镇幼儿园征地拆迁工作，投入150万元硬化县中学、县完小部分道路。2016年，仲巴县先后获得双语教育先进幼儿园、民族传统文化“三进”“特色课堂”等荣誉，仲巴县教育局荣获先进教育局。启动361名贫困群众驾驶技能培训班和一系列劳动技能培训项目，推动牧民就地转移就业。首次实现农村医疗救助和城镇医疗合并，成立城乡医疗救助基金，先后救助104人次，兑现医疗救助资金27.64万元；将30名孤儿移交市儿童福利院抚养，50名五保老人入住县五保集中供养中心，为3323名农村低保和327名城镇低保落实最低生活保障金487.5万元，实现劳务输出7006人次，创收2056.8万元。提升医疗水平，扎实做好防疫、药品配送、合作医疗报销、健康知识教育、卫生监督等工作，深入开展送医送药活动，牧区缺医少药、治病难、转院难、报销难等问题初步缓解；与中山大学孙逸仙纪念医院达成合作协议，成功实施全县首例剖腹产手术、宫颈环扎手术。全年，筛查儿童先天性心脏病3085人次、确诊39例，白内障125人、确诊4例，为群众体检23285人次、体检率95.8%，在编僧尼免费体检74人、体检率100%。抓好文化下乡慰问演出，推动文化活动中心开放和广播电影电视播出，丰富群众文化生活；完成出版物发行单位年检工作，积极开展精神文明创建一系列活动，打击藏独反宣渗透专项行动初见成效；争取15万元资金扶持三个民族手工艺加工点，吉拉乡“果谐”、纳久乡果夏寺“跳神节”上报为市级非遗项目，全县广播、电视人口覆盖率达到90.65%、92.39%。坚守生态红线，严格执行项目前期环评审批制度，严查工程建设领域破坏环境行为，加强对雅江源、饮用水源地、野生动物、湿地、草场等环境和生物的保护，积极尝试造林试点，引进榆树、细叶红柳、阿里班公柳等树木在县城及乡镇驻地进行造林实验，长势良好，仲巴造林绿化实现“零突破”。加大县城和乡镇驻地脏、乱、差整治力度，严格落实门前三包规定，县城及乡镇驻地环境面貌明显改善。

2016年8月16日，书记王光勤深入一线指挥抗洪抢险工作

【抢险救灾】 县委、县政府积极应对“8.1”特大洪涝灾害，及时从本级财政安排资金108万元购买应急物资，累计发放帐篷401顶，口粮14.5万斤、衣物1300套、棉被和毛毯800床、鞋子1300双、国旗167面，发放药品80余种，转移安置受灾群众2842人，确保了牧民群众的生命财产安全。

【维护稳定】 全面推进平安仲巴、和谐仲巴建设，严格落实“十项维稳”措施，在打基础、管长远、谋根本上下功夫，全力做好全国“两会”、3月敏感期、34届时轮金刚法会等敏感节点维稳安保工作，实现了全县社会局势持续稳定、全面稳定。强化安全生产，严格落实“党政同责、一岗双责、失职追责”，深入开展安全生产大检查20余次，消除安全隐患37处。全力做好信访工作，排查调解各类矛盾纠纷70余起，调解成功率达98%。

【项目工作】 灾后重建项目提前1个月动工，4个整村推进点征地拆迁、群众安置、“三通一平”、施工备料等进入开工准备阶段。完成了386户民房重建工作。水利、农牧、卫生、教育、小城镇建设等恢复重建项目陆续开工建设，完成重建任务的65%。水利项目开复工8个，总投资1401.8865万元，投资5050万元的乡镇供水项目完成审查待批。交通项目开复工3个，投资1.07亿元。投资2100万元的公共租赁住房及附属设施建设已完成90%。援藏项目成效明显，宝钢集团投资6400万元实施的神山驿站、县城市政道路、县中学塑胶跑道等项目投入使用。在全市率先成立项目质检领导小组，对所有项目的质量、进度、安全生产、环境保护等实行全过程、全方位跟踪检查，强化对监理的监督管理，以监督抢进度，以管理保质量。

岗巴县

【概况】 岗巴县位于西藏南部，属喜马拉雅高山地貌，全县平均海拔在4700米以上。70%为高原丘陵，30%为谷地，无平原，地势南北高，中间低，并由东北向西南方向倾斜。最高海拔6155米，相对高差200米左右。北与萨迦县相邻，东与亚东、白朗两县交界，西与定结县毗连，南与印度锡金接壤，边境线长97公里，县城离边境最近处仅有25公里，其中岗巴镇吉汝村离边境仅5公里，通外山口共17处，距日喀则市164公里。

岗巴县属高原温带半干旱性季风气候区，长冬无夏、春秋相连、雨热同步、光照充足、昼夜温差大，冬春寒冷干燥，多大风和扬沙天气。年平均气温1.5℃，最热月为7月，最冷月为1月。年无霜期60天左右，年日照时数在3200小时以上。年降雨量245毫米，主要集中在7—8月。

河流主要有耶汝藏布（发源龙中乡东北部山区，流经龙中乡、岗巴镇、昌龙乡，进入定结县）、姑曲（发源于孔玛乡北部山区，流经孔玛乡、直克乡、龙中乡，最终汇入耶汝藏布）、多加曲（发源于直克乡北部山区，流径直克乡，最终汇入定结县错姆折林湖）等。湖泊山泉繁多，主要有旁当错、亚热错、则拉错、曲登尼玛泉等。龙中乡、孔玛乡均有多处地热显现点。温泉水温较高，富含多种矿物元素，能治疗多种皮肤病、关节炎等疾病。

岗巴县辖5个乡（镇），29个行政村，3383户，总人口1.17万人。其中农牧区人口10083人，人口出生率12.8‰，自然增长率12.6‰。地域面积42.3平方公里，是一个以牧业为主且伴有少量农业的高寒边境县，农业包括青稞、油菜等作物，畜牧业包括山羊、绵羊、马、驴、牦牛等。耕地面积2.9万亩，粮食播种面积23515亩，经济作物耕地面积5108亩。森林覆盖率8.77%，林地面积60931.75公顷。野生动物品种繁多，其中比较珍贵的兽类有：野驴、黄羊、盘羊、岩羊、獐子、雪豹、黄狼、猞猁、狐狸、旱獭等。野禽有：雪鸡、黄鸭、黑颈鹤、灰鸭、乌鸦、斑鸠、鹰、猫头鹰、藏雀等。河湖鱼类也较多。据传：70年代，县武工队曾捕猎过湖中出没的水生兽类。已探明矿产资源有低钠低矿化度富锶矿泉水及硼砂、水晶石等。主要旅游景点有自治区级曲登尼玛风景名胜区、龙中温泉、孔玛温泉等。特色产品有岗巴羊、西藏神水、岗母冲、雪莲花、贝母等。

2016年，全县地区生产总值达3.77亿元，同比增长15%；固定资产投资达59210.38万元，同比增长26.5%；实现税收达2365.43万元，同比增长56.5%；财政收入达1795.65万元，同比增长35%，地方财政支出72671万元；农牧民人均收入达9398.27元，同比增长17%。社会零售总额4527万元。接待旅游11.37万人次，实现旅游收入1581.41万元，同比增长40%。全年农村居民人均纯收入9398.27元，完成城镇就业再就业12人，城镇登记失业率2%。截至年底，参加城镇失业保险612人，参加基本养老保险280人。参加新型农村合作医疗9750人，参合率100%。参加城乡居民养老保险6378人，已领取养老保险638人。城乡居民中有483人得到政府最低生活保障金。有寺庙1所，僧尼10人。全县共有党组织73个，党员1588名，其中农牧民党员711名，预备党员73名。

岗巴县第十三届人民代表大会第一次会议胜利闭幕

【产业结构调整】 三次产业比重调整为9：35：56，粮经饲调整为49：21：30。完成各类农作物播种23635.5亩，新生仔畜60188头（只、匹），年底出栏牲畜45000头（只、匹），粮油产量594.51万斤左右，经济作物结构趋向合理，第二、三产业造血功能发挥明显。第二产业增长25%以上，各类市场主体由2015年的613户发展到688户。清洁能源产业发展实现从无到有，成功招商引进西藏开发投资有限公司和中电电气（南京）新能源有限公司在我县建设光伏光热产业项目，总投资预计达47亿元；社会消费品零售总额达4527万元，同比增长6.3%。以“天边岗巴、泉水之乡”为宣传口号，成功举办了“岗巴县首届品羊沐浴文化旅游节”，受到了市委、市政府的高度评价。

【特色产业发展】 岗巴羊产业方面，立足“岗巴羊核心区、岗巴羊种羊繁殖区”的资源优势，完成了有机饲草推广种植指导、第一轮人工授精试点、合作社管理标准化培训和有机饲料研发、改良和推广以及第二次有机续认等工作。2016年新生仔畜74199只，年底出栏45000余只，产生经济效益2250余万元。岗巴水产业方面，西藏民族手工业亚美公司同意将其持有的股份以3200万元的价格（含商标使用权）转卖给岗巴县。完成了德孔曲美泉水各项报告的编制和评审工作。截止2016年底，曲登尼玛矿泉水生产销售3800吨。岗巴景产业方面，着力开发曲登尼玛风景名胜区、龙中温泉、孔玛温泉等特色旅游资源作为“三产大发展”的又一主导产业，促进群众致富、财政增收。严格按照曲登尼玛风景名胜区总体规划和基础设施规划进行建设，截止2016年年底投资510万元的游客服务中心等基础设施已建设完成。2016年全县共接待区内外游客11.37万人次，游客接待量同比增加40%，实现旅游收入1581.41万元，同比增长30%。光伏产业园区方面，引进西藏开发投资有限公司，计划在岗巴县投资40.7亿元建设120兆瓦光伏光热项目，一期投资2.2亿元的20兆瓦光伏发电站项目已完成80%左右；中电电气（南京）新能源有限公司投资6.6亿元的60兆瓦光伏发电项目，在岗巴县的相关前置手续已办理完成，已向自治区能源局备案。特色手工业方面。成立了特色手工业工作专班，负责岗巴县“岗姆冲”等特色手工业的挖掘、规划等相关工作。

2016年10月1日—7日，岗巴县召开首届品羊沐浴旅游文化节

【城乡建设】 全县共实施项目建设83个，总投资83889.34万元，其中新建项目56个，投资达68323.4

2016年10月1日—7日，岗巴县召开首届品羊沐浴旅游文化节

万元；续建项目26个，投资15565.94万元。截止2016年12月份，完成投资59210.38万，完成市级目标任务的114%，涉及脱贫攻坚、灾后重建、道路交通、农田水利、兴边富民、社会事业及政权建设等各个方面，自我造血功能进一步增强。其中：完成投资29747.56万元，实施了县城规划路、生活垃圾处理、变电站、政法派出机构、学校基建、三房建设等项目；完成投资2650万元，改扩建公路里程达53.3公里。截止2016年12月份，岗巴县乡（镇）、建制村、寺庙通达率达100%。乡（镇）“通畅”率达到80%，建制村“通畅”率达55%。

岗巴县特色产业—岗姆冲

【社会事业发展】 岗巴县2016年小考和中考分别名列全市第6和第7名，以全区最少问题顺利通过国家义务教育均衡发展评估验收。广东中山医院和成都军区昆明总医院医疗队帮扶工作成效明显，完成各类较难手术36例，义诊800余人，建立了远程会诊网络信息平台，并在全市开展了首例乙肝预防暨母婴阻断项目。启用各乡镇综合文化站，在国家配套资金4万元的基础上，县财政每年为各乡镇文化站配套4万元。县民间艺术团获得“日喀则市第十四届珠峰文化旅游节十八县（区）主题日文艺展演二等奖”和“全市精准扶贫・圆梦日喀则文艺汇演一等奖”，圆满完成“中化・岗巴文化周”文艺演出，进一步促进了援藏工作的交往交流交融。《〈美丽日喀则〉书系岗巴篇》完成定稿。积极促进就业创业，完成农牧民技能培训356人，劳务输出6243人，劳务收入达到3046万元。社会保障体系不断完善，五大保险全面覆盖，社会救助水平不断提升，有意愿的五保集中供养率达100%。落实各种强农惠民政策资金4641万元，全县各族群众共享了改革发展成果。

【脱贫攻坚】 完成了622户2068人的建档立卡“回头看”工作，以不少于15%的财政收入用于脱贫攻坚战，将“九个一批”举措拓展为“十一个一批”，增加了党建带动一批和参军入伍脱贫一批。按照易地扶贫搬迁3年任务1年完成的目标，截止2016年12月份已全面完成易地搬迁207户668人，1026人申请脱贫，自治区同意脱贫603人，完成年初目标任务373人的162%。此外，11个行政村向县委、县政府递交了整村脱贫申请。

【灾后重建】 确定了岗巴县特色小城镇建设、6个整村推进基础设施、非住宅维修加固、岗巴羊开发、饮水工程共10个重建项目，计划总投资15480万元。截止2016年12月份，已完成投资10289.1万元，占总投资的67%，完成目标任务的101.3%。

【党风廉政建设】 一是严守政治纪律和政治规矩，认真履行“两个主体责任”，严格落实中央八项规定、自治区约法十章、九项要求和市委加强和改进作风建设的相关规定。认真落实党风廉政建设责任制，建立健全程序严密、制约有效的权力约束机制，减少“三公”经费支出，做到干部清正、政府清廉、政治清明，保障各项事业顺利发展，建设廉洁政府。二是认真贯彻落实自治区维护社会稳定工作十项措施，克服松懈麻痹思想，明确责任、细化措施，深化开展“一村一警、先进双联户、网格化管理”等维稳举措，形成维护社会稳定的强大合力，紧紧围绕“履行一个义务、尽到一个职责、发挥两个作用、强化五个重点”的维稳工作主线，以便民警务站为基点，以“一村一警”工作机制为抓手，实施网格化与动态化管理，着重加强社会面管控、寺庙稳控、重点部位巡控工作。不断深化民族团结进步表彰活动与和谐模范寺庙暨爱国守法先进僧尼创建评选活动。三是严格落实了安全生产“党政同责、一岗双责、齐抓共管”责任制，切实抓好了河道采砂、草原防火、食品药品、危化品、建筑施工、烟花爆竹等重点领域的安全生产工作，大力加强了道路安全、消防安全和应急救援工作。深入开展了工程项目建设领域专项整治行动。一年来未发生任何安全生产事故、交通事故和火灾事故，安全生产形势持续平稳。四是坚守生态保护底线，编制完成生态功能区划，亮明生态保护红线，完善环境保护考核机制，实施水源点保护、生态公益林、防沙治沙等环境保护项目5个，总投资达2777.87万元。完成16个行政村自治区级生态村申报工作，顺利通过2015年草补生态保护奖励验收工作。2016年被市里推荐为优秀县。

【政府深化改革】 全面深入贯彻党的十八届六中全会精神，切实增强“四个意识”特别是核心意识、看齐意识，严守政治纪律和政治规矩。扎实开展“两学一做”专题教育活动和“讲学习、讲忠诚、强意识、正风纪、转作风、提效能”主题活动，以作风转变促效能提升。围绕法治政府建设，推进依法治藏方略进程，提交县委常委会通过了《关于深入推进依法行政加快建设法治政府的实施办法》《政府部门主要负责人行政问责制暂行办法》以及重大行政决策集体审议、决策、审查、追究、问责等14个办法、规定、制度，依法行政行为得到进一步规范。政府系统廉洁责任落得更实，全年召开政府党风廉洁专题会议1次、政府党组学习会议12次，做到了年初党风廉洁工作有部署，责任落实有制度可循，切实担负起政府系统党风廉洁建设的政治责任，把党风廉洁建设与经济社会发展各项工作通盘考虑、协调推进，以完善的制度体系保证主体责任的落实，以率先垂范的实际行动推动主体责任的落实。自觉接受人大法律监督、政协民主监督和社会舆论监督，全年共办理人大议案和建议意见15件、政协提案26件。加快行政体制改革步伐，政府机构改革圆满结束，政府组成部门由26个减少为22个；全力做好1000万元以下项目审批权限工作，全年共下达初步设计概算批复34份，涉及投资17821.03万元。

【特色产品】 岗巴雪鸡 岗巴雪鸡是由岗巴县农牧民群众捕捉雪山脚下野生雪鸡经饲养、训化、繁殖而来，在当地已有700余年的养殖历史。其主要分布在岗巴县境内海拔4700米至5000米的高山灌丛、苔原和裸岩地带，食物以植物性由主，包括莎草、针茅、苔草、早熟禾、雪莲等高山植物，偶亦啄食昆虫及小型无脊椎动物。岗巴雪鸡体型较小，头高尾低、胸肌发达、向前突出，性情活泼、好斗性较强、善于登高飞翔，觅食能力强，极耐粗放，常年栖息于畜圈梁架之上或露宿于宅旁树从。毛色以灰、白及皮黄色为主，岗巴雪鸡翼羽、尾羽发达，公鸡羽毛颜色鲜艳，翼羽、尾羽、大镰羽带金属光泽，大镰羽长达40–50CM，头部清秀冠多呈红色，公鸡的单冠大而直立母鸡冠小稍有扭曲；眼周裸露皮肤呈红色；虹膜深褐色，嘴为黄色，脚为褐色。岗巴雪鸡体长约50–60CM左右，体重在1–1.5千克之间，岗巴雪鸡生长环境特殊，能适应高寒恶劣多变的气候环境；其肉和蛋被人们作为食物利用已有悠久历史，由于基因优良，加之当地饲养方式特殊，岗巴雪鸡抗病性强，肉质鲜嫩、营养丰富，深受当地农牧民的喜爱。

岗巴雪鸡蛋 岗巴雪鸡产蛋旺季为4—10月，一般年产蛋量60－80枚，蛋壳较硬，较普通藏鸡鸡蛋小，平均蛋重35克左右，孵化率85.0%。蛋黄颜色较深，蛋白透亮浓稠，微量元素含量丰富。作为藏区天然无污染的农产品，营养价值高，岗巴雪鸡蛋具有较好的市场前景，是当地经济发展的重要组成部分。当地政府看准时机抓住机遇，启动了岗巴雪鸡养殖规划，将雪鸡养殖作为岗巴县农业发展的主导产业之一。

喜马拉雅山脉最美山峰——卓木拉日雪山

附 录

日喀则市“4·25”地震灾后恢复重建工作总结

日喀则市“4·25”地震灾区灾后恢复重建全面启动以来，在党中央、国务院亲切关怀和特殊关心下，在自治区党委、政府的科学决策和坚强领导下，我市坚持“以人为本、民生优先、科学规划、统筹资源、尊重规律、科学布局、保护生态、体现特色”的总体思路，深入贯彻落实中央、自治区关于“4·25”地震灾区灾后恢复重建的决策部署，团结带领全市干部群众全力推进恢复重建。当前，全市恢复重建工作有序有力推进，强力助推日喀则经济持续健康发展。现将日喀则灾后恢复重建工作开展情况报告如下：

一、恢复重建整体进展情况

《“4·25”尼泊尔地震西藏灾区灾后恢复重建总体规划》经自治区人民政府批复实施，确定我市灾后恢复重建资金111.48亿元。其中城乡房屋建设项目投资57亿元；基础设施项目投资2.42亿元；产业发展项目投资8.09亿元；公共服务设施投资5.32亿元；交通运输专项投资20亿元，地质灾害防治项目投资16.31亿元，边消防设施投资2.34亿元。2016年计划完成恢复重建投资70亿元。（其中，各县区计划完成投资51.47亿元，交通运输专项计划完成投资13亿元，边消防计划完成投资2.3亿元，地质灾害防治计划完成投资3.4亿元）。

全市灾后恢复重建预计完成投资70亿元，完成年度计划的100%。民房重建方面：全市15957户民房已开工建设15753户，开工率达98.6%（定日县绒辖乡204户因道路施工尚未开工建设），完成投资23.13亿元，15753户群众已迁入新居生活；特色小城镇方面：32个特色小城镇项目已全面开工建设，预计完成投资11.76亿元；整村推进方面：163个整村推进项目已全面开工建设，预计完成投资6.93亿元；非住宅用房方面：非住宅用房重建及维修项目预计完成投资1.34亿元；基础设施方面：能源、水利等基础设施项目预计完成投资1.43万元；产业项目方面：蔬菜温室大棚、因灾死亡牲畜补栏项目和马铃薯产业化基础设施项目已开工建设，预计完成投资3.48亿元；公共服务方面：教育、文化、卫生、宗教活动场所、文化遗产等重建项目已全面开工建设，完成投资3.19亿元；交通运输灾后重建项目预计完成投资13亿元；地质灾害防治专项项目预计完成3.45亿元；边消防预计完成2.34亿元。

二、灾后恢复重建基本做法

我们牢固树立抓重建就是促发展的思路，坚持民生优先始终将城乡居民住房作为重中之重加以推进，将163个整村推进和32个特色小城镇作为重建的“点睛之作”，着力于损毁房屋的恢复重建，以配套基础设施和公共服务设施为两翼，全力统筹各方力量，不断破解重建难题，凸显恢复重建特色与亮点，实现了以规划引领恢复重建惠及民生的新篇章。

（一）明确职责，建立健全恢复重建机制。

围绕自治区党委、政府关于恢复重建的总体要求，我们形成了由市委、市政府负总责，县（区）党委、政府作为实施主体和地方责任主体的重建工作机制，层层签订了恢复重建目标责任书，构建了市、县、乡、村各级主体责任体系。建立了战略协作机制，市政府同中建西南设计研究院签订了灾后恢复重建战略协议，进一步提升优化恢复重建项目的建设管理、规划设计、技术咨询。建立了市、县（区）领导分层包干和市级领导联系督导机制，形成了各级领导干部靠前指挥、一线督导的工作格局。结合全市项目建设领域突出问题专项整治行动，统筹各方共同参与恢复重建，鼓励群众合理有序参与重建，营造了良好的恢复重建秩序。

（二）因地制宜，制定切实可行的重建方案。围绕“大干两年、三年见效、建设一个美丽日喀则”的总体要求，市委、市政府多次召开全市恢复重建领导小组会议，研究解决恢复重建各阶段面临问题。市委、市政府主要领导、分管领导多次赴灾区一线调查了解情况，形成调研报告解决困难问题，指导推进恢复重建工作。制定下发了《日喀则市“4·25”地震灾区灾后恢复重建工作方案》，方案明确了重建工作思路、目标任务和重建内容，并将重建工作科学划分为规划编制阶段、前期工作阶段、实施阶段、提升阶段、巩固阶段，提出到2017年底全面完成恢复重建任务，实现家家有新房、户户有就业、人人有保障、村村有改变、发展有路子、生态有改善的总体重建目标。

（三）周密部署，全面推进重建工作。年初以来，市委、市政府连续召开了恢复重建工作动员部署及推进会议，进一步统一了全市干部群众思想认识，明确细化了恢复重建总体思路、实施步骤、时间节点，确保恢复重建项目按计划及时开工建设。强化督导调研，市委、市政府等主要领导多次分赴全市18县（区）调研指导灾后恢复重建工作，把脉当前重建存在问题，提出了“规划设计再优化、城镇品味再提升、资金整合要集中、产业发展要同步、相互学习要主动、工作分工要明确、重建时间要细化、建设质量要过关、督促检查要到位、审计工作要跟上”等10项具体举措，有效推动了全市重建工作进度。市、县两级党委、政府充分发挥援藏优势，聘请区内外优质规划设计单位对所有恢复重建项目开展高规格规划设计。制定出台了恢复重建项目绿色审批通道机制，加快项目前期审批。全市各级各部门特别是各重灾县认真贯彻落实市委、市政府的决策部署，创新方式、明确责任，确保了恢复重建工作有序推进。

（四）互融互推，提高项目投资效益。为避免资金重复投入，切实提高资金使用效益，我市将灾后恢复重建的民房、整村推进、特色小城镇及产业发展与易地扶贫搬迁工作进行统筹通盘考虑，通过灾后民房建设解决5163户19291人建档立卡贫困人口易地搬迁任务，在整村推进、特色小城镇及教育、卫生等领域建设上实现基础设施与公共服务设施共用共享，更在产业重建上为全市贫困群众提供充足的就业保障，实现灾后重建与易地扶贫搬迁互融互推。

（五）强化督导，确保施工质量与进度。有效融合维护稳定、专项整治、扶贫攻坚和恢复重建督导力量，统筹综合督导和专项督导协调推进，分层次、不间断开展恢复重建督导工作，强化责任落实，传导工作压力，确保了恢复重建工作有序推进。截止目前，市、县、乡各级组建督导检查组120余支，开展各类督导检查1000余次。市重建办建立了恢复重建周报和半月通报制度，及时通报存在的问题并提出切实可行的整改意见和措施，有效指导了各县（区）恢复重建工作，确保了重建项目质量和进度。

（六）全力配合，切实做好跟踪审计工作。“4. 25”地震全面启动以来，我们主动申请区审计厅提前介入、全面参与、跟踪审计日喀则市恢复重建工作。审计组自5月7日进驻我市以来，克服重建工作点多面广、交通条件极不便利等困难，深入相关行业部门及吉隆县、定日县、聂拉木县、定结县等重灾县，就恢复重建工作进展及项目建设、资金管理使用等情况进行深入细致的跟踪审计。我们坚持“边审计、边整改、边规范”的原则，对审计中发现的问题立即整改、及时整改，确保恢复重建安全有序推进。同时，对审计建议整改落实情况即时在全市范围内通报，举一反三，触类旁通，组织相关部门加紧制定完善相关制度，及时纠正规范全市重大项目建设和资金管理，坚持整改与惩戒相结合，将纪律和责任挺在前面，对因工作履职不到位导致出现问题的进行严肃处理、严厉问责，切实增强各级干部的敬畏之心、履职之责。

三、樟木新镇建设进展情况

在全面推进日喀则市“4.25”地震灾区灾后恢复重建各项工作的基础上，我们突出重点着力推进樟木新镇建设。目前，樟木新镇建设进展顺利，群众宣讲工作有序开展。一是超前谋划樟木新镇建设。樟木新镇规划编制和项目前期工作的基础上，于2016年5月实现樟木新镇城乡房屋、基础设施、公共服务系统全面开工建设，年底前基本完成城乡房屋建设；2017年6月底前，基本完成樟木新镇基础设施、公共服务系统建设；2017年12月底前，全面完成樟木新镇建设工作，群众住房、基础设施、公共服务与城区实现无缝对接，群众在樟木新镇安居乐业；2018年12月底前，围绕日喀则市城区总体发展规划，全面完善各项设施，提升公共服务水平，推进产业跨越式发展，建设经济繁荣发达、社会和谐稳定、生态环境优美、人民生活幸福的樟木新镇，率先实现全面建成小康社会目标。二是做实群众工作。市委、市政府坚决贯彻落实区党委、政府决策部署，高度重视樟木群众搬迁安置工作，成立了以市委书记张延清同志任组长，15名市级领导干部任副组长的樟木群众搬迁安置工作领导小组，制订了全面细致的《樟木群众搬迁安置工作方案》。为扎实做好樟木群众宣传教育工作，成立了由市委副书记、市长刘虎山同志担任群众工作组组长，选派11名市级领导干部担任群众工作小组组长，从全市范围内精心挑选抽调55名县级干部、110名科级以下干部组成了11个群众工作小组，8月3日11个群众工作小组全面进驻樟木安置小区开展群众宣讲工作，目前宣讲工作已基本完成，取得了显著成效，已与511户樟木受灾群众签订易地安置协议签订书。三是做优樟木新镇规划。坚持以人为本、科学统筹，坚持改善民生、凝聚人心，坚持统一风貌、突出特色，凝聚各方力量，加大工作力度，以安居为主，高标准建设樟木新区，以乐业为主，高标准建设珠峰文化旅游创意园区，力争打造全市宜居、宜业、宜游的新高地，打造全区一流的样板小区。规划建设樟木新区一期占地面积700亩，建筑面积24万平方米，其中：居民住房建筑面积8万平方米，公共服务设施建筑面积3万平方米，商业贸易建筑面积9万平方米，地下车库建筑面积4万平方米。四是高标准规划建设珠峰文化旅游创意园区。围绕樟木群众搬迁安置和樟木新镇建设，以文化做灵魂，以旅游为载体，紧紧依托环境多样、文化多元、民俗多彩，处处有风光、处处有精品、处处有惊喜的资源优势，充分发挥后藏生态文化、边境文化、民俗文化、红色文化、佛教文化底蕴深厚的独特优势，大手笔谋划、大力度推进，高标准建设珠峰文化旅游创意园区，并积极申报创建国家级文化旅游创意园区。五是着力推进樟木新镇建设进度。截止目前已完成6栋13户样板房建设及装修工作。樟木新镇4个居委会民房建设已全面开工，新镇道路等基础设施建设已全面启动，预计年底民房建设全面竣工。

四、存在的问题和困难

一是政策意见未批复实施。《关于支持“4.25”尼泊尔地震西藏灾区灾后恢复重建政策措施的意见》已同总体规划一并编制完成，是指导灾区恢复重建特别是后期产业扶持的纲领性文件，完全切合灾区实际，截至目前尚未得到自治区人民政府批复实施。

二是项目管理难度较大。灾后恢复重建涉及18县（区），项目建设包括基础设施、公共服务、城乡房屋、产业扶持、灾害防治等方方面面，重建项目点多面广、建设领域广泛，全市范围内缺乏项目管理专业技术人员，工程管理难度较大。

三是整体进度不够理想。目前除民房重建外，其余恢复重建项目整体进度缓慢，部分重建项目前期工作滞后，有些项目还未通过审查，导致恢复重建项目进度滞后。

四是重建质量把关不严。在民房重建施工中部分民房未按照设计图纸施工，部分县存在随意变更施工图纸现象，所建民房未达到《西藏自治区“4·25”地震灾后农牧民居住建筑恢复重建技术导则》的抗震设防标准。

五是项目程序履行不严。部分县未按照项目建设程序，依法依规组织实施重建项目，存在未经招标就开工建设。相关单位依法依规履行项目程序、完善项目手续、强化规程执行方面履职尽责不到位。

六是建材供应保障紧张。因项目建设进入施工黄金期，各种建材使用量大，部分县（区）对主要建材备工备料不充分，导致现阶段建材供应趋于紧张，影响重建项目进度。

七是产业项目谋划滞后。灾后重建、易地扶贫搬迁等工作重点放在民房建设，对恢复重建配套产业发展项目结合不够，对群众增收致富的产业项目研究不深，各县（区）产业项目发展思路单一，产业谋划相对滞后。

五、下一步工作打算

（一）谋划产业支撑。提前定位恢复重建和扶贫产业项目，围绕优势资源，挖掘潜力，整合人才、资金、项目，创新方式，加大力度，切实将优势资源转化为优势产业。扶持培育企业，主动作为，多方联系，做好服务，大力开展招商引资，鼓励有实力的大型企业参与资源和产业开发，支持企业转型升级，促进产业发展壮大；发展园区，科学谋划和推进曲布新区实施，积极参与国家“一带一路”建设，切实把日喀则建成面向南亚合作交流的“桥头堡”，特别是在吉隆口岸严格审批土地使用和城镇建设，为即将到来的外贸井喷式发展做好充足准备。

（二）加大推进力度。认真学习和深刻领会市委、市政府召开的一系列恢复重建工作会议精神，严格按照会议具体要求，抢抓工期，加快进度，做到“时间倒逼工期、目标倒逼进度、督查倒逼责任”，严格按照时间节点推进，下决心突破影响前期工作进度的难点问题，对前期工作办理不到位的重建项目法人进行问责，确保2017年内特色小城镇、整村推进、公共服务、基础设施等领域恢复重建项目如期竣工，完成重建投资41.48亿元。

（三）强化监管工作。要切实加强项目建设和资金监管工作，严格执行政策标准，切实履行项目审批程序。加强项目建设管理，确保工程质量、投资效益和工程进度；严格资金监管，做到专款专用、独立核算，及时协调解决资金使用和管理方面存在的问题，督促有关责任单位严格执行资金使用管理方面的法律、法规和政策；强化重建标准执行力度，严格依据《西藏自治区“4·25”地震灾后农牧民居住建筑恢复重建技术导则》要求，确保重建民房达到抗震设防要求；加强对重建施工全过程的行业监督检查，配齐配全技术人员和监理人员，保障重建项目工程质量安全。

（四）狠抓工作落实。在工作专班相对固定的基础上，结合工作进展情况和阶段性特点，及时充实工作力量，确保一项工作一套人马一抓到底。充分发挥基层组织作用，将项目建设中涉及的基层统筹、乡村协调、群众引导等工作分解由村两委成员、双联户户长负责，确保工作干到点子上，让群众满意。严格跟踪审计纪律要求，改进干部职工作风，结合今年项目建设领域突出问题专项整治行动，进一步优化项目建设环境。

（五）加紧备工备料。严格控制恢复重建项目建设成本，充分考虑，超前谋划，提前备工备料。通过政府行为集中对钢筋、水泥、砂石等主要建材提前谋划，督促相关参建单位加强对主要建材储备工作，保障重建项目建设进度，降低建设成本。

2016年日喀则市国民经济和社会发展统计公报

日喀则市统计局、国家统计局日喀则调查队

（2017年4月）

2016年，在以习近平同志为核心的党中央的亲切关怀下，在自治区党委、政府的坚强领导下，在援藏四省市、两企业的无私援藏下，市委、市政府带领各族干部群众认真贯彻落实中央关于经济工作的大政方针政策和区党委、政府的重大决策部署，加强和改善党对经济工作的领导，统筹推进“五位一体”总体布局，协调推进“四个全面”战略布局，坚持稳中求进工作总基调，坚持新发展理念，主动适应经济发展新常态，瞄准长足发展和长治久安总目标，大力实施“十三五”规划，经济继续保持快速健康发展，实现了“十三五”良好开局。

一、综合

初步核算，全年地区生产总值（GDP）达到187.75亿元，按可比价格计算，比上年增长10.1%。其中：第一产业增加值30.88亿元，增长3.9%；第二产业增加值66.72亿元，增长20.5%；第三产业增加值90.15亿元，增长5.5%。全年人均生产总值达到23838元，增长8.8%。

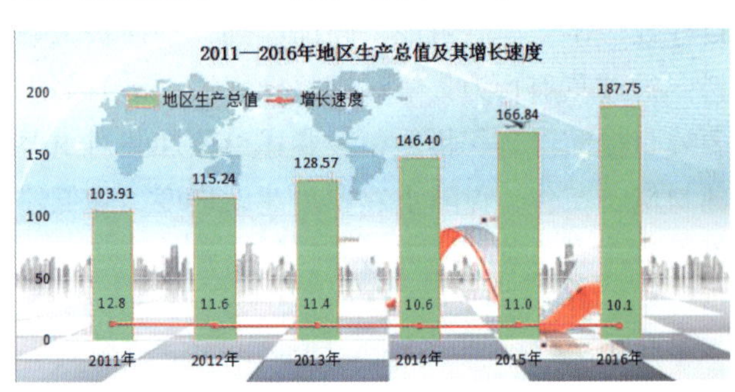

在地区生产总值中，第一、二、三产业增加值所占比重分别为16.5%、35.5%、48.0%。与上年相比，第一产业比重下降1.3个百分点，第二产业上升2.9个百分点，第三产业下降1.6个百分点。分产业贡献率看，第一、二、三产业对生产总值的贡献率分别为5.3%、58.9%、35.8%，拉动生产总值增长0.5、6.0、3.6个百分点。

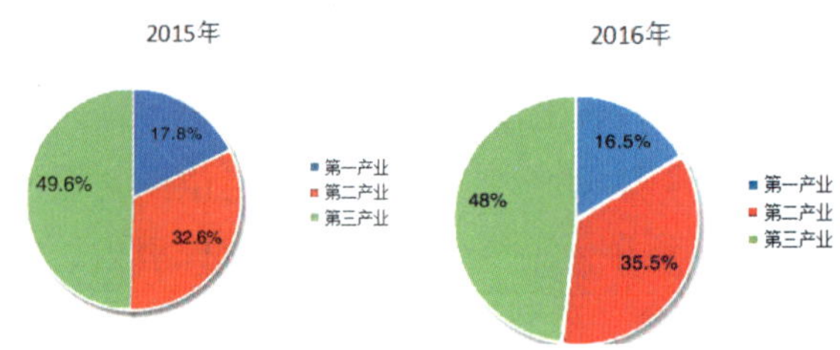

全年居民消费价格（CPI）比上年上涨2.5%，呈“平稳上涨”态势。其中：服务项目价格上涨0.9%；

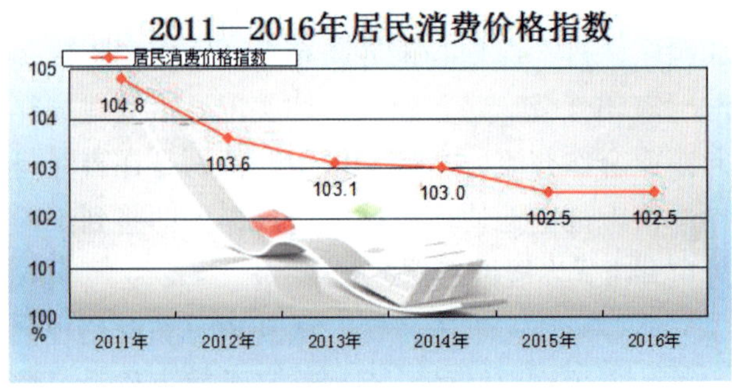

消费品价格上涨3.2%。

在各类消费品中，价格上涨幅度最大的是食品、烟酒和生活用品及服务分别上涨5.7%和

2.4%。商品零售价格上涨1.8%。

上年=100（同期）

指标	2016年
居民消费价格指数	102.5
服务项目价格指数	100.9
消费品价格指数	103.2
食品、烟酒	105.7
衣着	102.2
居住	100.7
生活用品及服务	102.4
交通和通信	99.1
教育文化和娱乐	100.4
医疗保健	100.6
其他用品和服务	102.3
商品零售价格指数	101.8

二、农牧业

全年粮食作物种植面积6.07万公顷，比上年增加0.17万公顷。其中：青稞面积5.33万公顷，增加0.20万公顷；小麦面积0.47万公顷，减少0.01万公顷。油菜籽面积0.99万公顷，增加0.01万公顷；蔬菜面积1.11万公顷，减少0.02万公顷。全年粮食产量39.57万吨，比上年增长3.4%；油菜籽产量3.14万吨，增长4.0%；蔬菜产量33.56万吨，增长1.8%。年末牲畜存栏总数469.33万头只，比上年末减少0.05万头只。其中：牛83.34万头，增加0.34万头；羊379.04万只，减少0.06万只。肉类产量2.95万吨，下降5.8%；奶类产量7.44万吨，增长1.6%。

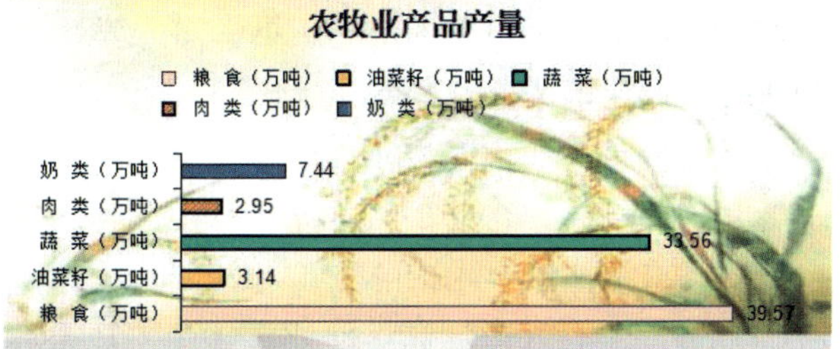

三、工业和建筑业

全年工业总产值21.93亿元，实现增加值11.33亿元，按可比价格计算，比上年增长34.3%。

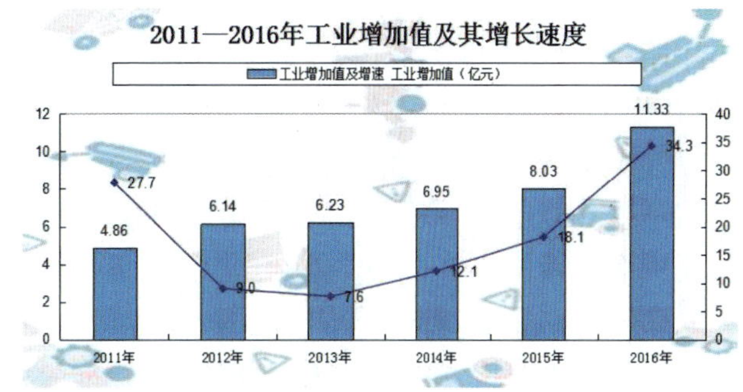

规模以上工业企业（主营业务收入2000万元以上）产值16.66亿元，实现增加值8.38亿元，比上年增长41.1%。

规模以下工业企业产值5.27亿元，实现增加值2.95亿元，比上年下降0.9%。

主要产品产量，水泥106.08万吨，增长63.1%；铅矿2.94万吨，增长29.5%；锌矿1.05万吨，增长1.76倍；中成药（藏药）294.1吨，增长86.3%；糌粑5114吨，增长17.5%；瓶（罐）装饮用水8970吨，增长34.7%；酒类4073吨，增长7.5%；水利发电量9372.32万千瓦时，下降49.5%；自来水生产量1135.80万立方米，增长7.5%。

建筑业实现增加值55.39亿元，按可比价格计算，比上年增长18.3%。

四、固定资产投资

全年全社会固定资产投资253.44亿元，比上年增长80.9%。其中：国家投资189.48亿元，增长1.31倍；

援藏项目投资8.04亿元，下降0.9%；社会投资55.92亿元（含招商引资），增长11.6%。

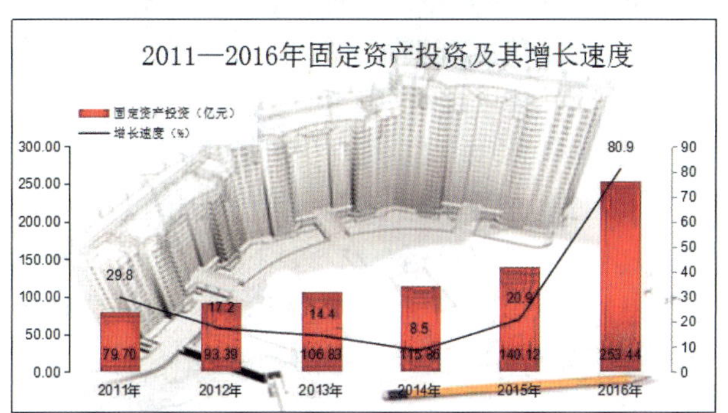

按经济类型分：国有经济投资206.83亿元，比上年增长1.14倍；其他各种经济类型完成投资34.35亿元，增长1.20倍；个体投资12.26亿元，下降56.3%。

按构成分：建筑安装工程投资220.13亿元，比上年增长62.5%，设备、工器具投资30.12亿元，增长11.4倍，其他费用投资3.19亿元，增长41.8%。

按产业分：第一产业17.73亿元，增长56.5%；第二产业40.06亿元，增长2.5倍；第三产业195.65亿元，增长66.5%。

从资金来源渠道看，全年共到位资金195.19亿元，比上年增长61.9%。其中：国家预算内资金139.89亿元，增长88.8%；国内贷款4.75亿元，增长22.8倍；自筹资金43.8亿元，增长12.1%；其他投资6.75亿元，下降6.1%。

全年招商引资项目59个，落实项目23个，其中：亿元以上项目15个。协议资金251亿元，实际到位资金40亿元。

五、国内贸易

全年社会消费品零售总额83.20亿元，比上年增长13.8%。其中：城镇消费品零售额63.09亿元，增长13.6%；乡村消费品零售额20.11亿元，增长14.3%。按消费形态分，商品零售额66.57亿元，增长14.9%；餐饮收入16.63亿元，增长9.4%。

六、对外贸易

全年进出口总额5.85亿美元，比上年增长44.5%。小额贸易实现进出口额5.32亿美元，其中：出口额5.27亿美元，进口额0.05亿美元。

边民互市贸易进出口额0.53亿美元，比上年下降19.7%，占进出口贸易总额的9.1%。

七、交通、邮电和旅游

全年货运量377.48万吨，比上年增长20.3%。其中：公路货运量333.7万吨，比上年增长8.0%；铁路货运量43.78万吨，比上年增长8.12倍。客运量435万人次，比上年增长34.9%。其中：公路运输268万人次，比上年增长7.2%；铁路运输167万人次，比上年增长1.3倍。航空货运量0.03万吨，比上年增长50%；航空客运量4.81万人次，比上年增长30.7%。年末公路总通车里程达1.61万公里，农村公路里程达1.04万公里，153个乡镇、741个建制村通沥青（水泥）路。年末全市民用汽车拥有量达到5.04万辆，比上年末增加0.84万辆，增长20.0%。

全年邮电主营业务收入29626.50万元，比上年下降32.1%。邮政主营业务收入3316.40万元，增长55.2%；电信主营业务收入26310.10万元，下降36.6%。

年末接待国内外旅游者425.20万人次，比上年增长32.8%。其中：接待国内旅游者418万人次，增长33.1%；接待入境旅游者7万人次，增长16.7%。旅游总收入35.24亿元，比上年增长27.3%。其中：国内旅游收入33.84亿元，增长27.8%；外汇收入2119万美元，增长9.0%。

八、财政和金融

年末地方一般公共预算收入12.37亿元，比上年增长30%。其中：税收收入7.59亿元，增长13.5%，非税收收入4.77亿元，增长69.2%。公共财政支出312.37亿元，比上年增长67.9%。

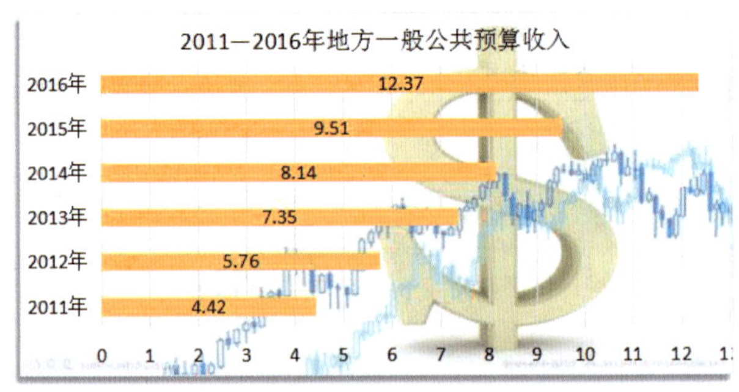

年末全部金融机构本外币各项存款余额522.90亿元，比年初增长36.9%；金融机构本外币各项贷款余额147.90亿元，比年初增长28.7%，其中：个人贷款62.40亿元，增长19.7%。

九、教育、科学技术

年末全市共有各级各类学校433所，在校学生134353人，教学点13个。中等专业学校1所、在校生2140人；中学30所，“十二年一贯制”学校1所，高级中学6所、在校生12335人（含民办169人），初级中学23所、在校生29311人；小学224所、在校生70071人；特殊教育学校1所、特校生181人；幼儿园177所（含民办2所）、在校生20315人（含民办516人）。小学净入学率达99.90%，青壮年文盲率下降到0.44%。

年末全市共有气象站40个，其中：2个基准站、3个基本站、1个一般气象站，19个国家级无人自动气象站，11个区域自动气象站，3个无人交通气象站。建有人影响高炮作业点40个，在桑珠孜、谢通门、江孜、南木林、定日等县区建成30个标准化作业点，覆盖率达到50%，人工影响天气作业点112个，保护农田面积达80万亩。

十、文化、卫生和体育

年末全市共有各级群众艺术馆、文化馆（站）19个，203个乡镇综合文化站。各类专业文艺演出团体1个，民间艺术团18支。中波转播发射台7座，调频转播发射台21座，电视台1座，电视转播发射台21座，乡（镇）、村（居委会）各种广播电视站2769座。广播、电视人口综合覆盖率分别达98.12%和96.48%。地方报纸印刷155.1万份，发行150.8万份。

年末全市共有卫生机构255个，其中：医院22个，（市级二级乙等医院2个、县级二级甲等医院2个、县级二级乙等医院2个），卫生院202个，疾病预防控制中心（卫生防治机构）19个，妇幼保健院（所、站）8个。社区卫生服务中心2个。实有病床床位3725张，其中：医院、卫生院3575张。卫生技术人员3122人，其中：执业医师863人。每千人病床数和卫生技术人员数分别达到3.74张和3.9人。

年末全市小学体育运动场（馆）面积达到57.42万平方米、中学体育运动场（馆）面积达到33.60万平方米。

十一、人口、人民生活和社会保障

年末全市总人口79.19万人，比上年增加0.86万人。其中：农业人口67.94万人，占总人口的85.8%；非农业人口11.24万人，占总人口的14.2%。人口出生率17.21‰，死亡率6.67‰，自然增长率10.54‰。城镇化率24%。

年末城镇居民人均可支配收入27338元，比上年增长9.0%；农村居民人均可支配收入8135元，增长9.9%。

年末城镇基本医疗保险在保9.32万人，城镇居民基本养老保险在保37.98万人，企业职工基本养老保险在保1.39万人，工伤保险在保4.28万人，失业保险在保2.96万人，参加农村社会新型合作医疗保险在保66.95万人。

年末城镇低保对象10448人得到政府最低生活保障救济，发放低保救济金4233.62万元；农村低保对象100793人得到政府最低生活保障救济，发放低保救济金13409.44万元。年末全市共有社会福利院20所，其中：孤儿院2所，集中供养五保人员2064人，儿童福利院床位980张。全年销售社会福利彩票9776.51万元。

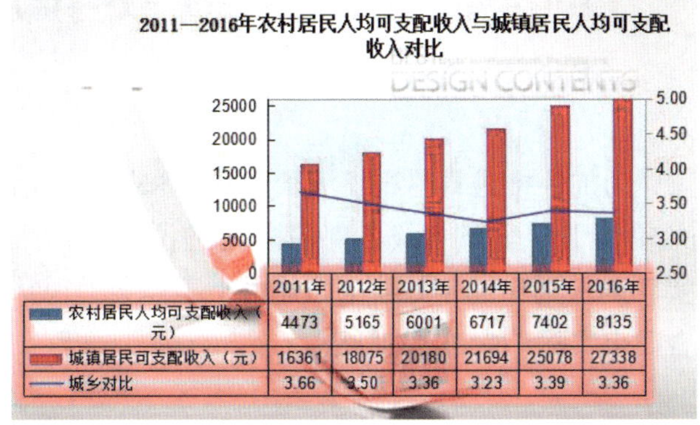

	2011年	2012年	2013年	2014年	2015年	2016年
农村居民人均可支配收入（元）	4473	5165	6001	6717	7402	8135
城镇居民可支配收入（元）	16361	18075	20180	21694	25078	27338
城乡对比	3.66	3.50	3.36	3.23	3.39	3.36

十二、环境、安全生产

加强污染治理、自然保护区管护、辐射环境管理和环保能力建设。全市共有各类环境监测站1个，监测大气环境指标6项，其中：取得PM2.5监测数据12个/日。水监测1000余个。

全年完成各类营造林工程82.3万亩，其中：人工造林26.5万亩，完成率达99.0%。防沙治沙工程50万亩，完成率91.0%；人工林和天然林抚育4.50万亩，完成率100%；新一轮退耕还林1.30万亩，完成率100%。城市绿化主要完成城区8条主干道、火车站周边、环明珠湖、东郊桥进城空地、市旅游服务中心等区域绿化，共计栽植各类苗木10万余株。

截止12月底，全市共发生事故42起，死亡13人，受伤48人，经济损失31.03万元，与上年同比事故起数下降26.31%，死亡人数下降7.14%，受伤人数下降17.24%，经济损失下降60.82%。其中：道路交通方面发生事故27起，死亡12人，受伤48人，经济损失26.40万元；消防火灾方面发生事故14起，经济损失4.64万元；工矿商贸领域发生事故1起，死亡1人。

注：1.本公报数据均为初步统计数，正式数据以《日喀则市统计年鉴2016》为准。

2.对外贸易、交通、邮电、旅游、财政、金融、教育、科技、气象、环保、文化、卫生、体育、社会福利和保障、环境、安全生产方面的数据均由市有关部门提供。

3.地区生产总值、各产业增加值、农林牧渔业总产值、工业产值绝对数按现价计算，增长速度按可比价计算。

日喀则市目标绩效争先进位考核办法（试行）

为加快推进日喀则经济长足发展和社会长治久安，引导全市各级各部门争先进位、狠抓落实，确保到2020年如期全面建成小康社会。现结合我市实际，特制定本办法。

第一章　总则

第一条　目标任务。按照市委、市政府决策部署，牢牢把握改革发展稳定的主动权，科学有效地组织开展目标任务考核工作，努力开创各项事业新局面。

第二条　考核原则。坚持质量效益、统筹兼顾和争先进位原则，突出对各项指标的综合考核，注重考核内容科学性和导向性，努力形成全市改革发展稳定工作争先进位格局。

第二章　考核范围

第三条　考核对象。目标任务争先进位考核范围为18个县区和92家市（区、中）直单位（以下简称市直单位），其中不含市管企业。

第三章　指标体系

第四条　指标设置。县区考核指标设置发展、稳定、党建、民生、生态和全面深化改革、决策执行落实、领导评价8大类。市直单位考核指标设置为稳定、党建、职能效能和全面深化改革、决策执行落实、领导评价6大类。

第四章　分值及计算办法

第五条　分值设定。县区考核和市直单位考核均实行百分制。县区考核分值划分为发展指标20分、稳定指标20分、党建指标20分、民生指标15分、生态指标10分、全面深化改革7分、决策执行落实指标5分、市领导评价指标3分。市直单位考核分值划分为稳定指标20分、党建指标20分、职能效能指标35分、全面深化改革10分、决策执行落实指标12分、市领导评价指标3分。

第六条　计算方法。县区考核综合得分计算方法为发展指标得分+稳定指标得分+党建指标得分+民生指标得分+生态指标得分+全面深化改革指标得分+决策执行落实指标得分+市领导评价指标得分。市直单位考核综合得分计算方法为稳定指标得分+党建指标得分+职能效能指标得分+全面深化改革指标得分+决策执行落实指标得分+市领导评价指标得分。

第七条　分值体系（略）。

第八条　加分办法。加分只针对发展、民生指标，最高不超过发展、民生指标分值的10%，其余指标不单设加分内容。每获得一次国家级集体奖励的，加3分（国家级奖励指中共中央、国务院、中央军委颁发的奖励）；每获得一次自治区党委、政府或国家部委集体奖励的，加2分；每获得市委、市政府或自治区厅局一次集体奖励的，加1分（当年获奖，次年奖励的，列入次年加分）。同一件事项若被2级以上集体奖励的，不累计加分，按最高集体奖励的加分。

第九条　扣分办法。凡在工作中出现重大问题，被中央一级通报的，将从综合得分中扣除3分；被自治区一级通报的，将从综合得分中扣除2分；被市一级通报的，将从综合得分中扣除1分。扣分将以通报次数累计，一件事项若被2级以上通报，不累计扣分，按最高通报的扣分。对因国家大政策调整和不可抗拒的重大自然灾害影响考核结果的，本着全面、公正的态度统筹考虑。

第十条 一票否决。当年在党风廉政、社会稳定、生态环保、安全生产“四条底线”方面发生重大问题或事故，实行一票否决，取消评优资格（“四条底线”一票否决的具体内容见附件5）；在全国、全区组织的各类考评验收工作中，因本县区、本部门工作不力而严重影响全市工作的，实行一票否决，取消该县区、部门评优资格；凡出现重大决策失误或工作失误，造成严重后果的，对涉及的大指标（非子项指标）考核分为零。

第十一条 基础数据采集。基础数据以当年年度实际完成数据为准，其中县区发展指标以市统计局核准的当年年度数据为准。

第五章 奖惩

第十二条 奖项设置。县区设置：设年度县区争先进位一、二、三等奖，其中一等奖1个、二等奖2个、三等奖3个。设年度地方财政一般公共预算收入增速第一名、全社会固定资产投资增速第一名、农村居民人均可支配收入增速第一名、灾后恢复重建完成率第一名、脱贫攻坚完成率第一名、产业发展突出贡献6个单项奖。

市直单位设置：将92个市直单位分为6个考核单元，共设10个年度市直单位争先进位奖表彰名额（详见附件2）。

根据《公务员法》和《公务员奖励规定（试行）》，对工作表现突出、取得显著成绩的县区、市直单位和个人，按照规定的权限和程序予以记功、嘉奖。

第十三条 奖惩政策。奖励政策：采取精神奖励和物质奖励并行的方式。精神奖励：对获奖县区、市直单位和个人进行荣誉表彰，颁发荣誉证书，同时为记三等功以上奖励的个人颁发奖章，为记三等功以上奖励的县区、市直单位颁发奖牌，在全市通报表扬。物质奖励：奖励资金列入年初财政预算。年度县区争先进位一等奖、二等奖、三等奖分别奖励第13个月工资3倍、2倍、1倍的奖金（不含正常的第13个月工资）。年度市直单位争先进位奖奖励第13个月工资1倍的奖金（不含正常的第13个月工资）。年度地方财政一般公共预算收入增速第一名、全社会固定资产投资增速第一名、农村居民人均可支配收入增速第一名、灾后恢复重建完成率第一名、脱贫攻坚完成率第一名、产业发展突出贡献分别奖励第13个月工资1倍的奖金（不含正常的第13个月工资）。记功、嘉奖的县区、市直单位和个人的奖励，按照《公务员法》和《公务员奖励规定（试行）》执行。

惩戒政策：主要是经济处罚、通报批评。对年度县区、市直单位争先进位考核不达标（考核综合成绩80分以下，不含80分）的处罚第13个月工资；对年度地方财政一般公共预算收入增速、全社会固定资产投资增速、农村居民人均可支配收入增速、灾后恢复重建完成率、脱贫攻坚完成率、产业发展6个单项奖指标考核不达标的（考核分数低于本单项指标分数的80%，不含80%），处罚第13个月工资。处罚资金上缴市财政，同时在全市范围通报批评。

第十四条 结果运用。考核结果提交市委组织部，作为考核干部实绩、选拔任用干部的重要参考依据之一。

1.当年考核不达标（考核综合成绩80分以下，不含80分）的县区和市直单位本年度不得评选先进。同时，由市委、市政府主要领导对其主要负责同志进行诫勉谈话。

2.连续两年考核不达标的，县区、市直单位主要负责人就地免职，三年内不得提拔使用。

3.驻市区（中）直单位（含中管企业）一并纳入考核对象，但不列入奖惩范围，其综合考核情况由市考核领导小组代表市委、市政府向其上级主管部门反馈，并建议作为考察领导班子和主要负责人的重要参考依据。

第六章组织实施

第十五条 机构设置。成立以市政府市长任

组长，相关市级领导任副组长，有关部门负责同志为成员的目标绩效争先进位考核工作领导小组，领导小组下设办公室，具体负责考核实施工作，考核实施细则由考核领导小组制定。市管企业的考核，由市政府国资委负责组织实施。

第十六条　考核时间。自2016年起，对县区、市直单位统一实行年终考核，并在市委全委会或全市经济工作会议期间召开表彰大会进行表彰奖励。

第十七条　考核纪律。对考核指标数据不真实的县区、单位取消表彰资格，缺额依次递补。对在考核工作中有弄虚作假行为的，对县区、单位主要领导给予党纪政纪处分，撤销授予奖项，追回奖金，同时追究相关人员的责任。对考核领导小组成员及工作人员在考核工作中利用职权徇私舞弊、失职渎职、工作出现重大失误的，将依照有关法律法规进行严肃处理。

第十八条　考核结果审定。市考核领导小组提出考核结果建议提交市委常委会会议研究决定。

第十九条　本办法由市考核办负责解释。

第二十条　本办法自下发之日起执行。

多庆错湿地

光荣榜

全国双拥模范城

日喀则市

全国宣传推选志愿服务“四个100”最佳志愿服务项目

共青团日喀则市委员会

共青团中央青少年维权岗

日喀则市检察院

全国“母亲邮包”项目优秀实施奖

日喀则市妇联

共青团中央2015–2016年度全国青年文明号

昌果边防派出所

全国绿化先进集体

日喀则市林业绿化局

全国森林防火先进单位

日喀则市林业绿化局

全国基层理论宣讲先进集体

市委宣传部

2015–2016年度全国文化市场重大案件办案单位

日喀则市网信办

文化部第十七届“群星奖”

拉孜县民间艺术团

全国四级广场舞“优秀组织奖”

日喀则市群众艺术馆

全国“五好”县级工商联

桑珠孜区工商联
江孜县工商联
仁布县工商联

全国科普日活动优秀组织单位

日喀则市科学技术协会

全国科普日特色活动优秀奖

日喀则市科学技术协会

全国财政“六五”法制宣传教育先进集体

日喀则市财政局

全国农业先进集体

日喀则市农牧局

全国文明窗口单位

江孜县工商局

全国维护妇女儿童权益先进集体

日喀则市民政局

全国计划生育协会先进单位

日喀则市卫生和计划生育委员会

第五届平安中国防灾宣导系列公益活动优秀组织奖

日喀则市地震局

全国气象系统国家级创新大奖

日喀则市气象局

2016年度全国优秀气象科普教育基地

日喀则市扎西吉彩气象科普教育基地
日喀则市亚东县帕里镇气象局

全国公安信访窗口示范单位

日喀则公安局法制支队人民来信来访办公室

全国食品药品监督管理系统先进集体

日喀则市食品药品监督管理局

全国人民防空先进城市

日喀则市

全国交通运输行业文明示范窗口

日喀则交通综合执法支队

岗位技能练兵暨实战化训练先进支队级单位

日喀则市公安边防支队

G20峰会边防安保集体三等功

乌布齐桥边境检查站

公安边防部队先进党支部

帕里边防派出所

公安边防管理局爱民固边先进集体

昌果边防派出所

樟木边防派出所

全国先进基层党组织

西藏自治区聂拉木口岸公安分局迪斯岗便民警务站

全国“两清理一排查”专线行动成绩突出集体

日喀则市桑珠孜区公安局治安管理大队

全国公安机关执法示范单位

日喀则市公安局交通警察支队

全国安康杯优胜单位

中国石油西藏销售日喀则分公司

2015-2016年“全行企业文化建设先进单位”

中国建设银行日喀则分行

2015–2016年度总行级“平安建行”二级分行先进集体

中国建设银行日喀则分行

总行级“客户营销百佳网点”

中国建设银行日喀则分行

2016–2020年度全功科普示范县

定结县　江孜县
康马县　仁布县
谢通门县

第四届“中国民族区域法治论坛”征文活动一等奖

黄　昭　委　中共日喀则市委党校

第十届“全国农村青年致富带头人”

旦增欧珠　定日县岗嘎镇民族手工合作社经理

全国三八红旗手

德吉普尺　日喀则市国家税务局

全国维护妇女儿童先进个人

拉巴普赤　日喀则市妇联

公安部边防管理局爱民固边先进个人

旦增桑布　日喀则市公安边防支队

公安部边防管理局公安边防部队执法标兵

谢　智　博　日喀则市公安边防支队
邓　　　锐　日喀则市公安边防支队

全国农业先进个人

达瓦扎西　日喀则市农牧局
罗　　布　日喀则市农牧局

全国最美消费维权人物

巴桑次仁　江孜县工商局

全国先进个体工商户

朱祥务 李 林

全国文明窗口工作者

张 容

中国人民银行总行级优秀共青团干部

方 旭 中国人民银行日喀则分行

第三届“青年创新建行强”大赛二等奖、产品“创意项目”三等奖

次仁多布吉 中国建设银行日喀则分行

全国金融系统银行证券保险综合业务技能竞赛项目优秀奖

杜聪明 中国建设银行日喀则分行

总行级“私人银行客户拓展最佳个人”、“商户拓展百佳能手”

徐 莉 中国建设银行日喀则分行

全国“五一劳动奖章”

白玛多吉 中国银行日喀则分行樟木支行

TCL希望工程烛光奖

边巴旺堆 聂拉木县樟木镇小学

国家先进扶贫工作者

丹 增 日喀则市扶贫开发办公室

享受国务院特殊津贴

周明辉 日喀则市职业技术学校

中国电信集团公司双领先地市分公司总经理

西 嘎 中国电信集团公司日喀则分公司

中国电信集团公司安全保卫工作先进个人

索朗次仁 中国电信集团公司日喀则分公司

中国电信集团公司后项流量先进个人

李贵贤 中国电信集团公司日喀则分公司

中国电信集团公司动力维护标兵

达　　旺　中国电信集团公司日喀则分公司

公安部网安局互联网信息监控工作先进个人

白　　玉　日喀则市公安局网络安全保卫支队

全国第八批刑事技术青年人才

塔　　杰　日喀则市桑珠孜区公安局刑事侦查大队

全国绿化先进个人、全国绿化劳模、全国绿化先进奖章

宋 国 军　日喀则市林业绿化局

次　　仁　日喀则市林业绿化局

巴　　罗　日喀则市林业绿化局

次旦旺久　日喀则市林业绿化局

全国乡村教师从教30年荣誉奖

多　　拉　拉孜县热萨乡中心小学

班　　贵　拉孜县拉孜镇中心小学

仓　　拉　拉孜县查务乡中心小学

巴　　桑　康马县

西藏自治区2016年上半年宗教工作先进集体

中共日喀则市委统战部

西藏自治区先进基层党组织

日喀则市青年志愿者协会

日喀则市广播电视台

西藏自治区2016年度先进寺庙管委会

日喀则市扎什伦布寺管理委员会

西藏自治区2016年度舆情信息工作、藏语新创作、新旧西藏对比宣传教育先进集体

日喀则市委宣传部

西藏自治区2016年度舆情发现力先进集体、互联网先进党组织、文化市场综合执法办案先进集体

日喀则市网信办

西藏自治区2016年度文物工作先进集体

日喀则市文化局

西藏自治区2016年度财政系统人事教育统计工作先进单位

日喀则市财政局

西藏自治区2016年度畜牧业先进集体

日喀则市种畜站

西藏自治区三八红旗集体

日喀则市国税局

西藏自治区文明单位

中国农业银行股份有限公司日喀则分行
中国邮政集团公司日喀则市分公司
江孜县法院
拉孜县法院

西藏自治区教研先进单位、赛课先进单位

日喀则市教育局

西藏自治区人社工作先进集体、人社宣传工作先进集体

日喀则市人力资源和社会保障局

西藏自治区重人气象服务先进集体、“十二五”期间农牧科教先进集体

日喀则市气象局

西藏自治区地方志工作先进集体

日喀则市南木林县
日喀则市江孜县

西藏自治区五四红旗团委

共青团日喀则市南木林县委员会
共青团日喀则市桑珠孜区委员会
日喀则市白朗县洛江镇团支部
日喀则市昂仁县秋窝乡杂岗村团支部
武警西藏边防总队吉隆边防检查站监护中队团支部

日喀则市公安消防支队特勤中队团支部

西藏自治区创先争优强基层惠民生先进驻村工作队

日喀则市妇联
日喀则市环境保护局驻岗巴县门德村工作队
日喀则市发展和改革委员会
日喀则市农牧局驻定结县郭加乡切村工作队
日喀则市动植监所驻定结县郭加乡准贵村工作队
日喀则市国资委驻德吉林镇当雄村工作队
日喀则市统计局驻聂拉木县门布乡普日村工作队
日喀则市工商局驻达孜乡日穷村工作队
日喀则市江孜县工商局
日喀则市人社局驻郭家村工作队
日喀则市地震局驻拉孜县芒普乡普村工作队
中国人民保险日喀则分公司
日喀则市人大驻白朗县洛江镇罗林村工作队
日喀则市人大驻白朗县洛江镇康萨村工作队
日喀则市人大驻南木林县土布加乡门嘎村工作队
日喀则市政协办驻南木林县土布加乡贡西村工作队
日喀则市中级法院驻萨迦县查荣乡夏嘎村工作队
日喀则市中级法院驻萨迦县查荣乡松多村工作队
仲巴县检察院驻仲巴县亚热乡里孜村工作队
日喀则市司法局驻克玛乡林努村工作队
日喀则市审计局驻定日县协噶尔镇翁嘎村工作队
日喀则交通综合执法支队

西藏自治区民族团结进步模范集体

中共日喀则市委党校
日喀则市国税局
中国农业银行股份有限公司日喀则分行
中国邮政集团公司日喀则市分公司
日喀则市公安局

2016年度西藏邮政五好支局

中国邮政集团公司日喀则市分公司
中国邮政集团公司日喀则市分公司代理金融业务部营业厅
桑珠孜区邮政支局
仲巴县分公司

南木林县分公司
谢通门县分公司
拉孜县分公司

西藏自治区优秀组织单位

中国人民保险日喀则分公司
日喀则市人大驻南木林县土布加乡门嘎村工作队
日喀则市中级法院
日喀则市审计局

西藏自治区乡村教师从教21、22年荣誉奖

仁增拉孜县柳乡中心小学
落桑拉孜县柳乡中心小学

西藏自治区国防动员建设先进个人

刘 虎 山　日喀则政府市长

西藏自治区三八红旗手

边巴央珍　谢通门县

西藏自治区外宣工作先进个人

晏 利 红　日喀则市委宣传部

西藏自治区六五普法先进个人

美多央金　定日县委政法委常务副书记

西藏自治区文化市场综合执法先进个人

洛桑次仁　日喀则市委宣传部
李 西 龙　日喀则市委宣传部

西藏自治区社会治安综合治理先进工作者

巴桑次仁　仲巴县委政法委副书记

西藏自治区新闻宣传先进个人

何 胜 科　日喀则市委宣传部
多吉次仁　日喀则市新闻出版广电局

西藏自治区文物工作先进个人

陶 明 君　日喀则市文化局党组书记

西藏自治区国土资源系统先进个人

旺　　拉　日喀则市国土资源局
罗　　杰　日喀则市国土资源局

西藏自治区信访工作先进个人

段　　锋　日喀则市住房和城乡建设局

西藏自治区优秀公务员

尼玛旦增　日喀则市工商行政管理局

西藏自治区文明户

欧　　珠
谢 琳 毅
尼玛普赤　定结县法院

西藏自治区优秀教研员

谭 铁 强　日喀则市教育局教科所

西藏自治区优秀会计

拉巴扎西　日喀则市教育局财务科

西藏自治区优秀党员

魏 德 全　日喀则市职业技术学校

西藏自治区优秀党务工作者

格桑玉珍　南木林县民宗局副主任科员

西藏自治区中小学优秀校长

冉 长 江（市一高）

西藏自治区民族团结模范个人

贾 海 龙（康马县）

西藏自治区教育行业妇女岗位建功先进集体

白朗县幼儿园

西藏自治区“十二五”期间科教文卫服务先进个人

罗　　布　亚东县气象局

西藏自治区重大气象服务先进个人

莫　　沙　日喀则市气象局
旦增伦珠　日喀则市气象局

西藏自治区民族团结进步模范个人

米玛潘多　日喀则市食品药品监督管理局

西藏自治区乡村教师从教30年荣誉奖

姓名	单位	姓名	单位
参木决	萨迦县拉洛乡中心小学	次仁扎西	萨迦县木拉乡中心小学
巴旺	萨迦县赛乡中心小学	普布	萨迦县扎西岗乡中心小学
次旺仁增	萨迦县木拉乡中心小学	小次仁	萨迦县扎西岗乡中心小学
吴坚	萨迦县木拉乡中心小学	边巴	萨迦县麻布加乡中心小学
普琼	聂拉木县乃龙乡小学	尼玛	萨迦县麻布加乡中心小学

西藏自治区乡村教师从教25年荣誉奖

姓名	单位	姓名	单位
琼拉	拉孜县芒普乡中心小学	索罗	定日县岗嘎镇完小
巴桑次仁	南木林县	达瓦	南木林县
旦增	南木林县	尼玛多吉	南木林县
米玛	南木林县	罗旦	萨迦县拉洛乡中心小学
多拉	萨迦县吉定镇中心小学	次仁顿珠	谢通门县
巴桑	吉隆县	次罗	岗巴县

西藏自治区乡村教师从教20年荣誉奖

姓名	单位	姓名	单位
普琼	白朗县	次旺	白朗县
扎西次仁	白朗县	尼玛盆多	白朗县

姓名	单位	姓名	单位
普布	白朗县	石达	白朗县
索朗	白朗县	吉次仁	聂拉木县琐作乡小学
平加	聂拉木县乃龙乡小学	巴桑	聂拉木县乃龙乡小学
索朗次旺	聂拉木县琐作乡小学	尼玛次仁	聂拉木县门布乡小学
格桑次旺	聂拉木县樟木镇小学	普布扎西	拉孜县扎西宗乡中心小学
拉巴扎西	拉孜县扎西宗乡中心小学	普布	拉孜县芒普乡中心小学
平措	拉孜县芒普乡中心小学	旦增次旺	拉孜县查务乡中心小学
米琼	拉孜县查务乡中心小学	巴桑	拉孜县热萨乡中心小学
达琼	定日县措果小学	扎西	定日县克玛完小学
索朗	定日县扎西宗乡中心小学	次仁罗杰	定日县克玛乡南果完小
次仁多布杰	定日县尼辖乡完小	次珍	定日县协格尔镇翁嘎完小
云旦	定日县协格尔镇翁嘎完小	达瓦扎西	定日县岗嘎镇东巴小学
达娃	定日县扎果乡小学	洛卓	定日县扎果乡小学
平措	定日县岗嘎镇完小	普琼达娃	定日县曲洛完小
尼玛普赤	定日县曲洛完小	达瓦次仁	定日县盆吉乡完小
扎西	定日县扎西宗乡巴松小学	米玛	定日县扎西宗乡巴松小学
次仁仓木决	定日县扎西宗乡巴松小学	达瓦罗布	定日县加措乡小学
边巴确吉	定日县加措乡小学	次仁白珍	定日县加措乡小学
边巴罗布	定日县加措小学	达娃吉宗	定日县加措乡小学
边巴塔曲	南木林县	普布	南木林县
泽巴	南木林县	索朗加布	南木林县
普赤	南木林县	格桑卓嘎	南木林县
边巴普赤	南木林县	次仁群培	南木林县
珠加	南木林县	旺堆	南木林县
罗布加措	南木林县	次仁	南木林县

姓名	单位	姓名	单位
白玛占堆	南木林县	达片	南木林县
次仁	南木林县	仁青达瓦	南木林县
白玛	南木林县	米玛顿珠	南木林县
仁青桑布	南木林县	平措旺堆	南木林县
顿珠	南木林县	边巴次仁	南木林县
尼玛确巴	南木林县	罗布占堆	南木林县
索朗曲珍	南木林县	罗布旺堆	南木林县
琼达次仁	南木林县	多布杰	南木林县
男琼达	南木林县	巴琼	萨迦县拉洛乡中心小学
白玛石南	萨迦县拉洛乡中心小学	尼珍	萨迦县扎西岗乡中心小学
德庆益西	萨迦县查荣乡中心小学	喜琼	萨迦县扎西岗乡中心小学
洛加	萨迦县查荣乡中心小学	确巴	萨迦县吉定镇中心小学
旺堆	萨迦县赛乡中心小学	巴桑	萨迦县吉定镇中心小学
扎西	萨迦县赛乡中心小学	卓嘎	萨迦县吉定镇中心小学
欧珠	萨迦县赛乡中心小学	米玛次仁	萨迦县扯休乡中心小学
尼确确	萨迦县赛乡中心小学	白玛次仁	萨迦县扯休乡中心小学
次仁	萨迦县木拉乡中心小学	达琼	萨迦县麻布加乡中心小学
尼玛次仁	萨迦县雄麦乡中心小学	普布琼拉	萨迦县雄玛乡中心小学
明明	萨迦县扎西岗乡中心小学	旦增顿珠	萨迦县雄玛乡中心小学
普布次仁	定结县	吴坚	定结县
边巴扎西	吉隆县		

西藏自治区创先争优强基础惠民生活动先进驻村（居）工作队员称号

姓名	单位	姓名	单位
尼玛次仁	日喀则市妇联	格桑琼达	日喀则市统计局

姓名	单位	姓名	单位
索朗顿珠	日喀则市公安边防支队	李项	日喀则市统计局
陈义坤	日喀则市委宣传部	拉旺热丹	日喀则市工商行政管理局
次仁桑珠	日喀则市文化局（文物局	扎西卓玛	日喀则市工商行政管理局
确列	日喀则市文化局（文物局）	多布杰	日喀则市国家税务局
拉巴	日喀则市新闻出版广电局	索娜德吉	日喀则市国家税务局
多吉次仁	日喀则市新闻出版广电局	欧琼达	日喀则市国家税务局
达娃	日喀则市电影管理站	次仁	日喀则市国家税务局
巴桑加措	日喀则市工商联	肖慧霞	日喀则市国家税务局
边巴顿珠	日喀则市财政局	李新宇	日喀则市国家税务局
旺堆	日喀则市农牧局	边巴普赤	日喀则市国家税务局
肖玲	日喀则市农牧局	达琼	日喀则市地震局
尼玛顿珠	日喀则市农牧局	扎西	中国人民保险日喀则分公司
宫建军	日喀则市农牧局	益西卓嘎	中国人民保险日喀则分公司
张伟	日喀则市农牧局	边巴次仁	中国建设银行日喀则分行
边琼	日喀则市农牧局	诺尔桑	政协日喀则市委员会办公室
平措多吉	日喀则市农牧局	旦增罗布	政协日喀则市委员会办公室
次仁	日喀则市国资委统计评价科	孟根图雅	日喀则市中级法院
武龙	日喀则市国资委产权管理科	次仁央宗	日喀则市桑珠孜区法院
牛安保	日喀则市政法委	杨孝梅	日喀则市司法局
琼达	日喀则市司法局	普布琼达	日喀则市审计局固定资产投资审计科
德吉	日喀则市审计局经贸农业与资源环保审计科	加央次仁	日喀则市交通综合执法支队
边巴索朗	教育局驻白朗县	白玛旺久	教育局驻白朗县
曹骁勇	教育局驻亚东县	旦增赤列	教育局驻南木林县
顿珠次仁	教育局驻南木林县	阿琼	萨迦县中学
普布珍拉	萨迦县委政法委副书记	边巴卓玛	谢通门县妇联主席

姓名	单位	姓名	单位
查果	吉隆县	加央曲珍	南木林多角乡妇联主席
达瓦次仁	南木林县委政法委常务副书记	刘春梅	南木林政协办科员
罗央	南木林组织部驻卡孜乡鲁古东村工作队队长	次仁卓啦	南木林县组织部驻卡孜乡鲁古东村工作队副队长
次仁片多	南木林检察院驻多角乡扎西孜村工作队队员	次仁卓嘎	南木林环保局驻多角乡祖村工作队队员
央宗	南木林住建局驻热当乡欧布堆村工作队副队长	次仁卓玛	南木林林业局驻艾玛乡德村工作队副队长
谢静	南木林镇驻米如村工作队队长	白玛央拉	达那乡驻塔冲村工作队副队长
次仁潘多	索金乡驻嘎孜村工作队副队长	次仁	热当乡驻白多村工作队副队长

西藏自治区最美家庭

姓名	单位	姓名	单位
普赤	日喀则市卫生计委	次旦顿珠	日喀则市桑年木乡曲嘎村
参木拉	日喀则市桑珠孜区县完小	点旦	日喀则市江孜县年堆乡
珍拉	日喀则市江孜县年堆乡	阿旺	日喀则市聂拉木镇亚来乡亚来村
普布仓决	日喀则市亚东县下亚东乡切玛村	尼玛	日喀则市仲巴县帕江乡如嘎村
卓玛	日喀则市吉隆县宗嘎镇杂龙村	桑培	日喀则市昂仁县查孜乡查孜村邮政所
贵桑	日喀则市聂拉木镇充堆村	次旦扎西	日喀则市昂仁县秋窝乡帮布村
普布	日喀则市萨嘎县发改委	尼玛	日喀则市南木林县中学
达珍	日喀则市林业局	白玛拉珍	日喀则市雅喜幼儿园
德吉卓嘎	日喀则市艺术团	徐凤蕊	日喀则市工商局
尼玛顿珠	日喀则市公路分局聂拉木公路段十八工区	吴坚	日喀则市仁布乡仁布村

西藏自治区优秀团员

姓名	单位
罗桑旺加	日喀则市邮政管理局行业管理科科员
久米多吉	日喀则市一高学生部团总支书记

姓名	单位
宋辉	西藏公安边防总队日喀则边防支队龙中派出所战士
扎西平措	日喀则市职业技术学校学生团总支副书记
吴仕碧	武警西藏总队日喀则支队作战勤务值班室通讯员

西藏自治区优秀团干

姓名	单位
索朗德吉	日喀则市江孜县年堆乡团委副书记
普尺	共青团日喀则市康马县委员会书记
陆萍	日喀则市一高团委副书记
达瓦次仁	武警西藏日喀则支队三大队九中队副中队长

西藏自治区五四奖章

姓名	单位
西嘎	中国电信集团西藏日喀则分公司总经理
张高勇	西藏公安边防总队聂拉木县边检站勤务中心队上等兵
曲培	日喀则市萨嘎县公安局嘎乡派出所副所长

西藏自治区优秀驻寺干部

姓名	单位	姓名	单位
尼玛琼拉	日喀则市扎什伦布寺管理委员会	米玛顿珠	日喀则市扎什伦布寺管理委员会
尼玛多吉	日喀则市扎什伦布寺管理委员会	刘兴莉	日喀则市扎什伦布寺管理委员会
次旺普赤	日喀则市扎什伦布寺管理委员会	扎西次仁	日喀则市扎什伦布寺管理委员会

西藏自治区优秀教师称号

姓名	单位	姓名	单位
周顺华	日喀则市职业技术学校	德珍	拉孜县热萨乡中心小学
次仁加错	聂拉木县亚来乡小学	次旺玉卓	萨嘎县

姓名	单位	姓名	单位
次仁卓玛	定日县教育局	次仁片多	萨嘎县
秦文侠	南木林县	卓嘎	康马县
强巴	岗巴县	巴桑	仲巴县
拉加	仲巴县	拉巴顿珠	江孜高中
拉巴顿珠	雅喜幼儿园		

西藏自治区优秀教育工作者

姓名	单位	姓名	单位
尼玛央金	日喀则市职业技术学校	米玛	康马县
董永彬	市特校		

西藏自治区模范班主任

姓名	单位	姓名	单位
贡嘎桑布	聂拉木县中学	格桑	定结县
西罗	市一高		

西藏自治区地方志先进工作者个人

姓名	单位	姓名	单位
角巴杰	日喀则市委党史办	罗小建	仲巴县委办
顿珠	萨嘎县拉藏乡	陶斯平	定结县委办

“十二五”定点帮扶先进单位

单位	单位
市纪委	市民政局
市财政局	市人社局
市农牧局	市统计局
市林业局	市扶贫办

单位	单位
市烟草专卖局	市气象局

2015年度日喀则市社会治安综治治理工作先进集体

吉隆县	谢通门县	聂拉木县	江孜县
拉孜县	康马县	市委统战部	市发改委
市教育局	市财政局	市信访局	市邮政管理局
市武警日喀则市支队			

日喀则市国家安全人民防线工作先进集体

获奖单位	获奖单位
桑珠孜区国家安全领导小组	昂仁县国家安全领导小组
江孜县国家安全领导小组	吉隆县国家安全领导小组
定日县国家安全领导小组	亚东县国家安全领导小组
日喀则市国家安全领导小组指导办公室	市教育局国家安全小组

日喀则市国家安全人民防线工作先进个人

姓名	姓名	姓名	姓名	姓名
尼玛加布	罗布顿珠	唐次仁（桑珠孜区）	琼达	米玛旺堆
达瓦次仁	尼吉	汪志忠	西洛	边巴顿珠
索朗罗布	侯荣	次仁顿珠	次旦	
白玛多吉	洛桑	格桑德吉	格桑卓嘎	
周庆	普琼（康马）	曲达	巴桑次仁	
普琼（聂拉木）	丹增（仲巴）	丹增	董昆红	
加措	顿珠	郭利倾	普布扎西	

全市第一届劳动模范

姓名	单位	姓名	单位
多吉占堆	市交通运输局吉隆公路段机械操作手	次仁	白朗县嘎东镇色唐荞麦加工合作社

姓名	单位	姓名	单位
欧珠	谢通门县吉定村农机维修示范点负责人	普姆	萨迦县住建局环卫队队员
多吉	定结县供电公司职工	仓木	聂拉木县神猴药业有限责任公司职工
尼玛石曲	南木林县南木镇仁欧村农民建筑队负责人	阿旺扎西	聂拉木县乃龙乡达曲村农民工
吴金次仁	萨迦县扯休乡扯休村农民工	达瓦	仁布县德吉林镇那休村党支部书记
边巴顿珠	白朗县巴扎乡彭仓村党支部书记	拉巴	谢通门县达木夏乡琼达村党支部书记、主任
米玛	定日县措果乡吉定村党支部书记	多吉次旺	昂仁县达居乡达居村党支部书记
土旦	亚东县帕里镇第一社区党总支部书记	史志强	桑珠孜区农业精品示范珠峰文化发展有限公司总经理
米玛次仁	哈达集团日喀则神湖酒店经理	洛桑	拉孜县查务乡唐秦建筑队负责人
多布庆	江孜县灿达经济发展有限公司经理		

全市先进工作者

姓名	单位	姓名	单位
张延丽	市农业科学研究所助理研究员	边巴穷达	桑珠孜区农牧综合服务中心副主任
尼次	仁布县普松乡中心小学副校长	尼玛仓木拉	拉孜县卫生服务中心药剂科主任
措姆	岗巴县完全小学教师	平措	市公安局交警支队科员
阿旺多吉	萨嘎县公安局22道班一级检查站科员	南木朗	仲巴县卫生服务中心助理
扎西	昂仁县日吾其乡小学校长	曲桑	南木林县艾玛乡卫生院藏医执业医师
欧珠	市人民政府办公室后勤服务中心驾驶员	张宇	桑珠孜区委办公室常务副主任、区直机关工委书记、区发改委副主任
珠桑	定日县农牧综合服务中心副主任	达娃顿珠	南木林县艾玛乡孜东曲德寺管委会副主任
边片	市人民医院保健内科主治医师	尼玛次仁	市发改委项目投资评审中心主任
拉罗	市林业局森林公安局副主任科员	米珍	昂仁县卫生服务中心总病区主任

日喀则市2016年上半年和谐模范寺庙

获奖单位	获奖单位	获奖单位
扎什伦布寺	定日县措果乡贡达孜寺	曲洛乡贡达普寺
岗嘎镇贡达普寺	巴龙寺	萨嘎县努贡寺
拉孜县平措林寺	仁青顶尼姑寺	格旦开曲寺
岗巴县曲登尼玛寺	桑珠孜区恩贡寺	帕索寺
南木林县色吾寺	孜东曲德寺	白多寺
雄雄寺	定结县阿布入寺	昂仁县曲德寺
拉顶寺	陈嘎拉康	日吾其寺
江孜县白居寺	尼布寺	炯堆寺
热龙寺	聂拉木县德庆寺	吉定寺
白朗县热色寺	色热珠德寺	吉隆县查嘎寺
萨迦县仁青岗寺	谢通门县吴坚古汝寺	铜布寺
亚东县吉汝拉康寺	康马县甘丹曲林寺	仲巴县扎东寺
仁布县强钦寺	甘旦桑阿曲林寺	

日喀则市2016年上半年先进寺管会

获奖单位	获奖单位	获奖单位	获奖单位
定日县措果曲德寺管委会	曲龙寺管委会	贡达普寺管委会	加修寺特派员机构
萨嘎县努贡寺管委会	拉孜县新格拉康寺管委会	平措林寺管委会	塔杰林寺管委会
岗巴县曲登尼玛寺管委会	仁布县强钦寺管委会	康阿拉康寺管委会	桑珠孜区恩贡寺管委会
帕索寺特派员管理机构	南木林县色吾寺管委会	孜东曲德寺管委会	德庆热布杰寺管委会
白多寺管委会	定结县阿布入寺特派员管理机构	昂仁县曲德寺管委会	拉顶寺管委会
日其吾其管委会	陈嘎拉康管委会	江孜县白居寺管委会	尼布寺管委会
炯堆寺管委会	热龙寺管委会	聂拉木县吉定寺管委会	白玛曲林寺管委会
白朗县热色寺管委会	色热珠德寺管委会	吉隆县查嘎寺管委会	萨迦县仁青岗寺管委会
谢通门县吴坚古汝寺管委会	铜布寺管委会	亚东县吉汝拉康特派员	康马县甘丹曲林寺管委会

获奖单位	获奖单位	获奖单位	获奖单位
仲巴县扎东寺特派员机构	扎什伦布寺管委会		

日喀则市2016年上半年优秀驻寺干部

姓名	单位	姓名	单位
格桑	萨嘎县库郁寺特派员机构干部	贡嘎南木加	萨嘎县江查嘎日追干部
达瓦次仁	拉孜县平措林寺管委会干部	次旺南加	拉孜县贡巴下寺管委会驻寺民警
达瓦	拉孜县欧嘎曲德寺管委会副主任	史建新	岗巴县曲登尼玛寺边防派出所干警
尼玛次旦	仁布县康阿拉康管委会主任	次吉	仁布县强钦寺管委会宗教事务科副科长
格桑罗布	桑珠孜区夏鲁寺管委会干部	扎西	桑珠孜区帕索寺特派员机构驻寺民警
扎西次仁	南木林县德庆热布杰寺管委会主任	仁青久那	南木林县梅日寺管委会驻寺民警
南木加	南木林牛曲果林寺管委会驻寺民警	多占	南木林县色吾寺管委会工作人员
次仁旺扎	南木林县梅日寺管委会工作人员	塔杰	定结县贡强桑旦曲布寺管委会
塔曲	定结县阿布入寺副特派员	王萍	昂仁县曲德寺管委会干部
琼珠	昂仁县曲德寺管委会副主任	平措	昂仁县卫嘎寺特派机构驻寺民警
加措	昂仁县龙格丹寺管委会主任	西洛	江孜县白居寺管委会主任
达瓦欧珠	江孜县金嘎查珠寺管委会驻寺民警	南木加	江孜县尼布管委会干部
加央多吉	江孜县金嘎查珠寺管委会主任	普布次仁	聂拉木县白玛曲林寺管委会主任
米玛	聂拉木县果斯康寺管委会主任	普琼	白朗县东喜玛尼拉康特派员机构驻寺民警
尼玛多吉	白朗县格培林寺管委会主任	德吉措姆	白朗县强归曲德寺特派员机构负责人
琼次仁	吉隆县曲德寺管委会主任	拉巴	吉隆县帕巴寺管委会干部
索朗	萨迦县萨迦寺管委会科员	洛桑	萨迦县赛久巴寺副特派员
拉巴次仁	萨迦县东嘎曲德寺管委会干部	普布扎西	谢通门县卓列寺管委会工作人员
李兴明	谢通门县铜布寺管委会驻寺民警	仁增	亚东县噶举寺边防派出所干警
陈必江	亚东县真桑寺管委会主任	巴旦	康马县甘丹曲林寺管委会副主任

姓名	单位	姓名	单位
扎西顿珠	康马县藏扎寺特派员机构干部	贡觉	仲巴县亚热阿巴扎仓寺特派员干部
益西丹增	仲巴县桑旦强久林寺特派员干部	普布	定日县曲龙寺管委会聘用干部
云旦	定日县果仓寺特派员机构聘用干部	张劲松	定日县绒布寺管委会边防民警
多拉	扎什伦布寺管委会副主任	次旺	扎什伦布寺管委会治安管理处副处长

日喀则市2016年上半年宗教工作优秀干部

姓名	单位	姓名	单位
格桑南加	南木林县委统战部副部长	普布	定日县宗教办副主任
旦增	仁布县委统战部副部长、宗教办主任	次珍	仲巴县委统战部副部长
次邓	定结县委统战部科员	次仁曲珍	吉隆县民宗局副局长
扎西德吉	亚东县宗教办主任	颜建华	聂拉木县委常委、统战部部长
拉姆次仁	萨迦县民宗局科员	拉姆	拉孜县民宗局副主任科员
达瓦次仁	康马县民宗局副局长	拉巴潘多	江孜县委统战部科员
巴桑	昂仁县委统战部常务副部长	巴琼	白朗县民宗局局长
加增	萨嘎县委统战部副部长	小巴桑普尺	岗巴县委统战部科员
王文孝	桑珠孜区宗教办副主任	拉顿	谢通门县民宗局局长
拉旺次仁	市委统战部办公室工作人员	尼玛琼达	市民宗局办公室副主任科员
仁增	市宗教办科员		

日喀则市2016年上半年宗教工作先进集体

获奖单位	获奖单位
市委办公室	市政府办公室
市维稳指挥部办公室	市财政局
市民宗局	市卫计委
日喀则公安边防支队	定日县委统战部
南木林县委统战部	仁布县财政局

2016年日喀则市民族团结进步模范集体

获奖单位	获奖单位	获奖单位
中共日喀则市委统战部	日喀则市教育局	山东省第八批援藏干部中心管理组
上海市第八批援藏干部联络组	黑龙江省第六批援藏工作队	吉林省第六批援藏干部中心组
上海宝钢援藏干部联络小组	中化集团援藏干部联络小组	中共江孜县委宣传部
定结县财政局	日喀则市妇幼保健院	拉孜县完全小学
南木林县达那乡完全小学	康马县农牧综合服务中心	日喀则市上海实验学校
定日县盆吉乡其仓村村民委员会	吉隆县贡当乡樟村村民委员会	岗巴县龙中乡当嘎村村民委员会
武警亚东县中队	77646部队51分队	昂仁县亚木乡萨木寺
日喀则公安边防支队立新边防派出所	谢通门县仁钦则乡达那土登寺	中油西藏日喀则销售分公司
青藏铁路公司拉萨车务段日喀则站	西藏金塔建设集团有限公司	中共白朗县嘎东镇委员会，白朗县嘎东镇人民政府
中共仁布县普松乡委员会，仁布县普松乡人民政府	中共萨嘎县如角乡委员会，萨嘎县如角乡人民政府	中共仲巴县帕羊镇委员会，仲巴县帕羊镇人民政府

2016年日喀则市民族团结进步模范个人

姓名	单位	姓名	单位
范光杰	日喀则市委副秘书长，仲巴县委副书记、政府常务副县长	杨富河	日喀则市政府副秘书长，岗巴县政府副县长
张春峰	日喀则市纪委常委、监察局副局长	傅欣	日喀则市教育局副局长、上海实验学校校长
赫英杰	日喀则市人社局副局长	张浩	日喀则市卫计委副主任、人民医院党委书记
邵雨	日喀则市国家安全局党委书记	刑化良	昂仁县委副书记、政府常务副县长
巴桑次旦	聂拉木县政府副县长	王亚兰	桑珠孜区俄尔寺管委会驻寺干部
贵桑	萨嘎县民宗局局长	多吉次仁	桑珠孜区公安局扎西吉彩派出所副教导员
李娇娇	日喀则市人民检察院公诉一处科员	益西	日喀则市财政局预算科科长
欧珠	日喀则市工商局市场科主任科员	格桑次旦	萨迦县扎西岗乡人民政府乡长
次旦普尺	仲巴县发改委副主任	格桑卓玛	江孜县委办副主任
索朗普赤	白朗县巴扎乡玉堆村村民	卓玛	桑珠孜区城北街道办事处岗多社区居民

姓名	单位	姓名	单位
米玛次仁	江孜县江孜镇江嘎村党支部书记	罗布	聂拉木镇扎西岗村党支部书记兼村委主任
次仁拉姆	拉孜县拉孜镇措布村村民	米玛	南木林县艾玛乡柳果村村民
贵桑	吉隆县宗嘎镇夏村党支部书记	占堆	仲巴县亚热乡里孜村村民
巴桑	定结县陈塘镇比塘村村民	索朗次仁	仁布县帕当乡萨嘎村村民
嘎琼	萨嘎县昌果乡库郁村村民	边巴次仁	康马县康马镇克列村村委会副主任
土旦克珠	萨嘎县雄如乡布扎寺僧人	加措	康马县嘎拉乡克拉康僧人
孙启腾	日喀则市第二高级中学教师	钟学峰	日喀则市桑珠孜区第三中学副校长
孙学安	日喀则市第一高级中学高三年级主任、备课组长	王波	日喀则市第三高级中学副校长
刘云红	桑珠孜区第三中学教师	朗杰	拉孜县扎西宗乡小学教师
普珠	吉隆县中学校长	次仁旦巴	昂仁县孔隆乡卫生院负责人
甲央	谢通门县卫生服务中心医士	桑布	日喀则市文化局群众艺术馆副馆长
张俊	日喀则市发改委工人	巴次	拉日铁路嘎东大队大队长
范祥鹏	岗巴县电视台技术人员	边巴	日喀则公路分局拉孜公路养护段道班工人
胡建知	日喀则航站运行保障部一线员工	欧珠	日喀则市友谊公交客运有限公司司机
冯雷	中国人民银行日喀则中心支行行长助理	马有布	桑珠孜区城北街道办事处幸福社区个体户
巴桑确巴	西藏国策环保科技股份有限公司日喀则分公司保洁员	次仁卓嘎	西藏国策环保科技股份有限公司日喀则分公司保洁员
顿珠	白朗县西藏乌斯藏建筑公司总经理	朱祥务	亚东县大药房主治医师、主管药师
马海比布	定日县协格镇曲辖街道个体户	巴桑次仁	定结县利民施工队负责人
拉巴顿珠	日喀则公安边防支队司令部驻寺科正营职科长	吴学伟	日喀则市公安消防大队定日县大队B级助理工程师
巴桑卓嘎	桑珠孜区第一中学学生会副主席	扎西顿珠	日喀则市第一高级中学高三（6）班学生

日喀则市第五批创先争优强基础惠民生活动先进驻村（居）工作队

获奖单位	获奖单位	获奖单位
市粮食局驻曲布雄乡加堆村工作队	市邮政分公司驻东嘎乡嘎吾村工作队	桑珠孜区法院驻联乡达竹村工作队

获奖单位	获奖单位	获奖单位
聂日雄乡驻冲堆村工作队	曲布雄乡驻边玛村工作队	江当乡驻江当村工作队
曲美乡驻帕伦村工作队	江孜镇驻江嘎村工作队	紫金乡驻努堆村工作队
重孜乡驻玉堆村工作队	热索乡驻春琼村工作队	达孜乡驻恰久村工作队
年堆乡驻榜果村工作队	车仁乡驻车仁村工作队	日朗乡驻纳如村工作队
加克西乡驻多根村工作队	江孜县检察院驻卓帕村工作队	江孜县第一中学驻卡麦乡玉村工作队
市烟草专卖局(公司)驻边雄乡罗布林村工作队	桑珠孜区纪委(监察局)驻年木乡罗林村工作队	桑珠孜区公安局驻甲措雄乡斯玛村工作队
桑珠孜区检察院驻甲措雄乡联阿村工作队	桑珠孜区交通局驻聂日雄乡年雄村工作队	桑珠孜区水利局驻江当乡雷贵村工作队
桑珠孜区住建局驻东嘎乡德孔村工作队	桑珠孜区民宗局驻东嘎乡兰木尺村工作队	桑珠孜区自来水公司驻联乡塔布村工作队
桑珠孜区城南街道办事处驻嘎玉林社区工作队	市广电局驻藏改乡杂吾村工作队	共青团日喀则市委员会驻江热乡亚吾村工作队
市科技局驻热龙乡马玉村工作队	市联通公司驻金嘎乡角白村工作队	江孜县交通运输局驻卡堆乡加措村工作队
市工信局驻强堆乡当嘎村工作队	市总工会驻嘎东镇白雪村工作队	市国家税务局驻曲奴乡麦措村工作队
市食品药品监督管理局驻嘎东镇贵热村工作队	市国家税务局驻曲奴乡团结新村工作队	县委办公室驻嘎东镇阿亚村工作队
白浪县人大办公室驻强堆乡亚龙村工作队	白浪县政府办驻者下乡那堆村工作队	白朗县委组织部驻强堆乡洁白村工作队
县农牧局驻巴扎乡拉东村工作队	县教育局驻巴扎乡恰仓村工作队	洛江镇驻拉贵村工作队
巴扎乡驻彭仓村工作队	白朗县农牧综合服务中心驻洛江镇帮康村工作队	亚东县驻吉汝乡增古村工作队
亚东县驻下司马镇下司马居委会工作队	市统计局驻门布乡门卡麦村工作队	聂拉木县驻琐作乡加盆村工作队
拉孜县委办公室驻曲下镇曲下村工作队	拉孜县委组织部驻芒普乡达龙村工作队	拉孜县发改委驻热萨乡强公村工作队
拉孜县检察院驻查务乡查务村工作队	拉孜县驻拉孜镇措布村工作队	拉孜县住建局驻曲玛乡斯内村工作队
拉孜县科技局驻热萨乡恰西村工作队	拉孜县林业局驻扎西岗乡顿珠顶村工作队	扎西宗乡驻杂村工作队
中国人民银行日喀则市中心支行驻措迈乡甭那村工作队	市人防办驻雄巴乡多隆村工作队	市检察院驻秋窝乡查布村工作队
市教育局驻卡嘎镇欧村工作队	市水利局驻日吾其乡色米村工作队	市疾控中心驻达局乡桑嘎村工作队
市公路分局驻桑桑镇余松村工作队	昂仁县政府办公室驻卡嘎镇列村工作队	昂仁县藏医院驻多白乡德夏村工作队

获奖单位	获奖单位	获奖单位
阿木雄乡驻欧木村工作队	查孜乡驻夏隆村工作队	孔隆乡驻果芒村工作队
切热乡驻鲁玛村工作队	多白乡驻荣努村工作队	亚木乡驻钦普村工作队
达局乡驻柱村工作队	如萨乡驻拿那村工作队	达若乡驻查庆村工作队
市旅游发展委员会上海广场大酒店驻岗嘎镇朗果村工作队	定日县检察院驻岗嘎镇乃龙村工作队	定日县法院驻克玛乡帕措村工作队
定日县农牧局驻长所乡通来村工作队	曲当乡驻帕仁村工作队	尼辖乡驻努措村工作队
加措乡驻门当岗村工作队	扎果乡驻加龙村工作队	措果乡驻塘日村工作队
曲当乡驻帕薪村工作队	扎西宗乡驻扎西岗村工作队	扎西宗乡驻乃仓村工作队
扎西宗乡驻岗荣村工作队	措果乡驻野江村工作队	盆吉乡驻龙嘎村工作队
克玛乡驻奶古林村工作队	长所乡驻嘎布村工作队	市政府办公室驻奴玛乡牛果村工作队
市公安局驻热当乡萨玛村工作队	市安监局驻秋木乡扭西村工作队	南木林县纪委（监察局）驻卡孜乡聂仓村工作队
南木林县委办公室驻艾玛乡奴堆村工作队	南木林县人大办公室驻多角乡昌普村工作队	南木林县委组织部驻卡孜乡孜拉村工作队
南木林县发改委驻拉布普乡列那村工作队	南木林县住建局驻热当乡切扎村工作队	南木林县教育局驻艾玛乡德庆村工作队
达孜乡驻空欧村工作队	南木林镇驻孔阿村工作队	秋木乡驻藏东村工作队
市中级人民法院驻查荣乡具麦村工作队	市中级人民法院驻查荣乡江雄村工作队	市中级人民法院驻查荣乡拉雄村工作队
市气象局驻拉洛乡鲁定村工作队	市安康客运公司驻拉洛乡塔村工作队	市电力公司驻扯休乡东纳村工作队
萨迦县财政局驻扎西岗乡扎西岗村工作队	萨迦县环保局驻扎西岗乡东嘎布村工作队	萨迦县司法局驻扎西岗乡查玛村工作队
萨迦县农牧局驻吉定镇吉定村工作队	萨迦县教育局驻木拉乡培玛村工作队	萨迦县总工会驻雄玛乡旺堆村工作队
市委政法委驻荣玛乡吴坚村工作队	市纪委（监察局）驻仁钦则乡仁钦则村工作队	谢通门县驻卡嘎镇夏角村工作队
谢通门县驻仁钦则乡吴伦村工作队	谢通门县农牧局驻措布西乡布堆村工作队	卡嘎镇驻陈木则村工作队
通门乡驻初果村工作队	仁钦则乡驻南木加岗村工作队	娘热乡驻卡嘎村工作队
日喀则市农业技术推广中心驻郭加乡楚嘎村工作队	日喀则市农牧局驻郭加乡康孔村工作队	县委办公室驻定结乡曲热村工作队
定结县驻萨尔乡普如村工作队	县公安局驻日屋镇鲁热村工作队	郭加乡驻乃村工作队
市财政局驻查巴乡吴米村工作队	市国资委驻德吉林镇艾玛村工作队	然巴乡驻然巴村工作队

获奖单位	获奖单位	获奖单位
萨嘎县驻夏如乡达孜村工作队	萨嘎县驻拉藏乡门曲村工作队	达吉岭乡驻热嘎村工作队
康马县委办公室驻南尼乡曲热村工作队	康马县委政法委驻雄章乡雄村工作队	康马县政府办公室驻萨马达乡拉定村工作队
康马县教育局驻康马镇查那村工作队	市委统战部驻宗嘎镇沃玛村工作队	县公安局驻吉隆镇帮兴居委会工作队
日喀则市民宗局驻拉让乡马永村工作队	仲巴县纪委（监察局）驻帕羊镇罗康村工作队	仲巴县政府办驻仁多乡兴沙村工作队
仲巴县公安局驻纳久乡热苏村工作队	仲巴县财政局驻帕羊镇岗久村工作队	仲巴县教育局驻帕江乡夏若村工作队
仲巴县安监局驻帕江乡夏布村工作队	岗巴县驻岗巴镇西嘎村工作队	岗巴县驻龙中乡吴孜村工作队
昌龙乡驻亚欧村工作队	龙中乡驻龙中村工作队	

自治区创先争优强基础惠民生活动第五批市级先进驻村（居）工作队员名单

姓名	单位	姓名	单位
索朗仲嘎	市政协办公室驻联乡卓村工作队副队长	次仁措姆	市水土保持监测中心驻年木乡当古村工作队队长
次仁旺姆	市人力资源和社会保障局驻曲美乡拉贵村工作队队员	小普次	市邮政分公司驻东嘎乡嘎吾村工作队队员
拉巴普尺	市妇联驻甲措雄乡岗村工作队队员	多布杰	市邮政分公司驻东嘎乡江森村工作队队员
普琼	市交通综合执法大队驻年木乡普努村工作队副队长	次仁琼达	市小学驻甲措雄乡普奴村工作队队员
巴桑旺堆	市公路养护段驻年木乡曲嘎村工作队副队长	杨镕琛	市小学驻甲措雄乡普奴村工作队队员
陈鹏	桑珠孜区委办驻城南街道德勒社区工作队副队长	洛确	桑珠孜区工会驻东嘎乡喀达村工作队队长
扎西普赤	桑珠孜区人大办公室驻纳尔乡纳杂村工作队队员	吴鑫浩	桑珠孜区民宗局驻东嘎乡兰木尺村工作队队员
苟建超	桑珠孜区人大办公室驻纳尔乡纳杂村工作队队长	次吉拉姆	桑珠孜区妇联驻东嘎乡同热村工作队队员
土旦旺久	桑珠孜区委组织部驻年木乡德吉村工作队副队长	索朗加参	桑珠孜区住建局驻东嘎乡雪村工作队队长
何东	桑珠孜区委统战部驻东嘎乡加木切村工作队队员	廖小红	桑珠孜区粮食公司驻聂日雄乡盘孔村工作队副队长
刘百科	桑珠孜区宣传部驻曲布雄乡坚孜村工作队队长	普顿	桑珠孜饭店驻曲布雄乡仁嘎村工作队副队长
洛桑旦珍	桑珠孜区人民法院驻联乡恰果村工作队队长	旦增卓嘎	桑珠孜区文广局驻曲布雄乡塔杰村工作队副队长

姓名	单位	姓名	单位
强措扎西	桑珠孜区教育局驻东嘎乡尺村工作队队员	米玛次仁	桑珠孜区驻曲布雄乡班久伦布村工作队队员
焦琳	桑珠孜区财政局驻曲美乡桑珠普村工作队队长	次仁贡布	桑珠孜区公安局驻甲措雄乡斯玛村工作队队员
旦增普赤	桑珠孜区民政局驻江当乡雪琼村工作队队员	次仁多布拉	城南街道办事处驻卡热社区工作队队长
达瓦扎西	桑珠孜区水利局驻江当乡雷贵村工作队队员	拉姆次仁	城南街道办事处驻吉培林社区工作队队员
赵文浩	桑珠孜区水利局驻江当乡汤麦村工作队队员	陈健	城南街道办事处驻嘎玉林社区工作队队员
仁增	桑珠孜区公安局驻江当乡嘎藏村工作队副队长	次仁曲珍	城北街道办事处驻江洛社区工作队副队长
德吉措姆	城北街道办事处驻丹真桑曲社区工作队队员	俊静	城北街道办事处驻米日社区工作队队长
王欢	城北街道办事处驻幸福社区工作队副队长	泽仁曲珍	东嘎乡驻加吾岗村工作队队员
玉珍	东嘎乡驻楚贵村工作队队员	次旦	聂日雄乡驻楚松村工作队队长
次拥	联乡驻其林村工作队队员	仁增旺姆	聂日雄乡驻强林村工作队副队长
索朗平措	联乡驻楚西村工作队队长	次仁德吉	曲布雄乡驻查努村工作队队员
谷玉钟	联乡驻帕索村工作队副队长	巴桑次仁	曲布雄乡驻查努村工作队队员
欧珠	联乡驻拉孜孔村工作队队员	次仁塔杰	曲布雄乡驻边玛村工作队队员
索朗拉姆	联乡驻柳村工作队副队长	多吉卓玛	曲美乡驻多仁村工作队队员
汪记成	聂日雄乡驻珠村工作队队长	李阳	曲美乡驻热旦林村工作队队长
央金卓玛	聂日雄乡驻冲堆村工作队副队长	边玛央杰	曲美乡驻热旦林村工作队队员
多吉旺堆	聂日雄乡驻德日村工作队副队长	吉拉	曲美乡驻切白村工作队队员
琼吉	聂日雄乡驻穆村工作队副队长	仁青平措	曲美乡驻加日村工作队队员
达瓦扎西	江当乡驻江当村工作队队员	丹增曲加	纳尔乡驻安布村工作队队员
次仁桑珠	江当乡驻康果村工作队队员	次仁卓嘎	纳尔乡驻安布村工作队队员
次央	江当乡驻培热村工作队队员	白玛措姆	边雄乡驻孔布林村工作队副队长
德央	甲措雄乡驻加木堆村工作队副队长	次旦旺姆	边雄乡驻普巴村工作队副队长
拉珍	甲措雄乡驻加木堆村工作队队员	李恩	边雄乡驻罗布林村工作队队长

姓名	单位	姓名	单位
白姆措姆	甲措雄乡驻夏鲁村工作队副队长	扎西罗布	边雄乡驻普夏村工作队队员
白玛卓玛	甲措雄乡驻卡堆村工作队队长	熊丽	边雄乡驻加瓦村工作队队长
尼玛吉拉	纳尔乡驻安布村工作队副队长	德珍	边雄乡驻塔玛村工作队队员
旦增	年木乡驻胡达村工作队队长	白玛央金	市广电局驻重孜乡白沙村工作队队员
格桑德吉	年木乡驻吉木雄村工作队队员	德吉	市广电局驻达孜乡德吉村工作队队员
卫建儒	市委办公室驻藏改乡楚古村工作队队长	加拉	市广电局驻金嘎乡秋参村工作队队员
龚与菡	市委办公室驻藏改乡楚古村工作队队员	滕飞	市科技局驻热龙乡马玉村工作队队员
邸亮	市委办公室驻藏改乡夏尔岗村工作队队员	达瓦次仁	市联通公司驻金嘎乡角白村工作队队员
穷拉	市发改委驻纳如乡恰曲村工作队队长	普尺	市电信公司驻金嘎乡岗坡村工作队队员
普片	市发改委驻纳如乡桑顶村工作队队长	达片	江孜县委宣传部驻江热乡加堆村工作队队员
旺珍	江孜县委组织部驻重孜乡鲁定村工作队队长	洛桑扎西	江孜县司法局驻达孜乡吉才村工作队队员
宋强	江孜县人民法院驻达孜乡加那村工作队队员	达顿	江孜县住建局驻卡堆乡吾年村工作队队长
桑吉卓玛	江孜县人民检察院驻康卓乡卓普村工作队副队长	拉姆	江孜县人民医院驻年堆乡曲乃村工作队队长
达瓦	江孜县发改委驻卡堆乡增麻村工作队队长	伟色	江孜县第一小学驻卡麦乡嘎益村工作队队员
米顿	江孜县科技局驻江热乡热旦岗村工作队队长	达娃平措	江孜县第二小学驻卡麦乡加比村工作队队长
多吉晋美	江孜县工商局驻重孜乡央白村工作队队员	达瓦次仁	江孜县公路养护段驻车仁乡热定村工作队队长
尼玛平措	江孜县人社局驻重孜乡吉冲麦村工作队副队长	索朗扎西	江孜镇驻加日郊居委会工作队队员
刘文娟	江孜镇驻拉则居委会工作队队员	达桑	江热乡驻拉鲁村工作队副队长
拉普	江热乡驻班觉伦布村工作队队员	强巴旦增	车仁乡驻加堆村工作队队员
次旦卓嘎	江热乡驻扎西岗村工作队队员	尼玛次仁	车仁乡驻加麦村工作队队长
拉巴次仁	紫金乡驻帮玉村工作队队员	格桑德吉	车仁乡驻加堆村工作队副队长

姓名	单位	姓名	单位
尚岩	紫金乡驻香普村工作队副队长	仁增多吉	卡麦乡驻杰麦村工作队队长
次旺央卓	重孜乡驻日定村工作队队长	曲玉贵	卡麦乡驻亚杰村工作队队员
次仁穷达	热索乡驻贡斯村工作队队员	边巴扎西	纳如乡驻出隆村工作队队员
文丹丹	热索乡驻春琼村工作队队员	次旺罗布	日朗乡驻纳如村工作队队长
索朗玉珍	热索乡驻春琼村工作队队员	阿琼	日朗乡驻措堆村工作队队长
任佳	达孜乡驻达堆村工作队队员	姚西林	龙马乡驻加热村工作队副队长
米玛卓玛	达孜乡驻达麦村工作队队员	益西	龙马乡驻强旺村工作队队员
赵冉	年堆乡驻卓萨村工作队队员	游志涛	热龙乡驻比萨村工作队队员
普布潘多	年堆乡驻热定新村工作队队员	彭发铖	康卓乡驻纳如村工作队队长
德庆旺姆	康卓乡驻岗古村工作队副队长	温云龙	卡堆乡驻年普村工作队队员
卓嘎	康卓乡驻查龙村工作队副队长	索朗塔吉	市人大驻洛江镇罗林村工作队队员
白玛	金嘎乡驻拉康村工作队队员	达普	市人大驻洛江镇康萨村工作队队员
加措	日星乡驻卡吾村工作队队员	格桑扎西	市人大驻洛江镇罗林村工作队队员
巴宗	日星乡驻擦布村工作队队长	谢励萍	市国家税务局驻曲奴乡桑林村工作队队员
曲尼白珍	日星乡驻卡吾村工作队队长	次仁玉珍	市国家税务局驻曲奴乡桑林村工作队队员
嘎玛曲宗	日星乡驻央卡村工作队队员	古入次仁	市国家税务局驻曲奴乡萨嘎村工作队队员
陈树平	卡堆乡驻萨拉村工作队队长	平措扎西	市总工会驻嘎东镇白雪村工作队队员
洛追卓玛	市食品药品监督管理局驻巴扎乡冲堆村工作队队员	强巴曲珍	白朗县委办公室驻嘎东镇扎西村工作队队员
洛桑旦增	市工信局驻强堆乡当嘎村工作队队员	达瓦欧珠	白朗县政府办公室驻者下乡聂仓村工作队队员
旦增曲珍	市上海实验学校驻嘎普乡普奴村工作队队员	达娃次仁	白朗县委组织部驻强堆乡洁白村工作队队员
普尼玛	市上海实验学校驻嘎普乡普奴村工作队队员	次旺多布杰	白朗县公安局驻嘎东镇嘎夏琼村工作队副队长
拉巴次仁	市食品药品监督管理局驻嘎东镇贵热村工作队队员	拉顿	白朗县公安局驻嘎东镇热康村工作队副队长

姓名	单位	姓名	单位
拉普	市食品药品监督管理局驻巴扎乡金嘎村工作队队员	普布旦增	白朗县公安局驻嘎东镇拉玉村工作队队员
米玛旺堆	中国人民保险公司日喀则分公司驻杜琼乡来强村工队队员	谭世珠	白朗县发改委驻洛江镇扎林村工作队队员
尼旺	白朗县科技局驻嘎普乡嘎普村工作队队员	拉布	白朗县文广局（电影队）驻旺丹乡比尼村工作队队员
王开轩	白朗县教育局驻玛乡门康村工作队队员	欧珠	白朗县文广局（电影队）驻旺丹乡比尼村工作队队员
扎西央拉	白朗县法院驻旺丹乡雪麦村工作队队员	刘燕	白朗县卫生局驻曲奴乡彭嘎村工作队队员
尼玛顿珠	白朗县人社局驻者下乡热玛村工作队队员	旦增欧珠	白朗县农牧综合服务中心驻洛江镇帮康村工作队队长
德吉旺姆	白朗县文广局驻旺丹乡桑巴村工作队队员	达娃普赤	嘎东镇驻马义村工作队队员
德吉	白朗县蔬菜公司驻洛江镇宗下村工作队队员	达瓦曲珍	强堆乡驻吉定村工作队队员
德庆益西	白朗县兽防站驻曲奴乡达玉村工作队队员	次央	强堆乡驻吉定村工作队队员
白玛曲珍	东喜乡驻思古龙村工作队队员	次仁	强堆乡驻亚龙村工作队队员
拉姆	旺丹乡驻雪村工作队队员	平措	洛江镇驻拉贵村工作队队员
米普	旺丹乡驻雪村工作队队员	欧洋舰	洛江镇驻门措村工作队队员
巴桑普尺	旺丹乡驻秋麦村工作队队员	洛松西热	洛江镇驻门措村工作队队员
西洛	巴扎乡驻堆村工作队队员	达娃卓嘎	杜琼乡驻杜琼村工作队队员
达瓦卓玛	巴扎乡驻彭仓村工作队队员	白央	曲奴乡驻如康村工作队队员
次仁久美	市国家安全局驻下亚东乡切玛村工作队队长	孙万斌	市统计局驻门布乡门卡麦村工作队队长
赵娜	市国家安全局驻下司马镇春丕村工作队队长	仓木决	市统计局驻门布乡普日村工作队队员
平措桑布	亚东县纪委（监察局）驻堆纳乡多庆村工作队队员	次旦拉姆	聂拉木县安监局驻琐作乡卡久村工作队队员
陈群	亚东县委组织部驻帕里镇第二社区居委会工作队队员	巴桑次仁	樟木公安分局驻樟木镇帮居委会工作队队员
普珍	亚东县委党校驻下司马镇珠居村工作队队长	白玛加措拉	聂拉木县国土局驻琐作乡排嘎村工作队队员
汪燃	亚东县文广局驻吉汝乡曲旦查村工作队队员	朗珍	聂拉木县住建局驻门布乡春都村工作队队员

姓名	单位	姓名	单位
扎西坚参	帕里镇驻第一社区居委会工作队队员	易刚聪	樟木镇驻雪布岗居委会工作队队员
多吉	堆纳乡驻曲麦村工作队队员	曲珍	聂拉木镇驻塔杰林村工作队队员
仓决	康布乡驻下康布村工作队队长	多顿	聂拉木镇驻充堆村工作队队长
普布顿珠	市农科所驻扎西岗乡扎西岗村工作队队长	琼达	亚来乡驻如甲村工作队队员
明玛扎西	市住建局驻热萨乡拉荣村工作队队长	索朗次仁	乃龙乡驻达曲村工作队队长
罗布	市住建局驻热萨乡拉荣村工作队副队长	巴桑达娃	琐作乡驻只来村工作队队员
大旺堆	市高中驻柳乡柳村工作队副队长	扎桑罗布	琐作乡驻查益村工作队队员
格桑旺姆	拉孜县委办公室驻曲下镇曲下村工作队队员	索朗加措	波绒乡驻色龙村工作队队员
欧珠	拉孜县委政法委驻扎西岗乡旁达村工作队队长	土旦	波绒乡驻夏嘎村工作队队长
琼达次仁	拉孜县政府办驻彭措林乡查达村工作队队员	次仁	拉孜县民政局驻彭措林乡谢曲村工作队队员
仁增	拉孜县委组织部驻芒普乡达龙村工作队队员	达瓦格桑	拉孜县文广局驻曲玛乡查卧村工作队队员
多布杰	拉孜县检察院驻查务乡查务村工作队队员	边巴曲珍	拉孜县人社局驻锡钦乡多玛村工作队队员
曹镇山	拉孜县检察院驻查务乡查务村工作队队员	王小奇	拉孜县农牧局驻芒普乡那拉赤村工作队队员
次仁卓嘎	拉孜县发改委驻热萨乡强公村工作队队员	罗布占堆	拉孜县教育局驻扎西宗乡扎西宗村工作队队员
江白益西	拉孜县住建局驻曲玛乡斯内村工作队队员	陶俊辉	拉孜县财政局驻查务乡森格隆村工作队队员
班觉	拉孜县民政局驻彭措林乡谢曲村工作队队员	扎西平措	拉孜县烟草公司驻热萨乡杰村工作队队员
格桑	拉孜县民政局驻彭措林乡谢曲村工作队队员	索多	拉孜县公安局驻曲下镇拉曲村工作队队长
格桑卓拉	县文广局驻曲玛乡卧龙村工作队队长	阿旺珍玛	拉孜镇驻玉哲村工作队队员
次仁旺姆	县住建局驻曲玛乡斯内村工作队队长	索朗曲珍	拉孜镇驻孜果村工作队队员
琼达卓玛	县农牧局驻查务乡达尔村工作队队员	拉巴旺久	查务乡驻杰地村工作队队员

姓名	单位	姓名	单位
多布拉	县完小驻扎西宗乡加当村工作队队员	阿旺卓嘎	查务乡驻杰地村工作队队长
尼顿	锡钦乡驻吉布村工作队队长	次仁央	芒普乡驻扎木加村工作队队员
次仁德吉	曲下镇驻鲁如村工作队队员	梁海靖	芒普乡驻扎木加村工作队队长
嘎珍	扎西岗乡驻燕卓村工作队队长	顿珠扎西	芒普乡驻贡琼村工作队队员
巴桑潘多	拉孜镇驻玉哲村工作队队长	塔觉	扎西岗乡驻朵门村工作队队员
卓嘎	拉孜镇驻玉哲村工作队队员	王亚西	扎西岗乡驻宁日村工作队队员
平顿列珠	扎西宗乡驻杂村工作队队员	索朗曲吉	曲下镇驻土林村工作队队员
普布次仁	市西农集团驻多白乡拉定村工作队队员	边玛次仁	市农行驻亚木乡亚木村工作队队员
洛桑朗加	中国人民银行市支行驻措迈乡亚朗村工作队队长	罗多	市物鑫公司驻孔隆乡仲多村工作队队员
旺久	中国人民银行市支行驻措迈乡林久村工作队队长	普布普尺	市卫生局驻达局乡桑嘎村工作队队员
普穷达	市检察院驻秋窝乡查布村工作队队长	拉巴仓	市卫生局驻达局乡帮玉村工作队队长
李佳	市检察院驻秋窝乡帮布村工作队队员	西热央珍	市疾控中心驻达局乡通村工作队队长
谭燕	市检察院驻秋窝乡龙木其村工作队队员	晋美扎巴	市疾控中心驻达局乡江嘎村工作队队员
潘多	市教育局驻卡嘎镇驻热龙村工作队队长	扎西普赤	市妇保院驻达局乡谢如村工作队队员
裔婧	市教育局驻卡嘎镇帕热村工作队队长	米玛卓嘎	市人防办驻雄巴乡多隆村工作队副队长
旦增	市教育局驻卡嘎镇驻热龙村工作队队员	平加	昂仁县政府办驻卡嘎镇列村工作队副队长
德吉	市教育局驻卡嘎镇驻帕热村工作队队员	群培	昂仁县委统战部驻卡嘎镇唐嘎村工作队副队长
昂旺旦增	市公路分局驻桑桑镇余松村工作队队员	洛桑坚增	昂仁县检察院驻宁果乡坚定村工作队队长
尼玛次仁	市公路分局驻桑桑镇贡琼村工作队队员	西热	昂仁县职教驻秋窝乡帕孜村工作队队员
普琼	市农行分行驻亚木乡准唐村工作队队员	多吉次仁	昂仁县农牧局驻卡嘎镇布嘎村工作队副队长
拉巴	市农行驻亚木乡龙玛村工作队队员	平措次仁	昂仁县环保局驻阿木雄乡热果村工作队副队长

姓名	单位	姓名	单位
达增	昂仁县卫生局驻日吾其乡措嘎村工作队副队长	王佳洁	日吾其乡驻日吾其村工作队队员
王琰隆	昂仁县总工会驻日吾其乡古入村工作队副队长	拉宗卓玛	达居乡驻柱村工作队队员
边巴次仁	昂仁县水利局驻日吾其乡热村工作队副队长	达瓦	达居乡驻达局村工作队副队长
边巴	昂仁县卫生服务中心驻日吾其乡达夏村工作队副队长	边巴片多	达居乡驻克吾村工作队副队长
阿旺次仁	县藏医院驻多白乡德夏村工作队队员	卓嘎	贡久布乡驻次如村工作队副队长
阿旺卓玛	如萨乡驻拿那村工作队队员	次仁卓玛	贡久布乡驻孜热村工作队副队长
多吉次旦	如萨乡驻拿那村工作队队员	普布扎西	贡久布乡驻松多村工作队队员
唐自民	雄巴乡驻居仓村工作队副队长	普布普赤	桑桑镇驻洛布村工作队队员
泽旺贡布	达若乡驻夏拉村工作队队员	卓嘎宗巴	桑桑镇驻仲多村工作队队员
尼玛扎西	达若乡驻查庆村工作队副队长	顿珠	桑桑镇驻阿布列村工作队副队长
次仁潘多	日吾其乡驻日吾其村工作队副队长	曲珍	桑桑镇驻拉聂村工作队副队长
洛桑嘎珍	卡嘎镇驻聂木昌村工作队副队长	徐浩	秋窝乡驻森岗村工作队队员
杜娜	卡嘎镇驻聂木昌村工作队队员	巴桑桑珠	秋窝乡驻当通村工作队副队长
扎西	卡嘎镇驻布热村工作队副队长	格桑曲珍	秋窝乡驻桑珠村工作队副队长
张志强	卡嘎镇驻布热村工作队队长	罗布	秋窝乡驻当通村工作队队员
琼琼	卡嘎镇驻帕热村工作队队长	多吉	秋窝乡驻杂岗村工作队队员
尼玛扎西	阿木雄乡驻山仓村工作队队员	次仁央宗	查孜乡驻那德村工作队队员
旦增塔杰	秋窝乡驻森岗村工作队队长	旦增曲珍	查孜乡驻夏龙村工作队队员
杨波	宁果乡驻萨那村工作队队员	白玛曲宗	亚木乡驻支荣村工作队队员
边巴扎西	孔隆乡驻纳那村工作队队员	次仁卓嘎	亚木乡驻哲宗村工作队队员
拉姆普赤	切热乡驻切多村工作队队员	德吉	亚木乡驻曲康普村工作队队员
拉巴珍拉	切热乡驻鲁玛村工作队队长	寺郎宝	亚木乡驻康萨村工作队队员
巴桑仓木决	切热乡驻帕灯村工作队队长	尼玛潘多	措迈乡驻地沙布村工作队队员

姓名	单位	姓名	单位
旦增赤来	切热乡驻帕灯村工作队队员	德吉卓嘎	措迈乡驻地热村工作队队员
德吉	措迈乡驻地热村工作队队员	次珍	多白乡驻日果村工作队队员
拉片	多白乡驻查村工作队队员	巴桑	多白乡驻查村工作队队员
扎西旺拉	多白乡驻亚多村工作队队员	央金	多白乡驻措布村工作队队员
白玛拉宗	日吾其乡驻西嘎村工作队队员	张涛	市委党校驻岗嘎镇曲龙贡达村工作队队员
拉珍	市委党校驻岗嘎镇热久村工作队队员	普布	市旅游局上海广场驻岗嘎镇行日村工作队副队长
德拉	市委党校驻岗嘎镇辖龙村工作队队员	普布扎西	市审计局驻协格尔镇翁嘎村工作队队员
贡嘎多吉	市旅游局上海广场驻岗嘎镇朗果村工作队队员	扎西平措	市审计局驻协格尔镇玛辖村工作队队员
白玛旺扎	市藏医院驻曲当乡赤村工作队队员	普布扎西	市第二高级中学驻扎西宗乡藏普村工作队队员
吴杰	中国银行日喀则市分行驻曲当乡优帕村工作队队员	徐佳佳	市司法局驻克玛乡林努村工作队队员
刘敏初	市林业局驻曲当乡仁青林村工作队队员	次桑布	市外事办驻克玛乡云东村工作队副队长
马艳娥	市文化局驻措果乡嘎果村工作队队员	普赤	市人民医院驻克玛乡欧木都村工作队队员
德庆	市文化局驻措果乡吉翁村工作队队员	边吉	市人民医院驻克玛乡帮布村工作队队员
普布卓玛	市文化局驻措果乡吉定村工作队队员	索朗次仁	定日县纪委（监察局）驻扎西宗乡现琼村工作队队员
卓玛曲珍	定日县委办公室驻协格尔镇恰来村工作队队长	格桑卓玛	定日县人大办公室驻扎果乡春木色村工作队队长
尼玛次仁	定日县委组织部驻加措乡果热村工作队队长	洛桑扎西	定日县水利局驻曲当乡卡达普村工作队队员
边巴卓玛	定日县委统战部驻协格尔镇朗嘎村工作队副队长	刘毅	定日县林业局驻曲当乡伦珠林村工作队队员
玉加	定日县政法委驻岗嘎镇贡达普村工作队队员	德吉	定日县林业局驻曲当乡镇严曲村工作队队员
巴桑	定日县政法委驻岗嘎镇协嘎村工作队队员	西洛	定日县民政局驻扎果乡帮来村工作队队员
龙勇	定日县委宣传部驻尼辖乡雪龙村工作队队员	拉巴片多	定日县旅游管理站驻扎果乡切村工作队队长

姓名	单位	姓名	单位
加布	定日县发改委驻加措乡加布村工作队队员	索朗拉措	定日县扶贫办驻扎西宗乡曲下村工作队队员
格桑德庆	定日县检察院驻岗嘎镇乃龙村工作队队员	牛亚勇	定日县司法局驻扎西宗乡嘎旦村工作队队员
吉宗	定日县检察院驻扎西宗乡日白拉新村工作队队长	尚旻	定日县卫生局驻扎西宗乡拉龙村工作队队员
尼次	定日县法院驻克玛乡帕措村工作队队员	曲吉	岗嘎镇驻云琼村工作队队员
扎西卓嘎	定日县法院驻克玛乡林下村工作队队员	仁增	岗嘎镇驻贡萨村工作队副队长
扎西南木加	定日县科技局驻岗嘎镇古热村工作队队长	尼玛次仁	岗嘎镇驻乃琼村工作队队长
旦巴罗布	定日县交通局驻岗嘎镇孔目村工作队队员	陈清国	岗嘎镇驻夏多村工作队队员
次扬	定日县旅游局驻岗嘎镇龙江村工作队队员	达珍	岗嘎镇驻萨拉村工作队长队
洛桑	定日县财政局驻岗嘎镇查孜村工作队队员	普布仓拉	协格尔镇驻波村工作对队员
普布顿珠	定日县文广局驻岗嘎镇我嘎村工作队队员	次仁旺堆	曲当乡驻差村工作队队员
强巴央金	曲当乡驻帕薪村工作队队员	曲珍	加措乡驻括帮村工作队队员
卓玛央金	曲当乡驻雪达村工作队队员	蒋浠	曲洛乡驻嘎白村工作队副队长
央吉卓玛	曲当乡驻杂杂村工作队队员	曲尼	曲洛乡驻措昂村工作队副队长
次仁确拉	扎果乡驻扎果村工作队队员	达瓦	扎西宗乡驻普坚村工作队队长
旦增卓玛	扎果乡驻加龙村工作队队员	普旺堆	扎西宗乡驻扎西岗村工作队队员
卓玛	措果乡驻野江村工作队队员	明珍	扎西宗乡驻托桑林村工作队队员
拉巴卓玛	措果乡驻塘日村工作队队员	洛追	尼辖乡驻奴措村工作队队员
白玛央金	措果乡驻雪珠村工作队队员	桑旦曲珍	尼辖乡驻孔美村工作队队员
扎西次仁	加措乡驻比布村工作队副队长	强穷卓玛	尼辖乡驻辖措村工作队队员
普布潘多	加措乡驻门当岗村工作队队员	旦增	长所乡驻强嘎村工作队副队长
米玛仓决	加措乡驻拉布龙村工作队队员	仁增曲珍	长所乡驻嘎布村工作队队员
达琼	市委办公室、市人大办公室办驻土布加乡门嘎村工作队队长	仁增旺久	市政府办公室、市政协办公室驻土布加乡贡西村工作队队员

姓名	单位	姓名	单位
格桑平措	市政府办公室驻奴玛乡奴玛村工作队副队长	候昌见	市政府办公室驻奴玛乡塔冲村工作队队员
何贵兵	市公安局驻热当乡奶果村工作队队长	坚参罗布	南木林县委办公室驻艾玛乡奴堆村工作队队员
曹飞	市公安局驻拉布普乡采琼村工作队副队长	王璇	南木林县委组织部驻卡孜乡鲁古东村工作队队员
巴桑次仁	市公安局驻拉布普乡白村工作队副队长	拉巴卓玛	南木林县委组织部驻卡孜乡孜拉村工作队队员
达瓦次仁	市公安局驻热当乡萨玛村工作队队员	胡道杰	南木林县委政法委驻南木林镇多龙村工作队队员
王永刚	市公安局驻热当乡尼堆村工作队队员	旦增次仁	南木林县财政局驻南木林镇嘎布村工作队副队长
扎西顿珠	市公安局驻热当乡孜布村工作队队员	次旺拉姆	南木林县农牧局驻甲措乡拉龙村工作队队长
丁瑞祥	市公安局驻热当乡孜布村工作队队员	洛桑卓玛	南木林县农牧局驻甲措乡采村工作队队长
杨婷	市工商局驻达孜乡康玛村工作队副队长	平措扎西	南木林县人社局驻达那乡空朗村工作队队员
次仁德吉	市工商局驻达孜乡嘎布村工作队副队长	巴桑	南木林县教育局驻艾玛乡松东村工作队副队长
索朗次仁	市安监局驻秋木乡扭西村工作队副队长	顿珠	南木林县教育局驻艾玛乡德庆村工作队副队长
米玛吉巴	南木林县纪委（监察局）驻卡孜乡聂仓村工作队队员	次仁卓玛	南木林县教育局驻艾玛乡柳果村工作队队员
米玛	县水利局驻土布加乡白萨村工作队队长	次仁拉姆	土布加乡驻江玛坚村工作队队员
次旺	县交通局驻奴玛乡通嘎村工作队队长	格桑平措	土布加乡驻马格达村工作队队长
索旦	县民宗局驻索金乡德确村工作队队员	格列朗杰	艾玛乡驻孜东雪村工作队队员
多吉卓玛	县扶贫办驻热当乡吉吾村工作队副队长	格桑朗杰	艾玛乡驻夏雪村工作队队员
普布次仁	县安监局驻多角乡冲堆村工作队队员	孙业慧	艾玛乡驻恰热村工作队队员
白珍	县妇联驻多角乡康萨村工作队队长	德庆普赤	奴玛乡驻普阿村工作队队员
仁增康珠	南木林镇驻米如村工作队队员	夏忠诚	奴玛乡驻热拉村工作队队员
白玛央宗	南木林镇驻孔阿村工作队队员	确吉	茶尔乡驻森丁村工作队队员

姓名	单位	姓名	单位
玉珠卓玛	南木林镇驻吉隆村工作队队员	玉拉	秋木乡驻藏东村工作队队员
达瓦旦增	普当乡驻普当村工作队队员	拉巴吉巴	秋木乡驻敏果普村工作队队员
洛桑加参	甲措乡驻果拉村工作队队员	穷达	达那乡驻达那村工作队队员
卓玛普赤	仁堆乡驻吉吾村工作队队员	普琼次仁	达孜乡驻恰萨村工作队副队长
谢强峰	芒热乡驻石木村工作队队员	多吉曲珠	热当乡驻热让村工作队队长
洛桑曲宗	芒热乡驻宗当村工作队副队长	米玛仓决	热当乡驻白多村工作队队员
普赤	热当乡驻达吉村工作队队员	格桑卓拉	多角乡驻多角村工作队队员
云旦塔杰	市中级人民法院驻查荣乡加布玉村工作队副队长	普布次仁	市中级人民法院驻查荣乡夏嘎村工作队队员
普穷	市中级人民法院驻查荣乡松多村工作队队员	琼多	市气象局驻拉洛乡章吉村工作队队长
尼玛平措	市电力公司驻扯休乡东乃村工作队队员	西绕措姆	萨迦县环保局驻扎西岗乡东噶布村工作队队长
米拉	市电力公司驻扯休乡扯休村工作队队长	王丽	萨迦县住建局驻雄麦乡嘎布切村工作队队长
尼玛扎西	市安康客运公司驻拉洛乡塔村工作队副队长	白央	萨迦县商务局驻雄麦乡雄麦村工作队队长
央金	市金龙公司驻赛乡西贡村工作队队员	达拉	萨迦县民宗局驻雄麦乡曲堆村工作队队长
郑伟	萨迦县委办驻麻布加乡白拉村工作队队员	次仁片多	萨迦县农牧局驻吉定镇吉定村工作队副队长
贵桑旺姆	萨迦县委党校驻扎西岗乡江堆村工作队副队长	宗巴	萨迦县农牧局驻吉定镇查贡村工作队副队长
松巴次仁	萨迦县公安局驻雄麦乡曲瓦村工作队副队长	达娃次仁	萨迦县水利局驻吉定镇米村工作队副队长
普布次仁	萨迦县公安局驻萨迦镇卡吾村工作队副队长	格桑石旦	萨迦县人社局驻吉定镇桑珠岗村工作队队员
次仁罗布	萨迦县检察院驻雄玛乡德庆孜村工作队副队长	普旺	萨迦县民政局驻扯休乡吉雄村工作队队长
旺堆	萨迦县法院驻拉洛乡多杂村工作队副队长	帕珠	萨迦县科技局驻扯休乡岗坚村工作队队长
拉巴	萨迦县财政局驻扎西岗乡扎西岗村工作队副队长	才洛	萨迦县卫生服务中心驻雄玛乡吉隆村工作队队员
米玛	萨迦县妇联驻萨迦县扎西岗乡次多村工作队队长	普布次仁	萨迦县总工会驻雄玛乡旺堆村工作队队长

姓名	单位	姓名	单位
格桑多布拉	萨迦县司法局驻扎西岗乡查玛村工作队队长	王学轩	萨迦县交运局驻雄玛乡申克孜村工作队队员
索娜央措	县国土局驻拉洛乡初祖村工作队副队长	普布卓嘎	吉定镇驻培庆村工作队队员
查巴旺久	县卫生局驻拉洛乡秋洛村工作队队员	格桑卓嘎	吉定镇驻培庆村工作队队员
旦巴	县文广局驻拉洛乡加普村工作队队长	达瓦	扯休乡驻乃夏村工作队副队长
洛桑赤列	县教育系统驻木拉乡培玛村工作队队员	尼玛卓玛	雄玛乡驻德萨村工作队队员
次仁	县旅游局驻木拉乡拉顿村工作队队长	坚参	查荣乡驻拉热村工作队队员
李冠军	萨迦镇驻宗果村工作队队员	白玛次旦	拉洛乡驻达那村工作队队员
德琼	扎西岗乡驻达布仁村工作队副队长	普布穷达	赛乡驻帕宁村工作队副队长
钟绪洪	麻布加乡驻麻布加村工作队队员	黎晓河	木拉乡驻亚果村工作队队长
云旦平措	雄麦乡驻嘎白村工作队队员	卓玛群宗	市纪委（监察局）驻仁钦则乡南木顶村工作队队长
牛安保	市委政法委驻荣玛乡吴坚村工作队副队长	彭忠建	谢通门县驻通门乡拉旺孜村工作队队长
索朗欧珠	市国土资源局驻荣玛乡荣玛村工作队队员	多吉卓嘎	谢通门县驻仁钦则乡驻勤村工作队队员
格桑央宗	市国土资源局驻荣玛乡龙夏村工作队队员	益旺拉姆	谢通门县驻仁钦则乡吴伦村工作队副队长
伍邦鹏	市商务局驻达木夏乡琼达村工作队队长	旦格	谢通门县驻达那普乡布如村工作队队长
卓拉	市天龙矿工贸有限公司驻孜许乡仲村工作队队员	索朗德吉	谢通门县农牧局驻措布西乡布堆村工作队队长
杨旭	谢通门县驻卡嘎镇库热孜村工作队队长	次央	谢通门县农牧局驻措布西乡布堆村工作队队员
多吉旺堆	谢通门县驻卡嘎镇夏角村工作队副队长	索朗央金	塔定乡驻卡如村工作队队长
格桑顿珠	谢通门县公安局驻通门乡坚白村工作队队长	次旺拉姆	塔定乡驻乃能村工作队队长
索朗白玛	荣玛乡驻雄村工作队队员	巴桑卓玛	春哲乡驻春哲村工作队队员
谢晓峰	达那答乡驻如贵村工作队队员	次旦卓嘎	娘热乡驻卡嘎村工作队副队长
白玛央拉	卡嘎镇驻查仓村工作队队员	卓玛	娘热乡驻马尔地村工作队副队长

姓名	单位	姓名	单位
大巴桑仓决	仁钦则乡驻果木德村工作队队员	桑丹平措	纳当乡驻尼列村工作队副队长
梁斌	仁钦则乡驻夏麦村工作队副队长	张乘龙	列巴乡驻亚龙村工作队队员
杨敬	达那普乡驻冲当村工作队副队长	白玛拉姆	美巴切勤乡驻结果布村工作队队长
旦增卓嘎	达那普乡驻尼布村工作队副队长	普布珍玛	达木夏乡驻嘎堆村工作队副队长
王鑫	谢通门县驻仁钦则乡吴伦村工作队队员	顿珠培杰	谢通门县驻通门乡拉旺孜村工作队队员
多布拉	达那普乡驻尼布村工作队副队长	达瓦桑布	市农牧局驻郭加乡切村工作队队员
群培热旦	市农牧局驻郭加乡康孔村工作队队员	袁华强	定结县团县委驻萨尔乡哈隆村工作队队员
次顿珠	市种畜站驻郭加乡白堆村工作队队员	琼卓玛	定结县法院驻多布扎乡洛巴村工作队队员
索朗石达	市农业推广中心驻郭加乡除嘎村工作队队长	扎西拉加	定结县法院驻多布扎乡扎西孜村工作队队员
扎旺	市草原站驻确布乡春阿村工作队队员	央宗	定结县检察院驻扎西岗乡扎西岗村工作队队员
吉丹	定结县委办公室驻定结乡曲热村工作队队员	尼玛宗吉	定结县农牧综合服务中心驻琼孜乡德卡村工作队队员
益西卓嘎	定结县委办公室驻定结乡曲热村工作队队员	次仁平措	定结县人社局驻扎西岗乡古热村工作队队员
米玛顿珠	定结县政府办公室驻萨尔乡库金村工作队队员	次拉姆	定结县民政局驻江嘎镇芒热村工作队队员
胡小超	定结县委组织部驻琼孜乡牧村工作队队长	贡布	定结县农电公司驻江嘎镇荣孔村工作队队员
顿珠	定结县发改委驻白玛村工作队队长	扎西顿珠	定结县卫生局驻萨尔乡拉康村工作队队员
普布扎西	定结县检察院驻乃扎西岗乡夏村工作队队员	次仁旺姆	定结县农牧综合服务中心驻琼孜乡德卡村工作队队员
普布顿珠	定结县驻日屋镇德吉村工作队队员	尼玛卓玛	萨尔乡驻雪村工作队队员
罗杰	定结县萨陈公路段驻萨尔乡普贵村工作队队员	普布次仁	郭加乡驻乃村工作队队员
多吉平措	日屋镇驻果玛村工作队队员	拉巴潘多	江嘎镇驻圭娃村工作队队员
刘振华	确布乡驻确布村工作队队员	扎西卓嘎	市财政局驻查巴乡吴米村工作队队长
尼玛多吉	市财政局驻查巴乡查巴村工作队副队长	达瓦罗布	仁布县教育局驻然巴乡嘎珠村工作队队长

姓名	单位	姓名	单位
索朗拉加	市财政局驻查巴乡查巴村工作队队员	阿旺卓玛	然巴乡驻日聂村工作队副队长
巴桑	市财政局驻查巴乡吴米村工作队副队长	石曲普赤	仁布乡驻日龙布村工作队副队长
达瓦平措	市国资委驻德吉林镇当雄村工作队队员	次仁	仁布乡驻日龙布村工作队队员
次仁	市国资委驻德吉林镇艾玛村工作队队员	次仁旺姆	康雄乡驻帕加村工作队队员
边巴卓玛	仁布县检察院驻康雄乡麦措村工作队队长	曲扎	帕当乡驻康阿村工作队队长
旦增塔杰	仁布县民政局驻查巴乡甲村工作队队长	其米	帕当乡驻普村工作队副队长
崔晋凯	仁布县商务局驻姆乡祥巴村工作队队长	格桑次仁	切洼乡驻杰雄村工作队副队长
达瓦次仁	仁布县委宣传部驻德吉林镇奴日村工作队队长	吉巴	切洼乡驻奴达村工作队队长
米玛	姆乡驻吉村工作队队员	王永红	查巴乡驻邦青村工作队队长
次仁德吉	姆乡驻江新村工作队队员	次旺德吉	德吉林镇驻吉雄村工作队队长
格桑卓嘎	市扶贫办驻达吉岭乡萨拉村工作队队长	陈祖江	萨嘎县公安局驻拉藏乡玛奇村工作队队长
普扎	萨嘎县驻夏如乡达孜村工作队队长	边觉罗布	萨嘎县水利局（农电公司）驻加加镇提吾卓那村工作队副队长
次珠旦增	萨嘎县驻夏如乡拉亚村工作队副队长	次仁曲扎	萨嘎县文化广播电影电视局驻加加镇达琼村工作队队长
索朗旺堆	萨嘎县驻如角乡擦让村工作队副队长	琼拉	萨嘎县卫生服务中心驻拉藏乡久嘎村工作队队长
扎西达杰	萨嘎县驻坚巴奴村工作队队长	旦增罗珍	达吉岭乡驻热嘎村工作队副队长
拉巴旦增	萨嘎县驻嘎琼村工作队副队长	旦增	加加镇驻达桑村工作队副队长
巴桑次仁	市交通运输局驻萨马达乡萨马达村工作队队员	班典曲桑	康马镇驻克列村工作队队员
普布扎西	市交通运输局驻萨马达乡孟则村工作队队长	格列巴巴	雄章乡驻雄村工作队队员
胡亚东	康马县财政局驻雄章乡色热龙村工作队队员	次旦扎西	雄章乡驻青卓村工作队副队长
罗布次仁	康马县人大办公室驻康如乡边琼村工作队队员	平措	康如乡驻库曲村工作队队员

姓名	单位	姓名	单位
尼平	康马县政府办公室驻萨马达乡拉定村工作队队长	次仁团旦	南尼乡驻曲热村工作队队员
白玛德庆	康马县水利局驻南尼乡曲夏村工作队队长	强巴欧珠	嘎拉乡驻克村工作队队员
达瓦扎西	康马县住建局驻涅如堆乡伦村工作队队长	尼玛次仁	涅如堆乡驻色修村工作队队员
吉巴	康马县环保局驻康马镇康马村工作队队长	索朗旺堆	嘎拉乡驻嘎拉奴村工作队队员
尼玛次仁	涅如麦乡驻那堆村工作队队员	普布次仁	市委统战部驻宗嘎镇沃玛村工作队队长
普布次仁	吉隆县委宣传部驻吉隆镇扎村工作队队长	达瓦	吉隆县教育局驻差那乡干布村工作队副队长
格珍	吉隆县旅游局驻吉隆镇热玛村工作队副队长	拉姆	吉隆县交通局驻贡当乡康北村工作队副队长
万高照	吉隆县边务局驻吉隆镇玛嘎村工作队副队长	拉巴	吉隆县后勤服务中心驻萨勒乡郭巴村工作队队员
格桑强巴	吉隆县卫生局驻萨勒乡卡帮村工作队副队长	央拉	吉隆县人社局驻差那乡乃龙村工作队副队长
巴桑片多	吉隆县民政局驻吉隆镇冲色村工作队队员	多杰尼玛	吉隆县农牧局驻折巴乡麦玛村工作队副队长
尼片	吉隆县林业局驻萨勒乡萨勒村工作队副队长	仁增平措	贡当乡驻樟村工作队队员
边巴普尺	仲巴县人大办公室驻吉拉乡最仁村工作队队员	索朗卓玛	仲巴县公安局驻纳久乡布荣村工作队队员
色珍	县委统战部驻拉让乡珠珠村工作队队长	邱超	仲巴县委政法委驻纳久乡贡东村工作队队长
崔建平	仲巴县驻布多乡扎古村工作队队员	巴桑次仁	仲巴县财政局驻帕羊镇岗久村工作队队员
扎西石曲	仲巴县法院驻隆嘎尔乡角村工作队队员	王勇	仲巴县商务局驻亚热乡革玛村工作队队长
尺列多吉	仲巴县民政局驻仁多乡本松村工作队队员	次仁达瓦	仲巴县环保局驻隆嘎尔乡只如村工作队队长
赤列卓玛	仲巴县住建局驻隆嘎尔乡那久村工作队队长	益西达瓦	仲巴县安监局驻帕江乡夏布村工作队队长
洛桑	仲巴县民政局驻仁多乡兴沙村工作队队员	嘎玛石曲	仲巴县电视台驻吉玛乡南木措村工作队队长
普布	仲巴县民宗局驻吉玛乡美嘎村工作队队员	石达普尺	仲巴县边管局驻拉让乡塘西村工作队队员
加木巴平措	仲巴县完小驻帕江乡隆果村工作队队长	王龙	仲巴县卫生局驻偏吉乡斯庆村工作队队员

姓名	单位	姓名	单位
拉巴扎西	仲巴县疾控中心驻偏吉乡多平村工作队队员	边巴扎西	昌龙乡驻普村工作队队员
贡嘎次仁	岗巴县驻龙中乡国措村工作队队长	罗布次仁	岗巴县卫生支部驻昌龙乡雪布让村工作队队长
米玛普赤	岗巴县驻岗巴镇西嘎村工作队队员	旺姆	龙中乡驻龙中村工作队副队长
拉姆顿珠	岗巴县驻昌龙乡普村工作队队员	白玛曲珍	龙中乡驻色康村工作队副队长
索朗顿珠	岗巴镇驻贡巴村工作队队长	次曲	龙中乡驻北村工作队队长
普琼达	岗巴镇驻吉汝村工作队队员	拉巴次仁	直克乡驻索白村工作队队员
扎西顿珠	岗巴镇驻雪村工作队副队长		

自治区创先争优强基础惠民生活动第五批市级优秀组织单位名单

获奖单位	获奖单位	获奖单位	获奖单位
日喀则市委组织部	日喀则市人民检察院	西农集团日喀则分公司	白朗县县委办
日喀则市发展和改革委员会	日喀则市交通运输局	桑珠孜区城北街道办事处	白朗县政府办
日喀则市水土保持监测中心	日喀则市旅游局	桑珠孜区扶贫办	聂拉木县波绒乡
日喀则市地震局	日喀则市工商局	桑珠孜区江当乡	拉孜县县委办
日喀则市粮食局	日喀则市种畜站	江孜县人民检察院	拉孜县拉孜镇
日喀则市农科所	日喀则市政府国资委	江孜县交通局	昂仁县民政局
昂仁县农牧局	定日县扎西宗乡	谢通门县农牧局	吉隆县纪检委
昂仁县秋窝乡	定日县加措乡	谢通门县仁钦则乡	岗巴县公安局
昂仁县达若乡	南木林县县委办	定结县教育局	仁布县教育体育局
定日县人民法院	萨迦县扯休乡	萨嘎县公安局	康马县涅如堆乡
定日县长所乡	萨迦县雄玛乡	定日县曲洛乡	萨迦县农牧局

日喀则市2016年下半年和谐模范寺庙

获奖单位	获奖单位	获奖单位	获奖单位
桑珠孜区塔杰珠德寺	桑旦日追寺	江孜县天觉林寺	恰琼寺
坚热斯寺	白朗县德庆曲林寺	翁嘎寺	参卓林寺

获奖单位	获奖单位	获奖单位	获奖单位
亚东县日琼波多寺	聂拉木县查嘎寺	白玛曲林寺	拉孜县新格拉康寺
拉孜曲德寺	土旦格培寺	昂仁县曲德寺	拉扎寺
尼布拉康	贾叶寺	达苏寺	定日县差堆寺
长所森嘎曲德寺	措果曲德寺	推桑林寺	曲龙贡达普寺
南木林县德庆热布杰寺	甘丹曲果林寺	桑旦曲林寺	萨迦县萨迦寺
岗坚寺	谢通门县卓列寺	林嘎寺	定结县贡强桑旦曲布寺
仁布县甘丹桑阿曲林寺	泽玉吉彩寺	萨嘎县库郁寺	康马县哲姆寺
吉隆县曲德寺	仲巴南木拉寺	岗巴县曲登尼玛寺	

日喀则市2016年下半年先进寺管会

获奖单位	获奖单位	获奖单位
桑珠孜区桑旦日追寺管委会	塔杰珠德寺特派员机构	江孜县重孜寺管委会
年措寺管委会	坚热斯管委会	白朗县热色寺管委会
德瓦坚寺管委会	参卓林寺管委会	亚东县日琼波多寺管委会
聂拉木县白玛曲林寺管委会	查嘎寺管委会	拉孜县新格拉康寺管委会
曲德寺管委会	塔杰林寺管委会	昂仁县曲德寺管委会
桑丹寺管委会	扎桑寺管委会	格丹曲龙寺管委会
贾叶寺管委会	定日县差堆寺管委会	长所森嘎曲德寺管委会
措果乡曲德寺管委会	推桑林寺管委会	曲龙贡达普寺管委会
南木林县德庆热布杰寺管委会	甘丹曲果林寺管委会	桑旦曲林寺管委会
萨迦县萨迦寺管委会	岗坚寺管委会	谢通门县卓列寺管委会
林嘎寺管委会	定结县贡强桑旦曲布寺管委会	仁布县甘丹桑阿曲林寺管委会
泽玉吉彩寺管委会	萨嘎县库郁寺特派员机构	康马县哲姆寺专职特派员机构
吉隆县曲德寺管委会	仲巴县色金寺管委会	岗巴县曲登尼玛寺管委会

日喀则市2016年下半年优秀驻寺干部

姓名	单位	姓名	单位
索朗旦增	桑珠孜区俄尔寺管委会驻寺民警	王攀	白朗县参卓林寺管委会驻寺民警
普布次仁	桑珠孜区央曲寺管委会副主任	卓嘎	白朗县格培林寺管委会工作人员
索朗扎西	桑珠孜区色多坚寺特派员机构干部	边巴	亚东县噶举寺特派员机构正特派员
格桑梅朵	江孜县白居寺管委会办公室主任	边巴	亚东县日琼波多寺管委会干部
扎顿	江孜县炯堆寺管委会工作人员	巴桑多吉	聂拉木县查嘎寺管委会主任
达瓦次仁	江孜县热龙寺特派员机构工作人员	吉次仁	聂拉木县昂琼寺管委会主任
国杰	江孜县白居寺派出所驻寺民警	拉巴	拉孜县新格拉康管委会副主任
洛桑格列	白朗县谢珠林寺管委会副主任	李晓波	拉孜县怎巴寺特派员机构干部
罗布占堆	拉孜县贡巴下寺管委会聘用干部	尼日绕杰	定日县协格尔曲德寺管委会驻寺民警
琼扎	昂仁县那布扎仓寺管委会主任	多布杰	定日县塔巴林寺管委会聘用干部
旦巴	昂仁县扎西曲林寺特派机构工作人员	洛桑晋美	定日县森嘎曲德寺管委会驻寺民警
边巴次仁	昂仁县桑丹寺管委会主任	晋美	南木林县米珠曲德寺管委会科员
多布杰	昂仁县吕龙寺管委会驻寺民警	巴桑次仁	南木林县牛曲果林寺管委会主任
曲达	定日县乃琼寺管委会副主任	尼玛扎西	南木林热拉拥仲林寺管委会驻寺民警
贵杰	南木林县龙多日追特派机构民警	洛桑桑珠	谢通门县昊坚古汝寺驻寺民警
扎西次仁	萨迦县萨迦寺管委会法宣处副调研员	顿珠	谢通门县林嘎寺管委会科员
片多	萨迦县萨迦寺管委会干部	洛桑朗加	谢通门县索布寺管委会驻寺民警
次仁坚赞	萨迦县仁青岗管委会治安组组长	贡布多吉	定结县伟色寺特派员机构工作人员
拉巴确杰	萨迦县白玛曲林寺管委会法宣组组长	琼拉	定结县扎西群培林寺特派员机构干部
旦增旺旦	仁布县泽鲁寺管委会驻寺民警	普旺	康马县乃宁寺管委会副主任
尼玛旺堆	仁布县甘丹桑阿曲林寺管委会驻寺民警	扎西边久	康马县甘丹曲林寺管委会干部
列确	仁布县维色曲林寺特派机构驻寺民警	拉巴	吉隆县帕巴寺管委会工作人员

姓名	单位	姓名	单位
边巴	萨嘎县土庆寺管委会干部	次旺	吉隆县查嘎寺管委会干部
洛桑尼玛	萨嘎县努贡寺管委会驻寺民警	次仁桑布	仲巴县亚热阿巴扎仓寺特派员干部
扎西	仲巴县达热寺特派员正特派员	白玛	扎什伦布寺派出所副科级干部
边巴次仁	岗巴县曲登尼玛寺警务站站长	小索朗次仁	扎什伦布寺派出所副科级干部

日喀则市2016年下半年宗教工作优秀干部

姓名	单位	姓名	单位
普布次仁	市宗教办副主任	湖森	亚东县委统战部科员
王旭	市委统战部办公室干部	冯鲁伟	聂拉木县委副书记、政府县长
索琼	市民宗局宗教科科长	多吉普拉	拉孜县委统战部副部长兼工商联主席
索朗曲珍	桑珠孜区民宗局副主任科员	洛桑	昂仁县委统战部副部长兼工商联主席
次仁拉姆	江孜县民宗局主任科员	大索朗	定日县委统战部副部长
次仁卓嘎	白朗县委统战部主任科员	格桑德吉	南木林县宗教办主任
巴桑	萨迦县委统战部副部长	旦增卓嘎	仁布县宗教办干部
次多	谢通门县委统战部科员	措姆	萨嘎县宗教办副主任
满鹏程	定结县民宗局科员	索朗多吉	康马县委统战部科员
次仁	吉隆县委统战部副部长兼工商联主席	达贵杰	岗巴县委统战部副部长兼工商联主席
边片	仲巴县民宗局干部		

日喀则市2016年下半年宗教工作先进集体

获奖单位	获奖单位	获奖单位	获奖单位
市委办公室	市政府办公室	市委组织部	市民政局
市财政局	市水利局	市宗教办	江孜县委
萨嘎县委	谢通门县委统战部		

日喀则市公安消防支队记集体一等功

全市先进基层党组织

获奖单位	获奖单位	获奖单位
桑珠孜区公安局扎西吉彩派出所第四党支部	桑珠孜区甲措雄乡中心小学党支部	江孜县年堆乡榜果村党支部
江孜县年堆乡党委	白朗县嘎普乡嘎普村党支部	白朗县强堆乡党委
亚东县下亚东乡党委	聂拉木县门布乡查松村党支部	拉孜县热萨乡党委
拉孜县人民检察院党组	昂仁县达若乡夏拉村党支部	昂仁县宁果乡坚定村党支部
定日县加措乡果热村党支部	定日县扎果乡樟村党支部	南木林县拉布普乡党委
南木林县奴玛乡党委	萨迦县政法党总支第四党支部	萨迦县工商联党总支第一党支部
谢通门县达那答乡党委	谢通门县扎西吉培寺管委会党支部	定结县琼孜乡楚纳村党支部
定结县郭加乡准贵村党支部	仁布县国家税务局党支部	萨嘎县旦嘎乡旦嘎村党支部
康马县嘎拉乡嘎拉夏村党支部	吉隆县差那乡干布村党支部	吉隆县折巴乡桑旦林村党支部
仲巴县拉让乡党委	岗巴县龙中乡果措村党支部	日喀则市公安局机关党委
日喀则市气象局机关党支部	日喀则市人力资源和社会保障局机关党总支	日喀则市委办公室机关党委
日喀则市职业技术学校学生工作处党支部	日喀则市委组织部机关第二党支部	日喀则市政府办公室机关党委
江孜县高级中学党支部	桑珠孜区委老干部局党总支	江孜县宗堆居委会劳务输出农民协会党支部
日喀则市桑珠孜饭店党支部		

全市优秀共产党员

姓名	单位	姓名	单位
扎西	桑珠孜区农牧局局长	参珍	桑珠孜区联乡普奴村大学生村官
次顿	江孜县工商行政管理局驻重孜乡央白村工作队副队长兼村党支部第一书记	张爱云	白朗县曲奴乡党委副书记、乡长
丹增多吉	亚东县国土资源局局长	普琼	聂拉木县委常委、政法委书记、公安局局长、督察长
索朗平措	拉孜县委组织部副部长、编办主任	扎西拉姆	昂仁县桑桑镇副镇长、人武部长、主任科员

姓名	单位	姓名	单位
明玛	定日县协格尔镇嘎点村党支部书记	朱文伟	日喀则市人民医院中医内科医生（原上海中医药大学附属岳阳中西医结合医院副主任医师，“组团式”援藏医疗队队员）
桑珠	南木林县南木林镇岗巴村党支部书记、村委会主任	边巴次仁	萨迦县吉定镇人大主席、统战委员
多吉次旦	谢通门县切琼乡办事员、切琼村党支部书记	旺久	定结县多布扎乡多布扎村党支部书记
次仁	仁布县公安局局长，切洼公安一级检查站站长	拉巴次仁	萨嘎县夏如乡党委书记
旦增	康马县南尼乡楚嘎村党支部书记、村委会主任	普布次仁	吉隆县萨勒乡占岗村党支部书记
拉琼	仲巴县人民检察院副主任科员	边多	岗巴县曲登尼玛寺管委会主任
黄忠	日喀则市人大常委会办公室副秘书长	杨春光	日喀则市财政局财政投资评审中心主任
普布曲达	日喀则市司法局法律援助工作科科长	格桑罗布	日喀则市卫生监督所副书记、副所长、主管医师
陈立	日喀则市委党校中级讲师	舒畅	江孜县高级中学办公室主任
索朗	日喀则市天龙矿工贸有限公司董事长	王卫东	上海广场大酒店总经理，上海广场大酒店党支部副书记、日喀则市旅游协会会长
米玛顿珠	西藏神猴药业有限责任公司副总经理、神猴药业党支部书记	朱祥务	亚东县非公经济联合党支部书记

全市优秀党务工作者

姓名	单位	姓名	单位
王震	桑珠孜区聂日雄乡党委书记	闫元仓	江孜县卡堆乡党委书记
平措央金	白朗县旺丹乡党委书记	卫东	亚东县下司马镇党委书记
强巴	拉孜县曲下镇曲下村党支部书记	高犹刚	定日县曲洛乡党委书记
拉巴卓玛	南木林县委组织部科员	郭会会	萨迦县扯休乡组织委员
伟色	谢通门县通门乡党委书记	李中秋	康马县雄章乡组织委员
扎平	吉隆县委组织部副部长	益西卓玛	仲巴县布多乡次扎村大学生村官
旺久	拉孜县城退休党支部书记	冯振亮	江孜县高级中学党支部宣传委员

姓名	单位	姓名	单位
普琼	江孜县藏改乡杂吾村党支部书记、村委会主任	小普尺	聂拉木县琐作乡组织委员、宣传委员、统战委员
樊明聚	昂仁县多白乡党委副书记、纪委书记、主任科员	白玛次旺	昂仁县切热乡鲁玛村党支部书记、村委会主任
泽旺扎西	白朗县者下乡宗村党支部第一书记（西藏自治区教育厅下派干部）	索朗加布	定结县江嘎镇荣孔村党支部书记
旺拉	仁布县政协副主席兼康雄乡党委书记	顿珠	萨嘎县拉藏乡党委副书记、组织委员、党群综合办公室主任
达瓦泽仁	岗巴县组织员办公室负责人、正科级组织员	边琼	日喀则市政府国有资产监督管理委员会党委委员、纪检组组长
次仁曲宗	日喀则市纪律检查委员会机关党支部纪检委员	米玛普尺	日喀则市农牧局机关党支部纪检委员
张丽丽	日喀则市委办公室机关党委组织委员、第三党支部书记	格桑多吉	日喀则市物鑫贸易有限责任公司党支部书记、董事长
边巴索朗	日喀则市社会组织党工委办公室副主任	普琼	日喀则市岗仁波齐集团党支部书记

索 

说 明

1、本索引为综合性主题索引

2、索引款目按汉语拼音顺序（同音字按声调）排列。

3、款目后的阿拉伯数字表示内容所在页码。

D

E

F

S

X

Y

Z